本書に掲載されたデータは、2023年9月初旬までのものです。情報はその後に変更されていることもありますので、志望校に関しては、必ず各大学の「2024年度募集要項」などを取り寄せて確認してください。

本書に関する最新のお知らせや、入試に関する情報を次のホームページで公開しています。

医学部受験ラボ http://www.igakubujuken.jp
医学部受験道 http://www.blog.igakubujuken.jp
メディカルラボ http://www.medical-labo.com

2024年度用 全国

医学部 最新受験情報

CONTENTS

医師をめざす人のための 医学部受験案内

医学部入試

2023年度の入試総括と2024年度の入試動向

大学入試改革の3年目にあたる2023年度入試も、2021年度から続くコロナ禍の中で実施されました。2023年度入試を振り返ることで、2024年度の医学部医学科（以下、医学部）入試の予測をしてみましょう。

2023年度入試を振り返る

◆◇大学入試改革３年目と共通テストの易化

３年目を迎えた共通テストは、少子化の影響を受けて、志願者数は51.3万人となり、前年度より約1.8万人減少しました。ただし、後ほど詳しく述べますが、医学部の志願者は増加しました。大学入学共通テスト（以下、共通テスト）は、2020年度までの大学入試センター試験（以下、センター試験）のように、「知識・技能」などを問う出題とは異なり、「思考力・判断力・表現力」などを中心とした出題方針に変更されました。2023年度は、過去２年の状況を踏まえて、受験生が共通テストの傾向を把握し、十分な対策を行って受験に臨むことができました。

国公立大学志願者は、共通テストを５教科７科目（900点満点）で受験します。900点満点理系平均点予測の推移【表１】を見ると、共通テスト実施２年目にあたる2022年度はかつてないほどに難化しましたが、2023年度は逆に大きく易化しました。

【表１】　共通テストとセンター試験の平均点と得点率（河合塾推定値）

	センター試験				共通テスト		
	2017	2018	2019	2020	2021	2022	2023
	知識・技能				思考力・判断力・表現力		
5教科7科目（900点満点）理系平均点	559	560	571	552	**571**	**510**	**548**
得点率	62%	62%	63%	61%	**63%**	**57%**	**61%**
対前年度比平均点アップダウン	↓ −3	↑ +1	↑ +11	↓ −19	↑ **+19**	↓ **−61**	↑ **+38**
どこかの国公立大学医学部へ合格するために必要な最低得点率	85%				**80%**	**75%**	**79%**

※5教科7科目理系平均点は、河合塾推定値　※2023年度は、2023/2/6時点

得点率ではわずか約4%の上昇でしたが、得点率80%以上の分布【表２】を見ると、前年度より約２倍の人数に増加しています。80%以上の分布帯には、医学部や東大・京大などの超難関大学を目指す受験生が多く、これが医学部志願者の増加につながった要因です。平均点が約4%上昇したことで、各大学の医学部のボーダーライン得点率も、多くの大学で前年度と比較すると約３〜4%上昇しました。

【表２】共通テスト５教科７科目理系型の得点分布

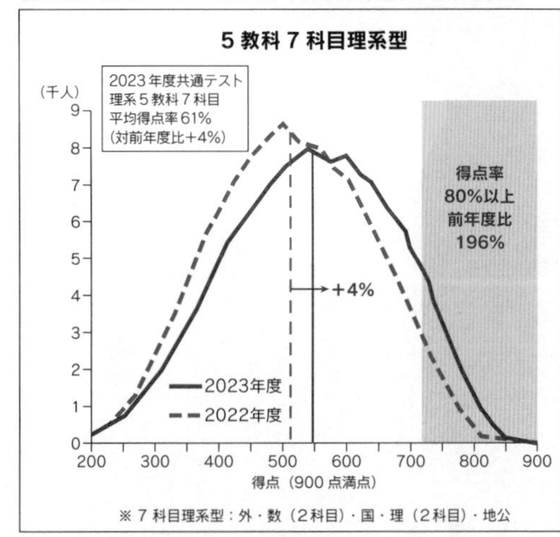

※河合塾 2023年度共通テストリサーチの合否追跡資料より

2020年度（センター試験）と2023年度（共通テスト）の平均得点率は同じ「61%」ですが、【表１】の最下段に示した「どこかの国公立大学医学部へ合格するために必要な最低得点率」を見ると、それぞれ「85%」「79%」と、2023年度は6%も低い状況です。このような差が生じる理由は、前述の通り共通テストの出題方針が変更され、また問題の分量も大幅に増加したため、高得点を取ることが難しくなったためです。

科目別の平均点【表３】を見ると、「数学」は前年度と比較して大幅に平均点が上昇しました。また、理科は、物理の平均点と生物の平均点に大きな差が生じたため、前年度と同様に「物理・化学」選択の受験生に有利な状況が生まれました。

「英語（リーディング）」と「国語」の難化による平均点の低下も注目です。共通テストでは、全科目で問題文が長文化しているため、読解力と速読力

が必要で、今後も医学部合格のための重要な要素になるでしょう。私立大学でも、帝京大学や杏林大学、昭和大学などは、一般選抜で「国語」を選択科目として導入しています。

【表3】共通テストの教科・科目別平均点（抜粋）

	英語(リーディング)	英語(リスニング)	数学ⅠA	数学ⅡB	物理	化学	生物
配点	100	100	100	100	100	100	100
2023	53.81	62.35	55.65	61.48	63.39	54.01	48.46
2022	61.80	59.45	37.96	43.06	60.72	47.63	48.81
2021	58.80	56.16	57.68	59.93	62.36	57.59	72.64
2023-2022差	−7.99	＋2.9	＋17.69	＋18.42	＋2.67	＋6.38	−0.35

※「化学」「生物」は得点調整後の得点。「生物」の得点調整前の得点は39.74点。

	国語	世界史B	日本史B	地理B	倫理、政治経済
配点	200	100	100	100	100
2023	105.74 (52.87)※	58.43	59.75	60.46	60.59
2022	110.26 (55.13)※	65.83	52.81	58.99	69.73
2021	117.51 (58.75)※	63.49	64.26	60.06	69.26
2023-2022差	−4.52 (-2.26)※	−7.4	＋6.94	＋1.47	−9.14

※200点満点を100点満点に換算　※平均点は大学入試センターHPより抜粋

◆◇国公立大学医学部［一般選抜］の志願者数は増加

国公立大学医学部の志願者数は、2020年から続いたコロナ禍の影響で、医学部をはじめとする医療系学部への人気が高まりました。この背景には、受験生がコロナ禍の中でマスコミなどを通じて伝えられる医療従事者の活躍によって医療の重要性を実感し、社会貢献の意識を高めたことが志願者数の増加につながったと考えられます。

【表4】は、国公立大学医学部前期日程へ実際に出願した受験生の集計です。受験生は1人1大学しか出願できないため、実人数が反映されており、3年連続で志願者数が増加しています。

【表4】国公立大学医学部志願者数［一般前期日程］

	2018	2019	2020	2021	2022	2023
医学部医学科	17,064人	16,391人	14,742人	14,773人	15,087人	15,960人
前年度比	94%	96%	90%	100%	102%	106%
増減数	−1,030人	−673人	−1,649人	＋31人	＋314人	＋873人

※メディカルラボ調べ

旧帝大などの難関大学を除く国公立大学医学部では、前年度に志願者が多くて倍率が高かった大学は、翌年度は志願者が減って倍率が下がるという現象がしばしば起こります。同様に、前年度に志願者が少なかった場合は、逆の現象が見られます。これを反動現象と呼び、この現象が毎年交互に続く場合を隔年現象と言います。ただし、コロナ禍の2021年度と2022年度は、地元から離れた大学は受験したくないなど受験生の動きに制限があったため、これらの現象が抑えられた大学も多くありました。2023年度に志願者の増減が大きかった大学は、2024年度はその逆の動きをする可能性があるでしょう。

その他の理由で志願者数に大きな増減があった大学は、名古屋大学（167%）、岡山大学（50%）、広島大学（68%）で、これらは第1段階選抜基準の変更によるものです。大阪公立大学は、大阪市立大学と大阪府立大学の統合により誕生した大学ですが、2022年度は開学1年目で過去問が存在せず、様子見の受験生もいたため志願者が減少しました。しかし、2023年度はその反動で前年度比163%（＋96人）となりました。

【表5】は後期日程に出願した受験生の集計です。医学部の後期日程は国公立大学50校中17校しか実施しておらず、定員が少ないことや、面接や小論文試験などを中心に行う個別試験が多いこと、1次試験である共通テストの得点を重要視する大学が多いといった特徴があります。前期日程同様、共通テストの平均点上昇に伴い、後期日程の志願者数も増加しています。後期日程は、前期日程で合格して入学手続きを済ませた受験生は受験できないため、競争率は大きく下がります。しかし実際は、前期よりもボーダーラインが高くなります。共通テスト平均点の高かった2023年度においては、最もボーダーラインの低かった大学でも84%となり、高得点者が競う状況となりました。国公立大学医学部をめざす場合、前期日程に狙いを定めて、受験勉強の計画を立てることがセオリーと言えます。

【表5】国公立大学医学部志願者数［一般後期日程］

	2018	2019	2020	2021	2022	2023
医学部医学科	8,969人	9,081人	7,404人	7,110人	7,255人	7,549人
前年比	90%	101%	82%	96%	102%	104%
増減数	−958人	＋112人	−1,677人	−294人	＋145人	＋294人

※メディカルラボ調べ

◆◇私立大学医学部[一般選抜]の志願者数も増加

私立大学前期日程を次の【表6】で見ると、2021年度と2022年度の志願者数は減少しています。これは、コロナ禍の影響により、受験生が自宅から遠方の大学の受験を控える傾向があったためと考えられます。しかし、2023年度にはコロナの収束を予想して、全国の受験生が医学部の多い東京都内と関西地区の大学に戻ってきたことから、全体の志願者数が増加しました。

【表6】私立大学医学部のべ志願者数[一般前期日程]

	2018	2019	2020	2021	2022	2023
医学部医学科	83,673人	75,256人	75,526人	70,705人	69,448人	**71,368人**
前年比	97%	90%	100%	94%	98%	**103%**
増減数	−2,461人	−8,417人	+270人	−4,821人	−1,257人	**+1,920人**

※メディカルラボ調べ　※共通テスト利用の産業医科大学を含む

私立大学の志願者数の増減は、他大学との1次試験の重複度合いに大きく影響されます。例えば、獨協医科大学は、2022年度には単独で1次試験を行いましたが、2023年度には帝京大学と関西医科大学との重複が生じました。1次試験の重複がなければ、同じ関東地方に位置し、ボーダーライン偏差値が近い獨協医科大学と帝京大学を併願する受験生は多かったのですが、今回の重複で獨協医科大学の志願者数は前年度比72%(−974人)となりました。同様に愛知医科大学も、これまで共通テストが終了した翌々日に単独で1次試験を実施していましたが、2023年度には試験日を1週間遅らせたことで自治医科大学と埼玉医科大学と重複することになり、志願者数は前年度比68%(−648人)となりました。逆に、東邦大学は、2022年度に3大学と重複していましたが、2023年度には単独で試験を行い、志願者数は前年度比130%(+698人)となりました。

入試変更を行ったことが志願者数の増減に影響した大学の例として、東海大学と関西医科大学が挙げられます。東海大学は前年度比154%(+1,267人)となりました。これは、他大学との1次試験の重複が減少したことに加え、数学の試験範囲から数学Ⅲを除外したことが影響を与えています。また、関西医科大学も前年度比127%(+469人)と増えましたが、学費を6年間で2770万円から2110万円に大幅に減額したことが大きな要因です。同様に、大阪医科薬科大学も学費の減額により志願者数が増加しました。

私立大学後期日程は、全私立大学31大学中11大学で実施されました。前期日程と異なり、2023年度の志願者数は減少しました【表7】。これは、1次試験の重複が増えたためです。特に3月4日には埼玉医科大学、昭和大学、日本大学、関西医科大学の4つの大学が同時に試験を行いました。これらの大学のうち3つは同じ関東地方に位置することが影響して志願者が大きく減少しました。私立大学後期日程は、試験日までにどこかの国公立大学や優先順位の高い私立大学に合格している場合、出願をしていても受験をしない受験生が多いです。国公立大学の後期日程とは異なり、どこの私立大学にも合格していない受験生にとってはチャンスがある場合があります。

【表7】私立大学医学部のべ志願者数[一般後期日程]

	2019	2020	2021	2022	2023
医学部医学科	12,110人	10,518人	10,463人	10,706人	**10,038人**
前年比	118%	87%	100%	102%	**94%**
増減数	+1,873人	−1,592人	−55人	+243人	**−668人**

※メディカルラボ調べ

私立大学は試験日を独自に設定できるため、受験日カレンダーを見ることで志願者数の増減を予測できます。受験校を戦略的に選択することで、合格可能性が高まるでしょう。

私立大学医学部の共通テスト利用については、前年度比で130%となりました(+3,015人)。これには、一般選抜の志願者数増加が影響しています。また、2023年度は共通テストの平均点が上昇したことで、共通テスト終了後に出願可能な日程で志願者数が増加したことも、増加の要因です。

【表8】私立大学医学部志願者数[共通テスト利用]

	2018	2019	2020	2021	2022	2023
	センター試験利用			共通テスト利用		
医学部医学科	15,336人	15,541人	14,566人	10,054人	10,117人	**13,132人**
前年度比	110%	101%	94%	69%	101%	**130%**
増減数	+1,392人	+205人	−975人	−4,512人	+63人	**+3,015人**

※メディカルラボ調べ

2024年度の入試動向を予測する

2023年秋時点で予想できる、2024年度の医学部入試動向は次ページの通りです。

◆◇医学部人気の継続

ここ数年の医学部人気は、女子の志願者が増えていること、一生涯を通して医療という仕事に専念できること、生涯年収が高いことなどが挙げられますが、先にも記載したようにコロナ禍にあったここ3年間は、医療を通して社会貢献をしたいと考える受験生の増加が影響しています。2024年度も、間違いなく医学部人気は継続するでしょう。

◆◇現行課程最後の大学入試

2023年現在の高校2年生からは新しい学習指導要領での入試(いわゆる新課程入試)が始まります。つまり、2024年度入試は、現行課程最後の入試となります。一般的に現行課程最後の年度は、安全志向が働き、受験校のランクを下げたり、私立大学を受験する場合は併願校を増やす傾向があります。

ここで、2025年度から始まる新課程入試についても触れておきます。現高校3年生が浪人した場合、新課程で学習してきた後輩たちと同じ土俵で、新課程入試を受験することになります。その場合、英語・国語・理科以外の科目については、旧課程生に対しては経過措置が行われるため、おそらく不利は生じません。

最も大きな懸念点は、「情報Ⅰ」科目が追加されることです。先述の通り、共通テストはこれまで多くの医学部受験生が5教科7科目900点満点で受験していましたが、「情報Ⅰ」の追加により6教科8科目1000点満点となります。多くの大学が傾斜配点を行うため、実際に「情報Ⅰ」をどのような配点にするかは不明です。北海道大学や徳島大学など一部の大学は、「情報」を得点化しないことを公表していますが、広島大学のように1000点満点中100点を「情報」に割り当てる大学もあります。現行課程の受験生にも「旧情報(仮)」として追加されます。「情報」という科目は、現行課程では「社会と情報」と「情報の科学」という科目に該当しますが、高等学校ではこれを1科目以上選択・履修することになっています。これまで、入試科目として設定している医学部はなかったため、ほとんどの現行課程の受験生は試験科目として認識していないと言えます。2023年夏時点で、配点について公表している大学は少なく、今後、各大学からの発表には注意が必要です。

◆◇2024年度の主な入試変更点

志願者の動向に影響を及ぼす可能性がある入試変更点のみを次ページの【表9】にまとめています(2023年9月現在、一般選抜のみ)。

山形大学は、前期個別試験から「国語」を受験科目から外しました。国公立大学の個別試験で国語を課す大学は、東京大学、名古屋大学、京都大学の3大学のみとなりました。

山梨大学は、国公立大学で唯一、後期日程のみで試験を実施します。個別試験で「英語」が追加され、面接試験も集団面接から集団討論形式に変更されたことで、受験生の負担が増えました。

岐阜大学は、前期試験の第1段階選抜基準を、「9倍」から「3倍」に大幅に変更しました。定員変更はありませんが、志願者数は大幅に減少することが予想されます。

奈良県立医科大学は、前期個別試験で「英語・数学・理科」の3科目を、「小論文」形式に変更します。小論文は、医療の分野に限らない広範な分野から出題することになっています。また、共通テストと個別試験の配点比率が9：1となることで、圧倒的に共通テスト重視となります。

愛媛大学は、共通テストの英語で、「リーディング」と「リスニング」の配点比率を、「9：1」から「4：1」に変更しました。そのため、「リスニング」で苦戦する受験生にとっては頼みの綱であった、「リーディング」の比率が下がります。

獨協医科大学は、一般選抜で「後期日程」を追加しました。

杏林大学は、「共通テスト利用」で「英語」が選択科目となり、「国語」も追加されました。これにより、「英語」が苦手、あるいは「国語」が得意な受験生にとってもチャンスが広がります。

近畿大学は、「数学」が他学部と共通問題となり、記述式からマーク式解答に変更されました。他学部と共通になることで、これまでよりも解きやすくなる可能性があります。

産業医科大学の一般選抜は、これまで1回のみの受験でしたが、最大3回受験が可能になりました。B方式は、これまで必須であった共通テストを受験する必要がなくなりました。

なお、総合型選抜・学校推薦型選抜と、定員については一部の大学を除いて省略しています。文科省に申請中の大学も多く、10月以降に各大学から発表される確定定員に注目が必要です。

※各大学の最新情報や変更点などは、メディカルラボが運営する「医学部受験ラボ」のWEBサイトでご確認ください。https://www.igakubujuken.jp/

【表9】2024年度入試［一般選抜］の主な変更点（2023 年 9 月時点）

	大学名	区分	項目	2024年度	2023年度	変更点
国立大学	山形大学	前期	2次科目 2次配点	英語、数学、理科〔物理、化学、生物→2科目〕 英語200点、数学200点、理科200点〔100点×2〕、面接100点	英語、数学、国語〔現代文〕、理科〔物理、化学、生物→2科目〕 英語100点、数学200点、国語100点、理科200点〔100点×2〕、面接100点	試験科目の変更（国語の廃止） 2次科目の配点変更（英語100点→200点に）
	山梨大学	後期	1次配点	900点（英語200点、数学200点、理科200点、国語200点、地歴・公民100点）	1100点（英語600点、数学100点、理科100点、国語200点、地歴・公民100点）	1次配点（共通テストの配点）の変更
			2次科目 2次配点 配点比率	英語、数学、理科〔物理、化学、生物→2科目〕、面接（グループディスカッション〔1グループ6名〕） 2300点（英語600点、数学600点、理科1000点、面接100点） 共通テスト：2次＝900：2300	数学、理科〔物理、化学、生物→2科目〕、面接（集団面接〔1グループ3名〕） 1200点（数学600点、理科600点） ※面接は点数化しない 共通テスト：2次＝1100：1200	試験科目の変更（英語の追加、集団面接→グループディスカッションに） 2次配点、配点比率の変更
			試験時間	1日目：数学90分、理科150分、英語90分 2日目：面接30分	数学120分、理科各120分、面接6分 ※1日で実施	試験日程の変更（1日実施→2日実施に）、試験時間の変更
	岐阜大学	前期	2段階選抜	約3倍	約9倍	第1段階選抜基準の変更
	愛媛大学	前期	1次配点	（共通テスト英語） リーディング：リスニング＝4：1	（共通テスト英語） リーディング：リスニング＝9：1	1次配点（共通テスト英語の配点比率）の変更
	鹿児島大学	後期	2段階選抜	約10倍	約8倍	第1段階選抜基準の変更
公立大学	奈良県立医科大学	前期	1次配点	900点（英語200点、国語100点、数学200点、地歴・公民100点、理科300点、）	450点（英語200点、国語100点、数学200点、地歴・公民100点、理科300点）※最終合格者決定時に合計点を1/2倍	1次配点の変更（合計450点 →900点に）
			2次科目 2次配点	小論文、面接 100点（小論文100点）※面接は点数化しない	英語、数学、理科〔物理、化学、生物→1科目〕、面接 450点（英語150点、数学150点、理科150点）※面接は点数化しない	試験科目の変更（学科試験→小論文に） 2次配点の変更（合計450点→100点に）
私立大学	獨協医科大学	一般前期	選抜方式 募集人員	52名（うち栃木県地域枠5名、埼玉県地域枠2名、茨城県地域枠2名、新潟県地域枠2名）	57名（うち栃木県地域枠5名）	地域枠（埼玉県、茨城県および新潟県）を新規実施、募集人員の変更
		一般前期〔栃木県地域枠〕	選抜方法	一般〔前期〕の受験者から選考	共通テスト利用選抜と一般選抜の受験者から選考	選抜方法の変更（受験対象者が一般選抜〔前期〕のみに）
		一般後期	選抜方式	10名	―	一般〔後期〕の新規実施
		共通テスト利用	共通テスト科目	英語、数学①、数学②、理科②2科目、国語（近代以降の文章）	英語、数学①、数学②、理科②2科目	共通テスト科目の変更（国語の追加）
	杏林大学	共通テスト利用	共通テスト科目	【必須】 「数学Ⅰ・数学A」「数学Ⅱ・数学B」 【選択①】 「英語」「国語〔近代以降の文章のみ〕」から1科目 【選択②】 「物理」「化学」「生物」から2科目 ※国語は〔近代以降の文章〕100点を200点に換算	【必須】 「英語」「数学Ⅰ・数学A」「数学Ⅱ・数学B」 【選択】 「物理」「化学」「生物」から2科目	共通テスト科目の変更 （英語が選択科目に。選択科目として国語の追加）
	日本医科大学	一般	選抜方式	◆グローバル特別選抜 ・後期から前期に移行 ・英語4技能の評価を追加（民間試験の成績を活用） 【対象となる英語民間試験】 ケンブリッジ英語検定／実用英語技能検定（英検）／GTEC／IELTS ／ TEAP ／ TEAP CBT ／ TOEFL iBTテスト	一般〔後期〕共通テスト（国語）併用	一般〔後期〕共通テスト（国語）併用の運用変更 （英語4技能評価の追加、後期→前期に）
	大阪医科薬科大学	一般前期 一般後期	試験時間	数学（90分）	数学（100分）	数学の試験時間の変更（100分→90分に）
	近畿大学	一般前期	1次科目	数学（他学部と共通問題／マーク式）	数学（医学部独自問題／記述式）	数学の出題内容の変更（医学部独自→他学部と共通に） 数学の出題形式の変更（記述式→マーク式に）
	産業医科大学	一般〔B〕 共通テスト利用〔A・C〕	選抜方式	◆一般A方式 〔出願〕12/1 ～ 1/12 〔1次〕1/13・14 ／共通テスト 〔2次〕2/12 ／①学力検査、3/12 ／②小論文、面接 ◆一般B方式 〔出願〕12/1 ～ 1/19 〔1次〕－（共通テストは受験しなくてよい） 〔2次〕2/12 ／①学力検査、3/12 ／②小論文、面接 ◆一般C方式 〔出願〕2/19 ～ 29 〔1次〕1/13・14 ／共通テスト 〔2次〕3/12 ／小論文、面接	◆一般選抜 〔出願〕12/1 ～ 1/13 〔1次〕1/14・15 ／共通テスト 〔2次〕2/12 ／①学力検査、3/12 ／小論文、面接	選抜方式の変更（1回実施→3回実施に） A ～ C方式は、重複出願することができる ※B方式は共通テストは受験しなくてよい
		共通テスト利用〔一般A方式〕	共通テスト配点	300点 （国語60点、地歴・公民40点、数学60点、理科80点、英語60点）	300点 （国語60点、地歴・公民60点、数学60点、理科60点、英語60点）	共通テスト配点の変更 （地歴・公民：60点→40点に、理科：1科目60点→2科目80点に）
			共通テスト科目	理科（物理、化学、生物から2科目）	理科（物理、化学、生物、地学から1科目）	共通テスト科目の変更（理科1科目→2科目に）
	福岡大学	一般〔系統別〕	試験時間	小論文（50分）	小論文（60分）	小論文の試験時間の変更（60分→50分に）

※出願予定の大学は、必ず募集要項で確認してください。

私立 2024年度 一般選抜[前期] 試験科目・配点

記号の見方 ● 必須科目 ◎ 教科内の選択科目 ◎ 教科をまたぐ選択科目

一般選抜[前期]

＊地域枠選抜など、一部を省略しています。

大学名	募集人員	1次試験 英語	数学 範囲	理科 化学基礎・化学	理科 生物基礎・生物	理科 物理基礎・物理	理科 科目数	国語	小論文	面接	適性検査	満点	教科・科目数	2次試験 小論文	面接	適性検査	満点
岩手医科大学	73※1	● 100	Ⅰ Ⅱ Ⅲ A B 100	◎	◎ 150	◎	2					350	3·4		● 50		50
東北医科薬科大学	95 (修学資金枠55含む)	● 100	Ⅰ Ⅱ Ⅲ A B 100	◎	◎ 200	◎	2					400	3·4	● 5段階評価	● 5段階評価		–
自治医科大学	100 (調整中23含まない)	● 25	Ⅰ Ⅱ Ⅲ A B 25	◎	◎ 50	◎	2			●※2 –		100	3·4	●※3 25	● –		25
獨協医科大学	52 (地域枠11含まない)	● 100	Ⅰ Ⅱ Ⅲ A B 100	◎	◎ 200	◎	2					400	3·4	● 段階評価	● –		–
埼玉医科大学	60	● 100	Ⅰ Ⅱ Ⅲ A B 100	◎	◎ 200	◎	2		●※4、※5 段階評価			400	3·4		● –		–
国際医療福祉大学	105	● 200	Ⅰ Ⅱ Ⅲ A B 150	◎	◎ 200	◎	2		●※5 段階評価			550	3·4		● 段階評価		–
杏林大学	89※6	● 100	Ⅰ Ⅱ Ⅲ A B 100	◎	◎ 150	◎	2					350	3·4	● –	● –		–
慶應義塾大学※7	66	● 150	Ⅰ Ⅱ Ⅲ A B 150	◎	◎ 200	◎	2					500	3·4	● –	● –		–
順天堂大学	A方式:64	● 200	Ⅰ Ⅱ Ⅲ A B 100	◎	◎ 200	◎	2		●※5 –			500	3·4		● –		–
順天堂大学	B方式:5	●※8 225	Ⅰ Ⅱ Ⅲ A B 100	◎	◎ 200	◎	2					525	3·4	●※9 –	● –		–
昭和大学	83	● 100	Ⅰ Ⅱ Ⅲ A B ◎(100)	◎	◎ 200	◎	2	◎ (100)				400	3·4	● 20	● 100		120
帝京大学	93 (地域枠7申請予定含む)	● 100	Ⅰ Ⅱ A B ◎(100)	◎	◎ (100)	◎	0〜2	◎ (100)				300	2〜3·3	● –	● –		–
東京医科大学	74	● 100	Ⅰ Ⅱ Ⅲ A B 100	◎	◎ 200	◎	2					400	3·4	● 60	● 40		100
東京慈恵会医科大学	105	● 100	Ⅰ Ⅱ Ⅲ A B 100	◎	◎ 200	◎	2					400	3·4	● 25(段階評価)	●※10 30(段階評価)		80※11
東京女子医科大学	約67	● 100	Ⅰ Ⅱ Ⅲ A B 100	◎	◎ 200	◎	2		●※12 –		●※12 –	400	3·4		● –		–
東邦大学	約70※13	● 150	Ⅰ Ⅱ Ⅲ A B 100	◎	◎ 150	◎	2				●※14 –	400	3·4		● –		–
日本大学	N1期:90	● 100	Ⅰ Ⅱ Ⅲ A B 100	◎	◎ 200	◎	2					400	3·4		● 30重視	● 120※15	150
日本医科大学	76 (地域枠14含む)	● 300	Ⅰ Ⅱ Ⅲ A B 300	◎	◎ 400	◎	2					1000	3·4	● 非公表	● 非公表		–
北里大学	75 (相模原修学資金枠2含む)	● 150	Ⅰ Ⅱ Ⅲ A B 150	◎	◎ 200	◎	2					500	3·4	●(論文) –	● –		–
聖マリアンナ医科大学	約75	● 100	Ⅰ Ⅱ Ⅲ A B 100	◎	◎ 200	◎	2					400	3·4	● 50	● 50	● 参考	100
東海大学	60	● 100	Ⅰ Ⅱ A B 100	◎	◎ 100	◎	1					300	3·3	● –	● –		–
金沢医科大学	72	● 100	Ⅰ Ⅱ Ⅲ A B 100	◎	◎ 150	◎	2					350	3·4	● 60	● 110※16		170
愛知医科大学	約65	● 150	Ⅰ Ⅱ Ⅲ A B 150	◎	◎ 200	◎	2					500	3·4	● 5段階評価	● 5段階評価		–
藤田医科大学	83 (地域枠5含む)	● 200	Ⅰ Ⅱ Ⅲ A B 200	◎	◎ 200	◎	2					600	3·4		● 40(5段階評価)※17		40
大阪医科薬科大学	68 (大阪府地域枠2申請中含まない)	● 100	Ⅰ Ⅱ Ⅲ A B 100	◎	◎ 200	◎	2		● 段階評価※5			400	3·4		● 段階評価		–
関西医科大学	53	● 100	Ⅰ Ⅱ Ⅲ A B 100	◎	◎ 200	◎	2					400	3·4		● 段階評価		–
近畿大学	55※18	● 100	Ⅰ Ⅱ A B 100	◎	◎ 200	◎	2					400	3·4	● 段階評価	● 段階評価		–
兵庫医科大学	一般A:約67※19	● 150	Ⅰ Ⅱ Ⅲ A B 150	◎	◎ 200	◎	2		●※5 50			500	3·4		● 100		150※20
兵庫医科大学	一般B:約10		Ⅰ Ⅱ Ⅲ A B 150	◎	◎ 100	◎	1		●※5 50			250	2		● 40		280※21
川崎医科大学	一般:約45 地域枠:約26名※22	● 100	Ⅰ Ⅱ Ⅲ A B 100	◎	◎ 150	◎	2		●※5 段階評価			350	3·4		● 100+段階評価※23		100 地:150
久留米大学	約75	● 100	Ⅰ Ⅱ Ⅲ A B 100	◎	◎ 200	◎	2					400	3·4	● 50	● 50		100
産業医科大学(一般A2次) ＊1次は大学入学共通テスト※24	約70※25	● 200	Ⅰ Ⅱ Ⅲ A B 200	◎	◎ 200	◎	2					600	3·4	● 50	● 重視		50
福岡大学	65	● 100	Ⅰ Ⅱ Ⅲ A B 100	◎	◎ 200	◎	2		●※26			400	3·4		● 50		50

※1 ほかに一般選抜として地域枠C5名、地域枠D7名を申請予定。
※2 学力試験及第者のみ実施。
※3 小論文ではなく、記述式の学力試験を実施。教科は数学と英語。
※4 小論文＝和文·英文試験。
※5 1次選考日に実施し、2次試験合格者選抜時に使用。
※6 別途、地域枠(東京都10名、新潟県4名)計14名を申請予定。
※7 配点は前年度の情報のため、募集要項およびホームページ等で確認。
※8 英語独自試験の得点(200点満点)に資格·検定試験の成績に応じた得点(25点満点)が加算される。
※9 小論文·英作文。
※10 MMI(Multiple Mini Interview)を実施。
※11 調査書等評価25点(段階評価)と合わせて。
※12 試験科目は「適性·小論文」。評価は1次選抜では使用せず、2次選抜時に使用。
※13 別途、地域枠(千葉県2名、新潟県2名)計4名を認可申請中。
※14 基礎学力試験＝論理的思考能力·数理解析能力等を実施。結果は2次選抜時に使用。
※15 適性検査は数学(記述式)と英語。各60点。
※16 調査書等の評価を含む。
※17 提出書類と合わせて40点。
※18 一般選抜として別途地域枠17名の募集がある。ただし、一般選抜前期·後期と合わせての募集。
※19 このほか一般Aに兵庫県推薦枠3名の募集がある。
※20 1次試験の小論文(50点)、2次試験の個人面接(100点)の合計点。
※21 1次試験の小論文(50点)、2次試験の英語(150点)、英語資格検定試験·調査書(40点)、個人面接·課題型面接(40点)の合計点。
※22 地域枠選抜は、岡山県地域枠は約10名の募集。静岡県地域枠(10名)と長崎県地域枠(6名)は認可申請予定。
※23 地域枠選抜は150点＋段階評価。
※24 一般選抜Bは1次選抜は個別学力検査、2次選抜が小論文·面接。一般選抜Cは1次選抜が大学入学共通テスト、2次選抜が小論文·面接。
※25 内訳はA方式:約60名、B方式:5名以内、C方式:5名以内。
※26 1次試験に実施し、2次試験の面接評価として活用。

一般選抜[後期]

大学名	出願期間	試験日	募集人員	1次試験 英語	数学 範囲	理科 化学基礎・化学	理科 生物基礎・生物	理科 物理基礎・物理	理科 科目数	国語	小論文	面接	適性検査
獨協医科大学	1/15~2/16	1次 2/27 2次 3/5	10	● 100	I II III A B 100	◎	◎ 200	◎	2				
埼玉医科大学	2/5~2/20	1次 3/2 2次 3/10	20※1	● 100	I II III A B 100	◎	◎ 200	◎	2		●※2 段階評価		
昭和大学(II期)	2/1~2/14	1次 3/2 2次 3/9	18	● 100	I II III A B (100)	◎	◎ 200	◎	2	◎近 (100)			
日本大学(N2期)	1/5~2/23	1次 3/4 2次 3/17	15	● 100	I II III A B 100	◎	◎ 200	◎	2				
日本医科大学	2/1~2/20	1次 2/28 2次 3/10	33※4	● 300	I II III A B 300	◎	◎ 400	◎	2				
聖マリアンナ医科大学	2/13~2/26	1次 3/5 2次 3/15	約10	● 100	I II III A B 100	◎	◎ 200	◎	2				
金沢医科大学	1/15~2/17	1次 3/1 2次 3/11	10	● 100	I II A B 100								
藤田医科大学	1/23~2/27	1次 3/3 2次 3/14	10※6	● 200	I II III A B 200	◎	◎ 200	◎	2				
大阪医科薬科大学	12/11~2/28	1次 3/10 2次 3/18	15	● 100	I II III A B 100	◎	◎ 200	◎	2				
関西医科大学	2/1~2/16	1次 3/2 2次 3/12	計5※8	● 100	I II III A B 100	◎	◎ 200	◎	2				
近畿大学	2/1~2/13	1次 2/24 2次 3/7	5	● 100	I II A B 100	◎	◎ 200	◎	2				
久留米大学	2/6~2/26	1次 3/8 2次 3/16	約5	● 100	I II III A B 100	◎	◎ 200	◎	2				

大学入学共通テスト利用選抜

大学名	試験区分	募集人員	外国語 英語	外国語 他言語の選択	外国語 科目数	数学 数学I	数学 数学IA	数学 数学II	数学 数学IIB	数学 他	数学 科目数	理科 化学	理科 生物	理科 物理	理科 地学	理科 科目数	国語 国語	国語 科目数
東北医科薬科大学	大学入学共通テスト利用	5	● 200		1		●	200	●		2	◎	◎ 200	◎		2	●近 100	1
獨協医科大学	大学入学共通テスト利用	5	● 100		1		●	100	●		2	◎	◎ 200	◎		2	●近 100	1
埼玉医科大学	大学入学共通テスト利用	10	● 150		1		●	100	●		2	◎	◎ 200	◎		2	● 100	1
国際医療福祉大学	大学入学共通テスト利用	15	● 200		1		●	200	●		2	◎	◎ 200	◎		2	● 200	1
杏林大学	大学入学共通テスト利用	15	◎ 200		(1)※1		●	200	●		2	◎	◎ 200	◎		2	◎近 200※2	(1)※1
順天堂大学	大学入学共通テスト・一般独自併用	12	● 200		1		●	200	●		2	◎	◎ 200	◎		2	● 200	1
	前期大学入学共通テスト利用	10	● 200		1		●	200	●		2	◎	◎ 200	◎		2	● 200	1
	後期大学入学共通テスト利用	5	● 200		1		●	200	●		2	◎	◎ 200	◎		2	● 200	1
帝京大学	大学入学共通テスト利用※5	8	● 100		1	◎	◎	◎ (100)	◎		(1)	◎	◎ (100~200)	◎		(0~2)	◎近※6 (100)	(1)
東京医科大学	大学入学共通テスト利用	10以内	● 200		1		●	200	●		2	◎	◎ 200	◎		2	● 200	1
日本医科大学	一般前期 グローバル特別選抜	10															● 200	1
東海大学	神奈川県・静岡県地域枠 大学入学共通テスト利用	8※9 10	● 200		1		●	200	●		2	◎	◎ 200	◎		2		
愛知医科大学	大学入学共通テスト利用前期	約15	● 200		1		●	200	●		2	◎	◎ 200	◎		2	●近 100	1
	大学入学共通テスト利用後期	約5	● 200		1		●	200	●		2	◎	◎ 100	◎		1※1	● 200	1
	愛知県地域特別枠(B方式)	約5	● 200		1		●	200	●		2	◎	◎ 200	◎		2	●近 100	1
藤田医科大学	大学入学共通テスト利用前期	10	● 200		1		●	200	●		2	◎	◎ 200	◎		2	●近 100	1
	大学入学共通テスト利用後期	5	● 200		1		●	200	●		2	◎	◎ 200	◎		2	●近 100	1
大阪医科薬科大学	大学入学共通テスト利用	10	● 200		1		●	200	●		2	◎	◎ 200	◎		2	●近 100	1
関西医科大学	大学入学共通テスト利用前期	12	● 200		1		●	200	●		2	◎	◎ 200	◎		2	●近 100	1
	大学入学共通テスト・一般併用	13	● 100		1		●	100	●		2	◎	◎ 200	◎		2	●近 100	1
	大学入学共通テスト利用後期	計5※11	● 200		1		●	200	●		2	◎	◎ 200	◎		2		
近畿大学	共通テスト利用方式・前期	5	● 100		1		●	200	●		2	◎	◎ 200	◎		2		
	共通テスト利用方式・中期※12	3	● 100		1		◎	(100)			(1)※1	◎	◎ 200	◎		2	◎近 (100)	(1)※1
	共通テスト利用方式・後期※13	2	● 100		1		◎	(100)			(1)	◎	◎ (100~200)	◎		(0~2)	◎近 (100)	(1)
産業医科大学	一般A方式(大学入学共通テスト利用)	約60	● 60		1		●	60	●		2	◎	◎ 80	◎		2	● 60	1
	一般C方式(大学入学共通テスト利用)	5以内	● 200		1		●	200	●		2	◎	◎ 200	◎		2	● 200	1
福岡大学	大学入学共通テスト利用(I期)	5	● 200		1※14		●	200	●		2	◎	◎ 200	◎		2	●近 100	1

ト利用選抜 試験科目・配点

1次試験 満点	1次試験 教科・科目数	2次試験 小論文	2次試験 面接	2次試験 適性検査	2次試験 満点
400	3・4	● 段階評価	● —		—
400	3・4		● —		—
400	3・4		● 100		100
400	3・4		● 30(重視)	● 120※3	150
1000	3・4	● —	● —		—
400	3・4	● 50	● 50	● 参考	100
200	2・2	● 60	● 110※5		170
600	3・4		● 40(5段階評価)※7		40
400	3・4	● 段階評価	● 段階評価		—
400	3・4		● 段階評価		—
400	3・4	● 段階評価	● 段階評価		—
400	3・4	● 50	● 50		100

※1　申請予定の臨時定員増1名を含む。
※2　小論文＝和文・英文試験。2次試験の判定に使用する。
※3　適性検査は数学(記述式)と英語。各60点。
※4　地域枠6名を含む。
※5　調査書等の評価を含む。
※6　愛知県地域枠5名を含む。
※7　提出書類と合わせて評価。
※8　大学入学共通テスト利用後期と合わせた人数。

記号の見方
● 必須科目
◎ 教科内の選択科目
◎ 教科をまたぐ選択科目
近（国語）近代以降の文章

地理歴史・公民 世界史	日本史	地理	現代社会	倫理	政治・経済	倫理、政治・経済	科目数	満点 ※換算計	教科・科目数	2次試験 試験日	2次試験 内容	大学名
								700	4・6	3/6	面接	東北医科薬科大学
								500	4・6	3/5	小論文、面接	獨協医科大学
								550	4・6	3/10	小論文、面接	埼玉医科大学
B◎	B◎	B◎	100			◎	1※1	900	5・7	2/16　学力試験(英語)・小論文 2/20　面接		国際医療福祉大学
								600	3・5	2/18	小論文、面接	杏林大学
B◎	B◎	B◎	◎ 100	◎	◎	◎	1※3	900	5・7	[1次試験]2/3　英語、理科 [2次試験]3/4　小論文・英作文　3/5　面接		順天堂大学
B◎	B◎	B◎	◎ 100	◎	◎	◎	1※3	900	5・7	2/3 2/10〜12※4	小論文 面接	順天堂大学
B◎	B◎	B◎	◎ 100	◎	◎	◎	1※3	900	5・7	3/4 3/5	小論文・英作文 面接	順天堂大学
								300	2~3·3	2/16	英語(長文読解)、課題作文、面接	帝京大学
AB◎	AB◎	AB◎	◎ 100	◎	◎	◎	1※3	900	5・7	2/17	小論文、面接	東京医科大学
								200	1・1	1次2/1※7 2次2/9か10	英語※8、数学、理科 小論文、面接	日本医科大学
								600	3・5	2/11か12	小論文、面接	東海大学
								700	4・6	2/22	面接	愛知医科大学
AB◎	AB◎	AB◎	◎ 100	◎	◎	◎	1※1	800	5・6	3/12	面接	愛知医科大学
								700	4・6	3/12	面接	愛知医科大学
								700	4・6	2/12か13	面接・提出書類	藤田医科大学
								700	4・6	3/14	総合問題·口頭試問、面接・提出書類	藤田医科大学
								700	4・6	2/28	小論文、面接	大阪医科薬科大学
AB◎	AB◎	AB◎	◎ 100	◎	◎	◎	1※1	800	5・7	2/17	面接	関西医科大学
AB◎	AB◎	AB◎	◎ 100	◎	◎	◎	1※1	600	5・7	1次1/27※10 2次2/17	英語、数学、理科 面接	関西医科大学
								600	3・5	3/12	面接	関西医科大学
								500	3・5	2/18	小論文、面接	近畿大学
								400	3・4	2/18	小論文、面接	近畿大学
								300	2~3·3	3/7	小論文、面接	近畿大学
B◎	B◎	B◎	◎ 40	◎	◎	◎	1※3	300	5・7	2/12 3/12	[2次学力検査]英語、数学、理科 [2次試験]小論文・面接	産業医科大学
B◎	B◎	B◎	◎ 100	◎	◎	◎	1※3	900	5・7	3/12	小論文・面接	産業医科大学
								700	4・6	2/14	面接、調査書	福岡大学

※1　2科目受験した場合は、(第1解答科目と第2解答科目のうち)高得点の科目を合否判定に使用する。
※2　100点を200点に換算。
※3　2科目受験した場合は、第1解答科目を合否判定に使用する。
※4　3日間から1日。
※5　数学、理科、国語から2科目選択。数学2科目の組み合わせ不可。3科目以上受験した場合は、高得点の2科目を合否判定に使用する。
※6　「近代以降の文章」(100点満点)と、「近代以降の文章」に「古典」(100点満点)を加えた点(200点満点)を100点満点に圧縮した点の2通りを算出し、高得点を採用する。
※7　一般前期1次試験。
※8　英語民間試験の要件を満たすことで総合的に4技能を評価する。
※9　うち神奈川県地域枠5名、静岡県地域枠3名。
※10　一般前期1次試験。
※11　一般選抜後期と合わせた人数。
※12　数学、国語から1科目選択。両方受験した場合は、高得点の1科目を合否判定に使用する。
※13　数学、理科、国語から2科目選択。複数の教科・科目を受験した場合は、高得点の2科目を合否判定に使用する。
※14　各種検定試験等の得点・資格を大学入学共通テストの「英語」の得点に加点し、合否判定を受けることができる。その場合大学入学共通テストの「英語」の配点は、リーディング4:リスニング1の配点比率とする。その処理を行った後、加点をし、配点の200点に換算する。

記号の見方
● 必須科目
◎ 教科内の選択科目
◎ 教科をまたぐ選択科目
近（国語）近代以降の文章

大学名	一般	推薦	名称	募集人員
岩手医科大学	●		地域枠C(全国枠)	5名※1
	●		地域枠D(全国枠・診療科指定)	7名※1
		●	地域枠A[岩手県出身者枠](岩手県)	15名※1
		●	地域枠B[東北出身者枠](岩手を含む東北6県)	8名(うち岩手県4名)※1
		●	秋田県地域枠[秋田県出身者枠](秋田県)	2名
東北医科薬科大学※2	●		修学資金枠A方式[宮城県]	30名
	●		修学資金枠A方式［宮城県を除く東北5県］	5名(各県1名)
	●		修学資金枠B方式［宮城県を除く東北5県］	20名
自治医科大学	●		栃木県地域枠(栃木県)	3名
獨協医科大学	●		栃木県地域枠	5名※3
	●		埼玉県地域枠	2名※3
	●		茨城県地域枠	2名※3
	●		新潟県地域枠	2名※3
		●	指定校制(栃木県地域枠)	5名以内(予定)※4
		●	地域特別枠(北関東3県、埼玉県、福島県、東京都)	10名
埼玉医科大学		●	埼玉県地域枠	19名※1
杏林大学	●		東京都地域枠(東京都)	10名※1
	●		新潟県地域枠	4名※1
順天堂大学	●		東京都地域枠(東京都)	10名※1
	●		新潟県地域枠	1名※1
	●		千葉県地域枠	5名※1
	●		埼玉県地域枠	10名※1
	●		静岡県地域枠	5名※1
	●		茨城県地域枠	2名※1
昭和大学	―		地域枠(静岡県・新潟県・茨城県)	調整中
帝京大学	●		茨城県特別地域枠(茨城県)	1名
	●		福島県特別地域枠	2名※1
	●		千葉県特別地域枠	2名※1
	●		静岡県特別地域枠	2名※1
東京医科大学		●	茨城県地域枠(茨城県)	8名以内※1※5
		●	埼玉県地域枠	2名以内※1※5
		●	新潟県地域枠	3名以内※1※5
東邦大学	●		千葉県地域枠	2名※6
	●		新潟県地域枠	2名※6
		●	公募制千葉県地域枠	3名※6
		●	公募制新潟県地域枠	6名※6
日本大学	―	―	「特別選抜」埼玉県地域枠	5名※1
	―	―	「特別選抜」新潟県地域枠	4名※1
	―	―	「特別選抜」茨城県地域枠	3名※1
	―	―	「特別選抜」静岡県地域枠	3名※1
日本医科大学	●		千葉県地域枠	7名(前4後3)
	●		静岡県地域枠	4名(前3後1)
	●		埼玉県地域枠	2名(前1後1)
	●		新潟県地域枠	2名(前1後1)
	●		東京都地域枠(東京都)	5名
北里大学	●		相模原市修学資金枠	2名
		●	地域枠指定校(山梨県)	2名(2023年度実績)※1
		●	地域枠指定校(茨城県)	4名(2023年度実績)※1
		●	地域枠指定校(神奈川県)	5名(2023年度実績)※1
		●	地域枠指定校(埼玉県)	2名(2023年度実績)※1
		●	地域枠指定校(新潟県)	3名(2023年度実績)※1
聖マリアンナ医科大学		●	神奈川県地域枠(神奈川県)	7名
東海大学	●※7		神奈川県地域枠(神奈川県)	5名※1
	●※7		静岡県地域枠	3名※1
金沢医科大学		●	指定校・指定地域制(北陸3県など)	5名※8
愛知医科大学	●※7		愛知県地域特別枠 B方式(愛知県)	約5名
		●	愛知県地域特別枠 A方式(愛知県)	約5名
藤田医科大学	●		愛知県地域枠(愛知県)	10名(前5後5)
大阪医科薬科大学	●		大阪府地域枠	2名※6
関西医科大学		●	大阪府地域枠	5名※1
		●	静岡県地域枠	8名※1
		●	新潟県地域枠	2名※1
近畿大学	●		大阪府地域枠	3名※1
	●		奈良県地域枠	2名※1
	●		和歌山県地域枠	2名※1
	●		静岡県地域枠	10名(前6後4)※1
兵庫医科大学	●		兵庫県推薦入学枠	3名
		●	地域指定制(兵庫県)	5名以内
川崎医科大学	●		岡山県地域枠	約10名
	●		静岡県地域枠	10名※1
	●		長崎県地域枠	6名※1
		―	「総合型選抜」中国・四国地域出身者枠(中国・四国地域)	約20名
		―	「総合型選抜」霧島市地域枠(鹿児島県霧島市)	約1名
久留米大学		●	福岡県特別枠(福岡県)	5名※6
産業医科大学		●※9	北海道・東北・関東甲信越・静岡(Aブロック)	各20名以内(計25名以内)
		●※9	北陸・東海[静岡を除く]・近畿・中国・四国(Bブロック)	
		●※9	九州・沖縄(Cブロック)	
福岡大学		●	地域枠(沖縄含む九州地方、山口県)	10名

＊(　　)は、出願要件として示された地域（居住歴などの条件も含む）。ただし、青字で示された地域枠は全国の受験者を対象とするものです。なお、申請が認可されない場合、地域枠の募集がなくなることもあるので、実施の有無について必ず各大学のホームページ等で確認してください。

※1　認可申請予定。
※2　〔　　〕は返還免除条件の一つとして限定された地域。なお、修学資金枠Ｂ方式は、受験時には全国から受験可能だが、入試後に行う修学資金への出願に際して、一部の自治体では出身地域について条件が設けられている。
※3　一般選抜（前期）の受験者から選考。予定であり変更があり得る。
※4　出願可能な地域について、詳細は指定校のみに通知されているため、詳しくは高校の進路部へ問い合わせること。
※5　合格者が募集人員に満たない場合、欠員は一般選抜で募集する。
※6　認可申請中。
※7　大学入学共通テスト利用選抜。
※8　指定校について北陸３県以外にも設定されていることがあるため、詳しくは高校の進路部へ問い合わせること。指定地域については、富山県氷見市に在住の者が対象。
※9　全国を３ブロックに分け、ブロックごとに選抜を実施する。

私立 2024年度 1次試験が行われる都道府県

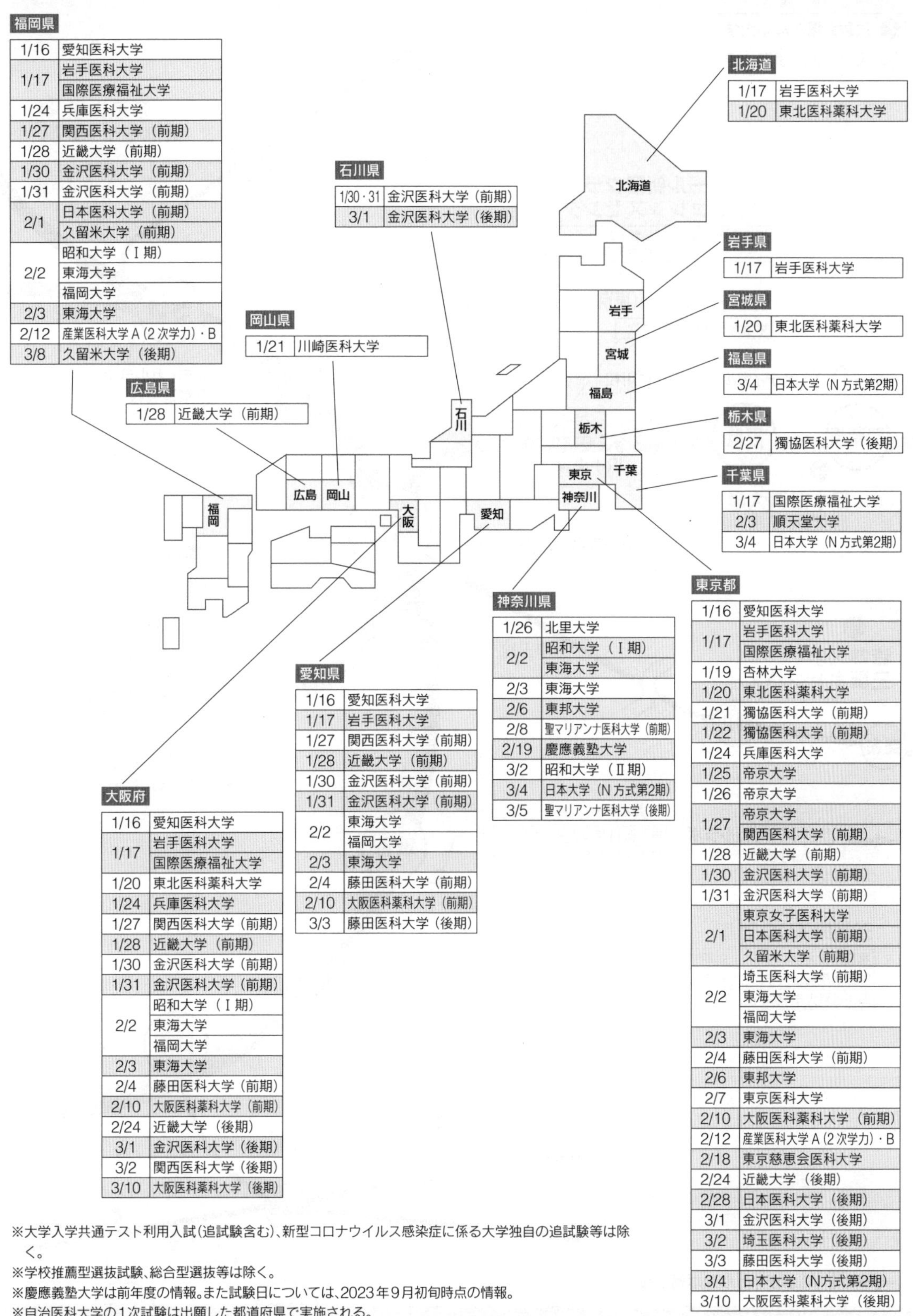

福岡県

1/16	愛知医科大学
1/17	岩手医科大学
	国際医療福祉大学
1/24	兵庫医科大学
1/27	関西医科大学（前期）
1/28	近畿大学（前期）
1/30	金沢医科大学（前期）
1/31	金沢医科大学（前期）
2/1	日本医科大学（前期）
	久留米大学（前期）
2/2	昭和大学（Ⅰ期）
	東海大学
	福岡大学
2/3	東海大学
2/12	産業医科大学A（2次学力）・B
3/8	久留米大学（後期）

石川県

1/30・31	金沢医科大学（前期）
3/1	金沢医科大学（後期）

岡山県

1/21	川崎医科大学

広島県

1/28	近畿大学（前期）

北海道

1/17	岩手医科大学
1/20	東北医科薬科大学

岩手県

1/17	岩手医科大学

宮城県

1/20	東北医科薬科大学

福島県

3/4	日本大学（N方式第2期）

栃木県

2/27	獨協医科大学（後期）

千葉県

1/17	国際医療福祉大学
2/3	順天堂大学
3/4	日本大学（N方式第2期）

神奈川県

1/26	北里大学
2/2	昭和大学（Ⅰ期）
	東海大学
2/3	東海大学
2/6	東邦大学
2/8	聖マリアンナ医科大学（前期）
2/19	慶應義塾大学
3/2	昭和大学（Ⅱ期）
3/4	日本大学（N方式第2期）
3/5	聖マリアンナ医科大学（後期）

愛知県

1/16	愛知医科大学
1/17	岩手医科大学
1/27	関西医科大学（前期）
1/28	近畿大学（前期）
1/30	金沢医科大学（前期）
1/31	金沢医科大学（前期）
2/2	東海大学
	福岡大学
2/3	東海大学
2/4	藤田医科大学（前期）
2/10	大阪医科薬科大学（前期）
3/3	藤田医科大学（後期）

大阪府

1/16	愛知医科大学
1/17	岩手医科大学
	国際医療福祉大学
1/20	東北医科薬科大学
1/24	兵庫医科大学
1/27	関西医科大学（前期）
1/28	近畿大学（前期）
1/30	金沢医科大学（前期）
1/31	金沢医科大学（前期）
2/2	昭和大学（Ⅰ期）
	東海大学
	福岡大学
2/3	東海大学
2/4	藤田医科大学（前期）
2/10	大阪医科薬科大学（前期）
2/24	近畿大学（後期）
3/1	金沢医科大学（後期）
3/2	関西医科大学（後期）
3/10	大阪医科薬科大学（後期）

東京都

1/16	愛知医科大学
1/17	岩手医科大学
	国際医療福祉大学
1/19	杏林大学
1/20	東北医科薬科大学
1/21	獨協医科大学（前期）
1/22	獨協医科大学（前期）
1/24	兵庫医科大学
1/25	帝京大学
1/26	帝京大学
1/27	帝京大学
	関西医科大学（前期）
1/28	近畿大学（前期）
1/30	金沢医科大学（前期）
1/31	金沢医科大学（前期）
2/1	東京女子医科大学
	日本医科大学（前期）
	久留米大学（前期）
2/2	埼玉医科大学（前期）
	東海大学
	福岡大学
2/3	東海大学
2/4	藤田医科大学（前期）
2/6	東邦大学
2/7	東京医科大学
2/10	大阪医科薬科大学（前期）
2/12	産業医科大学A（2次学力）・B
2/18	東京慈恵会医科大学
2/24	近畿大学（後期）
2/28	日本医科大学（後期）
3/1	金沢医科大学（後期）
3/2	埼玉医科大学（後期）
3/3	藤田医科大学（後期）
3/4	日本大学（N方式第2期）
3/10	大阪医科薬科大学（後期）

※大学入学共通テスト利用入試（追試験含む）、新型コロナウイルス感染症に係る大学独自の追試験等は除く。
※学校推薦型選抜試験、総合型選抜等は除く。
※慶應義塾大学は前年度の情報。また試験日については、2023年9月初旬時点の情報。
※自治医科大学の1次試験は出願した都道府県で実施される。
※日本大学の一般入試（N方式第1期）の1次試験（2/1）は、全国20会場で実施予定。
※産業医科大学の一般選抜Aの1次試験は大学入学共通テスト、2次試験の一部として個別学力検査を実施。一般選抜Bは大学入学共通テストの受験は不要で、1次試験として個別学力検査を実施する。

2024年度 東京の試験会場 [一般選抜]

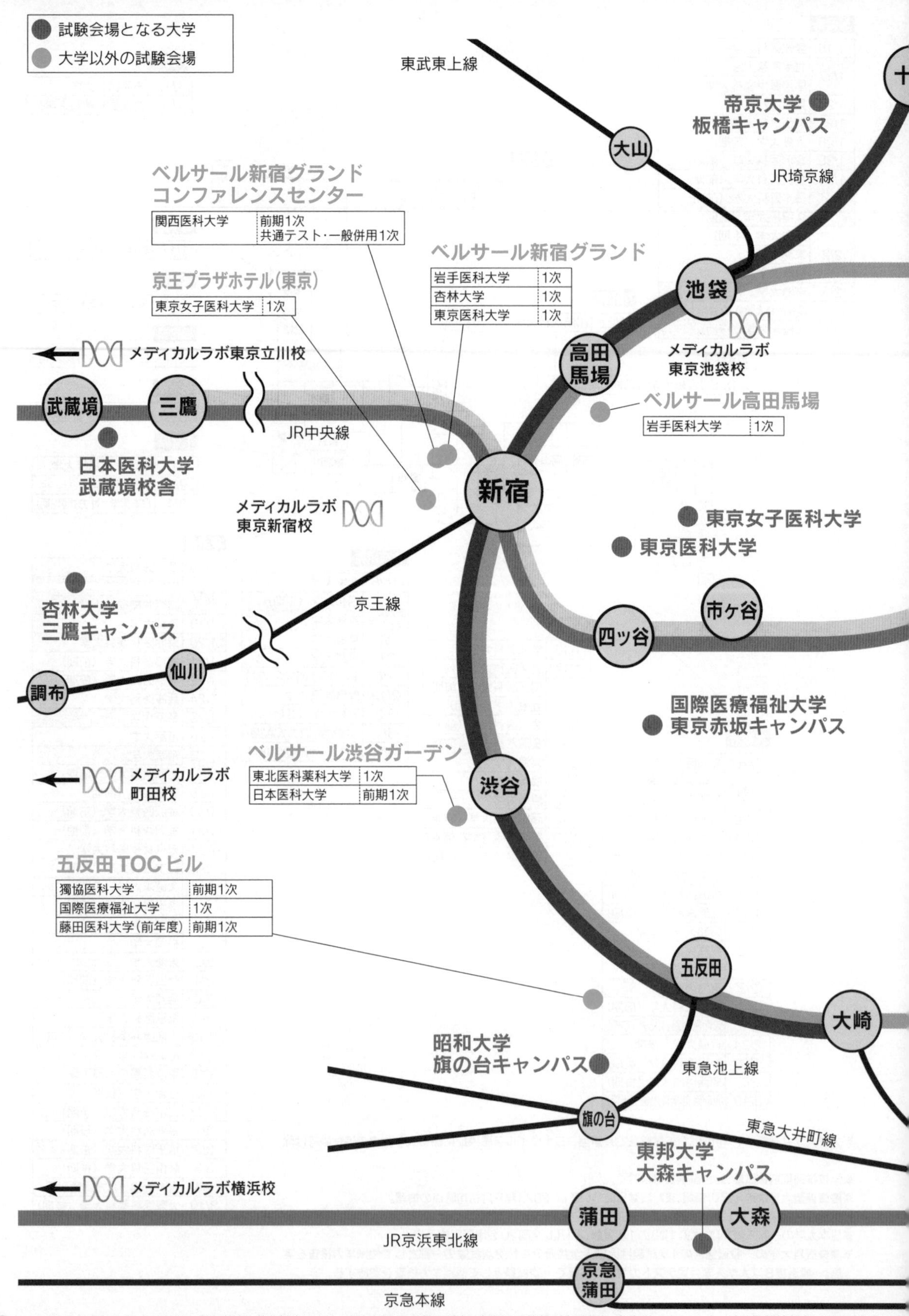

*2023年9月初旬時点の情報。感染症等に伴う対応により、試験会場・日程等の追加・変更の可能性があります。各大学のホームページで最新情報をご確認ください。

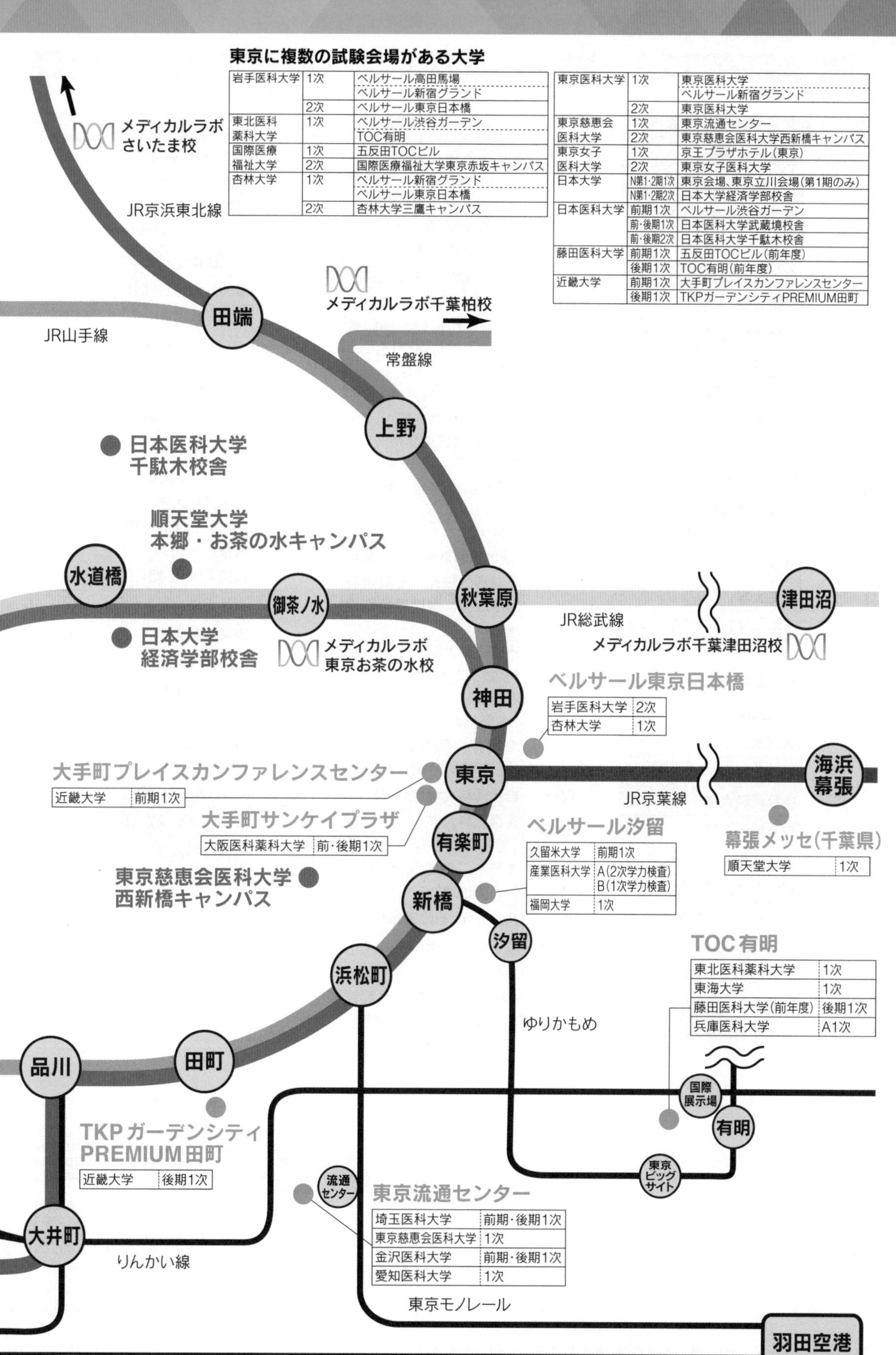

東京に複数の試験会場がある大学

大学	試験	会場
岩手医科大学	1次	ベルサール高田馬場
		ベルサール新宿グランド
	2次	ベルサール東京日本橋
東北医科薬科大学	1次	ベルサール渋谷ガーデン
		TOC有明
国際医療福祉大学	1次	五反田TOCビル
	2次	国際医療福祉大学東京赤坂キャンパス
杏林大学	1次	ベルサール新宿グランド
		ベルサール東京日本橋
	2次	杏林大学三鷹キャンパス

大学	試験	会場
東京医科大学	1次	東京医科大学
		ベルサール新宿グランド
	2次	東京医科大学
東京慈恵会医科大学	1次	東京流通センター
	2次	東京慈恵会医科大学西新橋キャンパス
東京女子医科大学	1次	京王プラザホテル(東京)
	2次	東京女子医科大学
日本大学	N第1･2期1次	東京会場、東京立川会場(第1期のみ)
	N第1･2期2次	日本大学経済学部校舎
日本医科大学	前期1次	ベルサール渋谷ガーデン
	前･後期1次	日本医科大学武蔵境校舎
	前･後期2次	日本医科大学千駄木校舎
藤田医科大学	前期1次	五反田TOCビル(前年度)
	後期1次	TOC有明(前年度)
近畿大学	前期1次	大手町プレイスカンファレンスセンター
	後期1次	TKPガーデンシティPREMIUM田町

2024年度 予想難易度ランキング

ボーダーライン偏差値

[一般選抜・前期]

個別試験偏差値	大学名
72.5	慶應義塾大学
70.0	順天堂大学(A、B方式)
	東京慈恵会医科大学
	日本医科大学
67.5	自治医科大学
	昭和大学(Ⅰ期)
	東京医科大学
	東邦大学
	大阪医科薬科大学
	関西医科大学
	産業医科大学(B方式)
65.0	東北医科薬科大学
	国際医療福祉大学
	杏林大学
	帝京大学
	東海大学
	日本大学(N全学第1期)
	金沢医科大学
	藤田医科大学
	近畿大学
	久留米大学
62.5	岩手医科大学
	獨協医科大学
	埼玉医科大学
	北里大学
	東京女子医科大学
	聖マリアンナ医科大学
	愛知医科大学
	兵庫医科大学(A、B)
	福岡大学
60.0	川崎医科大学

ボーダーライン偏差値

[地域枠など]

個別試験偏差値	大学名
70.0	順天堂大学(東京都地域枠、新潟県地域枠、千葉県地域枠、埼玉県地域枠、静岡県地域枠、茨城県地域枠)
	日本医科大学(地域枠前期)
67.5	昭和大学(新潟県地域枠、静岡県地域枠、茨城県地域枠)
	大阪医科薬科大学(大阪府地域枠)
65.0	東北医科薬科大学(A、B方式東北地域)
	杏林大学(東京都地域枠、新潟県地域枠)
	帝京大学(茨城県特別地域枠、福島県特別地域枠、千葉県特別地域枠、静岡県特別地域枠)
	藤田医科大学(愛知県地域枠)
	近畿大学(大阪府地域枠、奈良県地域枠、和歌山県地域枠、静岡県地域枠)
62.5	岩手医科大学(地域枠D)
	獨協医科大学(栃木県地域枠、埼玉県地域枠、茨城県地域枠、新潟県地域枠)
	北里大学(相模原市枠)
60.0	岩手医科大学(地域枠C)
	川崎医科大学(岡山県地域枠、静岡県地域枠、長崎県地域枠)

大学入学共通テストボーダー得点率

[大学入学共通テスト利用]

共通テスト得点率	大学名	個別試験偏差値
88%	関西医科大学(前期)	—
	関西医科大学(共テ・一般併用)	67.5
87%	大阪医科薬科大学	—
86%	国際医療福祉大学	65.0
	順天堂大学(前期)	—
	順天堂大学(共テ・一般独自併用)	70.0
	帝京大学	65.0
	藤田医科大学(前期)	—
	近畿大学(前期)	—
	近畿大学(中期)	—
85%	日本医科大学(グローバル特別選抜)	70.0
	福岡大学(Ⅰ期)	—
84%	杏林大学	—
	東京医科大学	—
	東海大学	—
83%	東北医科薬科大学	—
	東海大学(神奈川県地域枠、静岡県地域枠)	—
82%	愛知医科大学(前期)	—
	産業医科大学(A方式)	67.5
81%	獨協医科大学	—
80%	埼玉医科大学	—

ボーダーラインは、合否の可能性が50%に分かれるラインを意味します。
予想難易度のランクは2023年9月時点のものです。2023年度入試の結果と2024年度の全統模試の志望動向を参考にして設定していますが、今後の模試の志望動向等により変更する可能性があります。また、大学の募集区分も変更の可能性があります。

※ボーダーラインには、私立大学の一般方式の難易度を示す「ボーダー偏差値」と、共通テスト利用方式の難易度を示す「ボーダー得点率」があります。
※ボーダーラインは一般入試を対象として設定しています。ただし、私立大学の後期選抜に該当するものは、ボーダーラインを設定していません。
※ボーダーラインはあくまでも入試の難易度を表したものであり、各大学の教育内容や社会的位置づけを示したものではありません。

［2024年度］配点／割合／出題範囲・選択数／ボーダー偏差値
［2023年度］難易度／分量／解答形式
＊後期・Ⅱ期等は省略しています。

［一般・前期］

大学名		項目	英語	数学	化学	生物	物理	合計	ボーダー偏差値
岩手医科大学	2024	配点	100	100	75	75	75	350点（＋面接50）	62.5
		割合	28.6%	28.6%	21.4%	21.4%	21.4%		
		出題範囲・選択数	―	Ⅰ・Ⅱ・Ⅲ・A・B(列・ベ)	化基・化，生基・生，物基・物→2科目				
	2023	難易度	標準	標準	易	標準	標準	―	
		分量	多い	適量	多い	適量	適量		
		解答形式	マーク	マーク	マーク	マーク	マーク		
東北医科薬科大学	2024	配点	100	100	100	100	100	400点	65.0
		割合	25.0%	25.0%	25.0%	25.0%	25.0%		
		出題範囲・選択数	―	Ⅰ・Ⅱ・Ⅲ・A・B(全範囲)	化基・化，生基・生，物基・物→2科目				
	2023	難易度	標準	標準	易	標準	標準	―	
		分量	適量	適量	多い	多い	非常に多い		
		解答形式	マーク	マーク	マーク	マーク	マーク		
自治医科大学	2024	配点	25	25	25	25	25	100点	67.5
		割合	25.0%	25.0%	25.0%	25.0%	25.0%		
		出題範囲・選択数	―	Ⅰ・Ⅱ・Ⅲ・A(全範囲)・B(列・ベ)	化基・化，生基・生，物基・物→2科目				
	2023	難易度	やや難	易	標準	標準	易	―	
		分量	多い	多い	多い	多い	多い		
		解答形式	マーク	マーク	マーク	マーク	マーク		
獨協医科大学	2024	配点	100	100	100	100	100	400点	62.5
		割合	25.0%	25.0%	25.0%	25.0%	25.0%		
		出題範囲・選択数	―	Ⅰ・Ⅱ・Ⅲ・A・B(列・ベ)	化基・化，生基・生，物基・物→2科目				
	2023	難易度	標準	標準	標準	標準	標準	―	
		分量	多い	多い	多い	適量	多い		
		解答形式	マーク	マーク	マーク	マーク	マーク		
埼玉医科大学(前期)	2024	配点	100	100	100	100	100	400点	62.5
		割合	25.0%	25.0%	25.0%	25.0%	25.0%		
		出題範囲・選択数	―	Ⅰ・Ⅱ・Ⅲ・A・B(列・ベ)	化基・化，生基・生，物基・物→2科目				
	2023	難易度	標準	標準	標準	標準	標準	―	
		分量	多い	多い	多い	多い	多い		
		解答形式	マーク	マーク	マーク	マーク	マーク		
国際医療福祉大学	2024	配点	200	150	100	100	100	550点	65.0
		割合	36.4%	27.3%	18.2%	18.2%	18.2%		
		出題範囲・選択数	―	Ⅰ・Ⅱ・Ⅲ・A・B(列・ベ)	化基・化，生基・生，物基・物→2科目				
	2023	難易度	やや難	標準	標準	標準	やや難	―	
		分量	多い	多い	多い	適量	多い		
		解答形式	マーク	マーク	マーク	マーク	マーク		
杏林大学	2024	配点	100	100	75	75	75	350点	65.0
		割合	28.6%	28.6%	21.4%	21.4%	21.4%		
		出題範囲・選択数	―	Ⅰ・Ⅱ・Ⅲ・A・B(列・ベ)	化基・化，生基・生，物基・物→2科目				
	2023	難易度	標準	標準	標準	標準	標準	―	
		分量	少ない	多い	多い	少ない	多い		
		解答形式	マーク	マーク	マーク	マーク	マーク		
慶應義塾大学	2024	配点	未発表	未発表	未発表	未発表	未発表	未発表	72.5
		割合							
		出題範囲・選択数	―	Ⅰ・Ⅱ・Ⅲ・A(場整図)・B(列・ベ)	化基・化，生基・生，物基・物→2科目				
	2023	難易度	標準	標準	やや難	やや難	やや難	―	
		分量	多い	多い	多い	多い	適量		
		解答形式	記述	記述	記述	記述	記述		
順天堂大学(A方式)	2024	配点	200	100	100	100	100	500点	70.0
		割合	40.0%	20.0%	20.0%	20.0%	20.0%		
		出題範囲・選択数	―	Ⅰ・Ⅱ・Ⅲ・A・B(列・ベ)	化基・化，生基・生，物基・物→2科目				
	2023	難易度	標準	やや難	やや難	標準	標準	―	
		分量	多い	多い	多い	適量	多い		
		解答形式	記述／マーク	記述／マーク	記述／マーク	記述／マーク	記述／マーク		
昭和大学（Ⅰ期）	2024	配点	100	100	100	100	100	400点（＋小論文20）（＋面接100）	67.5
		割合	25.0%	25.0%	25.0%	25.0%	25.0%		
		出題範囲・選択数	―	Ⅰ・Ⅱ・Ⅲ・A・B(全範囲)※1	化基・化，生基・生，物基・物→2科目				
	2023	難易度	やや難	標準	標準	標準	標準	―	
		分量	多い	適量	多い	多い	適量		
		解答形式	記述	記述	記述	記述	記述		

※1 数・国から1科目選択。

[一般・前期]

[2024年度]配点／割合／出題範囲・選択数／ボーダー偏差値
[2023年度]難易度／分量／解答形式
＊後期・Ⅱ期等は省略しています。

大学名		項目	英語	数学	化学	生物	物理	合計	ボーダー偏差値
帝京大学	2024	配点	100	100	100	100	100	300点	65.0
		割合	33.3%	33.3%	33.3%	33.3%	33.3%		
		出題範囲・選択数	—	Ⅰ・Ⅱ・A・B(列・ベ)※2	化基・化，生基・生，物基・物→0～2科目※2				
	2023	難易度	標準	易	標準	標準	標準	—	
		分量	適量	適量	多い	適量	適量		
		解答形式	記述	記述	記述	記述	記述		
東京医科大学	2024	配点	100	100	100	100	100	400点(＋小論文60)(＋面接40)	67.5
		割合	25.0%	25.0%	25.0%	25.0%	25.0%		
		出題範囲・選択数	—	Ⅰ・Ⅱ・Ⅲ・A・B(列・ベ)	化基・化，生基・生，物基・物→2科目				
	2023	難易度	標準	易	やや難	やや難	標準	—	
		分量	多い	適量	多い	多い	非常に多い		
		解答形式	記述／マーク	マーク	マーク	マーク	マーク		
東京慈恵会医科大学	2024	配点	100	100	100	100	100	400点(＋面接30)(＋小論文25)(＋調査書等25)	70.0
		割合	25.0%	25.0%	25.0%	25.0%	25.0%		
		出題範囲・選択数	—	Ⅰ・Ⅱ・Ⅲ・A・B(列・ベ)	化基・化，生基・生，物基・物→2科目				
	2023	難易度	難	標準	やや難	やや難	やや難	—	
		分量	多い	多い	非常に多い	多い	多い		
		解答形式	記述	記述	記述	記述	記述		
東京女子医科大学	2024	配点	100	100	100	100	100	400点	62.5
		割合	25.0%	25.0%	25.0%	25.0%	25.0%		
		出題範囲・選択数	—	Ⅰ・Ⅱ・Ⅲ・A・B(列・ベ)	化基・化，生基・生，物基・物→2科目				
	2023	難易度						—	
		分量							
		解答形式							
東邦大学	2024	配点	150	100	75	75	75	400点	67.5
		割合	37.5%	25.0%	18.8%	18.8%	18.8%		
		出題範囲・選択数	—	Ⅰ・Ⅱ・Ⅲ・A・B(列・ベ)	化基・化，生基・生，物基・物→2科目				
	2023	難易度	—	易	標準	標準	標準	—	
		分量	—	適量	適量	多い	多い		
		解答形式		マーク	マーク	マーク	マーク		
日本大学(N方式・第1期)	2024	配点	100	100	100	100	100	400点(＋数・英各60)(＋面接30)	65.0
		割合	25.0%	25.0%	25.0%	25.0%	25.0%		
		出題範囲・選択数	—	Ⅰ・Ⅱ・Ⅲ・A・B(列・ベ)	化基・化，生基・生，物基・物→2科目				
	2023	難易度	易	易	易	標準	標準	—	
		分量	適量	多い	適量	適量	少ない		
		解答形式	マーク	マーク	マーク	マーク	マーク		
日本医科大学(前期)	2024	配点	300	300	200	200	200	1000点	70.0
		割合	30.0%	30.0%	20.0%	20.0%	20.0%		
		出題範囲・選択数	—	Ⅰ・Ⅱ・Ⅲ・A・B(列・ベ)	化基・化，生基・生，物基・物→2科目				
	2023	難易度	やや難	やや難	やや難	やや難	標準	—	
		分量	適量	多い	多い	適量	適量		
		解答形式	記述／マーク	記述	記述	記述	記述		
北里大学	2024	配点	150	150	100	100	100	500点	62.5
		割合	30.0%	30.0%	20.0%	20.0%	20.0%		
		出題範囲・選択数	—	Ⅰ・Ⅱ・Ⅲ・A・B(列・ベ)※3	化基・化，生基・生，物基・物→2科目※4				
	2023	難易度	標準	標準	標準	標準	標準	—	
		分量	多い	適量	非常に多い	多い	多い		
		解答形式	マーク	記述	マーク	マーク	マーク		
聖マリアンナ医科大学(前期)	2024	配点	100	100	100	100	100	400点(＋小論文50)(＋面接50)	62.5
		割合	25.0%	25.0%	25.0%	25.0%	25.0%		
		出題範囲・選択数	—	Ⅰ・Ⅱ・Ⅲ・A・B(列・ベ)	化基・化，生基・生，物基・物→2科目				
	2023	難易度	標準	易	標準	標準	標準	—	
		分量	適量	適量	少ない	適量	適量		
		解答形式	記述	記述	記述	記述	記述		
東海大学	2024	配点	100	100	100	100	100	300点	65.0
		割合	33.3%	33.3%	33.3%	33.3%	33.3%		
		出題範囲・選択数	—	Ⅰ・Ⅱ・A・B(列・ベ)	化基・化，生基・生，物基・物→1科目				
	2023	難易度	標準	標準	標準	標準	標準	—	
		分量	適量	適量	多い	多い	多い		
		解答形式	記述／マーク	記述	記述／マーク	記述	記述／マーク		

※2 数・化・生・物・国から2科目選択。
※3 数学Ⅰの「データの分析」を除く。
※4 物基・物の「原子」を除く。

＊「合計」は1次の英語・数学・化学・生物・物理などの学科試験の合計点です。
＊「割合」は合計点に対する配点の割合で、合計点には小論文・面接、基礎学力などは含みません。割合が30％以上の場合は赤字、20％以下の場合は青字で記しています。
＊「難易度」「分量」「解答形式」は、2023年度の各大学の入試科目について医系専門予備校メディカルラボが分析したものです。
＊［ボーダー偏差値］については、p.14右下に記載している説明をご参照ください。

大学名		項目	英語	数学	化学	生物	物理	合計	ボーダー偏差値
金沢医科大学（前期）	2024	配点	100	100	75	75	75	350点（＋小論文60）（＋面接110）	65.0
		割合	28.6%	28.6%	21.4%	21.4%	21.4%		
		出題範囲・選択数	—	Ⅰ·Ⅱ·Ⅲ·A·B(列·ベ)	化基・化，生基・生，物基・物→2科目				
	2023	難易度	標準	易	易	易	標準	—	
		分量	非常に多い	適量	適量	適量	適量		
		解答形式	マーク	マーク	マーク	マーク	マーク		
愛知医科大学	2024	配点	150	150	100	100	100	500点	62.5
		割合	30.0%	30.0%	20.0%	20.0%	20.0%		
		出題範囲・選択数	—	Ⅰ·Ⅱ·Ⅲ·A·B(列·ベ)	化基・化，生基・生，物基・物→2科目				
	2023	難易度	標準	標準	標準	やや難	標準	—	
		分量	適量	適量	多い	多い	多い		
		解答形式	マーク	記述	記述	記述	記述		
藤田医科大学（前期）	2024	配点	200	200	100	100	100	600点（＋面接40）	65.0
		割合	33.3%	33.3%	16.7%	16.7%	16.7%		
		出題範囲・選択数	—	Ⅰ·Ⅱ·Ⅲ·A·B(列·ベ)	化基・化，生基・生，物基・物→2科目				
	2023	難易度	やや難	標準	標準	やや難	やや難	—	
		分量	多い	適量	多い	多い	多い		
		解答形式	記述／マーク	記述／マーク	記述	記述	記述		
大阪医科薬科大学（前期）	2024	配点	100	100	100	100	100	400点	67.5
		割合	25.0%	25.0%	25.0%	25.0%	25.0%		
		出題範囲・選択数	—	Ⅰ·Ⅱ·Ⅲ·A(場整図)·B(列·ベ)	化基・化，生基・生，物基・物→2科目				
	2023	難易度	標準	やや難	やや難	標準	標準	—	
		分量	適量	適量	多い	適量	多い		
		解答形式	記述	記述	記述	記述	記述		
関西医科大学（前期）	2024	配点	100	100	100	100	100	400点	67.5
		割合	25.0%	25.0%	25.0%	25.0%	25.0%		
		出題範囲・選択数	—	Ⅰ·Ⅱ·Ⅲ·A·B(列·ベ)	化基・化，生基・生，物基・物→2科目				
	2023	難易度	やや難	やや難	やや難	標準	やや難	—	
		分量	多い	適量	多い	適量	多い		
		解答形式	記述／マーク	記述	記述	記述	記述		
近畿大学（前期A日程）	2024	配点	100	100	100	100	100	400点	65.0
		割合	25.0%	25.0%	25.0%	25.0%	25.0%		
		出題範囲・選択数	—	Ⅰ·Ⅱ·A·B(列·ベ)	化基・化，生基・生，物基・物→2科目				
	2023	難易度	やや難	標準	標準	やや難	標準	—	
		分量	多い	適量	多い	適量	多い		
		解答形式	マーク	記述	記述	記述	記述		
兵庫医科大学（一般A）	2024	配点	150	150	100	100	100	500点（＋小論文50）（＋面接・調査書100）	62.5
		割合	30.0%	30.0%	20.0%	20.0%	20.0%		
		出題範囲・選択数	—	Ⅰ·Ⅱ·Ⅲ·A·B(列·ベ)	化基・化，生基・生，物基・物→2科目				
	2023	難易度	標準	標準	やや易	やや難	標準	—	
		分量	少ない	適量	適量	多い	多い		
		解答形式	記述	記述	記述	記述	記述		
川崎医科大学	2024	配点	100	100	75	75	75	350点（＋面接100）	60.0
		割合	28.6%	28.6%	21.4%	21.4%	21.4%		
		出題範囲・選択数	—	Ⅰ·Ⅱ·Ⅲ·A·B(列·ベ)	化基・化，生基・生，物基・物→2科目				
	2023	難易度	標準	標準	標準	易	標準	—	
		分量	少ない	適量	多い	少ない	適量		
		解答形式	マーク	マーク	マーク	マーク	マーク		
久留米大学（前期）	2024	配点	100	100	100	100	100	400点（＋小論文50）（＋面接50）	65.0
		割合	25.0%	25.0%	25.0%	25.0%	25.0%		
		出題範囲・選択数	—	Ⅰ·Ⅱ·Ⅲ·A·B(列·ベ)	化基・化，生基・生，物基・物→2科目				
	2023	難易度	標準	標準	易	やや難	標準	—	
		分量	適量	適量	適量	適量	適量		
		解答形式	記述／マーク	マーク	記述	記述	記述		
産業医科大学（一般A, B）	2024	配点	200	200	100	100	100	600点（＋小論文50）	67.5
		割合	33.3%	33.3%	16.7%	16.7%	16.7%		
		出題範囲・選択数	—	Ⅰ·Ⅱ·Ⅲ·A·B(列·ベ)	化基・化，生基・生，物基・物→2科目				
	2023	難易度	標準	易	易	やや難	標準	—	
		分量	適量	適量	適量	多い	多い		
		解答形式	記述	記述	記述	記述	記述		
福岡大学	2024	配点	100	100	100	100	100	400点（＋面接50）	62.5
		割合	25.0%	25.0%	25.0%	25.0%	25.0%		
		出題範囲・選択数	—	Ⅰ·Ⅱ·Ⅲ·A·B(列·ベ)	化基・化，生基・生，物基・物→2科目				
	2023	難易度	易	標準	標準	標準	標準	—	
		分量	少ない	適量	適量	適量	適量		
		解答形式	記述	記述	記述	記述	記述		

私立 2023年度 一般選抜 合格最高点・最低点

大学名	区分			満点	合格最高点		合格最低点	
					得点	得点率	得点	得点率
岩手医科大学※1	一般	一般枠	1次	350	323	92%	216	62%
			2次	400	346	87%	276	69%
		地域枠C、D	1次	350	290	83%	208	59%
			2次	400	330	83%	264	66%
東北医科薬科大学	一般	一般枠		400	非公表	—	非公表	—
		修学資金枠A方式(宮城・東北)		400	非公表	—	非公表	—
		修学資金枠B方式(東北)		400	非公表	—	非公表	—
自治医科大学	一般			非公表	非公表	—	非公表	—
獨協医科大学	一般	一般枠		400	非公表	—	非公表	—
		栃木県地域枠		400	非公表	—	非公表	—
		共通テスト利用		400	非公表	—	非公表	—
埼玉医科大学※2	一般	前期		400	非公表	—	245	61%
		後期		400	非公表	—	251	63%
	共通テスト利用			550	非公表	—	395	72%
国際医療福祉大学	一般			550	非公表	—	非公表	—
	共通テスト利用			900	非公表	—	非公表	—
杏林大学	一般			350	非公表	—	非公表	—
	共通テスト利用			600	非公表	—	非公表	—
慶應義塾大学※2	一般			500	非公表	—	315	63%
順天堂大学※2	一般	A方式		500	非公表	—	328	66%
		B方式		525	非公表	—	373	71%
	共通テスト利用	前期		900	非公表	—	非公表	—
		後期		900	非公表	—	非公表	—
	共通テスト・一般独自併用			1200	非公表	—	983.6	82%
	地域枠			500	非公表	—	247	49%
昭和大学※2	一般	Ⅰ期		400	非公表	—	231	58%
		Ⅱ期		200	非公表	—	130	65%
	地域枠	新潟県		400	非公表	—	180	45%
		静岡県		400	非公表	—	189	47%
		茨城県		400	非公表	—	202	51%
帝京大学※3	一般			300	261	87%	211	70%
	共通テスト利用			600	535	89%	416	69%
東京医科大学※1	一般	1次		400	非公表	—	240.0	60%
		2次		500	非公表	—	312.0	62%
	共通テスト利用	1次		900	非公表	—	736.5	82%
		2次		1000	非公表	—	814.0	81%
東京慈恵会医科大学※4※5	一般			400	—	80%	—	50%
東京女子医科大学※6	一般			400	256	64%	195	49%
東邦大学※4	一般	一般枠		400	非公表	—	261	65%
		地域枠	千葉県	400	非公表	—	非公表	—
			新潟県	400	非公表	—	非公表	—
日本大学※7	N全学統一方式	第1期		580	非公表	—	344.86	59%
		第2期		580	非公表	—	370.86	64%
日本医科大学	一般	前期		1000	非公表	—	非公表	—
		後期		1000	非公表	—	非公表	—
		後期共通テスト(国語)併用		1200	非公表	—	非公表	—
		地域枠		1000	非公表	—	非公表	—
北里大学※4	一般			500	405	81%	273	55%
聖マリアンナ医科大学	一般	前期		500	非公表	—	非公表	—
		後期		500	非公表	—	非公表	—
東海大学※2	一般			300	非公表	—	非公表	—
	共通テスト利用			600	非公表	—	非公表	—
	地域枠	神奈川県		600	非公表	—	非公表	—
		静岡県		600	非公表	—	非公表	—
金沢医科大学※2	一般	前期		350	310	89%	214	61%
		後期		200	179	90%	131	66%

大学名	区分				満点	合格最高点		合格最低点	
						得点	得点率	得点	得点率
愛知医科大学※3	一般				500	418	84%	251	50%
	共通テスト利用	前期			700	非公表	—	非公表	—
		後期			800	非公表	—	非公表	—
		愛知県地域特別枠B方式			700	非公表	—	非公表	—
藤田医科大学※2	一般	前期	1次		600	474.0	79%	309.0	52%
			2次		40	35	88%	10	25%
		後期	1次		600	446.0	74%	395.0	66%
			2次		40	30	75%	20	50%
	共通テスト利用	前期	共通テスト		700	647.0	92%	576.0	82%
			2次		40	35	88%	15	38%
		後期	共通テスト		700	610.0	87%	571.0	82%
			2次	総合問題	300	238.0	79%	125.4	42%
				口頭試験	40	25	63%	20	50%
大阪医科薬科大学※4	一般	前期			400	非公表	—	252	63%
		後期			400	非公表	—	240	60%
	共通テスト利用				700	非公表	—	609	87%
関西医科大学※8	一般	前期			400	351	88%	254	64%
		後期			400	314	79%	291	73%
	共通テスト利用	前期			800	763	95%	688	86%
		後期			600	581	97%	540	90%
	共通テスト・一般併用				1200	1036.5	86%	840.2	70%
近畿大学※3	一般	前期			400	非公表	—	213	53%
		前期地域枠	大阪府		400	非公表	—	198	50%
			奈良県		400	非公表	—	198	50%
			和歌山県		400	非公表	—	191	48%
			静岡県		400	非公表	—	197	49%
		後期			400	非公表	—	230	58%
		後期地域枠	静岡県		400	非公表	—	217	54%
	共通テスト利用	前期			500	非公表	—	419	84%
		中期			400	非公表	—	340	85%
		後期			300	非公表	—	258	86%
兵庫医科大学※4	一般	A			650	非公表	—	427.0	66%
		B			530	非公表	—	346.5	65%
川崎医科大学※2	一般				350	非公表	—	206.3	59%
	地域枠	岡山県			350	非公表	—	非公表	—
		静岡県			350	非公表	—	非公表	—
		長崎県			350	非公表	—	非公表	—
久留米大学※4	一般	前期			500	非公表	—	319	64%
		後期			500	非公表	—	351	70%
産業医科大学※3	一般	共通テスト			300	非公表	—	189	63%
		2次学力試験			600	非公表	—	325	54%
		小論文			50	非公表	—	22	44%
		総合点			950	非公表	—	606	64%
福岡大学※2	一般				400	348	87%	250	63%
	共通テスト利用				700	非公表	—	非公表	—

※1　それぞれ2次の満点は1次・2次試験の総合点。
※2　1次試験合格者を対象。
※3　総合格者を対象。
※4　正規合格者を対象。
※5　面接・調査書を総合的に判定するため点数表示をせずパーセンテージで表示。
※6　入学者を対象。
※7　得点は1次試験点数を標準化得点で算出の上、2次試験点数を合算して算出。
※8　一般は正規合格者、共通テスト利用と共通テスト・一般併用は1次試験合格者を対象。

英語

大学名	年度	問題の全体難易度				時間に対する分量				読解														文法・英作文						発音・語彙・アクセント		
		易	標準	やや難	難	少ない	適量	多い	非常に多い	空所補充	語形変化	指示語指摘	文整序	内容一致	内容説明	同意表現	主題選択	文補充	段落補充	誤文訂正	誤り指摘	会話文	和訳	空所補充	誤り指摘	語句整序	適文選択	和文英訳	自由英作文	発音	語彙	アクセント
岩手医科大学	2023		■					■		●				●		●						●		●		●				●		●
岩手医科大学	2022		■					■		●		●		●		●						●		●		●				●		●
岩手医科大学	2021		■					■		●				●		●						●		●		●				●		●
岩手医科大学	2020		■					■		●				●		●						●		●		●				●		●
東北医科薬科大学	2023		■				■			●				●		●	●	●					●		●	●						
東北医科薬科大学	2022		■				■			●				●		●	●	●							●	●						
東北医科薬科大学	2021		■				■			●				●		●	●	●					●	●		●						
東北医科薬科大学	2020		■					■		●				●		●	●	●					●	●		●						
自治医科大学	2023			■				■		●				●	●	●	●															
自治医科大学	2022		■				■			●				●	●	●																
自治医科大学	2021		■				■			●				●		●	●									●						
自治医科大学	2020		■				■			●				●		●	●									●						
獨協医科大学	2023		■					■		●				●		●						●		●		●						
獨協医科大学	2022		■					■		●			●	●		●						●		●		●						
獨協医科大学	2021		■					■		●			●	●		●						●		●		●						
獨協医科大学	2020		■					■		●			●	●		●						●		●		●						
埼玉医科大学	2023		■					■		●				●	●	●						●		●								
埼玉医科大学	2022		■					■		●				●	●	●								●		●						
埼玉医科大学	2021		■					■		●				●		●						●		●		●						
埼玉医科大学	2020		■				■			●		●		●		●						●		●		●						
国際医療福祉大学	2023			■				■		●				●		●	●		●		●			●		●						
国際医療福祉大学	2022		■				■			●				●		●	●		●		●			●		●						
国際医療福祉大学	2021		■				■			●				●		●	●		●		●			●		●						
国際医療福祉大学	2020		■					■		●				●		●	●		●		●			●		●						
杏林大学	2023		■			■				●			●	●		●		●						●		●						
杏林大学	2022		■			■						●	●	●		●		●						●		●						
杏林大学	2021		■				■						●	●		●		●						●		●						
杏林大学	2020		■				■			●			●	●		●								●		●						
慶應義塾大学	2023		■					■		●	●			●	●	●							●			●		●	●			
慶應義塾大学	2022		■					■		●	●			●	●		●						●					●	●			
慶應義塾大学	2021		■					■		●				●	●								●					●	●			
慶應義塾大学	2020		■					■		●	●	●		●	●	●							●			●		●	●			
順天堂大学	2023		■					■		●				●		●	●												●			
順天堂大学	2022		■					■		●				●		●	●	●											●			
順天堂大学	2021		■					■						●		●	●	●											●			
順天堂大学	2020		■					■						●		●	●	●	●										●			
昭和大学	2023			■				■						●	●	●		●	●		●		●	●		●						
昭和大学	2022			■				■		●					●				●				●	●	●	●						●
昭和大学	2021		■				■								●	●		●					●	●								
昭和大学	2020		■			■				●				●	●	●								●		●						
帝京大学	2023		■				■			●		●		●	●		●						●			●						
帝京大学	2022		■				■							●	●	●										●						
帝京大学	2021		■					■				●		●				●					●			●						
帝京大学	2020		■				■							●			●						●			●						
東京医科大学	2023		■					■						●		●	●						●	●		●					●	
東京医科大学	2022		■					■						●		●	●						●	●		●					●	●
東京医科大学	2021		■						■					●		●								●		●					●	●
東京医科大学	2020		■						■					●										●		●					●	●
東京慈恵会医科大学	2023				■			■		●				●															●			
東京慈恵会医科大学	2022			■				■						●		●													●			
東京慈恵会医科大学	2021		■				■							●		●													●			
東京慈恵会医科大学	2020			■			■							●		●		●											●			
東京女子医科大学	2023																															
東京女子医科大学	2022		■					■				●		●		●	●	●				●	●						●			
東京女子医科大学	2021		■					■				●		●		●		●				●	●						●			
東京女子医科大学	2020		■					■						●		●	●					●	●						●			
東邦大学*	2023																															
東邦大学*	2022									●				●	●	●		●							●		●					
東邦大学*	2021			■				■		●		●		●	●	●		●							●		●					
東邦大学*	2020			■				■		●				●	●	●	●	●							●	●						
日本大学 N方式	2023	■					■			●				●								●		●		●					●	
日本大学 N方式	2022		■				■			●				●			●							●		●					●	
日本大学 N方式	2021		■				■							●			●					●		●		●					●	●
日本大学 A方式	2020		■					■						●		●																

＊東邦大学の英語は2022年度以降、問題の一部が非公表のため、難易度および分量については掲載しておりません。

大学名		問題の全体難易度				時間に対する分量				読解														文法・英作文						発音・語彙・アクセント		
		易	標準	やや難	難	少ない	適量	多い	非常に多い	空所補充	語形変化	指示語指摘	文整序	内容一致	内容説明	同意表現	主題選択	文補充	段落補充	誤文訂正	誤り指摘	会話文	和訳	空所補充	誤り指摘	語句整序	適文選択	和文英訳	自由英作文	発音	語彙	アクセント
日本医科大学	2023			■			■				●	●		●	●	●									●				●	●	●	●
	2022			■			■			●	●	●		●	●	●									●				●	●	●	●
	2021			■			■							●	●	●		●											●	●	●	●
	2020			■				■						●	●	●		●		●			●						●	●	●	●
北里大学	2023		■					■		●				●	●	●						●		●		●					●	
	2022		■					■		●				●	●	●						●		●		●						
	2021		■					■						●		●		●				●		●		●						
	2020		■					■						●		●						●		●		●						
聖マリアンナ医科大学	2023		■				■			●			●	●	●			●									●					
	2022		■				■			●				●	●	●											●					
	2021		■				■					●	●	●	●	●										●	●					
	2020		■				■			●		●		●	●	●						●					●					
東海大学	2023		■				■			●			●	●		●	●					●	●	●				●			●	
	2022		■				■			●		●	●	●		●	●					●	●	●				●			●	
	2021		■				■						●	●		●	●					●	●	●				●			●	
	2020		■				■						●	●		●	●					●	●	●				●			●	
金沢医科大学	2023		■						■	●		●		●		●	●	●												●		●
	2022		■					■				●		●		●	●	●												●		●
	2021		■					■				●		●		●														●		●
	2020		■					■				●		●		●		●	●											●		●
愛知医科大学	2023		■				■			●				●		●		●						●		●					●	
	2022		■				■			●				●		●		●						●		●					●	
	2021		■				■			●				●		●		●						●		●					●	
	2020		■				■			●				●		●		●						●		●					●	
藤田医科大学	2023			■				■		●				●	●	●			●					●		●		●				
	2022		■				■			●				●	●				●					●		●		●				
	2021			■				■		●				●	●				●					●		●		●				
	2020			■				■		●				●	●				●				●	●		●		●				
大阪医科薬科大学	2023		■				■					●			●								●					●				
	2022		■				■					●			●								●					●				
	2021		■				■								●								●					●				
	2020			■			■								●								●					●				
関西医科大学	2023			■				■		●		●		●	●	●										●			●			
	2022			■				■		●	●			●		●							●			●						
	2021		■				■				●			●	●	●							●			●						
	2020		■				■			●	●			●	●	●							●			●						
近畿大学	2023			■				■		●				●		●								●							●	
	2022			■				■		●				●		●	●							●							●	
	2021		■				■			●				●		●	●							●							●	
	2020		■				■			●				●		●								●		●	●					
兵庫医科大学	2023		■			■						●				●							●			●		●				
	2022		■				■								●								●			●		●				
	2021		■				■																●			●		●				
	2020		■				■					●			●	●							●					●				
川崎医科大学	2023		■			■				●				●	●	●								●		●						
	2022		■				■			●				●		●								●		●						
	2021		■				■					●		●		●								●		●						
	2020	■					■							●		●								●		●						
久留米大学	2023		■				■			●				●									●	●		●			●			
	2022		■				■			●				●		●							●	●		●			●			
	2021		■				■							●									●	●		●			●			
	2020		■				■							●									●	●		●			●			
産業医科大学	2023		■				■			●				●	●	●		●					●						●			
	2022		■				■							●	●								●						●			
	2021		■				■							●	●								●						●			
	2020			■			■							●	●								●						●			
福岡大学	2023	■				■								●									●	●		●				●		●
	2022		■			■								●									●	●		●				●		●
	2021		■			■								●									●	●		●				●		●
	2020		■			■								●									●	●		●				●		●

※ 2023・2022・2021・2020 年度の各大学の入試科目について医系専門予備校メディカルラボが分析したものです。

私立 2023・2022・2021・2020年度 出題傾向と出題範囲［数学］

数学

大学名		問題の全体難易度				時間に対する分量				数Ⅰ					数A				数Ⅱ							数B			数Ⅲ					
		易	標準	やや難	難	少ない	適量	多い	非常に多い	数と式	集合と命題	2次関数	図形と計量	データの分析	整数の性質	図形の性質	場合の数	確率	図形と方程式	複素数と方程式	式と証明	三角関数	指数関数・対数関数	微分法	積分法	平面ベクトル	空間ベクトル	数列	複素数平面	平面上の曲線	関数	極限	微分法の応用	積分法の応用
岩手医科大学	2023		■				■											●	●															●
	2022		■				■										●											●						●
	2021		■				■											●									●					●		
	2020		■					■				●		●	●								●	●						●				●
東北医科薬科大学	2023		■				■											●																●
	2022		■				■												●					●	●				●				●	
	2021		■				■															●		●				●				●		●
	2020		■					■									●			●				●								●		●
自治医科大学	2023	■						■				●	●		●		●			●		●	●	●	●		●	●	●			●		●
	2022	■						■		●			●					●	●	●		●	●	●	●	●	●	●		●		●		●
	2021	■						■							●	●		●	●		●	●	●				●	●	●	●			●	●
	2020	■						■		●			●		●			●	●		●	●	●		●	●		●	●	●		●	●	●
獨協医科大学	2023		■					■										●									●			●				●
	2022		■					■										●		●								●	●	●			●	●
	2021		■					■							●			●	●								●							●
	2020		■					■								●		●	●					●				●		●		●		●
埼玉医科大学	2023		■					■				●	●			●		●										●				●		●
	2022		■					■									●	●		●					●								●	●
	2021		■				■						●			●					●	●						●			●		●	●
	2020		■					■									●	●					●				●						●	●
国際医療福祉大学	2023		■					■				●			●			●				●					●		●					
	2022		■				■						●							●			●					●		●				●
	2021	■					■			●		●						●	●		●					●							●	●
	2020		■					■					●		●		●			●								●	●				●	●
杏林大学	2023		■					■										●									●							●
	2022		■					■														●					●							●
	2021	■						■										●	●						●							●		
	2020		■					■							●									●			●	●		●				
慶應義塾大学	2023		■					■								●		●											●	●			●	●
	2022			■				■		●								●		●			●					●	●	●		●	●	●
	2021		■					■			●	●		●					●	●						●				●		●	●	●
	2020			■				■										●				●		●	●	●		●	●			●	●	●
順天堂大学	2023			■				■												●				●				●	●			●		●
	2022		■					■									●			●				●	●		●							
	2021			■				■				●	●	●	●										●				●					
	2020			■			■						●													●		●					●	●
昭和大学	2023		■				■										●			●			●			●			●	●				●
	2022		■				■										●		●							●			●			●		●
	2021	■					■								●			●	●									●		●				●
	2020	■					■											●										●	●	●		●	●	●
帝京大学	2023	■					■					●	●		●			●					●		●		●	●						
	2022	■					■						●		●			●	●			●		●	●			●						
	2021	■					■											●	●			●	●	●	●		●	●						
	2020	■					■				●	●						●				●		●	●									
東京医科大学	2023	■					■											●			●						●		●			●	●	●
	2022	■				■							●					●		●						●				●			●	●
	2021	■					■			●					●				●	●		●				●							●	
	2020		■				■			●					●			●				●				●							●	●
東京慈恵会医科大学	2023		■					■			●				●			●									●					●		●
	2022			■				■							●			●											●				●	●
	2021			■				■							●			●				●										●		●
	2020			■				■							●			●											●			●	●	●
東京女子医科大学	2023																																	
	2022		■				■											●								●				●		●		
	2021		■				■			●			●					●				●										●	●	
	2020		■				■													●				●				●				●		●
東邦大学	2023	■					■						●	●	●			●					●				●		●				●	●
	2022		■				■					●	●														●	●	●	●			●	●
	2021		■				■						●	●	●			●		●		●				●		●	●					●
	2020		■				■			●			●	●	●	●			●		●					●							●	●
日本大学 N 方式	2023	■						■			●	●			●			●	●				●				●		●			●	●	●
	2022	■						■				●	●	●				●		●		●	●			●		●				●	●	●
	2021	■						■		●			●	●				●	●				●				●			●			●	●
A 方式	2020		■				■					●	●		●		●	●	●			●							●				●	●

大学名		問題の全体難易度				時間に対する分量				数Ⅰ					数A				数Ⅱ							数B			数Ⅲ					
		易	標準	やや難	難	少ない	適量	多い	非常に多い	数と式	集合と命題	2次関数	図形と計量	データの分析	整数の性質	図形の性質	場合の数	確率	図形と方程式	複素数と方程式	式と証明	三角関数	指数関数・対数関数	微分法	積分法	平面ベクトル	空間ベクトル	数列	複素数平面	平面上の曲線	関数	極限	微分法の応用	積分法の応用
日本医科大学	2023			■				■				●						●			●						●					●		●
	2022			■				■										●										●	●	●			●	●
	2021		■					■				●						●							●					●		●	●	●
	2020			■				■																			●	●		●		●		●
北里大学	2023		■				■								●			●	●									●	●				●	●
	2022		■				■								●									●	●			●	●		●			●
	2021		■				■														●	●					●	●	●			●	●	●
	2020		■				■						●		●			●		●							●					●	●	●
聖マリアンナ医科大学	2023	■					■								●				●				●										●	●
	2022	■					■			●								●					●				●				●	●		●
	2021	■					■					●		●	●									●	●							●		
	2020		■				■								●										●		●		●			●		
東海大学	2023		■				■						●		●	●	●						●		●		●	●						
	2022		■				■								●	●						●	●					●	●		●		●	●
	2021		■				■			●	●				●	●													●			●	●	●
	2020		■				■			●		●			●			●	●			●			●								●	
金沢医科大学	2023	■					■											●	●								●						●	
	2022	■					■											●						●	●		●						●	●
	2021	■					■											●						●	●			●					●	●
	2020	■					■											●								●	●			●				●
愛知医科大学	2023		■				■										●		●			●						●					●	●
	2022		■				■			●							●		●							●		●			●			●
	2021		■				■																				●	●		●	●	●	●	●
	2020		■				■							●	●			●			●		●				●		●	●			●	●
藤田医科大学	2023		■				■			●		●					●	●										●	●			●	●	●
	2022		■				■							●	●		●	●		●		●	●			●		●					●	●
	2021		■				■							●		●	●	●	●	●		●	●			●		●	●				●	●
	2020			■			■						●	●	●			●				●	●		●	●		●	●	●		●		●
大阪医科薬科大学	2023			■			■								●			●											●				●	●
	2022			■			■								●			●								●		●					●	●
	2021		■				■								●			●											●				●	●
	2020		■				■			●								●				●						●				●		●
関西医科大学	2023			■			■								●											●		●					●	
	2022		■				■								●			●	●												●		●	●
	2021		■				■								●			●								●			●			●	●	●
	2020		■				■			●	●							●	●				●						●			●		
近畿大学	2023		■				■						●	●	●			●																
	2022		■				■									●			●						●			●						
	2021		■					■										●						●		●		●						
	2020		■					■							●							●	●					●						
兵庫医科大学	2023		■				■							●					●				●				●		●			●		●
	2022		■				■			●					●	●		●			●		●							●				
	2021		■				■						●		●			●				●					●	●					●	●
	2020		■				■											●			●	●		●					●				●	●
川崎医科大学	2023		■				■															●	●				●						●	●
	2022		■				■												●									●					●	●
	2021		■				■								●		●										●					●	●	●
	2020		■				■																				●	●					●	●
久留米大学	2023		■				■									●		●								●		●						●
	2022	■				■									●		●												●	●		●		●
	2021	■				■							●		●				●										●			●		●
	2020	■				■						●					●		●								●	●					●	
産業医科大学	2023	■					■			●			●		●		●					●		●			●	●	●	●			●	●
	2022		■				■			●	●		●					●	●							●		●		●	●		●	●
	2021		■				■			●		●			●			●					●			●		●	●	●			●	
	2020		■					■					●			●	●	●					●				●			●				●
福岡大学	2023		■				■					●						●					●				●					●	●	●
	2022	■					■			●								●					●				●			●			●	●
	2021	■						■				●			●				●				●			●						●	●	●
	2020		■					■				●		●	●					●	●								●	●			●	●

※ 2023・2022・2021・2020 年度の各大学の入試科目について医系専門予備校メディカルラボが分析したものです。

化学

大学名	年度	問題の全体難易度				時間に対する分量				理論																無機		有機			
		易	標準	やや難	難	少ない	適量	多い	非常に多い	物質の構成	物質の構成粒子	結合	結晶	物質量と化学反応式	酸と塩基の反応	酸化還元反応	物質の三態	気体	溶液	化学反応と熱	電池と電気分解	反応速度	化学平衡	電離平衡	溶解平衡	非金属元素	金属元素	脂肪族化合物	芳香族化合物	天然高分子化合物	合成高分子化合物
岩手医科大学	2023	■						■		●	●	●		●		●				●						●	●	●	●	●	
	2022		■					■		●	●	●	●	●	●	●	●		●					●		●	●	●	●	●	●
	2021		■					■		●	●				●	●			●		●	●	●	●		●	●	●	●	●	
	2020		■					■		●	●				●	●	●			●	●		●	●		●	●	●	●	●	
東北医科薬科大学	2023	■						■		●	●	●		●		●				●						●	●	●	●		●
	2022		■					■						●	●	●					●				●	●	●	●			●
	2021		■					■			●	●	●		●	●		●							●		●	●			
	2020			■					■	●	●	●			●	●			●			●	●			●	●		●		●
自治医科大学	2023		■					■			●			●		●		●	●		●				●	●	●	●	●	●	●
	2022		■					■				●			●			●	●		●		●			●	●	●	●	●	●
	2021		■					■			●							●	●		●		●			●	●	●	●	●	●
	2020		■					■		●	●					●			●		●		●			●	●	●		●	●
獨協医科大学	2023		■					■			●		●					●	●					●	●	●	●	●	●	●	●
	2022		■					■			●	●	●		●	●				●		●				●	●	●	●	●	●
	2021		■					■				●		●	●			●	●	●				●		●	●	●	●	●	●
	2020			■					■	●	●	●		●		●			●		●		●			●	●	●	●	●	●
埼玉医科大学	2023		■					■				●	●					●		●				●		●				●	
	2022			■				■					●	●		●		●									●	●			
	2021		■					■			●	●		●	●	●						●	●			●	●		●		
	2020		■					■							●	●			●	●			●			●		●	●	●	
国際医療福祉大学	2023		■					■			●			●	●	●		●		●		●	●			●	●	●	●		●
	2022			■					■			●	●		●	●		●	●		●	●		●		●		●		●	
	2021			■					■		●	●	●	●					●	●			●	●		●		●	●	●	
	2020			■					■	●	●		●		●	●		●	●					●	●	●	●	●	●	●	●
杏林大学	2023		■					■			●					●		●	●			●	●			●	●	●	●	●	
	2022		■					■			●	●						●	●	●	●			●		●	●	●	●	●	
	2021		■				■				●				●	●		●		●		●	●			●	●	●			
	2020		■					■			●	●	●		●		●	●	●	●	●	●	●			●	●	●	●	●	
慶應義塾大学	2023			■				■			●	●	●		●			●	●	●	●						●	●	●	●	●
	2022			■				■			●	●		●	●	●					●		●				●		●	●	●
	2021			■				■		●	●	●								●	●					●	●	●	●		
	2020			■					■					●				●	●		●					●	●	●	●	●	
順天堂大学	2023			■					■		●			●	●			●	●				●			●	●	●	●		
	2022			■					■		●	●						●					●			●		●		●	
	2021			■					■		●								●	●			●			●	●	●			
	2020			■					■					●				●	●		●					●	●	●	●	●	
昭和大学	2023		■					■												●	●	●	●					●		●	●
	2022		■					■										●	●										●	●	●
	2021		■					■					●		●				●	●	●							●	●	●	
	2020				■			■					●		●			●	●	●			●	●					●	●	
帝京大学	2023		■					■																●		●	●	●		●	●
	2022		■					■							●	●				●						●	●	●	●		●
	2021			■				■			●			●						●							●	●	●	●	●
	2020		■					■					●		●											●		●	●		●
東京医科大学	2023			■				■			●							●	●	●				●				●	●	●	
	2022		■					■						●	●		●	●	●	●		●	●	●	●	●	●	●	●	●	
	2021			■					■	●		●	●	●	●	●		●	●							●		●	●	●	●
	2020			■					■						●			●	●	●	●	●				●	●	●		●	
東京慈恵会医科大学	2023			■					■			●			●					●			●	●		●	●	●	●		
	2022				■				■								●	●	●	●	●	●		●					●	●	●
	2021				■				■			●			●	●				●				●			●	●		●	
	2020				■				■			●				●			●	●			●			●		●	●	●	●
東京女子医科大学	2023																														
	2022		■					■		●	●	●	●	●	●	●	●	●	●		●	●	●			●	●	●	●	●	●
	2021		■					■		●	●		●	●	●	●		●	●	●	●		●			●	●	●	●	●	●
	2020		■					■			●		●	●	●	●			●		●			●		●	●	●	●	●	●
東邦大学	2023		■				■				●	●			●					●		●		●		●		●	●	●	
	2022		■				■				●	●				●			●			●				●	●	●		●	
	2021	■					■				●		●	●	●	●		●	●	●							●	●	●	●	
	2020	■					■				●	●		●	●	●		●		●				●		●		●		●	
日本大学 N方式	2023	■					■				●		●	●	●		●		●	●		●				●	●		●		●
	2022	■					■				●	●			●	●	●	●			●	●			●		●	●	●		●
	2021	■					■			●	●	●			●	●			●	●	●		●	●		●	●	●	●		●
日本大学 A方式	2020			■				■												●			●	●	●	●	●	●	●		●

大学名	年度	問題の全体難易度				時間に対する分量				理論																無機		有機			
		易	標準	やや難	難	少ない	適量	多い	非常に多い	物質の構成	物質の構成粒子	結合	結晶	物質量と化学反応式	酸と塩基の反応	酸化還元反応	物質の三態	気体	溶液	化学反応と熱	電池と電気分解	反応速度	化学平衡	電離平衡	溶解平衡	非金属元素	金属元素	脂肪族化合物	芳香族化合物	天然高分子化合物	合成高分子化合物
日本医科大学	2023			■				■			●							●	●							●			●	●	
	2022			■				■			●							●	●							●			●	●	
	2021			■					■			●	●			●			●				●			●		●	●		
	2020			■					■						●				●					●				●	●		
北里大学	2023		■						■		●	●	●		●		●	●			●			●		●	●	●	●	●	●
	2022		■						■		●				●					●	●			●		●	●	●	●		
	2021		■						■		●		●		●	●		●			●						●		●	●	
	2020		■						■		●	●						●	●	●		●	●				●	●	●		●
聖マリアンナ医科大学	2023		■			■						●								●						●		●		●	
	2022		■			■				●				●										●		●		●			●
	2021	■				■														●			●			●		●			
	2020	■				■												●	●	●	●		●						●	●	●
東海大学	2023		■					■								●			●	●	●		●	●	●	●		●			●
	2022		■					■			●	●	●								●		●					●			●
	2021		■					■								●		●	●	●					●		●	●		●	
	2020		■					■			●					●				●	●	●	●		●	●	●	●	●	●	
金沢医科大学	2023	■					■				●	●	●			●					●			●			●	●		●	
	2022	■					■				●		●		●									●		●		●	●	●	●
	2021	■					■				●			●		●				●			●			●		●	●	●	
	2020	■						■		●	●		●		●	●					●								●	●	●
愛知医科大学	2023		■					■					●	●	●	●				●	●						●	●			
	2022		■					■					●					●			●					●	●	●		●	
	2021		■					■							●			●			●							●	●	●	
	2020		■					■																●		●		●	●		●
藤田医科大学	2023		■					■			●				●	●			●					●	●	●	●	●	●	●	●
	2022		■					■			●	●	●			●			●				●			●	●	●	●	●	●
	2021		■					■										●		●	●	●	●				●	●	●	●	
	2020			■				■							●					●	●				●	●	●	●		●	
大阪医科薬科大学	2023			■				■					●		●	●							●				●			●	
	2022		■					■							●				●	●	●						●	●			
	2021		■					■							●			●			●			●						●	
	2020		■					■							●					●	●									●	●
関西医科大学	2023			■				■						●				●	●	●						●	●	●		●	●
	2022			■				■			●	●		●	●	●	●		●		●			●		●		●			
	2021		■					■						●		●				●	●			●	●		●	●		●	
	2020		■					■					●					●		●			●			●	●	●	●		
近畿大学	2023		■					■						●				●		●	●						●		●		
	2022			■				■			●							●			●				●	●	●	●	●	●	●
	2021		■						■						●			●			●			●		●	●	●	●		
	2020		■						■						●	●						●			●	●	●	●			
兵庫医科大学	2023	■					■						●	●						●				●		●			●		
	2022		■				■									●		●					●			●	●	●	●	●	
	2021		■				■												●					●				●	●		●
	2020			■				■					●	●						●	●						●	●			
川崎医科大学	2023		■					■				●	●	●	●	●			●	●	●	●		●		●	●	●	●	●	●
	2022		■					■		●	●	●	●		●	●	●	●	●	●	●		●			●	●	●	●	●	
	2021		■					■			●	●	●	●	●	●			●	●	●	●	●	●		●	●	●	●		
	2020		■					■			●			●	●	●			●	●	●	●					●	●	●	●	
久留米大学	2023	■					■							●						●			●	●			●	●		●	
	2022	■					■				●			●		●	●	●		●	●						●	●			●
	2021	■					■				●					●			●		●						●		●		
	2020	■					■			●			●								●					●	●	●			
産業医科大学	2023	■					■								●				●	●	●	●	●			●				●	
	2022	■					■											●								●		●			●
	2021	■					■											●			●							●			
	2020	■					■								●									●					●		●
福岡大学	2023		■				■						●						●	●						●		●			●
	2022		■				■								●	●				●	●			●	●		●		●		
	2021		■					■						●							●	●	●			●	●		●	●	
	2020		■					■								●						●	●				●	●		●	

※ 2023・2022・2021・2020 年度の各大学の入試科目について医系専門予備校メディカルラボが分析したものです。

生物

大学名	年度	問題の全体難易度				時間に対する分量				生物と遺伝子		体内環境の維持		多様性と生態系		生命現象と物質				生殖と発生					生物の環境応答		生態と環境	生物の進化と系統	
		易	標準	やや難	難	少ない	適量	多い	非常に多い	生物の特徴	遺伝子とその働き	体内環境	免疫	バイオームの多様性と分布	生態系とその保全	細胞とタンパク質	酵素	同化・異化	遺伝情報とその発現	有性生殖	動物の配偶子形成	初期発生	誘導と器官形成	植物の発生	植物の環境応答	動物の反応と行動	個体群と生物群集	進化	系統
岩手医科大学	2023		■				■					●						●	●	●	●	●				●			
岩手医科大学	2022		■				■						●			●	●		●				●			●			
岩手医科大学	2021		■				■			●		●							●	●			●			●			
岩手医科大学	2020		■					■			●	●							●				●			●			
東北医科薬科大学	2023		■					■			●	●				●													
東北医科薬科大学	2022			■				■			●	●				●	●		●				●						
東北医科薬科大学	2021		■				■				●	●							●	●									
東北医科薬科大学	2020		■				■									●			●	●						●		●	
自治医科大学	2023		■					■				●				●	●	●	●	●			●	●		●	●	●	
自治医科大学	2022		■					■					●	●		●		●	●	●					●	●	●	●	●
自治医科大学	2021		■					■				●		●	●	●		●	●	●						●	●	●	
自治医科大学	2020		■					■			●	●	●		●			●	●				●	●	●	●	●	●	●
獨協医科大学	2023		■				■									●		●	●							●		●	
獨協医科大学	2022		■				■					●	●					●	●	●				●			●		
獨協医科大学	2021		■				■					●	●									●	●		●	●	●		
獨協医科大学	2020		■					■				●					●		●					●			●	●	
埼玉医科大学	2023		■					■				●		●		●			●								●		
埼玉医科大学	2022		■					■			●					●				●					●	●	●	●	
埼玉医科大学	2021		■					■				●				●	●	●	●							●			
埼玉医科大学	2020		■					■							●		●	●	●	●						●		●	
国際医療福祉大学	2023		■				■						●									●	●			●	●	●	
国際医療福祉大学	2022		■				■								●			●	●				●	●		●	●		
国際医療福祉大学	2021		■				■					●				●	●		●									●	
国際医療福祉大学	2020		■				■					●								●						●	●		
杏林大学	2023		■			■					●	●		●		●		●	●			●	●		●	●		●	
杏林大学	2022		■			■				●		●			●	●				●			●		●	●	●		
杏林大学	2021		■				■					●	●	●		●		●			●				●	●			●
杏林大学	2020		■				■				●	●			●	●		●	●	●		●		●		●		●	●
慶應義塾大学	2023			■				■									●		●				●		●			●	●
慶應義塾大学	2022			■				■		●						●			●				●						●
慶應義塾大学	2021			■				■					●			●			●							●	●	●	●
慶應義塾大学	2020			■				■								●				●						●			●
順天堂大学	2023		■				■					●			●		●	●			●								●
順天堂大学	2022		■				■					●	●						●								●		
順天堂大学	2021		■				■				●	●						●		●		●							
順天堂大学	2020		■				■					●							●								●	●	
昭和大学	2023		■					■		●		●						●							●	●			
昭和大学	2022		■				■										●	●	●					●					
昭和大学	2021		■				■						●		●			●	●			●	●				●		
昭和大学	2020		■				■					●				●		●	●									●	●
帝京大学	2023		■				■				●	●				●			●										
帝京大学	2022			■			■						●										●		●	●			
帝京大学	2021		■				■					●				●			●										
帝京大学	2020		■				■					●	●						●					●			●		
東京医科大学	2023			■				■				●		●		●	●	●	●	●		●						●	●
東京医科大学	2022			■				■				●	●	●	●	●			●							●	●	●	
東京医科大学	2021		■				■				●	●	●			●		●	●	●		●			●		●		●
東京医科大学	2020		■				■				●	●			●			●	●		●		●	●			●	●	
東京慈恵会医科大学	2023			■				■				●							●			●	●		●	●			
東京慈恵会医科大学	2022			■				■				●		●	●			●	●	●						●	●		
東京慈恵会医科大学	2021			■				■							●			●	●	●							●	●	
東京慈恵会医科大学	2020			■				■										●	●	●			●			●		●	
東京女子医科大学	2023																												
東京女子医科大学	2022		■				■					●						●	●						●	●		●	
東京女子医科大学	2021		■				■										●		●	●		●	●						
東京女子医科大学	2020		■				■				●	●						●	●				●			●			●
東邦大学	2023		■					■					●						●	●						●		●	
東邦大学	2022		■					■			●	●					●	●	●	●						●			
東邦大学	2021		■					■					●												●	●	●		
東邦大学	2020		■					■						●	●			●	●	●						●			
日本大学 N方式	2023		■				■						●				●	●	●	●			●				●		
日本大学 N方式	2022	■					■					●			●	●		●	●					●	●				
日本大学 N方式	2021		■				■					●				●		●				●	●		●		●	●	
日本大学 A方式	2020		■				■					●	●	●				●	●			●	●			●			●

大学名	年度	問題の全体難易度				時間に対する分量				生物と遺伝子		体内環境の維持		多様性と生態系		生命現象と物質				生殖と発生					生物の環境応答		生態と環境	生物の進化と系統	
		易	標準	やや難	難	少ない	適量	多い	非常に多い	生物の特徴	遺伝子とその働き	体内環境	免疫	バイオームの多様性と分布	生態系とその保全	細胞とタンパク質	酵素	同化・異化	遺伝情報とその発現	有性生殖	動物の配偶子形成	初期発生	誘導と器官形成	植物の発生	植物の環境応答	動物の反応と行動	個体群と生物群集	進化	系統
日本医科大学	2023			■			■					●				●					●	●							
	2022			■			■					●				●			●				●			●		●	
	2021			■			■					●	●			●			●		●								
	2020			■			■					●							●										
北里大学	2023		■					■				●							●			●							●
	2022			■				■					●			●										●			
	2021			■				■			●					●						●	●					●	
	2020			■				■								●			●			●				●			●
聖マリアンナ医科大学	2023		■				■					●		●		●					●					●	●		●
	2022		■				■			●		●				●		●	●							●			
	2021		■				■				●	●		●				●											
	2020		■				■					●											●				●	●	
東海大学	2023		■					■		●		●	●					●	●							●	●	●	
	2022		■					■		●	●			●		●			●	●							●		
	2021			■				■			●		●			●			●		●					●			
	2020			■				■				●	●						●				●		●			●	
金沢医科大学	2023	■					■					●				●		●	●		●				●	●	●	●	
	2022	■					■					●			●	●		●	●					●	●	●		●	
	2021	■					■					●			●	●		●	●				●		●	●			
	2020	■					■			●	●	●			●			●	●									●	●
愛知医科大学	2023			■				■						●				●	●							●	●		
	2022			■				■				●							●							●			●
	2021			■				■											●						●	●			
	2020			■				■			●	●							●										
藤田医科大学	2023			■				■				●		●		●			●			●					●		
	2022			■				■				●							●				●				●		
	2021			■				■				●	●			●	●		●										
	2020			■				■											●	●						●	●		
大阪医科薬科大学	2023		■				■					●						●	●							●			●
	2022		■				■					●	●			●						●	●		●	●			●
	2021		■				■				●		●					●	●		●								
	2020		■				■								●			●	●				●			●	●		
関西医科大学	2023		■				■					●			●	●		●	●	●					●	●	●	●	
	2022		■				■					●			●	●			●				●	●	●	●			●
	2021		■					■					●			●		●	●	●		●		●	●				●
	2020				■				■						●	●		●	●				●				●	●	
近畿大学	2023			■			■					●							●										
	2022			■				■					●			●	●	●				●				●			
	2021			■				■		●		●	●					●	●										
	2020			■				■				●							●						●	●			
兵庫医科大学	2023			■				■		●			●	●		●	●	●	●	●		●		●	●		●	●	
	2022		■				■					●	●		●	●		●	●	●					●	●			●
	2021		■				■			●		●	●			●	●	●	●			●			●	●	●	●	
	2020			■				■			●	●	●	●	●	●	●	●	●			●	●	●		●		●	●
川崎医科大学	2023	■				■				●					●	●						●				●			
	2022	■				■										●			●						●	●			
	2021	■					■					●						●	●				●						
	2020	■					■					●	●		●			●	●								●		
久留米大学	2023			■			■						●	●				●	●		●		●				●		
	2022		■				■					●	●				●		●							●			●
	2021		■			■					●	●				●										●			
	2020		■			■						●	●			●										●			
産業医科大学	2023			■				■				●	●						●										
	2022		■					■			●	●				●													
	2021			■				■		●		●	●			●		●	●										
	2020			■				■				●	●					●	●										
福岡大学	2023		■				■					●	●			●										●		●	
	2022	■					■					●	●		●	●			●				●			●			
	2021	■					■						●						●				●			●	●		
	2020		■				■					●						●	●							●			●

※ 2023・2022・2021・2020 年度の各大学の入試科目について医系専門予備校メディカルラボが分析したものです。

物理

大学名	年度	問題の全体難易度				時間に対する分量				力学								波動			熱		電磁気					原子	
		易	標準	やや難	難	少ない	適量	多い	非常に多い	速度・加速度	平面上の運動	つりあい	運動の法則	エネルギー	運動量	単振動・円運動	天体の運動・万有引力	波の性質	音	光	比熱・状態変化	気体分子の運動	電場・電位	コンデンサー	直流回路	電磁誘導	交流	粒子性と波動性	原子核
岩手医科大学	2023		■				■								●	●				●						●			
	2022		■				■						●	●		●					●	●	●	●					
	2021		■				■							●	●	●								●		●			●
	2020		■				■										●		●					●	●				
東北医科薬科大学	2023		■						■					●	●				●					●	●				
	2022			■					■		●			●	●	●					●	●	●			●			
	2021		■						■				●					●						●	●				
	2020		■				■							●	●						●					●	●		
自治医科大学	2023	■						■				●	●			●	●		●	●	●	●	●	●	●	●		●	●
	2022		■					■			●	●			●		●	●	●	●	●	●	●		●	●		●	●
	2021		■					■				●			●	●			●	●	●		●		●	●	●		●
	2020		■					■					●	●	●	●		●	●		●	●	●	●	●	●	●	●	●
獨協医科大学	2023		■					■		●	●			●	●	●		●			●			●	●		●	●	
	2022		■					■			●			●		●				●	●	●		●	●	●			●
	2021		■					■								●		●	●		●			●	●		●	●	
	2020		■					■						●	●		●		●		●			●	●	●		●	●
埼玉医科大学	2023		■					■							●	●			●		●					●			
	2022	■					■				●			●	●	●					●				●	●			
	2021		■						■			●		●	●				●						●				
	2020		■					■			●		●	●	●					●			●	●					
国際医療福祉大学	2023			■				■				●			●	●			●	●	●		●			●			●
	2022			■				■					●		●	●				●	●					●		●	
	2021			■				■					●	●	●	●			●	●	●		●		●	●			
	2020			■				■					●	●		●			●	●	●	●			●			●	
杏林大学	2023		■					■			●		●	●	●				●		●				●	●		●	●
	2022		■					■				●				●				●	●		●	●		●		●	
	2021		■					■					●		●	●				●		●				●			●
	2020		■					■			●	●		●	●					●	●		●		●	●		●	●
慶應義塾大学	2023			■			■							●						●	●		●	●		●		●	●
	2022			■			■				●	●					●		●	●				●					●
	2021			■			■								●				●	●			●			●			
	2020		■				■						●			●	●				●	●	●	●			●	●	●
順天堂大学	2023		■					■			●	●		●	●	●			●		●			●	●	●		●	
	2022		■					■									●			●						●			
	2021		■					■				●	●		●		●	●	●		●	●					●		
	2020		■					■				●	●		●	●		●				●	●	●		●	●		●
昭和大学	2023		■				■				●	●	●			●				●				●	●				
	2022	■				■								●		●	●			●		●						●	
	2021		■				■										●		●		●					●			
	2020		■				■			●			●	●						●			●			●		●	
帝京大学	2023		■				■								●					●				●	●				
	2022		■				■							●		●					●		●						
	2021		■				■					●									●		●				●		
	2020		■				■							●	●	●				●				●	●				
東京医科大学	2023		■						■		●			●		●	●		●	●	●				●			●	
	2022		■						■			●	●			●				●		●				●	●		●
	2021		■						■		●	●			●	●			●		●		●		●	●			●
	2020		■					■				●	●							●	●			●		●	●	●	
東京慈恵会医科大学	2023			■				■		●	●		●	●							●					●		●	●
	2022			■				■				●		●							●		●		●				
	2021			■				■					●		●	●				●				●				●	
	2020			■				■						●	●							●					●		
東京女子医科大学	2023																												
	2022		■				■				●			●				●	●	●				●					
	2021		■				■									●					●				●				
	2020		■				■					●	●	●	●	●				●						●			
東邦大学	2023		■					■		●			●		●	●	●	●	●		●		●			●			●
	2022		■					■				●	●	●		●				●	●			●			●		
	2021		■					■					●			●			●		●		●		●				
	2020		■					■			●			●	●			●		●		●				●		●	
日本大学 N方式	2023		■			■								●	●			●			●				●				●
	2022	■				■						●	●	●	●				●		●					●			●
	2021	■					■					●				●		●				●		●				●	
日本大学 A方式	2020			■				■						●		●				●	●				●				

大学名		問題の全体難易度				時間に対する分量				力学								波動			熱		電磁気					原子	
		易	標準	やや難	難	少ない	適量	多い	非常に多い	速度・加速度	平面上の運動	つりあい	運動の法則	エネルギー	運動量	単振動・円運動	天体の運動・万有引力	波の性質	音	光	比熱・状態変化	気体分子の運動	電場・電位	コンデンサー	直流回路	電磁誘導	交流	粒子性と波動性	原子核
日本医科大学	2023		■				■				●							●			●					●		●	
	2022		■				■								●	●				●				●	●				
	2021		■				■									●				●	●		●			●			
	2020		■				■								●	●		●	●	●	●	●			●		●		
北里大学	2023		■					■			●	●						●			●				●	●			
	2022		■					■				●	●	●		●				●	●			●	●	●			
	2021		■					■			●	●			●				●		●				●	●			
	2020		■					■			●	●		●		●				●	●		●			●			
聖マリアンナ医科大学	2023		■				■			●	●			●	●	●			●	●	●			●		●			●
	2022		■				■			●		●	●	●			●			●	●				●	●		●	
	2021		■				■						●			●				●		●					●		●
	2020		■				■					●			●				●			●			●	●			●
東海大学	2023		■					■								●				●	●					●			
	2022		■					■				●				●			●		●			●	●				
	2021		■					■				●									●					●		●	
	2020		■					■		●	●		●							●		●		●	●			●	
金沢医科大学	2023		■				■							●	●	●								●	●				
	2022		■				■				●				●	●		●											
	2021		■				■						●						●		●		●		●				
	2020		■				■									●		●											
愛知医科大学	2023		■					■							●					●	●			●				●	
	2022		■					■						●	●	●			●				●						
	2021		■					■					●		●					●						●			
	2020		■					■								●									●			●	●
藤田医科大学	2023			■				■				●	●	●				●			●								
	2022			■				■				●		●	●							●		●	●	●			
	2021			■				■				●			●	●					●			●	●				
	2020		■					■				●			●						●					●			
大阪医科薬科大学	2023		■					■								●				●	●			●	●				
	2022		■					■				●				●	●				●			●		●			●
	2021		■					■				●				●			●		●		●		●	●			
	2020		■					■							●	●					●				●	●			
関西医科大学	2023			■				■		●			●	●	●					●	●			●	●				
	2022			■				■				●		●		●				●	●			●	●	●		●	
	2021		■				■					●							●						●	●		●	
	2020			■				■			●	●								●					●				●
近畿大学	2023		■					■			●		●											●	●				●
	2022		■					■				●				●					●			●	●				
	2021		■					■				●				●									●			●	
	2020		■					■					●	●		●											●	●	●
兵庫医科大学	2023		■					■				●		●	●				●		●					●		●	●
	2022		■					■			●	●	●							●	●			●	●			●	
	2021		■					■			●					●				●	●			●		●			
	2020		■					■			●	●							●	●		●				●			●
川崎医科大学	2023		■				■				●				●	●				●				●	●		●		
	2022		■				■								●		●					●			●		●		●
	2021	■					■			●	●	●			●				●		●						●		
	2020		■				■			●					●	●										●			●
久留米大学	2023		■				■									●	●			●						●			
	2022		■				■				●			●		●					●					●			
	2021		■				■					●		●							●		●			●			
	2020		■				■					●								●				●					
産業医科大学	2023		■					■				●									●							●	
	2022			■				■				●		●		●	●			●					●				
	2021			■				■			●	●							●				●						
	2020			■				■								●				●		●		●					
福岡大学	2023		■				■									●					●						●		
	2022	■					■						●	●	●	●					●				●				
	2021	■						■							●						●			●					
	2020		■				■					●		●						●					●				

※ 2023・2022・2021・2020 年度の各大学の入試科目について医系専門予備校メディカルラボが分析したものです。

私立 2024年度 学納金ランキング

初年度

順位	大学名	学納金（カッコ内は入学金）
1	順天堂大学 ※1	2,900,000（2,000,000）
2	関西医科大学	3,060,000（1,000,000）
3	東京慈恵会医科大学 ※3	3,500,000（1,000,000）
4	慶應義塾大学 ※4	3,873,350（200,000）
5	国際医療福祉大学 ※2	4,500,000（1,500,000）
	日本医科大学 ※5	4,500,000（1,000,000）
7	東邦大学 ※6	4,800,000（1,500,000）
8	東京医科大学	4,896,800（1,000,000）
9	自治医科大学	5,000,000（1,000,000）
10	昭和大学	5,395,000（1,500,000）
11	大阪医科薬科大学 ※8	6,100,000（1,000,000）
12	産業医科大学	6,122,800（1,000,000）
13	日本大学 ※9	6,420,000（1,000,000）
14	東北医科薬科大学 ※10	6,500,000（1,000,000）
15	藤田医科大学	6,596,000（1,500,000）
16	東海大学	6,673,200（1,000,000）
17	近畿大学 ※12	6,804,500（1,000,000）
18	聖マリアンナ医科大学	7,287,000（1,500,000）
19	愛知医科大学	8,500,000（1,500,000）
20	福岡大学 ※14	8,626,710（1,000,000）
21	埼玉医科大学 ※15	8,820,000（2,000,000）
22	岩手医科大学 ※11	9,000,000（2,000,000）
23	兵庫医科大学	9,025,000（2,000,000）
24	獨協医科大学	9,300,000（1,500,000）
25	久留米大学 ※8	9,313,000（1,000,000）
26	帝京大学	9,370,140（1,050,000）
27	北里大学	9,438,000（1,500,000）
28	杏林大学	10,090,700（1,500,000）
29	東京女子医科大学	11,449,000（2,000,000）
30	金沢医科大学	11,943,000（2,000,000）
31	川崎医科大学 ※9	12,250,000（2,000,000）

6年間総額

順位	大学名	学納金
1	国際医療福祉大学 ※2	18,500,000
2	順天堂大学 ※1	20,800,000
3	関西医科大学	21,440,000
4	日本医科大学 ※5	22,000,000
5	慶應義塾大学 ※4	22,239,600
6	東京慈恵会医科大学 ※3	22,500,000
7	自治医科大学	23,000,000
8	東邦大学 ※6	25,800,000
9	昭和大学 ※7	27,895,000
10	大阪医科薬科大学 ※8	29,075,000
11	東京医科大学	29,841,800
12	藤田医科大学	30,526,000
13	産業医科大学	30,697,800
14	日本大学 ※9	33,380,000
15	岩手医科大学 ※11	34,000,000
	東北医科薬科大学 ※10	34,000,000
17	聖マリアンナ医科大学 ※13	34,820,000
18	愛知医科大学	35,100,000
19	東海大学	35,506,200
20	近畿大学 ※12	35,827,000
21	久留米大学 ※8	36,378,000
22	獨協医科大学	37,300,000
23	杏林大学	37,590,700
24	兵庫医科大学	37,600,000
25	福岡大学 ※14	37,738,260
26	帝京大学	39,380,140
27	北里大学	39,528,000
28	埼玉医科大学 ※15	39,570,000
29	金沢医科大学	40,543,000
30	東京女子医科大学	46,214,000
31	川崎医科大学 ※9	47,400,000

＊ 国立大学医学部の学費6年間総額：約3,500,000円（入学料：282,000円、年間授業料：535,800円）
＊ 学納金は2023年9月初旬時点の情報を基にしています。変更となる場合がありますので、詳細は受験する大学の「2024年度募集要項」などで必ず確認してください。また、学納金のほか、諸経費等が別途必要となる場合もあります。

※1 寮費・諸会費・教材費は除く。
※2 教育後援会年会費、海外臨床実習の積立金は除く。教科書代、臨床実習に関わる費用、国家試験対策に関わる費用、同窓会費等は除く。
※3 学生会経費、保護者会費等は除く。
※4 2023年度。
※5 諸経費を除く。
※6 委託徴収金は除く。
※7 2年次以降の学生会費・父兄会費5万円×5を除く。
※8 委託徴収金を含む。
※9 諸会費を含む。
※10 入学時の教科書代は除く。保険料・諸会費等は除く。
※11 諸会費等は除く。
※12 校友会終身会費は除く。
※13 学生自治会費（初年度：5,000円、次年度以降：3,000円）、保護者会会費（初年度のみ：112,000円）および聖医会（同窓会）会費（200,000円：初年度のみ）は除く。
※14 入学時の教科書代は除く。
※15 毛呂山会支部会費（別個設定）は除く。

私立 2024年度 奨学金・修学資金貸与制度 抜粋

※大学独自の奨学金、自治体奨学金で、貸与等の金額が大きなものを一部抜粋しています。

大学名	名称	分類	金額	募集人員	応募資格の制限 ※1	返還免除の有無 ※2
岩手医科大学	医療局医師奨学金貸付制度	貸与	6年総額2,160万円(月額30万円)(2023年度)	13名(予定)	有	有
	市町村医師養成修学資金貸付制度	貸与	6年総額2,200万円(月額20万円+入学一時金760万円)(2023年度)	7名(予定)	無	有
東北医科薬科大学	東北地域医療支援修学資金A方式(宮城県)	貸与	6年総額3,000万円(毎年500万円)	30名	無	有
	東北地域医療支援修学資金A方式(宮城県を除く東北5県)	貸与		5名(各県1名)	無	有
	東北地域医療支援修学資金B方式(宮城県以外の東北5県)	貸与	6年総額1,500万円(毎年250万円)+各県の修学資金(約1,100万円～)	20名	一部制限有り	有
埼玉医科大学	医学部特別奨学金	貸与	6年総額1,850 万円(入学時350万円、2年次以降年300万円)	5名以内	無	有
	埼玉県地域枠医学生奨学金	貸与	月額20万円(6年総額1,440万円)	19名(予定)	無(予定)	有
国際医療福祉大学	特待奨学生制度 (奨学生 S)	給付	6年総額1,700万円+学生寮の寮費全額(1年次:300万円、2年次以降:280万円)	一般 20 名	無	―
	特待奨学生制度 (奨学生 A)	給付	6年総額1,400万円(1年次250万円、2年次以降230万円)	一般 25 名・共テ 5 名	無	―
獨協医科大学	栃木県医師修学資金制度	貸与	6年総額2,200万円(毎年350万円、入学金100万円)	一般 5名(予定)	無	有
杏林大学	東京都地域医療医師奨学金(特別貸与奨学金)	貸与	6年総額4,420万円(修学費:6年総額3,700万円、生活費:6年総額720万円)	10名(予定)	有	有
	新潟県医師養成修学資金貸与制度	貸与	6年総額3,700万円	4名(予定)	無	有
順天堂大学	学費減免特待生制度	減免	6年間で1,380万円を減免	一般A 成績上位10名	無	―
	埼玉県医師育成奨学金制度	貸与	月額20万円(6年総額1,440万円)	10名(予定)	無	有
	千葉県医師修学資金貸付制度	貸与	月額20万円(6年総額1,440万円)	5名(予定)	無	有
	静岡県医学修学研修資金制度	貸与	月額20万円(6年総額1,440万円)	5名(予定)	無	有
	東京都地域医療医師奨学金(特別貸与奨学金)	貸与	6年総額2,800万円(修学費:6年総額2,080万円、生活費:月額10万円(6年総額720万円))	10名(予定)	有	有
	茨城県地域医療医師修学資金貸与制度	貸与	月額25万円(6年総額1,800万円)	2名(予定)	無	有
	新潟県医師養成修学資金貸与制度	貸与	月額30万円(6年総額2,160万円)	1名(予定)	無	有
帝京大学	帝京大学地域医療医師確保奨学金	貸与	初年度:年額546万円、2年次以降:年額210万円	4名程度	無	有
	福島県地域医療医師確保修学資金	貸与	月額23.5万円(予定)+入学一時金(100万円上限)	2名	無	有
	千葉県医師修学資金貸付制度	貸与	月額20万円	2名	無	有
	茨城県地域医療医師修学資金貸与制度	貸与	月額25万円	1名	有	有
	静岡県医学修学研修資金	貸与	月額20万円	2名	無	有
日本医科大学	東京都地域医療医師奨学金(特別貸与奨学金)	貸与	6年総額2,920万円(修学費:6年総額2,200万円、生活費:月額10万円(6年総額720万円))	5名	有	有
	茨城県地域医療医師修学資金貸与制度	貸与	月額25万円(予定)	2名	有	有
	千葉県医師修学資金貸付制度	貸与	月額20万円(6年総額1,440万円)	他大学と合わせて9名(予定)、一般(地域枠)7名	無	有
	静岡県医学修学研修資金制度	貸与	月額20万円(6年総額1,440万円)	一般(地域枠):4名、大学特別枠・一般枠原則1年生より	無	有
北里大学	医学部特待生制度(入学時特待生)	減免	第1種:6年間の学費全額を免除(3,890万円) 第2種:入学金、授業料一部免除(6年総額1,945万円)	若干名	無	―
	相模原市地域医療医師修学資金貸付制度	貸与	6年総額3,890万円	2名(2023年度)	無	有
東海大学	医学部医学科特別貸与奨学金	貸与	年額200万円(6年総額1,200万円)	9名	無	有
金沢医科大学	金沢医科大学医学部特別奨学金貸与制度	貸与	年額330万円(6年総額1,980万円)	約1名	有	有
	金沢医科大学医学部特待生制度	減免	初年度学納金450万円を免除(授業料:165万円、設備更新費:85万円、教育充実費:200万円)	10名	無	―
愛知医科大学	愛知医科大学医学部奨学金貸与制度	貸与	年額300万円(貸与決定の年度から卒業年度まで)	5名(2022年度)5学年次以上より	無	有
	愛知県地域特別枠修学資金制度	貸与	6年総額2,010万円([愛知県]初年度:月額17.5万円、2学年以降:月額15万円、[本学]初年度:年額450万円、2年次以降:年額90万円)	A・B方式各約5名	有	有
大阪医科薬科大学	大阪府地域医療確保修学資金貸与制度	貸与	6年総額1,920万円([大阪府]月額10万円、[本学]年額200万円)	2名	無	有
近畿大学	静岡県医学修学研修資金	貸与	月額20万円(6年総額1,440万円)(2023年度)	10名	無	有
	奈良県緊急医師確保修学資金制度	貸与	月額20万円(6年総額1,440万円)、入学金100万円(2023年度)	2名	無	有
	和歌山県地域医師確保修学資金	貸与	月額20万円(6年総額1,440万円)(2023年度)	2名	無	有
兵庫医科大学	兵庫医科大学兵庫県推薦入学制度	貸与	6年総額4,480万円([納付金]初年度:年額850万円、2年次以降:年額570万円、[生活費]年額130万円)(2023年度)	3名(予定)	無	有
川崎医科大学	静岡県医学修学研修資金貸与制度	貸与	月額20万円(6年総額1,440万円)	10名(予定)	無	有
産業医科大学	修学資金貸与制度	貸与	6年総額約1,919万円(入学金:71.8万円、授業料:年額約257.9万円、実習費:年額50万円)	全員	無	有

＊ 2023年9月初旬時点までの情報です。各大学の制度の名称や金額、募集人員等は、変更される場合があります。 詳しくは、各大学または該当する都道府県にお問い合わせください。
＊ 応募資格などの詳細は必ず入学試験要項などでご確認ください。
※1 出身高校や居住地など。優先などの条件は「無」とする。
※2 卒業後に一定期間を大学が定めた地域の病院や診療所、地方自治体に勤務することにより、貸与された奨学金等の返還が免除される場合は「有」とする。

私立 2023年度 志願者数ランキング

一般選抜

順位	大学名	募集人員	志願者
1	帝京大学 ※1	93	7,101
2	東海大学	60	3,600
3	金沢医科大学(前期)	72	3,490
4	国際医療福祉大学	105	3,027
5	東邦大学※2	約74	3,002
6	杏林大学※3	102	2,993
7	昭和大学(Ⅰ期)	83	2,674
8	東京医科大学	79	2,537
9	獨協医科大学※4	62	2,469
10	聖マリアンナ医科大学(前期)	約87	2,354
11	日本医科大学(前期)※5	86	2,346
12	岩手医科大学※6	85	2,300
13	関西医科大学(前期)	約55	2,224
14	順天堂大学(A方式)	64	2,180
15	福岡大学	65	2,127
16	北里大学※7	74	2,016
17	自治医科大学	123	1,923
18	日本大学(N方式第1期)	90	1,865
19	東京慈恵会医科大学	105	1,860
20	大阪医科薬科大学(前期)※8	77	1,842
21	埼玉医科大学(前期)	60	1,764
22	藤田医科大学(前期)※9	83	1,747
23	東北医科薬科大学 ※10	95	1,733
24	兵庫医科大学A ※11	約78	1,664
25	近畿大学(前期)	55	1,522
26	川崎医科大学※12	約71	1,435
27	慶應義塾大学	66	1,412
28	愛知医科大学	約65	1,392
29	埼玉医科大学(後期)	20	1,321
30	産業医科大学	約80	1,315
31	金沢医科大学(後期)	10	1,295
32	久留米大学(前期)	約75	1,279
33	聖マリアンナ医科大学(後期)	約12	1,184
34	日本医科大学(後期)※5	23	1,081
35	昭和大学(Ⅱ期)	18	1,015
36	大阪医科薬科大学(後期)	15	920
37	東京女子医科大学	約67	917
38	日本大学(N方式第2期)	15	866
39	近畿大学(後期)	5	687
40	久留米大学(後期)	約5	609
41	藤田医科大学(後期)※9	10	581
42	関西医科大学(後期)※13	5	468
43	順天堂大学(地域枠選抜)	33	311
44	近畿大学(地域枠入試)※14	17	266
45	昭和大学(地域枠選抜)※15	19	262
46	兵庫医科大学B	約10	253
47	順天堂大学(B方式)	5	238

※1 地域枠(7名)を含む。
※2 千葉県地域枠(2名)、新潟県地域枠(2名)を含む。
※3 東京都地域枠(10名)、新潟県地域枠(3名)を含む。
※4 栃木県地域枠(5名)を含む。
※5 前期は地域枠(14名)、後期は地域枠(6名)を含む。志願者数は、新潟県地域枠のみ後期へ含む。
※6 地域枠C(5名)、地域枠D(7名)を含む。
※7 相模原市修学資金枠2名を含む。
※8 大阪府地域枠(2名)を含む。
※9 地域枠(5名)を含む(前後期)。
※10 修学資金枠A方式・B方式を含む。
※11 兵庫県推薦枠を含む。
※12 地域枠(約26名)を含む。
※13 募集人員は共通テスト利用(後期)との合計。
※14 内訳は大阪府地域枠(3名)、奈良県地域枠(2名)、和歌山県地域枠(2名)、静岡県地域枠(10名)。
※15 内訳は新潟県地域枠(7名)、静岡県地域枠(8名)、茨城県地域枠(4名)。

共通テスト利用入試

順位	大学名	募集人員	志願者
1	産業医科大学 ※1	約80	1,315
2	関西医科大学(前期)	12	1,115
3	杏林大学	15	943
4	関西医科大学(一般併用)	13	931
5	国際医療福祉大学	15	921
6	愛知医科大学(前期)	約15	809
7	東京医科大学	10	769
8	順天堂大学(前期)	10	705
9	藤田医科大学(前期)	10	702
10	大阪医科薬科大学	10	675
11	東海大学	10	657
12	帝京大学	8	626
13	埼玉医科大学	10	581
14	近畿大学(前期)	5	557
15	獨協医科大学	10	553
16	順天堂大学(共テ・一般独自併用)	12	541
17	福岡大学	5	434
18	東海大学(神奈川県・静岡県地域枠)※2	8	301
19	順天堂大学(後期)	5	270
20	近畿大学(中期)	3	213
21	日本医科大学(後期・共テ国併用)	10	210
22	近畿大学(後期)	2	144
23	関西医科大学(後期)※3	5	135
24	愛知医科大学(後期)	約5	116
25	藤田医科大学(後期)	5	104
26	東北医科薬科大学	5	73
27	愛知医科大学(地域特別枠B方式)	約5	47

※1 一般選抜は共通テスト利用。
※2 内訳は神奈川県地域枠5名、静岡県地域枠3名。
※3 募集人員は一般(後期)との合計。

私立 2023年度 合格者／入学者の内訳

現既比

大学名		現役	1浪	2浪	3浪その他
岩手医科大学	C	29.2%	25.4%	12.3%	33.1%
東北医科薬科大学		非公表			
自治医科大学	C	48.8%	32.5%	16.3%	2.4%
獨協医科大学	A	33.3%	66.7%		
埼玉医科大学	C	40.0%	30.0%	17.7%	12.3%
国際医療福祉大学	C	46.7%	33.6%	19.7%	
杏林大学		非公表			
慶應義塾大学	D	81.5%	17.3%	1.2%	
順天堂大学	A	63.5%	30.5%	3.5%	2.5%
昭和大学	C	41.0%	59.0%		
帝京大学		非公表			
東京医科大学	C	42.6%	33.6%	18.0%	5.7%
東京慈恵会医科大学	C	54.3%	32.4%	6.7%	6.7%
東京女子医科大学	C	50.9%	21.8%	13.6%	13.6%
東邦大学	C	53.3%	30.3%	13.1%	3.3%
日本大学	C	37.4%	29.0%	13.0%	20.6%
日本医科大学	C	46.4%	44.0%	7.2%	2.4%
北里大学	A	38.6%	61.4%		
聖マリアンナ医科大学	C	36.5%	28.7%	18.3%	16.5%
東海大学	A	31.0%	29.0%	22.0%	18.0%
金沢医科大学	C	13.5%	29.7%	21.6%	35.1%
愛知医科大学	C	32.8%	67.2%		
藤田医科大学	C	30.8.%	30.8%	15.0%	23.3%
大阪医科薬科大学	C	36.6%	28.6%	15.2%	19.6%
関西医科大学	C	37.8%	62.2%		
近畿大学	C	21.6%	78.4%		
兵庫医科大学	A	32.6%	67.4%		
川崎医科大学	C	25.4%	20.6%	20.6%	33.3%
久留米大学	B	15.4%	36.9%	28.5%	19.2%
産業医科大学	C	30.5%	40.0%	16.2%	13.3%
福岡大学	B	19.3%	80.7%		

●表の見方

A：総合格者
B：正規合格者
C：入学者
D：入学許可者

※獨協医科大学の現既比は学校推薦型選抜、総合型選抜を除く。
※国際医療福祉大学の現既比は留学生特別選抜を除く。
※東邦大学の地元占有率の地元は、出身校所在地。
※北里大学の現既比は一般選抜のみ。
※東海大学は一般選抜のみ。
※愛知医科大学の地元占有率は国際バカロレア選抜を除く。
※近畿大学は付属高校推薦を含む。
※川崎医科大学は付属高校からの推薦入学を含む。
※久留米大学は地元占有率を除き、一般選抜前期のみ。
※福岡大学は一般選抜、共通テスト利用のみ。

男女比

大学名		男	女
岩手医科大学	C	65.4%	34.6%
東北医科薬科大学	C	55.0%	45.0%
自治医科大学	C	56.1%	43.9%
獨協医科大学	A	57.4%	42.6%
埼玉医科大学	C	52.3%	47.7%
国際医療福祉大学	C	57.7%	42.3%
杏林大学	B	49.6%	50.4%
慶應義塾大学	D	73.2%	26.8%
順天堂大学	A	55.2%	44.8%
昭和大学	C	56.7%	43.3%
帝京大学		非公表	
東京医科大学	C	59.0%	41.0%
東京慈恵会医科大学	C	57.1%	42.9%
東京女子医科大学	C		100%
東邦大学	C	40.2%	59.8%
日本大学	C	61.1%	38.9%
日本医科大学	C	48.8%	51.2%
北里大学	A	56.3%	43.7%
聖マリアンナ医科大学	C	52.2%	47.8%
東海大学	A	55.0%	45.0%
金沢医科大学	C	64.9%	35.1%
愛知医科大学	C	52.6%	47.4%
藤田医科大学	C	56.7%	43.3%
大阪医科薬科大学	C	59.8%	40.2%
関西医科大学	C	48.0%	52.0%
近畿大学	A	69.3%	30.7%
兵庫医科大学	A	54.8%	45.2%
川崎医科大学	C	57.9%	42.1%
久留米大学	B	65.4%	34.6%
産業医科大学	C	64.8%	35.2%
福岡大学	B	61.5%	38.5%

地元占有率

大学名		地元出身者	その他
岩手医科大学	C	18.5%	81.5%
東北医科薬科大学	C	19.0%	81.0%
自治医科大学	C	4.9%	95.1%
獨協医科大学	A	14.4%	85.6%
埼玉医科大学	C	21.5%	78.5%
国際医療福祉大学	C	15.5%	84.5%
杏林大学		非公表	
慶應義塾大学		非公表	
順天堂大学	A	53.3%	46.7%
昭和大学	C	56.0%	44.0%
帝京大学		非公表	
東京医科大学	C	58.2%	41.8%
東京慈恵会医科大学	C	63.8%	36.2%
東京女子医科大学	C	34.5%	65.5%
東邦大学	C	50.0%	50.0%
日本大学	C	39.7%	60.3%
日本医科大学	C	60.0%	40.0%
北里大学	A	20.1%	79.9%
聖マリアンナ医科大学	C	28.7%	71.3%
東海大学	A	26.0%	73.0%
金沢医科大学	C	3.6%	96.4%
愛知医科大学	C	54.8%	45.2%
藤田医科大学	C	49.2%	50.8%
大阪医科薬科大学	C	34.8%	65.2%
関西医科大学	C	34.6%	65.4%
近畿大学	A	36.7%	63.3%
兵庫医科大学	A	27.1%	72.9%
川崎医科大学	C	36.5%	63.5%
久留米大学	C	26.7%	73.3%
産業医科大学	C	28.6%	71.4%
福岡大学		非公表	

学校推薦型選抜 （指定校推薦・内部推薦等を除く）

大学名	区分	募集人員	受験資格		選考方法	入試日程
			現既	成績		出願期間
岩手医科大学	一般（公募制）	12程度	1浪	4.0	書、面、基（英、数、理）	11/1～11/10
	地域枠A（岩手県出身者枠）※1	15	1浪	4.3	書、面、基（英、数、理）	11/1～11/10
	地域枠B（東北出身者枠）※1,2	8※3	1浪	4.0	書、面、基（英、数、理）	
	秋田県地域枠※4	2		4.0		
獨協医科大学	公募制（地域特別枠）※5	10	現役	4.0	書、面、小、基（英、数）	11/1～11/7
埼玉医科大学	一般（一般公募枠・埼玉県地域枠）	33※6	1浪	4.0	書、面、適（英・理・数系、小）	㋑11/2～11/10 ㊞11/11必着
	特別枠	2	1浪	要件あり		
昭和大学	卒業生推薦※7	7	現役	－	書、面、基（英、理、国または数）、小	11/1～11/10
帝京大学	一般（公募制）	15	現役	4.0	書、面、小、適（英、数、理）	11/1～11/7
東京医科大学	一般（公募制）	20以内	現役	4.0	書、面（個人）、小（日、英）、基（数・物・化・生）	11/6～11/17
	茨城県地域枠※8	8以内	1浪	4.0		
	埼玉県地域枠	2以内	1浪	4.0		
	新潟県地域枠	3以内	1浪	4.0		
	全国ブロック別※9	6以内	1浪	4.0	書、小（日、英）、基（数・物・化・生）、面（MMI）	
東京女子医科大学	一般	約33	1浪	4.1	書、面、適、小グループ討論、小	11/1～11/8
	「至誠と愛」※10	約10	1浪	4.1	書、面、適、小	
東邦大学	公募制地域枠（千葉県・新潟県、認可申請中）	9※11	要確認	要確認	面、適、基	11/1～11/8
聖マリアンナ医科大学	一般公募制、神奈川県地域枠※12	約32※13	現役	全体3.8 数・理・外4.0	書、面、基（英、数、理）、小	㋑11/1～11/13 ㊞11/14必着
愛知医科大学	公募制	約20※14	1浪	3.7	書、面、小、基（英、数）	11/1～11/10
	愛知県地域特別枠（A方式）※15	約5	1浪	3.7		
大阪医科薬科大学	公募制推薦（専願制）	10	現役	4.0	書、基（数、理）、小、面	11/1～11/8
関西医科大学	特別枠（専願制）	10	1浪	4.0	書、小、適（英、数理的問題）、面	11/1～11/27
	地域枠（大阪府、設置構想中）	5	2浪	3.5	書、小、適（英、数理的問題）、面	地域枠：認可後～11/27 一般枠：11/1～11/27
	地域枠（静岡県・新潟県、設置構想中）	10※16	2浪	3.5		
	一般枠（併願制）	10	1浪	3.5		
近畿大学	一般公募	25	1浪	－	書、面、小、基（英、数、理）	11/1～11/9
兵庫医科大学	一般	約15	現役	4.0	書、面、小、基（英、数、理）	11/1～11/9
	地域指定制※17	5以内	1浪	現役4.0 1浪4.2		
	兵庫県推薦入学制度枠※18	3	－	－	書、英、数理、小、面	12/11～1/15
久留米大学	一般A	約8	1浪	－	書、面、小、基（英、数）	11/1～11/8
	久留米大学特別枠	約20	2浪	－		
	福岡県特別枠（申請中）※19	5	2浪	－		
産業医科大学	3ブロック※20	25以内	1浪	4.3※21	書、面、総	11/1～11/7
福岡大学	一般A方式	30※22	1浪	3.7	書、面、学科（英、数）	11/1～11/9
	地域枠※23	10	1浪	3.7		

総合型選抜 （卒業生子女を除く）

大学名	募集人員		受験資格		選考方法	
			現既	成績	1次	2次
岩手医科大学（地域医療医師育成特別枠）	8程度※1		2浪	3.8	書、面（個、課、地域医療に従事する医師による面接）、基（英、数、理）	
獨協医科大学	3以内		※2	－	書、小、適	面、プレゼンテーション試験
順天堂大学（国際臨床医・研究医枠）	研究医特別選抜※3		－	4.5（要件あり）	書、基（英、数、理）、小	面
	国際バカロレア／ケンブリッジ・インターナショナル選抜※3		要件あり	－	書、面、小	共テ（2・4）または日本留学試験、1次試験結果の成績
東邦大学	約10		1浪	3.8（数・理4.0）	基、適	面
東海大学	希望の星育成10		現役	3.8	書、小、面、オブザベーション評価	共テ（3・5）
金沢医科大学	15		※5	－	基（英、数、理、文章理解能力や一般常識問題）	面、書
藤田医科大学（ふじた未来入試）	高3一般枠	12	現役	－	英、数、小	課、面
	独創一理枠		1浪※6			
大阪医科薬科大学（至誠仁術入試）	併願制5		1浪	－	共テ（4・6）	書、小、面
関西医科大学（特色選抜）	英語型	7	1浪	要件あり	書、小、適（数理、英）	面（英語型は別途英語面接）
	国際型		現役			
	科学型		1浪			
兵庫医科大学	一般枠5		1浪	※7	書、適（英、理）、小	プレゼンテーション試験、面
川崎医科大学	中国・四国地域出身者枠約20※8		4浪※9	－	適（総合読解力・論理力など）、小	書、面
	霧島市地域枠約1※10					
	特定診療科専攻枠約4					
産業医科大学	ラマツィーニ選抜10以内		1浪	－	書、プレゼンテーション試験	共テ（3・5）※11

編入学試験

大学名	募集人員	編入年度	編入年次	受験資格・制限		選考方法	
				2024.3	必須単位	1次	2次
岩手医科大学	若干名	2024	3年次		※1	書、学科試験（生命科学全般）、小	面
北里大学	若干名	2024	1年次後期	※2	－	基（英、数、理）、書、面、論文	
東海大学	10	2024	1年次4月	※3※4	－	書、学科試験（英）、小	面

※1　歯学部を2020年3月以降に卒業した者ならびに2024年3月31日までに卒業見込みの者で歯科医師免許を取得または取得見込みの者。ただし、歯科医師国家試験に不合格となった場合は合格取り消しとなる。
※2　大学院修士課程または博士課程を修了した者または2024年3月までに修了見込みの者。
※3　4年制以上の大学（外国の大学を含む）を卒業した者、または2年以上在学し62単位以上を修得した者および2024年3月修得見込みの者。
※4　短期大学または高等専門学校を卒業した（2024年3月卒業見込み）者。専修学校の専門課程（専門学校）のうち基準を満たすものを修了した者または2024年3月に修了見込みの者。

実施大学

選考日	合格発表	手続締切
11/18	12/1	12/11
11/18	12/1	12/11
①11/11②11/17	①11/15②12/1	12/8
11/19	12/1	12/12
11/25	12/1	12/8
11/12	12/1	12/11
12/2	12/7	12/14
①12/2 ②12/16	①12/7 ②12/21	12/28
11/18・19	12/1	12/11
11/18		
①11/17 ②12/2	①11/27 ②12/6	12/12
11/25	12/1	12/8
11/25	12/7	12/19
11/18	12/1	12/15
①12/10 ②12/16	①12/13 ②12/22	1/5
①11/19 ②12/3	①11/29 ②12/13	12/21
11/19	12/1	12/8
①1/24 ②2/3か4	①2/1 ②2/9	2/16
11/18	12/1	12/19
12/6	12/15	12/21
11/26	12/8	3/8※24

表の見方

■区分
- 地域枠の名称は大学によって異なる場合があります。
- 一般枠以外は、受験できる地域の条件が大学によって異なりますので、募集要項を確認してください。

■受験資格
- 「現既」は、現役＝現役のみ可、1浪＝1浪まで可といった制限を示します。
- 「成績」は、評定平均値（数値）または成績概評（Ⓐ、A～Eの段階評価）の必要条件を示します。制限・条件のない場合は「－」としています。
- 高校での履修科目を指定されている場合があるので、募集要項を確認してください。
- 要件ありの詳細は募集要項などで必ずご確認ください。

【選考方法欄の略称】
書：調査書、推薦書、志望理由書などの各種書類
面：個人面接、集団面接、集団討論、課題型面接、MMI方式面接、グループディスカッションなど
小：小論文、小論文・英作文など
適：適性検査、基礎適性検査、学習能力適性検査、総合適性検査、思考力試験、適性能力試験など
基：基礎学力検査、基礎適性試験など
課：課題作文、課題論文、講義課題など
口：口述試験、口頭試問　　総：総合問題
共テ：大学入学共通テスト
※教科・科目数を（5・7）のように示しています。

【出願期間の略称】
㋑：インターネットでの出願登録期間　㊣：郵便（書類）での出願期間※出願時㋑および㊣の両方の手続きが必要。
＊当日消印有効の場合と締切日必着の場合があるので、募集要項を確認してください。

【選考日欄の略称】
書：書類選考　　共テ：大学入学共通テストによる選考
※募集人員に対する志願者数が、規程の割合を超えたときのみ1次選考が行われる場合（予定を含む）は、その規程倍数を（↑3）など、カッコ内の↑の右に記しています。

※1　岩手県外の高等学校、中等教育学校を卒業または卒業見込みの場合、本人または保護者等が3年前から岩手県内に在住している者。
※2　岩手県、青森県・秋田県・宮城県・山形県・福島県の高等学校、中等教育学校を卒業または卒業見込みの者。
※3　岩手県4名を含む。
※4　秋田県内の高等学校を卒業または卒業見込みの者。
※5　北関東3県、埼玉県、福島県および東京都の各県・都高等学校（中等教育学校の後期課程を含む）を卒業見込みの者。または本人もしくは保護者が、2021年4月1日から引き続き当該地域に在住している者。
※6　一般枠は14名、埼玉県地域枠は臨時定員増申請予定で募集人員は、19名を予定。
※7　祖父母、または両親のいずれかが本学医学部、歯学部、薬学部、保健医療学部の卒業生である者。
※8　茨城県内の高等学校等を卒業あるいは卒業見込みの者または出願時に保護者が茨城県内に3年以上居住しており、茨城県外の高等学校を卒業あるいは卒業見込みの者。
※9　全国を6ブロックに分け、各ブロック1名を募集。①北海道・東北ブロック、②関東甲信越ブロック、③東海・北陸ブロック、④近畿ブロック、⑤中国・四国ブロック、⑥九州・沖縄ブロック。出願は出身高等学校等の所在地または保護者の居住地が属するブロックいずれか1つのみ。
※10　3親等以内の親族に至誠会の会員または準会員がおり、至誠会の所定の手続きを経て、至誠会の推薦を受けた者。
※11　千葉県地域枠は3名、新潟県地域枠は6名の募集予定。
※12　神奈川県地域枠は、神奈川県内に通算1年以上居住（令和6年4月1日時点）したことのある者、または神奈川県内の高等学校（中等教育学校を含む）を卒業見込みの者が対象。
※13　神奈川県地域枠7名を含む。
※14　国際バカロレア選抜若干名含む。
※15　愛知県内に所在する高等学校または中等教育学校の出身者。あるいは出願時、本人または保護者が愛知県内に居住する者。
※16　静岡県地域枠は8名、新潟県地域枠は2名の募集予定。
※17　出願時点で、兵庫県内に保護者が1年以上在住していることが住民票で確認できる者、または兵庫県内の高等学校を卒業見込みの者または卒業した者。
※18　試験日程、科目とも一般選抜Aと同じ。
※19　福岡県内に住所を有する者もしくは、県内の高等学校、中等教育学校の後期課程を卒業・修了者または卒業・修了見込み者。県外の場合、親権者または後見人が県内に住所を有する者。
※20　全国を3ブロックに分け、ブロックごとに募集。Aブロック20名以内（北海道・東北・関東甲信越・静岡）、Bブロック20名以内（北陸・東海〈静岡を除く〉・近畿・中国・四国）、Cブロック20名以内（九州・沖縄）。
※21　国・数・理・社・英の平均または数・理・英の平均4.3以上の者も推薦対象。既卒生は、高等学校または中等教育学校の卒業前に受験した共通テストの合計得点が、指定する教科・科目で80%以上の者も推薦対象。
※22　付属高校推薦最大8名を含む。
※23　九州（沖縄を含む）・山口県内に所在する高等学校または中等教育学校の出身者。あるいは出願時において、本人または保護者等が九州（沖縄を含む）・山口県各内に居住する者。
※24　入学申込金締切は12/20。

出願期間	選考日		合格発表		手続締切
	1次	2次	1次	2次	
11/1～11/10	11/18	−	12/1	−	12/11
9/1～9/15	9/30	10/14	10/11	11/1	11/7
12/11～1/11	2/3	2/10～12※4	2/8	2/17	2/24
9/4～9/22	小 10/17 面 10/18	共テ：1/14　留：第1回6/18か第2回11/12	11/1	2/8	2/14
11/1～11/8	11/17	12/2	11/27	12/6	12/12
①9/20～10/10 ②12/11～20	10/22	共テ1/13・14	11/1	2/8	2/16
11/6～11/11	11/18	12/3	11/22	12/7	12/14
㋑10/2～11/2 ㊣11/6必着	11/12	11/19	11/16	11/22	11/29
12/11～1/12	1/13・14	3/12	2/14	3/15	3/22
11/1～11/27	12/10	12/16	12/13	12/22	1/5
10/16～10/31	11/19	12/3	12/1	12/8	12/15
11/1～11/7	11/11	11/18	11/14	11/21	11/29
10/1～10/28	11/25	共テ1/13・14	12/1	2/16	2/26

※1　圭陵会正会員（本学の職員および志願者の2親等以内を除く）の推薦を得た者。
※2　2024年4月1日現在、30歳未満で4年制以上の大学卒業者、卒業見込みの者、または在籍者（2年次課程修了者）。
※3　研究医特別選抜は2名認可申請中、国際バカロレア／ケンブリッジ・インターナショナル選抜は2名を募集。
※4　うちいずれか1日（面接）。
※5　2023年4月1日現在、25歳以下で高等学校（中等教育後期課程を含む）を卒業者または卒業見込み者。
※6　本学卒業生の2親等以内の親族。
※7　医療従事者が推薦する者。
※8　中国・四国地域の高等学校出身の者、または中国・四国の住民の者。中国・四国地域で地域医療に関わる者が推薦する者。
※9　2024年4月1日現在、22歳以下で高等学校等を卒業者または卒業見込みの者。
※10　鹿児島県霧島市内の高等学校出身の者、または霧島市内の住民の者。同県内で地域医療に関わる者が推薦する者。
※11　3教科の得点が600点のうち480点以上の者を合格者とする。

出願期間	選考日		合格発表		手続締切
	1次	2次	1次	2次	
2024/1/22～2/2	2/13	2/22	2/16	2/28	3/4
2023/11/1～2023/11/10	11/19	−	12/1	−	12/8
2023/9/11～9/29	10/28	11/19	11/6	12/1	12/14

【受験資格・制限】
2024.3：4年制以上の大学を卒業、または2024年3月までに卒業見込み。
必須単位：4年制以上の大学を卒業または卒業見込みで、なおかつ修得（修得見込み）を必要とする科目・単位が指定されていることを示します。

2024年度 前期[国立] 試験科目・配点

前期[国立]

募集人員の見方：[ ]① 臨時定員増の可能性あり。
[ ]② 認可申請中・予定の増員を含む。ともに確定次第大学ホームページ等で公表。

大学名	募集人員	大学入学共通テスト																							
		外国語		数学						理科					国語	地理歴史・公民									
		英語（リスニングを含む）	他言語の選択	数学Ⅰ	数学ⅠA	数学Ⅱ	数学ⅡB	他	科目数	化学	生物	物理	地学	科目数	国語	世界史	日本史	地理	現代社会	倫理	政治・経済	倫理、政治・経済	科目数	満点 ※換算計	教科・科目数
旭川医科大学	40	◎	可		●		◎	◎	2	◎	◎	◎		2	●	B◎	B◎	B◎				◎	1	550	5·7
		100		100						200					100	50									
北海道大学	85	◎	可		●		◎	◎	2	◎	◎	◎		2	●	B◎	B◎	B◎				◎	1	300	5·7
		60		60						60					80	40									
弘前大学	[43]①	●			●		●		2	◎	◎	◎		2	●	AB◎	AB◎	AB◎	◎	◎	◎	◎	1	1000	5·7
		200		200						300					200	100									
東北大学	75	◎	可		●		◎	◎	2	◎	◎	◎		2	●	B◎	B◎	B◎				◎	1	250	5·7
		50		50						50					50	50									
秋田大学	55	◎	可		●		◎	◎	2	◎	◎	◎		2	●	B◎	B◎	B◎				◎	1	550	5·7
		100		100						200					100	50									
山形大学	[60]①	◎	可		●		●		2	◎	◎	◎		2	●	B◎	B◎	B◎				◎	1	900	5·7
		200		200						200					200	100									
筑波大学	[44]①	◎	可		●		●		2	◎	◎	◎		2	●	B◎	B◎	B◎	◎	◎	◎	◎	1	900	5·7
		200		200						200					200	100									
群馬大学	[71]②	◎	可		●		●		2	◎	◎	◎		2	●	AB◎	AB◎	AB◎	◎	◎	◎	◎	1	450	5·7
		100		100						100					100	50									
千葉大学	[85]①	◎	可		●		●		2	◎	◎	◎		2	●	B◎	B◎	B◎				◎	1	450	5·7
		100		100						100					100	50									
東京大学	[97]②	◎	可		●		◎	◎	2	◎	◎	◎	◎	2	●	B◎	B◎	B◎				◎	1	110 ※7	5·7
		200		200						200					200	100									
東京医科歯科大学	69	◎	可		●		●		2	◎	◎	◎		2	●	B◎	B◎	B◎				◎	1	180	5·7
		40		40						40					40	20									
新潟大学	[80]②	◎	可		●		●		2	◎	◎	◎		2	●	B◎	B◎	B◎	◎	◎	◎	◎	1	750	5·7
		200		200						200					100	50									
富山大学	70	◎	可		●		●		2	◎	◎	◎		2	●	B◎	B◎	B◎				◎	1	900	5·7
		200		200						200					200	100									
金沢大学	82	◎	可		●		◎	◎	2	◎	◎	◎	◎	2	●	B◎	B◎	B◎				◎	1	450	5·7
		100		100						100					100	50									
福井大学	55	●			●		◎	◎	2	◎	◎	◎		2	●	B◎	B◎	B◎				◎	1	900	5·7
		200		200						200					200	100									
信州大学	85	●			●		●		2	◎	◎	◎		2	●	B◎	B◎	B◎	◎	◎	◎	◎	1	450	5·7
		100		100						100					100	50									
岐阜大学	55	●			●		●		2	◎	◎	◎		2	●	B◎	B◎	B◎				◎	1	900	5·7
		200		200						200					200	100									
浜松医科大学	[75]①	●			●		●		2	◎	◎	◎		2	●	B◎	B◎	B◎	◎	◎	◎	◎	1	450	5·7
		100		100						100					100	50									
名古屋大学	[90]②	◎	可		●		◎	◎	2	◎	◎	◎		2	●	B◎	B◎	B◎				◎	1	900	5·7
		200		200						200					200	100									
三重大学	[75]②	◎	可		●		●		2	◎	◎	◎		2	●	B◎	B◎	B◎	◎			◎	1	600	5·7
		100		100						200					100	100									
滋賀医科大学	[60]②	◎	可		●		●		2	◎	◎	◎		2	●	B◎	B◎	B◎				◎	1	600	5·7
		100		100						100					200	100									
京都大学	[102]②	◎	可		●		●		2	◎	◎	◎		2	●	B◎	B◎	B◎				◎	1	250	5·7
		50		50						50					50	50									
大阪大学	[92]②	◎	可		●		◎	◎	2	◎	◎	◎		2	●	B◎	B◎	B◎				◎	1	500	5·7
		100		100						100					100	100									
神戸大学	92	◎	可		●		◎	◎	2	◎	◎	◎		2	●	B◎	B◎	B◎				◎	1	360	5·7
		80		80						80					80	40									
鳥取大学	79	◎	可		●		●		2	◎	◎	◎		2	●	B◎	B◎	B◎				◎	1	900	5·7
		200		200						200					200	100									
島根大学	[58]②	●			●		◎	◎	2	◎	◎	◎		2	●	B◎	B◎	B◎	◎	◎	◎	◎	1	700	5·7
		100		100						200					200	100									
岡山大学	95	◎	可		●		●		2	◎	◎	◎		2	●	B◎	B◎	B◎	◎	◎	◎	◎	1	500	5·7
		100		100						100					100	100									
広島大学	90	◎	可		●		◎	◎	2	◎	◎	◎		2	●	B◎	B◎	B◎				◎	1	900	5·7
		200		200						200					200	100									
山口大学	[55]②	●			●		●		2	◎	◎	◎		2	●	B◎	B◎	B◎	◎	◎	◎	◎	1	900	5·7
		200		200						200					200	100									
徳島大学	62	◎	可		●		◎	◎	2	◎	◎	◎		2	●	B◎	B◎	B◎	◎	◎	◎	◎	1	900	5·7
		200		200						300					150	50									
香川大学	[79]②	◎	可		●		◎	◎	2	◎	◎	◎		2	●	B◎	B◎	B◎	◎	◎	◎	◎	1	700	5·7
		100		100						200					200	100									
愛媛大学	55	◎	可	◎	◎	◎	◎	◎	2 ※9	◎	◎	◎	◎	2	●	B◎	B◎	B◎				◎	1	450	5·7
		100		100						100					100	50									
高知大学	[60]②	●			●		●		2	◎	◎	◎		2	●	B◎	B◎	B◎				◎	1	900	5·7
		200		200						200					200	100									
九州大学	105	◎	可		●		◎	◎	2	◎	◎	◎		2	●	B◎	B◎	B◎				◎	1	450	5·7
		100		100						100					100	50									
佐賀大学	50	●			●		◎	◎	2	●		●		2	●	B◎	B◎	B◎	◎	◎	◎	◎	1	630	5·7
		140		140						140					140	70									
長崎大学	76	◎	可		●		●		2	◎	◎	◎		2	●	B◎	B◎	B◎	◎	◎	◎	◎	1	450	5·7
		100		100						100					100	50									
熊本大学	87	◎	可		●		◎	◎	2	◎	◎	◎		2	●	B◎	B◎	B◎	◎	◎	◎	◎	1	400	5·7
		100		50						100					100	50									
大分大学	[65]②	◎	可		●		◎	◎	2	◎	◎	◎		2	●	B◎	B◎	B◎				◎	1	450	5·7
		100		100						100					100	50									
宮崎大学	45	●			●		◎	◎	2	◎	◎	◎		2	●	AB◎	AB◎	AB◎	◎	◎	◎	◎	1	900	5·7
		200		200						200					200	100									
鹿児島大学	69	●			●		●		2	◎	◎	◎		2	●	B◎	B◎	B◎				◎	1	900	5·7
		200		200						200					200	100									
琉球大学	70	●			●		●		2	◎	◎	◎		2	●	B◎	B◎	B◎	◎			◎	1	900	5·7
		200		200						200					200	100									

外国語		数学	理科					国語	その他				
英語	他言語の選択	範囲	化学基礎・化学	生物基礎・生物	物理基礎・物理	地学基礎・地学	科目数	国語 ※1	面接	他	満点	教科数	大学名
●		Ⅰ Ⅱ Ⅲ A B							●		350	2	旭川医科大学
150		150							50				
◎	可	Ⅰ Ⅱ Ⅲ A B	◎	◎	●		2		●		525	3	北海道大学
150		150	150						75				
									●	●※2	500	0	弘前大学
									200	300			
◎	可	Ⅰ Ⅱ Ⅲ A B	◎	◎	◎		2		●	●※3	950	3	東北大学
250		250	250						200				
●		Ⅰ Ⅱ Ⅲ A B							●		400	2	秋田大学
100		100							200				
●		Ⅰ Ⅱ Ⅲ A B	◎	◎	◎		2		●	調※4	700	3	山形大学
200		200	200						100				
●		Ⅰ Ⅱ Ⅲ A B	◎	◎	◎		2		●	●※5	1400	3	筑波大学
300		300	300						200	300			
		Ⅰ Ⅱ Ⅲ A B	●		●		2		●	小	450	2	群馬大学
		150	150						※6	150			
●		Ⅰ Ⅱ Ⅲ A B	◎	◎	◎		2		●		1000	3	千葉大学
300		300	300						100				
◎	可	Ⅰ Ⅱ Ⅲ A B	◎	◎	◎	◎	2	●	●		440	4	東京大学
120		120	120					80	※6				
●		Ⅰ Ⅱ Ⅲ A B	◎	◎	◎		2		●		360	3	東京医科歯科大学
120		120	120						—				
●		Ⅰ Ⅱ Ⅲ A B	◎	◎	◎		2		●		1200	3	新潟大学
400		400	400						2段階評価				
●		Ⅰ Ⅱ Ⅲ A B	◎	◎	◎		2		●		700	3	富山大学
200		200	200						100				
●		Ⅰ Ⅱ Ⅲ A B	●		●		2		●		1050	3	金沢大学
300		300	300						150				
●		Ⅰ Ⅱ Ⅲ A B	◎	◎	◎		2		●	調※4	700	3	福井大学
200		200	200						100				
●		Ⅰ Ⅱ Ⅲ A B	◎	◎	◎		2		●	調※4	600	3	信州大学
150		150	150						150				
●		Ⅰ Ⅱ Ⅲ A B	◎	◎	◎		2		●		1200	3	岐阜大学
400		400	400						—				
●		Ⅰ Ⅱ Ⅲ A B	◎	◎	◎		2		●		700	3	浜松医科大学
200		200	200						100				
●		Ⅰ Ⅱ Ⅲ A B	◎	◎	◎		2	●	●		1650	4	名古屋大学
500		500	500					150	—				
●		Ⅰ Ⅱ Ⅲ A B	◎	◎	◎		2		●		700	3	三重大学
200		200	200						100				
●		Ⅰ Ⅱ Ⅲ A B	◎	◎	◎		2		●		600	3	滋賀医科大学
200		200	200						段階評価				
◎	可	Ⅰ Ⅱ Ⅲ A B	◎	◎	◎		2	●	●	調※4	1000	4	京都大学
300		250	300					150	—				
●		Ⅰ Ⅱ Ⅲ A B	◎	◎	◎		2		●		1500	3	大阪大学
500		500	500						—				
●		Ⅰ Ⅱ Ⅲ A B	◎	◎	◎		2		●		450	3	神戸大学
150		150	150						—				
●		Ⅰ Ⅱ Ⅲ A B	◎	◎	◎		2		●		700	3	鳥取大学
200		200	200						100				
●		Ⅰ Ⅱ Ⅲ A B							●		460	2	島根大学
200		200							60				
●		Ⅰ Ⅱ Ⅲ A B	◎	◎	◎		2		●		1100	3	岡山大学
400		400	300						※6				
●		Ⅰ Ⅱ Ⅲ A B	◎	◎	◎		2		●		1800	3	広島大学
300/800/600※8		300/800/600※8	1200/200/600※8						段階評価				
●		Ⅰ Ⅱ Ⅲ A B	◎	◎	◎		2		●		600	3	山口大学
200		200	200						※6				
●		Ⅰ Ⅱ Ⅲ A B							●		400	2	徳島大学
200		200							※6				
●		Ⅰ Ⅱ Ⅲ A B	◎	◎	◎		2		●		700	3	香川大学
200		200	200						100				
		Ⅰ Ⅱ Ⅲ A B	●		●		2		●	●※2	700	2	愛媛大学
		200	200						100	200			
●		Ⅰ Ⅱ Ⅲ A B	◎	◎	◎		2		●		1000	3	高知大学
300		300	300						100				
●		Ⅰ Ⅱ Ⅲ A B	●		●		2		●		700	3	九州大学
200		250	250						※6				
●		Ⅰ Ⅱ Ⅲ A B	●		●		2		●	調	300	3	佐賀大学
80		80	80						60	※6			
●		Ⅰ Ⅱ Ⅲ A B	◎	◎	◎		2		●	調	800	3	長崎大学
200		250	250						60	40			
●		Ⅰ Ⅱ Ⅲ A B	◎	◎	◎		2		●		800	3	熊本大学
200		200	200						200				
●		Ⅰ Ⅱ Ⅲ A B	◎	◎	◎		2		●		550	3	大分大学
100		100	200						150				
●		Ⅰ Ⅱ Ⅲ A B	◎	◎	◎		2		●		600	3	宮崎大学
200		200	200						※10				
●		Ⅱ Ⅲ A B	◎	◎	◎		2		●		920	3	鹿児島大学
200		200	400						120				
●		Ⅰ Ⅱ Ⅲ A B	◎	◎	◎		2		●		800	3	琉球大学
200		200	200						200				

(個別学力試験)

※1　〈国語の範囲〉
　東京大学：国語総合、国語表現
　名古屋大学：国語総合、現代文B
　京都大学：国語総合、現代文B、古典B
※2　総合問題を課す。
※3　小作文を課し、面接の参考に用いる。
※4　面接の参考資料として活用。
※5　筆記試験により適応力や学習意欲、人間性などを評価。
※6　総合判定の資料とする。
※7　900点満点を110点に換算。
※8　個別学力検査はA(s)配点／A(em)配点／B配点。A(s)配点は理科重視型、A(em)配点は英数重視型、B配点は一般型の配点を示す。
※9　数Ⅰ、数ⅠAから1科目、数Ⅱ、数ⅡB、簿、情報から1科目の計2科目。
※10　合否判定の重要な資料とする。

■「外国語」の「他言語」は独語、仏語、中国語、韓国語。大学により選択解答を求める科目は異なります。
■「数学」の「他」は簿記・会計、情報関連基礎。大学により選択解答に条件があります。
■「地理歴史・公民」で2科目を受験した場合は、第1解答科目の成績を採用します。第1解答科目として受験しなかった場合の取り扱いについては、大学により異なります。

【「その他」の略称】
小：小論文
調：調査書

記号の見方
● 必須科目
◎ 教科内の選択科目

2024年度 前期[公立] 後期[国公立] 試験科目・配点

前期[公立]

募集人員の見方：[ ] 認可申請中・予定の増員を含む。確定次第大学ホームページ等で公表。

大学名	募集人員	大学入学共通テスト																						満点 ※換算計	教科・科目数
		外国語		数学						理科					国語	地理歴史・公民									
		英語(リスニングを含む)	他言語の選択	数学Ⅰ	数学ⅠA	数学Ⅱ	数学ⅡB	他	科目数	化学	生物	物理	地学	科目数	国語	世界史	日本史	地理	現代社会	倫理	政治・経済	倫理、政治・経済	科目数		
札幌医科大学	75	◎	可		●		◎	◎	2	◎	◎	◎		2	●	B◎	B◎	B◎	◎	◎	◎	◎	1	700	5·7
		150		150						200					150	50									
福島県立医科大学	[75]	●			●		◎	◎	2	◎	◎	◎		2	●	B◎	B◎	B◎				◎	1	650	5·7
		150		150						150					150	50									
横浜市立大学	[69]	●			●		●		2	◎	◎	◎		2	●	B◎	B◎	B◎	◎	◎	◎	◎	1	1000	5·7
		300		200						200					200	100									
名古屋市立大学	60	◎	可		●		◎	◎	2	●		●		2	●	AB◎	AB◎	AB◎	◎	◎	◎	◎	1	550	5·7
		125		125						100					125	75									
京都府立医科大学	100	◎	可		●		◎	◎	2	◎	◎	◎		2	●	B◎	B◎	B◎	◎	◎	◎	◎	1	450	5·7
		100		100						100					100	50									
大阪公立大学	75	◎	可		●		◎	◎	2	◎	◎	◎		2	●	AB◎	AB◎	AB◎	◎	◎	◎	◎	1	650	5·7
		100		200						200					100	50									
奈良県立医科大学	22	◎	可		●		◎	◎	2	◎	◎	◎		2	●	B◎	B◎	B◎	◎	◎	◎	◎	1	900	5·7
		200		200						300					100	100									
和歌山県立医科大学	76	●			●		◎	◎	2	◎	◎	◎		2	●	B◎	B◎	B◎				◎	1	600	5·7
		150		100						150					100	100									

後期[国公立]

募集人員の見方：[ ] 認可申請中・予定の増員を含む。確定次第大学ホームページ等で公表。

大学名	募集人員	大学入学共通テスト																						満点 ※換算計	教科・科目数
		外国語		数学						理科					国語	地理歴史・公民									
		英語(リスニングを含む)	他言語の選択	数学Ⅰ	数学ⅠA	数学Ⅱ	数学ⅡB	他	科目数	化学	生物	物理	地学	科目数	国語	世界史	日本史	地理	現代社会	倫理	政治・経済	倫理、政治・経済	科目数		
旭川医科大学	8	◎	可		●		◎	◎	2	◎	◎	◎		2	●	B◎	B◎	B◎				◎	1	600	5·7
		100		150						150					150	50									
秋田大学（一般枠）	20	◎	可		●		◎	◎	2	◎	◎	◎		2	●	B◎	B◎	B◎				◎	1	700	5·7
		150		150						200					150	50									
秋田大学（秋田県地域枠）	[4]	◎	可		●		◎	◎	2	◎	◎	◎		2	●	B◎	B◎	B◎				◎	1	450	5·7
		100		100						100					100	50									
山形大学	15	◎	可		●		●		2	◎	◎	◎		2	●	B◎	B◎	B◎				◎	1	900	5·7
		200		200						200					200	100									
千葉大学	15	◎	可		●		●		2	◎	◎	◎		2	●	B◎	B◎	B◎				◎	1	450	5·7
		100		100						100					100	50									
東京医科歯科大学	10	◎	可		●		●		2	◎	◎	◎		2	●									500	4·6
		125		125						125					125										
福井大学	25	●			●		◎	◎	2	◎	◎	◎		2	●	B◎	B◎	B◎				◎	1	450	5·7
		100		100						100					100	50									
山梨大学	90	●			●		●		2	◎	◎	◎		2	●	B◎	B◎	B◎				◎	1	900	5·7
		200		200						200					200	100									
浜松医科大学	15	●			●		●		2	◎	◎	◎		2	●	B◎	B◎	B◎	◎	◎	◎	◎	1	900	5·7
		200		200						200					200	100									
名古屋大学	5	◎	可		●		◎	◎	2	◎	◎	◎		2	●	B◎	B◎	B◎				◎	1	900	5·7
		200		200						200					200	100									
三重大学	[10]	◎	可		●		●		2	◎	◎	◎		2	●	B◎	B◎	B◎	◎			◎	1	600	5·7
		100		100						200					100	100									
山口大学	10	●			●		●		2	◎	◎	◎		2	●	B◎	B◎	B◎	◎	◎	◎	◎	1	900	5·7
		200		200						200					200	100									
佐賀大学	10	●			●		◎	◎	2	◎	◎	◎		2	●	B◎	B◎	B◎	◎	◎	◎	◎	1	630	5·7
		140		140						140					140	70									
宮崎大学	15	●			●		◎	◎	2	◎	◎	◎		2	●	AB◎	AB◎	AB◎	◎	◎	◎	◎	1	900	5·7
		200		200						200					200	100									
鹿児島大学	21	●			●		●		2	◎	◎	◎		2	●	B◎	B◎	B◎				◎	1	900	5·7
		200		200						200					200	100									
琉球大学	25	●			●		●		2	◎	◎	◎		2	●	B◎	B◎	B◎	◎			◎	1	1000	5·7
		300		200						200					200	100									
奈良県立医科大学	53	◎	可		●		◎	◎	2	◎	◎	◎		2	●	B◎	B◎	B◎	◎	◎	◎	◎	1	300 ※4	5·7
		200		200						300					100	100									

英語	他言語の選択	数学 範囲	化学基礎・化学	生物基礎・生物	物理基礎・物理	地学基礎・地学	科目数	国語	面接	他	満点	教科数	大学名
外国語		数学	理科					国語	その他				
● 200		I II III A B 200	◎ 200	◎	◎		2		● 100		700	3	札幌医科大学
● 200		I II III A B 200	◎ 200	◎	◎		2		● 60		660	3	福島県立医科大学
● 400		I II III A B 400	◎ 600	◎	◎		2		● 段階評価	小	1400	3	横浜市立大学
● 300		I II III A B 300	● 400		●		2		● 200		1200	3	名古屋市立大学
● 200		I II III A B 200	◎ 200	◎	◎		2		● —	小	600	3	京都府立医科大学
● 200		I II III A B 300	◎ 300	◎	◎		2		● —		800	3	大阪公立大学
									● —	小 100	100	0	奈良県立医科大学
● 200		I II III A B 250	◎ 250	◎	◎		2		● —		700	3	和歌山県立医科大学

※1　英文の課題に基づく面接（口頭試問）。
※2　総合判定の資料とする。
※3　合否判定の重要な資料とする。
※4　最終合格者決定の際に900点満点を300点に換算。

■「外国語」の「他言語」は、独語、仏語、中国語、韓国語。大学により選択解答を求める科目は異なります。
■「数学」の「他」は簿記・会計、情報関連基礎。大学により選択解答に条件があります。
■「地理歴史・公民」で２科目を受験した場合は、第１解答科目の成績を採用します。第１解答科目として受験しなかった場合の取り扱いについては、大学により異なります。

［「その他」の略称］

小：小論文、課題論文
調：調査書、志望理由書

記号の見方

●●　必須科目
◎◎　教科内の選択科目

英語	他言語の選択	数学 範囲	化学基礎・化学	生物基礎・生物	物理基礎・物理	地学基礎・地学	科目数	国語	面接	他	満点	教科数	大学名
外国語		数学	理科					国語	その他				
● 200									● 50		250	1	旭川医科大学
									● 200	小 100	300	0	秋田大学（一般枠）
									● 150	小 100	250	0	秋田大学（秋田県地域枠）
									● 100	調	100	0	山形大学
● 300		I II III A B 300	◎ 300	◎	◎		2		● 100		1000	3	千葉大学
									● 100	小 100	200	0	東京医科歯科大学
									● 120	小 100	220	0	福井大学
● 600		I II III A B 600	◎ 1000	◎	◎		2		● 100		2300	3	山梨大学
									● 250	小 100	350	0	浜松医科大学
									●※1 —		—	0	名古屋大学
									● 100	小 200	300	0	三重大学
									● 200	小 300	500	0	山口大学
									● 120	小・調 ※2	120	0	佐賀大学
● 150									● ※3		150	1	宮崎大学
									● 120	小 200	320	0	鹿児島大学
									● 200	小 100	300	0	琉球大学
● 225		I II III A B 225	◎ 450	◎	◎		2		● —		900	3	奈良県立医科大学

国立
公立

2024・2023・2022年度 2段階選抜の有無と実施基準

国公立大学では、募集定員に対して志願者が予定者を上回った場合、個別試験の前に共通テストの成績によって受験者を選抜する「2段階選抜」を実施することがあります。
ここでは、各大学の2024年度の2段階選抜の実施予定と第1段階選抜の実施基準、2023・2022年度の実施結果をまとめています。

＊実施基準（倍率）が2023年度から変わったものは、赤字で記しています。

大学名	区分	2024年度	2023年度		2022年度	
		実施基準（予告）	実施基準（予告）	実施結果	実施基準（予告）	実施結果
旭川医科大学	前期	5倍程度	5倍程度	実施	5倍程度	実施せず
	後期	5倍程度	5倍程度	実施	5倍程度	実施
北海道大学	前期	3.5倍	3.5倍	実施せず	3.5倍	実施せず
弘前大学	前期	8倍	8倍	実施せず	8倍	実施せず
東北大学	前期	約3.5倍	約3倍	3.0倍で実施	約3倍	3.0倍で実施
秋田大学	前期	5倍	5倍	実施せず	5倍	実施せず
	後期	10倍	10倍	実施	10倍	実施
山形大学	前期	約5倍	約5倍	実施せず	約5倍	実施せず
	後期	約10倍	約10倍	実施せず	約10倍	実施せず
筑波大学	前期	約2.5倍（地域枠では実施せず）	約2.5倍（地域枠では実施せず）	実施	約2.5倍（地域枠では実施せず）	実施
群馬大学	前期	3倍／一般枠で189名程度、地域医療枠で24名程度を合格者とする。	3倍／一般枠で189名程度、地域医療枠で24名程度を合格者とする。	実施	3倍／一般枠で189名程度、地域医療枠で24名程度を合格者とする。	実施
千葉大学	前期	3倍	3倍（地域枠では実施せず）	実施	3倍	実施
	後期	7倍	7倍	実施	7倍	実施
東京大学	前期	約3倍	約3倍	実施	約3.5倍	実施
東京医科歯科大学	前期	約4倍	約4倍	実施	約4倍	実施せず
	後期	約12倍	約12倍	実施	約12倍	実施
新潟大学	前期	4倍	4倍	実施	4倍	実施
富山大学	前期	約5倍	約5倍	実施	約5倍	実施せず
金沢大学	前期	3倍程度	3倍程度	実施	3倍程度	実施せず
福井大学	前期	約5倍	約5倍	実施せず	約5倍	実施
	後期	約7倍	約7倍	実施	約7倍	実施
山梨大学	後期	約10倍	約10倍	実施	約10倍	実施
信州大学	前期	4倍	4倍	実施せず	4倍	実施せず
岐阜大学	前期	約3倍	約9倍	実施	約15倍	実施せず
					約15倍	実施
浜松医科大学	前期	4倍	4倍	実施	4倍	実施せず
	後期	10倍	10倍	実施	10倍	実施せず
名古屋大学	前期	900点満点中600点以上	900点満点中600点以上	実施	900点満点中700点以上	実施
	後期	約12倍	約12倍	実施	900点満点中700点以上	実施
三重大学	前期	5倍	5倍	実施せず	5倍	実施
	後期	15倍	15倍	実施	10倍	実施
滋賀医科大学	前期	約4倍	約4倍	実施せず	約4倍	実施
京都大学	前期	900点満点中630点以上から約3倍	900点満点中630点以上から約3倍	実施	900点満点中630点以上から約3倍	実施

※実施基準（倍率）が2023年度から変わったものは、赤字で記しています。

大学名	区分	2024年度	2023年度		2022年度	
		実施基準（予告）	実施基準（予告）	実施結果	実施基準（予告）	実施結果
大阪大学	前期	900点満点中630点以上から約3倍	900点満点中630点以上から約3倍	実施	900点満点中630点以上から約3倍	実施
神戸大学	前期	約3倍	約3倍	実施せず	約3倍	実施せず
鳥取大学	前期	900点満点中600点以上	900点満点中600点以上	実施	900点満点中600点以上	実施
島根大学	前期	約8倍	約8倍	実施	約8倍	実施せず
岡山大学	前期	約3倍	約3倍	実施せず	約4倍	実施
広島大学	前期	約5倍	約5倍	実施せず	7倍	実施せず
山口大学	前期	7倍	7倍	実施せず	7倍	実施せず
	後期	15倍	15倍	実施	15倍	実施
徳島大学	前期	900点満点中600点以上	900点満点中600点以上	実施	900点満点中600点以上	実施
香川大学	前期	約4倍	約4倍	実施せず	約4倍	実施
愛媛大学	前期	約6倍	約6倍	実施せず	約6倍	実施せず
高知大学	前期	4倍	4倍	実施	4倍	実施せず
九州大学	前期	約2.5倍	約2.5倍	実施	約2.5倍	実施
佐賀大学	前期	約5倍	約5倍	実施せず	約5倍	実施せず
	後期	約10倍	約10倍	実施	約10倍	実施
長崎大学	前期	約5倍	約5倍	実施せず	約5倍	実施
熊本大学	前期	約4倍	約4倍	実施せず	約4倍	実施
大分大学	前期	約3倍	約3倍	実施	約3倍	実施
宮崎大学	前期	約6倍	約6倍	実施	約6倍	実施せず
	後期	約14倍	約14倍	実施	約14倍	実施
鹿児島大学	前期	約5倍	約5倍	実施せず	約5倍	実施せず
	後期	約10倍	約8倍	実施	約8倍	実施
琉球大学	前期	約5倍	約5倍	実施	約5倍	実施せず
	後期	約10倍	約10倍	実施	約10倍	実施
札幌医科大学	前期	5倍	5倍	実施せず	5倍	実施せず
福島県立医科大学	前期	約4倍	約4倍	実施	約4倍	実施
横浜市立大学	前期	1000点満点中750点以上から約3倍	1000点満点中750点以上から約3倍	実施	1000点満点中750点以上から約3倍	実施
名古屋市立大学	前期	550点満点中約73%以上から約3倍	550点満点中約71%以上から約3倍	実施	550点満点中約71%以上	実施
京都府立医科大学	前期	約3倍	約3倍	実施	約3倍	実施せず
大阪公立大学	前期	900点満点中650点以上	900点満点中650点以上	実施	900点満点中650点以上	実施
奈良県立医科大学	前期	15倍	15倍	実施せず	15倍	実施せず
	後期	14倍	14倍	実施	14倍	実施
和歌山県立医科大学	前期	900点満点中630点以上から約3.4倍	900点満点中630点以上から約3.4倍	実施	約3.3倍	実施

＊ 2023年9月初旬時点の情報を基にしています。掲載内容は変更の可能性もありますので、受験する大学の「2024年度募集要項」などで必ず確認してください。
＊ 2段階選抜は、予告していても実施されない場合があります。

国立 公立 2024年度 地域枠選抜 実施大学

大学名	一般	推薦	名称	募集人員
旭川医科大学		●	道北·道東特別選抜(道東·道北)	10名
	—	—	「総合型」北海道特別選抜(北海道)	32名
弘前大学	●		前期青森県定着枠	8名※1
	—	—	「総合型」青森県内枠(青森県)	27名※2
	—	—	「総合型」北海道·東北枠(北海道、岩手県、宮城県、秋田県、山形県、福島県)	15名※2
秋田大学	●		後期秋田県地域枠(秋田県)	4名※2
		●	秋田県地域枠(秋田県)	20名程度※1
		●	全国地域枠	5名程度※2
山形大学		●	地域枠(山形県)	5名
筑波大学	●		前期地域枠(全国対象)	未定※3
	●		前期地域枠(茨城県内対象)	未定※3
		●	地域枠(茨城県内対象)	18名※2
群馬大学	●		前期地域医療枠(群馬県)	6名※4
		●	地域医療枠(群馬県)	12名※4
千葉大学	●		前期千葉県地域枠	5名
東京医科歯科大学		●	茨城県地域特別枠(茨城県内対象)	2名※2
		●	茨城県地域特別枠(全国対象)	3名※2
		●	長野県地域特別枠	5名以内※2
		●	埼玉県地域特別枠	5名以内※2
新潟大学		●	地域枠(全国対象)	18名※4
		●	地域枠(新潟県内対象)	22名※4
富山大学		●	地域枠(富山県)	15名以内
	—	—	「総合型」富山県一般枠(富山県)	10名
	—	—	「総合型」富山県特別枠(富山県)	10名※4
金沢大学		●	石川県特別枠	10名程度※2
		●	富山県特別枠	2名程度※2
	—	—	「総合型」特別枠(石川県、富山県、福井県)	2名
福井大学		●	地元出身者枠(福井県)	10名程度
		●	福井健康推進枠	10名程度※4
山梨大学		●	地域枠(山梨県)	35名以内※5
信州大学		●	地元出身者枠(長野県)	13名
		●	全国募集地域枠	22名※4
岐阜大学		●	地域枠[岐阜県コース·地域医療コース](岐阜県)	28名※2
浜松医科大学	●		前期地域枠	6名
	●		後期地域枠	1名
		●	地域枠	8名
名古屋大学	●		前期地域枠(愛知県)	5名※2
三重大学	●		前期三重県地域医療枠	5名程度※6
		●	地域枠A(三重県)	25名程度※4
		●	地域枠B(三重県)	5名程度※4
滋賀医科大学	●		前期地域医療枠	7名※7
		●	地元医療枠(滋賀県)	9名
神戸大学		●	地域特別枠(兵庫県)	10名
鳥取大学	●		前期鳥取県地域枠	14名※8
	●		前期兵庫県地域枠(兵庫県)	2名※8
	●		前期島根県地域枠	5名※8
		●	地域枠(鳥取県)	5名
		●	特別養成枠(鳥取県)	6名※2※8
島根大学	●		前期県内定着枠	3名※4
		●	地域枠(島根県)	10名以内
		●	緊急医師確保対策枠	4名以内※4
		●	緊急医師確保対策枠[うち島根県内枠](島根県)	5名以内※4
岡山大学		●	岡山県地域枠(岡山県)	4名※4
		●	兵庫県地域枠(兵庫県)	2名※4
		●	広島県地域枠(広島県)	2名※4
		●	鳥取県地域枠(鳥取県)	1名※4
広島大学		●	広島大学光り輝き入試[ふるさと枠](広島県)	18名※9
山口大学	●		後期地域枠(山口県)	3名以内
		●	地域枠(山口県)	22名以内
		●	特別枠[緊急医師確保対策枠](山口県)	5名以内※4
		●	特別枠[地域医療再生枠](山口県)	10名以内※4
		●	特別枠[重点医師確保対策枠](山口県)	2名以内※4※8
徳島大学		●	地域枠[地域特別枠含む]	17名※3※10
	—	—	「総合型」四国研究医型(徳島県、香川県、愛媛県、高知県)	各2、計8名
香川大学	●		前期地域枠(香川県)	9名※3
		●	地域枠(香川県)	5名※3
		●	県内高校出身枠(香川県)	13名程度
愛媛大学		●	地域特別枠(愛媛県)	20名※11
	—	—	「総合型」地域枠(愛媛県)	10名

大学名	一般	推薦	名称	募集人員
高知大学	●		前期地域枠[大学独自枠]	5名
		●	四国·瀬戸内地域枠(四国4県、兵庫県、岡山県、広島県、山口県)	20名※7
	—	—	「総合型」地域枠	30名以内
佐賀大学		●	佐賀県地域枠(佐賀県)	18名※12
		●	長崎県地域枠(長崎県)	1名※12
		●	佐賀県推薦入学	4名
長崎大学		●	長崎医療枠(長崎県)	15名
		●	地域医療特別枠(長崎県)	未定※2
		●	佐賀県地域枠(佐賀県)	未定※2
		●	宮崎県地域枠(宮崎県)	未定※2
熊本大学		●	地域枠(熊本県)	8名※13
		●	みらい医療枠(熊本県)	10名※13
大分大学	●		前期地元出身者枠(大分県)	10名
	—	—	「総合型」地域枠(大分県)	13名※14
宮崎大学		●	地域枠A(宮崎県)	10名
		●	地域枠B(宮崎県)	15名
		●	地域枠C	15名
鹿児島大学		●	地域枠(鹿児島県)	20名※2
琉球大学		●	地域枠(沖縄県)	14名程度※15
		●	離島·北部枠(離島部·本島北部)	3名程度※15
札幌医科大学	●		前期先進研修連携枠	55名
		●	先進研修連携枠(北海道)	20名
		●	特別枠(北海道)	15名※16
福島県立医科大学	●		前期地域枠	30名程度※2
		●	A枠[県内現役](福島県)	25名程度
		●	A枠[県内既卒](福島県)	10名程度
		●	B枠[県外]	15名以内※2
横浜市立大学	●		前期地域医療枠	9名
	●		前期神奈川県指定診療科枠(神奈川県)	2名※4
		●	地域医療枠[県内高校区分](神奈川県)	10名
		●	地域医療枠[県外高校区分]	6名
		●	神奈川県指定診療科枠[県内高校区分](神奈川県)	2名※4
		●	神奈川県指定診療科枠[県外高校区分](神奈川県)	1名※4
名古屋市立大学		●	地域枠(愛知県)	7名※3
		●	中部圏活躍型(愛知県、岐阜県、三重県、静岡県、長野県、福井県、石川県、富山県、滋賀県)	27名
		●	名古屋市高大接続型(名古屋市)	3名※17
京都府立医科大学		●	地域枠(京都府)	7名
大阪公立大学		●	地域医療枠(大阪府)	10名
奈良県立医科大学		●	地域枠(奈良県)	25名
		●	緊急医師確保特別入試	13名
和歌山県立医科大学	●		前期県民医療枠A[診療科指定なし]	10名程度※18
	●		前期県民医療枠C[不足診療科枠]	2名程度※18
		●	一般枠[県内募集](和歌山県)	6名程度
		●	県民医療枠A[診療科指定なし]	5名程度
		●	県民医療枠B[産科枠]	3名以内
		●	地域医療枠(和歌山県)	10名

＊(　)は、出願要件として示された地域(居住歴等の条件も含む)。ただし、青字で示された地域枠は全国の受験者を対象とするものです。なお、申請が認可されない場合、地域枠の募集がなくなることもあるので、実施の有無等について必ず各大学のホームページ等で確認してください。

※1 増員の可能性あり。
※2 認可申請予定。
※3 調整中。
※4 認可申請中。
※5 うち20名は認可申請中。
※6 認可申請中の増員分を含む前年度実績。
※7 うち5名は認可申請中。
※8 出願要件として示された地域は前年度実績。
※9 うち13名は認可申請中。
※10 うち地域特別枠は12名以内。
※11 うち15名は認可申請中。
※12 うち全体で5名は認可申請中。
※13 認可申請中の増員分若干名が含まれる場合あり。
※14 うち10名は認可申請中。
※15 うち全体で12名は認可申請中。
※16 うち8名は認可申請予定。
※17 名古屋市立高校出身の現役と1浪を対象とする。
※18 学校推薦型選抜の入学者数に従い増減する。

国立
公立

2024年度 予想難易度ランキング

大学入学共通テストボーダー得点率／ボーダーライン偏差値

［一般選抜・前期日程］

共通テスト得点率	大学名	個別試験偏差値
91%	東京大学	72.5
89%	京都大学	72.5
88%	東京医科歯科大学	70.0
	大阪大学	
87%	名古屋大学(一般枠、地域枠)	67.5
	神戸大学	
	九州大学	
86%	千葉大学(一般枠、千葉県地域枠)	67.5
	横浜市立大学(一般枠、地域医療枠、神奈川県指定診療科枠)	
	大阪公立大学(一般枠)	65.0
	奈良県立医科大学	—
85%	東北大学	67.5
	大阪公立大学(地域医療枠)	65.0
84%	岡山大学	67.5
83%	北海道大学	65.0
	筑波大学(一般枠)	
	金沢大学	
	名古屋市立大学	
	京都府立医科大学	67.5
	広島大学	65.0
82%	筑波大学(地域枠[全国対象][茨城県内対象])	65.0
	熊本大学	
81%	札幌医科大学(一般枠)	62.5
	新潟大学	65.0
	岐阜大学	
	浜松医科大学(一般枠、地域枠)	67.5
	三重大学(一般枠、三重県地域医療枠)	65.0
	徳島大学	62.5
	佐賀大学	
	長崎大学	65.0
	宮崎大学	62.5
	鹿児島大学	
80%	札幌医科大学(先進研修連携枠)	62.5
	山形大学(一般枠)	
	福井大学	
	信州大学	65.0
	滋賀医科大学(一般枠)	
	和歌山県立医科大学(一般枠)	62.5
	鳥取大学(一般枠)	
	香川大学(一般枠)	
	高知大学(一般枠)	
	大分大学(一般枠)	
	琉球大学	
79%	旭川医科大学	62.5
	山形大学(地域枠)	
	富山大学	
	滋賀医科大学(地域医療枠)	65.0
	和歌山県立医科大学(県民医療枠[A][C])	62.5
	鳥取大学(地域枠[鳥取県][兵庫県][島根県])	
	山口大学	
79%	香川大学(地域枠)	62.5
	愛媛大学	65.0
	高知大学(地域枠)	62.5
78%	弘前大学(一般枠)	—
	秋田大学	60.0
	福島県立医科大学(一般枠)	62.5
	群馬大学(一般枠、地域医療枠)	65.0
	島根大学(一般枠、県内定着枠)	
	大分大学(地元出身者枠)	62.5
77%	弘前大学(青森県定着枠)	—
	福島県立医科大学(地域枠)	62.5

［一般選抜・後期日程］

共通テスト得点率	大学名	個別試験偏差値
93%	名古屋大学	—
92%	東京医科歯科大学	—
89%	千葉大学	72.5
	奈良県立医科大学	70.0
88%	三重大学	—
87%	福井大学	—
	浜松医科大学(一般枠、地域枠)	—
86%	山梨大学	67.5
	佐賀大学	—
	宮崎大学	67.5
	鹿児島大学	—
85%	山形大学	—
	山口大学(全国枠、地域枠)	
	琉球大学	
84%	旭川医科大学	65.0
	秋田大学(一般枠)	—
83%	秋田大学(秋田県地域枠)	—

ボーダーラインは、合否の可能性が50%に分かれるラインを意味します。

予想難易度のランクは2023年9月時点のものです。2023年度入試の結果と2024年度の全統模試の志望動向を参考にして設定していますが、今後の模試の志望動向等により変更する可能性があります。また、大学の募集区分も変更の可能性があります。

※ボーダーラインには、大学入学共通テストで必要な難易度を示すボーダー得点率と、国公立大の個別学力検査(2次試験)があります。

※ボーダーラインは一般選抜を対象として設定しています。ただし、選考が実技や書類審査のみによって行われる大学に該当するものは、ボーダーラインを記載していません。

※ボーダーラインはあくまでも入試の難易度を表したものであり、各大学の教育内容や社会的位置づけを示したものではありません。

2024年度 配点割合［前期］

大学名		大学入学共通テスト							共通テスト ボーダー得点率
		英語	数学	理科①	理科②	国語	地歴・公民	合計	
旭川医科大学	配点	100	100	100	100	100	50	**550点**	79%
	割合／共テ	18.2%	18.2%	18.2%	18.2%	18.2%	9.1%	**—**	
	割合／総	11.1%	11.1%	11.1%	11.1%	11.1%	5.6%	**61.1%**	
北海道大学	配点	60	60	30	30	80	40	**300点**	83%
	割合／共テ	20.0%	20.0%	10.0%	10.0%	26.7%	13.3%	**—**	
	割合／総	7.3%	7.3%	3.6%	3.6%	9.7%	4.8%	**36.4%**	
弘前大学	配点	200	200	150	150	200	100	**1000点**	78%
	割合／共テ	20.0%	20.0%	15.0%	15.0%	20.0%	10.0%	**—**	
	割合／総	13.3%	13.3%	10.0%	10.0%	13.3%	6.7%	**66.7%**	
東北大学	配点	50	50	25	25	50	50	**250点**	85%
	割合／共テ	20.0%	20.0%	10.0%	10.0%	20.0%	20.0%	**—**	
	割合／総	4.2%	4.2%	2.1%	2.1%	4.2%	4.2%	**20.8%**	
秋田大学	配点	100	100	100	100	100	50	**550点**	78%
	割合／共テ	18.2%	18.2%	18.2%	18.2%	18.2%	9.1%	**—**	
	割合／総	10.5%	10.5%	10.5%	10.5%	10.5%	5.3%	**57.9%**	
山形大学	配点	200	200	100	100	200	100	**900点**	80%
	割合／共テ	22.2%	22.2%	11.1%	11.1%	22.2%	11.1%	**—**	
	割合／総	12.5%	12.5%	6.3%	6.3%	12.5%	6.3%	**56.3%**	
筑波大学	配点	200	200	100	100	200	100	**900点**	83%
	割合／共テ	22.2%	22.2%	11.1%	11.1%	22.2%	11.1%	**—**	
	割合／総	8.7%	8.7%	4.3%	4.3%	8.7%	4.3%	**39.1%**	
群馬大学	配点	100	100	50	50	100	50	**450点**	78%
	割合／共テ	22.2%	22.2%	11.1%	11.1%	22.2%	11.1%	**—**	
	割合／総	11.1%	11.1%	5.6%	5.6%	11.1%	5.6%	**50.0%**	
千葉大学	配点	100	100	50	50	100	50	**450点**	86%
	割合／共テ	22.2%	22.2%	11.1%	11.1%	22.2%	11.1%	**—**	
	割合／総	6.9%	6.9%	3.4%	3.4%	6.9%	3.4%	**31.0%**	
東京大学	配点	200	200	100	100	200	100	**110点** ※2	91%
	割合／共テ	22.2%	22.2%	11.1%	11.1%	22.2%	11.1%	**—**	
	割合／総	4.4%	4.4%	2.2%	2.2%	4.4%	2.2%	**20.0%**	
東京医科歯科大学	配点	40	40	20	20	40	20	**180点**	88%
	割合／共テ	22.2%	22.2%	11.1%	11.1%	22.2%	11.1%	**—**	
	割合／総	7.4%	7.4%	3.7%	3.7%	7.4%	3.7%	**33.3%**	
新潟大学	配点	200	200	100	100	100	50	**750点**	81%
	割合／共テ	26.7%	26.7%	13.3%	13.3%	13.3%	6.7%	**—**	
	割合／総	10.3%	10.3%	5.1%	5.1%	5.1%	2.6%	**38.5%**	
富山大学	配点	200	200	100	100	200	100	**900点**	79%
	割合／共テ	22.2%	22.2%	11.1%	11.1%	22.2%	11.1%	**—**	
	割合／総	12.5%	12.5%	6.3%	6.3%	12.5%	6.3%	**56.3%**	
金沢大学	配点	100	100	50	50	100	50	**450点**	83%
	割合／共テ	22.2%	22.2%	11.1%	11.1%	22.2%	11.1%	**—**	
	割合／総	6.7%	6.7%	3.3%	3.3%	6.7%	3.3%	**30.0%**	
福井大学	配点	200	200	100	100	200	100	**900点**	80%
	割合／共テ	22.2%	22.2%	11.1%	11.1%	22.2%	11.1%	**—**	
	割合／総	12.5%	12.5%	6.3%	6.3%	12.5%	6.3%	**56.3%**	
山梨大学（後期）	配点	200	200	100	100	200	100	**900点**	86%
	割合／共テ	22.2%	22.2%	11.1%	11.1%	22.2%	11.1%	**—**	
	割合／総	6.3%	6.3%	3.1%	3.1%	6.3%	3.1%	**28.1%**	
信州大学	配点	100	100	50	50	100	50	**450点**	80%
	割合／共テ	22.2%	22.2%	11.1%	11.1%	22.2%	11.1%	**—**	
	割合／総	9.5%	9.5%	4.8%	4.8%	9.5%	4.8%	**42.9%**	

※2　900点満点を110点に換算。

[割合／共テ]　大学入学共通テストの合計点に対する配点の割合
[割合／2次]　2次試験(個別学力試験)の合計点に対する配点の割合
[割合／総]　総合計点に対する配点の割合
＊大学入学共通テストまたは2次試験の合計点に対する配点の割合が30%以上の場合は赤字、15%以下の場合は青字で記しています。

記号の見方〈面接〉
○　点数化せず
段階　段階評価
2段　2段階評価
資料　総合判定の資料とする

面接試験の形式
個　個人面接
集面　集団面接
非　非公表

	2次試験（個別学力試験）									総合計	大学名
	英語	数学	理科①	理科②	国語	総合（その他）	面接	合計	ボーダー偏差値(2次)	大学入学共通テ：2次(合計) 大学入学共通テ：2次(割合)	
配点	150	150	―	―	―	―	50 個	**350点**	62.5	900点	旭川医科大学
割合／2次	42.9%	42.9%	―	―	―	―	14.3%	―		550点：350点	
割合／総	16.7%	16.7%	―	―	―	―	5.6%	**38.9%**		61.1%：38.9%	
配点	150	150	75	75	―	―	75 非	**525点**	65.0	825点	北海道大学
割合／2次	28.6%	28.6%	14.3%	14.3%	―	―	14.3%	―		300点：525点	
割合／総	18.2%	18.2%	9.1%	9.1%	―	―	9.1%	**63.6%**		36.4%：63.6%	
配点	―	―	―	―	―	300	200 個	**500点**	―	1500点	弘前大学
割合／2次	―	―	―	―	―	60.0%	40.0%	―		1000点：500点	
割合／総	―	―	―	―	―	20.0%	13.3%	**33.3%**		66.7%：33.3%	
配点	250	250	125	125	―	―	200 非	**950点**	67.5	1200点	東北大学
割合／2次	26.3%	26.3%	13.2%	13.2%	―	―	21.1%	―		250点：950点	
割合／総	20.8%	20.8%	10.4%	10.4%	―	―	16.7%	**79.2%**		20.8%：79.2%	
配点	100	100	―	―	―	―	200 非	**400点**	60.0	950点	秋田大学
割合／2次	25.0%	25.0%	―	―	―	―	50.0%	―		550点：400点	
割合／総	10.5%	10.5%	―	―	―	―	21.1%	**42.1%**		57.9%：42.1%	
配点	200	200	100	100	―	―	100 非	**700点**	62.5	1600点	山形大学
割合／2次	28.6%	28.6%	14.3%	14.3%	―	―	14.3%	―		900点：700点	
割合／総	12.5%	12.5%	6.3%	6.3%	―	―	6.3%	**43.8%**		56.3%：43.8%	
配点	300	300	150	150	―	300	200 個	**1400点**	65.0	2300点	筑波大学
割合／2次	21.4%	21.4%	10.7%	10.7%	―	21.4%	14.3%	―		900点：1400点	
割合／総	13.0%	13.0%	6.5%	6.5%	―	13.0%	8.7%	**60.9%**		39.1%：60.9%	
配点	―	150	75	75	―	―	資料 集面	**450点** ※1	65.0	900点	群馬大学
割合／2次	―	33.3%	16.7%	16.7%	―	―	―	―		450点：450点	
割合／総	―	16.7%	8.3%	8.3%	―	―	―	**50.0%**		50.0%：50.0%	
配点	300	300	150	150	―	―	100 非	**1000点**	67.5	1450点	千葉大学
割合／2次	30.0%	30.0%	15.0%	15.0%	―	―	10.0%	―		450点：1000点	
割合／総	20.7%	20.7%	10.3%	10.3%	―	―	6.9%	**69.0%**		31.0%：69.0%	
配点	120	120	60	60	80	―	資料 個	**440点**	72.5	550点	東京大学
割合／2次	27.3%	27.3%	13.6%	13.6%	18.2%	―	―	―		110点：440点	
割合／総	21.8%	21.8%	10.9%	10.9%	14.5%	―	―	**80.0%**		20.0%：80.0%	
配点	120	120	60	60	―	―	○ 個	**360点**	70.0	540点	東京医科歯科大学
割合／2次	33.3%	33.3%	16.7%	16.7%	―	―	―	―		180点：360点	
割合／総	22.2%	22.2%	11.1%	11.1%	―	―	―	**66.7%**		33.3%：66.7%	
配点	400	400	200	200	―	―	2段 個	**1200点**	65.0	1950点	新潟大学
割合／2次	33.3%	33.3%	16.7%	16.7%	―	―	―	―		750点：1200点	
割合／総	20.5%	20.5%	10.3%	10.3%	―	―	―	**61.5%**		38.5%：61.5%	
配点	200	200	100	100	―	―	100 非	**700点**	62.5	1600点	富山大学
割合／2次	28.6%	28.6%	14.3%	14.3%	―	―	14.3%	―		900点：700点	
割合／総	12.5%	12.5%	6.3%	6.3%	―	―	6.3%	**43.8%**		56.3%：43.8%	
配点	300	300	150	150	―	―	150 非	**1050点**	65.0	1500点	金沢大学
割合／2次	28.6%	28.6%	14.3%	14.3%	―	―	14.3%	―		450点：1050点	
割合／総	20.0%	20.0%	10.0%	10.0%	―	―	10.0%	**70.0%**		30.0%：70.0%	
配点	200	200	100	100	―	―	100 個	**700点**	62.5	1600点	福井大学
割合／2次	28.6%	28.6%	14.3%	14.3%	―	―	14.3%	―		900点：700点	
割合／総	12.5%	12.5%	6.3%	6.3%	―	―	6.3%	**43.8%**		56.3%：43.8%	
配点	600	600	500	500	―	―	100 集面※3	**2300点**	67.5	3200点	山梨大学（後期）
割合／2次	26.1%	26.1%	21.7%	21.7%	―	―	4.3%	―		900点：2300点	
割合／総	18.8%	18.8%	15.6%	15.6%	―	―	3.1%	**71.9%**		28.1%：71.9%	
配点	150	150	75	75	―	―	150 非	**600点**	65.0	1050点	信州大学
割合／2次	25.0%	25.0%	12.5%	12.5%	―	―	25.0%	―		450点：600点	
割合／総	14.3%	14.3%	7.1%	7.1%	―	―	14.3%	**57.1%**		42.9%：57.1%	

※1　小論文150点を加算。　※3　集団面接を行い、面接員が必要と判断した場合は個人面接も行う。

2024年度 配点割合［前期］

大学名	大学入学共通テスト								
		英語	数学	理科①	理科②	国語	地歴・公民	合計	共通テスト ボーダー得点率
岐阜大学	配点	200	200	100	100	200	100	**900点**	81%
	割合／共テ	22.2%	22.2%	11.1%	11.1%	22.2%	11.1%	**ー**	
	割合／総	9.5%	9.5%	4.8%	4.8%	9.5%	4.8%	**42.9%**	
浜松医科大学	配点	100	100	50	50	100	50	**450点**	81%
	割合／共テ	22.2%	22.2%	11.1%	11.1%	22.2%	11.1%	**ー**	
	割合／総	8.7%	8.7%	4.3%	4.3%	8.7%	4.3%	**39.1%**	
名古屋大学	配点	200	200	100	100	200	100	**900点**	87%
	割合／共テ	22.2%	22.2%	11.1%	11.1%	22.2%	11.1%	**ー**	
	割合／総	7.8%	7.8%	3.9%	3.9%	7.8%	3.9%	**35.3%**	
三重大学	配点	100	100	100	100	100	100	**600点**	81%
	割合／共テ	16.7%	16.7%	16.7%	16.7%	16.7%	16.7%	**ー**	
	割合／総	7.7%	7.7%	7.7%	7.7%	7.7%	7.7%	**46.2%**	
滋賀医科大学	配点	100	100	50	50	200	100	**600点**	80%
	割合／共テ	16.7%	16.7%	8.3%	8.3%	33.3%	16.7%	**ー**	
	割合／総	8.3%	8.3%	4.2%	4.2%	16.7%	8.3%	**50.0%**	
京都大学	配点	50	50	25	25	50	50	**250点**	89%
	割合／共テ	20.0%	20.0%	10.0%	10.0%	20.0%	20.0%	**ー**	
	割合／総	4.0%	4.0%	2.0%	2.0%	4.0%	4.0%	**20.0%**	
大阪大学	配点	100	100	50	50	100	100	**500点**	88%
	割合／共テ	20.0%	20.0%	10.0%	10.0%	20.0%	20.0%	**ー**	
	割合／総	5.0%	5.0%	2.5%	2.5%	5.0%	5.0%	**25.0%**	
神戸大学	配点	80	80	40	40	80	40	**360点**	87%
	割合／共テ	22.2%	22.2%	11.1%	11.1%	22.2%	11.1%	**ー**	
	割合／総	9.9%	9.9%	4.9%	4.9%	9.9%	4.9%	**44.4%**	
鳥取大学	配点	200	200	100	100	200	100	**900点**	80%
	割合／共テ	22.2%	22.2%	11.1%	11.1%	22.2%	11.1%	**ー**	
	割合／総	12.5%	12.5%	6.3%	6.3%	12.5%	6.3%	**56.3%**	
島根大学	配点	100	100	100	100	200	100	**700点**	78%
	割合／共テ	14.3%	14.3%	14.3%	14.3%	28.6%	14.3%	**ー**	
	割合／総	8.6%	8.6%	8.6%	8.6%	17.2%	8.6%	**60.3%**	
岡山大学	配点	100	100	50	50	100	100	**500点**	84%
	割合／共テ	20.0%	20.0%	10.0%	10.0%	20.0%	20.0%	**ー**	
	割合／総	6.3%	6.3%	3.1%	3.1%	6.3%	6.3%	**31.3%**	
広島大学 2次：A(s)配点(理科重視型)	配点	200	200	100	100	200	100	**900点**	83%
	割合／共テ	22.2%	22.2%	11.1%	11.1%	22.2%	11.1%	**ー**	
	割合／総	7.4%	7.4%	3.7%	3.7%	7.4%	3.7%	**33.3%**	
広島大学 2次：A(em)配点(英数重視型)	配点	200	200	100	100	200	100	**900点**	83%
	割合／共テ	22.2%	22.2%	11.1%	11.1%	22.2%	11.1%	**ー**	
	割合／総	7.4%	7.4%	3.7%	3.7%	7.4%	3.7%	**33.3%**	
広島大学 2次：B配点(一般型)	配点	200	200	100	100	200	100	**900点**	83%
	割合／共テ	22.2%	22.2%	11.1%	11.1%	22.2%	11.1%	**ー**	
	割合／総	7.4%	7.4%	3.7%	3.7%	7.4%	3.7%	**33.3%**	
山口大学	配点	200	200	100	100	200	100	**900点**	79%
	割合／共テ	22.2%	22.2%	11.1%	11.1%	22.2%	11.1%	**ー**	
	割合／総	13.3%	13.3%	6.7%	6.7%	13.3%	6.7%	**60.0%**	
徳島大学	配点	200	200	150	150	150	50	**900点**	81%
	割合／共テ	22.2%	22.2%	16.7%	16.7%	16.7%	5.6%	**ー**	
	割合／総	15.4%	15.4%	11.5%	11.5%	11.5%	3.8%	**69.2%**	
香川大学	配点	100	100	100	100	200	100	**700点**	80%
	割合／共テ	14.3%	14.3%	14.3%	14.3%	28.6%	14.3%	**ー**	
	割合／総	7.1%	7.1%	7.1%	7.1%	14.3%	7.1%	**50.0%**	
愛媛大学	配点	100	100	50	50	100	50	**450点**	79%
	割合／共テ	22.2%	22.2%	11.1%	11.1%	22.2%	11.1%	**ー**	
	割合／総	8.7%	8.7%	4.3%	4.3%	8.7%	4.3%	**39.1%**	

[割合／共テ]　大学入学共通テストの合計点に対する配点の割合
[割合／2次]　2次試験（個別学力試験）の合計点に対する配点の割合
[割合／総]　総合計点に対する配点の割合

＊大学入学共通テストまたは2次試験の合計点に対する配点の割合が30％以上の場合は赤字、15％以下の場合は青字で記しています。

記号の見方（面接）

記号	意味	面接試験の形式	意味
○	点数化せず	個	個人面接
段階	段階評価	集面	集団面接
2段	2段階評価	非	非公表
資料	総合判定の資料とする		

2次試験（個別学力試験）										総合計	大学名
	英語	数学	理科①	理科②	国語	総合（その他）	面接	合計	ボーダー偏差値(2次)	大学入学共通テ：2次(合計) 大学入学共通テ：2次(割合)	
配点	400	400	200	200	—	—	資料　非	**1200点**	65.0	2100点	岐阜大学
割合／2次	33.3%	33.3%	16.7%	16.7%	—	—	—	—		900点：1200点	
割合／総	19.0%	19.0%	9.5%	9.5%	—	—	—	**57.1%**		42.9%：57.1%	
配点	200	200	100	100	—	—	100　非	**700点**	67.5	1150点	浜松医科大学
割合／2次	28.6%	28.6%	14.3%	14.3%	—	—	14.3%	—		450点：700点	
割合／総	17.4%	17.4%	8.7%	8.7%	—	—	8.7%	**60.9%**		39.1%：60.9%	
配点	500	500	250	250	150	—	○　非	**1650点**	67.5	2550点	名古屋大学
割合／2次	30.3%	30.3%	15.2%	15.2%	9.1%	—	—	—		900点：1650点	
割合／総	19.6%	19.6%	9.8%	9.8%	5.9%	—	—	**64.7%**		35.3%：64.7%	
配点	200	200	100	100	—	—	100　非	**700点**	65.0	1300点	三重大学
割合／2次	28.6%	28.6%	14.3%	14.3%	—	—	14.3%	—		600点：700点	
割合／総	15.4%	15.4%	7.7%	7.7%	—	—	7.7%	**53.8%**		46.2%：53.8%	
配点	200	200	100	100	—	—	段階　個※4	**600点**	65.0	1200点	滋賀医科大学
割合／2次	33.3%	33.3%	16.7%	16.7%	—	—	—	—		600点：600点	
割合／総	16.7%	16.7%	8.3%	8.3%	—	—	—	**50.0%**		50.0%：50.0%	
配点	300	250	150	150	150	—	○　非	**1000点**	72.5	1250点	京都大学
割合／2次	30.0%	25.0%	15.0%	15.0%	15.0%	—	—	—		250点：1000点	
割合／総	24.0%	20.0%	12.0%	12.0%	12.0%	—	—	**80.0%**		20.0%：80.0%	
配点	500	500	250	250	—	—	○　個	**1500点**	70.0	2000点	大阪大学
割合／2次	33.3%	33.3%	16.7%	16.7%	—	—	—	—		500点：1500点	
割合／総	25.0%	25.0%	12.5%	12.5%	—	—	—	**75.0%**		25.0%：75.0%	
配点	150	150	75	75	—	—	○　非	**450点**	67.5	810点	神戸大学
割合／2次	33.3%	33.3%	16.7%	16.7%	—	—	—	—		360点：450点	
割合／総	18.5%	18.5%	9.3%	9.3%	—	—	—	**55.6%**		44.4%：55.6%	
配点	200	200	100	100	—	—	100　非	**700点**	62.5	1600点	鳥取大学
割合／2次	28.6%	28.6%	14.3%	14.3%	—	—	14.3%	—		900点：700点	
割合／総	12.5%	12.5%	6.3%	6.3%	—	—	6.3%	**43.8%**		56.3%：43.8%	
配点	200	200	—	—	—	—	60　非	**460点**	65.0	1160点	島根大学
割合／2次	43.5%	43.5%	—	—	—	—	13.0%	—		700点：460点	
割合／総	17.2%	17.2%	—	—	—	—	5.2%	**39.7%**		60.3%：39.7%	
配点	400	400	150	150	—	—	資料　非	**1100点**	67.5	1600点	岡山大学
割合／2次	36.4%	36.4%	13.6%	13.6%	—	—	—	—		500点：1100点	
割合／総	25.0%	25.0%	9.4%	9.4%	—	—	—	**68.8%**		31.3%：68.8%	
配点	300	300	600	600	—	—	段階　個	**1800点**	65.0	2700点	広島大学 2次：A(s)配点（理科重視型）
割合／2次	16.7%	16.7%	33.3%	33.3%	—	—	—	—		900点：1800点	
割合／総	11.1%	11.1%	22.2%	22.2%	—	—	—	**66.7%**		33.3%：66.7%	
配点	800	800	100	100	—	—	段階　個	**1800点**	65.0	2700点	広島大学 2次：A(em)配点（英数重視型）
割合／2次	44.4%	44.4%	5.6%	5.6%	—	—	—	—		900点：1800点	
割合／総	29.6%	29.6%	3.7%	3.7%	—	—	—	**66.7%**		33.3%：66.7%	
配点	600	600	300	300	—	—	段階　個	**1800点**	65.0	2700点	広島大学 2次：B配点（一般型）
割合／2次	33.3%	33.3%	16.7%	16.7%	—	—	—	—		900点：1800点	
割合／総	22.2%	22.2%	11.1%	11.1%	—	—	—	**66.7%**		33.3%：66.7%	
配点	200	200	100	100	—	—	資料　非	**600点**	62.5	1500点	山口大学
割合／2次	33.3%	33.3%	16.7%	16.7%	—	—	—	—		900点：600点	
割合／総	13.3%	13.3%	6.7%	6.7%	—	—	—	**40.0%**		60.0%：40.0%	
配点	200	200	—	—	—	—	資料　集面	**400点**	62.5	1300点	徳島大学
割合／2次	50.0%	50.0%	—	—	—	—	—	—		900点：400点	
割合／総	15.4%	15.4%	—	—	—	—	—	**30.8%**		69.2%：30.8%	
配点	200	200	100	100	—	—	100　非	**700点**	62.5	1400点	香川大学
割合／2次	28.6%	28.6%	14.3%	14.3%	—	—	14.3%	—		700点：700点	
割合／総	14.3%	14.3%	7.1%	7.1%	—	—	7.1%	**50.0%**		50.0%：50.0%	
配点	—	200	100	100	—	200	100　非	**700点**	65.0	1150点	愛媛大学
割合／2次	—	28.6%	14.3%	14.3%	—	28.6%	14.3%	—		450点：700点	
割合／総	—	17.4%	8.7%	8.7%	—	17.4%	8.7%	**60.9%**		39.1%：60.9%	

※4　個人面接とグループワークを行う。

2024年度 配点割合［前期］

大学名		英語	数学	理科①	理科②	国語	地歴・公民	合計	共通テストボーダー得点率
		大学入学共通テスト							
高知大学	配点	200	200	100	100	200	100	**900点**	80%
	割合／共テ	22.2%	22.2%	11.1%	11.1%	22.2%	11.1%	**—**	
	割合／総	10.5%	10.5%	5.3%	5.3%	10.5%	5.3%	**47.4%**	
九州大学	配点	100	100	50	50	100	50	**450点**	87%
	割合／共テ	22.2%	22.2%	11.1%	11.1%	22.2%	11.1%	**—**	
	割合／総	8.7%	8.7%	4.3%	4.3%	8.7%	4.3%	**39.1%**	
佐賀大学	配点	140	140	70	70	140	70	**630点**	81%
	割合／共テ	22.2%	22.2%	11.1%	11.1%	22.2%	11.1%	**—**	
	割合／総	15.1%	15.1%	7.5%	7.5%	15.1%	7.5%	**67.7%**	
長崎大学	配点	100	100	50	50	100	50	**450点**	81%
	割合／共テ	22.2%	22.2%	11.1%	11.1%	22.2%	11.1%	**—**	
	割合／総	8.0%	8.0%	4.0%	4.0%	8.0%	4.0%	**36.0%**	
熊本大学	配点	100	50	50	50	100	50	**400点**	82%
	割合／共テ	25.0%	12.5%	12.5%	12.5%	25.0%	12.5%	**—**	
	割合／総	8.3%	4.2%	4.2%	4.2%	8.3%	4.2%	**33.3%**	
大分大学	配点	100	100	50	50	100	50	**450点**	80%
	割合／共テ	22.2%	22.2%	11.1%	11.1%	22.2%	11.1%	**—**	
	割合／総	10.0%	10.0%	5.0%	5.0%	10.0%	5.0%	**45.0%**	
宮崎大学	配点	200	200	100	100	200	100	**900点**	81%
	割合／共テ	22.2%	22.2%	11.1%	11.1%	22.2%	11.1%	**—**	
	割合／総	13.3%	13.3%	6.7%	6.7%	13.3%	6.7%	**60.0%**	
鹿児島大学	配点	200	200	100	100	200	100	**900点**	81%
	割合／共テ	22.2%	22.2%	11.1%	11.1%	22.2%	11.1%	**—**	
	割合／総	11.0%	11.0%	5.5%	5.5%	11.0%	5.5%	**49.5%**	
琉球大学	配点	200	200	100	100	200	100	**900点**	80%
	割合／共テ	22.2%	22.2%	11.1%	11.1%	22.2%	11.1%	**—**	
	割合／総	11.8%	11.8%	5.9%	5.9%	11.8%	5.9%	**52.9%**	
札幌医科大学	配点	150	150	100	100	150	50	**700点**	81%
	割合／共テ	21.4%	21.4%	14.3%	14.3%	21.4%	7.1%	**—**	
	割合／総	10.7%	10.7%	7.1%	7.1%	10.7%	3.6%	**50.0%**	
福島県立医科大学	配点	150	150	75	75	150	50	**650点**	78%
	割合／共テ	23.1%	23.1%	11.5%	11.5%	23.1%	7.7%	**—**	
	割合／総	11.5%	11.5%	5.7%	5.7%	11.5%	3.8%	**49.6%**	
横浜市立大学	配点	300	200	100	100	200	100	**1000点**	86%
	割合／共テ	30.0%	20.0%	10.0%	10.0%	20.0%	10.0%	**—**	
	割合／総	12.5%	8.3%	4.2%	4.2%	8.3%	4.2%	**41.7%**	
名古屋市立大学	配点	125	125	50	50	125	75	**550点**	83%
	割合／共テ	22.7%	22.7%	9.1%	9.1%	22.7%	13.6%	**—**	
	割合／総	7.1%	7.1%	2.9%	2.9%	7.1%	4.3%	**31.4%**	
京都府立医科大学	配点	100	100	50	50	100	50	**450点**	83%
	割合／共テ	22.2%	22.2%	11.1%	11.1%	22.2%	11.1%	**—**	
	割合／総	9.5%	9.5%	4.8%	4.8%	9.5%	4.8%	**42.9%**	
大阪公立大学	配点	100	200	100	100	100	50	**650点**	86%
	割合／共テ	15.4%	30.8%	15.4%	15.4%	15.4%	7.7%	**—**	
	割合／総	6.9%	13.8%	6.9%	6.9%	6.9%	3.4%	**44.8%**	
奈良県立医科大学	配点	200	200	150	150	100	100	**900点**	86%
	割合／共テ	22.2%	22.2%	16.7%	16.7%	11.1%	11.1%	**—**	
	割合／総	20.0%	20.0%	15.0%	15.0%	10.0%	10.0%	**90.0%**	
和歌山県立医科大学	配点	150	100	75	75	100	100	**600点**	80%
	割合／共テ	25.0%	16.7%	12.5%	12.5%	16.7%	16.7%	**—**	
	割合／総	11.5%	7.7%	5.8%	5.8%	7.7%	7.7%	**46.2%**	

［割合／共テ］ 大学入学共通テストの合計点に対する配点の割合
［割合／2次］ 2次試験（個別学力試験）の合計点に対する配点の割合
［割合／総］ 総合計点に対する配点の割合
＊大学入学共通テストまたは2次試験の合計点に対する配点の割合が30％以上の場合は赤字、15％以下の場合は青字で記しています。

記号の見方〈面接〉
○ 点数化せず
段階 段階評価
2段 2段階評価
資料 総合判定の資料とする

面接試験の形式
個 個人面接
集面 集団面接
非 非公表

	2次試験（個別学力試験）								総合計	
	英語	数学	理科①	理科②	国語	面接	合計	ボーダー偏差値（2次）	大学入学共通テ:2次(合計) 大学入学共通テ:2次(割合)	大学名
配点	300	300	150	150	―	100 非	**1000点**	62.5	1900点	高知大学
割合／2次	30.0%	30.0%	15.0%	15.0%	―	10.0%	―		900点：1000点	
割合／総	15.8%	15.8%	7.9%	7.9%	―	5.3%	**52.6%**		47.4%：52.6%	
配点	200	250	125	125	―	資料 非	**700点**	67.5	1150点	九州大学
割合／2次	28.6%	35.7%	17.9%	17.9%	―	―	―		450点：700点	
割合／総	17.4%	21.7%	10.9%	10.9%	―	―	**60.9%**		39.1%：60.9%	
配点	80	80	40	40	―	60 非	**300点**	62.5	930点	佐賀大学
割合／2次	26.7%	26.7%	13.3%	13.3%	―	20.0%	―		630点：300点	
割合／総	8.6%	8.6%	4.3%	4.3%	―	6.5%	**32.3%**		67.7%：32.3%	
配点	200	250	125	125	―	60 個	**800点** ※5	65.0	1250点	長崎大学
割合／2次	25.0%	31.3%	15.6%	15.6%	―	7.5%	―		450点：800点	
割合／総	16.0%	20.0%	10.0%	10.0%	―	4.8%	**64.0%**		36.0%：64.0%	
配点	200	200	100	100	―	200 非	**800点**	65.0	1200点	熊本大学
割合／2次	25.0%	25.0%	12.5%	12.5%	―	25.0%	―		400点：800点	
割合／総	16.7%	16.7%	8.3%	8.3%	―	16.7%	**66.7%**		33.3%：66.7%	
配点	100	100	100	100	―	150 個	**550点**	62.5	1000点	大分大学
割合／2次	18.2%	18.2%	18.2%	18.2%	―	27.3%	―		450点：550点	
割合／総	10.0%	10.0%	10.0%	10.0%	―	15.0%	**55.0%**		45.0%：55.0%	
配点	200	200	100	100	―	資料 非	**600点**	62.5	1500点	宮崎大学
割合／2次	33.3%	33.3%	16.7%	16.7%	―	―	―		900点：600点	
割合／総	13.3%	13.3%	6.7%	6.7%	―	―	**40.0%**		60.0%：40.0%	
配点	200	200	200	200	―	120 非	**920点**	62.5	1820点	鹿児島大学
割合／2次	21.7%	21.7%	21.7%	21.7%	―	13.0%	―		900点：920点	
割合／総	11.0%	11.0%	11.0%	11.0%	―	6.6%	**50.5%**		49.5%：50.5%	
配点	200	200	100	100	―	200 非	**800点**	62.5	1700点	琉球大学
割合／2次	25.0%	25.0%	12.5%	12.5%	―	25.0%	―		900点：800点	
割合／総	11.8%	11.8%	5.9%	5.9%	―	11.8%	**47.1%**		52.9%：47.1%	
配点	200	200	100	100	―	100 個	**700点**	62.5	1400点	札幌医科大学
割合／2次	28.6%	28.6%	14.3%	14.3%	―	14.3%	―		700点：700点	
割合／総	14.3%	14.3%	7.1%	7.1%	―	7.1%	**50.0%**		50.0%：50.0%	
配点	200	200	100	100	―	60 非	**660点**	62.5	1310点	福島県立医科大学
割合／2次	30.3%	30.3%	15.2%	15.2%	―	9.1%	―		650点：660点	
割合／総	15.3%	15.3%	7.6%	7.6%	―	4.6%	**50.4%**		49.6%：50.4%	
配点	400	400	300	300	―	段階 非	**1400点**	67.5	2400点	横浜市立大学
割合／2次	28.6%	28.6%	21.4%	21.4%	―	―	―		1000点：1400点	
割合／総	16.7%	16.7%	12.5%	12.5%	―	―	**58.3%**		41.7%：58.3%	
配点	300	300	200	200	―	200 非	**1200点**	65.0	1750点	名古屋市立大学
割合／2次	25.0%	25.0%	16.7%	16.7%	―	16.7%	―		550点：1200点	
割合／総	17.1%	17.1%	11.4%	11.4%	―	11.4%	**68.6%**		31.4%：68.6%	
配点	200	200	100	100	―	○ 非※6	**600点**	67.5	1050点	京都府立医科大学
割合／2次	33.3%	33.3%	16.7%	16.7%	―	―	―		450点：600点	
割合／総	19.0%	19.0%	9.5%	9.5%	―	―	**57.1%**		42.9%：57.1%	
配点	200	300	150	150	―	○ 非	**800点**	65.0	1450点	大阪公立大学
割合／2次	25.0%	37.5%	18.8%	18.8%	―	―	―		650点：800点	
割合／総	13.8%	20.7%	10.3%	10.3%	―	―	**55.2%**		44.8%：55.2%	
配点	―	―	―	―	―	○ 非	**100点** ※7	―	1000点	奈良県立医科大学
割合／2次	―	―	―	―	―	―	―		900点：100点	
割合／総	―	―	―	―	―	―	**10.0%**		90.0%：10.0%	
配点	200	250	125	125	―	○ 個	**700点**	62.5	1300点	和歌山県立医科大学
割合／2次	28.6%	35.7%	17.9%	17.9%	―	―	―		600点：700点	
割合／総	15.4%	19.2%	9.6%	9.6%	―	―	**53.8%**		46.2%：53.8%	

※5 調査書40点を加算。 ※6 小論文と調査書を面接において活用。 ※7 小論文100点を加算。

国立
公立

2023年度 入試問題分類 ［前期］

学校名	学部学科	他学科と共通	医学科独自問題	他学科と一部共通	備考
旭川医科大学	医・医	英 数 化 生 物	**英** **数** 化 生 物	英 数 化 生 物	
北海道大学	医・医	**英** **数** 化 **生** **物**	英 数 化 生 物	英 数 化 生 物	
弘前大学	医・医	英 数 化 生 物	**総合問題**	英 数 化 生 物	※医学科独自の総合問題のみ。
東北大学	医・医	**英** **数** 化 **生** **物**	英 数 化 生 物	英 数 化 生 物	
秋田大学	医・医	英 数 化 生 物	英 数 化 生 物	**英** **数** 化 生 物	英語：大問３題のうち、１題が独自。 数学：大問４題のうち、３題が独自。
山形大学	医・医	**英** 数 化 **生** **物**	英 数 化 生 物	英 **数** 化 生 物	数学：大問４題のうち、１題が独自。
筑波大学	医・医	**英** **数** 化 **生** **物**	英 数 化 生 物	英 数 化 生 物	
群馬大学	医・医	英 数 化 生 物	英 数 化 生 物	英 **数** 化 生 **物**	数学：大問5題のうち、大問1、大問2、大問3(2)(3)、大問4、大問5が独自。 物理：大問3題のうち、大問3(8)のみ独自。
千葉大学	医・医	**英** **数** 化 **生** **物**	英 数 化 生 物	英 数 化 生 物	
東京大学	医・医	**英** **数** 化 **生** **物**	英 数 化 生 物	英 数 化 生 物	
東京医科歯科大学	医・医	**英** 数 化 **生** 物	英 数 化 生 物	英 **数** 化 生 **物**	数学：大問3題のうち、大問2(2)、大問3が独自。 物理：大問2題のうち、大問2(11)(12)が独自。
新潟大学	医・医	**英** 数 化 **生** **物**	英 数 化 生 物	英 **数** 化 生 物	数学：大問４題のうち、１題が独自。
富山大学	医・医	英 **数** 化 **生** **物**	**英** 数 化 生 物	英 数 化 生 物	
金沢大学	医・医	**英** **数** 化 生 **物**	英 数 化 生 物	英 数 化 生 物	
福井大学	医・医	英 数 化 生 **物**	**英** 数 化 **生** 物	英 **数** 化 生 物	数学：大問４題のうち、大問１、大問２、大問３(2)、大問４が独自。
山梨大学（後期）	医・医	英 数 化 生 物	英 **数** 化 **生** **物**	英 数 化 生 物	
信州大学	医・医	**英** 数 化 **生** **物**	英 数 化 生 物	英 **数** 化 生 物	数学：大問５題のうち、１題が独自。
岐阜大学	医・医	**英** **数** 化 **生** **物**	英 数 化 生 物	英 数 化 生 物	
浜松医科大学	医・医	英 数 化 生 物	**英** **数** 化 **生** **物**	英 数 化 生 物	
名古屋大学	医・医	**英** **数** 化 **生** **物**	英 数 化 生 物	英 数 化 生 物	
三重大学	医・医	**英** 数 化 **生** **物**	英 数 化 生 物	英 **数** 化 生 物	数学：大問３題のうち、大問１(3)、大問２(3)、大問３が独自。
滋賀医科大学	医・医	英 数 化 生 物	**英** **数** 化 **生** **物**	英 数 化 生 物	
京都大学	医・医	**英** **数** 化 **生** **物**	英 数 化 生 物	英 数 化 生 物	
大阪大学	医・医	**英** **数** 化 **生** **物**	英 数 化 生 物	英 数 化 生 物	
神戸大学	医・医	**英** **数** 化 **生** **物**	英 数 化 生 物	英 数 化 生 物	

学校名	学部学科	他学科と共通	医学科独自問題	他学科と一部共通	備考
鳥取大学	医・医	**英** 数 化 **生** **物**	英 数 化 生 物	英 **数** 化 生 物	数学：大問4題のうち、1題が独自。
島根大学	医・医	英 **数** 化 生 **物**	英 数 化 生 物	**英** 数 化 生 物	英語：大問5題のうち、2題が独自。
岡山大学	医・医	**英** **数** 化 **生** **物**	英 数 化 生 物	英 数 化 生 物	
広島大学	医・医	**英** **数** 化 **生** **物**	英 数 化 生 物	英 数 化 生 物	
山口大学	医・医	**英** **数** 化 **生** **物**	英 数 化 生 物	英 数 化 生 物	
徳島大学	医・医	**英** **数** 化 生 **物**	英 数 化 生 物	英 数 化 生 物	
香川大学	医・医	**英** 数 化 **生** **物**	英 数 化 生 物	英 **数** 化 生 物	数学：大問4題のうち、3題が独自。
愛媛大学	医・医	英 **数** 化 生 **物**	**総** 数 化 生 物	英 数 化 生 物	※英語は医学科独自の「総合問題」で出題。
高知大学	医・医	英 **数** 化 **生** **物**	**英** 数 化 生 物	英 数 化 生 物	
九州大学	医・医	**英** **数** 化 生 **物**	英 数 化 生 物	英 数 化 生 物	
佐賀大学	医・医	**英** 数 化 生 **物**	英 数 **化** 生 物	英 **数** 化 生 物	数学：大問4題のうち、大問4（1）が独自。
長崎大学	医・医	**英** 数 化 **生** **物**	英 数 化 生 物	英 **数** 化 生 物	数学：大問4題のうち、1題が独自。
熊本大学	医・医	**英** 数 化 **生** **物**	英 数 化 生 物	英 **数** 化 生 物	数学：大問4題のうち、大問1、大問2（3）、大問3、大問4が独自。
大分大学	医・医	**英** **数** 化 **生** **物**	英 数 化 生 物	英 数 **化** 生 物	化学：大問3題のうち、大問2、大問3が独自。
宮崎大学	医・医	英 数 化 **生** **物**	**英** 数 化 生 物	英 **数** 化 生 物	数学：大問5題のうち、2題が独自。
鹿児島大学	医・医	**英** **数** 化 **生** **物**	英 数 化 生 物	英 数 化 生 物	
琉球大学	医・医	**英** **数** 化 **生** **物**	英 数 化 生 物	英 数 化 生 物	
札幌医科大学	医・医	英 数 化 生 物	**英** **数** 化 **生** **物**	英 数 化 生 物	
福島県立医科大学	医・医	英 数 化 生 物	**英** 数 化 **生** **物**	英 **数** 化 生 物	数学：大問4題のうち、大問[1]（1）（4）、大問[2]、大問[4]が独自。
横浜市立大学	医・医	**英** **数** 化 生 物	英 数 化 生 物	英 数 **化** **生** **物**	物理：大問3題のうち、大問Ⅰ(7)(9)、大問Ⅱ(6)(7)(8)が独自。 化学：大問3題のうち、大問Ⅰ(5)(6)、大問Ⅱ(1)-(ウ)･(2)、大問Ⅲ(1)-(イ)･(2)-(ア)(エ)(オ)が独自。 生物：大問3題のうち、大問Ⅰ(6)、大問Ⅲ(2)(7)が独自。
名古屋市立大学	医・医	**英** 数 化 生 物	英 数 **化** 生 **物**	英 **数** 化 生 物	数学：大問3題のうち、大問3の一部が独自。
京都府立医科大学	医・医	英 数 化 生 物	**英** **数** 化 **生** **物**	英 数 化 生 物	
大阪公立大学	医・医	**英** **数** 化 **生** **物**	英 数 化 生 物	英 数 化 生 物	
奈良県立医科大学（後期）	医・医	英 数 化 生 物	**英** **数** 化 **生** **物**	英 数 化 生 物	
和歌山県立医科大学	医・医	**英** **数** 化 **生** **物**	英 数 化 生 物	英 数 化 生 物	

国立 公立

2023年度 一般選抜 合格最高点・最低点

大学名	区分			満点	合格最高点		合格最低点	
					得点	得点率	得点	得点率
旭川医科大学	前期	共通テスト		550	490.0	89%	404.5	74%
		個別		350	262.7	75%	182.3	52%
		総合点		900	752.7	84%	626.8	70%
	後期	共通テスト		600	527.1	88%	493.0	82%
		個別		250	213.3	85%	163.0	65%
		総合点		850	706.3	83%	679.6	80%
北海道大学	前期			825	707.20	86%	602.00	73%
弘前大学	前期	一般枠		1500	1204	80%	1075	72%
		青森県定着枠		1500	1254	84%	1053	70%
秋田大学	前期	共通テスト		550	482.70	88%	395.40	72%
		個別		400	350.00	88%	288.00	72%
		総合点		950	823.70	87%	719.90	76%
	後期	共通テスト		700	627.50	90%	563.00	80%
		個別		300	259.00	86%	228.00	76%
		総合点		1000	871.50	87%	809.00	81%
山形大学	前期			1600	1342.2	84%	1174.8	73%
	後期			1000	901.0	90%	846.0	85%
筑波大学	前期	一般枠		2300	1996	87%	1790	78%
		地域枠	全国		非公表	—	非公表	—
			茨城		非公表	—	非公表	—
千葉大学	前期	一般枠		1450	1191	82%	983	68%
		地域枠		1450	1049	72%	856	59%
	後期	一般枠		1450	1230	85%	1138	78%
東京大学	前期			550	458.1	83%	357.7	65%
東京医科歯科大学	前期			540	454.80	84%	370.00	69%
	後期			700	非公表	—	非公表	—
新潟大学	前期	共通テスト		750	691.9	92%	557.7	74%
		個別		1200	957.3	80%	750.8	63%
		総合点		1950	非公表	—	非公表	—
富山大学	前期	共通テスト		900	781.6	87%	679.4	75%
		個別		700	531.0	76%	372.7	53%
		総合点		1600	1287.6	80%	1117.9	70%
金沢大学	前期	共通テスト		450	409.00	91%	334.00	74%
		個別		1050	926.80	88%	793.00	76%
		総合点		1500	1327.80	89%	1189.80	79%
福井大学	前期	共通テスト		900	799	89%	非公表	—
		個別		700	556	79%	非公表	—
		総合点		1600	1311	82%	非公表	—
	後期	共通テスト		450	404	90%	非公表	—
		個別		220	180	82%	非公表	—
		総合点		670	568	85%	非公表	—
山梨大学	後期	共通テスト		1100	1030.0	94%	842.5	77%
		個別	数学	600	480.0	80%	216.0	36%
			理科	600	499.0	83%	240.0	40%
信州大学	前期	共通テスト		450	411.3	91%	341.9	76%
		個別		600	559.9	93%	410.4	68%
		総合点		1050	953.9	91%	787.7	75%

大学名	区分			満点	合格最高点		合格最低点	
					得点	得点率	得点	得点率
岐阜大学	前期	共通テスト		900	814.50	91%	非公表	—
		個別		1200	1004.30	84%	非公表	—
		総合点		2100	1765.30	84%	1554.30	74%
浜松医科大学	前期	共通テスト		450	406.8	90%	327.3	73%
		個別		700	非公表	—	非公表	—
		総合点		1150	934.4	81%	789.5	69%
	後期	共通テスト		900	830.5	92%	741.5	82%
		個別		350	非公表	—	非公表	—
		総合点		1250	1115.3	89%	1028.0	82%
名古屋大学	前期			2550	2151	84%	1881	74%
	後期			非公表	非公表	—	非公表	—
三重大学	前期	共通テスト		600	567.67	95%	480.83	72%
		個別		700	581.00	83%	420.00	60%
		総合点		1300	1140.67	88%	925.50	71%
	後期	共通テスト		600	552.17	92%	504.17	84%
		個別		300	272.00	91%	211.00	70%
		総合点		900	804.17	89%	754.83	84%
滋賀医科大学	前期			1200	953.0	79%	772.1	64%
京都大学	前期			1250	1153.37	92%	935.87	75%
大阪大学	前期	共通テスト		500	488.00	98%	406.75	81%
		個別		1500	1367.50	91%	1042.50	70%
		総合点		2000	1813.25	91%	1508.50	75%
神戸大学	前期			810	735.600	91%	650.080	80%
鳥取大学	前期	一般枠		1600	1347.6	84%	1257.8	79%
		地域枠	鳥取県		1322.1	83%	1207.0	75%
			兵庫県		非公表	—	非公表	—
			島根県		1268.9	79%	非公表	—
島根大学	前期	共通テスト		700	656.10	94%	502.10	72%
		個別		460	358.00	78%	250.00	54%
		総合点		1160	979.90	84%	819.40	71%
岡山大学	前期	共通テスト		500	462.1	92%	361.4	72%
		個別		1100	953.5	87%	782.0	71%
		総合点		1600	1396.6	87%	1212.4	76%
広島大学	前期	共通テスト	A(s)配点	900	849	94%	715	79%
			A(em)配点		842	94%	715	79%
			B配点		814	90%	675	75%
		個別	A(s)配点	1800	1673	93%	1449	81%
			A(em)配点		1670	93%	1382	77%
			B配点		1473	82%	1341	75%
		総合点	A(s)配点	2700	2489	92%	2239	83%
			A(em)配点		2430	90%	2210	82%
			B配点		2201	82%	2112	78%

大学名	区分		満点	合格最高点		合格最低点	
				得点	得点率	得点	得点率
山口大学	前期	共通テスト	900	791.0	88%	653.8	73%
		個別	600	503.0	84%	350.0	58%
		総合点	1500	1254.4	84%	1106.0	74%
	後期	共通テスト	900	非公表	—	非公表	—
		個別	500	非公表	—	非公表	—
		総合点	1400	非公表	—	非公表	—
徳島大学	前期	共通テスト	900	832.6	93%	712.1	79%
		個別	400	332.0	83%	224.0	56%
		総合点	1300	1162.6	89%	1009.1	78%
香川大学	前期	共通テスト	700	627.4	90%	521.7	75%
		個別	700	564	81%	423	60%
		総合点	1400	1162.3	83%	1010.3	72%
愛媛大学	前期	共通テスト	450	384.90	86%	310.60	69%
		個別	700	562.97	80%	440.22	63%
		総合点	1150	944.47	82%	795.82	69%
高知大学	前期	共通テスト	900	792.4	88%	655.2	73%
		個別	1000	800.3	80%	574.8	57%
		総合点	1900	1592.7	84%	1327.9	70%
九州大学	前期		1150	1029.00	89%	856.50	74%
佐賀大学	前期	共通テスト	630	586.250	93%	449.800	79%
		個別	300	262.20	87%	193.40	64%
		総合点	930	809.650	87%	728.500	78%
	後期	共通テスト	630	非公表	—	非公表	—
		個別	120	非公表	—	非公表	—
		総合点	750	688.750	92%	628.400	84%
長崎大学	前期	共通テスト	450	非公表	—	非公表	—
		個別	800	非公表	—	非公表	—
		総合点	1250	1047.30	84%	878.95	70%
熊本大学	前期	共通テスト	400	361.20	90%	283.45	71%
		個別	800	712.67	89%	555.33	69%
		総合点	1200	1034.65	86%	908.05	76%
大分大学	前期	一般枠	1000	864.50	86%	723.00	72%
		地元出身者枠		非公表	—	非公表	—
宮崎大学	前期		1500	1209	81%	1053	70%
	後期		1050	937	89%	885	84%
鹿児島大学	前期		1820	1576.00	87%	1396.00	77%
	後期		1220	1088.00	89%	979.00	80%
琉球大学	前期	共通テスト	900	850.0	94%	663.0	74%
		個別	800	688.0	86%	546.0	68%
		総合点	1700	1501.0	88%	1316.0	77%
	後期	共通テスト	1000	909.5	91%	818.0	82%
		個別	300	275.5	92%	159.5	53%
		総合点	1300	1129.0	87%	1049.0	81%
札幌医科大学	前期		1400	1103.8	79%	993.0	71%
福島県立医科大学	前期	共通テスト	650	非公表	—	659.0※	73%
		個別	660	非公表	—	非公表	—
		総合点	1310	非公表	—	895.3	68%

大学名	区分			満点	合格最高点		合格最低点	
					得点	得点率	得点	得点率
横浜市立大学	前期			2400	非公表	—	1685.80	70%
名古屋市立大学	前期	共通テスト		550	493.50	90%	422.00	77%
		個別		1200	非公表	—	非公表	—
		総合点		1750	1375.50	79%	1175.88	67%
京都府立医科大学	前期	共通テスト		450	非公表	—	非公表	—
		個別		600	非公表	—	非公表	—
		総合点		1050	849.5	81%	628.5	65%
大阪公立大学	前期	共通テスト		650	606.75	93%	533.00	82%
		個別		800	696.00	87%	503.00	63%
		総合点		1450	1269.25	88%	1080.25	75%
奈良県立医科大学	前期	共通テスト		450	非公表	—	非公表	—
		個別		450	非公表	—	非公表	—
		総合点		900	775.7	86%	672.2	75%
	後期	共通テスト		300	非公表	—	非公表	—
		個別		900	非公表	—	非公表	—
		総合点		1200	953.5	79%	789.1	66%
和歌山県立医科大学	前期	一般枠	共通テスト	600	非公表	—	非公表	—
			個別	700	非公表	—	非公表	—
			総合点	1300	1013.50	78%	809.63	62%
		県民医療枠A	共通テスト	600	非公表	—	非公表	—
			個別	700	非公表	—	非公表	—
			総合点	1300	940.88	72%	801.38	62%

大学名	区分			満点	合格平均点	
					得点	得点率
東北大学	前期	共通テスト		250	211.36	85%
		個別		950	760.37	80%
		総合点		1200	971.74	81%
群馬大学	前期	一般枠	共通テスト	450	366.13	81%
			個別	450	非公表	—
			総合点	900	626.01	70%
		地域枠	共通テスト	450	375.32	83%
			個別	450	非公表	—
			総合点	900	620.67	69%

※共通テストの換算前900点満点に対する得点。

各大学の共通テスト目標得点率（2024年度）と２次試験の合格最低得点率（2023年度）を、分布図にまとめたものです。
問題の難度が高くなるほど、２次試験の合格最低得点率が低くなります。

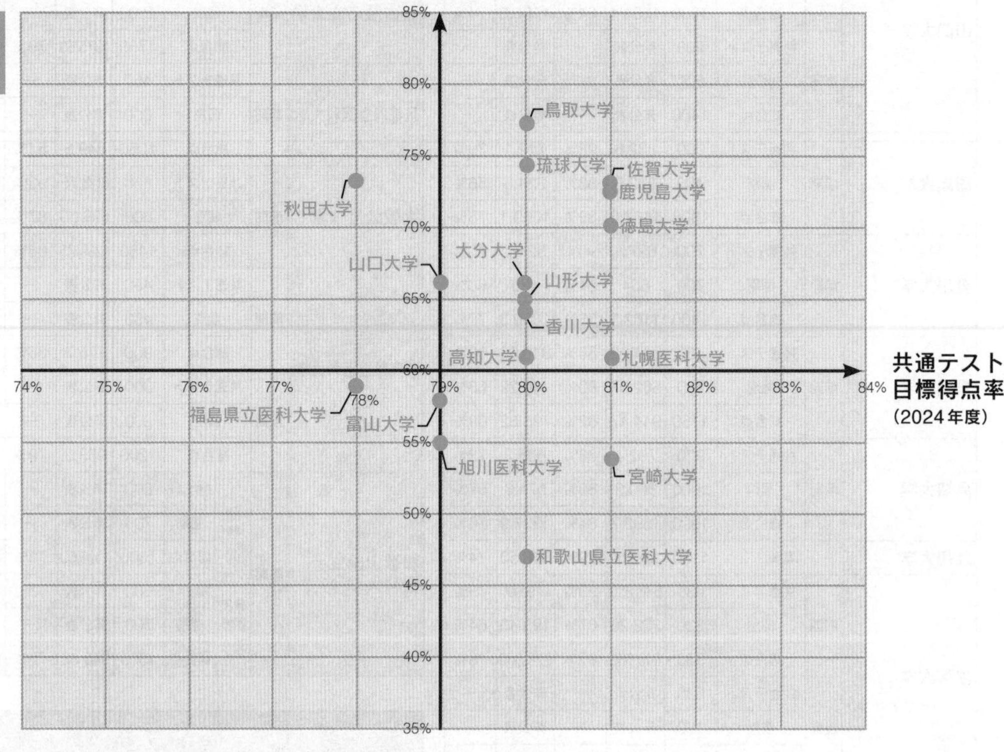

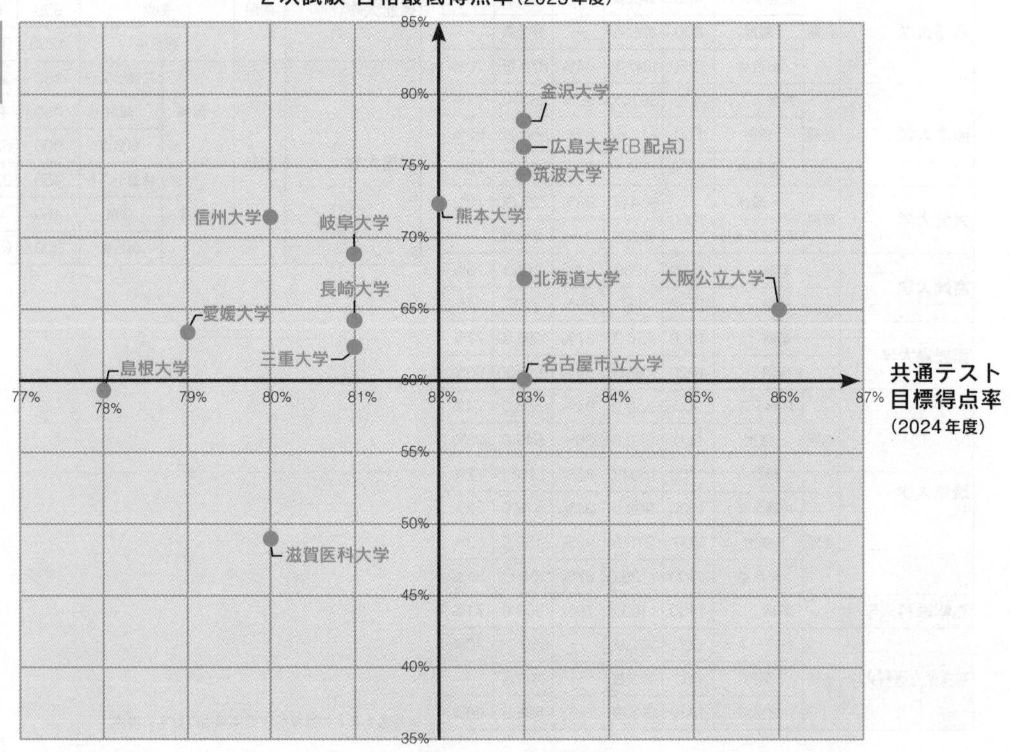

偏差値 67.5以上

2次試験 合格最低得点率(2023年度)

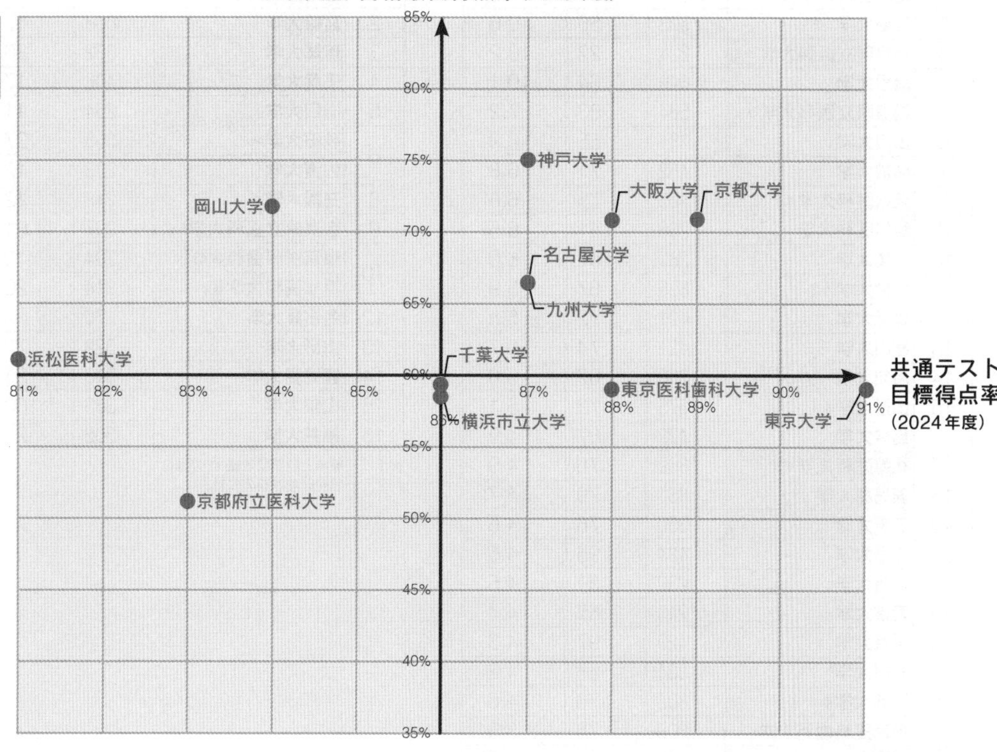

■国立 ■公立

偏差値62.5以下

偏差値	大学名	得点率	2次試験最低得点率
62.5	佐賀大学	81%	72.7%
	鹿児島大学	81%	72.5%
	徳島大学	81%	70.0%
	札幌医科大学	81%	60.9%
	宮崎大学	81%	54.0%
	鳥取大学	80%	76.8%
	琉球大学	80%	74.5%
	大分大学	80%	66.0%
	山形大学	80%	65.0%
	香川大学	80%	64.3%
	高知大学	80%	60.8%
	和歌山県立医科大学	80%	47.1%
	山口大学	79%	65.8%
	富山大学	79%	58.1%
	旭川医科大学	79%	54.9%
	福島県立医科大学	78%	58.8%
60.0	秋田大学	78%	72.7%

偏差値65

偏差値	大学名	得点率	2次試験最低得点率
65	大阪公立大学	86%	65.2%
	金沢大学	83%	77.7%
	広島大学〔B配点〕	83%	75.8%
	筑波大学	83%	74.5%
	北海道大学	83%	67.2%
	名古屋市立大学	83%	59.9%
	熊本大学	82%	72.5%
	岐阜大学	81%	68.8%
	長崎大学	81%	64.3%
	三重大学	81%	62.8%
	信州大学	80%	71.3%
	滋賀医科大学	80%	48.7%
	愛媛大学	79%	62.9%
	島根大学	78%	59.4%

偏差値67.5以上

偏差値	大学名	得点率	2次試験最低得点率
72.5	東京大学	91%	58.5%
	京都大学	89%	71.3%
70.0	大阪大学	88%	71.2%
	東京医科歯科大学	88%	58.8%
67.5	神戸大学	87%	74.9%
	名古屋大学	87%	66.5%
	九州大学	87%	66.4%
	千葉大学	86%	59.6%
	横浜市立大学	86%	59.0%
	岡山大学	84%	72.0%
	京都府立医科大学	83%	51.5%
	浜松医科大学	81%	60.7%

※弘前大学、東北大学、群馬大学、新潟大学、福井大学、山梨大学、奈良県立医科大学については、上記の分布図および表の作成に必要なデータが公表されていないため掲載していません。
※「共通テスト目標得点率」は、「第2回 全統共通テスト模試」の志望動向をもとに河合塾が設定した2024年度一般選抜の「共通テストボーダー得点率」(2023年9月時点)です。
※「2次試験合格最低得点率」は、2023年度入試における各大学の合格最低点〔共通テスト＋2次〕到達に必要な、2次試験の得点率です。
※ボーダー偏差値は「第2回 全統記述模試」をもとに河合塾が設定した2024年度一般選抜の予想ボーダーライン(合格可能性50%ライン／2023年9月時点)です。

国立 公立 2023年度 志願者合格倍率ランキング

前期

順位	大学名	志願者	総合格者	倍率
1	防衛医科大学校	＊5,684	324	17.5
2	岐阜大学	593	56	10.6
3	奈良県立医科大学	224	22	10.2
4	島根大学	649	64	10.1
5	福島県立医科大学※1	594	83	7.2
6	山口大学	381	55	6.9
7	弘前大学	482	71	6.8
8	浜松医科大学※1	495	75	6.6
9	旭川医科大学	266	41	6.5
10	宮崎大学	282	47	6.0
11	大分大学※2	395	67	5.9
12	琉球大学	421	72	5.8
13	富山大学	421	74	5.7
14	高知大学	350	62	5.6
15	山形大学※1	375	73	5.1
16	鳥取大学	422	87	4.9
	札幌医科大学※3	369	76	4.9
18	鹿児島大学	331	70	4.7
19	三重大学	350	76	4.6
20	広島大学	424	95	4.5
	佐賀大学	230	51	4.5
22	愛媛大学	243	55	4.4
23	東京大学	420	97	4.3
24	秋田大学	231	55	4.2
25	群馬大学※4	303	76	4.0
26	東京医科歯科大学	308	78	3.9
	新潟大学	344	89	3.9
28	信州大学	380	100	3.8
	長崎大学	273	72	3.8
	熊本大学	366	97	3.8
31	香川大学	284	79	3.6
32	福井大学	208	59	3.5
	滋賀医科大学	219	62	3.5
	京都府立医科大学	352	101	3.5
35	金沢大学	291	87	3.3
36	北海道大学	291	90	3.2
	千葉大学※1	346	109	3.2
	名古屋市立大学	198	61	3.2
39	横浜市立大学	228	73	3.1
	大阪公立大学	249	80	3.1
41	徳島大学	195	68	2.9
42	東北大学	237	85	2.8
	筑波大学※1	179	65	2.8
	岡山大学	270	97	2.8
45	名古屋大学※1	250	94	2.7
	京都大学	287	108	2.7
	神戸大学	256	94	2.7
48	和歌山県立医科大学※5	194	76	2.6
49	大阪大学	235	94	2.5
	九州大学	269	108	2.5

＊　受験者数のみの人数。
※1　一般枠と地域枠の合計。
※2　一般枠と地元出身者枠の合計。
※3　一般枠と先進研修連携枠の合計。
※4　一般枠と地域医療枠の合計。
※5　一般枠と県民医療枠の合計。

後期

順位	大学名	志願者	総合格者	倍率
1	旭川医科大学	534	10	53.4
2	宮崎大学	868	17	51.1
3	琉球大学	682	26	26.2
4	千葉大学	406	17	23.9
5	山口大学	254	11	23.1
6	秋田大学※1	503	27	18.6
	佐賀大学	223	12	18.6
8	三重大学	212	12	17.7
9	奈良県立医科大学	997	61	16.3
10	東京医科歯科大学	204	13	15.7
	浜松医科大学※2	314	20	15.7
12	名古屋大学	76	5	15.2
13	山形大学	329	22	15.0
14	鹿児島大学	313	21	14.9
15	山梨大学	1,333	103	12.9
16	福井大学	302	26	11.6

※1　一般枠と秋田県地域枠の合計。
※2　一般枠と地域枠の合計。

2024年度 出題に特徴のある大学［一般選抜］

＊2023年9月初旬現在の情報です。これ以降に追加・変更される場合があります。
＊コロナ禍の影響による高校授業の進度の遅れを考慮した出題範囲の変更や「発展的内容」の出題については、各大学の募集要項などでご確認ください。

私立大学

＜学校別＞

大　学	学科試験科目
岩手医科大学	英語と数学を合わせて 120 分で解答
昭和大学	英語（必須）と数学または国語［現代文］を合わせて 140 分で解答
帝京大学	英語（必須）、数学［ⅠⅡ ABのみ］・化学・生物・物理・国語［古文・漢文を除く］→ 2 科目 ※数学・化学・生物・物理・国語から 2 科目選択して 120 分で解答
日本大学	[N 方式] １次試験：英語・数学・理科２科目 ２次試験：英語・数学（記述式）、面接 (同一試験日、同一問題で複数の学部（学科）を併願することができる)

※「化学」は、化学基礎・化学、「生物」は、生物基礎・生物、「物理」は、物理基礎・物理。
※「数学」は、数学ⅠⅡ ABを出題範囲とする。

＜科目別＞

科目・範囲	大　学
数学の出題範囲に「数学Ⅲ」なし	帝京大学、東海大学、金沢医科大学（後期)、近畿大学
「理科」なし	金沢医科大学（後期)
「理科」が１科目	東海大学、兵庫医科大学（一般 B 高大接続型)
小論文なし	岩手医科大学、東北医科薬科大学（共テ)、自治医科大学、昭和大学（Ⅱ期)、東邦大学、 日本大学（N1 期／ N2 期)、愛知医科大学（共テ前期／共テ後期／共テ（B 方式・地域特別枠))、 藤田医科大学（一般／共テ前期／共テ後期)、 関西医科大学（一般／共テ前期／共テ後期／共テ・一般併用)、福岡大学（共テ)

※「共テ」は、大学入学共通テスト利用日程。
※帝京大学は、選択科目によっては、理科を１科目もしくは選択なしに受験が可能。

国公立大学［前期日程］

＜科目別＞

科目・範囲	大　学
大学入学共通テストで化学・物理を指定	名古屋市立大学、佐賀大学
個別試験で化学・物理を指定	群馬大学、名古屋市立大学、金沢大学、愛媛大学、九州大学、佐賀大学
個別試験で物理を指定	北海道大学（物理必須、化学・生物→ 1)
個別試験で理科なし	旭川医科大学、弘前大学、秋田大学、島根大学、徳島大学
個別試験で学科試験なし	奈良県立医科大学（小論文、面接)
個別試験で国語を課す	東京大学（国総・国表)、名古屋大学（国総・現 B［古文・漢文を除く])、 京都大学（国総・現 B・古 B)
個別試験で総合問題を課す	弘前大学、愛媛大学
個別試験で小論文を課す	群馬大学、横浜市立大学、京都府立医科大学、奈良県立医科大学

2024年度 学校推薦型選抜 実施大学

	大学名	区分	募集人員	受験資格		選考方法	入試日程			
				現既	成績		出願期間	選考日	合格発表	手続締切
国立大学	旭川医科大学	道北・道東特別選抜※1	10	1浪	4.3	書、面、課、共テ(5・7)	11/1~11/6	11/25	2/8	2/15
	秋田大学	一般枠	20	現役	A 4.3	書、面、小、共テ(5・7)	12/13~12/19	1/18・19(19は地域枠のみ)	2/9	2/16
		秋田県地域枠※2	20程度	1浪						
		全国地域枠	5程度							
	山形大学	一般	25*	現役	A	書、面、共テ(5・7)	11/1~11/7	11/15	2/9	2/19
		地域枠※3	5*							
	筑波大学	一般	44	現役	A	書、面、小、適	11/1~11/8	11/29・30	12/13	12/21
		茨城県地域枠※4	18*	1浪						
	群馬大学	一般枠※5	25	現役	Ⓐ A	書、面、小、共テ(5・7)	11/1~11/7	11/18・19	2/13	2/19
		地域医療枠※5、6	12*							
	東京大学	一般	3程度	不問	要確認	書、資料、面、共テ(5・7)	11/1~11/7	①書 ②12/9	①12/1 ②2/13	2/19
	東京医科歯科大学	地域特別枠(茨城県)※7	5以内※8	1浪	A	書、小、面、共テ(5・7)	11/1~11/6	①書(↑2) ②11/27・29	①11/13 ②12/15 最終:2/9以降	2/19
		地域特別枠(長野県)※9	5以内	2浪						
		地域特別枠(埼玉県)	5以内	1浪						
		特別選抜Ⅰ	5	現役	4.7			①書(↑4) ②11/27・28		
	新潟大学	一般	20*	現役	Ⓐ A	書、面、共テ(5・7)	11月(予定)	12月(予定)	2/9	未定
		地域枠※10	40*	3浪						
	富山大学	地域枠※11	15以内	現役	−	書、面、小、共テ(5・7)	11/20~11/27	12/18	2/9	2/19
	金沢大学	一般枠	15	現役	A	書、口(面)、 課、共テ(5・7)	12/18~12/22	①書、共テ(↑2) ②2/10	①2/7 ②2/13	2/19
		特別枠(石川県)	10*	現役	A					
		特別枠(富山県)	12*							
	福井大学	全国枠	10	1浪	Ⓐ A	書、面、共テ(5・7)	12/11~12/15	①共テ(↑3) ②2/10	①2/6②2/13	2/19
		地元出身者枠※12	10程度							
		地域(福井健康推進枠)※13	10程度*							
	山梨大学	地域枠※14	35以内*	1浪	Ⓐ A	書、面、共テ(5・7)	12/13~12/21	①書、共テ(↑1.5) ②2/9	①2/6 ②2/13	2/19
	信州大学	長野県地元出身者枠※15	13	1浪	Ⓐ A	書、面、共テ(5・7)	11/15~11/21	12/1	2/8	2/16
		全国募集地域枠※16	22*							
	岐阜大学	一般枠	27	1浪	A	書、面、小、共テ(5・7)	1/16~1/19	1/25・26	2/9	未定
		地域枠(岐阜県コース、地域医療コース)※17	28*							
	浜松医科大学	一般枠	17※18	現役	A 4.3	書、面、小、適、共テ(5・7)	11/13~11/22	2/3・4	2/13	2/19
		地域枠	8※18							
	名古屋大学	一般	12*	現役	Ⓐ A	書、面、共テ(5・7)、課(和・英)	1/16~1/19	①書、共テ②2/9	①2/7 ②2/13	2/19
	三重大学	一般	10程度	1浪	Ⓐ A	書、面、小、共テ(5・7)	12/13~12/18	①書、共テ(↑2) ②2/9・10	①2/6 ②2/13	2/19
		地域枠A※19	25程度*							
		地域枠B※20	5程度*							
	滋賀医科大学	一般枠	26	1浪	A	書、面、小、共テ(5・7)	11/1~11/8	12/16	2/13	2/19
		地元医療枠※21	9							
	京都大学	一般(特色入試)	5	現役	要確認	書、面、口、共テ(5・7)	11/1~11/8	①書 ②12/9・10	①11/28 ②1/19	2/19
	大阪大学	一般	5程度	1浪	4.3	書、面、小、共テ(5・7)	11/1~11/8	①書、共テ②2/10・11	①2/7 ②2/13	2月中旬(予定)
	神戸大学	地域特別枠※22	10	1浪	4.3	書、面、口、共テ(5・7)	1/9~1/17	①書、共テ(↑2) ②2/9	①2/6 ②2/13(予定)	2月(未定)
	鳥取大学	一般枠	15	現役	A	書、面、共テ(5・7)	11/2~11/9	12/2	2/9	2/16
		地域枠※23	5	2浪	−					
		特別養成枠※24	6*							
	島根大学	一般枠	25以内	1浪	4.3	書、面、小、共テ(5・7)	11/1~11/6	①書(↑4) ②12/2	①11/13 ②2/13	2/19
		地域枠※25	10以内		4.1			12/2・3	2/13	
		緊急医師確保対策枠※26	9以内*※27					12/2		
	岡山大学	地域枠(岡山)※28	4*	2浪	要確認	書、面、共テ(5・7)	12月中旬~下旬	1/20※29	2/9	未定
		地域枠(鳥取)※28	1*	2浪		書、面、共テ(5・7)		1/20		
		地域枠(広島)※28	2*	2浪		書、面、共テ(5・7)		1/20・21		
		地域枠(兵庫)※28	2*							
	広島大学	ふるさと枠※30	18*	1浪	4.3	書、面、共テ(5・7)	12/4~12/8	12/23・24	2/13	2/19
	山口大学	全国枠	5	現役	Ⓐ A	書、面、小、共テ(5・7)	12/12~12/18	1/18	2/13	未定
		地域枠※31	22以内							
		特別枠※32(緊急医師確保対策枠)	5以内	2浪	−					
		特別枠※32(地域医療再生枠)	10以内							
		特別枠(重点医師確保対策枠)	2以内	要確認	要確認	未定	未定	未定	未定	未定
	徳島大学	一般枠	25*	1浪	4.3	書、面、共テ(5・7)	1/16~1/19	①書、共テ ②2/11	①2/7 ②2/13	2/19
		地域枠※33	17*※34			書、面(集・個)、共テ(5・7)				
	香川大学	一般枠	12	1浪	A	書、面、小(Ⅰ・Ⅱ)、共テ(5・7)	11/1~11/8	11/25	2/13	2/19
		県内高校出身枠※35	13程度							
		地域枠※35	5*							
	愛媛大学	推薦A(学校推薦)	25	現役	A	書、面、総、共テ(5・7)	11/1~11/7	①11/25・26 ②共テ	①12/8 ②2/9	2/19
		推薦B(地域特別枠)※36	20*	1浪	−	書、面、奨学金受給の確認結果、総、共テ(5・7)				
	高知大学	四国・瀬戸内地域枠※37	20以内*	1浪	4.3	書、面、共テ(5・7)	11/20~11/27	12/13~15のうちの1日	2/13	2/19
	佐賀大学	一般枠	20	現役	A	書、面、小、共テ(5・7)	11/1~11/7	①書 ②11/25	2/13	2/19
		佐賀県枠※38	18*	1浪						
		長崎県枠※39	1*							
		佐賀県推薦入学	4	2浪			1次10/23~11/2 2次11/15~20	①11/11・12 ②11/25	①11/14 ②2/13	
	長崎大学	長崎医療枠※39	15	1浪	Ⓐ A	書、面、共テ(5・7)	12/11~12/19	1/19	2/13	2/19
		地域医療特別枠※39、40	未定(15*)	1浪	Ⓐ A	書、面、小、共テ(5・7)				
		佐賀県枠※41	未定(2*)	1浪	Ⓐ A	書、面、共テ(5・7)				
		宮崎県枠※42	未定(2*)	1浪	Ⓐ A					
		研究医枠	未定(5*)	1浪	Ⓐ A	書、面(、英面)、共テ(5・7)				

	大学名	区分	募集人員	受験資格		選考方法	入試日程			
				現既	成績		出願期間	選考日	合格発表	手続締切
国立大学	熊本大学	一般枠	5	現役	4.0	書、面、小、共テ(5・7)	1/15～1/19	2/3	2/8	2/16
		みらい医療枠※43	10		－					
		地域枠※43	8	2浪	4.0	書、面、共テ(5・7)				
	宮崎大学	地域枠A※44	10	現役	Ⓐ　A	書、筆、面、共テ(5・7)	1次11/1～11/6 2次12/1～12/5	①11/14 ②12/20	①11/29 ②2/9	2/19
		地域枠B※45	15	2浪						
		地域枠C	15							
	鹿児島大学	地域枠※46	20＊	浪人可	A	書、面、共テ(5・7)	1/16～1/18	2/3	2/13	2/19
	琉球大学	地域枠※47	14程度＊	1浪	4.3	書、面、小、共テ(5・7)	11/1～11/4	12/6	2/9	2/19
		離島・北部枠※48	3程度＊							
公立大学	札幌医科大学	先進研修連携枠※49	20	現役	Ⓐ　A	書、面、総、共テ(5・7)	11/20～11/24	①書(↑3) ②2/1	①1/5 ②2/13	未定
		特別枠※49	15	1浪		書、面(個・集)、総、共テ(5・7)				
	福島県立医科大学	A枠(県内)※50	25程度	現役	－	書、面、総、共テ(5・7)	12/15～12/21	2/3	2/13	2/19
		A枠(県内)※50	10程度	1浪のみ						
		B枠(県外)	15以内＊	1浪						
	横浜市立大学	特別公募制学校推薦	19※51＊	現役	Ⓐ　4.3	書、面、共テ(5・7)	11/1～11/6	①書 ②12/2 ③共テ	①11/14 ②12/19 ③2/13	2/19
	名古屋市立大学	名古屋市高大接続型※52	3	1浪	－	書、面、口、共テ(5・7)	1/4～1/19	①共テ ②2/11	①未定 ②2/13	未定
		中部圏活躍型※53	27					①共テ(↑2) ②2/11		
		地域枠※54	7＊	2浪		書、面、共テ(5・7)		①共テ(↑4) ②2/11		
	京都府立医科大学	地域枠※55	7	4浪	Ⓐ　A	書、面、共テ(5・7)	1/17～1/31	①共テ(↑3) ②2/10	①2/6 ②2/13	2/19
	大阪公立大学	地域医療枠※56	10	現役	4.3	書、面、小、共テ(5・7)	11/1～11/6	①書、共テ(↑2) ②2/9	①2/7 ②2/13	2/19
	奈良県立医科大学	緊急医師確保枠	13	2浪	－	書、面、学科(数、英、理)、共テ(5・7)	12/13～12/15	2/3・4	2/13(予定)	未定
		地域枠※57	25							
	和歌山県立医科大学	一般枠(県内)※58	6程度	1浪	A　4.3	書、面、共テ(5・7)	12/11～12/18	①共テ ②2/10か2/11	①2/6 ②2/13	未定
		県民医療枠A	5程度							
		県民医療枠B	3以内							
		地域医療枠(県内)※58	10							

＊ 募集人員は申請中、または申請予定で変更の可能性があります。

※1　生まれ育った地域が、北海道の上川中部を除く道北、道東ならびに北空知および中空知に該当する者。生まれ育った地域とは、志願者が小学校、中学校または高等学校のいずれかにおいて教育を受けた経験のある地域で、かつ父母等が2023年11月1日現在で継続して3年以上居住している地域をいう。
※2　秋田県内の高等学校等を卒業または卒業見込みの者。
※3　山形県内の高等学校を2024年3月卒業見込みの者。
※4　茨城県内の高等学校等を卒業見込みまたは卒業後1年以内の者、または保護者が茨城県内に3年以上移住している者で、茨城県外の高等学校等を卒業見込みまたは卒業1年以内の者。
※5　履修科目によって国際バカロレア・ディプロマ・プログラム認定校出身者も応募できる。
※6　群馬県内の高等学校または中等教育学校を卒業見込みの者。または出願時の住所が群馬県内にある者、出願時に父母・祖父母・配偶者のうち、いずれかの者の住所が群馬県内にある者、出願時の本籍が群馬県内にある者。
※7　茨城県内対象の出願者は、茨城県内の高等学校等を卒業見込みまたは卒業後1年以内の者、または保護者が茨城県に居住している者で、茨城県外の高等学校等を卒業見込みまたは卒業1年以内の者。かつ全国対象の出願者とともに「2024年度茨城県地域医療医師修学資金貸与制度」に応募している者が対象。
※8　内訳は茨城県内対象2名、全国対象3名。
※9　「令和6年度長野県医学生修学資金貸与制度」への応募を確約した者。
※10　募集人員40名(予定)のうち、22名(予定)は新潟県内の高等学校を卒業または卒業見込みの者。
※11　富山県内の高等学校等を卒業見込みの者。
※12　福井県内の高等学校もしくは中等教育学校を卒業、または卒業見込みの者。福井県外の高等学校もしくは中等教育学校の場合、保護者が2021年4月1日時点から出願時までの全期間に福井県内に在住している者。
※13　福井県へ奨学金受給意向調査書の提出が必要。
※14　山梨県内の高等学校を卒業または卒業見込みの者。山梨県医師修学資金の利用を確約できる者。
※15　長野県内の高等学校を卒業または卒業見込みの者。
※16　長野県医学生修学資金の貸与を受けることを確約する者。
※17　岐阜県内の高等学校(中等教育学校等を含む)を卒業または卒業見込みの者。他県の高等学校の場合、在学期間中の3年間岐阜県内に居住し、居住地から通学していること。併せて地域医療コースは対象の市町村出身者で、かつ当該市町村長の推薦を受けた者。
※18　海外教育プログラム特別入試若干名を含む。
※19　三重県内の高等学校もしくは中等教育学校を卒業あるいは、卒業見込みの者。三重県外の場合は出願時、扶養者が3年以上、三重県内に居住している者。
※20　出願時、扶養者が3年以上対象とする市・町(募集要項確認)に居住している者。対象とする市・町長と三重大学医学部が指定する病院の病院長とが共同で行う面接を受け、対象とする市・町長の推薦を受けた者。
※21　滋賀県内の高等学校を卒業または卒業見込みの者。また、本人または保護者等が2024年4月1日の1年前より引き続き滋賀県内に住所を有する者。
※22　兵庫県内に所在する高等学校または中等教育学校を卒業または卒業見込みの者。兵庫県外の場合、出願時において本人または保護者のいずれかが3年以上兵庫県に在住している者。
※23　鳥取県内の高等学校等を卒業または卒業見込みの者。
※24　鳥取県から「鳥取県緊急医師確保対策奨学金の予約奨学生」の決定を受けている者が対象。
※25　生まれ育った地域が島根県内のへき地等(要確認)に該当し、へき地の医療機関および社会福祉施設で適性評価を受け、市町村長等による面接を受けた者。
※26　島根県内の医療機関で適性評価を受け、島根県の担当者による面接を受けること。併せて島根県内枠は島根県内の高等学校を卒業または卒業見込みの者。
※27　うち島根県内枠5名以内。
※28　それぞれ志望する県内の高等学校を卒業または卒業見込みの者。もしくはその本人または保護者が志望する県内に居住している者。
※29　大学が実施する面接終了後(同日)に、岡山県による面接がある。
※30　広島県内の高等学校または中等教育学校を卒業及び卒業見込みの者。
※31　山口県内の高等学校を卒業見込みの者。または山口県外の高等学校を卒業見込みの者のうち、出願時において山口県内に3年以上継続して在住する保護者を有する者。
※32　山口県内の高等学校を卒業または卒業見込みの者。または山口県外の高等学校を卒業または卒業見込みの者のうち、出願時において山口県内に3年以上継続して在住する保護者を有する者。
※33　徳島県が実施する面接を受け、徳島県から推薦状を受けた者が対象。
※34　うち地域特別枠12名以内。
※35　香川県内の高等学校を卒業または卒業見込みの者。
※36　愛媛県内の高等学校等を卒業または卒業見込みの者。
※37　四国・瀬戸内地域(四国4県、兵庫県、岡山県、広島県、山口県)の高等学校を卒業または卒業見込みの者。
※38　佐賀県内の高等学校を卒業または卒業見込みの者。佐賀県外の高等学校の場合、佐賀県内の小・中学校のいずれかを卒業し、保護者が佐賀県内に2023年10月1日現在で3年以上継続して在住している者。
※39　長崎県内の小学校または中学校を卒業した者。または長崎県内の高等学校等を卒業または卒業見込みの者。
※40　長崎県の推薦がある者で、長崎県医学修学資金の貸与等を確約できる者。
※41　佐賀県内の高等学校等を卒業及び卒業見込みの者。
※42　宮崎県の推薦がある者。かつ宮崎県内の小学校、中学校等を卒業した者または、高等学校(または中等教育学校)を卒業または卒業見込みの者。
※43　熊本県外の高等学校の場合、出願時において保護者が3年以上継続して熊本県内に在住している者が対象。
※44　宮崎県内の高等学校を卒業見込みの者。
※45　宮崎県内の高等学校を卒業または卒業見込みの者。
※46　鹿児島県内の高等学校等を卒業見込み・卒業した者に限る。
※47　沖縄県に居住し、沖縄県の高等学校等を卒業および卒業見込みの者。
※48　沖縄県に居住し、沖縄県内離島地域ならびに沖縄県本島北部地域に所在する高等学校等を卒業または卒業見込みの者。
※49　北海道内に所在する高等学校または中等教育学校を卒業見込みの者のうち(特別枠は卒業・卒業見込みの者)、最終学年を含む3年以上継続して道内に在住する者。
※50　県内現役は、福島県内の高等学校を卒業見込みの者。県内既卒は、福島県内の高等学校を2023年3月に卒業した者。
※51　内訳は県内12名(地域医療枠10名、神奈川県指定診療科枠2名)、県外7名(地域医療枠6名、神奈川県指定診療科枠1名)。
※52　名古屋市立高等学校を卒業または卒業見込みの者。
※53　中部圏(愛知県、岐阜県、三重県、静岡県、長野県、福井県、石川県、富山県、滋賀県)の高等学校(中等教育学校)を卒業または卒業見込みの者。中部圏外であっても、本学卒業後6年間は中部圏内に居住する意思があることを確認書により本学が認めた者。
※54　愛知県内の高等学校を卒業または卒業見込みの者、または愛知県外の場合、出願時に愛知県内に保護者が引き続き3年以上居住している者。
※55　京都府内の高等学校もしくは中等教育学校を卒業または卒業見込みの者。府外の場合、高等学校等を卒業前1年以上引き続き京都府内に住所を有する者、または保護者が2023年4月1日以前から引き続き京都府内に住所を有する者。
※56　志願者または保護者が2021年4月1日以前から引き続き大阪府内に現住所を有する者、または大阪府内にある高等学校等を卒業見込みの者。
※57　奈良県内の高等学校を卒業または卒業見込みの者。または本人、一親等の親族等が出願開始の日の1年前から引き続き奈良県内に住所を有している者。
※58　和歌山県内の高等学校を卒業または卒業見込みの者。または県外の場合は、出願時に扶養義務者が引き続き3年以上和歌山県内に居住している者。

表の見方

■区分　●地域枠の名称は大学によって異なる場合があります。
●一般枠以外は、受験できる地域の条件が大学によって異なるため、募集要項を確認してください。

■募集人員　●募集人員は、臨時定員増の終了に伴い、変更する場合があるため、募集要項を確認してください。

■受験資格　●「現浪」は、現役＝現役のみ可、1浪＝1浪まで可といった、制限を示します。
●「成績」は、評定平均値(数値)または成績概評(Ⓐ、A～Eの段階評価)の必要条件を示します。制限・条件のない場合は「－」としています。
●高校での履修科目を指定されている場合があるので、募集要項を確認してください。

■出願期間　●記載のものは、郵送での受付期間です。大学によっては、インターネットで出願登録が必要な場合もあるので、募集要項を確認してください。

■手続締切　●必着の場合と消印有効の場合があるので、募集要項を確認してください。

【選考方法欄の略称】

書：調査書、推薦書、志望理由書などの各種書類　面：個人面接、集団面接、集団討論、プレゼンテーション、MMIなど　小：小論文　筆：筆記試験、筆記による面接資料の作成など　適：適性検査、基礎適性検査、学習能力適性検査、総合適性検査など　課：課題作文、課題論文、大学独自のプログラム課題など　口：口述試験　総：総合問題　共テ：大学入学共通テスト　※教科・科目数を(5・7)のように示しています

【選考日欄の略称】

書：書類選考　共テ：大学入学共通テストによる選考
※募集人員に対する志願者数が、規定の割合を超えたときのみ1次選考が行われる場合(予定を含む)は、その規定倍数を(↑3)のように、カッコ内の↑の右に記しています。

国立 公立 2024年度 総合型選抜 編入学試験 実施大学

総合型選抜

	大学名	募集人員	受験資格		選考方法	
			現既	成績	1次	2次
国立大学	旭川医科大学	国際医療人特別選抜 5	1浪	4.3	書	課、面、共テ(5・7)
		北海道特別選抜 32※1	1浪	4.0	書、課、面、共テ(5・7)	―
	北海道大学	フロンティア Type Ⅰ 5	現役	A	書、コンピテンシー評価	面、課、共テ(5・7、合格基準点765点)、コンピテンシー評価
	弘前大学	42※2	1浪	4.3	書、面、ケーススタディの自学自習、共テ(5・7)※3	
	東北大学	Ⅱ期 15	現役	A	書、筆記試験	小、面
		Ⅲ期 12	1浪	―	書、共テ(5・7)	面、筆記試験
	筑波大学	研究型人材(若干名)	―	要件あり	書(研究レポート)	面、口、適(筆記試験) 【3次】共テ(5・7)
	富山大学	富山県一般枠 10※5	1浪	―	書、小、面、共テ(5・7)	
		富山県特別枠 10予定※5、6	1浪	―		
	金沢大学	特別枠(地元育成枠)2※7	2浪	要件あり	書、高大接続プログラム課題、共テ(5・7)	口
	神戸大学	10	現役	―	共テ(5・7)	面、口、書
	広島大学	総合型選抜Ⅱ 5	1浪	要件あり	書	面、小、共テ(5・7)(合格基準点720点)
		国際バカロレア入試 5	―	要件あり	書、面	―
	徳島大学	四国研究医型 8※8	1浪	4.3	書	面、討論【3次】共テ(5・7)
	愛媛大学	総合型選抜Ⅱ 10※9	3浪	―	書、共テ(5・7)、総、面	
	高知大学	総合型選抜Ⅰ 30以内	1浪※10	4.3	書、小、総(Ⅰ・Ⅱ)	面、態度・習慣領域評価
		国際バカロレア選抜(若干名)	―	要件あり	書、面	―
	大分大学	一般枠 22	2浪	AⒶ	共テ(5・7)	面(個、グループディスカッション)、書
		地域枠 13※11	2浪	AⒶ		面(個、グループディスカッション)、書、課
公立大学	福島県立医科大学	5以内	現役	A	総(Ⅰ・Ⅱ)	書、面
	大阪公立大学	5	1浪	4.3	書、共テ(5・7)	面、口述試験

編入学試験

	大学名	募集人員	編入年度	編入年次	受験資格・制限		選考方法		
					2024.3	必須単位	1次	2次	3次
国立大学	旭川医科大学	10(地5※1)※2	2024	2年次	●※3	―	生命科学、英	面(個人)	―
	北海道大学	5	2024	2年次	●	※4	生命科学総合問題	課、面	―
	弘前大学	20	2024	2年次	●※3	―	基礎自然科学・数、TOEFL iBTスコア	面(個人)	―
	秋田大学	5	2024	2年次	●	―	書	生命科学、小、面	―
	筑波大学	5	2024	2年次	●※5	―	書、英・数領域問題、化・生領域問題、適、面	―	―
	群馬大学	15	2024	2年次	●※3	○※6	書、小Ⅰ、小Ⅱ	面 等	―
	東京医科歯科大学	5	2024	2年次	●	※7	自然科学総合問題(英語による出題の場合もある)	面	―
	富山大学	5	2024	2年次	●	―	総合試験、課	面、口頭発表	―
	金沢大学	5(地3※8)	2024	2年次	●	―	書	生命科学、TOEFL iBTスコア	口(個人)、口(グループ)
	福井大学	5	2024	2年次	●※3	―	書、自然科学総合(生命科学も含む)	面	―
	浜松医科大学	5	2024	2年次	●	―	生命科学、英	小、面(個人)	―
	名古屋大学	4	2024	2年次	●	―	英、生命科学を中心とする自然科学	小、面	―
	滋賀医科大学	15	2024	2年次	●※3	―	書、総(生、物、化、統計学)、英	小Ⅰ・Ⅱ、面(個人)	―
	大阪大学	10	2024	2年次	●※3	―	物、化、英、生命科学	小、面	―
	神戸大学	5	2024	2年次	●	―	書、総(生命科学、英)	口	―
	鳥取大学	5※9	2024	2年次	●※3	―	書、課、基礎科学、英、面	―	―
	島根大学	5(地2以内※10)	2024	2年次	●	※11	書、英、自然科学総合問題	面	―
		5(地2以内※10)		3年次	●	※11、12			
	岡山大学	5	2024	2年次	●	○※13、14	書	生物学、面	―
	山口大学	10(地3以内※15)	2024	2年次	●※3	―	自然科学(主に生物学)、小	面	―
	香川大学	5	2024	2年次	●※3	※11	自然科学総合問題(物、化、生)、TOEICスコア	書、面	―
	愛媛大学	5	2024	2年次	●※3	※11	自然科学総合問題(生命科学、物、化、分子細胞生物学)	面(個人)	―
	高知大学	5	2024	2年次	●※5、16	―	総(数、物、化、生)、英語資格・検定の成績	面、グループワーク	―
	長崎大学	5	2024	2年次	●	※17	生命科学系科目、英	書、小、面	―
	大分大学	10	2024	2年次	●※5	―	書	総(生命科学)、英	面(個人)、グループディスカッション、発表
	鹿児島大学	10	2024	2年次	●	―	学力試験Ⅰ(英、国)・Ⅱ(理)	面(個人)	―
	琉球大学	5	2024	2年次	●	※18	生命科学総合試験Ⅰ・Ⅱ	小、面(個人)	―

出願期間	選考日			合格発表			手続締切
	1次	2次	3次	1次	2次		
9/28〜10/4	書	11/25		10/30	2/8		2/15
9/28〜10/4	10/28	−		2/8	−		2/15
9/14〜9/20	書	11/19		11/6	12/7	2/13	2/19
㋑9/19〜9/28 (郵)9/22〜9/28	10/28・29	−		2/7	−		2/19
㋑10/6〜10/19 (郵)10/13〜10/19	11/4	11/18		11/10	11/24		12/14
1/18〜1/22	※4	2/10		2/6	2/12		2/19
㋑8/24〜9/6 (郵)9/1〜9/6	書	10/10〜24のうちいずれか1日	1/13・14	10/2	11/1	2/9	2/16
11/20〜11/27	12/18	−		2/9	−		2/19
12/18〜12/22	書	2/10		2/7	2/13		2/19
1/9〜1/17	共テ(↑2)	2/9		2/6	2/13		2月未定
10/1〜10/6	書	11/18・19		11/1	2/13		2/19
10/1〜10/6	10/20	−		−	12/1		2/19
10/20〜10/27	書	11/25	1/13・14	11/17	12/15	2/13	2/19
㋑10/18〜11/7 (郵)11/1〜11/7	11/25・26	−		2/9	−		2/19
㋑8/17〜9/7 (郵)9/1〜9/7	9/16(↑2)	10/31〜11/3・11/7〜10のうちの2日間		10/19	11/16		11/29
11/20〜11/27	12/15	−		2/13	−		2/19
11/1〜11/7	共テ(↑2.5)	2/11		2/6	2/13		2/19
9/15~9/22	10/21(↑3)	11/18		11/2	11/24		12/1
㋑1/12〜1/17 (郵)1/15〜1/17	書、共テ(↑3)	2/9		2/7	2/13		2/19

＊実施大学、募集人員等は変更の可能性があります。大学ホームページ等で必ず確認してください。

※1　北海道に所在する高等学校または中等教育学校の卒業者、および2024年3月までに卒業見込みの者。
※2　内訳は青森県内枠27名、北海道・東北枠15名(いずれも認可申請予定)。青森県内枠は青森県、北海道・東北枠は北海道、岩手県、宮城県、秋田県、山形県、福島県に所在する高等学校または中等教育学校を卒業、および2024年3月までに卒業見込みの者。
※3　1次と2次の2段階選抜ではなく、個人面接およびケーススタディの自学自習での評価、共通テストの得点を総合して合否を判定する。
※4　志願者数が募集人員を大幅に上回る場合、1次選考を行うことがある。
※5　富山県に所在する高等学校等の卒業および卒業見込みの者または高等専門学校の3年次修了者および2024年3月までに卒業見込みの者、または出願時に富山県在住で2022年4月以降に高等学校卒業程度認定試験に合格した者。
※6　富山県地域医療確保修学資金を受給し、富山県内で診療に従事することを確約できる者。
※7　石川県、富山県、福井県に所在する諸学校(小学校、中学校、高等学校などのうち1校以上)の卒業者(高等専門学校は3年次修了者)、および2024年3月までに卒業(修了)見込みの者。
※8　それぞれ徳島県、香川県、愛媛県、高知県に所在する高等学校の卒業者、および2024年3月までに卒業(修了)見込みの者で、目安として各県2名ずつ。
※9　愛媛県に所在する高等学校の卒業者、および2024年3月までに卒業見込みの者。
※10　過去に本選抜の受験経験がある者は出願不可。ただし1次選抜で不合格となった者は出願可。
※11　大分県に所在する小学校または中学校の卒業者で、高等学校(所在地を問わず)の卒業者および2024年3月までに卒業見込みの者。

【出願期間の略称】
㋑：インターネットでの出願登録期間　(郵)：郵便（書類）での出願期間
※出願時㋑および(郵)の両方の手続きが必要という意味。
【選考方法欄の略称】
書：調査書、推薦書、志望理由書、成績評価書などの各種書類
面：個人面接、集団面接、集団討論、MMI 式面接、プレゼンテーションなど
小：小論文、小作文など
適：適性検査、基礎適性検査、学習能力適性検査、総合適性検査など
課：課題作文、課題小論文、課題論文など
口：口述試験・口頭試問
総：総合問題
共テ：大学入学共通テスト　※教科・科目数を（5・7）のように示しています。
【選考日欄の略称】
書：書類選考　　共テ：大学入学共通テストによる選考
※募集人員に対する志願者数が、規定の割合を超えたときのみ１次選考が行われる場合（予定を含む）は、その規程倍数を（↑3）というふうに、カッコ内の↑の右に記しています。

出願期間	選考日			合格発表			手続締切
	1次	2次	3次	1次	2次	3次	
2023/7/26〜8/3	8/26	10/1	−	9/4	10/12	−	10/19
2023/7/18〜7/26	8/20	10/1	−	9/7	11/16	−	1/19
2023/10/27〜11/2	11/26	12/17	−	12/8	1/24	−	2/5
2023/9/7〜9/15	書	11/23・24	−	10/16	12/18	−	12/27
2023/6/1〜6/7	7/8・9	−	−	7/20	−	−	7/28
2023/7/26〜7/31	9/3	10/15	−	9/28	10/31	−	11/20
2023/5/15〜5/19	6/14	7/12	−	6/26	7/26	−	8/4
2023/7/24〜7/28	9/3	11/5	−	9/29	12/1	−	12/8
2023/8/21〜8/25	書	9/22	10/20	9/12	10/6	11/13	11月下旬
2023/7/24〜7/28	9/9	11/4	−	10/6	11/17	−	11/24
2023/7/31〜8/9	9/2	10/28	−	9/22	11/17	−	11/27
2023/6/21〜6/27	7/25	8/25	−	8/4	9/8	−	3月予定
2023/8/21〜8/25	9/23	10/24	−	10/12	11/10	−	11/24
2023/6/5〜6/9	7/8	7/29	−	7/20	8/14	−	2月下旬予定
2023/7/4〜7/10	8/3	9/5	−	8/23	9/25	−	未定
2023/5/29〜6/9	7/1	−	−	8/4	−	−	8/18
2023/7/18〜7/21	8/26	9/23・24	−	9/8	10/11	−	10/18
2023/5/2〜5/12	書	7/1	−	6/15	7/24	−	8/3
2023/7/31〜8/3	10/1	11/12	−	10/20	11/24	−	11/30
2023/5/8〜5/19	6/3	7/2	−	6/15	7/20	−	7/31
2023/6/26〜6/30	7/22	8/28または29	−	8/10	9/14	−	9/27
2023/6/12〜6/15	7/1	8/24・25	−	7/20	9/7	−	9/19
2023/7/14〜7/21	8/23	10/6	−	9/27	10/25	−	11/8
2023/4/24〜4/28	書	6/20	7/26	6/9	7/10	8/21	9/1
2023/5/8〜5/11	6/3	7/1	−	6/9	7/18	−	8/18
2023/8/24〜8/31	9/27	11/14	−	10/27	12/1	−	12/21

＊実施大学、募集人員等は変更の可能性があります。大学ホームページ等で必ず確認してください。

※1　地域枠は北海道に所在する高等学校または大学の卒業者が対象。
※2　地域枠5名の他は国際医療人枠5名。
※3　大学院修士課程または博士課程を修了した者、および2024年3月までに修了見込みの者を含む。
※4　出願前2年以内に受験したTOEFL ITPで530点以上、TOEFL iBTで71点以上、TOEIC L&Rで680点以上のいずれかの成績証明書を提出できること。
※5　大学に2年以上在学し62単位以上修得した者、および2024年3月までに修得見込みの者を含む。
※6　大学に2年以上在学し所定の教養教育科目と専門教育科目を46単位以上修得していること、および2024年3月までに修得見込みであること。
※7　出願前2年以内に受験したTOEFL iBTで80点以上の成績証明書を提出できること。
※8　地域枠は、石川県、富山県、福井県に所在する小学校、中学校、高等学校または大学の卒業者が対象。
※9　鳥取県、島根県、岡山県、広島県、兵庫県に所在する高等学校の卒業者、または父母のいずれかの現住所が鳥取県の者が対象。
※10　地域枠は、島根県に所在する高等学校または高等専門学校の卒業者が対象。
※11　出願前2年以内に受験したTOEIC L&Rで600点以上の成績証明書を提出できること。
※12　歯科医師、獣医師、薬剤師のいずれかの免許を取得していること、および2024年3月までに取得見込みであること。
※13　大学または大学院で所定の自然科学系科目を10単位以上修得していること。
※14　出願前2年以内に受験したTOEFL iBTで60点以上の成績証明書を提出できること。
※15　地域枠は、山口県に所在する小学校、中学校または高等学校の卒業者が対象。
※16　短期大学または高等専門学校を卒業した者、および2024年3月までに卒業見込みの者を含む。
※17　出願前2年以内に受験したTOEFL iBTで42点以上、TOEIC L&R/TOEIC S&Wで1150点以上、英検S-CBTでCSE1950点以上、ケンブリッジ英検で140点以上、IELTSで4.0以上、GTEC(4技能版)で960点以上、TEAPで225点以上、TEAP CBTで420点以上のいずれかの成績証明書を提出できること。
※18　TOEFL iBTで61点以上、TOEIC L&Rで600点以上、英検準1級以上のいずれかの成績証明書を提出できること。

【受験資格・制限】
2024.3：４年制以上の大学を卒業、または 2024 年３月までに卒業見込み。
必須単位：４年制以上の大学を卒業または卒業見込みで、なおかつ修得（修得見込み）を必要とする科目・単位が指定されていることを示します。
【募集人員】
カッコ（　）内は募集人数に含まれる地域枠の人数です。

2023年度 合格者／入学者の内訳

現既比

大学名		現役	1浪	2浪	3浪その他
旭川医科大学	B	61.1%	38.9%		
北海道大学※1	B	61.1%	38.9%		
弘前大学	B	61.6%	27.7%	10.7%	
東北大学※2	B	71.3%	28.7%		
秋田大学	B	54.0%	46.0%		
山形大学		非公表			
筑波大学		非公表			
群馬大学	B	68.5%	25.0%	6.5%	
千葉大学	A	66.7%	33.3%		
東京大学		非公表			
東京医科歯科大学		非公表			
新潟大学	B	55.7%	44.3%		
富山大学※3	B	38.7%	39.6%	21.7%	
金沢大学		非公表			
福井大学		非公表			
山梨大学	B	53.6%	32.8%	6.4%	7.2%
信州大学	B	42.5%	35.8%	21.7%	
岐阜大学		非公表			
浜松医科大学※4	B	66.4%	33.6%		
名古屋大学		非公表			
三重大学	A	46.9%	35.2%	3.1%	14.8%
滋賀医科大学	B	49.5%	50.5%		
京都大学※5	B	81.5%	18.5%		
大阪大学※5	A	71.3%	28.7%		
神戸大学	A	52.6%	29.8%	13.2%	4.4%
鳥取大学※5		非公表			
島根大学		非公表			
岡山大学※6	B	51.9%	36.8%	11.3%	
広島大学	A	52.5%	33.3%	9.2%	5.0%
山口大学	A	57.3%	26.4%	16.4%	
徳島大学	B	66.1%	33.9%		
香川大学	B	41.3%	58.7%		
愛媛大学		非公表			
高知大学	A	42.0%	58.0%		
九州大学	A	59.3%	40.7%		
佐賀大学	B	60.2%	35.0%	4.9%	
長崎大学	B	50.4%	33.0%	7.8%	8.7%
熊本大学	A	47.4%	52.6%		
大分大学※1	A	38.8%	31.3%	17.9%	11.9%
宮崎大学	A	36.5%	63.5%		
鹿児島大学※7	A	44.2%	38.1%	12.4%	5.3%
琉球大学	A	47.0%	33.9%	7.8%	11.3%
札幌医科大学	B	62.7%	37.3%		
福島県立医科大学※8	B	57.7%	42.3%		
横浜市立大学	A	68.8%	31.2%		
名古屋市立大学		非公表			
京都府立医科大学	A	61.1%	38.9%		
大阪公立大学		非公表			
奈良県立医科大学	B	59.3%	40.7%		
和歌山県立医科大学	A	66.0%	34.0%		

●表の見方
A：総合格者
B：入学者

※1　総合型選抜を除く。
※2　国際バカロレア選抜・私費外国人留学生選抜・帰国生選抜計1名を含む。
※3　帰国生選抜1名を含む。
※4　海外教育プログラム選抜2名を除く。
※5　学校推薦型選抜を除く。
※6　外国学校出身者その他3名を除く。
※7　国際バカロレア選抜2名を含む。
※8　海外教育プログラム選抜2名を含む。

男女比

大学名		男	女
旭川医科大学	B	51.6%	48.4%
北海道大学※1	B	68.9%	31.1%
弘前大学	B	53.6%	46.4%
東北大学※2	B	67.2%	32.8%
秋田大学	B	64.5%	35.5%
山形大学	B	68.1%	31.9%
筑波大学		非公表	
群馬大学	B	75.0%	25.0%
千葉大学	A	77.8%	22.2%
東京大学		非公表	
東京医科歯科大学※7	A	67.0%	33.0%
新潟大学	B	72.1%	27.9%
富山大学※3	B	58.5%	41.5%
金沢大学	A	71.6%	28.4%
福井大学	B	56.4%	43.6%
山梨大学	B	70.4%	29.6%
信州大学	B	68.3%	31.7%
岐阜大学	B	50.0%	50.0%
浜松医科大学※4	B	60.3%	39.7%
名古屋大学	B	71.6%	28.4%
三重大学	A	68.8%	31.2%
滋賀医科大学	B	44.2%	55.8%
京都大学※5	B	79.6%	20.4%
大阪大学※5	A	73.4%	26.6%
神戸大学	A	60.5%	39.5%
鳥取大学	B	60.0%	40.0%
島根大学	B	53.9%	46.1%
岡山大学	B	65.1%	34.9%
広島大学	A	69.2%	30.8%
山口大学	A	60.0%	40.0%
徳島大学	B	59.8%	40.2%
香川大学	B	49.5%	50.5%
愛媛大学	B	58.2%	41.8%
高知大学	A	59.8%	40.2%
九州大学	A	75.0%	25.0%
佐賀大学	B	46.6%	53.4%
長崎大学	B	63.5%	36.5%
熊本大学	A	65.8%	34.2%
大分大学※1	A	65.7%	34.3%
宮崎大学	A	49.0%	51.0%
鹿児島大学※7	A	58.4%	41.6%
琉球大学	A	53.9%	46.1%
札幌医科大学	B	64.5%	35.5%
福島県立医科大学※8	B	63.1%	36.9%
横浜市立大学	A	63.4%	36.6%
名古屋市立大学	B	60.8%	39.2%
京都府立医科大学	A	62.0%	38.0%
大阪公立大学	B	66.3%	33.7%
奈良県立医科大学	B	69.9%	30.1%
和歌山県立医科大学		非公表	

地元占有率

大学名		地元出身者	その他
旭川医科大学	B	61.1%	38.9%
北海道大学※1	B	33.3%	66.7%
弘前大学	B	43.8%	56.3%
東北大学※2	B	19.7%	80.3%
秋田大学	B	29.0%	71.0%
山形大学	B	22.0%	78.0%
筑波大学		非公表	
群馬大学	B	31.5%	68.5%
千葉大学		非公表	
東京大学		非公表	
東京医科歯科大学		非公表	
新潟大学	B	37.1%	62.9%
富山大学※3	B	39.6%	60.4%
金沢大学		非公表	
福井大学	B	22.7%	77.3%
山梨大学		非公表	
信州大学	B	29.2%	70.8%
岐阜大学		非公表	
浜松医科大学	B	41.4%	58.6%
名古屋大学		非公表	
三重大学		非公表	
滋賀医科大学	B	28.4%	71.6%
京都大学※5	B	18.5%	81.5%
大阪大学		非公表	
神戸大学		非公表	
鳥取大学		非公表	
島根大学		非公表	
岡山大学※6	B	32.1%	67.9%
広島大学		非公表	
山口大学		非公表	
徳島大学	B	30.4%	69.6%
香川大学		非公表	
愛媛大学		非公表	
高知大学		非公表	
九州大学	A	51.9%	48.1%
佐賀大学		非公表	
長崎大学	B	47.8%	52.2%
熊本大学	A	62.3%	37.7%
大分大学※1	A	20.9%	79.1%
宮崎大学	A	39.4%	60.6%
鹿児島大学		非公表	
琉球大学	A	47.8%	52.2%
札幌医科大学	B	90.0%	10.0%
福島県立医科大学※8	B	32.3%	67.7%
横浜市立大学	A	52.7%	47.3%
名古屋市立大学		非公表	
京都府立医科大学	A	36.1%	63.9%
大阪公立大学		非公表	
奈良県立医科大学	B	28.3%	71.7%
和歌山県立医科大学	A	35.0%	65.0%

特別企画

Special interview

interview

●インタビュー

慶應義塾大学 医学部長

金井 隆典

Takanori Kanai

慶應義塾大学から世界へ——チャレンジする学生を全力で応援

（プロフィール）
1988年慶應義塾大学医学部卒業。1995年ハーバード大学 Beth Israel Medical Center（リサーチフェロー）、2013年慶應義塾大学医学部消化器内科教授、2014年同大学病院免疫統括医療センター・センター長、2016年同大学病院 IBD センター・センター長、2017年同大学医学部学部長補佐、2018年同大学病院消化器センター・センター長、2019年同大学医学部総合医科学研究センター・副センター長を経て、2021年より同大学医学部長。専門は内科学、消化器病学、免疫学。日本消化器免疫学会理事長。日本内科学会副理事長。日本専門医機構理事。日本消化器病学会副理事長。

慶應義塾大学医学部の歴史的背景と建学の精神について教えてください。

慶應義塾大学は 1858 年に福澤諭吉が江戸に開いた蘭学塾を前身とし、1917 年に慶應義塾大学部医学科を設立。北里柴三郎博士が初代医学科長に就任し、1920 年に医学部及び大学病院を開設しました。

福澤諭吉の実学の精神、独立自尊、半学半教の精神に加え、北里柴三郎博士の基礎・臨床一体型医学・医療の実現を理念としています。基礎・臨床一体型では、真理を探究する基礎医学、それを苦しんでいる患者さんに応用する臨床、逆に臨床で得たヒントが源流になって基礎研究をするという双方向性を目指しています。

本学は臨床重視のイメージがあるかもしれませんが、私立大医学部の中では驚くほど基礎医学にも力を入れており、基礎と臨床が非常にバランスよく運営できているのではないかと思います。いつかノーベル賞をとるような研究者が出てほしいと願っています。

学生の自主性を尊重し、チャレンジする学生を全力で応援する大学

慶應義塾大学医学部の特徴をひと言でご紹介ください。

学生が自ら企画して何かにチャレンジすることが盛んな大学です。意外に思うかもしれませんが、クラブ活動が非常に盛んで、スポーツを通して心身ともに鍛えられ、コミュニケーション力をつける意味でも役に立っていると思います。

欧米各国への海外留学プログラムや南米、アジア諸国の医療事情を学ぶ課外活動も豊富にあり、ほぼ半数の学生が参加しています。

５年生の冬、ちょうど国家試験に向けた勉強が始まる頃に、「アメ留」といって、アメリカほか海外で行う臨床実習があり、2023 年度は 47 名をアメリカはじめ 9 カ国に派遣する予定です。6 年生の 7 ～ 8 月の夏休み中に、自ら企画してブラジルの医療活動を勉強しにいく学生もいます。

このように、講義も重要ですが、それでは物足りずに、海外に行って他流試合をしてこようという意欲的な学生がたくさんいます。学生の自主性を尊重し、カリキュラム以外のところでも総合力、人間力をつけるために冒険心を刺激するというのが本学の伝統としてあります。卒業後も、世界中に活躍できるチャンスが広がっています。

医師がすべてを行うのではなく、タスクシフトをしていくべき

医師の働き方改革について、どのようにお考えですか。

医師法第 19 条 1 項に、「診療に従事する医師は、診察治療の求めがあった場合には、正当な事由がなければ、これを拒んではならない」という応召義務が定められており、医師は身を粉にして働かなければいけないような時代が長く続きました。働き方改革という新たな動きによって医師の働き方が

慶應義塾
Keio University

変わっていくのは、間違いなく良い方向だと思います。

欧米と明らかに違うのは、医師が担う仕事が多く、負担が大きくなっている点です。タスクシフトをきちんと進めていく必要があるでしょう。

一方で、競争が激しい学問の世界でもありますから、働き方改革が働く権利を奪ってはいけないとも思います。ノーベル賞をとりたい、誰よりも負けずに仕事をしたいという人に対して、それが自己研鑽なのか労働なのか。自己研鑽だからもっと働かせてくださいと申し出があった場合、その人の健康的な生活とどのように折り合いをつけるかは難しい判断になります。働き方改革を進めていくにはさまざまな課題がありますが、乗り越えていかなければいけないと思います。

医師として最も大切なのは心根の優しさ それがないと続けていくのは困難

これからの医学生には、どのような資質や能力が求められますか。

医師の資質で最も大切なことは、頭の良さではなく、心根の優しい人であることです。苦しんでいる人たちを治したい、社会復帰してもらいたい、という熱意を持った人に医師になってもらいたい。そういう目標があれば、つらい実習や国家試験の勉強も乗り越えられます。お金が欲しい、有名になりたい、というモチベーションでは長続きしないと思いますし、もし続けられたとしても、本人が楽しくないと思います。

面接試験で、本当に心根の優しい人間であるかどうかは、何かを言われたときの一瞬の表情で、だいたい分かります。誰かが転んでいたら、迷わず反射的に駆け付けて起こしてあげる人かどうか。その場で取り繕っても、面接官にはすぐにバレてしまいます。

医学部を目指すなら、自分は医師に向いていると思うくらい優しい人に来てほしいと思います。

金井先生自身が医師になったきっかけと、医師になってよかったと思うことを教えてください。

医師になったのは、父親の影響が大きかったですね。父は医師になりたかったけれど断念し、大学を卒業後、会社員になりました。戦争で父親を亡くし、長男として家族を養わなければならなかったのです。そんな父から、「医学は面白いぞ」という話を小学校低学年のころから聞かされていました。小学5年生くらいで、医師になると決めて勉強を始めました。

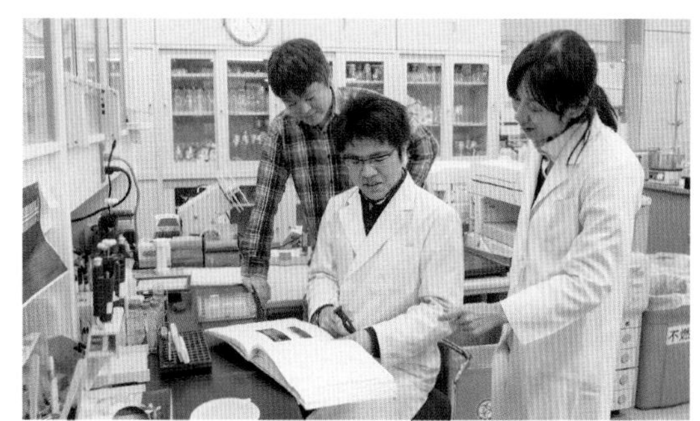

柳田邦男先生の『ガン回廊の朝』を読んで、日本のがん医療を盛り立てていく医師たちの姿に感銘を受けたのは、中学生のとき。高校時代は地理学者になりたいと思った時期もありますが、本学医学部に入学しました。

医師人生、まだ道半ばです。私は研究も臨床も好きで、治らない患者さんがいると、何とか新しい治療法はないかと研究してきました。それが今日に至るまで、ずっと続いています。そして、潰瘍性大腸炎やクローン病を抗体で治す抗体医薬開発の基礎研究で大きな成果を得ることができました。新しい治療法で、それまで苦しんでいた患者さんが治っていく姿を見るのは、何物にも代えがたい満足感を得ます。患者さんから感謝されますが、感謝しているのは私のほうだといつも思います。

慶應義塾大学医学部を目指す受験生にメッセージをお願いします。

医学部を目指す全学生に本学を受験してほしいです。私の学生時代は日本全国から学生が集まり、キャンパス内に地方訛りが飛び交っていました。ところが、近年は地方からの入学生が少なくなってきています。できるだけ多様な人に入学してもらうために、全員が受験してほしいと思います。

本学は、世界で活躍するチャンスの多い大学です。ここでの6年間を踏み台にして、世界で戦ってほしい。私たちは、挑戦する学生を全力で応援します。

また、本学医学部では、さまざまなタイプの奨学金制度を用意しています。合格時に授与されることが分かる奨学金もあり、一般選抜の成績上位者10名程度に1～4学年で1人年間200万円、総額800万円を給付します。返済義務はありません。さらに、研究医養成プログラムを選択すると5～6年次に100万円ずつ追加されるので、総額1000万円が給付されます。経済的に難しいとあきらめる前に、充実した奨学金制度を活用し、ぜひ本学にチャレンジしてください。

詳しくは「医学部受験案内」(P.94 参照)

interview

●インタビュー

順天堂大学 医学部長

服部 信孝

Nobutaka Hattori

世界のトップランナーとして活躍する研究者を輩出

（プロフィール）
1985年順天堂大学医学部卒業。1995年同大学医学部神経学講座助手、2006年同大学医学部・神経学講座主任教授（現職）を経て、2019年より同大学大学院医学研究科長・医学部長を併任。専門分野は神経内科、分子遺伝学、神経化学。研究内容は若年性パーキンソン病におけるパーキン遺伝子の発見及び役割の解明と診断。バイオマーカーの開発。

順天堂大学医学部の歴史的背景と建学の精神についてご紹介ください。

順天堂大学医学部は、長崎で学んだ蘭方医の佐藤泰然が1838（天保９）年、江戸日本橋薬研堀（現・東京都中央区）に設立したオランダ医学塾・和田塾に端を発し、今につながるわが国最古の西洋医学塾です。「不断前進」の理念の下、学是「仁」にのっとって、他を思いやる精神を基本的な姿勢としています。

グローバル化に重点 医師国家試験100％合格を達成

順天堂大学医学部の特徴を教えてください。

本学はグローバル展開に力を入れており、世界で活躍できる医師、医学研究者の育成をしています。

学閥、国籍、性別、差別がない三無主義を学風として掲げ、優秀な教授候補がいれば大学の発展のために人材を選ぶ方針で採用しています。そのため、研究力の高さでは特筆すべきものがあります。具体的には、私が率いる脳神経内科は臨床研究で高い評価を得ており、2020年11月の『Newsweek』で発表された世界の優秀な病院ランキングの神経学分野で日本国内１位、世界10位にランキングされました。このほか、膵臓のβ細胞の機能に着目し、糖尿病の病態解明と新規治療法の開発に向けて研究を行う代謝内分泌学講座の綿田裕孝主任教授、双極性障害の研究をリードする精神医学講座の加藤忠史主任教授、基礎研究では選択的オートファジーの研究を行う生理学第二講座の小松雅明主任教授など、世界のトップランナーとして活躍する教授陣が数多くいます。

学生たちが将来、グローバルに活躍できるよう、英語教育には特に力を入れ、効果を挙げています。6年次には日本国外の大学などで最大８週間の臨床実習を行えるカリキュラムがありますし、アメリカの医師国家試験をとるためのプログラムもあります。医学部の学生たちは発音もきれいですし、流暢に素晴らしい英語を話します。国際会議に参加しても堂々と活発なディスカッションができるほどの能力を身につけている学生もいます。

学生生活では、１年生全員が千葉県のさくらキャンパスの寮で共同生活をするのが伝統になっています。文化の異なるスポーツ健康科学部と医学部が生活を共にするのは、なかなか良い経験だと思います。私もいまだにトップアスリートだった同窓生と交流があります。新型コロナウイルス感染症の影響で４年間、この寮生活ができませんでしたが、2024年には再開する予定です。

さらに、2023年の医師国家試験合格率は、新卒と既卒の両方で初めて100％を達成しました。医学教育研究室の教員が中心となって学生たちの勉強をサポートし、小グループで勉強するスタイルは、かなりの成果を上げています。もともと本学の学生たちの実力が高いということもありますが、教員と学生の距離が近く、学生たちはいつでも教授室に相談に来ます。きめ細かな指導が実を結んだのではないかと思います。

順天堂大学医学部
Juntendo University Faculty of Medicine

患者に寄り添うツールを開発中

AIの医療への活用が注目されていますが、将来的な可能性も含めたお考えを聞かせてください。

脳梗塞やパーキンソン病などに対して、AIを使った画像診断ができるよう研究を進めています。さらに、現在、表情や声のトーン、会話のパターンなどからAIで認知症の可能性を判断するシステムを銀行と共同研究しています。顔には40カ所以上の表情筋のアクティブゾーンがあります。その一つひとつの動き方を見て認知症があるかどうかを判断します。高齢の方へ金融商品をプロモーションしてよいかどうかを判断するためや、認知症の方が被害に遭わないためのセキュリティとしての活用が考えられています。

さらに、病院内の順路をナビゲートするシステムも開発しています。たとえば脳神経内科を受診するなら、順天堂の玄関からエスカレータで上がり、受付を済ませてエレベータでさらに3階に上がり、「3A」に行くと外来がある。それをバーチャルで見られるようにします。

また、手術の説明をするときも、バーチャルの映像を使えば、もっと患者さんに分かりやすいインフォームドコンセントができるようになると思います。

将来的には、主治医のアバターを作って、いつも患者さんのスマートフォンの中にいて、「おはよう」「今日も頑張ったね」などと患者さんに寄り添う状況を作っていきたいと考えています。患者さんに安心を提供できるよう心がけているのも本学ならではの取り組みです。

『赤ひげ』に感動し、自らその心を実践 パーキンソン病の臨床と治療法の開発に全力

服部先生自身が医師になったきっかけと、現在取り組まれているテーマについて教えてください。

長野県で金属加工会社を経営する父親から、会社を継げと言われて育ちましたが、それに反発して医師になりました。高校2年のときに観た映画『赤ひげ』に感動して、患者を診る、病気を診る、患者の向こうにいる家族を診る、3つの心を持った医師を目指そうと思ったのです。この心は今も大事にしています。

一浪して本学に入学した当時、脳神経内科には世界的に活躍していた先生や優秀な先輩がたくさんいて、研究にも臨床にもかなり打ち込みました。

特にパーキンソン病診療に関しては、正確な診断に基づいて多様な治療法のオプションを有しているという意味で、絶大なる自信を持っています。

脳神経内科には、北海道から沖縄まで日本全国のみならず、シンガポール、レバノン、アメリカミシガン州などからも患者さんがやってきます。年間患者数は約5,000人。私自身、現在も約1,000人のパーキンソン病の患者さんを診ています。患者を診ることが私の医師としての哲学なので、患者を診なくなることは想像できません。

患者さんに寄り添うということが、服部神経学の武器です。外来診察では、必ず「おはよう」と言って握手することからスタートします。帰り際には「だいじょうぶ」。いわゆる元気づけがプラセボ効果を生み、診察室のカーテンの向こうでは小刻みに歩いていたパーキンソン病の患者さんが、私と目が合ったとたんにスタスタと歩き出す。家族からは「こんなのありえない」「服部マジックだ」などと言ってもらえます。

患者さんに前向きな気持ちになってもらうことは、病気の進行を抑える上でも重要だということが科学的に証明されています。少しでも患者さんにプラスになることなら、何でもやろうと思っています。患者さんに寄り添うことを、服部神経学の武器として、これからも患者さんを診続けていきます。

そして、パーキンソン病の治療を命ある限り、もっと良い治療を、最終的には進行を止められる治療法を開発したい。今、その研究は確実に進んでいるので、いつか可能になると信じています。

順天堂大学医学部を目指す受験生にメッセージをお願いします。

本学は自信を持って良い医師、良い科学者を育てます。すぐれた教授陣が本学を志望する皆さんの入学を待っています。

自問してほしいのは、自分は本当に患者を診るのが好きなのかどうか、です。医学という研究が好きなのかどうか、そこはしっかりと自問していただきたい。ただ成績が良いからという理由で医学部を選ぶと、将来苦しくなります。心から医学をまっとうしたい、医師になりたいという気持ちがある学生に本学の門をたたいてほしいと願っています。

詳しくは「医学部受験案内」(P.98 参照)

interview

●インタビュー

東京慈恵会医科大学 学長

松藤 千弥

Senya Matsufuji

受け継がれる建学の精神「病気を診ずして病人を診よ」

（プロフィール）
1983年東京慈恵会医科大学医学部卒業。1992～95年米国ユタ大学人類遺伝学講座・ハワードヒューズ医学研究所留学。2001年東京慈恵会医科大学生化学講座第2・教授、2007年同大学分子生物学講座・担当教授を経て、2013年より同大学学長。主な研究テーマは「ポリアミン調節タンパク質アンチザイムの役割」「アンチザイムの翻訳フレームシフトの分子機構」。

東京慈恵会医科大学の歴史的背景と建学の精神について教えてください。

東京慈恵会医科大学は、日本の医学部の中でユニークな設立の経緯があります。日本の近代医学は、明治初期にドイツ医学を導入して発展しましたが、本学の開設者、高木兼寛はイギリスの医学を学んで取り入れました。日本の医学部の中でイギリス医学を源流とするのは、本学と鹿児島大学医学部だけです。

感染症が人の生命を脅かす主な病気だった当時、ドイツ医学は顕微鏡を使って病原体を見つけたり、治療法を開発したりすることに力を発揮し、世界最先端の医学とされていました。一方、イギリス医学は、病気を治すだけでなく病気を抱えた患者さんの苦しみも含めて診る。それが、建学の精神である「病気を診ずして病人を診よ」の意味であり、本学に今日まで受け継がれています。

建学の精神を共有できるかどうかを面接で見極める

どのような学生に入学してほしいとお考えですか。

本学で働くすべての人は、建学の精神を共有し、病気の人の苦しみを取り除くという目的に向かっていく同志です。この目的を共有してくれる人に、ぜひ入学してほしいと思います。

入学試験では、学力だけでなく、高校までにどのようなことをしてきたかを重視します。一次試験では入学定員の４倍近くが合格しますが、二次試験の面接と小論文で人柄や考え方を見極め、その結果を重視して選抜を行っています。一次試験の成績がトップでも、二次試験で医学を学ぶのに向いていないと判断されれば不合格になることもあります。

面接はMultiple Mini Interview（MMI）という手法で行い、１つのステーションに１人の面接官がいて、受験生は５～６つのステーションを順番にまわります。聞かれる内容はステーションごとに異なり、受験の動機など一般的な内容のほか、医学を学ぶために必要な力を考えながら課題設定しています。過去の例では「入学試験に向かう途中でけがをして動けない人がいたらどうしますか」という場面設定で、選択肢の中から優先順位をつけて選ぶという課題がありました。正解はありませんが、回答にその人の価値観がにじみ出てきます。「理想のキャンパスの見取り図をホワイトボードに描いて説明しなさい」という課題では、自分の考えを人に伝えるときに、いろいろな手段をうまく使えるか、熱意を持って伝えられるか、時間配分はできるかなど、プレゼンテーションの能力を測ります。そのほか、グラフを見せて解読させたり、西洋の古典絵画を見せて説明させたりするものなど、面接官にとっては答えを聴くのも楽しみです。

義務と研鑽の時間が分離され、それぞれが選択する時代に

医師の働き方改革については、どのようにお考えですか。

本学の附属病院では、健康に悪影響があるようなレベル

の長時間労働や連続勤務をしないのは当然と考えていますし、2024年4月からは年間の時間外・休日労働時間の上限が、国が定める1860時間の基準を満たすよう対策をとります。ただし、これは病院や大学の業務として行う仕事についてあてはまることで、自分の力を伸ばすための勉強や研究、いわゆる自己研鑽は含まれません。医師や医学研究者の仕事は、どこまでが業務でどこまでが自己研鑽か区別しにくいこともありますが、自分が自由に使える時間で自己を高めようとする人もいれば、余裕のある生き方を選ぶ人もいる。それは個人の選択になると思います。

将来的にAIが使える医師は絶対に必要

AIの医療への活用が進んでいますが、具体的に取り組まれていることはありますか。

AIの技術が医療を大きく改善させるのは明らかなので、教育現場でも将来、AIが使えるようになることを念頭にカリキュラムを用意しています。将来的にAIを使いこなせる医師は絶対に必要です。AIがやってくれることが増えたら、医師はもっと患者さんの話に耳を傾けることができます。カルテ入力も、医師がつぶやいただけでできるような時代が来るのではないかと思います。

医学研究では、データ収集や分析が占める部分の大きい臨床研究などにはAIの力が大いに役立ちますが、独創的な課題を見つけたり、気づきが方向性を決めたりすることが多い基礎研究はAIに取って代わられることはないでしょう。

医学教育の幅が広がり 部活動の代わりに研究する学生も

コロナ禍の前後で変化したことはありますか。

授業が遠隔授業になったことが、本学の学生にはとてもフィットしました。分からなければ何度でも聞き直せるし、自分のペースで勉強できるというので、教室に集めて知識を伝えるような授業は必要がなくなりました。その時間を使って演習や実習を充実できましたし、アクティブラーニングなど新しいタイプの授業によって、医学教育の幅が広がりました。

学生生活では、部活動ができなくなった期間、研究室に来て、研究をし始めた学生が増えました。研究者でもなかなか載らないような学術雑誌に論文を投稿して掲載されたり、年に一度の学内の学会で、学生の発表が半分以上になったりしました。全国的には研究者を目指す医学部卒業生が減っていますが、コロナ下で学生時代を過ごした人たちの中から研究者が増えるのではないかと期待しています。

基礎医学の面白さに目覚め、研究者に

松藤先生自身が医師になったきっかけと、医師になってよかったと思うことをお聞かせください。

物心ついたころには医師になると決めていたようです。医学研究者の伝記を読んでいたことが影響したかもしれません。医学部に入学すると、臨床医学よりも先に基礎医学を学びますが、それが面白くて、特に興味を持った栄養学、生化学の教室で学生のうちから実験をさせてもらいました。

卒業後は2年間、内科の研修で臨床も経験し、自分には臨床医も向いていると思ったのですが、なかなか決められず大学院に進学しました。最終的には同級生たちがもう臨床医になっていたので、一人くらいは研究者になってもいいかな、と基礎研究者になることを決めました。

学生時代からずっと興味を持っていたのは、体の代謝が食べ物で変化するそのメカニズムです。その調節をするタンパク質の遺伝子を単離したりして、教科書を書き換えるような研究にもつながりました。研究者として一番よかったのは、研究の過程で、誰も知らない、もしかしたら医学を変えるような事実を自分だけが知っているというワクワクするような気持ちを味わうことができたことです。

「病気を診ずして病人を診よ」には、医師として患者を診るだけでなく、研究で良い治療法や予防法が見つかれば、目の前の患者さんだけでなく世界中の多くの人たちを救うことができるという意味も含まれます。

教育に専念するようになってからは、将来、自分と同じような考えで病気を治したり、患者さんを救ったりする人が増えていくことに喜びを感じています。

東京慈恵会医科大学医学部を目指す受験生にメッセージをお願いします。

医学部を選ぶときに、場所や偏差値だけでなく、何を大事にしている大学なのかを調べて、その中で行きたい大学を選んでほしいと思います。東京慈恵会医科大学は、建学の精神をとても大切にしていて、医師は知識と技術だけではなく、病に苦しむ人の気持が分かる人間性が大事、ということを理解して受験していただきたいのです。

人口減少が進むと医師の需要が減ると心配する人もいますが、人の健康を守る医師の仕事がなくなることはありません。楽はできないかもしれませんが、患者さんに頼られるように自分を磨くのはとてもやりがいがあることです。医師になって病気を治したい、患者さんを救いたいと思うなら、ぜひ本学を目指してください。

詳しくは「医学部受験案内」（P.114 参照）

interview

インタビュー
日本医科大学 学長
弦間 昭彦
Akihiko Gemma

わが国で最も長い歴史を持つ私立医学校 スピード感を持って改革を推進

（プロフィール）
1983年日本医科大学医学部卒業。1995年National Cancer Institute/NIH留学、1998年日本医科大学講師、2004年同大学助教授、2008年同大学内科学講座（呼吸器・感染・腫瘍部門）主任教授、2012年同大学院医学研究科呼吸器内科学分野大学院教授、2013年同大学医学部長を経て、2015年より同大学学長。専門分野は呼吸器病学、臨床腫瘍学。

日本医科大学の歴史的背景をご紹介ください。

日本医科大学は1876年に設立された西洋医師養成を目的とした「済生学舎」を前身としています。私立の医学校としては最も長い歴史を誇り、すでに１万人以上の医師、医学研究者を輩出しています。

建学の精神は「済生救民」（貧しく病で苦しむ人々を救う）、学是は「克己殉公」（己に克ち、広く人々のために尽くす）。黄熱病を研究した野口英世、第二次世界大戦後のドイツで医療活動に尽力した肥沼信次など、歴代の卒業生がその精神を体現してきました。特に救急医療分野には力を入れており、コロナ禍では私立医学部の中で最も多く重症患者を受け入れた実績があります。

ICT、AI、VRなど新しい技術をいち早く導入

日本医科大学には、どのような特徴がありますか。

伝統ある大学として、効率ばかりを追求しない懐の深さは維持しつつも、スピード感を持って改革を進めています。

まずは、医科大学版テクノロジー革命と銘打って、８年ほど前から、教育の場に情報通信技術（ICT）、人工知能（AI）、仮想現実（VR）などの技術を率先して取り入れ、新しい時代の医学部教育を行ってきました。

ICTの活用には、時間的、空間的に自由になること以外に、層別化、個別化した教育を進めることができるというメリットもあります。

2022年に、文部科学省の「数理・データサイエンス・AI教育プログラム認定制度」の認定を受けたことも大きな特徴の一つです。すでに、小中学校ではそうした教育が進められており、医学部生も勉強していく必要があると感じたからです。

2023年には、それをさらに深め、「数理・データサイエンス・AI教育プログラム（リテラシープラス）」に認定されました。

コロナ禍でテクノロジーの導入が加速

コロナ禍で変わったことはありますか。

まだコロナ感染が問題になる前から、講義は録画してe-ラーニングとして配信していましたので、感染拡大後もスムーズにオンライン授業に移行することができました。

VRなどの新しいシステムの導入は、感染が進んでからさらにスピードアップしました。病院実習で患者さんと直接接することができなくなったことをカバーするため、できるだけ臨場感を持った代替教材を開発しました。

特に本学の救急は有名で、新病院には60床を超える国内最大規模のICUを備えた高度救命救命センターがあります。ただ、救急の現場は患者さんの命が第一になるので、学生には実習の難しい領域と言えます。そこで、360度カメラを天井に設置して、臨場感のあるVRで見ることができるようにしました。

患者さんとの面談のトレーニングには、「シナリオ」というアンドロイドを活用しています。学生の対処が悪ければ、心電図、血圧がモニター上で悪化して、苦しそうな息までする、非常によくできたアンドロイドです。この分野の技術は、どんどん進歩しています。

これからの医師には、AIへの対応、幅広い教養が不可欠

医学生に求める資質・能力とは何でしょうか。

AIの医療への活用が進んでいくこれからの時代に医師を目指す人は、医学ばかりではなく、数理・データサイエンス時代に対応した領域の素養を持っているべきだと思います。AIは幅広い知識を基に即座に対応することは得意かもしれませんが、最終的な判断は人間が行わなければなりません。これから新たに生まれる法則や変化、多様な価値観、感情の動きなどに対応することは、AIの苦手とするところですから、医師が対応していかなければなりません。端的に言えば、最終的な責任をとるのが医師ではないかと思います。そのために、数学の理論、統計と情報技術など数理・データサイエンスの素養を身につけることが不可欠になってきます。

また、最近の学生を見ていると、受験科目に集中して勉強していて、教養が浅いことを痛感します。哲学や文学に触れて教養を深めることも心がけてほしい。人間としての幅が広がってくると、何か困難に直面したときにも、乗り越えていく力が身につくのではないかと思います。

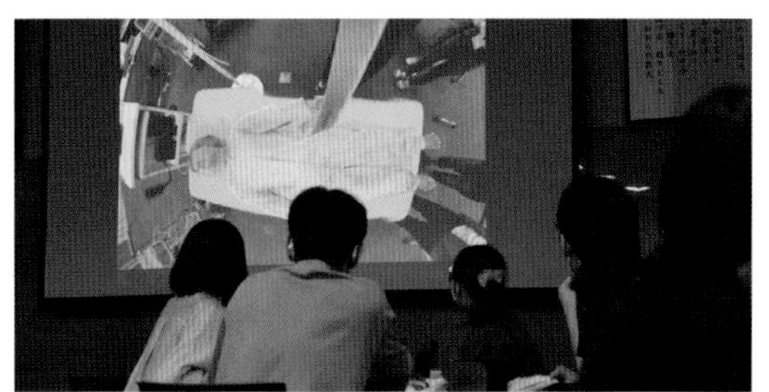

人との競争を考えず、良心のままに人を助ける父の姿

弦間先生自身が医師になったきっかけと、医師になってよかったことを教えてください。

山梨県の内科開業医の家に生まれ、従兄弟7人が医師という医師家系です。弁護士になりたいと思ったこともありましたが、父親の働く姿を見ていて、やはり医師を目指すことにしました。他人との競争を考えずに、良心のままに人を助ける仕事をして、それが感謝されるというのは、とても幸福なことだと感じたのです。

本学に入学後、呼吸器内科医を目指したのは、医学部時代に読んだ柳田邦男のノンフィクション『ガン回廊の朝』の影響です。登場人物に、本学の卒業生で後に世界医師会会長を務めた坪井栄孝先生がいて、国立がんセンターで肺がんの早期発見に懸命に取り組む姿を読んで憧れを抱きました。私が医学部を卒業する頃、坪井先生は郷里の福島県郡山市に坪井病院を開業されていたので、そこで2年間修業させていただきました。

坪井先生の診察から、多くのことを学びました。患者さんを前にレントゲンの画像をじっと見ている間も、相手の気持ちを考えながら話すタイミングを考えて、おもむろに口を開く。とても人間味のある接し方を間近で観察できたことは、私にとって大きな財産になりました。

私の専門は肺がんですが、治療薬もあまりなくて、治らない時代が長く続きました。患者さんやご家族の希望通りにいかないことは、医師として苦痛でしたが、それでも多くの人たちは「できる限りのことをしてくれた」と感謝してくれました。

良心のままにできるという意味で、医師は素晴らしい仕事だと思います。これから医師を目指す学生にも、それはしっかり認識してほしい。たとえば受験があるからではなく、その先に素晴らしい仕事が待っているという思いで勉強してほしいと思います。

困難に直面しても、模索すれば道は開かれる

日本医科大学医学部を目指す受験生にメッセージをお願いします。

私自身、これまでの医師人生が決して順風満帆であったわけではありません。さまざまな苦労がありましたが、模索していくと、なぜかすっと道が開けてくるということの繰り返しでした。一見、八方ふさがりに見えても、いろいろ考えていくうちに、「この道がある」と先が開けてくる。もちろん、十分に探究しなければ道は開けませんが、その先に道があると信じて努力し続けていくと、必ず道は見えてくると思います。

本学を目指す受験生には、伝統もあり、本当の意味で懐の深さを持ちながらも、新しい時代をしっかり先取りしている大学であるということを認識してほしい。その上で本学を目指してほしいと思います。

詳しくは「医学部受験案内」(P.130 参照)

interview

インタビュー

関西医科大学 学長

木梨 達雄

Tatsuo Kinashi

オンリーワンの研究を目指し多職種連携や国際化を推進

（プロフィール）

1984年山口大学医学部卒業。1988年京都大学大学院医学研究科博士課程修了、1990年ハーバード大学留学、1994年東京大学医科学研究所免疫学研究部助手、1999年京都大学大学院医学研究科分子免疫学・アレルギー寄附講座教授、2005年関西医科大学附属肝臓研究所（現・附属生命医学研究所）教授・所長を経て、2023年より同大学学長。専門は免疫学、分子生物学。

関西医科大学の歴史的背景をご紹介ください。

関西医科大学は1928年、西日本初の女子医育機関・大阪女子高等医学専門学校として設立され、1954年に現在の男女共学の関西医科大学となりました。建学の精神「慈仁心鏡」は、「慈しみ・めぐみ・愛」を心の規範とするという意味で、医療人に最も求められる奉仕の精神を表した言葉です。

2013年に大阪と京都の中間、京阪電車の枚方市駅前にキャンパスを移転しました。2022年4月には留学生の居室や全国から来た患者さんの家族のための宿泊施設を備えたタワー棟が完成、また附属光免疫医学研究所を開設するなど、発展し続ける大学です。

世界大学ランキングで日本の私立大学で1位に

関西医科大学には、どのような特徴がありますか。

英国の高等教育専門誌THE＝タイムズ・ハイヤー・エデュケーションが選ぶ世界大学ランキング2023で、本学は日本の私立大学で総合で1位になりました。特に評価された要素は、本学教員の論文引用回数です。他の論文から何回引用されたかは、その論文の価値を測る指標として非常に重要だと考えられています。ただ、これで満足するのではなく、本学はさらに上を目指していきます。研究を深め、教育を高め、それを臨床の場で実践していくサイクルが大学としての機能を高めるには非常に重要です。

また、2022年には光免疫療法という新しいがんの治療法についての研究所「光免疫医学研究所」を開設しました。光免疫療法は、2年前に日本で条件付きの保険適用になり、放射線や手術、化学療法では治らなかった難治性の頭頸部がんの治療として用いられています。奏功率が30～40％と非常に有効なため、他のがんにも適応拡大される見込みです。今後、光免疫療法の標準化、適応拡大などを進めていく上で、オンリーワンの研究を目指す本学に研究所を作ることになりました。

教育面では、医学部、看護学部、リハビリテーション学部と3学部で多職種連携を学ぶ機会を設けています。自分が将来、医療現場で求められる役割は何か、討議しながら勉強していきます。医師になりたい人と看護師になりたい人、リハビリテーションをやりたい人が、一つの医療の問題について、どのような観点で解決すればよいかを話し合うと、それぞれの観点から意見が出て非常に面白いです。学生にも人気があります。

また、グローバル化を推進するために、海外の大学と連携して、共同研究や研修を行う国際大学院プログラムが2022年から始まりました。留学生の受け入れも盛んで、セネガル、リトアニア、タイ、ベトナムなどから来る留学生は、使命感を持って学ぼうとするモチベーションが非常に高く、本学の学生たちに良い刺激になっています。さらに、最近ではトリノ工科大学との協定を結びました。医学の発展を考えると、工学系との連携が非常に重要です。今後は、大学院の4年間で医学博士と同時に工学博士もとれ

るようなプログラムを作ることを検討していきます。

探究心、コミュニケーション力、奉仕の精神が不可欠

これからの医学生に求められる資質・能力とは何でしょうか。

探究心とコミュニケーション力、奉仕の精神、この３つが必要だと思います。どうしても治らない患者さんがいれば、より良い治療を探究する、その探究心は医師として必要不可欠な資質です。

コミュニケーション力に関しては、非常に高度な能力が必要です。患者さんが治療法を決定する時代になったとはいえ、患者さんが治療についての専門知識を持っているわけではありません。むしろさまざまな情報に惑わされやすい中で、いかに医師が患者さんに最適な治療法を説明して納得してもらうかが求められています。日頃の診療から、患者さんの理解力に応じて、必要な情報を適切な形で伝えることが必要です。

奉仕の精神は、人間なら多かれ少なかれ誰でも持っていると思いますが、医療職に就く人間は特に必要です。受験戦争を戦ってくると、えてして他人を出し抜くような考えが入ってきてしまいます。他人の不幸を喜んだりする気持ちが少しでも自分の行動に影響するのであれば、医療職に就く人間としては適性を欠いています。

医学を学び、医療に携わる中で、自分の課題として何かを解決したいという使命感を持ってほしい。この使命感を持って卒業すると、患者さんが安心して治療を受けられる医師になっていくと思います。

木梨先生自身が医学部を目指したきっかけと、研究者になってよかったことを教えてください。

普通の一般家庭で育ちましたが、人間の研究がしたくて医学部を選びました。いろいろな本を読んでいく中で、これからは分子生物学から医学が発展していくだろうと考えたからです。

医学部３年生のときに、京都大学の本庶佑先生の免疫の特別講義を聴いたことが大きな転機になりました。ノーベル生理学・医学賞受賞より 30 年以上前でしたが、本庶先生は眼力鋭く、分子生物学による免疫現象の解明についての講義はとても迫力がありました。当時は剣道部の活動に夢中で、勉学の意欲はゼロに近いくらい失っていたのですが、講演を聞いてこんなに素晴らしい学問があるのだと気づき、すっかり心が入れ替わりました。そこから一生懸命、勉強を始めました。

医学部卒業後は、京都大学の大学院に進み、本庶先生の下で分子生物学と免疫学を学びました。その後、ハーバード大学に留学し、海外の研究者たちと交わる中で、オープンマインドであることの大切さを痛感しました。いろいろな人の指摘に対して謙虚な気持ちで学ぶということが非常に大事です。

もう一つ大切なことは、自分の問いをしっかり持つことです。これは本庶先生が一番大事にされていることで、絶対にぶれることがありません。自分が追求したいのは何であるかという本質的なものを見極めようとする姿勢が、研究ではとても重要です。

何を追求するのかは、他人から指示されたものでは長続きしません。必ずどこかで折れます。一方、自分の中から出てきた興味や問いは、絶対につぶれません。何かのきっかけがあると、そこから必ず芽が出て、さまざまな交流や学びの機会があると問いとして大きく膨らんでくる。私の場合はそういうことがどんどん続いていったので、研究者としてまっとうできたと思います。

関西医科大学を目指す受験生へメッセージをお願いします。

成績が良いから医学部に入るという理由では、決して良い医師にはなれません。また、人間の評価は偏差値という一面だけで測れるものではありません。海外の学生は、偏差値を基準にするのではなく、これを学ぶならこの大学、と決めるのが当たり前です。本学は、頭でっかちな医師を育てるつもりはまったくありません。あくまでも、奉仕の精神にあふれ、探究心とコミュニケーション力を持った医療人を育てるのが目標です。

2023 年度の入学生より、学費を 6 年間で 670 万円引き下げて 2100 万円にしました。奨学金制度、学費免除のさまざまな手当てを使うことで、成績上位者は初年度納入金が 200 万円以下で済むような制度も設けています。学費の心配をせずに、建学の精神にかなった人にどんどん入学してほしいと思います。

詳しくは「医学部受験案内」（P.162 参照）

interview

●インタビュー

兵庫医科大学 学長

鈴木 敬一郎

Keiichiro Suzuki

西日本最大級の医系総合大学

（プロフィール）
1982年大阪大学医学部医学科卒業。1998年同大学医学部生化学講座助教授、1999年兵庫医科大学生化学講座主任教授、2001年同大学教務部長、2005年同大学医学教育センター長、2009年学校法人兵庫医科大学医療人育成センター長、2011年兵庫医科大学副学長（教育担当）、2013年学校法人兵庫医科大学理事、2016年兵庫医科大学副学長（学部教育・内部質保証）、2022年同大学副学長（内部質保証・多職種連携教育・ダイバーシティ担当）、IR室長、薬学教育センター長を経て、2023年より同大学学長。

兵庫医科大学の歴史的背景をご紹介ください。

兵庫医科大学は1972年、精神科医の森村茂樹博士によって創立されました。社会の福祉への奉仕、人間への深い愛、人間への幅の広い科学的理解の3つを建学の精神としていますが、なかでも社会の福祉への奉仕を一番に挙げていることが、本学の特徴です。終戦後、社会的弱者を対象に医療を行ってきた森村先生の優しいまなざしが、現在に至るまで受け継がれています。

2007年に同じく社会貢献を創立理念とする関西学院大学と包括協定を結び、学生同士がお互いのキャンパスを行き来する活発な交流を行っています。さらに、2022年4月には、兵庫医療大学と統合し、4学部4研究科（医、薬、看護、リハビリ）を擁する西日本最大級の医系総合大学となりました。

2026年には最先端の設備を誇る新病院が完成する予定で、本学ならではの多職種連携の総合臨床実習も、さらに拡充強化していく予定です。

学生一人ひとりを大切にするきめ細かなサポートが、医師国家試験合格率に反映

兵庫医科大学の特徴をひと言でお聞かせください。

ひと言で言うと「至れり尽くせり」。学生一人ひとりを大切にする教育をしているということです。その結果、入学時には本学よりも偏差値が高い大学を抜いて、非常に高い医師国家試験合格率を維持しています。少々、過保護だというご指摘をいただくかもしれませんが、やはりそれが私立医科大学の使命だと考えています。

全学生にポートフォリオを作成し、将来の夢や希望、早期臨床体験実習の感想文、レポート、学業成績、学生のパフォーマンスを1年生から6年生まですべて個人ファイルにまとめています。それらの情報を基に、6年間で2回、教員から全学生に一人ひとりメッセージを書いて渡しています。成績が思わしくない学生に対しては、担任や医学教育センター教員が個別に面談をしてサポートしていきます。

また、5年生の途中から学生をA～Cの習熟度別に分け、6年生でCクラスになった学生は年間4回の合宿指導、個別面談を行っています。Aクラスは海外留学や自由選択実習、研究など本人の希望に沿って提案します。こうしたきめ細かな教育指導に対して、日本医学教育評価機構（JACME）の医学教育分野別評価で日本有数の高い評価を受けています。

多様な実習があり、臨床教育が充実 画期的な研究医コースも

カリキュラムにはどのような特徴がありますか。

臨床教育が非常に充実しており、低学年のうちから早期臨床体験を行い、できるだけ医療や介護の現場に触れる機会を設けています。また、北海道から沖縄まで国内はもちろん、海外で実習が行えるプログラムもあり、学生に人気です。

兵庫医科大学

また、文部科学省から２名の定員増が認められている研究医コースがあります。３年生以降の臨床講義への出席と試験をすべて免除し、授業に出席しなくても、総合試験に通れば単位取得が可能です。放課後の時間を利用しての研究医コースは他大学でもありますが、日中の時間を研究に費やすことができるようにしたのは非常に画期的だと思います。才能豊かな学生には、将来、一流の研究者を目指せるようサポートしていきます。

病気のことをもっと知りたい、治したいという臨床医時代の経験が、いろいろなことにチャレンジできる研究につながった

鈴木先生ご自身が医師になったきっかけと、医師になってよかったと思うことは何でしょうか。

父親は大阪府高槻市で、医院と自宅が隣接する昔ながらの開業医をしていました。小児科ということもあって、真夜中でも電話がかかってくる。「大変やなあ」と思う半面、熱心に働く姿を見て、小学校高学年のころには、自然と医師になりたいという気持ちが芽生えました。

大阪大学医学部を卒業後は、循環器内科で５年ほど臨床に携わりました。研究のため大学に戻った際に、生化学講座に派遣されたことをきっかけに、基礎研究者の道を歩むことになりました。

臨床医として働いた経験が、もっと病気のことを知りたい、患者さんを治したいという研究へのモチベーションにつながりました。ただ､臨床では患者さんが相手ですから、自分の思い付きの治療でトライアンドエラーをすることは許されません。その点、研究は自分の自由な発想で、いろいろなチャレンジができる。それが研究の一番のだいご味だと思います。

患者さんがよくなることが自分の喜び 医師として幸せな人生を送ることが可能に

これからの医学生には、どのような資質・能力が求められますか。

患者さんの病気がよくなれば自分もうれしい、そう思える人に入学してほしいです。

景気が悪いときは、特に医師や公務員などが人気です。しかしながら将来、さらに人口が減少し、医師過剰時代が訪れたとき、しっかりと勉強して患者さんのために働く医師でなければ生き残れない時代が来ます。また、患者さんがよくなることを自分の喜びとしなければ、医師としても幸せな一生を送ることができないと思います。患者さんの病気がよくなることを自分の喜びとする姿勢は、患者さんにも必ず伝わります。

本学は、学生たちが医師として幸せな人生が送れるような知識や能力、人格を与えて卒業させたいと思っています。知識や能力は努力すれば身につけさせることができますが、「患者さんがよくなったら自分もうれしい」と思える心は、人間が本来持って生まれたものです。そうした気持ちを持つことが、医師として成功する道であり、幸せな人生を送る秘訣だろうと思います。

兵庫医科大学医学部を目指す受験生にメッセージをお願いします。

医学部のある西宮キャンパスは、大阪梅田から阪神電鉄の急行で 13 分、武庫川駅から徒歩５分と交通の便がよい立地です。都会に近い恵まれた環境の中で、充実して楽しい学生生活を送ることができます。学生は男女ほぼ同数。のんびりしていて優しい学生が多いのが特徴です。

2022 年に西日本最大級の医系総合大学となり、医学部の学生が多職種連携を学ぶための環境も充実しています。2026 年に完成予定の新病院には、最新の技術を導入した設備が整う予定です。

学生たちは、勉強に打ち込むだけでなく、サークル活動などの学生生活をエンジョイしています。ぜひ一度、見学にきて、楽しい雰囲気を感じ取ってください。

詳しくは「医学部受験案内」(P.170 参照)

医師をめざす人のための
医学部受験案内

INDEX

■私立大学

■国立大学

■公立大学

本書の使い方

本書は2024年度(令和6年度)入試の受験生向けに、全国の医学部医学科の学科内容、大学データ、入試情報をまとめてあります。入試要項に関する情報は、2023年9月初旬時点で予告されている2024年度入試の情報を掲載していますが、変更の可能性もありますので、志望校が決まったら必ず各大学の「2024年度大学案内・募集概要・募集要項」などを取り寄せて確認してください。

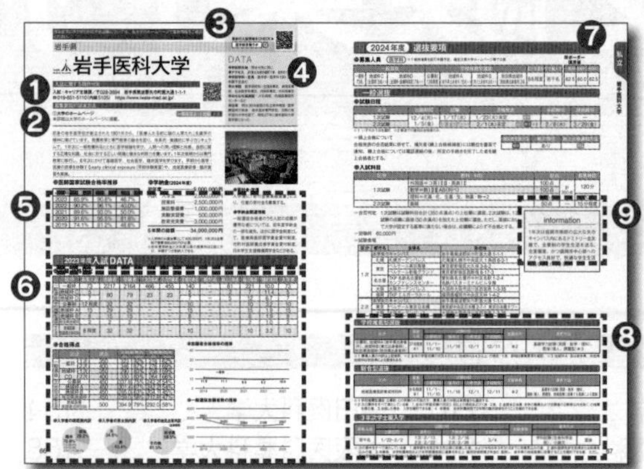

❶入試に関する問合せ先

原則として、当該学部の入試関連の問合せ先を掲載。ホームページのアドレスは、大学(学部・入試情報ページの場合もあり)のアドレスを掲載しました。

❷募集要項の請求方法

選抜要項・募集要項等のおもな請求方法を掲載。

●一般選抜ネット出願　一般入試における出願方法を掲載。

必須	ネット出願が必須
あり	ネット出願あり、書類による出願も可
なし	書類による出願のみ

❸医学部受験ラボ QRコード

アドミッションポリシーとポイントを紹介している「医学部受験ラボ」の各大学のページのURL(QRコード)を掲載。

❹DATA

●学部所在地　入学後に履修するキャンパスの所在地を掲載。
●アクセス　キャンパス所在地への主要な交通アクセスを掲載。
●学部学科・定員　学部・学科と入学定員を掲載。
●大学院　研究科名・専攻名を掲載。
●おもな付属施設　付属病院や研究所などの主要な付属施設を掲載。
●沿革　大学・学部の設立母体・設立年度など歴史を簡単にまとめました。

❺医師国家試験合格率推移・学納金

●医師国家試験合格率推移[私立大のみ]

過去5年分の国家試験合格率の推移を表で示してあります。2023年の受験者数と合格者数は、P.241の「医師国家試験合格率」で確認できます。※データは厚生労働省資料「第117回医師国家試験 学校別合格者状況」に基づく。

●学納金[私立大のみ]

原則として2024年度入学時の初年度納入額と6年間の総額を掲載。2年次以降は、金額が初年度と異なるケースもあります。

●寄付金・学債[私立大のみ]

入学時または入学後に募集する寄付金および学債を掲載。

●学納金関連情報[私立大のみ]

おもに大学独自の奨学金・特待生制度などを紹介しています。

❻2023年度 入試DATA

2023年9月初旬までに判明している、2023年度までの入試結果をまとめました。

●志願・合格状況

2023年度の募集人員、志願者、受験者(1・2次)、合格者(1次・正規・繰上)、補欠者、合格倍率、入学者などの人数を判明分のみ紹介。総合格者は正規合格者と繰上合格者(追加合格者)の合計数、実質合格倍率は「受験者÷総合格者」の数値、正規者合格倍率は「受験者÷正規合格者」の数値、志願者合格倍率は「志願者÷総合格者」の数値です。国公立大の2段階選抜は、下段が予告倍率、上段が実施倍率です。

●合格得点

2023年度入試得点の満点、合格最高点(得点・得点率)、合格最低点(得点・得点率)を判明分のみ掲載。

●合格者(入学者)の現既別内訳/男女別内訳/地元占有率

現既別内訳…2023年度の合格者または入学者の現役・既卒の人数の内訳を判明分のみ記載。
男女別内訳…2023年度の合格者または入学者の男女の人数の内訳を判明分のみ記載。
地元占有率…2023年度の合格者または入学者の大学所在地都道府県出身者または出身校とその他の都道府県の内訳を判明分のみ記載。

●合格倍率の推移[私立大のみ]

一般選抜とセンター利用・大学入学共通テスト利用について、過去5年間の志願者合格倍率(合格倍率)の推移をグラフで記載。

●一般選抜志願者数の推移[私立大のみ]

過去5年間の一般選抜志願者数の推移をグラフで記載。
※センター利用・大学入学共通テスト利用も含めた志願者数を掲載している大学もあります。

❼2024年度 選抜要項

2024年度入試情報について、募集人員、一般選抜日程・科目などを掲載しました。ただし2023年9月初旬時点で募集要項が未確定の場合は、予定情報を掲載しています。これらの情報は変更される場合もありますので、必ず募集要項などを取り寄せて確認してください。

●募集人員

2024年度に募集する、一般選抜、大学入学共通テスト利用、学校推薦型選抜、総合型選抜、編入、帰国生徒等の人数を紹介。2023年9月初旬時点での人員です。地域の医師確保や研究医養成のために定員変更を行う場合があります。

●一般選抜　試験日程

出願期間は、インターネット出願登録期間と書類提出期間を合わせた期間を掲載しています。インターネット出願登録期間と書類提出期間は期間が異なる場合がありますので、必ず募集要項で確認してください。出願受付は郵送や窓口受付など、幾通りかの方法がある場合があります。郵送では必着や消印有効など、締切日が違うこともありますので、必ず募集要項で確認してください。
※感染症等に伴う特別対応や追試験の試験日程等は掲載していません。各大学のホームページで最新情報をチェックしてください。

☞繰上合格について

補欠者の発表方法と補欠順位、繰上合格の通知方法を掲載。

合格発表(補欠・繰上発表)方法は次の通りです。

掲示	大学掲示で発表	TEL	電話で通知、または音声サービス
メール	メールにて通知	ネット	大学ホームページ以外のインターネット・携帯電話サイトによるサービス
HP	大学のホームページで発表	電報	電報で通知
郵便	郵送で通知　※合格者のみ通知の場合もあります。		※2023年度の通知方法が未定の場合は2022年度の実施方法を掲載しています。

●選抜科目

選抜教科・科目の表記は次の通りです。

【教科名】地理歴史→地歴

【科目名】

外国語 コミュニケーション英語基礎→コ英基、コミュニケーション英語Ⅰ→コ英Ⅰ、コミュニケーション英語Ⅱ→コ英Ⅱ、コミュニケーション英語Ⅲ→コ英Ⅲ、英語表現Ⅰ→英表Ⅰ、英語表現Ⅱ→英表Ⅱ、ドイツ語→独、フランス語→仏、中国語→中、韓国語→韓、ロシア語→露

数学 数学Ⅰ→数Ⅰ、数学Ⅱ→数Ⅱ、数学Ⅲ→数Ⅲ、数学A→数A、数学B→数B、数学活用→数活、簿記・会計→簿、情報関係基礎→情報

〈範囲についての省略〉

- 数Ⅰ＝数と式→式、図形と計量→量、二次関数→関、データの分析→デ
- 数Ⅲ＝複素数平面→複、平面上の曲線→曲
- 数A＝場合の数と確率→場、整数の性質→整、図形の性質→図
- 数B＝数列→列、ベクトル→ベ、確率分布と統計的な推測→確

理科 化学基礎→化基、化学→化、生物基礎→生基、生物→生、物理基礎→物基、物理→物

〈範囲についての省略〉

- 化基＝化学と人間生活 →人、物質の構成 →構、物質の変化→変
- 化＝物質の状態と平衡→状、物質の変化と平衡→衡、無機物質の性質と利用→無、有機化合物の性質と利用→有、高分子化合物の性質と利用 →高
- 生基＝生物と遺伝子→遺、生物の体内環境の維持→維、生物の多様性と生態系→多
- 生＝生命現象と物質→象、生殖と発生→殖、生物の環境応答→応、生態と環境→態、生物の進化と系統→系
- 物基＝物体の運動とエネルギー→動、様々な物理現象とエネルギーの利用→エ(熱 →エ①、波→エ②、電気→エ③、エネルギーとその利用→エ④、物理学が拓く世界→エ⑤)
- 物＝様々な運動→運(平面内の運動と剛体のつり合い→運①、運動量→運②、円運動と単振動→運③、万有引力→運④、気体分子の運動→運⑤)、波→波、電気と磁気→電、原子→原(電子と光→原①、原子と原子核→原②、物理学が築く未来→原③)

国語 国語→国、国語総合→国総、国語表現→国表、現代文A→現A、現代文B→現B、古典A→古A、古典B→古B

〈範囲についての省略〉

近代以降の文章→近代、古典(古文・漢文)→古典

地歴 世界史A→世A、世界史B→世B、日本史A→日A、日本史B→日B、地理A→地A、地理B→地B

公民 現代社会→現社、倫理→倫、政治・経済→政経、倫理・政治経済→倫政経

【選択科目について】

選択科目は「→」で表記しました。例えば、「理科＝化、生、物→2」は、「理科は出題する3科目のうち2科目を選択」を意味しています。また、「数学＝数ⅠA(必)、数ⅡB、薄、情報→1の計2」は「数学は数ⅠAが必須で、ほかに1科目選択の計2科目」を意味しています。「国語＝国」「外国語＝英」など「→」を付していない場合は必須科目で、2科目必須の場合は「数学＝数ⅠA、数ⅡB」、3科目必須の場合は「理科＝化、生、物」という表記をしました。

☞合否判定

合否判定の選抜方法、選抜基準を掲載。

☞2段階選抜[国公立大のみ]

2段階選抜実施の有無と実施する時の第1段階選抜基準を掲載。

☞受験料

一般、大学入学共通テスト利用などの受験料を掲載。

☞試験会場

1次試験、2次試験の試験会場について、都市名・会場名・所在地を掲載。マップは紙面の都合上省略することがあります。

●ボーダー偏差値

ボーダーラインは、合否の可能性が50%に分かれるラインを意味します。予想難易度のランクは2023年9月時点のものです。2023年度入試の結果と2024年度の全統模試の志望動向を参考にして設定していますが、今後の模試の志望動向等により変更する可能性があります。また、大学の募集区分も変更の可能性があります。

※ボーダーラインは一般選抜を対象として設定しています。ただし、選考が実技や書類審査のみによって行われる大学や私立大学の後期・Ⅱ期選抜に該当するものは、ボーダーラインを記載していません。

※私立大学の「ボーダー偏差値」は一般方式、「共通テストボーダー得点率」は大学入学共通テスト利用方式のものです。

※ボーダーラインはあくまでも入試の難易度を表したものであり、各大学の教育内容や社会的位置づけを示したものではありません。

❽学校推薦型選抜/総合型選抜/編入学など

実施する場合は、募集人員、条件、選考方法、出願日程、試験日程、合格発表などの概要を掲載。スペースの都合ですべてを記載できない場合もあります。

❾information[私立大のみ]

前年度の入試方法から変更のある大学や、独自の入試方法を採用している大学について、情報を紹介しています。

2023年度の出題傾向と分析［私立大／国公立単科医科大］

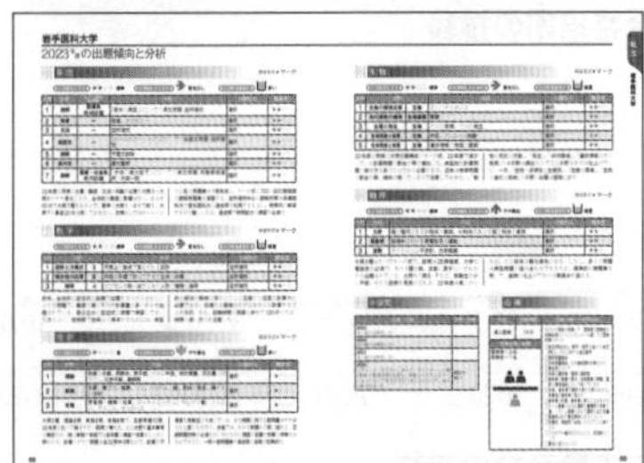

各大学の2023年度の英語、数学、化学、生物、物理の入試科目について、出題形式、難易度、前年との比較、時間に対する分量、そして各教科の傾向と対策を、医系専門予備校メディカルラボが徹底分析しました。また、小論文は過去4年間程度の出題を掲載(判明分のみ)。面接は2023年度に行われた内容を紹介しています。なお、これらのデータは過去問題やそれに基づく分析情報を紹介するものであり、2024年度の予想ではありません。

■出題傾向分析＜英語、数学、化学、生物、物理＞

解答形式

解答用紙の形式が「記述」「マーク」「記述／マーク」のいずれかを示しています。

問題の全体難易度

設問難易度、問題量、出題形式ならびに試験時間を考慮した、総合的な問題全体の難易度を、「難」「やや難」「標準」「易」の4段階で示しています。

前年との難易度比較

前年の出題と比較して、「難化(やや難化)」「変化なし」「易化(やや易化)」で難易度の変化を示しています。

時間に対する分量

時間に対する出題の分量を、「非常に多い」「多い(やや多い)」「適量」「少ない」で示しています

■小論文

過去4年間程度の一般選抜で出題された問題、字数、試験時間を、調査で判明したもののみ掲載しています。「㊡」の記載があるものは、メディカルラボの生徒からの情報を基に作成しています。

■面接

2023年度の一般選抜で実施された面接の、試験時間、面接官・受験生の人数と配置、面接の進行と質問内容を掲載しました。ただし、面接の進行と質問事項は、調査で判明した範囲で掲載しており、実際には、受験生ごとに異なる場合があります。

感染症等に伴う特別対応や追試験については、各大学のホームページで最新情報をご確認ください。

最新の入試情報をCHECK ▶ 医学部受験ラボ

岩手医科大学

Iwate Medical University

入試に関する問合せ先

入試・キャリア支援課／〒028-3694 岩手県紫波郡矢巾町医大通1-1-1
☎019-651-5110（内線5105） https://www.iwate-med.ac.jp/

募集要項の請求方法

①大学のホームページ
※詳細は大学のホームページに掲載。

全選抜ネット出願 必須

DATA

●学部所在地 問合せ先に同じ。
●アクセス JR東北本線矢幅駅下車、徒歩約15分。
●学部学科・定員 医学部＝医学科130（認可申請予定含む）
●大学院 医学研究科＝生理系専攻、病理系専攻、社会医学系専攻、内科系専攻、外科系専攻
●おもな付属施設 大学病院、先端医療研究センターなど
●沿革 明治30年創設の私立岩手病院・医学講習所が前身。岩手医学専門学校、旧制の岩手医科大学を経て、昭和27年に岩手医科大学医学部となった。

前身の岩手医学校が創立された1901年から、「医療人たる前に誠の人間たれ」を建学の精神に掲げています。教養教育と専門教育の融合を図り、体系的・実践的に学ぶカリキュラムで、1年次に一般教養科目とともに医学総論を学び、人間への深い理解と共感、自然に関する正確な知識、社会に対する正しい認識と健全な判断力を養います。1年次後期からは専門教育に移行し、6年次にかけて基礎医学、社会医学、臨床医学を学びます。早期から医学・医療の現場を体験するearly clinical exposure（早期体験実習）や、地域医療研修・臨床実習も実施。

●医師国家試験合格率推移

年＼区分	総計	新卒	既卒
2023	85.9%	90.8%	46.7%
2022	90.2%	96.1%	40.0%
2021	89.6%	93.0%	50.0%
2020	91.6%	95.5%	81.8%
2019	74.1%	81.2%	48.6%

●学納金（2024年度）

初年度……9,000,000円
内訳 入学金……2,000,000円
授業料……2,500,000円
施設整備費……1,000,000円
実験実習費……500,000円
教育充実費……3,000,000円

6年間の総額……34,000,000円

※入学時のみ諸会費として400,000円、1年次は全寮制で寮費880,000円が必要。
※初年度学納金と次年度以降の授業料は2回に分け、半額ずつ分割納入できる。

●寄付金・学債

入学後に「寄付金募集趣意書」により、任意の寄付金を募集する。

●学納金関連情報

一般選抜合格者のうち入試の成績が優秀な者については、初年度学納金の一部を減免。ほかに奨学金制度として、医療局医師奨学資金貸付制度、市町村医師養成修学資金貸付制度、日本学生支援機構奨学金などがある。

2023年度入試DATA

●志願・合格状況

	区分	募集人員	志願者	受験者	1次合格者	2次受験者	正規合格者	補欠者	繰上合格者	総合格者	志願者合格倍率	入学者
一般選抜	一般枠	73	2217	2164	466	455	140	—	81	221	10.0	73
	地域枠C	5	80	79	23	23	5	—	2	7	11.4	5
	地域枠D	7					7	—	5	12	6.7	7
学校推薦型選抜	公募制	12程度	32	32	—	—	10	—	—	10	3.2	10
	地域枠A	15	29	29	—	—	15	—	—	15	1.9	15
	地域枠B	8	15	15	—	—	8	—	—	8	1.9	8
	秋田県地域枠	2	2	2	—	—	2	—	—	2	1.0	2
総合型選抜	地域医療医師育成特別枠	8程度	32	32	—	—	10	—	—	10	3.2	10

●合格得点

	区分		満点	合格最高点 得点	得点率	合格最低点 得点	得点率
一般選抜	一般枠	1次	350	323	92%	216	62%
		2次	400	346	87%	276	69%
	地域枠CD	1次	350	290	83%	208	59%
		2次	400	330	83%	264	66%
学校推薦型選抜	公募制		450	337.8	75%	242.2	54%
	地域枠A		450	301.4	67%	242.2	54%
	地域枠B		450	285.0	63%	204.1	45%
	秋田県地域枠		450	259.0	58%	212.8	47%
総合型選抜	地域医療医師育成特別枠		500	394.9	79%	292.0	58%

●志願者合格倍率の推移

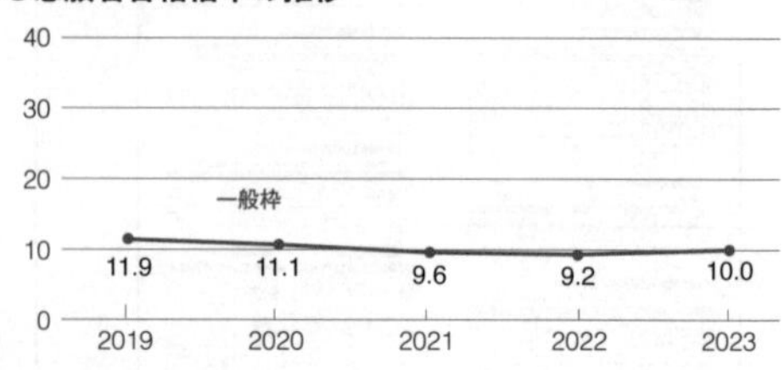

●一般選抜志願者数の推移

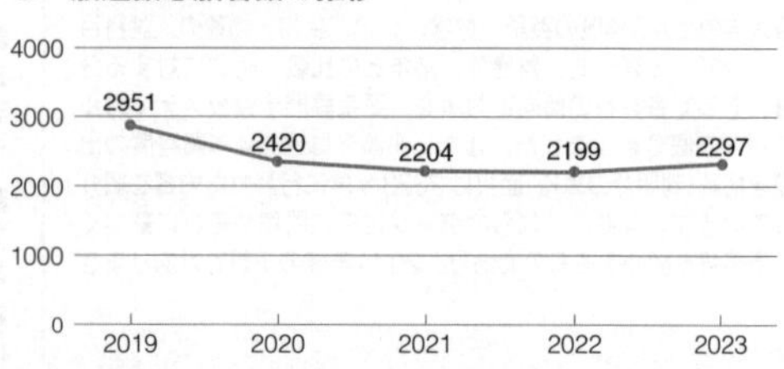

●入学者の現既別内訳

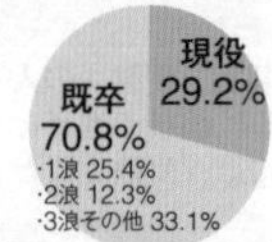

●入学者の男女別内訳

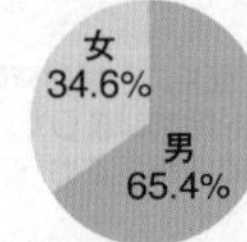

●入学者の地元占有内訳（出身県別）

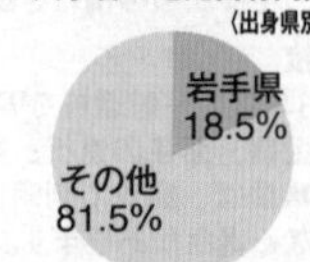

2024年度 選抜要項

●募集人員 （医学科） ※1 継続増員を認可申請予定。確定次第大学ホームページ等で公表。

一般選抜			学校推薦型選抜				総合型選抜	学士編入学
一般枠 73名	地域枠C（全国枠）5名※1	地域枠D（全国枠・診療科指定）7名※1	公募制 12名程度	地域枠A（岩手県出身者枠）15名※1	地域枠B（東北出身者枠）8名※1	秋田県地域枠（秋田県出身者枠）2名	8名程度	若干名

■ボーダー偏差値

一般枠	地域枠C	地域枠D
62.5	60.0	62.5

一般選抜

●試験日程

区分	出願期間	試験	合格発表	手続締切	辞退締切
1次試験	12／4(月)～1／5(金)	1／17(水)	1／23(火)14:00 ネット	—	—
2次試験		1/26(金)か27(土)※1	2／1(木)12:00 ネット 郵便 ※2	2／8(木)	3／29(金)

※1 いずれか1日を選択。※2 郵送での通知は合格者のみ。

☞繰上合格について

合格発表の合否結果に併せて、補欠者(繰上合格候補者)には順位を書面で通知。繰上合格については電話連絡の後、所定の手続きを完了した者を繰上合格者とする。

補欠者発表方法	補欠順位	繰上合格通知方法
郵便	あり	TEL

●入試科目

区分	教科・科目	配点		解答時間
1次試験	外国語＝コ英ⅠⅡⅢ・英表ⅠⅡ	100点	計350点	120分
	数学＝数ⅠⅡⅢAB(列ベ)	100点		
	理科＝化基・化、生基・生、物基・物→2	各75点		120分
2次試験	面接	50点	—	15分程度

☞合否判定　1次試験は試験科目合計(350点満点)の上位順に選抜。2次試験は、1次試験の成績に面接(50点満点)を加えた上位順に選抜。ただし、面接において大学が設定する基準に満たない場合は、成績順によらず不合格とする。

☞受験料　60,000円

☞試験会場

区分	都市名	会場名	所在地
1次	本学矢巾キャンパス		岩手県紫波郡矢巾町医大通 1-1-1
	札幌	札幌ガーデンパレス	北海道札幌市中央区北1条西 6-3-1
	東京	ベルサール高田馬場	東京都新宿区大久保 3-8-2
		ベルサール新宿グランド	東京都新宿区西新宿 8-17-3
	名古屋	TKP 名鉄名古屋駅カンファレンスセンター	愛知県名古屋市中村区名駅 1-2-4 名鉄バスターミナルビル9階
	大阪	大阪ガーデンパレス	大阪府大阪市淀川区西宮原 1-3-35
	福岡	TKP エルガーラホール	福岡県福岡市中央区天神 1-4-2
2次	本学矢巾キャンパス		岩手県紫波郡矢巾町医大通 1-1-1
	東京	ベルサール東京日本橋	東京都中央区日本橋 2-7-1 東京日本橋タワー
	大阪	大阪ガーデンパレス	大阪府大阪市淀川区西宮原 1-3-35

information

1年次は盛岡市南部の広大な矢巾キャンパス内にあるドミトリー圭友館で、全寮制の学生生活を送る。全室個室、かつ盛岡市中心部へのアクセス良好で、快適な学生生活を送ることができる。

学校推薦型選抜

区分	募集人員	試験日程				推薦条件	選考方法
		出願期間	選考日	合格発表	手続締切		
公募制、地域枠A(岩手県出身者枠)、地域枠B(東北出身者枠)、秋田県地域枠(秋田県出身者枠)	37名程度 ※1	11／1～11／10	11／18	12／1	12／11	※2	基礎学力試験(英語・数学・理科)、面接(個人、課題型)※3

※1 募集人員の内訳は上記参照。※2 全体の学習成績の状況4.0以上(地域枠Aは4.3以上)の現役・1浪。詳細は募集要項を確認。※3 地域枠A・Bは岩手県、秋田県地域枠は秋田県による面接もある。

総合型選抜

区分	募集人員	試験日程				受験資格	選考方法
		出願期間	選考日	合格発表	手続締切		
地域医療医師育成特別枠	8名程度 ※1	11／1～11／10	11／18	12／1	12／11	※2	基礎学力試験(英語・数学・理科)、面接(個人、課題型、地域医療に従事する医師による面接)

※1 学校推薦型選抜(公募制)との併願のみ可能だが、募集人員の半数は単願者から選抜する。
※2 次の要件をすべて満たしている者　1.全体の学習成績の状況3.8以上の現役および1浪・2浪。2.圭陵会正会員(本学の職員および志願者の2親等以内を除く)の推薦を得た者。3.合格した場合、入学を確約できる者。4. 卒業後、本学附属病院で2年間の臨床研修を行うことを確約できる者。

3年次学士編入学

募集人員	試験日程				受験資格	選考方法	
	出願期間	選考日	合格発表	手続締切		1次	2次
若干名	1／22～2／2	1次：2／13 2次：2／22	1次：2／16 2次：2／28	3／4	※	学科試験(生命科学全般)、小論文	面接

※ 次の要件をすべて満たしている者　1.歯学部を令和2年3月以降に卒業した者、および令和6年3月31日までに卒業見込みの者。2.歯科医師免許を取得または取得見込みの者。3.卒業後、本学附属病院および本学関連病院に通算6年以上(臨床研修期間2年含む)勤務し、岩手県の地域医療に従事することを確約できる者。ただし、歯科医師国家試験に不合格となった場合は合格を取り消す。

2023年度の出題傾向と分析

英語

解答形式▶マーク

問題の全体難易度 ★★☆☆ 標準　前年との難易度比較 ➡ 変化なし　時間に対する分量 多い

大問	分野	長文の種類 単語数	内容	出題形式	難易度
1	読解	医療系 約400語	「疲労の原因」についての長文問題（空所補充）	選択	★★☆☆
2	発音	―	発音、アクセント	選択	★★☆☆
3	文法	―	空所補充	選択	★★☆☆
4	会話文	―	「ホームスクーリング」についての会話文問題（空所補充）	選択	★★☆☆
5	読解	―	不適文削除	選択	★★☆☆
6	英作文	―	語句整序	選択	★★☆☆
7	読解	医療・社会系 約700語	「子供の視力低下」についての長文問題（同意表現選択・内容一致）	選択	★★☆☆

22年度と同様の分量・難度。文法の知識が必要な大問3と大問6がやや易化したが、全体的な難度に影響はない。およそ60分で大問7題もあるので、素早く大問1～6まで終え、大問7に最低20分は残しておきたい。対策としてはオールインワン系の問題集を1冊完成し、マーク式の700～900語程度の読解問題集を演習する。空所補充中心の読解対策は兵庫医科大や愛知医科大の過去問を利用するとよい。時間内に解答するのが難しいため、過去問で時間配分の練習が必須だ。

数学

解答形式▶マーク

問題の全体難易度 ★★☆☆ 標準　前年との難易度比較 ➡ 変化なし　時間に対する分量  適量

大問	分野		内容	出題形式	難易度
1	図形と方程式	Ⅱ	円周上の動点で定められる図形	空所補充	★★☆☆
2	積分法の応用	Ⅲ	円柱を平面で切ってできる立体の体積	空所補充	★★☆☆
3	確率	A	カプセルを取り出すときの人形の種類の確率	空所補充	★★☆☆

例年、全体的に記述式の試験で出題するのがふさわしいような問題で、難度の高いものや計算量の多いものも出題されている。国公立大の記述式の問題で練習しておいた方がよい。短時間で効率よく得点するためには、典型的な解法が瞬時に浮かぶことと正確かつ迅速な計算力が必要である。日頃から面倒がらずにきちんと計算することも大切。また、試験時間が英語と併せて120分のため、時間の使い方にも注意したい。

化学

解答形式▶マーク

問題の全体難易度 ★☆☆☆ 易　前年との難易度比較  やや易化　時間に対する分量  多い

大問	分野	内容	出題形式	難易度
1	理論	物質の分離、同素体、原子価、イオン半径、相対質量、反応量（グラフ）、化学平衡、融解熱	選択	★☆☆☆
2	無機	水素、貴ガス、塩素、リン、バリウム、銅、気体の発生、陽イオン分析	選択	★☆☆☆
3	有機	芳香族・糖類の性質、ジメチルエーテル、マレイン酸、トルエン、アニリン、セルロース	選択	★☆☆☆

大問3題。理論8問、無機8問、有機6問で、正誤問題12問。22年度と比べて解きやすい設問が増えた。どの分野も基本事項の構成だが、特に無機や有機では各物質の構造や性質をしっかり問われる。計算・グラフ問題は全22問中3問なので、計算が不得意な受験生にも向いている。また時間に対する設問量はやや少なめと感じるだろう。本番では、わかる問題から取り組もう。正誤問題対策が必須だが、そのために用語の定義や物質の特徴をまとめておこう。一問一答問題集や過去問の活用が効果的だ。

生物

解答形式▶マーク

問題の全体難易度 ★★☆☆ 標準　前年との難易度比較  変化なし　時間に対する分量 適量

大問	分野		内容	出題形式	難易度
1	生物の環境応答	生物	ミツバチのダンス	選択	★★☆☆
2	体内環境の維持	生物基礎	腎臓	選択	★★☆☆
3	生殖と発生	生物	ウニの受精、ウニの発生	選択	★★☆☆
4	生命現象と物質	生物	呼吸、アルコール発酵	選択	★★☆☆
5	生命現象と物質	生物	遺伝情報の発現の調節	選択	★★☆☆

22年度と同様に大問5題構成のマーク式。22年度で減少していた計算問題の割合が再び増加した。典型的な計算問題の解き方を身につけておく必要がある。近年は考察問題の割合が高い傾向が続いているので注意しておきたい。「動物の反応と行動」「発生」「体内環境」「遺伝情報とその発現」の4分野は頻出なのでこの分野をまずは仕上げていく。一方、「生物の多様性と生態系」「生態と環境」「生物の進化と系統」の分野の出題は極端に少ない。

物理

解答形式▶マーク

問題の全体難易度 ★★☆☆ 標準　前年との難易度比較  やや難化　時間に対する分量 適量

大問	分野	内容	出題形式	難易度
1	力学	箱と箱内にある小物体の衝突、小物体が入った箱と物体の衝突	選択	★★☆☆
2	電磁気	磁場中における荷電粒子の運動	選択	★★☆☆
3	波動	マイケルソン干渉計、光学距離	選択	★★☆☆

大問3題はすべてマーク式で、設問は25問程度。力学と電磁気が必須で、もう1題が熱、波動、原子のいずれかから出題されている。大問1の問5・7など、受験生が少し戸惑いそうな設問も見受けられる。22年度は易しかったが、ここ数年は難化傾向にある。しかし、多くの問題は典型問題の組み合わせであるため、標準的な問題集を用いて、確実に仕上げておけば高得点も狙える。

小論文

年度／内容	字数／時間
2023 ※小論文は実施しない	
2022 ※小論文は実施しない	
2021 ※小論文は実施しない	
2020 リチャード・セイラー、キャス・サンスティーン著『実践 行動経済学』を読み、患者とのコミュニケーションにおいて気をつけるべきことについて、自分の考えを述べる。	600字 50分

面接

形式	所要時間	面接の進行と質問内容
個人面接	15分	※コロナ感染を考慮して、面接官と受験生は試験会場のパソコンモニターを通しての面接試験となった □自己PR(2分)、長所・短所を含めた自己PRと、それに対する追加質問 □医師志望理由 □本学志望理由、なぜ岩手医科大学なのか □寮生活について □将来の医師像、理想の医師像 □岩手県の医療の現状、地域医療の課題、医師の偏在指数について知っているか □将来、岩手県で医師を続ける気はあるか、卒業後は岩手県に残るか □岩手県の印象、岩手県に来たことはあるか □チーム医療における医師と看護師の役割の違い。チーム医療における医師の立ち位置 □医療系以外で最近興味のあるニュース □併願校、複数校に合格したらどこに入学するか □これまで一番力を入れたこと、部活動について □最後に伝えたいこと
面接会場の配置 面接官＝2名 受験生＝1名		

感染症等に伴う特別対応や追試験については、各大学のホームページで最新情報をご確認ください。

最新の入試情報をCHECK ▶

宮城県

東北医科薬科大学

入試に関する問合せ先

東北医科薬科大学 学務部入試課／〒981-8558 宮城県仙台市青葉区小松島4-4-1
☎022-234-4181（代表） https://www.tohoku-mpu.ac.jp/

募集要項の請求方法

①大学のホームページ ②テレメール
※詳細は大学のホームページに掲載。

一般選抜ネット出願 必須

DATA

●**学部所在地** 問合せ先に同じ。3年次以降、福室キャンパス
●**アクセス** 【小松島キャンパス】JR仙山線東照宮駅下車、徒歩15分。JR仙台駅から市バスで東北医科薬科大・東北高校前下車、徒歩約1分。地下鉄南北線台原駅下車、徒歩15分。【福室キャンパス】JR仙石線陸前高砂駅下車、徒歩7分。JR仙台駅から市バスで東北医科薬科大学病院入口下車、徒歩3分。JR仙台駅から宮交バスで陸前高砂駅下車、徒歩7分。
●**学部学科・定員** 医学部＝医学科100
●**大学院** 医学研究科
●**おもな付属施設** 大学病院、若林病院、メディカルトレーニングセンター
●**沿革** 1939年に東北薬学専門学校として創立。1949年に東北薬科大学薬学部薬学科を開設。2016年4月に医学部を新設し、大学名称を東北医科薬科大学に変更。

東北地方の地域医療を支える総合診療医の育成を目指し2016年に医学部を開設し、2022年3月に1期生が卒業。医学教育分野別評価基準に対応した教育カリキュラムに加え、本学ならではの薬学教育の実績を生かした薬学の基礎知識、東北の立地を生かした地域医療や災害医療教育を学び、総合診療力のある医師の養成を目指します。低学年での地域医療体験学習から高学年での滞在型臨床実習に至る地域医療教育では、幅広い医学知識を身につけるだけではなく、多職種連携による医療や、地域、患者に根ざした医療を学び、多様なニーズに対応できる総合的な診療能力を養うとともに、高度医療を学べる環境も整備しています。また、学生を経済的に支援する「東北地域医療支援修学資金制度（最大3,000万円）」を設けているのも特徴です。

●医師国家試験合格率

年＼区分	総計	新卒	既卒
2023	98.9%	98.9%	100.0%
2022	96.8%	96.8%	—

3年次からの修学の場となる福室キャンパスでは本格的な基礎・臨床医学の教育と研究が行われている。

●学納金（2024年度）

初年度	6,500,000円
内訳 入学金	1,000,000円
授業料	3,000,000円
施設設備費	1,000,000円
教育充実費	1,500,000円
6年間の総額	34,000,000円

※上記学納金とは別に諸会費（学生会費、同窓会終身会費など）を委託徴収。

●寄付金・学債

入学後、任意で教育研究協力資金を募集する。

●学納金関連情報

卒業後、医師として東北の地域医療に一定期間従事することで貸与金額が全額返還免除となる「修学資金制度」を設けている。A方式（3,000万円貸与）・B方式（1,500万円貸与＋各県の修学資金約1,100万円〜）。どちらも全国どこの居住地であっても受験が可能。

2023年度入試DATA

●志願・合格状況

区分		募集人員	志願者	受験者	1次合格者	2次受験者	正規合格者	補欠者	繰上合格者	総合格者	志願者合格倍率	入学者
一般選抜	一般枠 修学資金枠A方式 修学資金枠B方式	95	1733	1679	554	498	135	非公表	186	321	5.4	93
共通テスト利用選抜		5	73	73	48	22	8	非公表	14	22	3.3	7

●合格得点

区分		満点	合格最高点 得点	合格最高点 得点率	合格最低点 得点	合格最低点 得点率
一般選抜	一般枠	400	非公表	—	非公表	—
	修学資金枠A方式	400	非公表	—	非公表	—
	修学資金枠B方式	400	非公表	—	非公表	—
共通テスト利用選抜		700	非公表	—	非公表	—

●志願者合格倍率の推移

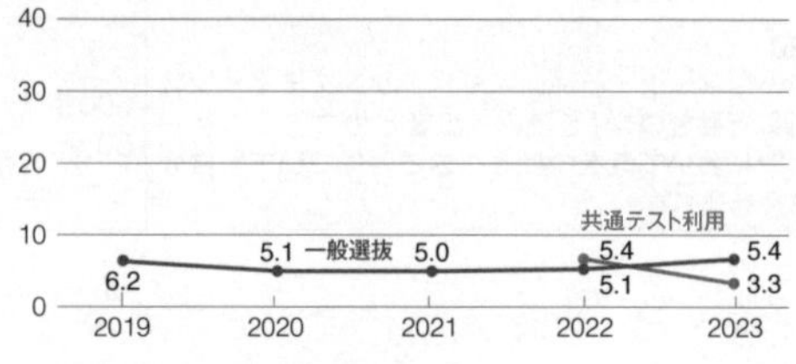

●一般選抜志願者数の推移

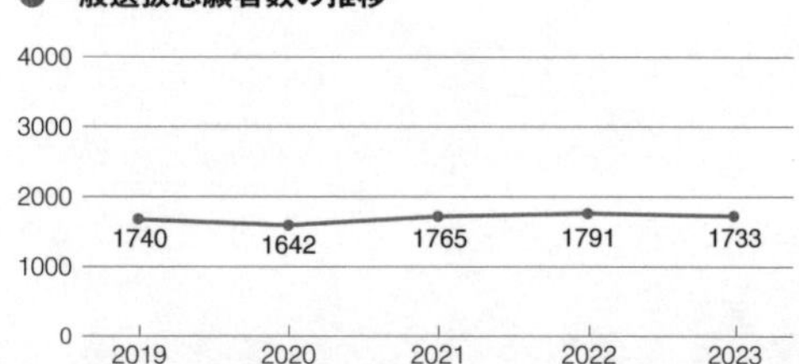

●入学者の現既別内訳

非公表

●入学者の男女別内訳

女 45名
男 55名

●入学者の地元占有率（出身校）

宮城県 19名
その他 81名

2024年度 選抜要項

●募集人員 (医学科)

一般選抜			共通テスト利用
一般枠	修学資金枠A方式	修学資金枠B方式	一般枠
40名	35名※1	20名※2	5名

■ボーダー偏差値

一般枠	修学資金枠A	修学資金枠B
65.0	65.0	

■共テボーダー得点率

共テ枠
83%

※1 宮城県30名、青森県、岩手県、秋田県、山形県、福島県各1名。
※2 青森県、岩手県、秋田県、山形県、福島県で合わせて20名。

一般選抜

●試験日程 インターネット出願登録+書類提出

※1 大学入試センターへ出願する。

区分		出願期間	試験	合格発表	手続締切	辞退締切
一般選抜	1次試験	12/6(水)~1/7(日)※2	1/20(土)	1/26(金) 16:00 HP	—	—
	2次試験		2/3(土)か2/4(日)※3	2/9(金) 16:00 HP 郵便	2/21(水)※4	3/29(金)※6
共通テスト利用選抜	共通テスト	9/25(月)~10/5(木)※1	1/13(土)・14(日)	2/27(火) 16:00 HP	—	—
	2次試験	1/15(月)~2/15(木)※2	3/6(水)	3/12(火) 16:00 HP 郵便	3/19(火)※5	3/29(金)※6

※2 締切日必着。※3 いずれか1日を大学が指定。※4 納付金締切日。書類手続締切日は3/7(木)。※5 納付金締切日。書類手続締切日は3/25(月)。※6 必着。大学窓口は3/29(金)9:00~11:30のみ受付。
※一般枠、修学資金枠A方式、B方式のいずれも一般選抜として同時に行う。※一般枠、修学資金枠A方式、B方式は希望順位を付けて出願することができる(共通テスト利用選抜は該当しない)。 ※2次試験は1次試験合格者のみ実施する。※2次試験の郵送での通知は合格者のみ。

☞繰上合格について
一般選抜の繰上合格は、「繰上合格対象者」の中から成績順位と希望枠・方式に従って決定する。すでに合格し、入学手続を完了している場合も、欠員状況に応じて上位の希望枠・方式へ自動的に繰上を行う。この際、いかなる理由があっても、その時点で合格(手続)している枠・方式に留まることはできないので、出願の際には希望しない枠・方式は選択しないこと。一般・大学入学共通テスト利用選抜ともに繰上合格者には、4月上旬までに電話連絡する。1日経過しても連絡がつかない場合等は入学の意思が無いものと見なし、次の「繰上合格対象者」を合格者として処理する場合がある。

補欠者発表方法	補欠順位	繰上合格通知方法
なし	なし	TEL

●選抜科目

区分		教科・科目	配点		解答時間
一般選抜	1次試験	外国語=コ英ⅠⅡⅢ・英表ⅠⅡ	100点	計400点	70分
		数学=数ⅠⅡⅢAB	100点		70分
		理科=化基・化、生基・生、物基・物→2	200点		120分
	2次試験	小論文	5段階評価を点数化	—	60分
		面接	5段階評価を点数化	—	—
共通テスト利用	共通テスト	外国語=英(R:L=1:1)	200点	計700点	R80分 L60分(解30分)
		数学=数ⅠA、数ⅡB	200点		数ⅠA70分 数ⅡB60分
		理科=化、生、物→2	200点		各60分
		国語=国(古文・漢文を除く)	100点		80分
	2次試験	面接	5段階評価を点数化	—	—

☞合否判定 提出書類、1次/共テおよび小論文(一般選抜)や面接の結果より総合的に判定する。
☞受験料 一般選抜60,000円 共通テスト利用35,000円
☞試験会場 ※東京会場は大学が指定する。

区分	都市名	会場名	所在地
一般選抜1次	本学小松島キャンパス		宮城県仙台市青葉区小松島4-4-1
	札幌	ACU-A(アスティ45)	北海道札幌市中央区北4条西5丁目
	東京	ベルサール渋谷ガーデン	東京都渋谷区南平台町16-17
		TOC有明	東京都江東区有明3-5-7
	大阪	天満研修センター	大阪府大阪市北区錦町2-21
一般選抜・共テ2次	本学小松島キャンパス		宮城県仙台市青葉区小松島4-4-1

■本学(東北医科薬科大学)
JR仙山線東照宮駅下車、徒歩15分。JR仙台駅から市バスで東北医科薬科大・東北高校前下車、徒歩約1分。

■東京・ベルサール渋谷ガーデン
JR山手線、東京メトロ銀座線・半蔵門線・副都心線、東急東横線渋谷駅下車、徒歩約10分。京王井の頭線神泉駅下車徒歩6分。

information

募集人員100名のうち修学資金枠が55名(A35名・B20名)を占めている。修学資金枠は宮城県をはじめ東北6県の地域医療に従事することを誓約できる者を対象に、修学資金が貸与され、卒業後に一定期間、医師として勤務することで返還が免除される。貸与額などの詳細は県によって異なるため、募集要項等で確認しておくこと。

学校推薦型選抜 実施しない。
総合型選抜 実施しない。
編入学 実施しない。

東北医科薬科大学

2023年度の出題傾向と分析

英語

解答形式▶マーク

問題の全体難易度 ★★☆☆ 標準　前年との難易度比較 変化なし　時間に対する分量 適量

大問	分野	長文の種類 単語数	内容	出題形式	難易度
1	読解	科学系 約400語	「プラスチックを分解する湖のバクテリア」についての長文問題(同意語選択・語句整序・空所補充・和訳文選択・主題選択)	選択	★★☆☆
2	読解	医療系 約650語	「幼い子供たちの間で広まる肝炎」についての長文問題(内容一致・同意表現選択・同意語選択・文補充)	選択	★★☆☆
3	文法	ー	誤り指摘	選択	★★★☆
4	英作文	ー	語句整序	選択	★★☆☆

出題形式・難度ともに変化なし。23年度は大問２の医療系長文がやや読みにくい印象を受けるが、設問が非常に易しいため正解は容易だ。大問３の誤り指摘は文構造を把握できないと正解にたどり着けない。大問４の語句整序は和訳が与えられており、さらにすべての設問に熟語が含まれるため、それらを覚えていれば問題なく解答できる。対策としてはマーク式の500～700語程度の読解問題集を演習し、選択肢の吟味を心がけるとよい。大問３対策として英文の構造分析は欠かせない。最後に熟語の暗記と語句整序の練習をすれば高得点が取れるはず。

数学

解答形式▶マーク

問題の全体難易度 ★★☆☆ 標準　前年との難易度比較 変化なし　時間に対する分量  適量

大問	分野		内容	出題形式	難易度
1	積分法の応用	Ⅲ	サイクロイド曲線の接線、法線、面積	空所補充	★★☆☆
2	確率	A	４桁の整数が倍数となる確率	空所補充	★★☆☆
3	積分法の応用	Ⅲ	置換積分、部分分数分解による分数関数の定積分	空所補充	★★☆☆

毎年、出題単元が大きく変わっており、23年度は２題が数学Ⅲの積分法、１題が数え上げによる確率であった。過去の出題範囲にとらわれず多くの大学で頻出の内容を学習しておくべきだろう。例年、計算量が多い問題が出題されるので典型問題の解法がすぐに頭に浮かぶようにしておくとともに、正確かつ迅速な計算を行えるよう練習しておくことが重要。基本的な解法を習得した後、同じ誘導形式の他大学の過去問で練習するとよい。

化学

解答形式▶マーク

問題の全体難易度 ★☆☆☆ 易　前年との難易度比較 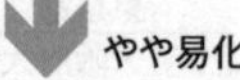 やや易化　時間に対する分量  多い

大問	分野	内容	出題形式	難易度
1	理論	分子間力、ファンデルワールス力、水素結合、様々な結晶、ドライアイス、面心立方格子	空所補充・選択	★☆☆☆
2	理論	窒素酸化物の化学平衡、解離度、熱化学	空所補充・選択	★★☆☆
3	無機	陽イオンの定性分析、錯イオンの構造と色	空所補充・選択	★☆☆☆
4	有機	アルケンの酸化開裂(オゾン分解)	空所補充・選択	★☆☆☆

大問4題。理論２題、無機１題、有機１題とバランスのよい出題だ。例年より解きやすい問題が増えた。設問数は25問だった。誤文より正文の組み合わせを解答にする設問が多い。23年度も高分子化合物の出題がなかった一方、シクロアルカンの立体異性体で点差がついた。計算問題も多いため、概算での計算などでスピードを上げるとよい。ここ数年、天然高分子からの出題がないので、今後も注意しておこう。計算問題と正誤問題の演習量を増やしておくことが合格の近道だ。

生物

解答形式▶マーク

問題の全体難易度 ★★☆☆ 標準　前年との難易度比較  やや易化　時間に対する分量  多い

大問	分野		内容	出題形式	難易度
1	生命現象と物質	生物	タンパク質の輸送	選択	★★★☆
2	体内環境の維持	生物基礎	自律神経とホルモン	選択	★★☆☆
3	生物と遺伝子	生物基礎	遺伝の法則	選択	★★☆☆

例年通りマーク式。22年度は大問4題構成だったが、23年度は21年度までと同様に大問3題構成に戻った。大問1題が残りの大問と比較して極端に難しくなっているという傾向は変わらず、20～22年度までと同様に23年度も大問1が非常に解きにくい問題になっていた。最初に全体を見渡し、解きにくい問題を避けて、比較的解きやすい大問から手をつけるようにする。23年度は出題されていないが、遺伝子に関する問題は頻出なので、しっかりとした対策をしておきたい。

物理

解答形式▶マーク

問題の全体難易度 ★★☆☆ 標準　前年との難易度比較 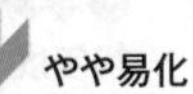 やや易化　時間に対する分量  非常に多い

大問	分野	内容	出題形式	難易度
1	力学	ばねのついた2物体の運動	選択	★★☆☆
2	電磁気	RLC 直流回路	選択	★★☆☆
3	波動	音波と共鳴	選択	★★☆☆

力学と電磁気は必須で、熱力学と波動が隔年で出題されている。大問は3題だが設問数は多く、時間内にすべてを解答するのは難しいことが多い。例年、大問3についてはやや難度が高い問題が出題されているが、23年度は難度は抑えられていたものの分量が増えた。見慣れない問題が出題されることがあるが、落ち着いて誘導に乗ることで、解答を進めることができる。過去問演習を通して、誘導に乗る練習をしていきたい。また問題数が非常に多く、素早い計算を要するので、標準～やや難レベルの問題集を解いて、数式処理に慣れておきたい。

小論文

年度／内容	字数／時間
2023 ⊗(2/4実施)「医師と薬剤師の年齢層ごとの女性の割合」のグラフを見て、医師は年齢が上がるにつれて割合が減少するが、薬剤師にはその傾向が見られない。その理由を述べて、医療現場の問題点と解決策について自分の考えを述べる。 ⊗(2/5実施)「平成30～令和3年度の青少年のインターネット利用環境実態調査」のグラフと「青少年のインターネット利用時間の経年比較」の表を見て、青少年のインターネット利用に関する問題点を挙げて、その対策について自分の考えを述べる。	600字 60分
2022 ⊗(2/5実施)年次別・年齢階級別の自殺者数グラフから読み取れることと、その理由を述べる。 ⊗(2/6実施)47都道府県別に、脳血管疾患で救急搬送された患者の平均搬送時間と死亡率のグラフを見て、地域差の理由と解決策を述べる。	600字 60分
2021 ⊗バリアフリーを実現するためにあなたは何ができるか。 ⊗治療法のない患者の中には、生きる望みを失っている者もいる。そのような患者に対して周囲はどのようにかかわるべきか。	600字 60分
2020 ⊗我が国の高齢化率は、30年後に40%近くに達し、未曽有の超高齢社会を迎える。これを前にどのような施策が必要かを述べる。 ⊗様々な個性が混在する社会での「調和」について、自分の考えを述べる。	600字 60分

⊗は、メディカルラボの生徒からの情報を基に作成。

面接

形式	所要時間	面接の進行と質問内容
個人面接	15分	□仙台に来たことはあるか、東北地方に来たことはあるか □卒業後に東北に残るか □日本における東北地方の役割と良いところ □友人は何人いるか、仲良くなった経緯、その友人の尊敬できるところ □親しい友人の1人について紹介する □戦争を終わらせる方法 □原発を再開するという話があるがどう思うか □医師志望理由 □本学志望理由、なぜ修学資金枠に出願しなかったか □将来の医師像 □併願校 □最後に意気込みを

面接会場の配置

面接官＝3名
受験生＝1名

最新の入試情報をCHECK▶ 医学部受験ラボ

栃木県

入試に関する問合せ先

学事課入試広報係／〒329-0498　栃木県下野市薬師寺3311-1
☎0285-58-7045　https://www.jichi.ac.jp/

募集要項の請求方法

①大学のホームページ　②テレメール　③学事課あて郵送
④本学および都道府県庁窓口で配布
※詳細は大学のホームページに掲載。

一般選抜ネット出願 なし

DATA

●**学部所在地**　問合せ先に同じ。
●**アクセス**　JR宇都宮線（東北本線）自治医大駅下車、徒歩約15分。
●**学部学科・定員**　医学部＝医学科100
●**大学院**　医学研究科＝（修士）医科学専攻、（博士）地域医療学系専攻、人間生物学系専攻、環境生態学系専攻
●**おもな付属施設**　附属病院、とちぎ子ども医療センター、附属さいたま医療センター、地域医療学センター、分子病態治療研究センターなど。●**沿革**　昭和47年に開学した。

地域医療を担う医師の養成を目的として、全国の都道府県が共同して1972年に設立した大学です。教育目標は「豊かな人間性」と「広い視野」を持つ総合医の育成。6年間の教育期間を通じて一貫したカリキュラムを組み、低学年から臨床医学との関連を重視して、総合医療に関連した教育に力を入れています。4年次という早い時期から臨床実習（BSL：Bed Side Learning）を行うのも特徴。また、在学6年間を通して全寮制で、自律協調の精神と責任感を培います。卒業後は、習得した医学知識・技術、使命感をもって出身都道府県に戻り、医療に従事します。修学にかかる費用を貸与し、卒業後、所定の期間、学校法人が知事の意見を聴いて指定する公立病院などに勤務した場合は、その返還が免除されることになっています。

●医師国家試験合格率推移

年＼区分	総計	新卒	既卒
2023	99.2%	99.2%	—
2022	100%	100%	—
2021	100%	100%	—
2020	100%	100%	100%
2019	99.2%	100%	0%

●学納金（2024年度）

初年度	5,000,000円
内訳　入学金	1,000,000円
授業料	1,800,000円
実験実習費	500,000円
施設設備費	1,300,000円
入学時学業準備費	400,000円
6年間の総額	23,000,000円

●寄付金・学債

なし。

●学納金関連情報

修学資金貸与制度は入学金など学生納付金を貸与する制度。入学者は全員、学生納付金の準備の必要はない。大学を卒業後、引き続いて学校法人が出身都道府県知事の意見を聴いて指定する公立病院などに医師として勤務し、その勤務期間が修学資金の貸与を受けた期間の2分の3に相当する期間に達した場合は、返還が免除される。ほかに、奨学資金貸与制度（月額5万円を貸与）などがある。

2023年度入試DATA

●志願・合格状況

区分	募集人員	志願者	受験者	1次合格者	2次受験者	正規合格者	補欠者	繰上合格者	総合格者	志願者正規合格倍率	入学者
一般選抜	123※	1923	1829	534	506	123	335	非公表	非公表	15.6	123

※栃木県地域枠3名を含む。

●合格得点

区分	満点	合格最高点		合格最低点	
		得点	得点率	得点	得点率
一般選抜	非公表	非公表	—	非公表	—

●入学者の現既別内訳

●入学者の男女別内訳

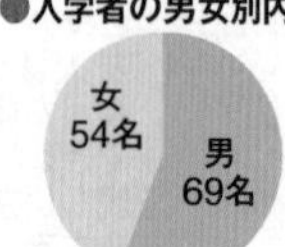

●入学者の地元占有内訳（出身校）

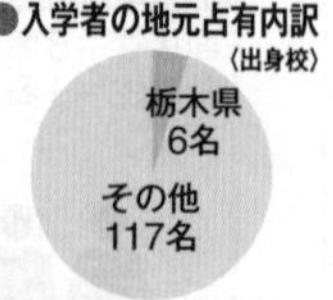

●志願者正規合格倍率の推移

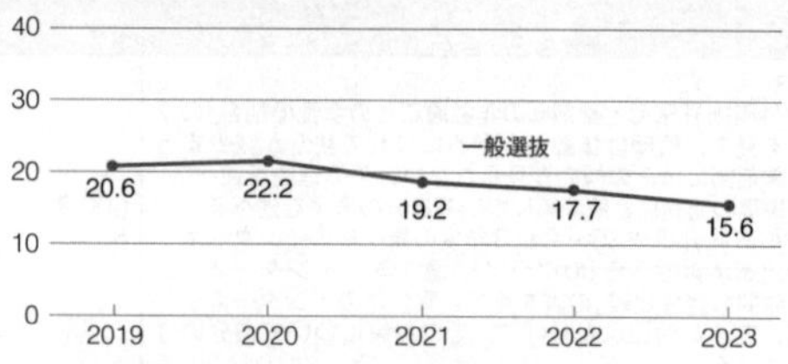

●一般選抜志願者数の推移

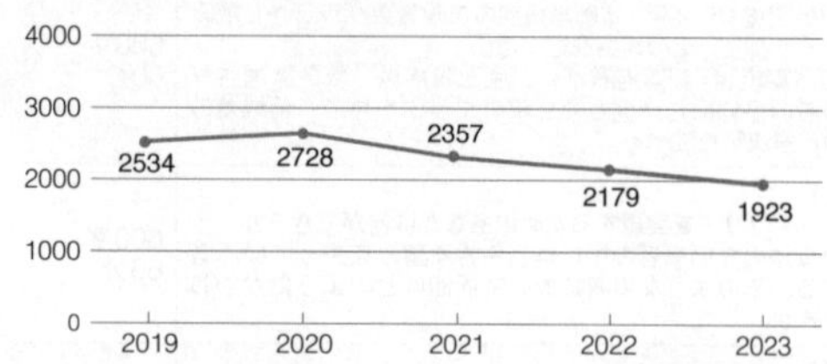

2024年度 選抜要項

●募集人員 （医学科）

一般選抜
100名

※全都道府県において2名または3名ずつ、栃木県は地域枠3名を含む5名または6名。計123名となるよう、関係機関と調整中。

■ボーダー偏差値

一般枠
67.5

一般選抜

●試験日程

区分	出願期間	試験	合格発表	手続締切	辞退締切
1次試験	1/4(木)~1/17(水)※1	学力 1/22(月)	1/23(火) 9:00までに 掲示 ※2	—	—
		面接 1/23(火)※3	1/26(金) 13:00 掲示 郵便	—	—
2次試験		1/31(水)	2/9(金) 17:00 HP 郵便	2/25(日)・3/12(火)※4	—

※1 提出先は第1次試験会場となる都道府県庁の入試担当課。直接持参の場合は1/17(水)17:00まで。郵送の場合は書留速達郵便または簡易書留速達郵便にて、1/16(火)消印有効。
※2 1次試験学力試験及第者の発表は各都道府県の指定する場所にて行う。※3 1次試験学力試験及第者のみ実施。
※4 入学手続きは、出願地の都道府県庁の入試担当課において、両日とも本人が行わなければ失格となる。

☞繰上合格について
2次試験合格発表時に補欠者も発表。入学手続状況により欠員が生じた場合、補欠者の中から繰上合格者を順次決定し、電話および郵送で連絡する。

補欠者発表方法	補欠順位	繰上合格通知方法
HP	なし	TEL 郵便

●入試科目

区分	教科・科目	配点		解答時間
1次試験	外国語＝コ英ⅠⅡⅢ・英表ⅠⅡ	25点	計100点	60分
	数学＝数ⅠⅡⅢAB(列べ)	25点		80分
	理科＝化基・化、生基・生、物基・物→2	各25点		80分
	面接＝学力試験の及第者のみ実施する。	—		—
2次試験	外国語＝コ英ⅠⅡⅢ・英表ⅠⅡ	12.5点	計25点	30分
	数学＝数ⅠⅡⅢAB(列べ)	12.5点		30分
	面接＝都道府県単位での集団面接と個人面接を行う。	—	—	集団面接：約20分 個人面接：約10~15分

☞合否判定 1次試験・2次試験の学力試験・面接試験および出身学校長から提出された必要書類により総合判断するとともに、本学の建学の趣旨を理解し、進んで本学で学ぶ意思が確認できる者を各都道府県から若干名ずつ選抜する。

☞受験料 20,000円

☞試験会場

区分	都市名	会場名	所在地
1次	各都道府県	出願地となる都道府県が指定する場所。 募集要項にて確認。 学力試験と面接試験の会場が異なる場合がある。	
2次	本学キャンパス		栃木県下野市薬師寺 3311-1

■本学（自治医科大学）
JR宇都宮線（東北本線）自治医大駅下車、徒歩約15分。または接続バスで約5分。

information

1次試験は出願した都道府県で実施され、その合格者が本学で2次試験を受験。都道府県ごとに合格者を決定するので競争率やボーダーラインは都道府県で異なる。出願地は、(1)志願者の出身高校の所在する都道府県、(2)志願者の現居住地の都道府県、(3)志願者の父母等の居住する都道府県、のいずれかを選べる。1次試験では学科試験の及第者に面接を課すが、及第者は1/23(火)の9:00までに発表される。2次試験は全都道府県を3グループに分けて行うため、グループで試験時間が異なるので注意したい。

学校推薦型選抜 実施しない。

総合型選抜 実施しない。

編入学 実施しない。

自治医科大学

2023年度の出題傾向と分析

英語

解答形式▶マーク

問題の全体難易度 ★★★☆ やや難　前年との難易度比較  やや難化　時間に対する分量 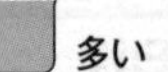 多い

大問	分野	長文の種類 単語数	内容	出題形式	難易度
1	読解	社会系 約550語	「クラウドの維持がもたらす環境問題」についての長文問題(空所補充・同意表現選択・内容説明・内容一致・同意語選択)	選択	★★★☆
2	読解	社会系 約500語	「アメリカ合衆国への移民の健全さ」についての長文問題(同意表現選択・内容一致・空所補充)	選択	★★☆☆
3	読解	医療系 約550語	「日本の解剖学の進歩」についての長文問題(空所補充・内容一致・同意語選択・同意表現選択・主題選択)	選択	★★☆☆

大問3題ですべて読解という形式は例年通りだが、設問内容がやや変化した。空所補充で複数箇所の組み合わせを選ぶ問いが増えた。その他に比喩内容を選ぶ問題や後続する文を選ぶ問題など、例年にはないものが散見された。特に大問1の英文内容と問いが両方とも難しかったことと、すべての大問に新形式の設問が増えたことからやや難化した。対策としては語彙力の向上が必須。新形式に対応するには内容の本質的な理解も欠かせない。抽象的な内容の英文は具体的な内容に落としこむなど工夫して練習をする。

数学

解答形式▶マーク

問題の全体難易度 ★☆☆☆ 易　前年との難易度比較 変化なし　時間に対する分量 多い

大問	分野		内容	出題形式	難易度
1	複素数と方程式	Ⅱ	因数定理	空所補充	★☆☆☆
2	対数関数	Ⅱ	対数方程式	空所補充	★☆☆☆
3	三角関数	Ⅱ	実数解をもつ条件	空所補充	★☆☆☆
4	整数の性質	A	倍数判定法	空所補充	★☆☆☆
5	指数	Ⅱ	３乗根	空所補充	★☆☆☆
6	複素数平面	Ⅲ	正の実数となる条件	空所補充	★☆☆☆
7	整数の性質	A	不定方程式	空所補充	★☆☆☆
8	２次関数	Ⅰ	絶対値を含む関数と直線が共有点を３個もつ条件	空所補充	★☆☆☆
9	場合の数	A	長方形に含まれる正方形の個数	空所補充	★☆☆☆
10	図形と計量	Ⅰ	三角形の面積と外接円の半径	空所補充	★☆☆☆
11	積分法	Ⅱ	直線と３次曲線で囲まれる２つの面積の一致	空所補充	★☆☆☆
12	微分法	Ⅱ	対数関数の最小値	空所補充	★☆☆☆
13	積分法の応用	Ⅲ	２本の曲線で囲まれた部分の面積	空所補充	★☆☆☆
14、15、16、17	空間ベクトル	B	内積、三角形の面積、垂線の足、四面体の体積	空所補充	★★☆☆
18、19、20、21	数列、極限	B、Ⅲ	漸化式で定められる数列の一般項、和、極限	空所補充	★★☆☆
22、23、24、25	微分法、積分法	Ⅱ	極値をもつ条件、極値の差、極大値、定積分	空所補充	★★☆☆

23年度は1～13は小問(1～12は答えがすべて１桁の整数となるように作られていた)、14～17、18～21、22～25がそれぞれ大問扱いの形式だった。ほぼすべての範囲から出題されているが、コロナ禍以降は数学Ⅲからの出題数が激減している。例年、小問は基本的な問題が中心で、わずかな時間で解答できる問題が多い。そのため、確実に解ける問題を解いていくなど、要領よく処理していく必要がある。教科書傍用問題集などで短時間に多くの問題を解く練習をするとよい。また、大問は有名テーマが出題されているので標準的な問題集に取り組んでおくと効果的だろう。

化学

解答形式▶マーク

問題の全体難易度 ★★☆☆ 標準　前年との難易度比較 変化なし　時間に対する分量 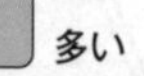 多い

	分野	内容	出題形式	難易度
小問25問	理論、無機、有機	コロイド、溶液調製、圧力、物質の構成粒子、陽イオン交換膜法、溶解度積、ハロゲン、鉄の製錬、酸化還元滴定、油脂、浸透圧、異性体有機の反応、芳香族の反応と性質、糖糖、ナイロン66、アミノ酸、合成樹脂（付加縮合）	選択	★★☆☆

小問集合25問。私立大医学部では最短の解答時間(理科2科目あたり80分)。近年、小問を数問まとめた出題が続いており、23年度は5セット(22年度は6セット)だった。正誤問題では該当する選択肢の数を問う形式や正解の組み合わせを選ぶ形式があった。例年、知識、計算ともに、解答の高い精度が要求される。試験時間が短いため、読解力も含めた解答スピードを上げよう。例年、合成高分子化合物まで出題されるので、本学過去問を活用して、しっかり出題内容をつかんでおこう。

生物

解答形式▶マーク

問題の全体難易度 ★★☆☆ 標準　前年との難易度比較  変化なし　時間に対する分量  多い

大問	分野		内容	出題形式	難易度
1	小問集合	生物、生物基礎	ホルモン、呼吸と発酵、ヒトの心臓、食作用、細胞骨格、ヌクレオチドの構造、ABCモデル、遺伝、色覚異常、植物の生殖、筋収縮、予定運命図、アメフラシの慣れ、物質収支、光合成、個体数の増減、進化、乳酸脱水素酵素、遺伝子頻度	選択	★★☆☆

22年度と同様に小問25題構成のマーク式。生物・生物基礎の全範囲から出題されている。19年度以降は小問数題で構成される問題も出題されている。少し出題のされ方が変化したとはいえ、通常の小問集合の問題と大差はない。問題自体の難度が高いものはそう多くないが、1教科あたり40分の時間で25題を解くのはかなり大変と言える。過去問で時間配分の感覚をつかむ訓練をしておく必要がある。

物理

解答形式▶マーク

問題の全体難易度 ★☆☆☆ 易　前年との難易度比較  やや易　時間に対する分量 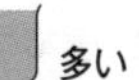 多い

大問	分野	内容	出題形式	難易度
小問集合	電磁気、原子、波動熱、力学	コンデンサー、抵抗、交流（コイル）、誘導起電力、電場中での荷電粒子の運動、α・β・γ線、核反応、光電効果、ドップラー効果、固有振動、レンズ、くさび形干渉、熱量保存則、気体の変化、単原子分子理想気体の並進運動エネルギー、浮力の単振動、運動方程式、ケプラーの法則、偶力のモーメント、水銀柱、鉛直面内での円運動	選択	★★☆☆

小問25題構成。共通テスト以前のセンター試験と同じレベルの問題が多くを占めるが、試験時間に対して問題量が多いため、時間的余裕はない。原子分野を含めた物理基礎と物理の全分野から出題される。基本的な問題が多いが、中には時間のかかる数値計算など、受験生が手間取る問題も見られる。センター試験（本試・追試）の過去問などを用いて、手際よく計算を処理する練習を行い、満点近い点数を獲得する訓練を積んでおくとよい。

小論文

年度／内容	字数／時間
2023 ※小論文は実施しない	
2022 ※小論文は実施しない	
2021 ※小論文は実施しない	
2020 ①西尾幹二著『人生について』を読み、著者に反論する。 ②藤元宏和著『細胞夜話』を読み、ラックス家の立場で、Johns Hopkins Hospitalへの抗議を論述する。	各400~500字 90分

面接

形式	所要時間	面接の進行と質問内容
（1次） 個人面接 （2次） 集団討論 個人面接	（1次）15分 （2次） 集団討論20分 個人面接15分	[1次/出願地となる都道府県] ※当日事前アンケートあり（志望理由、地域医療、自己PR、併願校、部活動、ボランティア活動、気になるニュースなど）30分で記入 [個人面接] □本学志望理由、地域医療をやりたい理由 □修学資金制度を理解しているか □専門医になれない診療科もあるが大丈夫か □自治医大と他大学の地域枠の違い □医療の地域間格差の原因と解決策 □本学の義務年限終了後はどうするか □理想の医師像、憧れの医師像（漫画、テレビの人物でも可） □友人はいるか [2次/本学] 集団討論のテーマ □さあ、集団討論です。何が試されているでしょうか [個人面接] □集団討論の感想 □本学志望理由 □一番仲の良い友人はどんな人か、その人と何をするのが一番楽しいか □人間関係のトラブルに巻き込まれたことはあるか □本学に合格したら併願校の受験はどうするか ※[1次]の個人面接と重なる質問も多い
面接会場の配置		
（1次・個人面接） 面接官＝6~7名 受験生＝1名 （2次・集団討論） 面接官＝3名 受験生＝6名 （2次・個人面接） 面接官＝3名 受験生＝1名		

感染症等に伴う特別対応や追試験については、各大学のホームページで最新情報をご確認ください。

最新の入試情報をCHECK ▶ 医学部受験ラボ

栃木県

獨協医科大学

入試に関する問合せ先

学務部入試課／〒321-0293 栃木県下都賀郡壬生町北小林880
☎0282-87-2108 https://www.dokkyomed.ac.jp/dmu/

募集要項の請求方法

①大学のホームページ（一般選抜、共通テスト利用、栃木県地域枠、総合型選抜、学校推薦型選抜（公募（地域特別枠））
②入試課あてメールまたは電話（総合型選抜、学校推薦型選抜（公募（地域特別枠））
※詳細は大学のホームページに掲載。

一般選抜ネット出願 必須

DATA

●**学部所在地** 問合せ先に同じ。
●**アクセス** 東武宇都宮線にておもちゃのまち駅西口下車、徒歩約15分（バスで約3分、獨協医大病院前下車）。
●**学部学科・定員** 医学部＝医学科126（認可申請中含む）
●**大学院** 医学研究科＝形態学系専攻、機能学系専攻、社会医学系専攻、内科学系専攻、外科学系専攻
●**おもな付属施設** 大学病院、埼玉医療センター、日光医療センターなど。
●**沿革** 昭和48年に開学した。

豊かな緑に囲まれた栃木県壬生町のキャンパスは、医学を学ぶ絶好の環境にあり、大学生活を豊かにする様々な施設・設備を機能的に配置しています。本学部では教育理念に掲げた「広く社会一般の人々から信頼される医師の育成」に向けて、必要なカリキュラム改革を行っており、全国医科大学・医学部共通の「医学教育モデル・コア・カリキュラム」を基本としたカリキュラム編成し、特色ある講義、実習など随所に盛り込んでいます。また、隣接する大学病院は、特定機能病院、栃木県全域の基幹病院として地域医療の中核を担っており、多くの本学卒業生が豊富な症例と経験豊かな指導医陣の下で臨床研修に励んでいます。

●医師国家試験合格率推移

年＼区分	総計	新卒	既卒
2023	93.0%	95.2%	72.7%
2022	92.8%	94.7%	57.1%
2021	94.4%	97.2%	77.8%
2020	88.5%	89.1%	85.0%
2019	84.1%	86.8%	70.8%

●学納金（2024年度）

初年度 ………………… 9,300,000円
内訳 入学金…………1,500,000円
授業料…………3,500,000円
教育充実費 ……3,600,000円
その他の費用 ……700,000円

6年間の総額……………… 37,300,000円

※授業料と教育充実費、および2年以降の授業料については2分割納入（分納）の制度がある。

●寄付金・学債

入学後に「寄付金募集趣意書」に基づき任意の寄付金を募集する。

●学納金関連情報

共通テスト利用ならびに一般選抜において成績が優秀な者は、初年度教育充実費5割減免の制度がある。ほかに奨学金制度として獨協医科大学特別奨学金（給付）、獨協医科大学医学生教育ローン利子補給奨学金（給付）などがある。

2023年度入試DATA

●志願・合格状況

区分	募集人員	志願者	受験者	1次合格者	2次受験者	正規合格者	補欠者	繰上合格者	総合格者	志願者合格倍率	入学者
一般選抜	57	2250	2017	502	362	非公表	非公表	非公表	127	17.7	59
栃木県地域枠	5	219	202	32	24	非公表	非公表	非公表	5	43.8	5
共通テスト利用	10	553	549	151	83	非公表	非公表	非公表	36	15.4	10
学校推薦型選抜（公募（地域特別枠））	10	40	40	7	7	非公表	―	―	10	4.0	10
学校推薦型選抜（指定校制）	20	54	54	―	―	非公表	―	―	20	2.7	20
学校推薦型選抜（指定校制（栃木県地域枠））	5以内	14	14	―	―	非公表	―	―	5	2.8	5
学校推薦型選抜（系列校）	10以内	13	13	―	―	非公表	―	―	12	1.1	12
総合型選抜	3以内	13	13	4	4	非公表	―	―	1	13.0	1

※学校推薦型選抜（公募（地域特別枠））の1次合格者・2次受験者数は、学校推薦型選抜（指定校制）併願者を除く。

●合格得点

区分	満点	合格最高点 得点	合格最高点 得点率	合格最低点 得点	合格最低点 得点率
一般選抜	400	非公表	―	非公表	―
栃木県地域枠	400	非公表	―	非公表	―
共通テスト利用	400	非公表	―	非公表	―
学校推薦型選抜（公募・地域特別枠）	非公表	非公表	―	非公表	―
学校推薦型選抜（指定校制）	非公表	非公表	―	非公表	―
学校推薦型選抜（指定校制・栃木県地域枠）	非公表	非公表	―	非公表	―
総合型選抜	非公表	非公表	―	非公表	―

●志願者合格倍率の推移

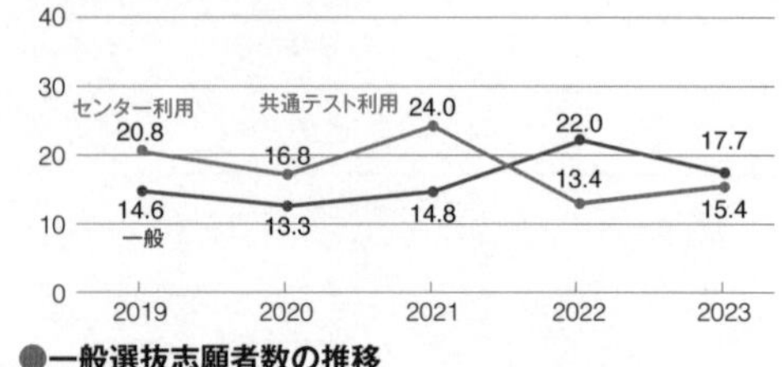

●一般選抜志願者数の推移

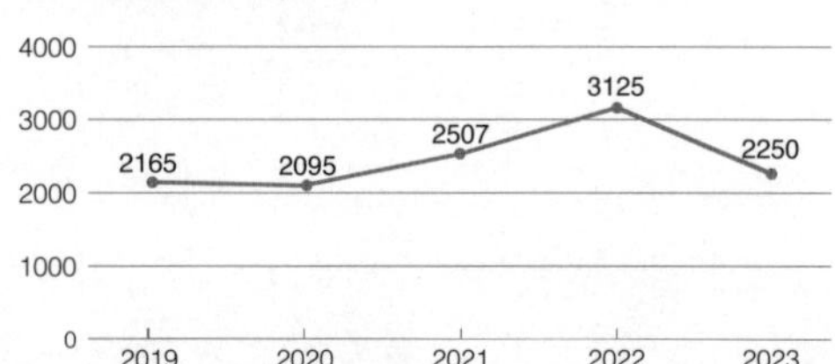

●総合格者の現既別内訳

現役 56名
既卒 112名

※学校推薦型選抜、総合型選抜は除く。

●総合格者の男女別内訳

女 92名
男 124名

●総合格者の地元占有率（出身校）

栃木県 31名
その他 185名

2024年度 選抜要項

●募集人員 （医学科）

※1 一般選抜(前期)の受験者から選考、認可申請中。※2 認可申請中。

一般選抜						共通テスト利用選抜	学校推薦型選抜				総合型選抜
一般（前期）	栃木県地域枠	埼玉県地域枠	茨城県地域枠	新潟県地域枠	一般（後期）		公募(地域特別枠)	指定校制	指定校制(栃木県地域枠)	系列校	
52名	5名程度※1	2名※1	2名※1	2名※1	10名	5名	10名	20名	5名以内※2	約10名	3名以内

■ボーダー偏差値 ■共テボーダー得点率

一般枠、栃木県・埼玉県・茨城県・新潟県地域枠	共テ枠
62.5	81%

一般選抜

●試験日程 インターネット出願登録+書類提出

※1 大学入試センターへ出願する。

区分		出願期間	試験	合格発表	手続締切	辞退締切
一般選抜前期	1次試験	12/4(月)~1/10(水)※2	1/21(日)、22(月)※3	1/26(金)10:00 掲示 HP	—	—
	2次試験		1/30(火)か31(水)※4	2/7(水)10:00 掲示 HP 郵便	2/14(水)	3/29(金)
一般選抜後期	1次試験	1/15(月)~2/16(金)※2	2/27(火)	3/1(金)10:00 掲示 HP	—	—
	2次試験		3/5(火)	3/8(金)17:00 掲示 HP 郵便	3/14(木)	3/29(金)
大学入学共通テスト利用	共通テスト	9/25(月)~10/5(木)※1	1/13(土)・14(日)	3/1(金)10:00 掲示 HP	—	—
	2次試験	12/4(月)~1/12(金)※2	3/5(火)	3/8(金)17:00 掲示 HP 郵便	3/14(木)	3/29(金)

※2 インターネット出願。締切日必着。※3 いずれか希望の1日、もしくは両日受験可。※4 いずれか1日を選択。
※共通テスト利用と一般は併願可。※郵送での通知は合格者および補欠者のみ。※辞退締切=学納金返還期限を指す。

☞繰上合格について

一般・共通テスト利用の合格発表時に、繰上合格候補者には、順位を付けて本人宛郵送にて通知する。入学予定者に欠員が生じた場合、繰上合格対象者には、電話連絡で本学への入学の意思を確認した上で、本人宛合格通知を郵送するとともに本学掲示板に発表する。

繰上合格候補者発表方法	繰上順位	繰上合格通知方法
掲示 郵便	あり	TEL 郵便 掲示

●入試科目

区分		教科・科目	配点		解答時間
一般選抜前期・一般選抜後期	1次試験	外国語=コ英ⅠⅡⅢ・英表ⅠⅡ	100点	計400点	60分
		数学=数ⅠⅡⅢAB(列ベ)	100点		60分
		理科=化基・化、生基・生、物基・物 →2	各100点		120分
	2次試験	小論文	段階評価	—	60分
		面接	—	—	約15分
大学入学共通テスト利用	共通テスト	外国語=英(R:L=1:1)	100点	計500点	R80分 L60分(解30分)
		数学=数ⅠA、数ⅡB	各50点		数ⅠA70分 数ⅡB60分
		理科=化、生、物 →2	各100点		各60分
		国語=国(近代以降の文章のみ)	100点		80分
	2次試験	小論文	段階評価	—	60分
		面接	—	—	約15分

※一般選抜前期を2日間受験した場合は4科目ごとの合計点が高い方を採用とする。

☞合否判定　1次試験の学力試験成績によって1次試験合格者を決定する。1次および2次試験の成績と調査書により総合的に判定して合格者を決定する。

☞受験料　一般選抜60,000円(前期について、両日同時出願した場合は110,000円)　共通テスト利用40,000円

☞試験会場

区分		都市名	会場名	所在地
一般1次	前期	東京	五反田TOCビル	東京都品川区西五反田7-22-17
	後期	宇都宮	ライトキューブ宇都宮	栃木県宇都宮市宮みらい1-20
2次		本学キャンパス		栃木県下都賀郡壬生町北小林880

information

一般選抜は2024年度から前期・後期と2回の選抜へと変更に。また前期・後期ともに共通テスト利用との併願が可能で、特に後期2次試験は共通テスト利用の2次試験と同一日程となる。

学校推薦型選抜

区分	募集人員	試験日程				推薦条件	選考方法	
		出願期間	選考日	合格発表	手続締切		1次	2次
公募(地域特別枠)	10名	11/1~11/7	1次:11/11 2次:11/17	1次:11/15 2次:12/1	12/8	※1	書類審査、小論文、基礎適性試験(英語・数学)	面接(MMI方式)
指定校制	20名	11/1~11/7	11/11	12/1	12/8	※詳細は指定校に通知する		
指定校制(栃木県地域枠)	5名以内	11/1~11/7	11/11	12/1	12/8	※詳細は指定校に通知する		
系列校	約10名	11/1~11/7	11/11・17	12/1	12/8	※詳細は系列校に通知する		

※1 北関東3県(栃木・群馬・茨城)、埼玉県、福島県および東京都の高等学校を卒業見込み、または本人もしくは保護者が2021年4月1日から引き続き在住しており、卒業後は当該地域(東京都を除く)で医師として医療に従事する意志のある者で、全体の学習成績の状況が4.0以上の現役。※指定校制との併願可。指定校制(栃木県地域枠)との併願不可。

総合型選抜

募集人員	試験日程				受験資格	選考方法	
	出願期間	選考日	合格発表	手続締切		1次	2次
3名以内	9/1~9/15	1次:9/30 2次:10/14	1次:10/11 2次:11/1	11/7	※1	書類審査、適性試験、小論文	プレゼンテーション、面接(15分×4回)

※1 2024年4月1日現在、30歳未満で4年制以上の大学卒業者(卒業見込み)・在籍者(2年次課程修了者)。

編入学

実施しない。

獨協医科大学

2023年度の出題傾向と分析

英語（前期・1/28）

解答形式▶マーク

問題の全体難易度 ★★☆☆ 標準　前年との難易度比較 ➡ 変化なし　時間に対する分量 多い

大問	分野	長文の種類 単語数	内容	出題形式	難易度
1A	読解	人文系 約700語	「エドガー・アラン・ポーの作品への評価」についての長文問題（空所補充・内容一致）	選択	★★☆☆
1B	読解	人文系 約650語	「empathyとは何か」についての長文問題（空所補充・同意表現・内容一致）	選択	★★☆☆
2A	会話文	―	「芝の水やり制限から水不足へ」についての会話文問題（空所補充・内容一致）	選択	★☆☆☆
2B	読解	人文・社会系 約400語	「古代の女性狩人の数」についての長文問題（空所補充）	選択	★★☆☆
3	英作文	―	語句整序	選択	★★☆☆
4	文法	―	空所補充	選択	★★☆☆

22年度まで大問2Aにあった文整序がなくなったが、全体の分量に大きな変化はない。難度も22年度と同程度。大問1の2つの長文は医学部には珍しく、ともに人文系だったため、科学・医療系の英文に慣れた医学部受験生にはやや難しく感じ、予想以上に時間がかかったかもしれない。そのため解答の順番を工夫するとよい。対策としてまず標準的な文法と語句整序の演習から始める。次に700語程度の人文系の長文演習に取り組み、最後に本学の過去問で時間内に解答する練習をする。

数学（前期・1/28）

解答形式▶マーク

問題の全体難易度 ★★☆☆ 標準　前年との難易度比較 ➡ 変化なし　時間に対する分量 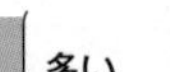 多い

大問	分野		内容	出題形式	難易度
1	確率	A	玉を取り出す確率・条件付き確率	空所補充	★☆☆☆
2	平面上の曲線	Ⅲ	楕円の焦点、接線、三角形の面積の最大、内心	空所補充	★★☆☆
3	空間ベクトル	B	四角錐の辺の長さ、内積、面積、共面条件、共線条件、内積の比	空所補充	★★☆☆
4	積分法の応用	Ⅲ	積分方程式	空所補充	★★☆☆

幅広い分野から出題されており、複数の分野にまたがった融合問題も多い。過去にはマーク式ではあまり出題されない数学的帰納法や平均値の定理も出題されたことがある。標準的な問題ばかりで難問はないが、計算量は多い。誘導された問題が多いので出題者の意図を的確にとらえることが重要になる。計算量も多く完答するには時間的に厳しい。標準的な問題集で基本的な解法を習得した上で総合的な問題の練習をするとよい。ケアレスミスをなくすことも合否の鍵になるだろう。

化学（前期・1/28）

解答形式▶マーク

問題の全体難易度 ★★☆☆ 標準　前年との難易度比較 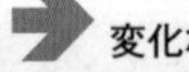 変化なし　時間に対する分量  多い

大問	分野	内容	出題形式	難易度
1	小問集合 10問	医薬品、身近な化学物質、周期律、凝固点、ポロニウム結晶格子、緩衝液、コバルト錯イオン、油脂、機能性高分子、アミノ酸配列	選択	★★☆☆
2	理論	化学法則名、気体の溶解度	空所補充・選択	★★★☆
3	理論・無機	原子半径・イオン半径、2族元素、炭酸塩の反応性、凝固点降下、溶解度積	選択	★★☆☆
4	有機	元素分析（気体の吸収、分子式）、酸無水物、鏡像異性体、芳香族の構造、異性体数	選択	★☆☆☆
5	有機	糖類の分類、ラフィノースのメトキシ化、加水分解、還元性	空所補充・選択	★★☆☆

大問5題、2科目120分。23年度は前期が2日程になり3年目だった。大問2の気体の溶解度にやや時間を取られた受験生が多かったと思われる。全体的に標準問題だったため、他を迅速に終わらせるとよかっただろう。正誤選択は1つを答えるだけでなく、該当する選択肢をすべて選ぶ設問もあった。例年、出題量が多く、これに向けた対策を進めていく必要がある。24年度から新設される後期日程も解答時間や配点が同様なので、後期対策としては、前期の出題内容をしっかり復習をしておくとよい。

生物（前期・1/28）

解答形式▶マーク

問題の全体難易度 ★★☆☆ 標準　前年との難易度比較  やや易化　時間に対する分量  適量

大問	分野		内容	出題形式	難易度
1	生命現象と物質	生物	タンパク質、細胞骨格、細胞分裂	選択	★★☆☆
2	生命現象と物質	生物	窒素同化、光合成、C_4 植物	選択	★★☆☆
3	生命現象と物質	生物	遺伝情報の複製、PCR法、電気泳動	選択	★★☆☆
4	生物の環境応答	生物	神経、視覚	選択	★★☆☆
5	生物の進化と系統	生物	生命の起源と進化、霊長類の進化	選択	★★☆☆

大問5題構成のマーク式。22年度と同様に考察問題は少なめで、さらに23年度は計算問題の割合が下がった。21年度から解答時間が2科目100分から120分に増えたが、しっかり考える必要がある考察問題や計算問題が含まれる場合もあるので、解答時間が十分とは言えない。過去問演習に取り組むときには、時間配分を十分に考慮するとよい。遺伝子の分野、中でも「遺伝情報とその発現」の内容は高頻度で出題されているので、十分な対策が求められる。

物理（前期・1/28）

解答形式▶マーク

問題の全体難易度 ★★☆☆ 標準　前年との難易度比較 ➡ 変化なし　時間に対する分量  多い

大問	分野	内容	出題形式	難易度
1	小問集合	*v-t* グラフ、*P-V* グラフ、衝撃波、RLC 直列交流回路	選択	★★☆☆
2	熱	ピストンの単振動、断熱変化、ポアソンの法則	選択	★★☆☆
3	電磁気	直流回路（コンデンサー、ダイオード）	選択	★★☆☆
4	原子	光電効果	選択	★★☆☆
5	力学	台車と小球の運動	選択	★★☆☆

全分野から出題されている。全体的には標準的な難度の問題がほとんどだが、やや難しい問題も年度によっては出題されている。また、設問がよく工夫されており、高い思考力が必要。まずは、入試標準レベルの問題集を１冊仕上げ、これらの問題に対応できる素地を身につけておきたい。さらに、時間に対する設問数が多いため、過去問を通して、手際よく解答する練習を積んでおく必要がある。

小論文

年度／内容	字数／時間
2023 (2/11実施)養老孟司著『「自分」の壁』の抜粋文を読み、①要約②自分の考えを述べる。 (2/12実施)大栗博司著『探究する精神 職業としての基礎科学』の抜粋文を読み、①要約②自分の考えを述べる。	①200字 ②400字 60分
2022 (2/12実施)桑子敏雄著『何のための「教養」か』の抜粋文を読み、①要約②自分の考えを述べる。 (2/13実施)養老孟司著『バカの壁』の抜粋文を読み、①要約②自分の考えを述べる。	①200字 ②400字 60分
2021 (2/9実施)外山滋比古著『思考の整理学』の抜粋文を読み、①要約②自分の考えを述べる。 (2/10実施)中屋敷均著『科学と非科学 その正体を探る』の抜粋文を読み、①要約②自分の考えを述べる。 (共通テスト利用)全卓樹著『銀河の片隅で科学夜話ー物理学者が語る、すばらしく不思議で美しいこの世界の小さな驚異』の抜粋文を読み、①要約②付和雷同の例を挙げて、自分の考えを述べる。	①200字 ②400字 60分
2020 (一般・センター)林修著『林修の仕事原論』を読み、①要約②自分の考えを述べる。	①200字 ②600字 90分

面接

形式	所要時間	面接の進行と質問内容
個人面接	15分	[一般枠] □医師志望理由 □本学志望理由 □本学のアドミッションポリシーで魅力的なものと、それが自分に当てはまるか □建学の精神にある「学問を通じての人間形成」について □本学を訪れるのは初めてか □将来は栃木県に残る気持ちはあるか □将来の医師像 □「20年後の私」について（願書出願時に提出済） □好きな本1冊 [地域枠] □興味のある診療科と指定された診療科が違っていたらどうするか □栃木県における過疎地域、へき地はどこか □地域医療ではない医療とは何か □地域医療に従事するにあたり何が必要で、そのために大学の低学年からやっておくべきものは何か

面接会場の配置

面接官＝３名
受験生＝１名

※地域枠は２回実施
面接官＝４名
受験生＝１名

感染症等に伴う特別対応や追試験については、各大学のホームページで最新情報をご確認ください。

最新の入試情報をCHECK ▶ 医学部受験ラボ

埼玉医科大学

入試に関する問合せ先

埼玉医科大学医学部入試課／〒350-0495 埼玉県入間郡毛呂山町毛呂本郷38
☎049-295-1000 https://adm.saitama-med.ac.jp/

募集要項の請求方法

①大学のホームページ

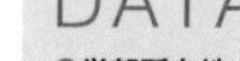

全選抜ネット出願 必須

DATA

●**学部所在地** 問合せ先に同じ。
●**アクセス** JR八高線毛呂駅下車、徒歩約3分。東武越生線東毛呂駅下車、徒歩約20分。東毛呂駅から埼玉医大行バスで約5分。
●**学部学科・定員** 医学部＝医学科130（認可申請予定含む）
●**大学院** 医学研究科＝生物・医学研究系専攻、社会医学研究系専攻、臨床医学研究系専攻、医科学専攻
●**おもな付属施設** 大学病院、総合医療センター、国際医療センター、かわごえクリニック、ゲノム医学研究センターなど。
●**沿革** 昭和47年に開学した。

「すぐれた臨床医および医学研究者」の養成を目的に、1972年に設立されました。人類愛に燃え、福祉社会の実現に寄与できる、豊かな人間性と高度な医学知識・医療技術を身につけた人材の育成を目指します。各学科目が有機的なつながりを持って、疾患の病態、診断と治療、社会との関連などを総合的に捉えるため、6年一貫・統合教育を導入。また、SGD（Small Group Discussion）と問題基盤型学習であるPBL（Problem Based Learning）を実施しています。学生自ら考え、答えを導くプロセスを学べるのが特徴です。実習・演習も多く、必然的に密度の濃い少人数教育が行われています。

●医師国家試験合格率推移

年＼区分	総計	新卒	既卒
2023	91.5%	93.2%	72.7%
2022	92.0%	93.2%	71.4%
2021	94.6%	96.0%	60.0%
2020	95.9%	99.2%	77.3%
2019	84.9%	85.2%	82.4%

●学納金（2024年度）

初年度 ……………… 8,820,000円
内訳 入学金…………2,000,000円
授業料…………2,750,000円
実験実習費……1,000,000円
施設設備費……1,500,000円
医学教育充実特別学納金‥1,000,000円
その他の費用…… 570,000円

6年間の総額…………… 39,570,000円

※保護者会の毛呂山会支部会費代として、年額5,000円～40,000円（支部により別個設定）が別途必要。
※学生会費、毛呂山会費等は6年間で約2,600,000円

●寄付金・学債

入学後、任意の寄付金を募集する。

●学納金関連情報

「埼玉県地域枠医学生奨学金」受給者を対象に、初年度納付金から550万円を免除する第1種特別待遇奨学生、「埼玉医科大学医学部特別奨学金」受給者を対象に、入学金200万円を免除する第2種特別待遇奨学生、2~6年次には前年度の成績上位者10名を選抜し、学費100万円を免除する第3種特別待遇奨学生の特待生制度がある。

2023年度入試DATA

●志願・合格状況

区分	募集人員	志願者	受験者	正規合格者	補欠者	繰上合格者	総合格者※	志願者合格倍率	入学者
一般選抜前期	60	1764	1593	76	非公表	非公表	130	13.6	60
一般選抜後期	20	1321	1118	25	非公表	非公表	25	52.8	20
共通テスト利用	10	581	576	14	非公表	非公表	18	32.3	10
推薦指定校枠	5	18	18	5	—	—	5	3.6	5
推薦一般公募枠	14	42	42	14	—	—	14	3.0	14
推薦埼玉県地域枠	19	42	42	19	—	—	19	2.2	19
推薦特別枠	2	3	3	1	—	—	1	3.0	1
帰国生	若干名	2	2	1	—	—	1	2.0	1

※追加合格者を含む。

●合格得点

区分	満点	合格最高点		合格最低点	
		得点	得点率	得点	得点率
一般選抜前期	400	非公表	—	245	61%
一般選抜後期	400	非公表	—	251	63%
共通テスト利用	550	非公表	—	395	72%
推薦	100	非公表	—	非公表	—

※合格最低点は1次合格者が対象。

●志願者合格倍率の推移

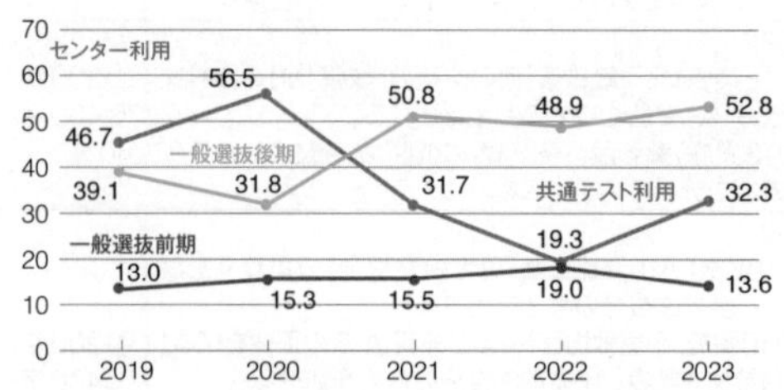

●入学者の現既別内訳

●入学者の男女別内訳

●入学者の地元占有率（出身地）

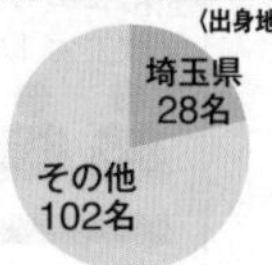

●一般選抜志願者数の推移（センター・共通テスト利用含む）

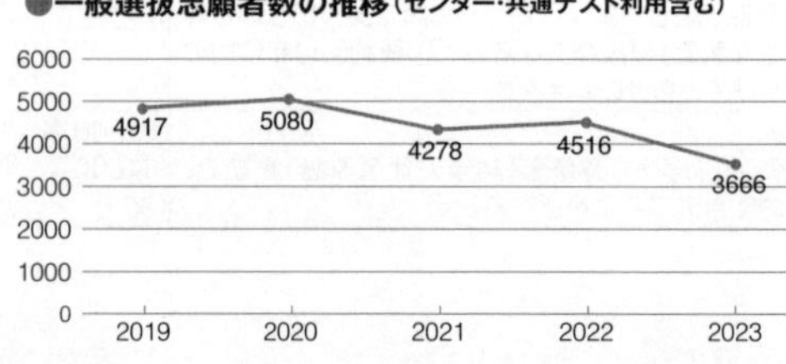

2024年度 選抜要項

●募集人員 （医学科）

※1 研究医枠1名含む(認可申請予定)。※2 認可申請予定。※ 確定次第大学ホームページ等で公表。

一般選抜		共通テスト利用	学校推薦型選抜				帰国生選抜
前期	後期		指定校枠	一般公募枠	埼玉県地域枠	特別枠	
60名	20名※1	10名	5名	14名	19名※2	2名	若干名

■ボーダー偏差値

一般枠（前期）
62.5

■共テボーダー得点率

共テ枠
80%

一般選抜

●試験日程 インターネット出願登録+書類提出

※1 大学入試センターへ出願する。

区分		出願期間	試験	合格発表	手続締切	辞退締切
一般選抜前期	1次試験	12/4(月)～1/22(月)※2	2/2(金)	2/8(木) 13:00 ネット	―	―
	2次試験		2/11(日)	2/15(木) 16:00 ネット	2/22(木)	3/31(日)※5
一般選抜後期	1次試験	2/5(月)～2/20(火)※3	3/2(土)	3/7(木) 13:00 ネット	―	―
	2次試験		3/10(日)	3/14(木) 16:00 ネット	3/21(木)	3/31(日)※5
大学入学共通テスト利用	共通テスト	9/25(月)~10/5(木)※1	1/13(土)・14(日)	3/7(木) 13:00 ネット	―	―
	2次試験	12/4(月)~1/12(金)※4	3/10(日)	3/14(木) 16:00 ネット	3/21(木)	3/31(日)※5

※2 1/23(火)郵送必着。※3 2/21(水)郵送必着。※4 1/13(土)郵送必着。※5 13時まで。※電話などによる合否の照会には応じない。

☞繰上合格について

正規合格者発表と同時に、補欠合格候補者にUCAROの合否照会システムで発表する。合格者に欠員が生じた場合、繰上合格者へ順次連絡をする。

補欠者発表方法	補欠順位	繰上合格通知方法
ネット	あり	TEL

●入試科目

区分		教科・科目	配点		解答時間
一般選抜 前期・後期	1次試験	外国語＝コ英ⅠⅡⅢ・英表ⅠⅡ	100点	計400点	70分
		数学＝数ⅠⅡⅢAB(列ベ)	100点		50分
		理科＝化基・化、生基・生、物基・物→2	各100点		90分
		小論文＝和文・英文(2次試験の判定に使用)	段階評価		60分
	2次試験	面接	―	―	―
大学入学 共通テスト利用	共通テスト	外国語＝英(R：L＝3：1)	150点	計550点	R80分 L60分(解30分)
		数学＝数ⅠA、数ⅡB	各100点 (100点換算)		数ⅠA70分 数ⅡB60分
		理科＝化、生、物→2	各100点		各60分
		国語＝国	100点		80分
	2次試験	小論文(和文)	段階評価	―	60分
		面接	―		―

☞合否判定　1次試験の合格者に2次試験を課し、1次試験の成績ならびに小論文、面接、調査書を合わせて、多面的・総合的に判定する。

☞受験料　一般選抜60,000円　共通テスト利用40,000円　学校推薦型選抜60,000円　帰国生選抜60,000円

☞試験会場

区分	都市名	会場名	所在地
1次	東京	東京流通センター	東京都大田区平和島6-1-1
2次	本学毛呂山キャンパス　カタロスタワー		埼玉県入間郡毛呂山町毛呂本郷38

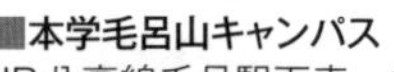

■本学毛呂山キャンパス
JR八高線毛呂駅下車、徒歩約3分。東武越生線東毛呂駅下車、徒歩約20分。東毛呂駅から埼玉医大行バスで約5分。

学校推薦型選抜 インターネット出願登録+書類提出

区分	募集人員	試験日程 出願期間	選考日	合格発表	手続締切	推薦条件	選考方法
指定校枠	5名	11/2～11/10 (11/11郵送必着)	11/19	12/1 13：00	12/12	現役・1浪　3.8以上※1	調査書、適性検査Ⅰ(英語系・理科系・数学系分野)、適性検査Ⅱ(小論文(和文))、面接
一般公募枠	14名					現役・1浪　4.0以上※2	
埼玉県地域枠	19名(認可申請予定)					現役・1浪　4.0以上※2 (指定校出身者：※1)	
特別枠	2名					現役・1浪　所定の条件あり※3	

※1 全体の学習成績の状況(評定平均値)が3.8以上、数学・理科・外国語がそれぞれ3.8以上の者。現役については最終学年1学期までの成績。
※2 全体の学習成績の状況(評定平均値)が4.0以上、数学・理科・外国語がそれぞれ4.0以上の者。現役については最終学年1学期までの成績。
※3 英語資格試験、科学オリンピック等にて好成績を収めた者、ならびに高校生科学技術チャレンジ、日本学生科学賞の入賞者または、それらと同等の入賞実績のある者。
※いずれも、合格した場合に入学を確約できる者。

総合型選抜
実施しない。

編入学
実施しない。

埼玉医科大学

2023年度の出題傾向と分析

英語(前期)

解答形式▶マーク

問題の全体難易度 ★★☆☆ 標準　前年との難易度比較 ➡ 変化なし　時間に対する分量  多い

大問	分野	長文の種類 単語数	内容	出題形式	難易度
1	文法	ー	空所補充	選択	★☆☆☆
2	読解・会話文	医療・科学系 約550語 (会話文 約250語)	「パンデミックによる行動制限が及ぼした若者への影響」についての長文問題と会話文問題(内容一致・同意表現選択)	選択	★★☆☆
3	読解	人文・科学系 約650語	「相貌失認とは」についての長文問題(内容一致・内容説明・空所補充)	選択	★★★☆
4	読解	人文系 約450語	「現代における協力」についての長文問題(空所補充・内容説明・内容一致)	選択	★★☆☆
5	読解	医療・物語系 約1,050語	「胃のバイパス手術を受けたカセリ」についての長文問題(空所補充・内容説明・内容一致)	選択	★★☆☆

大問1の語句整序がなくなった以外は例年通りの出題形式と難度。大問1の文法問題は文法の基本事項が問われているので全問正解したい。大問2～5に関しては、長文の内容は理解しやすいが制限時間の割には読解量が多いため、速読力が必要だ。出題内容は語句の空所補充と内容一致中心だが、下線部の内容説明として適切なものを選ぶ問題もあるため、単なる情報の拾い読みだけではなく精読も意識するとよい。文法は基本問題集の演習で対応可能。長文は500～700語の読解問題集を内容理解中心に演習する。すべて選択問題のため選択肢を吟味する練習も欠かせない。

数学(前期)

解答形式▶マーク

問題の全体難易度 ★★☆☆ 標準　前年との難易度比較 ➡ 変化なし　時間に対する分量 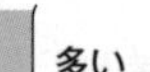 多い

大問	分野		内容	出題形式	難易度
1	2次関数	Ⅰ	2次関数の決定	空所補充	★☆☆☆
	図形の性質	A	メネラウスの定理	空所補充	★☆☆☆
2	積分法の応用	Ⅲ	置換積分	空所補充	★☆☆☆
3	整数の性質、極限	A、Ⅲ	格子点	空所補充	★★☆☆
4	確率	A	コインの表の枚数の最大・最小の確率	空所補充	★★☆☆

大問3は格子点の出題だったが、極限も関連しており解きづらかったかもしれない。例年通り、大問4が確率の出題だった。例年は、標準的な問題が多く難問はないが、50分で高得点を取るためにはかなり要領よく解くことが必要だろう。大問1は基本レベルの小問集合。毎年、大問4に出題されている確率は重点的に学習しておくべきだ。数学Ⅲの微分法・積分法も頻出のため、計算練習は十分にしておくべきと言える。似た問題の出題もあるため、過去問の演習も多いに役立つだろう。

化学(前期)

解答形式▶マーク

問題の全体難易度 ★★☆☆ 標準　前年との難易度比較  やや易化　時間に対する分量  多い

大問	分野	内容	出題形式	難易度
1	理論・無機	硫黄同素体、乾燥剤としての濃硫酸、接触法、硫酸の二段階電離、COの性質、フラーレンやダイヤモンドの炭素間結合、結合エネルギー	空所補充・選択	★★☆☆
2	理論	二球連結の装置、ボイルの法則、飽和蒸気圧	空所補充・選択	★★☆☆
3	有機	アミノ酸・ペプチドの検出反応名、元素分析、分子式、アミノ酸の滴定曲線、アミノ酸配列	空所補充・選択	★★☆☆

大問3題。2科目90分の形式になり3年目となった。22年度の圧縮率因子やNMRのような問題がなかった分、取り組みやすい内容だった。ただし時間に対する問題量は多かった。21・22年度前期では出題されなかった天然高分子化合物が出題された。後期では出題が続いていたため、前期を受験予定の場合も後期の過去問にも取り組んでおくとよいだろう。金沢医科大と同じ試験時間だが、本学の方が出題量は多い。解くべき問題を見逃さず、スピーディに解いていこう。

生物（前期）

解答形式▶マーク

問題の全体難易度 ★★☆☆ 標準　前年との難易度比較  変化なし　時間に対する分量 多い

大問	分野		内容	出題形式	難易度
1	体内環境の維持	生物、生物基礎	肝臓、血糖調節、膜タンパク質	選択	★★☆☆
2	生命現象と物質	生物	遺伝情報の発現	選択	★★★☆
3	多様性と生態系、生態と環境	生物、生物基礎	遷移、層別刈取法、光一光合成曲線、物質収支	選択	★★☆☆

21年度以前は大問5題ないし6題構成だったが、23年度も22年度と同様に3題構成だった。また、23年度も小問集合は出題されなかった。考察問題の割合が高く時間的に厳しいので、手をつけやすそうな問題から片付けていくことが重要。比較的多く出題される計算問題をどれだけ手早く解けるかどうかで差がつくので、典型的な計算問題を解く練習は必ずやっておくこと。

物理（前期）

解答形式▶マーク

問題の全体難易度 ★★☆☆ 標準　前年との難易度比較  難化　時間に対する分量 多い

大問	分野	内容	出題形式	難易度
1	力学	ゴムひもにつながれた物体の単振動	選択	★★☆☆
2	熱、波動	シリンダー内の気体の変化、ドップラー効果	選択	★★☆☆
3	電磁気	直線電流が作る磁場	選択	★★☆☆

ここ数年は、力学と電磁気に加え、熱もしくは波動の出題が続いている。19年度以前は原子からの出題も見られた。標準レベルの問題が中心だが、やや難しい問題が出題されることもある。例年、煩雑な計算が多く、効率よくかつ素早く処理していかないと、時間内に解き切ることは難しいだろう。日頃から典型問題を速く、正確に解くことを意識しながら学習を進める必要がある。

小論文

年度／内容	字数／時間
2023 ⊗前期[Ⅰ]阿刀田高著『日本語えとせとら』の抜粋文を読み、下線部についての内容説明。 [Ⅱ]石黒浩著『ロボットと人間　人とは何か』の抜粋文を読み、①例にならって、人間とロボット間の簡略図を作成②筆者が対話を続ける上で重要を考えることを述べる。 [Ⅲ]礼儀的無関心に関する英文を読み、①下線部和訳②内容説明③下線部和訳。	[Ⅰ]下線部の内容説明150~200字 [Ⅱ]①簡略図②150字 [Ⅲ]①－②120字以内③— 60分
2022 ⊗前期[Ⅰ]『論語』に関する文章を読み、「古典学が古典になる」ことについて、その理由を説明する。 [Ⅱ]ガラム理論の説明文とデータを読み、①図の説明②次の図を予想③本文の薬販売の例に対してガラム理論から言えることを述べる。 [Ⅲ]「freedom of speech」(言論の自由)についての英文を読み、①下線部和訳②空所補充③問題点を述べる④下線部英訳。	[Ⅰ]120字 [Ⅱ]①—②—120字 [Ⅲ]①—②—③120字 60分
2021 ⊗[Ⅰ]保育園におけるいじめについての文章を読み、自分の考えを述べる。 [Ⅱ]国や時代が移り変わりながら、ある手紙が人から人へ移動することについての文章を読み、経緯を説明する。 [Ⅲ]英文で書かれた政治と民主主義についての文章を読み、①和訳②英訳③日本語での内容説明の3つの問に答える。	[Ⅰ]100字 [Ⅱ]200字 [Ⅲ]①100字②—③— 50分

⊗は、メディカルラボの生徒からの情報を基に作成。

面接

形式	所要時間	面接の進行と質問内容
個人面接	15分	※当日事前アンケートあり(医師志望理由、本学志望理由、入学後にやりたいこと、部活動やボランティア活動、友人関係で気をつけていること) □医師志望理由と本学志望理由(1分) □卒業後は埼玉医科大に残る気持ちはあるか □埼玉県の医療格差はなぜ起きているか □これまであなたが行った部活動・ボランティア活動等で努力したことを3つ挙げて、その中で特に力を入れたことを1分で話す □受験勉強の際に両親以外でメンタルサポートをしてくれた人を3人挙げて、その中の1人について具体的にどうサポートしてくれたかエピソードを交えて話す

面接会場の配置

面接官＝3名
受験生＝1名

感染症等に伴う特別対応や追試験については、各大学のホームページで最新情報をご確認ください。

最新の入試情報をCHECK ▶ 医学部受験ラボ

千葉県

国際医療福祉大学

入試に関する問合せ先

入試事務統括センター／〒286-8686 千葉県成田市公津の杜4-3
☎0476-20-7810 https://narita.iuhw.ac.jp/gakubu/igakubu/admission

募集要項の請求方法

①大学のホームページ
※募集要項は紙媒体による配布を行わず、大学ホームページに掲載。

全選抜ネット出願 必須

DATA

- **学部所在地** 問合せ先に同じ。
- **アクセス** 京成本線公津の杜駅下車、徒歩約1分。
- **学部学科・定員** 医学部=医学科140
- **大学院** 医学研究科=（修士）公衆衛生学専攻、（博士）医学専攻
- **おもな付属施設** 大学病院、大学成田病院、大学塩谷病院、大学市川病院、大学三田病院、大学熱海病院など
- **沿革** 1995年開学。2016年成田看護学部、成田保健医療学部を擁する成田キャンパス開設。2017年同キャンパスに医学部開設。現在5キャンパスに10学部26学科を設置。

1995年に開学した日本初の医療福祉の総合大学です。2017年、首都圏では43年ぶりとなる医学部を開設しました。国際性を重視した革新的な医学教育を行いながら、国内外で活躍できる高い総合診療力を持った医師の育成に取り組んでいます。学生の7人に1人が留学生という国際色豊かな学修環境のもと、大多数の科目で英語による授業、学生主導・参加型のアクティブラーニングを行います。キャンパス内には世界最大級5,338㎡のシミュレーションセンターを設置し、6つの附属病院や多数の医療福祉関連施設において、世界水準を超える臨床実習を実施するなど、実践的に学べる環境を整えています。5年次後半から6年次では、協定を締結している世界各国の大学や医療機関で行われる4週間以上の海外臨床実習を必修としています。

●医師国家試験合格率

年＼区分	総計	新卒	既卒
2023	99.2%	99.2%	—

2020年に開設された国際医療福祉大学成田病院。世界中から患者を受け入れられる国際的な病院を目指している。

●学納金（2024年度）

初年度	4,500,000円
内訳 入学金	1,500,000円
授業料	1,900,000円
施設設備費	500,000円
実験実習費	600,000円
6年間の総額	18,500,000円

※この他、教育後援会年会費45,000円、海外臨床実習の積立金年70,000円等が必要。

●寄付金・学債

寄付を求めることは一切していません。

●学納金関連情報

一般選抜、大学入学共通テスト利用選抜、留学生特別選抜、帰国生および外国人学校卒業生特別選抜において特に成績優秀で人物見識ともに優れる者を医学部特待奨学生として選抜する（特待奨学生S：一般選抜20名・特待奨学生A：一般選抜25名、共通テスト利用5名、留学生特別選抜若干名、帰国生および外国人学校卒業生特別選抜若干名）。医学部特待奨学生Aとして入学した場合には最大6年間で1,400万円を、特待奨学生Sには1,700万円を給付し、入学金150万円を免除するほか、本学学生寮への入寮希望の場合は優先的に入寮を許可する。また、特待奨学生Sは本学学生寮の寮費を全額給付する。

2023年度入試DATA

●志願・合格状況

区分	募集人員	志願者	受験者	1次合格者	2次受験者	正規合格者	補欠者	繰上合格者	総合格者	志願者合格倍率	入学者
一般選抜	105	3027	2931	688	非公表	300	329	非公表	367	8.2	142
共通テスト利用	15	921	906	211	非公表	45	34	非公表	48	19.2	

※繰上合格を辞退した補欠者を含まない。

●合格得点

区分	満点	合格最高点		合格最低点	
		得点	得点率	得点	得点率
一般選抜	550	非公表	—	非公表	—
共通テスト利用	900	非公表	—	非公表	—

●志願者合格倍率の推移

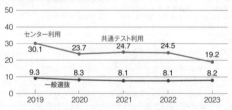

	2019	2020	2021	2022	2023
センター利用／共通テスト利用	30.1	23.7	24.7	24.5	19.2
一般選抜	9.3	8.3	8.1	8.1	8.2

●入学者の現既別内訳

※留学生特別選抜を除く。

●入学者の男女別内訳

●入学者の地元占有率（出身校）

千葉県 22名
その他 120名

●一般選抜志願者数の推移（センター・共通テスト利用含む）

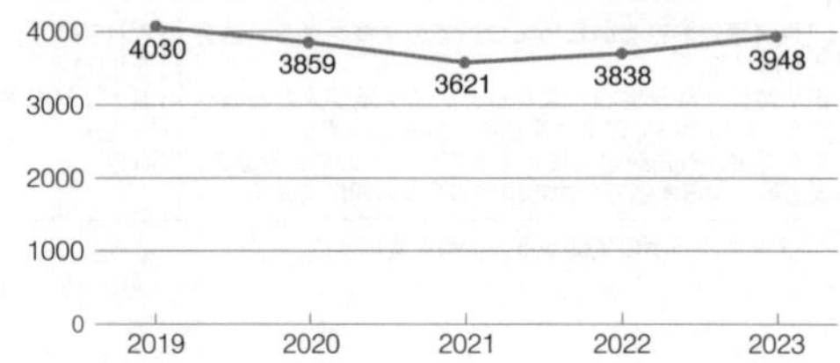

2024年度 選抜要項

●募集人員 （医学科）

一般選抜	共通テスト利用	留学生特別選抜	帰国生および外国人学校卒業生特別選抜
105名	15名	20名	若干名

■ボーダー偏差値 ■共テボーダー得点率

一般枠	共テ枠（2次）	共テ枠
65.0	65.0	86%

一般選抜

●試験日程 インターネット出願登録＋書類提出

※1 大学入試センターへ出願する。

区分		出願期間	試験	合格発表	手続締切	辞退締切
一般選抜	1次試験	12/19(火)～1/5(金) ※2	1/17(水)	1/21(日)15:00 ネット	—	—
	2次試験		1/24(水)～1/29(月) いずれか1日 ※3	2/3(土)15:00 ネット 郵便	2/9(金)※2	3/22(金)※4
大学入学共通テスト	共通テスト	9/25(月)～10/5(木)※1	1/13(土)・14(日)	2/13(火)15:00 ネット	—	—
	2次試験	12/19(火)～1/11(木) ※2	学力試験・小論文：2/16(金) 面接：2/20(火)	2/26(月)15:00 ネット 郵便	3/6(水)※2	3/22(金)※4

※2 締切日消印有効。
※3 6日間のうちいずれか1日を大学が指定（出願時に希望日程を第6希望まで入力）。
※4 辞退締切は17:00まで。3/31(日)17：00までに辞退すれば入学金を除く学生納付金を返還するが、返還時期は2024年5月以降となる。

☞繰上合格について

合格者の入学手続状況により欠員が生じた場合に限り、繰上合格となることがある。繰上合格については、本人に原則として電話連絡の上、入学の意思を確認する。

補欠者発表方法	補欠順位	繰上合格通知方法
ネット	あり	TEL

●入試科目

区分		教科・科目	配点		解答時間
一般選抜	1次試験	外国語＝コ英ⅠⅡⅢ・英表ⅠⅡ	200点	計550点	80分
		数学＝数ⅠⅡⅢAB(列ベ)	150点		80分
		理科＝化基・化、生基・生、物基・物→2	各100点		120分
		小論文＝評価は1次選考では使用せず、2次選考の合否判定に使用。	段階評価	—	60分
	2次試験 ※1	面接＝個人面接 ※2	段階評価		約30分×2回
大学入学共通テスト利用	共通テスト	外国語＝英（R：L＝1：1）	200点	計900点	R80分 L60分（解30分）
		数学＝数ⅠA、数ⅡB	各100点		数ⅠA70分 数ⅡB60分
		理科＝化、生、物→2	各100点		各60分
		国語＝国（近代以降の文章および古典（古文・漢文））	200点		80分
		地歴・公民＝世B、日B、地B、倫政経→1※3	100点		60分
	2次試験 ※1	学力試験＝英語	100点	計100点	60分
		小論文（600字以内）	段階評価		60分
		面接＝個人面接 ※2	段階評価		約30分×2回

※1 2次試験後に3次試験（面接のみ）を行う場合がある。※2 希望する者には一部英語による面接を行う。
※3 2科目受験した場合は、高得点の方の1科目を合否判定に使用する。

☞合否判定　1次試験／共通テストの結果および出願書類を総合して1次試験の合否を判定する。1次試験合格者のみに対して2次試験を実施し、1次試験の結果および2次試験の結果を総合して合否を判定する。

☞受験料　一般選抜60,000円　共通テスト利用50,000円

☞試験会場

区分	都市名	会場名	所在地
一般選抜1次	本学成田キャンパス		千葉県成田市公津の杜4-3
	東京	五反田TOCビル13階	東京都品川区西五反田7-22-17
	大阪	TKP新大阪駅前カンファレンスセンター	大阪府大阪市東淀川区西淡路1-3-12 新大阪ラーニングスクエアビル
	福岡国際医療福祉大学看護学部1号館		福岡県福岡市早良区百道浜1-7-4
一般選抜・共通テスト利用2次 ※1	本学成田キャンパス		千葉県成田市公津の杜4-3
	本学東京赤坂キャンパス		東京都港区赤坂4-1-26

※収容定員の都合により、近隣の異なる試験場に変更となる場合がある。※1 本学の指定するいずれかのキャンパス。

information

一般選抜の2次試験日は6日間のうち1日が希望を考慮した上で指定され、試験場も成田・東京赤坂のいずれかが指定される。一般選抜では成績上位45名を、共通テスト利用選抜では成績上位5名を、留学生特別選抜、帰国生および外国人学校卒業生特別選抜では成績上位各若干名を医学部特待奨学生として選抜し、1年次は入学金免除の上、特待奨学生Aは2,500,000円、特待奨学生Sは3,000,000円の奨学金を給付。2年次以降は成績等の継続条件をクリアすれば特待奨学生Aは毎年2,300,000円、特待奨学生Sは2,800,000円の奨学金を給付する。

学校推薦型選抜 実施しない。　**総合型選抜** 実施しない。

編入学 実施しない。　**留学生特別選抜** 20名を募集する。

帰国生および外国人学校卒業生特別選抜 インターネット出願登録＋書類提出

募集人員	試験日程				受験資格	選考方法
	出願期間	試験日	合格発表	手続締切		
若干名	第1回 8/15～8/24 第2回 11/1～11/9	第1回1次9/5、2次9/16 第2回1次11/25、2次12/9	第1回1次9/11 15:00 2次9/29 15:00 第2回1次12/4 15:00 2次12/15 15:00	第1回10/6 第2回12/22	※	1次（英語・数学・理科）・小論文 2次（個人面接約30分×2回）

※ 日本国籍を有する者または日本国の永住許可を得ている外国人で、日本の大学入学資格を有し、かつ次のいずれかの条件を満たすもの。(1)海外において、外国の学校教育課程12年以上、または文部科学大臣指定の在外教育施設に最終学年を含む4年以上在学し、卒業、および卒業見込みの者。(2)海外において、外国の大学または大学院に2年以上継続して在学し、卒業、および卒業見込みの者。(3)通算で6年以上の海外在住経験を有する者（満6歳未満は含まない）。(4)外国人学校に最終学年を含む2年以上継続して在学し、卒業、および卒業見込みの者。(5)国際バカロレア資格証書を授与された者もしくは2024年3月31日までに授与される見込みの者で、資格取得において本学が指定する条件すべてを満たすもの（詳細は募集要項を確認すること）。

国際医療福祉大学

2023年度の出題傾向と分析

英語

解答形式▶マーク

問題の全体難易度 ★★★☆ やや難　前年との難易度比較 やや難化　時間に対する分量 多い

大問	分野	長文の種類 単語数	内容	出題形式	難易度
1	文法	―	空所補充	選択	★★☆☆
2	英作文	―	語句整序	選択	★★☆☆
3	読解	医療系 約700語	「異種間移植の問題点」についての長文問題（誤り指摘）	選択	★★★☆
4	読解	科学系 約750語	「ゴミの島に生息する海洋生物」についての長文問題（同意表現選択・空所補充・内容一致・主題選択）	選択	★★☆☆
5	読解	医療・科学系 約850語	「遠紫外線を利用してウイルスの拡散を防ぐ」についての長文問題（空所補充・同意表現選択・段落補充・内容一致）	選択	★★★☆

大問1･2は標準的な問題で基本がしっかりしていれば問題なく正解できる。大問3は医療系ということもあり本文の内容理解は難しくないが、問いが難しい。2題ある読解については22年度と同様、1題は標準的だが残りは専門的な内容だったため、容易ではない。設問の語彙レベルが高いので、一般的な大学受験用の単語集だけでなく、英検やTOEICの単語集も活用するとよい。語彙力が完成したら、700語程度の読解問題集に取り組む。問題量がやや多いため、本学の過去問で時間配分を考えておくとよい。

数学

解答形式▶マーク

問題の全体難易度 ★★☆☆ 標準　前年との難易度比較 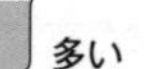 変化なし　時間に対する分量 多い

大問	分野		内容	出題形式	難易度
1	2次関数	Ⅰ	放物線の移動	空所補充	★☆☆☆
	整数の性質	A	5進法で表される小数	空所補充	★☆☆☆
	三角関数	Ⅱ	不等式	空所補充	★☆☆☆
	空間ベクトル	B	平行四辺形となる点、面積	空所補充	★☆☆☆
2	確率	A	袋の玉を入れ替える確率	空所補充	★★☆☆
3	複素数平面	Ⅲ	軌跡、偏角の値域	空所補充	★★☆☆

例年、数学A（場合の数・確率）、数学B（ベクトル、数列）、数学Ⅲ（複素数平面、微分法・積分法）を中心に出題される。大問では基本事項の問題から始まり後半は難しくなり、計算量も多めである。誘導に乗っていけば、典型解法で対応できるものばかりだが、解法は瞬時に出てくるようにしておき、計算時間を確保する必要がある。日頃から面倒がらずに計算に取り組んでおこう。

化学

解答形式▶マーク

問題の全体難易度 ★★☆☆ 標準　前年との難易度比較  やや易化　時間に対する分量  多い

大問	分野	内容	出題形式	難易度
1	小問集合8問	イオン半径、反応熱、塩素発生、実在気体、中和滴定、試薬保存法、油脂異性体数、スルホン化	選択	★★☆☆
2	理論、有機	酢酸エチルの加水分解、反応速度、活性化エネルギー、化学平衡	空所補充・選択	★★☆☆
3	理論	鉄に関する総合問題（中性子数、イオンの性質、鉄鉱石、水和物、合金、メッキ）	空所補充・選択	★★☆☆
4	無機・有機	芳香族化合物の元素分析、分離方法、医薬品、気体の発生、アゾ化合物の合成	空所補充・選択	★★☆☆

大問4題。22年度と同様、大問1は小問8題。出題量は多かったが、例年と比べると標準的な内容だった。計算問題では各桁の数字を直接、記載する形式が多かった。無機物質を題材にして、定量的な内容にも強くなっておこう。高分子化合物の出題はあったが、その割合はかなり低かった。ただ今後を見据えて、高分子化合物の素材などの理解も進めておくとよいだろう。対策として標準～難関レベルの問題集に取り組んで、幅広い解答力をつけていく必要がある。

生物

解答形式▶マーク

問題の全体難易度 ★★☆☆ 標準　前年との難易度比較  変化なし　時間に対する分量  適量

大問	分野		内容	出題形式	難易度
1	体内環境の維持	生物基礎	免疫	選択	★★☆☆
2	生殖と発生	生物	ウニ・カエルの発生、ショウジョウバエの発生	選択	★★☆☆
3	生物の環境応答、生態と環境	生物	神経、種間関係	選択	★★☆☆
4	生物の進化と系統	生物	霊長類の進化、遺伝子重複	選択	★★★☆

22年度と同様に大問4題構成のマーク式。全体的な傾向は22年度と同様だが、計算問題は少なめになり、考察問題がやや多めになった。創立以降21年度までは毎年出題内容や難度がバラバラだったが、安定してきた感がある。知識問題は標準的な内容が多いので、それを早めに片付けて計算問題や考察問題に時間を使いたい。分野別に見ると「遺伝情報とその発現」や「体内環境の維持」の出題頻度が特に高いので、計算問題も含めてこの2分野の演習を特に強化しておこう。

物理

解答形式▶マーク

問題の全体難易度 ★★★☆ やや難　前年との難易度比較 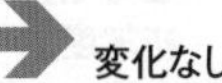 変化なし　時間に対する分量  多い

大問	分野	内容	出題形式	難易度
1	小問集合	剛体にはたらく力のつり合い、静電気力、電気量保存則、固有振動、熱、原子・電子・放射線	選択	★★☆☆
2	力学	衝突、単振動、重心の運動	選択	★★★☆
3	電磁気	ベータトロン	選択	★★★☆
4	波動	凸レンズ、屈折	選択	★★★☆
5	熱	シリンダー内の気体の変化	選択	★★☆☆

各分野とも、基礎～応用レベルの問題で構成されている。大問2～5までは原子以外の各分野から1題ずつ出題されている。よく見かける事例のようでありながら、設問は工夫されており、最適な解法を見抜き手際よく計算しないと時間内に解き切れない。過去問を利用して、解きやすい問題から取りかかるなど、時間配分を意識した演習をしておきたい。問題の後半ほど難度が上がる。また、難関国公立大レベルの問題集を用いた誘導に乗って解答する練習を通して、自分で解法を見抜く力を身につけてもらいたい。

小論文

年度／内容	字数／時間
2023 ⊗質の高い医療の提供と同時に、若く未熟な医療者の育成も必要不可欠である。両方をこなすために医療の安全面から考えて何が最も必要か。	600字 60分
2022 ⊗AI(人工知能)が医学や医療分野に与える影響や課題にはどのようなものがあるか。	600字 60分
2021 ⊗新型コロナウイルスについての政府の取り組みの良い点、悪い点を述べて評価する。また、医学生や看護学生が医師不足を補うために、医療現場に行くように要請されたら、あなたはどのように考え、どう行動するか。	600字 60分
2020 ⊗OECDの調査結果における日本の子供の読解力の低下について、その原因、背景、対策を述べる。	600字 60分

⊗は、メディカルラボの生徒からの情報を基に作成。

面接

形式	所要時間	面接の進行と質問内容
個人面接	30分×2回	(1回目) □自己PR(2分) □医師志望理由 □本学志望理由 □本学のオープンキャンパスには参加したか □国際性を身につける方法 □将来は海外と日本の都市部、地域のどこに従事したいか □先進国と途上国のどちらで働きたいか □併願校 (2回目) □自己紹介(2~3分) □医師が学ぶべき教養とは □LGBTQについて □認知症について □こども家庭庁について □がんゲノム治療について □電気料金の値上げについて □不妊治療について □円安・円高について □自動運転の利点・欠点 □本や新聞は読むか、ニュースは見るか □かかりつけ医の制度化 □食料自給率について
面接会場の配置 面接官＝3名 受験生＝1名		

感染症等に伴う特別対応や追試験については、各大学のホームページで最新情報をご確認ください。

最新の入試情報をCHECK ▶ 医学部受験ラボ

杏林大学

KYORIN

入試に関する問合せ先

入学センター／〒181-8612　東京都三鷹市下連雀5-4-1
☎0422-47-0077　https://www.kyorin-u.ac.jp/

募集要項の請求方法

①大学のホームページ
※募集要項は紙媒体による配布を行わず、大学ホームページに掲載予定。

全選抜ネット出願 必須

DATA

●**学部所在地**　〒181-8611　東京都三鷹市新川6-20-2
●**アクセス**　JR中央線・総武線三鷹駅南口または吉祥寺駅南口、京王線仙川駅または調布駅北口から小田急バスで約20分、杏林大学病院前下車。
●**学部学科・定員**　医学部＝医学科119（認可申請予定含む）
●**大学院**　医学研究科＝基礎医学系、臨床医学系
●**おもな付属施設**　付属病院、高度救命救急センター、総合周産期母子医療センターなど。
●**沿革**　昭和45年に医学部を設置した。

「良き医師を養成する」という教育理念のもと、1970年開設以来、未来の医学、医療を支える「医学教育」を実践しています。国際化に対応できる人材を養成するべく、国際基準に添ったカリキュラムを導入。医学英語を重視し、海外施設での臨床実習にも力を入れています。1～3年次での早期体験、基礎・臨床各部門での研究や学会などに参加できる「自由学習プログラム」も用意。問題解決を養うチュートリアルの授業を1年次と4年次に実施しています。また、6年間を通しての担任制度を設け学生生活の悩みや相談にも密接に対応しています。高度救命救急センターを併せ持つ付属病院に隣接した三鷹キャンパスで、6年間一貫教育を行います。2022年度には、新しく医学部講義棟が完成、学生の学習環境が改善しました。

●医師国家試験合格率推移

年＼区分	総計	新卒	既卒
2023	93.3%	96.4%	50.0%
2022	90.7%	94.0%	50.0%
2021	93.6%	96.7%	20.0%
2020	94.1%	96.9%	50.0%
2019	95.7%	97.3%	60.0%

●学納金(2024年度)

初年度		10,090,700円
内訳	入学金	1,500,000円
	授業料	3,000,000円
	実験実習費	1,000,000円
	施設設備費	4,000,000円
	その他の費用	590,700円
6年間の総額		37,590,700円

※その他の費用を除く授業料等の学生納付金は、各年度とも2期に分けて納入する。

●寄付金・学債

特になし

●学納金関連情報

奨学金制度として、学業成績が優れている者に対する医学部優秀賞、優れた研究活動に対する医学部研究優秀賞、海外研修に参加する者に対する助成金などがある。

2023年度入試DATA

●志願・合格状況

区分	募集人員	志願者	受験者	1次合格者	2次受験者	正規合格者	補欠者	繰上合格者	総合格者	志願者正規合格倍率	入学者
一般選抜	102 ※	2933	2842	692	非公表	218	260	非公表	非公表	13.5	118
共通テスト利用選抜	15	943	924	363	非公表	26	50	非公表	非公表	36.3	
外国人留学生選抜	1	―	―	―	非公表	―	―	非公表	非公表	―	

※ 東京都地域枠（10名）、新潟県地域枠（3名）を含む。

●合格得点

区分	満点	合格最高点 得点	合格最高点 得点率	合格最低点 得点	合格最低点 得点率
一般選抜	350	非公表	―	非公表	―
共通テスト利用	600	非公表	―	非公表	―

●正規合格者の現既別内訳　●正規合格者の男女別内訳　●正規合格者の地元占有率

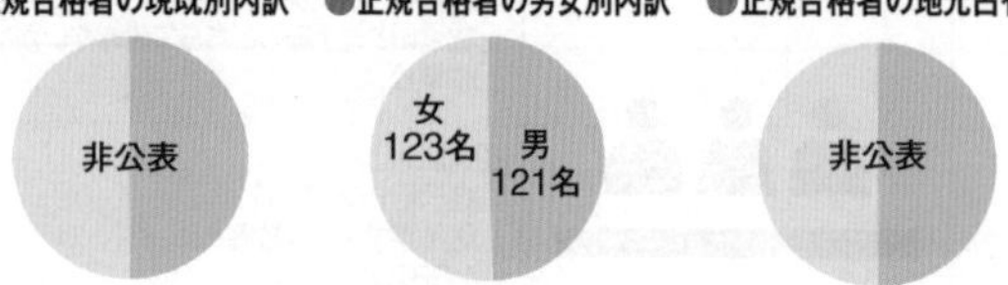

●志願者正規合格倍率の推移

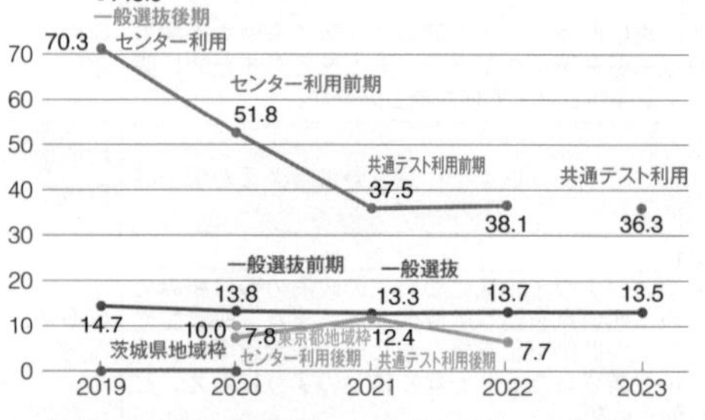

●一般選抜志願者数の推移(センター・共通テスト利用含む)

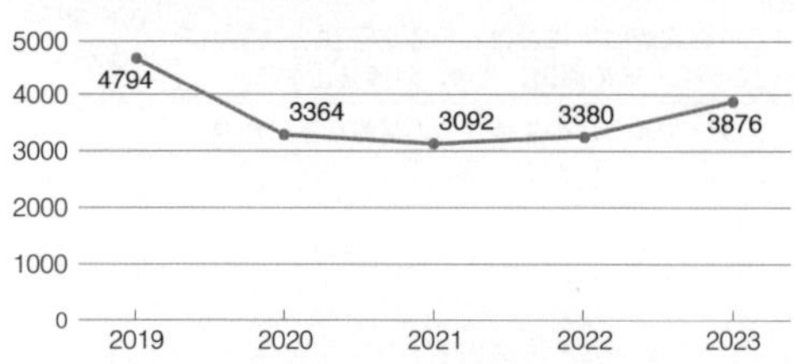

2024年度 選抜要項

●募集人員 （医学科）

一般選抜	東京都地域枠選抜	新潟県地域枠選抜	共通テスト利用	外国人留学生選抜
89名	10名※	4名※	15名	1名

※認可申請予定。詳細は確定次第大学ホームページ等で公表。

■ボーダー偏差値

一般枠	地域枠（東京都・新潟県）
65.0	65.0

■共テボーダー得点率

共テ枠
84%

一般選抜

●試験日程 インターネット出願登録＋書類提出

※1 大学入試センターへ出願する。

区分		出願期間	試験	合格発表	手続締切	辞退締切
一般選抜	1次	12/4(月)～1/5(金)※2	1/19(金)	1/26(金) 16:00 掲示 HP	—	—
	2次		2/1(木)か2(金)※3	2/7(水) 16:00 掲示 HP	2/15(木)	3/30(土)※4
大学入学共通テスト利用	共通テスト	9/25(月)～10/5(木)※1	1/13(土)・1/14(日)	2/14(水) 16:00 HP	—	—
	2次	12/4(月)～1/12(金)※2	2/18(日)	2/21(水) 17:00 掲示 HP	2/29(木)	3/30(土)※4

※2 Web出願17：00、郵送締切日必着。
※3 1次合格発表時にいずれか1日を大学が指定（出願時に希望調査）。地域枠は2／1（木）。※4 12：00まで。

☞繰上合格について
補欠者は補欠順位を合否照会システム等で確認。補欠通知書は郵送されず、合否照会システムで補欠順位を確認することが可能。欠員が生じた場合のみ繰上合格を実施。電話にて繰上合格者に連絡する。

補欠者発表方法	補欠順位	繰上合格通知方法
掲示 HP	あり	TEL

●入試科目

区分		教科・科目	配点		解答時間
一般選抜	1次試験	外国語＝コ英ⅠⅡⅢ・英表ⅠⅡ	100点	計350点	60分
		数学＝数ⅠⅡⅢAB（確率分布と統計的な推測を除く）	100点		70分
		理科＝化基・化、生基・生、物基・物→2	各75点		100分
	2次試験	小論文	—	—	60分
		面接 ※1	—		—
大学入学共通テスト利用	共通テスト	外国語＝英（R：L＝1：1）、国語＝国（近代）→1 ※2	200点	計600点	R80分 L60分（解30分）
		数学＝数ⅠA、数ⅡB	各100点		数ⅠA70分 数ⅡB60分
		理科＝化、生、物→2	各100点		各60分
	2次試験	小論文	—	—	60分
		面接	—		—

※1 東京都地域枠は、2次試験面接に加え東京都担当者による面接がある。
※2 2科目受験した場合は、高得点の教科を合否判定に使用。国語（近代以降の文章）100点を200点に換算。

☞合否判定　一般選抜は、1次試験合格者に2次試験を課し、総合点で判定する。共通テスト利用は、共通テスト（1次試験）合格者に2次試験を課し、総合点で判定する。
☞受験料　一般選抜60,000円　共通テスト利用45,000円
☞試験会場

区分	都市名	会場名	所在地
一般選抜 1次	東京※	ベルサール新宿グランド	東京都新宿区西新宿 8-17-3
		ベルサール東京日本橋	東京都中央区日本橋 2-7-1 東京日本橋タワー
一般選抜 2次 共通テスト利用2次	本学三鷹キャンパス		東京都三鷹市新川 6-20-2

※定員超過の場合、超過分は本学三鷹キャンパス。1次試験会場は受験票発行時に大学より指定。

information

一般選抜は、2023年度に共通テスト利用選抜と同じく1回のみの選抜へと変更された通りでの実施。また、一般選抜の東京都・新潟県地域枠も引き続き継続の予定。

総合型選抜 実施しない。　**学校推薦型選抜** 実施しない。　**編入学** 実施しない。

杏林大学

2023年度の出題傾向と分析

英語

解答形式▶マーク

問題の全体難易度 ★★☆☆ 標準　前年との難易度比較  やや易化　時間に対する分量  少ない

大問	分野	長文の種類 単語数	内容	出題形式	難易度
1	文法	ー	空所補充	選択	★☆☆☆
2	英作文	ー	語句整序	選択	★★☆☆
3	読解	ー	文整序	選択	★★☆☆
4	読解	社会系 約300語	「ホテルの飲料の値段が高い理由」についての長文問題（同意語選択・同意表現選択・内容一致・文補充）	選択	★☆☆☆
5	読解	医療系 約350語	「COVID-19のワクチンと心筋炎との関連性」についての長文問題（同意語選択・同意表現選択・空所補充・内容一致・文補充）	選択	★★☆☆

23年度は大問1に基本的な問題が多く、22年度よりさらに易化した。大問3の文整序のみ、やや時間がかかるが、読解量が少ないため時間内に終えることは容易だ。大問1の文法と大問2の語句整序対策としては、オールインワン系の問題集を1冊終えれば十分対応できる。読解も300語程度の英文が2題出題されるのみなので、速読より精読重視で演習したい。合否の鍵となる大問3の文整序対策は、東海大の問題で練習し、最後に本学の過去問に取り組むとよい。

数学

解答形式▶マーク

問題の全体難易度 ★★☆☆ 標準　前年との難易度比較 やや難化　時間に対する分量  多い

大問	分野		内容	出題形式	難易度
1	確率	A	玉を取り出す確率	空所補充	★★☆☆
2	空間ベクトル	B	外接円の半径、外心を表すベクトル	空所補充	★★☆☆
3	積分法の応用	Ⅲ	円周上の動点の軌跡、放物線が通過してできる立体の体積	空所補充	★★★☆

大問2・3と空間図形を絡める問題は本学らしい問題。大問1、2のような解きやすい部分を確実に得点することが重要だ。例年はハイレベルな有名テーマが誘導形式で出題されており計算量が多い。コロナ禍の影響を受ける前の20年度までの傾向に合わせて学習に取り組むべきだろう。全範囲の基本的な解法を習得後、過去問などを使って時間配分や誘導に乗ることを意識した練習をしておくとよい。完答を狙わずに解きやすい問題から確実に解いていく姿勢も大切。

化学

解答形式▶マーク

問題の全体難易度 ★★☆☆ 標準　前年との難易度比較  変化なし　時間に対する分量  多い

大問	分野	内容	出題形式	難易度
1	理論（小問9題）	原子の中性子数、ハロゲン化水素の性質、ケトンの性質、フェノール、触媒作用、反応速度、溶解度曲線、酸化還元滴定	空所補充・選択	★★☆☆
2	無機・有機（小問11題）	陰イオンの定性分析、沈殿反応、糖類の名称と構造、還元性、呈色反応	空所補充・選択	★☆☆☆
3	理論（小問7題）	ルシャトリエの原理、熱化学方程式、蒸気圧曲線、混合気体	空所補充・選択	★★★☆

大問3題。大問4題から減少したが、小問数は大幅に増加した。即答できる問題が多いので、迅速に解答を進めて、グラフを含めた計算問題を的確に解く必要があった。23年度は天然高分子化合物が出題されたが、ここ数年、合成高分子化合物からは出題されていない。今後に向けては、合成高分子化合物だけなく核酸などの生命化学分野の内容にも注意しておこう。普段からしっかり演習を重ねて、2科目100分に対応できる解答スピードを身につけておこう。

生物

解答形式▶マーク

問題の全体難易度 ★★☆☆ 標準　前年との難易度比較  やや易化　時間に対する分量  少ない

大問	分野		内容	出題形式	難易度
1	小問集合	生物、生物基礎	ヒトゲノム、モータータンパク質、生物の構成物質、硬骨魚の塩類濃度調節、ラクトースオペロン、DNAの複製、植物の発生と成長、遷移、進化	選択	★☆☆☆
2	生命現象と物質、体内環境の維持	生物、生物基礎	呼吸、核酸、心臓の収縮と弛緩	選択	★★☆☆
3	生殖と発生	生物	カエルの発生、外胚葉の分化	選択	★★☆☆
4	生物の環境応答	生物	ミツバチの色覚と学習行動	選択	★★☆☆

近年は大問3題構成か4題構成の年度が多く、23年度は22年度と同様に大問4題構成であった。23年度は少なかったが、例年は計算問題が5～10問程度出題されることが多いため、典型的な計算問題の演習を積んでおく必要がある。近年は小問集合の大問がいくつか出題されるので、正確な知識で素早く処理したい。考察問題も出題されるが、時間に余裕があることが多いのでじっくり考えることができる。

物理

解答形式▶マーク

問題の全体難易度 ★★☆☆ 標準　前年との難易度比較 変化なし　時間に対する分量  多い

大問	分野	内容	出題形式	難易度
1	小問集合	衝突、比熱、弦にできる定常波	選択	★★☆☆
2	小問集合	抵抗線、X線、核反応	選択	★☆☆☆
3	力学	斜方投射	選択	★★☆☆
4	電磁気	磁場中を移動するコイル、電磁誘導	選択	★★☆☆

18年度以降は、小問集合2題と力学1題、電磁気1題の大問4題の出題が続いている。小問集合は、力学、熱、波動、電磁気、原子と全分野から出題されているため、幅広く学習しておく必要がある。年度によっては、難度が高い問題、時間のかかる問題も見られるが、基本的に問題の難度はそれほど高くなく、典型問題が多い。しかし、試験時間に対して、設問数がやや多いため、典型問題を速く、正確に解くことが大切だ。

小論文

年度／内容	字数／時間
2023 ⊗(一般2/1実施)「愚直であること」について論じる。 ⊗(一般2/2実施)「幸福である」について論じる。 ⊗(共通テスト)「情けは人のためにならず」の諺について論じる。	800字 60分
2022 (一般2/1実施)「組織と個人」について論じる。 (一般2/2実施)「権利と義務」について論じる。 (共通テスト前期)「妥協する」ことについて論じる。 (共通テスト後期)「朝令暮改」について論じる。	800字 60分
2021 (一般2/2実施)「寛容の精神」について論じる。 (一般2/3実施)「リーダーシップ」について論じる。 (共通テスト前期・総合型)「人を疑う」ということについて論じる。 (共通テスト後期)「諦める」ということについて論じる。	800字 60分
2020 (一般)「自己犠牲」について論じる。 (センター前期・AO)「不言実行」について論じる。 (センター後期)「弱肉強食」について論じる。	800字 60分

⊗は、メディカルラボの生徒からの情報を基に作成。

面接

形式	所要時間	面接の進行と質問内容
個人面接	10～15分	※当日、事前アンケートあり(入学後にしたいこと、自己PR(部活動、ボランティア活動、趣味、特技など)、共通テストの自己採点結果) □本学志望理由 □医師志望理由 □将来の医師像 □医師の偏在 □医師不足で地方にいかなければならなくなった時にどうするか □併願校 □日本の医療で、他国と比べて遅れている点は □チーム医療で医師に求められること □将来は、臨床医か研究医か指導者か □50年後の医療はどうなっていると思うか □あなたは友人からどう思われているか □高齢者に900万円の手術をするよりも、そのお金を途上国の医療支援に使った方がよいと思わないか
面接会場の配置 面接官＝2名 受験生＝1名 ※地域枠は2回実施		

感染症等に伴う特別対応や追試験については、各大学のホームページで最新情報をご確認ください。

最新の入試情報をCHECK▶ 医学部受験ラボ

東京都

慶應義塾大学

入試に関する問合せ先

入学センター／〒108-8345　東京都港区三田2-15-45
☎03-5427-1566　https://www.keio.ac.jp/ja/admissions/

募集要項の請求方法

①大学のホームページ
※ 募集要項は紙媒体による配布を行わず、大学ホームページに掲載予定。

一般選抜ネット出願 必須

DATA

●**学部所在地**　〒160-8582　東京都新宿区信濃町35
●**アクセス**　JR中央・総武線信濃町駅下車、徒歩約1分。都営地下鉄大江戸線国立競技場駅下車、徒歩約5分。
●**学部学科・定員**　医学部=医学科110
●**大学院**　医学研究科=(博士)医学研究系専攻、医療科学系専攻、(修士)医科学専攻
●**おもな付属施設**　大学病院、総合医科学研究センターなど。
●**沿革**　大正6年、北里柴三郎を学部長に迎え、慶應義塾医学科として創設。大正9年に大学令により医学部となる。昭和27年に新制大学医学部設置。

世界的な細菌学者として知られる北里柴三郎を初代学部長とし、1917年に私学初の大学医学科として設立されました。以来目標としてきたのは、「豊かな人間性と深い知性を有し、確固たる倫理観に基づく総合的判断力を持ち、生涯にわたって研鑽を続け、医学・医療を通して人類の福祉に貢献する人材」の育成です。6年一貫教育を採用し、1年次で行われる「EEP(Early Exposure Program=高齢者施設や重症心身障害者施設などでの実習)」や、教員とマンツーマンで、自分で選んだテーマの研究をする「自主学習」など特徴的なプログラムを展開。さらに、4年次3学期から6年次2学期までを通して豊富な臨床実習を行うなど独自のカリキュラムを設け、高い倫理観と研究能力、実践力を構築します。

●医師国家試験合格率推移

年＼区分	総計	新卒	既卒
2023	96.6%	99.1%	25.0%
2022	96.5%	99.1%	40.0%
2021	95.7%	98.2%	40.0%
2020	95.7%	99.1%	50.0%
2019	94.8%	96.4%	50.0%

●学納金(2023年度参考)

初年度 …………… 3,873,350円
内訳　入学金……………200,000円
在籍基本料…………60,000円
授業料…………3,040,000円
施設設備費………370,000円
実験実習費………200,000円
その他の費用………3,350円

6年間の総額…………22,239,600円

※入学金を除く学費およびその他の費用は、春秋2期に分けて納入することができる。
※2024年度については、一般選抜要項(11月上旬発表)を参照。
※学納金のうち在籍基本料、授業料、施設設備費、実験実習費については、在学中学則に定めるスライド制を適用し毎年定められた額を納入する。

●寄付金・学債

入学後、任意で慶應義塾債(学校債)と寄付金を募集する。

●学納金関連情報

一般選抜上位10名程度に、4年間継続的に年間200万円を給付する慶應義塾大学医学部人材育成特別事業奨学金のほか、学問のすゝめ奨学金(入学前申請)、医学部奨学基金奨学金、医学部贈医奨学基金、医学部教育支援奨学金、慶應義塾大学給費奨学金などがある。

2023年度入試DATA

●志願・合格状況

区分	募集人員	志願者	受験者	1次合格者	2次受験者	最終合格者	補欠発表者	補欠許可者	入学許可者	志願者合格倍率	入学者
一般選抜	66	1412	1219	260	非公表	141	92	27	168	8.4	110
帰国生	若干名	5	5	4	非公表	1	—	—	1	5.0	
外国人留学生	若干名	10	10	5	非公表	0	—	—	0	—	

●合格得点(1次合格者)

区分	満点	合格最高点		合格最低点	
		得点	得点率	得点	得点率
一般選抜	500	非公表	—	315	63%
帰国生	非公表	非公表	—	非公表	—
外国人留学生	非公表	非公表	—	非公表	—

●入学許可者の現既別内訳

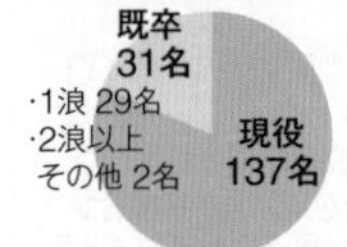

※帰国生、外国人留学生入試を除く。

●入学許可者の男女別内訳

※帰国生、外国人留学生入試を除く。

●入学許可者の地元占有率

非公表

●志願者合格倍率の推移

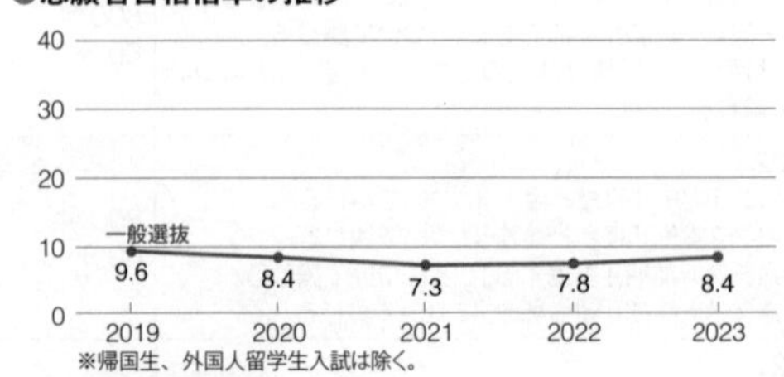

※帰国生、外国人留学生入試は除く。

●一般選抜志願者数の推移

※帰国生、外国人留学生入試は除く。

2024年度 選抜要項

●募集人員 (医学科)

一般選抜	帰国生	留学生
66名	若干名	若干名

■ボーダー偏差値

一般枠
72.5

一般選抜

●試験日程 インターネット出願登録+書類提出

区分	出願期間	試験	合格発表	手続締切	辞退締切
1次試験	12／25(月)～1／19(金)※1	2／19(月)	2／26(月) 時間未定 ネット	—	—
2次試験		3／1(金)	3／5(火) 時間未定※2 ネット	3／13(水)	未定

※1 インターネット出願登録および入学検定料の支払い期限17：00。出願書類の郵送は1／4(木)～1／19(金)消印有効。
※2 合格発表はインターネットで行う(前年度)。詳しくは11月上旬発表の募集要項を参照。

☞繰上合格について

正規合格者と同時に補欠者も発表するが、1次合格発表には補欠はない。合格者の入学手続状況により欠員が生じた場合に限り、順次入学を許可する。補欠者には、電話連絡をして入学の意志を確認することがある。

※前年度実績。

補欠者発表方法	補欠順位	繰上合格通知方法
ネット	なし	ネット TEL

●入試科目

区分	教科・科目	配点		解答時間
1次試験	外国語＝コ英ⅠⅡⅢ・英表ⅠⅡ	150点	計500点(前年度)	未定
	数学＝数ⅠⅡⅢA(場整図)B(列べ)	150点		未定
	理科＝化基・化、生基・生、物基・物→2	各100点		未定
2次試験	小論文	—	—	未定
	面接	—		未定

※配点、解答時間は11月上旬発表の募集要項を参照。

☞合否判定　非公表。
☞受験料　一般選抜60,000円(昨年度)
☞試験会場　(前年度)

区分	都市名	会場名	所在地
1次・2次	本学日吉キャンパス		神奈川県横浜市港北区日吉 4-1-1

■本学日吉キャンパス
東急東横線、東急目黒線、横浜市営地下鉄グリーンライン日吉駅下車、徒歩約1分。

information

本学では2021年度より、全学部での一般選抜でウェブ出願時に「『主体性』『多様性』『協働性』についてどのように考え、心掛けてきたか」について入力(100字以上500字以内)することが、引き続き求められるようになっている。大学公表のプレスリリースによると、これは出願の要件ではあるが、その入力内容を合否判定に用いることはしないとのこと。入学後の学習指導上の参考資料としてのみ活用するとされている。

帰国生入試 インターネット出願登録+書類提出

2023／2024年度の出願は終了。出願資格やスケジュール、選考方法等の詳細については、本学のホームページで最新の情報を確認すること。

学校推薦型選抜 実施しない。　**総合型選抜** 実施しない。　**編入学** 実施しない。

慶應義塾大学

2023年度の出題傾向と分析

英語

解答形式▶記述

問題の全体難易度 ★★☆☆ 標準　前年との難易度比較 ➡ 変化なし　時間に対する分量  多い

大問	分野	長文の種類 単語数	内容	出題形式	難易度
1	読解	科学系 約750語	「音風景を利用した海洋生物の生息地の修復」についての長文問題(和文英訳・英文和訳・語形変化・語句整序・内容説明・内容一致)	選択・記述	★★☆☆
2	読解	社会系 約850語	「未婚者の割合という観点から見た現代と江戸時代の類似点」についての長文問題(空所補充・内容説明・同意表現選択・英文和訳・語句整序・内容真偽)	選択・記述	★★☆☆
3	英作文	ー	「日本人が留学したがらない理由」についての100語程度の自由英作文	記述	★★☆☆

大問3題で2題が読解、1題が自由英作文という形式は22年度と同じ。長文内容は理解しやすいが、和文英訳、英文和訳、内容説明などの記述問題が多いため時間的余裕はない。英文内容を理解できるレベルの英語力は当然だが、記述問題に解答するだけの英語力と日本語力があるかどうかで合否は分かれる。そのため普段から英文解釈と英作文の練習は欠かせない。また語彙、語法の問題も多いため、ただ単語を覚えるだけではなく語法の問題集にも取り組んでおきたい。

数学

解答形式▶記述

問題の全体難易度 ★★☆☆ 標準　前年との難易度比較 ⬇ 易化　時間に対する分量 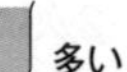 多い

大問	分野		内容	出題形式	難易度
1	図形の性質	A	スチュワートの定理	空所補充	★☆☆☆
	複素数平面	Ⅲ	2点間距離、中点、垂直二等分線	空所補充	★☆☆☆
	微分法の応用、積分法の応用	Ⅲ	接線の方程式、面積	空所補充	★☆☆☆
2	確率	A	腕ずもうの勝敗による得点の確率	空所補充	★★☆☆
3	微分法の応用	Ⅲ	ニュートン法	空所補充	★★☆☆
4	平面上の曲線、微分法の応用	Ⅲ	円に内接・外接する円	空所補充	★★☆☆

22年度より全問が空所補充となっている。大問2の確率は21年度を除き10年以上出題が続いている。23年度は易化しているが、例年は問題の難度に開きがあり計算量も多いため、解答可能な問題を見極める力が必要と言える。大問1の小問集合は基本的な問題が中心で落とせない。大問2は例年確率が出題されているので、過去問演習が有効だ。後半の総合的な問題はレベルが高く、解法の丸暗記では通用しない。難関大の過去問で思考力を養っておくとよい。

化学

解答形式▶記述

問題の全体難易度 ★★★☆ やや難　前年との難易度比較 ➡ 変化なし　時間に対する分量  多い

大問	分野	内容	出題形式	難易度
1	小問6問	塩の液性、放射性同位体、燃料電池の正極活物質、フェーリング液の還元反応、ビニロンの製法、メタンの生成熱	空所補充	★☆☆☆
2	理論、無機、有機	シアン化物イオンの性質、プルシアンブルーの結晶構造、フェロシアン化銅（II）の半透膜を用いた浸透圧の歴史的実験、糖類の構造	空所補充・記述	★★★★
3	有機	アミノ酸の性質、元素分析、窒素含有量、異性体数、検出方法、電気泳動、硫黄反応	空所補充・選択・記述	★★★☆

大問3題。22年度から1題減少。大問1は小問集合。大問2は複雑な計算が必要で、高い実力が求められる。大問3の異性体を考える際、柔軟な思考で対応しなければならない。例年同様、簡潔な論述や導出過程が必要な問題もあった。本学の特徴は、様々な分野からなる総合問題が多いことだ。また昔に使われていた実験装置にも興味を持って、ある程度の理解を進めておくとよいだろう。定量性を扱う入試問題を数多く解いて、複雑な過程を段階を追って考えていけるように普段から意識を高めておこう。

生物

解答形式▶記述

問題の全体難易度 ★★★☆ やや難　前年との難易度比較  変化なし　時間に対する分量  多い

大問	分野		内容	出題形式	難易度
1	生命現象と物質、生物と遺伝子	生物、生物基礎	トランスポゾン	空所補充・記述	★★★☆
2	生物の環境応答、生命現象と物質	生物	植物ホルモン、植物の感染応答、酵素反応	空所補充・記述	★★★☆
3	生殖と発生、生物の進化と系統	生物	誘導、動物の系統、進化	空所補充・選択・記述	★★★☆

22年度と同様に大問3題構成の記述式。例年、考察問題と論述問題が中心となっている。20年度以降、3年連続で描図問題が出題されていたが、23年度は出題されなかった。例年、難度の高い考察問題が複数出題されることが多く、さらに問題量が多いためそれを短時間で解くことが要求される。本学の過去問や難関国公立大の過去問を使って、難度の高い考察問題や論述問題の演習を十分にしておくこと。

物理

解答形式▶記述

問題の全体難易度 ★★★☆ やや難　前年との難易度比較 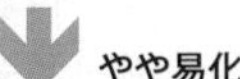 やや易化　時間に対する分量  適量

大問	分野	内容	出題形式	難易度
1	小問集合	比熱、半減期、空気のモル数	記述	★★☆☆
2	波動	屈折、眼球のモデル	記述	★★★☆
3	電磁気、原子	導体球の電気容量、荷電粒子の運動、電子線	記述	★★☆☆

例年通り大問３題。大問１は小問集合で、受験生の馴染みのないものも含めて多様な事例が出題されている。大問２は眼球のモデル、大問３は導体球の電気容量の問題だった。大学のレベルを考慮すれば、誘導も丁寧で難問とは言えないが、広汎で正確な知識と、事例を正確に把握する力を要求され、物理の実力が試される出題。また、日常生活における科学的視点を問う問題も見られる。論述対策も必要で、正確な用語を用いた論旨明快な文章を書く力が不可欠だ。

小論文

年度／内容	字数／時間
2023 ⓧ寺田寅彦著『科学者とあたま』の抜粋文を読み、「科学者になるには『あたま』がよくなくてはいけないとともに、あたまが悪くなくてはいけない」について自分の考えを述べる。	600字 60分
2022 ※公表不可	
2021 ※公表不可	
2020 ※公表不可	

ⓧは、メディカルラボの生徒からの情報を基に作成。

面接

形式	所要時間	面接の進行と質問内容
個人面接	10分	□本学志望理由 □医師志望理由 □高校時代に頑張ったこと □入学後に本学でやりたいこと □併願校 □最近の気になるニュース □研究には興味はあるか □小論文について ※過去実施分も含む

面接会場の配置

面接官＝２名
受験生＝１名

順天堂大学

入試に関する問合せ先

医学部入試係／〒113-8421　東京都文京区本郷2-1-1
☎03-5802-1021　https://www.juntendo.ac.jp/

募集要項の請求方法

①大学のホームページ
※募集要項は紙媒体による配布を行わず、大学ホームページに掲載予定。

一般選抜ネット出願 必須

DATA

●学部所在地　問合せ先に同じ。
●アクセス　JR中央線・総武線、東京メトロ丸ノ内線御茶ノ水駅下車、徒歩約5分。
●学部学科・定員　医学部＝医学科140（認可申請中含む）
●大学院　医学研究科＝（博士）医学専攻、（修士）医科学専攻
●おもな付属施設　順天堂医院、静岡病院、浦安病院、順天堂越谷病院、順天堂東京江東高齢者医療センター、練馬病院。
●沿革　天保9年創設の蘭方医学塾が起源。昭和18年に順天堂医学専門学校、21年に順天堂医科大学となり、27年に順天堂大学医学部となった。

江戸時代から西洋医学教育を行ってきた日本最古の医学塾。「不断前進」を理念に掲げ、他を思いやり慈しむ心を意味する「仁」を学是としてきました。集団の中での個を確立し、「仁」を涵養するため、入学後の1年間は全員が寮生活を行います。1年次より一般教養・教育を重視し、特にTOEFL、IELTSなど実践の英語や社会の中の医学教育に重点を置き、2年次以降も継続します。同時に病院見学、看護実習、施設実習、解剖実習、基本手技実習、診察技法実習などを行い、基礎医学と臨床医学を関連させつつ学べるのが特色です。4年次後半からは、本格的な臨床実習がスタートし、6年次には海外での臨床実習など、数多くの現場実習が用意されています。

●医師国家試験合格率推移

年＼区分	総計	新卒	既卒
2023	100.0%	100.0%	100.0%
2022	96.4%	97.8%	60.0%
2021	96.2%	96.1%	100%
2020	99.2%	99.2%	100%
2019	98.4%	99.2%	75.0%

●学納金（2024年度）

初年度 …… 2,900,000円
内訳　入学金 …… 2,000,000円
　　　授業料 …… 700,000円
　　　施設設備費 …… 200,000円

6年間の総額 …… 20,800,000円

※初年度のみ全寮制のため、別途「寮費・諸会費」が必要。詳細については、合格後の入学手続要項を参照。
※学納金の詳細については、学生募集要項を参照。

●寄付金・学債

入学後に任意の協力金（寄付金・学校債）を説明する。

●学納金関連情報

一般選抜A方式合格者の成績上位10名に対して、学費減免特待生制度がある。寮費・諸会費（初年度のみ）は減免対象外。ほかに奨学金制度として基礎医学研究者養成奨学金（研究医養成枠）、修学援助基金などがある。

2023年度入試DATA

●志願・合格状況

区分	募集人員	志願者	受験者	1次合格者	2次受験者	正規合格者	補欠者	繰上合格対象者	総合格者	志願者正規合格倍率	入学者
一般選抜A方式	64	2180	1998	非公表	非公表	非公表	非公表	非公表	187	11.7	非公表
一般選抜B方式	5	238	228	非公表	非公表	非公表	非公表	非公表	10	23.8	非公表
前期共通テスト利用	10	705	620	非公表	非公表	非公表	非公表	非公表	27	26.1	非公表
後期共通テスト利用	5	270	267	非公表	非公表	非公表	非公表	非公表	10	27.0	非公表
共通テスト・一般独自併用	12	541	504	非公表	非公表	非公表	非公表	非公表	34	15.9	非公表
地域枠	33	311	294	非公表	非公表	非公表	非公表	非公表	34	9.1	非公表
国際臨床医・研究医選抜	11	64	61	非公表	非公表	非公表	非公表	非公表	13	4.9	非公表

※総合格者は繰上合格の辞退者を含まない。

●合格得点

区分	満点	合格最高点		合格最低点	
		得点	得点率	得点	得点率
一般選抜A方式	500	非公表	―	328	66%
一般選抜B方式	525	非公表	―	373	71%
前期・後期共通テスト利用	900	非公表	―	非公表	―
共通テスト・一般独自併用	1200	非公表	―	983.6	82%
地域枠※1	500	非公表	―	247～288	49～58%
研究医特別選抜	500	非公表	―	341	68%

※合格最低点は1次試験が対象。
※1 6地域枠の合格最低点の範囲。

●総合格者の現既別内訳

19歳以上 115名
18歳以下 200名
・19歳 96名
・20歳 11名
・21歳 7名
・22歳以上 1名

●総合格者の男女別内訳

●総合格者の地元占有率

●志願者正規合格倍率の推移

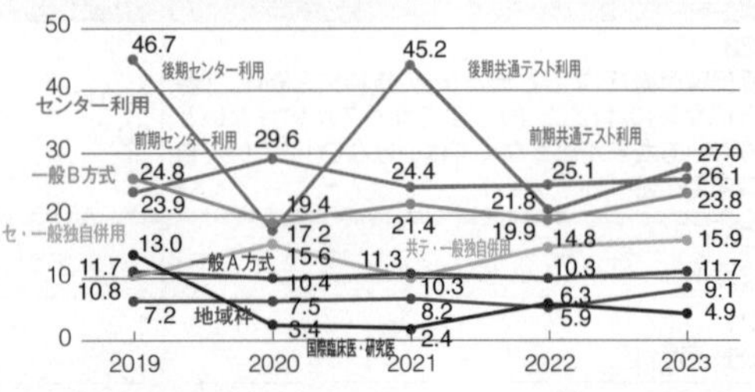

●一般選抜志願者数の推移（センター・共通テスト利用、地域枠含む）

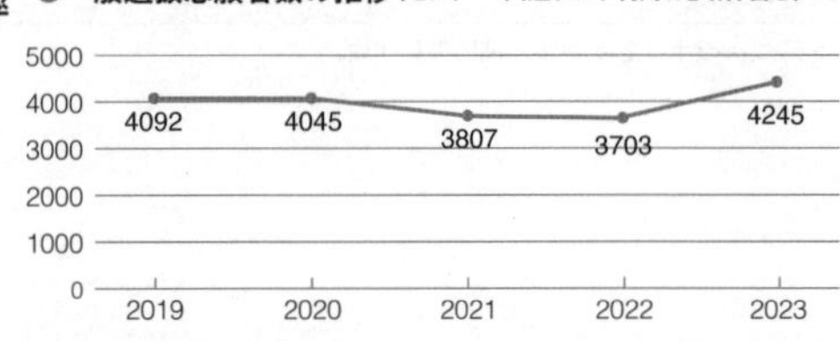

2024年度 選抜要項

●募集人員 (医学科)

※1 出願時に英語資格検定試験の成績証明書が必須。　※2 認可申請中。確定次第大学ホームページ等で公表。

一般選抜		共通テスト利用			地域枠※2						総合型選抜	国際臨床医・研究医
A方式	B方式	前期	後期	一般独自併用	東京都	新潟県	千葉県	埼玉県	静岡県	茨城県	研究医特別選抜	
64名	5名※1	10名	5名	12名	10名	1名	5名	10名	5名	2名	2名※2	9名

■ボーダー偏差値

一般		地域枠	共テ併用枠
A方式	B方式	東京都、新潟県、千葉県、埼玉県、静岡県、茨城県	
70.0	70.0	70.0	70.0

■共テボーダー得点率

共テ枠(前期)	共テ併用枠
86%	86%

一般選抜

●試験日程 [インターネット出願登録+書類提出]

※1 大学入試センターへ出願する。

区分		出願期間	試験	合格発表	手続締切	辞退締切
一般A方式	1次	12/11(月)〜1/11(木)※2	2/3(土)	2/8(木) 12:00 ネット	—	—
	2次		2/10(土)〜12(月)いずれか1日※3	2/17(土) 12:00 ネット	2/24(土)※4	3/30(土)※4
一般B方式	1次	12/11(月)〜1/11(木)※2	2/3(土)	2/17(土) 12:00 ネット	—	—
	2次		小論文・英作文3/4(月)面接3/5(火)	3/9(土) 12:00 ネット	3/15(金)※5	3/30(土)※4
前期共通テスト利用	共テ	9/25(月)〜10/5(木)※1	1/13(土)・14(日)	—	—	—
	小論文	12/11(月)〜1/11(木)※2	2/3(土)	2/8(木) 12:00 ネット	—	—
	2次		2/10(土)〜12(月)いずれか1日※3	2/17(土) 12:00 ネット	2/24(土)※4	3/30(土)※4
後期共通テスト利用	共テ	9/25(月)〜10/5(木)※1	1/13(土)・14(日)	2/17(土) 12:00 ネット	—	—
	2次	12/11(月)〜1/11(木)※2	小論文・英作文3/4(月)面接3/5(火)	3/9(土) 12:00 ネット	3/15(金)※5	3/30(土)※4
共通テスト・一般独自併用	共テ	9/25(月)〜10/5(木)※1	1/13(土)・14(日)	—	—	—
	1次	12/11(月)〜1/11(木)※2	2/3(土)	2/17(土) 12:00 ネット	—	—
	2次		小論文・英作文3/4(月)面接3/5(火)	3/9(土) 12:00 ネット	3/15(金)※5	3/30(土)※4
地域枠(東京都・新潟県・千葉県・埼玉県・静岡県・茨城県)	1次	12/11(月)〜1/11(木)※2	2/3(土)	2/8(木) 12:00 ネット	—	—
	2次		東京都:2/12(月)、新潟県・千葉県・埼玉県・静岡県・茨城県:2/10(土)〜12(月)いずれか1日※3	2/17(土) 12:00 ネット	2/24(土)※4	3/30(土)※4

※2 締切日必着。※3 いずれか1日を大学が指定(出願時に希望調査)。※4 12:00まで。※5 17:00まで。※すべての一般選抜区分で併願可だが、地域枠は地域枠内での併願は不可。

☞繰上合格について　補欠繰上合格は、合格者の入学手続状況により欠員が生じた場合に限り行い、電話で連絡する。

補欠者発表方法	補欠順位	繰上合格通知方法
ネット	なし	TEL

●入試科目

区分		教科・科目	配点		解答時間
一般A方式、地域枠/B方式	1次試験	外国語=コ英ⅠⅡ・英表ⅠⅡ	200点	計500点/525点	80分
		【B方式】英語資格・検定試験=TOEFL iBT、IELTS、英検、TEAP、TEAP CBT、GTEC CBT、ケンブリッジ英語検定からいずれか1つの成績を利用し、英語の得点に最高25点を加点する。出願時に成績証明書を提出。	25点		—
		数学=数学ⅠⅡⅢAB(列べ)	100点		70分
		理科=化基・化、生基・生、物基・物→2	各100点		120分
		【A方式】小論文(評価は1次試験では使用せず、2次試験時に使用)	—		70分
	地域枠1次試験	外国語=コ英ⅠⅡ・英表ⅠⅡ	200点	計500点	80分
		数学=数ⅠⅡⅢAB(列べ)	100点		70分
		理科=化基・化、生基・生、物基・物→2	各100点		120分
		小論文(評価は1次試験では使用せず、2次試験時に使用)	—		70分
	2次試験	【B方式】小論文・英作文※1	—	—	120分
		面接(東京都枠のみ2回実施)	—	—	20〜30分※2
大学入学共通テスト利用(前期・後期)/大学入学共通テスト・一般独自併用	共通テスト(左記全区分受験)	外国語=英(R:L=4:1)※3	200点	計900点	R 80分 L 60分(解30分)
		数学=数ⅠA、数ⅡB	各100点		数ⅠA70分 数ⅡB60分
		理科=化、生、物→2	各100点		各60分
		国語=国(近代、古典(漢文含む))	200点		80分
		地歴・公民=世B、日B、地B、現社、倫、政経、倫政経→1※4	100点		60分
	一般独自併用1次試験	外国語=コ英ⅠⅡ・英表ⅠⅡ	200点	計300点	80分
		理科=化基・化、生基・生、物基・物→2※5	100点		120分
	2次試験(左記全区分受験)	小論文・英作文※1(前期共通テスト利用は小論文のみ。小論文試験は1次試験で実施し、評価は2次試験時に使用)	—	—	120分※6
		面接	—		20〜30分

※1 小論文問題と英作文問題が同時に出題され、試験時間内に両方を解答。※2 東京都枠のみ各枠共通の面接①(約20〜30分)に加え、面接②(約10〜15分)を行う。※3 リーディング100点を160点、リスニング100点を40点に換算。※4 2科目選択した場合は、第1解答科目の成績を判定に使用。※5 3科目から選択した2科目のうち、高得点の1科目を判定に使用。※6 前期共通テスト利用は小論文のみの出題のため70分。

☞合否判定　1次選考は学力試験(一般B:学力試験、英語資格検定試験、共テ・一般独自併用:共通テスト、学力試験、共テ利用:共通テスト)の成績に基づいて判定。2次選考は、一般Aと前期共通テスト利用は「小論文、面接」、一般Bと共通テスト・一般独自併用と後期共通テスト利用は「小論文・英作文、面接」、地域枠選抜は「小論文、面接①・②(②は東京都地域枠のみ)」の評価を1次選考結果と総合的に判定。

☞受験料　一般選抜、共通テスト・一般独自併用各60,000円、地域枠選抜、前期・後期共通テスト利用各40,000円

☞試験会場

区分	都市名	会場名	所在地
1次	千葉	幕張メッセ	千葉県千葉市美浜区中瀬2-1
2次	本学本郷・お茶の水キャンパス　センチュリータワー		東京都文京区本郷2-1-1

国際臨床医・研究医選抜 [インターネット出願登録+書類提出]

募集人員	出願期間	入試方法
計11名	9/4〜9/22 研究医特別選抜のみ12/11〜1/11	研究医特別選抜2名、国際バカロレア/ケンブリッジ・インターナショナル選抜2名、帰国生選抜2名、外国人選抜5名。※詳しくは募集要項を参照。

総合型選抜

国際バカロレア/ケンブリッジ・インターナショナル選抜、研究医特別選抜で実施。4名。

学校推薦型選抜

実施しない。

編入学

実施しない。

順天堂大学

2023年度の出題傾向と分析

英語

解答形式▶記述／マーク

問題の全体難易度 ★★☆☆ 標準　前年との難易度比較  変化なし　時間に対する分量  多い

大問	分野	長文の種類 単語数	内容	出題形式	難易度
1	読解	医療・科学系 約900語	「コロナウイルスワクチンの開発に携わった化学エンジニアへのインタビュー」についての長文問題（同意語選択・内容一致・空所補充）	選択	★★☆☆
2	読解	科学系 約900語	「母方の遺伝に由来するカッコウフィンチの托卵」についての長文問題（同意語選択・内容一致）	選択	★★☆☆
3	読解	社会・科学系 約800語	「笑いの効能」についての長文問題（同意語選択・内容一致・主題選択）	選択	★★☆☆
4	読解	医療・科学系 約850語	「体重を減らす方法」についての長文問題（同意語選択・内容一致・主題選択）	選択	★★☆☆
5	英作文	―	「医学部に行かない場合に選択するであろう進路」についての自由英作文	選択	★★☆☆

22年度まで必ず出題されていた文補充がなくなり、解答に迷うような問題はなくなった。読解量は22年度より増加したが、問いと英文内容が易化したため難度に変化はない。すべての大問で同意語選択と内容一致が出題されているので、文法・語法・熟語よりも語彙力を強化し、文脈重視の学習を心がけたい。80分で800～900語の英文が4題と自由英作文が出題されるため、速読力の養成は必須。過去問を利用して時間内に解答できるように練習しておくこと。

数学

解答形式▶記述／マーク

問題の全体難易度 ★★★☆ やや難　前年との難易度比較 やや難化　時間に対する分量 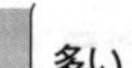 多い

大問	分野		内容	出題形式	難易度
1	複素数平面	Ⅲ	軌跡	空所補充	★★☆☆
	微分法	Ⅱ	3次関数のグラフの相似	空所補充	★★☆☆
	数列、極限	B、Ⅲ	等比数列の和、周期数列の無限級数	空所補充	★★☆☆
2	積分法の応用	Ⅲ	三角形を回転して得られる立体の体積	空所補充	★★☆☆
3	複素数と方程式	Ⅱ	剰余定理の証明	記述	★★☆☆

23年度は、現在の形式になった10年度以降、13年度・15年度・22年度を除いて大問3で証明問題が出題されている。時間的には厳しめなので、確実に解き切れる問題から取り組んでいく必要がある。年度によって問題間の難度の開きが大きいので、解くべき問題の見極めも重要な要素になる。計算量が多い年度もあるので、典型問題は見てすぐ解き始められるようにしておく必要がある。難関大の過去問でハイレベルなテーマに触れておくとよいだろう。

化学

解答形式▶記述／マーク

問題の全体難易度 ★★★☆ やや難　前年との難易度比較  変化なし　時間に対する分量  多い

大問	分野	内容	出題形式	難易度
1-1	小問集合	中性子数、元素、コロイドの性質、気体の捕集方法と反応量、アンモニア逆滴定、ハロゲン化銀、イオンの構成比	選択	★★★☆
1-2	理論	気体の密度、窒素酸化物の化学平衡、温度依存的な定量実験	選択	★★★☆
1-3	有機	酢酸エステルの加水分解、構造決定、ケト型/エノール型（異性化）	選択	★★☆☆
2	有機	芳香族化合物の酸化、エステル化、構造決定	記述	★★★☆

大問2題。大問1はマーク（第1～3問）、大問2は記述。大問1の知識問題は易しい問題が含まれるが、計算問題の割合が多く、やや取り組みにくい問題が多い。設問にある様々な実験条件についていけるようにしておこう。この大問2の記述は、すべての分野から出題実績がある。難関国公立大などの過去問や大学別模試（メディカルラボの実力判定テストも有効）、詳しい参考書などを存分に活用して、合格に必要な解答力を高めておこう。

生物

解答形式▶記述／マーク

問題の全体難易度 ★★☆☆ 標準　前年との難易度比較  やや易化　時間に対する分量  適量

大問	分野		内容	出題形式	難易度
1	多様性と生態系、生命現象と物質	生物、生物基礎	窒素循環、窒素同化	選択	★☆☆☆
	生殖と発生	生物	精子形成と受精	選択	★☆☆☆
	生物の進化と系統	生物	植物の生活環	選択	★★☆☆
2	生命現象と物質、体内環境の維持	生物、生物基礎	消化酵素、ホルモン	空所補充・選択・記述	★★☆☆

22年度と同様に大問2題構成で、1題は中問3題からなるマーク式、もう1題は記述式。大問1は、22年度のように考察問題が含まれる場合があるものの、23年度のように比較的解きやすい問題のみの場合が多いので、ここをなるべく早く片付けたい。記述式の大問2は、論述問題や計算問題(23年度は出題なし)が含まれることが多いので、じっくり時間をかけて考えたい。

物理

解答形式▶記述／マーク

問題の全体難易度 ★★☆☆ 標準　前年との難易度比較 やや易化　時間に対する分量  多い

大問	分野	内容	出題形式	難易度
1	中問3題(小問集合、電磁気、熱)	小問集合（ボールを持つ腕のモデル、単振動、閉管気柱、電磁誘導、光電効果)、電磁気（コンデンサー)、熱（シリンダー内の気体の変化)	選択	★★☆☆
2	力学	鉛直面内での円運動	記述	★★☆☆

大問1は中問3題で、そのうち1題は小問集合となり、マーク式。大問2は1つの分野からの出題で、記述式。問題構成が独特なため、過去問で慣れておきたい。23年度の大問2は典型問題なので、相対速度の符号に注意し、確実に得点したい。また、設問数が多いため時間的な余裕はなく、問題を解くスピードがそのまま得点差につながる。解けそうな問題から解くことが大切だ。

小論文

年度／内容	字数／時間
2023 ⊗朝日新聞デジタル2022年8月20日に公表した写真(1945年鹿児島県知覧基地で、戦闘機の前で8人の特攻隊員が出撃する30分前に記念撮影をしている)を見て、この中の1人として、家族に向けた手紙を書きなさい。また、書いている時の心情を説明しなさい。	800字 70分
2022 ⊗約2億5000万年後に形成されると予想されている新大陸「パンゲア・プロキシマ」の地図(出典:ナショナルジオグラフィック)を見て、この大陸にはどのような世界が広がっているかを述べる。	800字 70分
2021 ⊗クリス・マクナブ著『絶対に住めない世界のゴーストタウン』に掲載されている、サウスジョージア島のリース港で、「1頭のアザラシの前に大量のドラム缶が廃棄されている写真」を見て、アザラシが何を思うかを述べる。	800字 70分
2020 ⊗ノーマン・ロックウェル作「The Runaway」の絵を見て、感じたことを書く。	800字 70分

⊗は、メディカルラボの生徒からの情報を基に作成。

面接

形式	所要時間	面接の進行と質問内容
個人面接	20～30分	※事前アンケートあり(任意・無記名で本学志望理由、併願校など) ※面接会場の部屋に持参した資料等を置くテーブルあり □本学志望理由 □医師志望理由 □将来の医師像、何科に進みたいか □臨床医と研究医のどちらか □本学に入学したら大学に対して何ができるか・何を期待するか □出願時提出のアンケートに記入したこと以外で、本学の良いところ □併願校と共通テストの結果 □小論文試験について □リーダーシップはあるか □持参物についての説明
面接会場の配置 面接官＝4名 受験生＝1名		

感染症等に伴う特別対応や追試験については、各大学のホームページで最新情報をご確認ください。

最新の入試情報をCHECK ▶
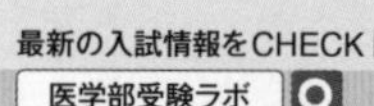

東京都

昭和大学

入試に関する問合せ先

学事部入学支援課／〒142-8555　東京都品川区旗の台1-5-8
☎03-3784-8026　https://adm.showa-u.ac.jp/

募集要項の請求方法

配布なし。大学ホームページに掲載。

全選抜ネット出願 必須

DATA

●**学部所在地**　問合せ先に同じ。
●**アクセス**　東急大井町線・池上線旗の台駅東口下車、徒歩約5分。
●**学部学科・定員**　医学部＝110（別途、地域枠選抜は調整中）
●**大学院**　医学研究科＝生理系専攻、病理系専攻、社会医学系専攻、内科系専攻、外科系専攻
●**おもな付属施設**　昭和大学病院、藤が丘病院、横浜市北部病院、江東豊洲病院など8附属病院。
●**沿革**　昭和3年創設の昭和医学専門学校が前身。21年に昭和医科大学となり、39年に昭和大学医学部と改称した。

従来の帝国大学医学部の教育とは一線を画し、「より良き国民として、より良き人間として、より良き医師として」を教育の理念として1928年に創立されました。以来、建学の精神である「至誠一貫」を実現するための教育・研究を行っています。医学部、歯学部、薬学部、保健医療学部からなる医系総合大学ならではの特色を活かした教育が最大の特徴。1年次の「初年次体験実習」、2年次から行われる4学部と8つの附属病院が連携して行う多彩な学習、「学部連携PBLチュートリアル」と呼ばれる参加型学習など、チーム医療に向けた独特の学部連携のカリキュラムが組まれています。また1年次は、4学部が富士吉田キャンパスで生活を送りながら共に学び、医療人としての基礎を身に付けます。

●医師国家試験合格率推移

年＼区分	総計	新卒	既卒
2023	95.2%	97.5%	40.0%
2022	95.7%	98.2%	57.1%
2021	93.8%	97.6%	16.7%
2020	94.3%	98.2%	50.0%
2019	91.1%	97.4%	0.0%

●学納金（2024年度）

初年度 ………………………… 5,395,000円
内訳　入学金…………1,500,000円
　　　授業料…………3,000,000円
　　　その他の費用 ……895,000円
　　　（寮生活費、年会費等）

6年間の総額………………27,895,000円

※2年次以降の年会費5万円×5を含まず。

●寄付金・学債

入学後に任意で寄付金を募集する。

●学納金関連情報

特待制度として、一般Ⅰ期の合格者上位83名は初年度の授業料300万円が免除される。ほかに奨学金制度として、学校法人昭和大学奨学金、昭和大学医学部特別奨学金、昭和大学シンシアー奨学金、昭和大学父兄互助会奨学金などがある。

2023年度入試DATA

●志願・合格状況

区分	募集人員	志願者	受験者	1次合格者	2次受験者	正規合格者	補欠者	繰上合格者	総合格者	志願者合格倍率	入学者
一般選抜Ⅰ期	83	2674	2403	426	389	非公表	非公表	非公表	234	11.4	134
一般選抜Ⅱ期	18	1015	862	100	88	非公表	非公表	非公表	19	53.4	
新潟県地域枠	7	101	94	21	19	非公表	非公表	非公表	8	12.6	
静岡県地域枠	8	108	91	24	20	非公表	非公表	非公表	9	12.0	
茨城県地域枠	4	53	48	12	7	非公表	非公表	非公表	4	13.3	
学校推薦型選抜	2	2	2	—	—	非公表	非公表	非公表	2	1.0	
卒業生推薦入試	7	56	55	—	—	非公表	非公表	非公表	7	8.0	

※総合格者は繰上合格者を含む。

●合格得点（一次試験合格者）

区分	満点	合格最高点		合格最低点	
		得点	得点率	得点	得点率
一般選抜Ⅰ期	400	非公表	—	231	58%
一般選抜Ⅱ期	200	非公表	—	130	65%
新潟県地域枠	400	非公表	—	180	45%
静岡県地域枠	400	非公表	—	189	47%
茨城県地域枠	400	非公表	—	202	51%

※学校推薦型選抜、卒業生推薦は非公表。

●志願者合格倍率の推移

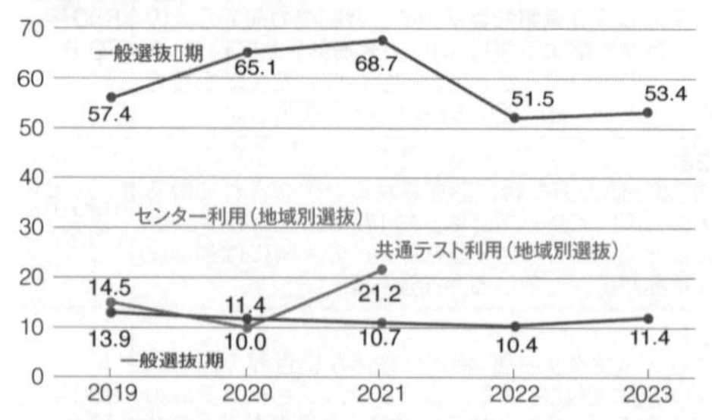

●入学者の現既別内訳

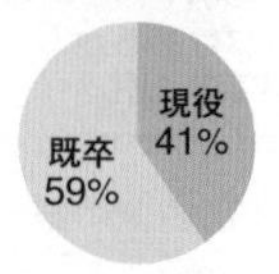

※既卒にその他含む。

●入学者の男女別内訳

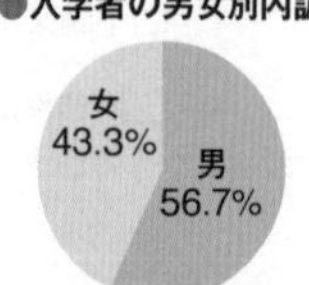

●入学者の地元占有率

（出身地）

●一般選抜志願者数の推移（センター・共通テスト利用、地域枠選抜含む）

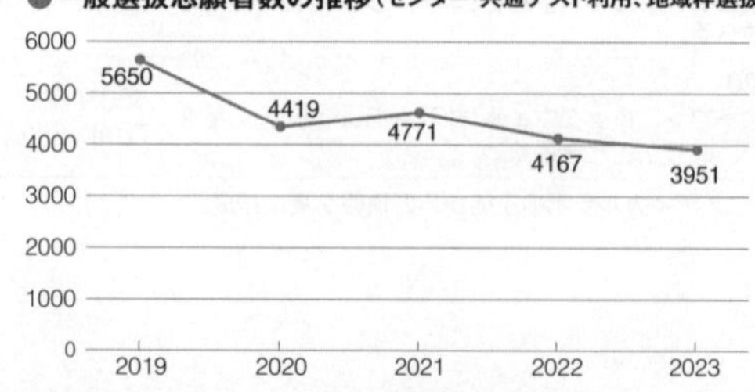

2024年度 選抜要項

●募集人員 (医学科)

一般選抜		地域枠選抜（新潟県、静岡県、茨城県）	学校推薦型選抜	卒業生推薦
Ⅰ期	Ⅱ期			
83名	18名	調整中	2名	7名

■ボーダー偏差値

一般枠（Ⅰ期）	地域枠 新潟県、静岡県、茨城県
67.5	67.5

一般選抜

●試験日程

区分		出願期間	試験	合格発表	手続締切	辞退締切
一般選抜Ⅰ期 地域枠選抜（新潟県、静岡県、茨城県）	1次試験	12/6(水)~1/10(水)※1	2/2(金)	2/7(水)12:00 HP	—	—
	2次試験		2/10(土)か11(日)※2	2/13(火)12:00 HP 郵便	2/20(火)※3	3/31(日)※3
一般選抜Ⅱ期	1次試験	2/1(木)~2/14(水)	3/2(土)	3/6(水)12:00 HP	—	—
	2次試験		3/9(土)	3/11(月)12:00 HP 郵便	3/18(月)※3	3/31(日)※3

※1 締切日必着。※2 いずれか1日を出願時に選択（出願後の変更は不可）。※3 12:00まで。
※合否についての問い合わせには一切応じない。

☞繰上合格について
2次試験合格者と同時に補欠者も発表。欠員が生じた場合、順次合格とし、電話連絡のうえ合格証を郵送する。

補欠者発表方法	補欠順位	繰上合格通知方法
HP	非公表	TEL 郵便

●選抜科目

区分		教科・科目	配点		解答時間
一般選抜 Ⅰ期／Ⅱ期	1次試験	外国語＝コ英ⅠⅡⅢ・英表ⅠⅡ	100点	計 400点	140分
		数学＝数ⅠⅡⅢAB、または国語＝国総（現代文のみ）※	100点		
		理科＝化基・化、生基・生、物基・物→2	各100点		140分
	2次試験	小論文※Ⅰ期のみ	20点	計 120／100点	60分
		面接	100点		Ⅰ期約10分 Ⅱ期非公表

※出願時に選択（出願後の変更は不可）。

☞合否判定　1次試験は、学力試験の得点総計が一定水準以上の者を1次試験合格とする。2次試験は1次・2次の試験結果を総合的に判定し合格者を決定する。

☞受験料　一般選抜60,000円　地域枠選抜（新潟県、静岡県、茨城県）60,000円　卒業生推薦60,000円　薬学部併願70,000円

☞試験会場

区分		都市名	会場名	所在地
一般選抜Ⅰ期	1次	横浜	パシフィコ横浜ノース	神奈川県横浜市西区みなとみらい1-1-2
		大阪※	AP大阪茶屋町	大阪府大阪市北区茶屋町1-27 ABC-MART梅田ビル8F
		福岡※	南近代ビル	福岡県福岡市博多区博多駅南4-2-10
	2次	本学旗の台キャンパス		東京都品川区旗の台1-5-8
一般選抜Ⅱ期	1次	横浜	パシフィコ横浜ノース	神奈川県横浜市西区みなとみらい1-1-2
	2次	本学旗の台キャンパス		東京都品川区旗の台1-5-8

※大阪・福岡会場について、定員を超過した場合は別会場となる。

学校推薦型選抜　特別協定校を対象に2名を募集する。

卒業生推薦　祖父母もしくは両親のいずれかが本学の卒業生である者を対象に7名を募集する。

総合型選抜　実施しない。

編入学　実施しない。

information

本学では2021年度より、一般選抜の1次試験における選択教科として、国語（現代文のみ）が出題されるようになり、数学と選択が可能となっているのが特徴。また2022年度より導入されている卒業生推薦入試も、引き続き定員7名で実施されることに。

■本学旗の台キャンパス
東急大井町線・池上線旗の台駅東口下車、徒歩約5分。

昭和大学

2023年度の出題傾向と分析

英語(I期)

解答形式▶記述

問題の全体難易度 ★★★☆ やや難　前年との難易度比較  やや難化　時間に対する分量  多い

大問	分野	長文の種類 単語数	内容	出題形式	難易度
1	文法	―	空所補充	選択	★★★☆
2	読解	医療・物語系 約650語	「医学部では学ばない死への向き合い方」についての長文問題(空所補充・英文和訳・語句整序・文挿入)	選択・記述	★★☆☆
3	読解	人文系 約1,100語	「3つに分類される創造性」についての長文問題(誤り指摘・同意語選択・空所補充・段落補充・内容説明・内容一致)	選択・記述	★★★★

大問数と出題形式に変化はなかったが、文法問題に定番ではないものも散見された。また、大問3の長文内容が抽象的で内容把握が難しく、設問の難度も高かったため全体的にやや難化した。しかし、中には標準的な問題も含まれるため、これらを確実に正解すれば合格点は取れる。そのためには文法・語法・熟語・語彙についてはオールインワン系の問題集を、長文に関しては500語～700語の標準的な問題集を1冊仕上げる。大問3対策として国公立2次対策の問題集を丁寧に学習することが望ましい。問題量が多いので、本学の過去問を使って時間配分を考えておく必要がある。

数学(I期)

解答形式▶記述

問題の全体難易度 ★★☆☆ 標準　前年との難易度比較 ➡ 変化なし　時間に対する分量  適量

大問	分野		内容	出題形式	難易度
1	複素数平面、平面上の曲線	Ⅲ	1の5乗根による複素数の実部・虚部、双曲線の漸近線	記述	★★☆☆
2	複素数と方程式	Ⅱ	2次方程式が実数解をもつ条件	記述	★☆☆☆
	指数関数	Ⅱ	不等式	記述	★☆☆☆
	平面ベクトル	B	絶対値の値域	記述	★☆☆☆
	対数関数	Ⅱ	大小比較	記述	★★☆☆
3	積分法の応用	Ⅲ	斜軸回転体の体積	記述	★★☆☆
4	場合の数	A	2数の和	記述	★★☆☆

全問が結果のみを答える問題。形式の変更はあるが、17年度以降は大問3・4で場合の数・確率、数学Ⅲの積分法が出題されている。問題量も計算量も少なめなので高得点が必要だろう。基本的な問題や有名問題が中心で、幅広い分野から出題されているため、全範囲にわたって穴のない学習が必要である。難問を解けることよりも、典型問題を迅速かつ確実に得点することが要求されている。過去には期待値が出題されているので注意したい。また、数学Ⅲからの出題が多い年もあるので、微分法・積分法の計算などしっかりと押さえておきたい。英語と併せて140分のため、時間配分にも注意したい。なお、国語との選択となっている。

化学(I期)

解答形式▶記述

問題の全体難易度 ★★☆☆ 標準　前年との難易度比較  やや易化　時間に対する分量  多い

大問	分野	内容	出題形式	難易度
1	有機	脂肪酸の性質、平均分子量・けん化価、ヨウ素価、酸値、分子量・分子式、二重結合数	空所補充・記述	★★☆☆
2	有機	アミノ酸の検出反応、アミノ酸配列、異性体数	空所補充・選択・記述	★★☆☆
3	理論	アンモニア生成の反応速度、化学平衡、解離度、窒素酸化物の圧平衡定数	空所補充・記述	★★☆☆
4	小問集合5問	SBRへの水素付加、陽イオン交換膜法、年代測定法(半減期)、中和熱による温度上昇、アンモニアの平衡定数	記述	★★☆☆

大問4題。大問4の小問数は変化なしだった。これまでは、生体に関連する物質の出題が続いていたが、近年は生体に限らず、幅広く有機化合物が扱われている。難問がなく、多くは解きやすい問題で構成されていた。理論は化学平衡や電気分解などで、本学で頻出の分野からの出題だった。今後、標準レベルの結晶格子や浸透圧の問題を攻略しておこう。また、有機の計算問題も多くの問題を解いて慣れておこう。I期の受験でも、できるかぎりⅡ期の過去問も解いておくことが望ましい。

生 物（Ⅰ期）

解答形式▶記述

問題の全体難易度 ★★☆☆ 標準　前年との難易度比較  やや難化　時間に対する分量  多い

大問	分野		内容	出題形式	難易度
1	体内環境の維持	生物基礎	生体防御	空所補充・選択・記述・描図	★★☆☆
2	生物と遺伝子、生命現象と物質	生物、生物基礎	細胞分画法、呼吸	空所補充・選択・記述	★★☆☆
3	生物の環境応答	生物	花芽形成	空所補充・選択・記述	★★★☆
4	生物の環境応答	生物	聴覚	空所補充・選択・記述	★★★☆

22年度と同様に大問4題構成の記述式。あまり出題されていなかった考察問題が出題された。描図問題は21年度から3年連続で、計算問題は2年連続で出題されている。また、知識論述問題が毎年のように出題されるが、多くの問題で制限字数が短めとなっている。普段から短めの字数で必要な内容をコンパクトに要約して論述する訓練をしておくとよい。また、23年度は100字以内で説明させる制限字数の長い問題も出題された。

物 理（Ⅰ期）

解答形式▶記述

問題の全体難易度 ★★☆☆ 標準　前年との難易度比較 やや難化　時間に対する分量 適量

大問	分野	内容	出題形式	難易度
1	力学	定滑車と動滑車を用いた物体の運動	記述	★★☆☆
2	力学	放物運動、バットの回転、宇宙での質量の測定	記述	★★☆☆
3	電磁気	コンデンサー回路	記述	★★☆☆
4	波動	光ファイバー	記述	★★☆☆

22年度に比べ、やや難化した。ここ2・3年は典型問題が中心で、解きやすい問題が多い。しかし、それ以前は思考力を要する見慣れない問題が混在し、難度がやや高めだった。まず、典型問題から解答し、確実に得点を稼ぐことが大切。また、19年度まで出題が続いていた微積分を用いた物理現象の解析にも、過去問を使って慣れておきたい。標準レベルの問題集だけでなく、過去問等を用いて、しっかりと問題文を読み、誘導に乗って解答する訓練をしておく必要がある。

小論文

年度／内容	字数／時間
2023 ⊗(一般Ⅰ期2/11実施) 今後、医療でAIが積極的に取り入れられる中で、医師としての役割はどのように変化をするか。 ⊗(一般Ⅰ期2/12実施) 現在の日本の医療における女性医師についてのダイバーシティが抱える問題点は何か。また、ダイバーシティの実現において期待できることは何か。	600字 60分
2022 ⊗(一般Ⅰ期2/12実施) 新型コロナウイルスの感染懸念から、オンライン診療が実施されるようになったが、そのメリット・デメリットと、医師に必要とされる知識を述べる。 ⊗(一般Ⅰ期2/13実施) コロナ禍で子供たちの孤独や閉塞感を解消するために、全国の小児がん拠点病棟では無線LAN(WiFi)の導入が進められている。これ以外に子供たちに手を差し伸べられそうなことを述べる。 ⊗(一般Ⅱ期) 成年年齢が18歳に引き下げられるが、どのような理由によるものか。また、これによってどのようなことが変わるか。	600字 60分
2021 ⊗(Ⅰ期2/13実施)SDGsの取り組みについて、あなたができることを述べる。 ⊗(Ⅰ期2/14実施)遺伝子疾患に関する説明とグラフを見て、その患者に対してどのように向き合っていくかを述べる。 ⊗(共通テスト利用)新型コロナウイルスの流行による医療崩壊を防ぐためにできることを述べる。	600字 60分

⊗は、メディカルラボの生徒からの情報を基に作成。

面 接

形式	所要時間	面接の進行と質問内容
個人面接	Ⅰ期：10分 Ⅱ期：20分	[Ⅰ期] ※当日事前アンケートあり(本学志望理由、医師志望理由、医師に向いている点、高校生活、部活動、入試説明会に求めること、最近感動したことなど)20分 □医師志望理由 □本学志望理由 □寮生活は大丈夫か □地域医療にどのように貢献したいか □チーム医療とは □高校時代に頑張ったこと、部活動について [Ⅱ期]5分×4回(MMI方式) 1回目：昭和大学の志望動機と6年間の過ごし方 2回目：あなたは70歳のがん患者の担当をしている。患者自身は自分ががんではないかと不安を抱いているが、家族は本人に伝えないでほしいと言っている。あなたは医師としてどうするか 3回目：2枚の写真を見て感じたこと(「昔の波と富士山の絵」と「サーフィンをしている写真」) 4回目：留学先で出会った他国の留学生と友人になったが、その人は次は日本に留学したいと言ってきた。その際に伝えるべき、衣食住の注意点は
面接会場の配置 Ⅰ期 面接官＝2名 受験生＝1名 Ⅱ期 面接官＝1名 受験生＝1名		

感染症等に伴う特別対応や追試験については、各大学のホームページで最新情報をご確認ください。

最新の入試情報をCHECK ▶

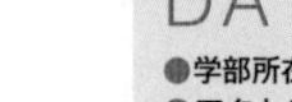

帝京大学

TEIKYO

入試に関する問合せ先

入試センター／〒173-8605　東京都板橋区加賀2-11-1
☎0120-335933　https://www.teikyo-u.ac.jp/applicants/

募集要項の請求方法

大学のホームページ

※募集要項は紙媒体による配布を行わず、大学のホームページに掲載。

全選抜ネット出願 必須

DATA

●**学部所在地**　問合せ先に同じ。
●**アクセス**　JR埼京線十条駅下車、徒歩約10分
●**学部学科・定員**　医学部=医学科116（臨時定員含む）
●**大学院**　医学研究科=医学専攻（博士課程）
●**おもな付属施設**　医学部附属病院、医学部附属溝口病院、ちば総合医療センター、附属新宿クリニックなど。
●**沿革**　昭和46年に医学部を設置した。

最新の医学知識と技術、医療人としての豊かな人間性を身に付けた「よき医師」を養成します。基本的内容から講義を開始し、短期間で少数科目を集中的に学習。次年度に別の視点から繰り返し学習する積み上げ方式によって、効果的に知識を身につけていきます。さらに少人数制のグループ学習やクラス全体で発表・討論を行うことによって、問題解決能力を習得します。板橋キャンパス内の医学部附属病院は、高度救命救急センター、総合周産期母子医療センター、帝京がんセンターなどを擁し、学生にとって最良の実習環境が整っています。

●医師国家試験合格率推移

年＼区分	総計	新卒	既卒
2023	82.9%	88.6%	41.2%
2022	89.0%	97.8%	46.4%
2021	80.0%	93.8%	25.0%
2020	79.4%	86.2%	56.3%
2019	78.1%	83.1%	50.0%

●学納金（2024年度）

初年度……9,370,140円
内訳　入学金……1,050,000円
授業料……3,150,000円
施設拡充費……2,100,000円
実験実習費……227,000円
医学教育維持費・2,835,000円
学生傷害保険費……8,140円

6年間の総額……39,380,140円

※学生傷害保険費は、変更になる場合がある。医学教育維持費は2年次以降525,000円。

●寄付金・学債

入学後に任意の学校協力費を募集する。

●学納金関連情報

福島県地域医療医師確保修学資金、千葉県医師修学資金貸付制度、静岡県医学修学研修資金、茨城県地域医療医師修学資金貸与制度は医学部入試時に募集予定。確定次第、本学ホームページ等にて公表。ほかに、帝京大学地域医療医師確保奨学金、帝京大学公衆衛生学研究医養成奨学金などがある。

2023年度入試DATA

●志願・合格状況

区分	募集人員	志願者	受験者	1次合格者	2次受験者	正規合格者	補欠者	繰上合格者	総合格者	志願者合格倍率	入学手続者
一般選抜	93	7101	6636	非公表	非公表	非公表	非公表	非公表	231	30.7	136
共通テスト利用	8	626	621	非公表	非公表	非公表	非公表	非公表	18	34.8	9
学校推薦型選抜	15	66	66	非公表	非公表	非公表	非公表	非公表	15	4.4	15

※一般選抜には、地域枠を含む。

●合格得点（総合格者）

区分	満点	合格最高点		合格最低点	
		得点	得点率	得点	得点率
一般選抜	300	261	87%	211	70%
共通テスト利用	600	535	89%	416	69%
学校推薦型選抜	300	230	77%	171	57%

※一般選抜は、地域枠等を除く。

●志願者合格倍率の推移

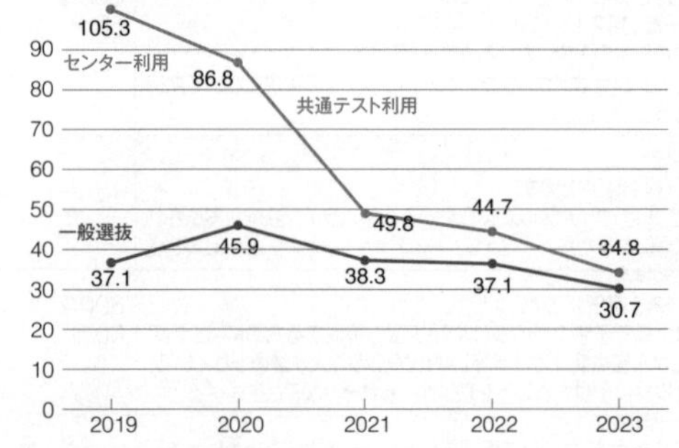

●合格者の現既別内訳　●合格者の男女別内訳　●合格者の地元占有率

●一般選抜志願者数の推移（センター・共通テスト利用含む）

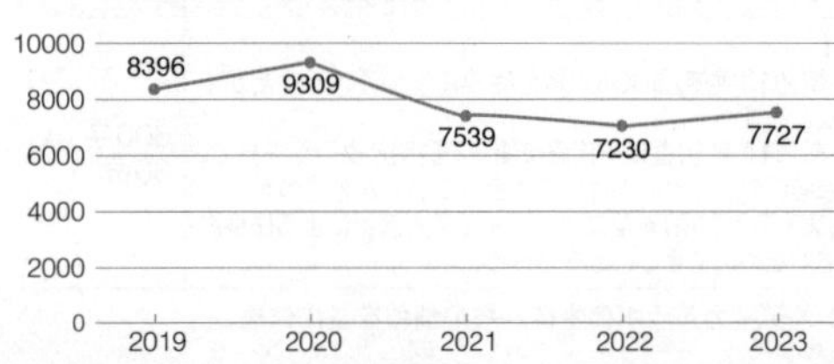

2024年度 選抜要項

●募集人員（医学科）

一般選抜		共通テスト利用	学校推薦型選抜(公募)
	特別地域枠		
87名※1	6名※2	8名	15名

※1 一般選抜特別地域枠にて、茨城県地域医療医師修学資金貸与制度対象者1名（募集予定）を含む。
※2 一般選抜特別地域枠にて、福島県地域医療医師確保修学資金対象者2名、千葉県医師修学資金貸付制度対象者2名、静岡県医学修学研修資金対象者2名を募集予定。

■ボーダー偏差値

一般枠、特別地域枠	共テ枠(2次)
65.0	65.0

■共テボーダー得点率

共テ枠
86%

一般選抜

●試験日程 インターネット出願登録+書類提出

※1 大学入試センターへ出願する。

区分		出願期間	試験	合格発表	手続締切	辞退締切
一般選抜	1次試験	12/19(火)~1/15(月)※2	1/25(木)~27(土)※3	1/30(火) 11:00 ネット	―	―
	2次試験		2/6(火)か7(水)※4	2/10(土) 11:00 ネット	2/19(月)	3/31(日)※5
大学入学共通テスト利用	共通テスト	9/25(月)~10/5(木)※1	1/13(土)・14(日)	2/10(土) 11:00 ネット	―	―
	2次試験	12/19(火)~1/12(金)※2	2/16(金)	2/20(火) 11:00 ネット	3/11(月)	3/31(日)※5

※2 出願情報登録、入学検定料納入は16:30まで。締切日必着。※3 自由選択制で、いずれか1日、あるいは複数日を受験できる。※4 いずれか1日を出願時に選択。
※インターネットによる合否照会システムは、合格発表日から6日後の22:00までのみ。合格書類の郵送は行わない。※5 12:00まで。

☞追加合格について
入学手続状況により欠員が出た場合、成績上位者より順に追加合格を出すことがある。その場合、本学より本人に郵便または電話にて連絡する。

繰上合格候補者発表方法	補欠順位	追加合格通知方法
なし	なし	TEL 郵便

●入試科目

区分		教科・科目	科目選択	配点		解答時間
一般選抜	1次試験	外国語=コ英ⅠⅡⅢ・英表ⅠⅡ	必須	100点	計300点	60分
		数学=数ⅠⅡAB(列ベ)	5科目から2科目選択	各100点		120分
		化学=化基・化				
		生物=生基・生				
		物理=物基・物				
		国語=国総(古文・漢文を除く)				
	2次試験	課題作文(出題されたテーマについて、キーワードをすべて使って、自分自身の考えを300字以内で書く)	必須	非公表	非公表	30分
		面接	必須	非公表		約10分
大学入学共通テスト利用	共通テスト	外国語=英(リーディング、リスニング)※1	必須	100点	計300点	R80分 L60分(解30分)
		数学=数Ⅰ、数ⅠA、数Ⅱ、数ⅡB ※2	2科目選択※4	100点		数ⅠA70分 数ⅡB60分
		理科=化、生、物		各100点		(各)60分
		国語=国※3		100点		80分
	2次試験	英語(長文読解)=英語による長文を読み、和文で要旨を200字以内、意見を400字以内で書く。	必須	非公表	非公表	60分
		課題作文(出題されたテーマについて、キーワードをすべて使って、自分自身の考えを300字以内で書く)	必須	非公表		30分
		面接	必須	非公表		約10分

※1「英語」は、リーディング(100点満点)の点と、リーディング(100点満点)を80点満点に圧縮した点にリスニング(100点満点)を20点満点に圧縮して加えた点の2通りを算出し、高得点を採用する。
※2「数学2科目」の組み合わせは認めない。　※3「国語」は、「近代以降の文章」(100点満点)と、「近代以降の文章」に「古典(古文・漢文)」(100点満点)を加えた点(200点満点)を100点満点に圧縮した点の2通りを算出し、高得点を採用する。　※4 3科目以上受験した場合は、高得点の2科目を合否判定に採用する。

☞合否判定　一般選抜1次試験:学科試験および書類審査。学科試験を重視し、総合的に合否を判定する。一般選抜2次試験:1次試験合格者に限り実施。課題作文と面接で合否を判定する。共通テスト利用:1次試験(共通テスト)の合格者に2次試験として英語(長文読解)・課題作文・面接を行い、合否を判定する。

☞受験料　一般選抜60,000円　共通テスト利用35,000円
※一般選抜は2日以上出願する場合、2日目、3日目を1日50,000円に軽減する。

☞試験会場

区分	会場名	所在地
一般1次、2次 共通テスト利用2次	本学板橋キャンパス	東京都板橋区加賀 2-11-1

information

1次試験日は3日間設定され、いずれか1日を自由に選べ、2日間、あるいは3日間すべての受験も可能。2日間以上受験した場合は、試験日ごとの学科試験3科目の合計点が最も高い日の成績が採用され、面接は出願時に選択した日に1回受ければいい。

学校推薦型選抜 インターネット出願登録+書類提出

区分	募集人員	試験日程				推薦条件	選考方法
		出願期間	選考日	合格発表	手続締切		
公募制(専願)	15名	11/1~11/7 ※1	11/12	12/1	12/11	※2	基礎能力適性検査(3科目方式)、小論文、面接、書類審査※3

※1 締切日必着。※2 調査書全体の学習成績の状況が4.0以上の現役で、入学を確約できる者。※3 英語外部試験で所定の級・スコアを有する者は合否判定の際考慮される。

総合型選抜
実施しない。

編入学
実施しない。

帝京大学

2023年度の出題傾向と分析

※帝京大学は１次試験を３日間の日程で実施しますが、それぞれの日程における出題内容の詳細は公表されていません。そのため、下記の出題傾向と分析は３日程のいずれかの出題内容となります。

英語

解答形式▶記述

問題の全体難易度 ★★☆☆ 標準　前年との難易度比較 変化なし　時間に対する分量 適量

大問	分野	長文の種類 単語数	内容	出題形式	難易度
1	読解	医療系 約550語	「新型コロナウイルスワクチンの義務づけ」についての長文問題（空所補充・内容説明・語句整序・指示語指摘・主題選択・下線部和訳）	選択・記述	★★☆☆
2	読解	社会系 約500語	「家庭でのタスクとその効率化」についての長文問題（空所補充）	選択	★★☆☆
3	読解	医療・社会系 約500語	「イギリスの退役軍人のアルコール依存症対策」（内容一致）	選択	★★☆☆
4	英作文	ー	語句整序	選択	★☆☆☆

読解問題３題に語句整序１題という形式に変化はない。３日間ある入試のすべてにおいて、長文のテーマは医療にまつわるものが多い。そのため医療系長文の読解問題は必ず演習し、医療系単語も覚える必要がある。出題形式では空所補充の出題率が高いため、医療以外の語彙も高めておかねばならない。大問３は内容一致のみの出題のため、読解演習の際には段落要約を心がける。大問４対策としては語句整序の標準的な問題集を１冊完成させる。

数学

解答形式▶記述

問題の全体難易度 ★☆☆☆ 易　前年との難易度比較 変化なし　時間に対する分量 適量

大問	分野		内容	出題形式	難易度
1	積分法	Ⅱ	積分方程式	空所補充	★☆☆☆
	２次関数	Ⅰ	２放物線の交点の x 座標の最小	空所補充	★☆☆☆
2	空間ベクトル	B	球面と平面の交円上の２点の内積の最小	空所補充	★☆☆☆
	図形と計量	Ⅰ	長方形の辺の長さ	空所補充	★☆☆☆
3	数列	B	群数列の第 k 群の和	空所補充	★☆☆☆
	確率	A	玉を取り出す確率	空所補充	★☆☆☆
4	整数の性質	A	２次方程式が整数解をもつ条件	空所補充	★☆☆☆
	対数関数	Ⅱ	４つの実数解をもつ条件	空所補充	★★☆☆

出題範囲は数学Ⅰ・A・Ⅱ・Bで、データの分析以外の幅広い分野から出題されている。22年度から基本的な問題が中心の出題となっているが、過去には思考力が必要な問題が出題されたこともある。結果のみを記入する方式なので計算ミスは致命的。典型的な問題の解法は瞬時に浮かぶように練習しておくことともに、迅速かつ正確に計算する訓練も不可欠。他教科との時間配分も重要な鍵になるだろう。

化学

解答形式▶記述

問題の全体難易度 ★★☆☆ 標準　前年との難易度比較 変化なし　時間に対する分量 多い

大問	分野	内容	出題形式	難易度
1	理論、有機	アミノ酸の電気泳動、電離平衡、グリシンの等電点	空所補充・選択・記述	★★☆☆
2	有機	セラミックス（ガラス、陶器）、鉄酸化物（べんがら）、機能性セラミックス、ヒドロキシアパタイト、カルシウム欠損アパタイト	空所補充・選択・記述	★★☆☆
3	無機	炭化水素化合物、油脂の構造、セッケン、臭素付加、溶媒への溶解性、還元性、合成洗剤	空所補充・選択・記述	★★☆☆
4	有機	ビニロンの製法、生成物の質量、アセタール化の割合	空所補充・選択・記述	★★☆☆

大問4題。23年度は、有機の設問が非常に多かった。過年度と比較しても、ヒドロキシアパタイトの計算がやや大変だった以外、難度的に突出していなかった。従来の算用数字や指数表記の指定と併せて、計算結果の選択もあった。出題内容は各試験日でまちまちだが、無機、有機が多く、特に高分子化合物は天然・合成ともによく出題される。空所補充では物質名や化学式の指定も多く、注意が必要だ。赤本には、各年度２日分掲載されているため、良問の多い過去問に取り組んでおくとよい。

生物

解答形式▶記述

問題の全体難易度 ★★☆☆ 標準　前年との難易度比較 やや易化　時間に対する分量 適量

大問	分野		内容	出題形式	難易度
1	生物と遺伝子、生命現象と物質	生物、生物基礎	体細胞分裂、DNA の複製	空所補充・選択・記述	★★☆☆
2	生命現象と物質、体内環境の維持	生物、生物基礎	ATP、血糖調節	空所補充・選択・記述	★★☆☆
3	生命現象と物質	生物	遺伝子組換え	選択・記述	★★☆☆

22年度と同様に大問3題で記述式。日程によって難度はかなり異なる場合が多い。近年は、免疫に関する問題とバイオテクノロジーに関する分野が高頻度で出題されている。この2つの分野については、特に実験問題も含めた標準的な問題の演習を積んでおく。正誤問題の出題が非常に多く、特に「すべて選べ」の設問が目立つ。演習で正誤問題を解くときには、誤りの選択肢のどこが誤っているのかを必ず確認する習慣をつけておく。ひらがな指定やカタカナ指定で答える設問にも注意したい。

物理

解答形式▶記述

問題の全体難易度 ★★☆☆ 標準　 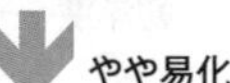 やや易化　時間に対する分量  適量

大問	分野	内容	出題形式	難易度
1	力学	物体の自由落下と地面での衝突	記述	★☆☆☆
2	電磁気	直流回路とコンデンサー	記述	★★☆☆
3	波動	アッベの屈折計	記述	★★☆☆

近年は大問3題で、力学と電磁気からの出題が多い。解答を書かせるだけの問題が中心で、論述や描図問題の出題は見られない。基本～標準レベルの問題が多いが、年度によっては、やや難度が高い問題も見られる。また、出題傾向が重なることが少なく、初日、2日目、3日目と進むにつれ、出題内容の予想が立てやすい。

小論文（課題作文）

年度／内容	字数／時間
2023 ⊗(一般2/6実施) 技術の進歩で医療での仮想現実を使用したシミュレーション教育が行われている。それでは、仮想現実でない現実の旅であなたが期待することを、「予想外」「成長」の言葉を用いて述べる。 ⊗(一般2/7実施) 友人には様々な種類がある。中高時代の友人に対して、大学時代の友人はどのような位置づけになるか。また、それを踏まえて大学ではどのような友人を作るのがよいと思うかを、「中高」「職業」の言葉を用いて述べる。 ⊗(共通テスト利用) 帝京大学に入学後、勉強する時、カフェ・自宅、また、大学校内では図書館・自習スペース・PCルームなどという勉強場所の選択肢がある。あなたならばどこで勉強をするかを、「集中」「習慣」の言葉を用いて述べる。	250～300字 30分
2022 ⊗(一般2/3実施) 精神論や根性論は時代遅れと言われているが、その理由を「達成」「限界」の言葉を使って述べる。 ⊗(一般2/4実施) カール・ロジャースの言葉に「本当の教育を受けた者とは、学ぶ方法と変化する方法を学んだ者である」がある。これを基に、大学での学びはどうあるべきかを、「知識」「問題解決能力」の言葉を使って述べる。	250～300字 30分

⊗は、メディカルラボの生徒からの情報を基に作成。

面接

形式	所要時間	面接の進行と質問内容
個人面接	10分	□本学志望理由 □医師志望理由 □高校時代に頑張ったこと、部活動について □紙に書かれた以下の文章を読み、面接官の質問に答える (一般選抜) 8人グループで、お互いの調べてきたテーマを各々が発表することになった。あなたを含む4人は真面目に参加しているが、それ以外の4人は発表会に遅刻をしてきて、テーマについて全く調べていない。あなたはこのグループで会をやる時に、どのような進め方をするか (共通テスト利用) あなたは帝京大学入学後に、基礎医療の勉強のために自分の調べた内容を意見交換するグループに参加をした。しかし、あなたはその内容に興味が持てず、グループでの発表もうまくいかず、メンバーから苦情が出ている。あなたはどうするか
面接会場の配置		
面接官＝2名 受験生＝1名		

感染症等に伴う特別対応や追試験については、各大学のホームページで最新情報をご確認ください。

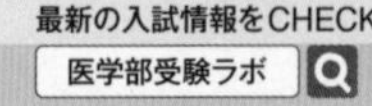

東京都

東京医科大学

入試に関する問合せ先

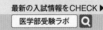

アドミッションセンター／〒160-8402　東京都新宿区新宿6-1-1
☎03-3351-6141（代表）　https://www.tokyo-med.ac.jp/

募集要項の請求方法

大学のホームページ上でダウンロード
※募集要項は紙媒体による配布を行わず、大学のホームページに掲載。

全試験ネット出願 必須

DATA

●**学部所在地**　問合せ先に同じ。
●**アクセス**　JR、小田急線、京王線新宿駅下車、徒歩約20分。東京メトロ丸ノ内線新宿御苑前駅下車、徒歩約7分。都営地下鉄新宿線新宿三丁目駅下車、徒歩約10分。
●**学部学科・定員**　医学部＝医学科123（認可申請予定含む）
●**大学院**　医学研究科＝（博士）形態系専攻、機能系専攻、社会医学系専攻、内科系専攻、外科系専攻、社会人大学院臨床研究系専攻、社会人大学院研究系専攻、（修士）医科学専攻
●**おもな付属施設**　東京医科大学病院、茨城医療センター、八王子医療センター、医学総合研究所など。
●**沿革**　東京医学講習所が前身。大正7年に東京医学専門学校、昭和27年に東京医科大学医学部となった。

21世紀の医科大学は、個性が輝く教育プログラムを構築していくことが重要です。東京医科大学の建学の精神「自主自学」を、現在の国際基準に即してプログラム化しています。

人間学系科目では、「自己と他者」などのテーマを、科目を越えて考えることにより、プロフェッショナリズムの基盤を養えるようにしています。また、基礎系科目と臨床系科目を病態生理学という「病気の仕組みを考える科目」で統合し、病気の仕組みを深く学べるようなプログラム構造にしました。また、臨床実習では、シミュレーションを活用して低学年から段階的に学び、十分な技能が修得できるようにしています。さらに、多職種について実践的な実修を通して学ぶ機会を設けています。

授業は一方的に知識の詰込みを行うのではなく、演習科目を共に配置し、「修得した知識をいかに活用するか」を学ぶ機会を設定しています。また、ICT技術を大幅に取り入れ、豊富なオンデマンド教材・VR・メタバース教材を整備し、eポートフォリオによる学びの蓄積ができる環境をつくっています。2022年度から、自由科目を選択し、「興味を持った分野を徹底的に深めることができる」というユニークな学びの機会を提供しています。

大きな夢をもった方々を歓迎します。ぜひ、国際都市東京の中心である新宿に位置する東京医科大学で共に学びましょう。

●医師国家試験合格率推移

年＼区分	総計	新卒	既卒
2023	95.9%	96.5%	87.5%
2022	93.7%	97.5%	16.7%
2021	95.1%	98.3%	42.9%
2020	94.3%	97.3%	60.0%
2019	92.1%	92.7%	75.0%

●学納金（2024年度）

初年度 ……………… **4,896,800円**
内訳　入学金…………1,000,000円
　　　授業料…………2,900,000円
　　　教育・施設設備充実費…900,000円
　　　その他の費用………96,800円

6年間の総額……………**29,841,800円**
※2年次以降のその他諸経費は年間69,000円

●寄付金・学債

学校債、寄付金を入学後に任意で募集する。

●学納金関連情報

一般選抜試験成績上位40位まで、共通テスト利用選抜試験成績上位10位までの者には、初年度授業料290万円を免除する減免制度がある。ほかに東京医科大学医学部奨学金（貸与）などがある。

2023年度入試DATA

●志願・合格状況

区分	募集人員	志願者	受験者	1次合格者	2次受験者	正規合格者	補欠者	繰上合格者	総合格者	志願者合格倍率	入学者
一般選抜	79	2537	2290	430	非公表	―	―	―	179	14.2	79
共通テスト利用	10以内	769	759	156	非公表	―	―	―	49	15.7	10
学校推薦型選抜（一般）	20以内	98	97	―	―	―	―	―	20	4.9	20
学校推薦型選抜（茨城県）	8以内	23	23	―	―	―	―	―	8	2.9	8
学校推薦型選抜（埼玉県）	2以内	16	16	―	―	―	―	―	2	8.0	2
学校推薦型選抜（新潟県）	3以内	15	14	―	―	―	―	―	3	5.0	3

●合格得点

区分	満点	合格最高点 得点	合格最高点 得点率	合格最低点 得点	合格最低点 得点率
一般選抜	1次400	非公表	―	240.0	60%
	2次500			312.0	62%
共通テスト利用	1次900	非公表	―	736.5	82%
	2次1000			814.0	81%
学校推薦型選抜（一般）	172	非公表	―	118.0	69%
学校推薦型選抜（茨城県）	172	非公表	―	115.0	67%
学校推薦型選抜（埼玉県）	172	非公表	―	110.0	64%
学校推薦型選抜（新潟県）	172	非公表	―	112.0	65%

●志願者合格倍率の推移

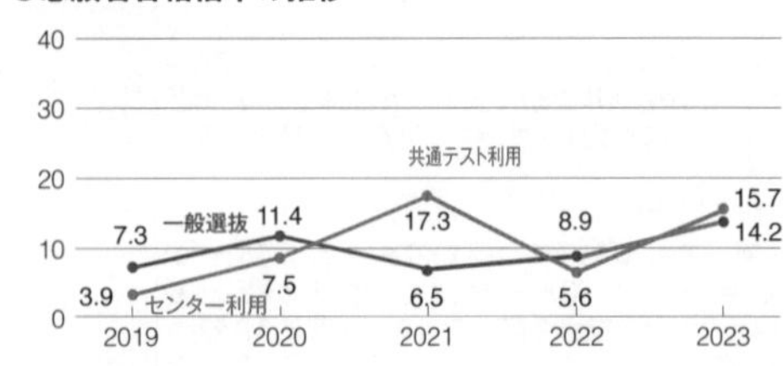

●一般選抜志願者数の推移（センター・共通テスト利用含む）

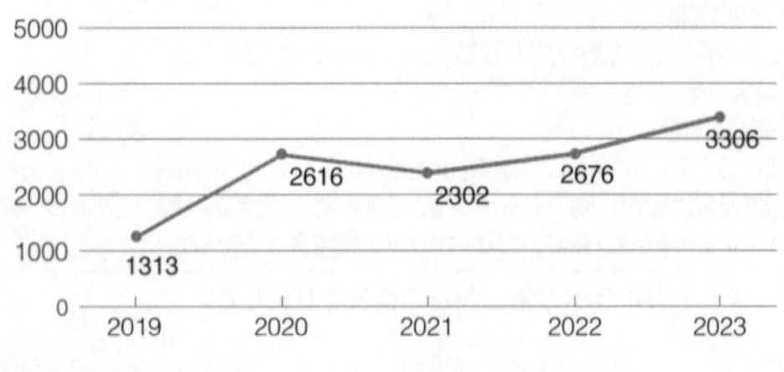

●入学者の現既別内訳

既卒 70名
・1浪 41名
・2浪 22名
・3浪その他 7名
現役 52名

●入学者の男女別内訳

女 50名
男 72名

●入学者の地元占有率（出身校）

その他 51名
東京都 71名

2024年度 選抜要項

●募集人員（医学科）

※合格者が募集人員に満たない場合、欠員は一般選抜で募集。
※認可申請予定。確定次第大学ホームページ等で公表。

一般選抜	共通テスト利用	学校推薦型選抜				
		一般公募	茨城県地域枠	埼玉県地域枠	新潟県地域枠	全国ブロック別
74名	10名以内	20名以内	8名以内※	2名以内※	3名以内※	6名以内

■ボーダー偏差値 ■共テボーダー得点率

一般枠	共テ枠
67.5	84%

一般選抜

●試験日程

※1 大学入試センターへ出願する。

区分		出願期間	試験	合格発表	手続締切	辞退締切
一般選抜	1次試験	12/11(月)~1/10(水)※2	2/7(水)	2/15(木)10:00 ネット	—	—
	2次試験		2/17(土)	2/22(木)10:00 ネット	3/4(月)※3	3/31(日)※4
共通テスト利用	共通テスト	9/25(月)~10/5(木)※1	1/13(土)・14(日)	2/15(木)10:00 ネット	—	—
	2次試験	12/11(月)~1/10(水)※2	2/17(土)	2/22(木)10:00 ネット	3/4(月)※3	3/31(日)※4

※2 締切日消印有効。※3 15:00まで。※4 12:00まで。　※2次試験の合格者のみ合格通知書をダウンロード可能。電話、郵便等による問合せには応じない。

☞繰上合格について
3/6(水)に補欠合格者を発表。発表日以降に欠員が生じた場合、補欠者の上位より繰上合格者として電話連絡する。

補欠者発表方法	補欠順位	繰上合格通知方法
ネット	あり	TEL

●入試科目

区分		教科・科目	配点		解答時間
一般選抜	1次試験	外国語＝コ英ⅠⅡ	100点	計400点	60分
		数学＝数ⅠⅡⅢAB(列べ)	100点		60分
		理科＝化基・化、生基・生、物基・物→2	200点		120分
	2次試験	小論文	60点	計100点	60分
		面接＝個人面接	40点		10~15分程度
共通テスト利用	共通テスト	外国語＝英(R:L＝3:1)	200点	計900点	R80分 L60分(解30分)
		数学＝数ⅠA、数ⅡB	各100点		数ⅠA70分 数ⅡB60分
		理科＝化、生、物→2	各100点		各60分
		国語＝国	200点		80分
		地歴・公民＝世A、世B、日A、日B、地A、地B、現社、倫、政経、倫政経→1※	100点		60分
	2次試験	小論文	60点	計100点	60分
		面接＝個人面接	40点		10~15分程度

※2科目選択した場合は、第1解答科目を合否判定に使用する。

☞合否判定　1次試験合格者に対して2次試験を行う。面接の得点が著しく低い場合には、合計点にかかわらず不合格となることがある。
☞受験料　一般選抜60,000円　共通テスト利用40,000円
☞試験会場

区分	都市名	会場名	所在地
1次	本学キャンパス		東京都新宿区新宿6-1-1
	東京	ベルサール新宿グランド	東京都新宿区西新宿8-17-3
2次	本学キャンパス		東京都新宿区新宿6-1-1

学校推薦型選抜

区分	募集人員	試験日程				出願条件	選考方法
		出願期間	選考日	合格発表	手続締切		
一般公募	20名以内	11/6~11/17	12/2	12/7 10:00	12/14	※1	書類審査、小論文(日英の課題各1)、個人面接、基礎学力検査(数・物・化・生)
茨城県地域枠	8名以内※					※2	
埼玉県地域枠	2名以内※					※3	
新潟県地域枠	3名以内※					※4	
全国ブロック別	6名以内*	11/6~11/17	12/2:小・基礎学力 12/16:面接	1次:12/7 2次:12/21	12/28	※5	書類審査、小論文(日英の課題各1)、基礎学力検査(数・物・化・生)、面接(MMI)

※1 高等学校等で全体の評定平均値が4.0以上の現役。入学を確約できる者。
※2 茨城県内の高等学校等を卒業、または保護者が茨城県内に3年以上居住の者で、評定平均値が4.0以上の現役・1浪。入学を確約できる者。茨城県が実施する修学資金貸与制度に申し込みをし、かつ県のe-ラーニングを受講した者。合格後、茨城県作成のキャリア形成プログラムに基づき診療に従事し、卒業後直ちに茨城県知事の定める医療機関で一定期間医師として従事することを確約できる者。
※3 出身地および出身高等学校等の所在地を問わず、評定平均値が4.0以上の現役、1浪で入学を確約できる者。埼玉県が設定する奨学金の受給を希望する者。埼玉県作成のキャリア形成プログラムに基づき診療に従事し、医師免許を得た後直ちに奨学金貸与期間の1.5倍の期間、特定地域の公的医療機関または特定診療科等(産科、小児科、救命救急センター)に医師として勤務する意志のある者。
※4 出身地および出身高等学校等の所在地を問わず、評定平均値が4.0以上の現役、1浪で入学を確約できる者。新潟県が設定する修学資金を受給する者。卒業後、新潟県のキャリア形成プログラムに基づき診療に従事し、卒業後直ちに新潟県内の定める医療機関で9年間勤務する意志のある者。
※5 各ブロックの出身高等学校等を卒業、または保護者が、出願するブロック内に、3年以上居住の者で、評定平均値が4.0以上の現役・1浪。(保護者の居住地で出願の場合、出願時に住民票を要提出。)入学を確約できる者で、医師が不足している地域の医療に貢献しようと強い意志をもつ者。
※学校推薦型選抜(一般公募)との併願可(現役のみ)。各地域枠の併願不可。合格者が募集人員に満たない場合、欠員は一般選抜で募集。いずれも認可申請予定。確定次第大学ホームページ等で公表。
*全国47都道府県を①北海道・東北②関東甲信越③東海・北陸④近畿⑤中国・四国⑥九州・沖縄ブロックの6ブロックに分け、各ブロック1名を募集人員とする。学校推薦型選抜(一般公募・県地域枠)との併願可(現役のみ)。合格者が募集人員に満たない場合、欠員は一般選抜で募集。

総合型選抜
実施しない。

編入学
実施しない。

東京医科大学

2023年度の出題傾向と分析

英語

解答形式▶記述／マーク

問題の全体難易度 ★★☆☆ 標準　前年との難易度比較 ➡ 変化なし　時間に対する分量 多い

大問	分野	長文の種類 単語数	内容	出題形式	難易度
1	語彙	―	空所補充	選択	★☆☆☆
2	英作文	―	語句整序	選択	★☆☆☆
3	読解	社会系 約750語	「パンデミック下のインターナショナル子供カフェの役割」についての長文問題（内容一致・同意語選択・空所補充・主題選択）	選択	★★☆☆
4	読解	社会・科学系 約1,200語	「日本でのプラスチック破棄問題の解決策」についての長文問題（内容一致・同意語選択・下線部和訳）	選択・記述	★★★☆

22年度まで出題されていたアクセント問題がなくなり、大問5題から4題になった。語彙と語句整序が易しくなったが、大問4の長文の語数が増え内容もやや難しくなったため、全体の難度に大きな変化はない。60分で2,000語近い英文を読むには速読力が必要だ。そのため700語以上のマーク式読解問題集を演習する。語彙・語句整序は易しいので標準的な問題集を演習すれば十分対応できるが、語句整序で熟語が多く出題されていたので対策を万全にしておこう。

数学

解答形式▶マーク

問題の全体難易度 ★☆☆☆ 易　前年との難易度比較 ➡ 変化なし　時間に対する分量 適量

大問	分野		内容	出題形式	難易度
1	確率	A	ウイルスに感染している条件付き確率	空所補充	★☆☆☆
	式と証明	Ⅱ	二項定理	空所補充	★☆☆☆
	複素数平面	Ⅲ	ド・モアブルの定理	空所補充	★☆☆☆
	極限	Ⅲ	自然対数の底	空所補充	★☆☆☆
2	確率	A	3数の積と和の確率	空所補充	★★☆☆
3	空間ベクトル	B	立体の体積、ベクトルのなす角	空所補充	★★☆☆
4	微分法の応用、積分法の応用	Ⅲ	第2次導関数、実数解の個数、面積	空所補充	★☆☆☆

20年度に大幅に易化し、それ以降は基本・典型問題が多い。23年度は煩雑な計算もあったが、例年は計算量も多くなく、基本・典型解法で解ける問題が多い。そのため、参考書に載っている解法を偏りなく習得して、正確に計算できるように訓練しておくが効果的と言える。また、マーク形式のため、ある程度答えの見当をつけられると取り組みやすい。同じ形式の他大学の過去問で練習するのも有効だろう。過去には、オイラーの多面体定理といった他大学ではあまり見かけない内容が出題されたことがあるので注意したい。

化学

解答形式▶マーク

問題の全体難易度 ★★★☆ やや難　前年との難易度比較 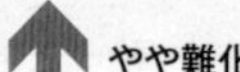 やや難化　時間に対する分量 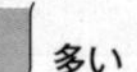 多い

大問	分野	内容	出題形式	難易度
1	小問集合	原子の構造、アミノ酸の特徴、気体の性質、アルコールの反応性、芳香族化合物の構造	選択	★★☆☆
2	理論	気体の熱化学方程式、燃焼熱、混合気体の構成	選択	★★★☆
3	理論	二酸化炭素の水への溶解度、化学法則名、混合気体の組成、二酸化炭素の電離平衡	選択	★★★☆
4	有機	マルトース加水分解実験、発生気体、名称、フェーリング液還元生成物、混合物中の水の含有率、マルトース溶液濃度	選択	★★☆☆

大問4題。23年度の大問1は誤文選択2問、正文選択3問で、どの設問にも「どこにも誤りは含まれていない（すべてに誤りが含まれている）」という選択肢があった。解きやすくなった22年度から従来の難度に戻った。大問2～4の実験や考察は本学の特徴的な形式で、大問ごとに各段階の変化を追っていけるようにしよう。年度によって大問の難度がかなり異なることがある。例年、計算量が多く時間の余裕がない。計算のレベルと量に慣れるために、過去問でしっかり演習をこなしておこう。

生物

解答形式▶マーク

問題の全体難易度 ★★★☆ やや難　前年との難易度比較  変化なし　時間に対する分量  多い

大問	分野		内容	出題形式	難易度
1	小問集合	生物、生物基礎	バイオーム、細胞骨格、呼吸、サンガー法、植物の分類、検定交雑	選択	★★☆☆
2	体内環境の維持、生物の進化と系統、生殖と発生	生物、生物基礎	腎臓、地質時代、カエルの尾芽胚	選択	★★★☆
3	生命現象と物質、生物の進化と系統	生物	ミカエリス-メンテンの式、遺伝子重複	選択	★★★☆

22年度と同様に大問3題構成のマーク式。21年度から急激に難度が上昇し、23年度は過去2年に比べてやや解きやすくなったものの、私立大医学部の中でもかなり高い難度の問題だ。例年、大問1は小問集合で、ここをテンポよく解き終わり、残りの大問に時間を残したい。大問2・3ではデータの読み取りを伴う考察問題が出題されることが多く、解答にかなりの時間を費やさざるを得ない。その中でも知識で解ける問題を素早く片付け、取れる点数は確実に取っておきたい。

物理

解答形式▶マーク

問題の全体難易度 ★★☆☆ 標準　前年との難易度比較 難化　時間に対する分量 非常に多い

大問	分野	内容	出題形式	難易度
1	力学	鉛直面内での円運動と放物運動	選択	★★☆☆
2	力学	ケプラーの法則	選択	★★☆☆
3	電磁気	非オーム抵抗	選択	★★☆☆
4	波動	ドップラー効果	選択	★★☆☆
5	波動	薄膜の干渉	選択	★★☆☆
6	熱	熱サイクル	選択	★★☆☆
7	原子	光電効果	選択	★★☆☆
8	原子	水素原子のスペクトル	選択	★★☆☆

全分野から偏りなく出題されており、例年は力学と電磁気からの出題が多い。原子が毎年出題されるので、原子分野まで確実に学習しておく必要がある。例年、基本～標準レベルの問題がほとんどだが、設問数が多い。さらに、有効数字の桁数の多い手間のかかる数値計算が頻出。事例解読のスピード、正確な計算力、解く問題のセレクトが合否の鍵となる。物理定数や三角比の値が、問題ごとではなく、巻末の表で与えられていることにも慣れておきたい。

小論文

年度／内容	字数／時間
2023 (一般・共通テスト利用) 18歳の時にハンセン病と診断され、47歳の時にその病気が原因で失明した女性の自伝の一部に書かれてある「死に切る」について、その意味を説明する。また、下線部の「ようやく笑うことができるようになった」について、困難な状況におかれた人が笑うにはどのようなことが必要か述べる。	600字 60分
2022 (一般・共通テスト) 鶴見俊輔著『文章心得帳』の抜粋文を読み、ここに書かれている「紋切型」について、自分で「紋切型でない言葉」を創り出した経験、または、他人が書いた同様の言葉に出会ったと思う経験を述べて、それがなぜ「紋切型でない言葉」だと言えるかを説明をする。	600字 60分
2021 ⓧ松沢哲郎著『分かちあう心の進化』の抜粋文を読み、人間が重病を患った時の「人間特有の苦しみ」について説明する。	600字 60分

ⓧは、メディカルラボの生徒からの情報を基に作成。

面接

形式	所要時間	面接の進行と質問内容
個人面接	15分	□ある病院に、医師A、患者B(約60分ほど診察時間が必要)、患者C(すぐに診察が終わる)がいる。医師Aは、先に予約をしていた患者Bがいるにもかかわらず、患者Cを先に診察しようとした。すると患者Bが待合室で怒り出した。①そのような体験はあるか②あなたが医師Aならば、どうしていたか③患者Bはどのような気持ちか④医師Aは患者Bにどのように対応するか □飛行機の中などで「この中にお医者さんはいらっしゃいますか」とアナウンスされる場面を、テレビドラマのシーンで見かけることがある。あなたは、医学部6年生で、既に医師国家試験を受験しているが、現在、結果待ちである。そうした中で、このようなシーンに出くわしたとしたらどうするか。救急を要する病人が自分の身内だったらどうするか。また、この病人はどう感じるだろうか □人と接する上で心掛けていること。嫌いな人と一緒に仕事をしなければならない時はどうするか □ある人にイライラすることがあった時にどう対処するか。対処法を2つ □いじめやハラスメントに対してどう思うか。また、嫌いな人がいじめられていたらどうするか

面接会場の配置

面接官＝3名
受験生＝1名

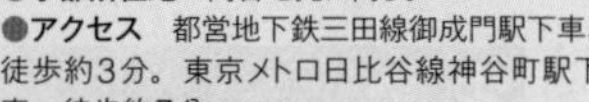

東京都

東京慈恵会医科大学

入試に関する問合せ先

入試事務室／〒105-8461　東京都港区西新橋3-25-8
☎03-3433-1111（内線2153・2154）　http://www.jikei.ac.jp/univ/

募集要項の請求方法

①テレメール　②西新橋キャンパス内で頒布（キャンパス内のコンビニで販売）
※詳細は大学のホームページに掲載。

一般選抜ネット出願 なし

DATA

●**学部所在地**　問合せ先に同じ。
●**アクセス**　都営地下鉄三田線御成門駅下車、徒歩約3分。東京メトロ日比谷線神谷町駅下車、徒歩約7分。
●**学部学科・定員**　医学部=医学科105
●**大学院**　医学研究科=医学系専攻
●**おもな付属施設**　附属病院（本院）、葛飾医療センター、第三病院、柏病院、晴海トリトンクリニック、総合医科学研究センターなど。
●**沿革**　明治14年創設の成医会講習所が前身。大正10年に旧制の東京慈恵会医科大学となり、昭和27年に新制の東京慈恵会医科大学医学部となった。

「病気を診ずして病人を診よ」を建学の精神に掲げ、全人的な医学・医療を実践し、人間を中心とした医療を究めていく人材を育成しています。カリキュラムは6年一貫・統合型で、基礎医学、社会医学、臨床医学の各領域が有機的に連携したものとなっています。1年次は国領キャンパスで総合教育を学習し、2年次からの西新橋キャンパスでは本格的な医学専門教育を実施。4年次から6年次にかけては臨床医学教育が主体となります。学外実習をはじめ、人間性や倫理的判断、国際性、コミュニケーション能力などを養う医学総論カリキュラムを6年次まで通して実施するのも特徴のひとつ。自由度の高さも本学ならではで、5年次後期から6年次前期の診療参加型臨床実習では、学内外の医療機関、基礎医学研究所、海外の病院などで学ぶことが可能です。

●医師国家試験合格率推移

年＼区分	総計	新卒	既卒
2023	96.4%	97.3%	50.0%
2022	97.4%	98.1%	83.3%
2021	95.2%	97.5%	50.0%
2020	94.6%	95.4%	66.7%
2019	97.4%	98.2%	75.0%

●学納金（2024年度）

初年度 ………………………… 3,500,000円
内訳　入学金…………1,000,000円
　　　授業料…………2,500,000円

6年間の総額………………22,500,000円

※学生会経費（在学期間中）100,000円、保護者会費（入会金および在学期間分の会費）210,000円、「臨床実習開始前の共用試験」（4年次予定）の受験料25,000円、「臨床実習終了後の共用試験」の受験料20,000円（6年次予定）が別途かかる。
※授業料は分納が可能。

●寄付金・学債

特になし

●学納金関連情報

特待生として入学試験の成績上位入学者5名には初年度授業料の全額、2年次から各学年ともに前年度の成績上位者5名には授業料の半額を免除する。ほかに奨学金制度として慈恵大学奨学生、保護者奨学金、本多友彦慈恵医学教育奨励基金、静岡県医学修学研修資金、千葉県医師修学資金などがある。

2023年度入試DATA

●志願・合格状況

区分	募集人員	志願者	受験者	1次合格者	2次受験者	正規合格者	補欠者	繰上合格者	総合格者	志願者合格倍率	入学者
一般枠	105	1860	1740	449	428	168	160	65	233	8.0	105

●志願者合格倍率の推移

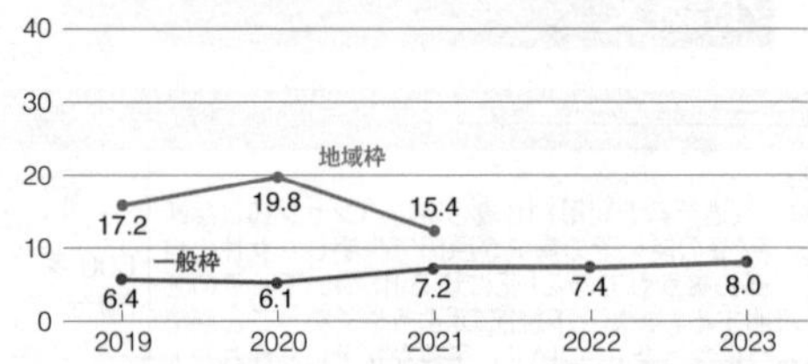

●合格得点（正規合格者）

区分	満点	合格最高点		合格最低点	
		得点	得点率	得点	得点率
一般枠	400	―	80%	―	50%

※面接、調査書と総合的に判定するため％で表示

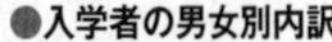

●入学者の現既別内訳

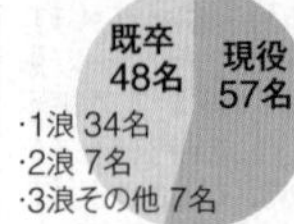

●入学者の男女別内訳

●入学者の地元占有率（出身校）

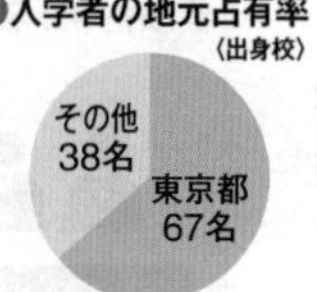

●一般選抜志願者数の推移

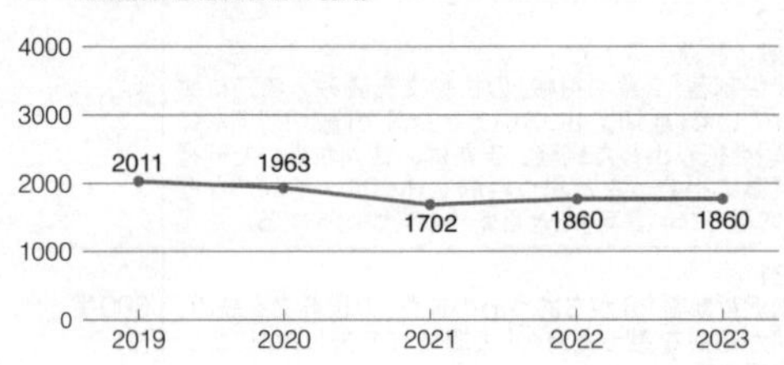

2024年度 選抜要項

●募集人員 (医学科)

一般枠
105名

■ボーダー偏差値

一般枠
70.0

一般選抜

●試験日程

区分	出願期間	試験	合格発表	手続締切	辞退締切
1次試験	1／4(木)～1／25(木)※1	2／18(日)	2／26(月)15:00 掲示 HP	—	—
2次試験		2／29(木)～3／2(土)※2	3／9(土)17:00 掲示 HP 郵便	3／15(金)※3	3／31(日)※4

※1 締切日消印有効。※2 いずれか1日を大学が指定。ただしどうしても都合のつかない日を1日のみ考慮する。※3 入学・授業料は15：00まで。誓約書・保証書・写真2枚は3／15(金)当日消印有効。※4 13：00まで。※合格発表の問合せには一切応じない。

☞繰上合格について

正規合格者と同時に補欠者も発表。欠員が生じた場合、補欠者の上位から順位に従って繰上合格を実施する。

補欠者発表方法	補欠順位	繰上合格通知方法
掲示 HP	あり	TEL

●入試科目

区分	教科・科目	配点		解答時間
1次試験	外国語＝コ英ⅠⅡⅢ・英表ⅠⅡ	100点	計400点	60分
	数学＝数ⅠⅡⅢAB(列ベ)	100点		90分
	理科＝化基・化、生基・生、物基・物→2	200点		120分
2次試験	面接＝MMI※1	30点(段階評価)	計80点	約60分
	小論文	25点(段階評価)		90分
	調査書等評価	25点(段階評価)		—

※1 MMI(Multiple Mini Interview)、複数の課題を用いた面接試験のこと。MMI6課題で6名の評価者と合計6つの面接を行う。1つの面接につき7分。

☞合否判定　1次試験、2次試験、調査書を総合的に評価する。
願書提出時に、ケンブリッジ英語検定、実用英語技能検定、GTEC、IELTS、TEAP、TOEFL iBT、TOEICの試験結果の証明書類を任意で提出。調査書と含めて2次試験の参考にする。

☞受験料　一般選抜60,000円

☞試験会場

区分	都市名	会場名	所在地
1次	東京	東京流通センターイベントホール	東京都大田区平和島6-1-1
2次	本学西新橋キャンパス		東京都港区西新橋3-25-8

information

英語の外部検定試験の利用はないが、参考資料として英語資格・検定試験の結果を任意で提出することが認められ、2次試験評価の際に参考とされる。提出しないことで試験が不利になることはない。

■東京流通センターイベントホール(1次)
東京モノレール流通センター駅下車、徒歩約1分。
京浜急行線平和島駅から京急バスで約4分、流通センター前下車。徒歩すぐ。

■本学西新橋キャンパス(2次)
JR、都営地下鉄浅草線、東京メトロ銀座線新橋駅下車、徒歩約12分。
都営地下鉄三田線御成門駅下車、徒歩約3分。
東京メトロ日比谷線神谷町駅下車、徒歩約7分。

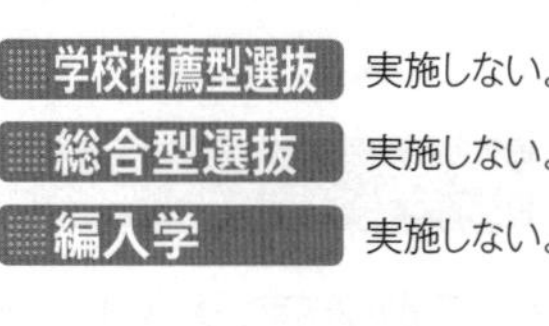

実施しない。
実施しない。
実施しない。

東京慈恵会医科大学

2023年度の出題傾向と分析

英語

解答形式▶記述

問題の全体難易度 ★★★★ 難　前年との難易度比較 難化　時間に対する分量  多い

大問	分野	長文の種類 単語数	内容	出題形式	難易度
1	読解	医療・科学系 約850語	「疲労が起こる仕組みの新説」についての長文問題(空所補充・内容一致)	選択	★★☆☆
2	読解	人文・社会系 約800語	「驚くほど人気なものは大衆の愚より勝る」についての長文問題(空所補充・内容一致・自由英作文)	選択・記述	★★★☆
3	読解	医療系 約600語	「婉曲表現を使ってしまう医師たち」についての長文問題(空所補充・自由英作文)	選択・記述	★★★★

読解量が増え、22年度以上に紛らわしい選択肢が増えたため難化した。さらに語注がないにもかかわらず、かなり難解な単語が頻出する。そのためハイレベルな英文の読解練習が必要になる。その際には重要語句の定義を英文で表現する練習や、英文のテーマについて100～150語で書く練習が不可欠。最終的には本学の過去問で選択肢を吟味する練習を。読解内容も設問もレベルが高いので、市販の問題集だけでは不十分なため、英文雑誌などを読む習慣をつけるとよい。

数学

解答形式▶記述

問題の全体難易度 ★★☆☆ 標準　前年との難易度比較 変化なし　時間に対する分量 多い

大問	分野		内容	出題形式	難易度
1	確率	A	玉を取り出す確率	空所補充	★★☆☆
2	極限、積分法の応用	Ⅲ	積分方程式、面積の無限級数	記述	★★☆☆
3	集合と命題、整数の性質	Ⅰ、A	無理数の証明	記述	★★☆☆
4	空間ベクトル	B	2直線の交点の軌跡、内積の最大	記述	★★☆☆

大問2以降は完答が難しい問題が多いが、21年度以降は易化傾向にある。微分法・積分法、確率、空間図形が頻出で整数や複素数平面も出題されている。証明問題も頻出で論理性が要求されており、しっかりとした答案を書くことが必要な問題が出題されている。難関大の典型問題を一通りこなした上で、標準レベル以上の問題集の解答を参考にして答案作成の練習をしておくとよい。

化学

解答形式▶記述

問題の全体難易度 ★★★☆ やや難　前年との難易度比較  易化　時間に対する分量 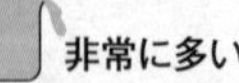 非常に多い

大問	分野	内容	出題形式	難易度
1	理論	二酸化炭素の性質、炭酸の電離平衡、昇華熱と蒸発熱、pH、二酸化炭素の逆滴定	空所補充・選択・記述	★★★☆
2	理論、無機	アンモニアの製法、ニトロゲナーゼ、モリブデン錯体、硫化モリブデン(IV)	空所補充・記述	★★★★
3	有機	アルカンの性質、炭素数と融点	空所補充・選択・記述	★★☆☆
4	有機	高血圧治療薬(テルミサルタン)の合成、カリウム*t*-ブトキシドの反応	空所補充・選択・記述	★★★☆

大問4題。大問1は二酸化炭素に関する総合問題、大問2はアンモニアによる窒素固定、大問4は大学で学ぶ有機化学でよく用いられるカリウム *t*-ブトキシドの反応も含まれていた。解答の戦略としては、解きやすい有機などの知識問題を早めに片付けて、理論をできるだけ効率よく解くとよいだろう。教科書の発展的内容、国公立大の難度の高い問題を通して対応力を磨こう。また複雑な過程を正確に追随していけるように、普段から読解力を高めておこう。

生物

解答形式▶記述

問題の全体難易度 ★★★☆ やや難　前年との難易度比較 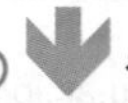 やや易化　時間に対する分量  多い

大問	分野		内容	出題形式	難易度
1	生命現象と物質	生物	遺伝情報	空所補充・選択・記述	★★★☆
2	生殖と発生	生物	ウニ・カエル・ショウジョウバエの発生	空所補充・選択・記述	★★☆☆
3	生物の環境応答、体内環境の維持	生物、生物基礎	筋収縮、ホルモン	空所補充・選択・記述	★★☆☆
4	生物の環境応答	生物	気孔	空所補充・選択・記述	★★★☆

22年度と同様に大問4題構成の記述式。例年、計算問題は数問出題され、論述問題は大問ごとに数題含まれている。21年度は描図問題も出題された。典型的な計算問題の演習や論述問題の答えを短時間でまとめる訓練が必要となる。ほぼ毎年出題される実験問題のように時間のかかる問題が多いため、できる問題から素早く解いていかねばならない。23年度は出題がなかったが、他の大学に比べて「生態と環境」や「生物の進化と系統」の分野の出題が多いので、この分野もおろそかにせずに学習しておくこと。

物理

解答形式▶記述

問題の全体難易度 ★★★☆ やや難　前年との難易度比較 やや難化　時間に対する分量  多い

大問	分野	内容	出題形式	難易度
1	力学、熱	斜面上における台車の運動、定積変化と定圧変化	記述	★★★☆
2	電磁気、原子	運動する帯電した棒が作る電磁場、質量とエネルギーの等価性	記述	★★★☆

例年、日常にある現象や医療機器を物理的な手法を用いて解析するという、受験生にとっては見慣れない設定の問題が出題されていたが、23年度は純粋に物理の問題だった。また、大問3題の構成から大問2題になった。日頃から、見慣れない設定であっても問題の意図を汲み取り、自分の知る典型問題に落とし込む練習が必要となる。13年度以降の過去問を活用して、見慣れない問題にも慣れておくとよい。

小論文

年度／内容	字数／時間
2023 ⊗好井裕明著『「あたりまえ」をうたがう社会学 質的調査のセンス』の抜粋文を読み、テーマ設定とその理由を述べ、それに対して自分の考えを述べる。	1,200～1,800字 90分
2022 ※公表不可	
2021 ⊗(2/22実施)岡本夏木著『幼児期～子どもは世界をどうつかむか～』の抜粋文を読み、テーマを設定し、なぜそのテーマにしたか、それに対して自分の考えを書く。 ⊗(2/23実施)藤井直敬著『つながる脳』の抜粋文を読み、テーマを設定し、なぜそのテーマにしたか、それに対して自分の考えを書く。	1,200～1,800字 60～90分
2020 ⊗ルソー著『エミール』を読み、テーマを設定して、それについて論じる。 ⊗課題文「経済人」仮説と「自己実現人」仮説を読み、それについて論じる。 ⊗日本の公的医療保険に関する文章を読み、それについて論じる。	1,200～2,400字 60～120分

⊗は、メディカルラボの生徒からの情報を基に作成。

面接

形式	所要時間	面接の進行と質問内容
個人面接(MMI方式)	7分×6回	※問題配布後に、1~2分間、文章を読んだり、考えたりする時間が与えられる。7分経過すると、隣の部屋に移動する □4コマ漫画で、4コマ目には何も描かれていない。4コマ目を考えて、その理由も併せて発表する □男女の国別の自殺率と平均寿命のグラフを見て、グラフから読み取れる事実と、今後、どのようにグラフが変化するかを答える □友人が食中毒になって実習を休んだ。その夜、その友人のSNSを見ると、その日にテーマパークで遊んでいる写真が上がっていた。次の中から、あなたはどう行動するかを1つ選択して説明する。①実習の他のメンバーに相談②本人に理由を尋ねる③先生に報告④他の学生に話す⑤SNSの記事を削除するように説得 □用意されたホワイトボードに、面接官の指示通りに図を描く □あなたはスポーツドクターである。担当の選手がけがをした。もう一度頭部にけがをすると、10%の確率で命を落とす。選手は、今後のキャリアや年収等を考えて、競技を続けたいと言ってきた。あなたは医師としてどうするか □志望理由などの一般的な質問(6回のうちの1回)
面接会場の配置 面接官＝1名 受験生＝1名 1回は、志望理由などを質問されるが、この場合のみ、2：1		

感染症等に伴う特別対応や追試験については、各大学のホームページで最新情報をご確認ください。

最新の入試情報をCHECK ▶ 医学部受験ラボ

東京女子医科大学

入試に関する問合せ先

医学部学務課／〒162-8666　東京都新宿区河田町8-1
☎03-3353-8112（内線31121～5）　https://www.twmu.ac.jp/univ/

募集要項の請求方法

①大学のホームページ

全選抜ネット出願 必須

DATA

●学部所在地　問合せ先に同じ。
●アクセス　都営地下鉄大江戸線若松河田駅・牛込柳町駅下車、徒歩約5分。
●学部学科・定員　医学部=医学科約110
●大学院　医学研究科=形態学系専攻、機能学系専攻、社会医学系専攻、内科系専攻、外科系専攻、先端生命医科学系専攻、共同先端生命医科学専攻
●おもな付属施設　大学病院、足立医療センター、八千代医療センター、成人医学センター、東洋医学研究所など。
●沿革　明治33年創設の東京女医学校が前身。45年に東京女子医学専門学校、昭和22年に旧制の東京女子医科大学となり、27年に東京女子医科大学医学部となった。

前身は、1900年に創立された東京女医学校。「至誠と愛」を理念とし、精神的・経済的に自立し社会に貢献する医療人の育成を行ってきました。6年一貫教育を実施し、学生の個性と主体性を重んじたきめ細やかなカリキュラムを用意しています。また、自学自修・自己開発を支援し、1年次から自学自修を主体とするテュートリアルを全国に先駆けて導入。2年次以降は、機能別・臓器別、発達段階別に基礎的知識から病態まで幅広く学びます。4年次以降は、医療施設で臨床実習を実施。6年を通じて、高度な知識・技能の研鑽を持続する積極的な姿勢と、温かい心を持った人間性、社会に貢献する活動力、さらに国際感覚を備えた医療人および医学研究者の育成を目指します。

●医師国家試験合格率推移

年＼区分	総計	新卒	既卒
2023	84.8%	89.2%	50.0%
2022	88.8%	92.0%	58.3%
2021	90.6%	92.5%	70.0%
2020	92.4%	92.5%	91.7%
2019	89.3%	92.0%	55.6%

●学納金(2024年度)

初年度 ……………… 11,449,000円
内訳　入学金…………2,000,000円
　　授業料…………2,800,000円
　　施設設備費……2,000,000円
　　実習費…………1,200,000円
　　教育充実費……3,300,000円
　　委託徴収金………149,000円

6年間の総額……………46,214,000円

※2年目以降の委託徴収金は年間145,000円

●寄付金・学債

入学後に任意で募集する。

●学納金関連情報

一般選抜試験合格者の成績上位5名に対して、授業料（280万円）を継続的に4学年まで給付（ただし入学後の学業成績が上位31位以下の場合は打ち切り）する特待生制度がある。他に奨学金制度として、東京女子医科大学特別奨学生などがある。

2023年度入試DATA

●志願・合格状況

区分	募集人員	志願者	受験者	1次合格者	2次受験者	正規合格者	補欠者	繰上合格者	総合格者	志願者合格倍率	入学者
一般選抜	約67	917	873	397	344	99	200	20	119	7.7	64
学校推薦型選抜（一般）	約23	59	58	—	—	30	—	—	30	2.0	30
学校推薦型選抜（至誠と愛）	約10	7	7	—	—	7	—	—	7	1.0	7
学校推薦型選抜（指定校）	約10	9	9	—	—	9	—	—	9	1.0	9

●合格得点（入学者）

区分	満点	合格最高点		合格最低点	
		得点	得点率	得点	得点率
一般選抜	400	256	64%	195	49%
学校推薦型選抜（一般）	非公表	非公表	—	非公表	—
学校推薦型選抜（至誠と愛）	非公表	非公表	—	非公表	—
学校推薦型選抜（指定校）	非公表	非公表	—	非公表	—

※合格最高点は、入学者の最高点。

●志願者合格倍率の推移

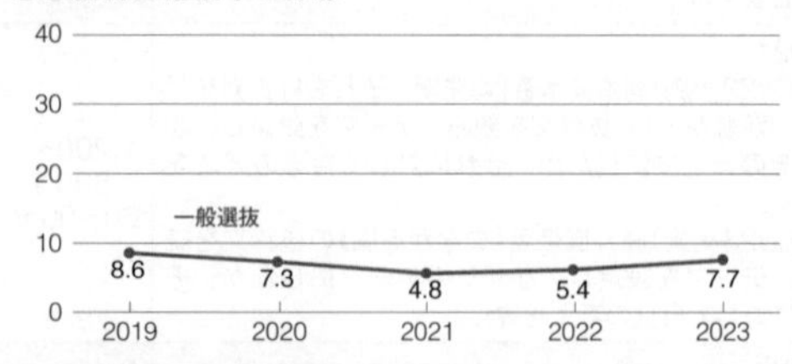

●一般選抜志願者数の推移

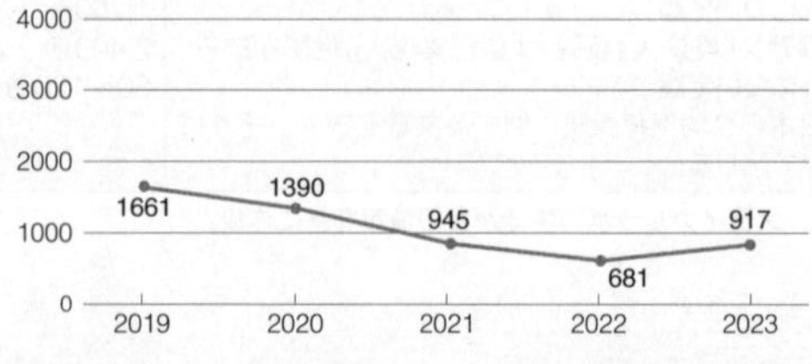

●入学者の現既別内訳

·1浪 24名
·2浪 15名
·3浪 7名
·4浪その他 8名

●入学者の男女別内訳

女子のみ 110名

●入学者の地元占有率（出身地）

東京都 38名
その他 72名

2024年度 選抜要項

●募集人員 (医学科)

一般選抜	学校推薦型選抜	
	一般推薦	「至誠と愛」推薦
約67名	約33名	約10名

※女子に限る。

■ボーダー偏差値

一般
62.5

一般選抜

●試験日程

区分	出願期間	試験	合格発表	手続締切	辞退締切
1次試験	12/21(木)~1/18(木) ※1	2/1(木)	2/8(木)14:00 HP	—	—
2次試験		2/17(土)か18(日)※2	2/22(木)14:00 HP 郵便	3/4(月)※3	3/29(金)※4

※1 ネット出願登録と検定料の振込は1/16(火)23:00まで。出願書類はすべて郵送のこと。締切日必着。※2 いずれか1日を大学が指定。※3 16:00まで。※4 13:00まで。
※郵便による通知は2次試験合格者のみ。

☞繰上合格について
正規合格者と同時に補欠者を発表。3/5(火)以降に合格者の手続き状況などにより欠員が生じた場合、補欠者を順次繰上げて合格者として決定し電話で連絡。入学意思のある者に書面を郵送する。

補欠者発表方法	補欠順位	繰上合格通知方法
HP 郵便	あり	TEL

●入試科目

区分	教科・科目	配点		解答時間
1次試験	外国語=コ英ⅠⅡ	100点	計400点	60分
	数学=数ⅠⅡⅢAB(列べ)	100点		60分
	理科=化基・化、生基・生、物基・物→2	各100点		120分
	適性試験・小論文=評価は1次選抜では使用せず、2次選抜時に使用。	—	—	60分
2次試験	面接	—		—

☞合否判定 1次試験合格者に2次試験を課し、書類と各試験の成績を総合し、合格者を決定する。
☞受験料 一般選抜60,000円
☞試験会場

区分	都市名	会場名	所在地
1次	東京	京王プラザホテル東京(予定)	東京都新宿区西新宿2-2-1
2次	本学キャンパス 彌生記念教育棟		東京都新宿区河田町8-1

information

2次試験日は2日間のうち1日を大学が指定する。世界でも稀な女子だけを対象とした医学部で、求める入学者像に「きわめて誠実で慈しむ心を持つ人」「礼節をわきまえ、情操豊かな人」「独立心に富み、自ら医師となる堅い決意を持つ人」「医師として活動するために適した能力を有する人」を挙げている。

■東京・京王プラザホテル東京
都営地下鉄大江戸線都庁前駅下車、B1出口すぐ。
JR新宿駅西口下車、徒歩約5分。
京王線、小田急線、東京メトロ丸ノ内線、都営地下鉄新宿線新宿駅下車、徒歩約5分。

■本学キャンパス
都営地下鉄大江戸線若松河田駅若松口、牛込柳町駅西口下車、徒歩約5分。
都営地下鉄新宿線曙橋駅下車、徒歩約8分。
JRほか新宿駅西口より都営バス東京女子医大・三宅坂行で東京女子医大前下車。

学校推薦型選抜

※2024年度より学校推薦型選抜(指定校)は廃止。

区分	募集人員	試験日程				推薦条件	選考方法
		出願期間	選考日	合格発表	手続締切		
一般推薦	約33名	11/1~11/8 ※検定料支払期限:11/6	11/18・19(両日とも)	12/1 14:00	12/11 16:00	※1	書類審査、思考力試験(文章、データ等を示して読解、分析、判断の能力を評価)、小論文(「至誠と愛」推薦は、建学の精神についての理解を問う)、面接、小グループ討論※2
「至誠と愛」推薦	約10名		11/18				

※1 高校または中等教育学校で全体の評定平均値が4.1以上の現役、1浪、もしくは同等以上の学力があると認められる者。女子のみ。「至誠と愛」推薦は、3親等以内の親族に同窓会組織一般社団法人至誠会の会員または準会員がおり、至誠会の推薦を受けた者。※2 小グループ討論は一般推薦のみ。※他大学との併願は不可。

総合型選抜
実施しない。

編入学
実施しない。

東京女子医科大学

2023年度の出題傾向と分析

※東京女子医科大学の入試問題は非公表のため、大問ごとの分析表と分析コメントは掲載しておりません。

英語

数学

化学

生物

物理

小論文

年度／内容	字数／時間
2023 ㊆三浦綾子著『泥流地帯』の抜粋文を読み、設問に答える。内容は「北海道で火災が起こり農業を続けることが難しくなった家族」の話。①下線部について思ったこと②下線部について思ったこと。	①400字 ②400字 60分 ※小論文と適性試験を合わせて60分
2022 ㊆日本におけるフードロスの対策としてどのようなことが考えられるか。また、あなたが明日から実践できることを具体的に述べる。	800字 60分 ※小論文と適性試験を合わせて60分
2021 ㊆膵臓がんを患っている父親が、どうせ死ぬのならば治療をしたくないと言っている。あなたは賛成か反対か。その理由とともに父親に対する対応で最も重要なことを述べる。	800字 60分
2020 ㊆あなたの成人している兄が、骨髄バンクのドナー登録を希望している。仕事を休まなければならず、危険と考えて両親は反対である。あなたの考えを理由とともに論じる。	800字 60分

㊆は、メディカルラボの生徒からの情報を基に作成。

面接

形式	所要時間	面接の進行と質問内容
個人面接	10～15分	※当日事前アンケートあり（併願校と合否） □医師志望理由 □本学志望理由 □本学の建学の精神や理念は知っているか、どう思うか □本学は、自分で問題点を見つけて解決する能力のある女性医師の育成をめざしているが、どのような授業を展開すべきか □女性医師として働く母親についてどのように思うか □医師家系で育ったようだが、幼少期に悲しかったことは。どのようにして両親のことを理解しようとしたか □認定看護師や診療看護師ではなくて、なぜ医師をめざすのか □外科医をめざしているようだが、働き方改革についてどう思うか □大切にしている言葉 □本学は第何志望か □本学は学業に専念するためにアルバイトは禁止だが大丈夫か □高校で頑張ったこと □最近、本を読む人が減ったが、あなたはどのくらいの頻度で本を読むか

面接会場の配置

面接官＝3名
受験生＝1名

感染症等に伴う特別対応や追試験については、各大学のホームページで最新情報をご確認ください。

最新の入試情報をCHECK ▶ 医学部受験ラボ

東邦大学

入試に関する問合せ先

入試事務室／〒143-8540　東京都大田区大森西5-21-16
☎03-5763-6598　https://www.toho-u.ac.jp/

募集要項の請求方法

①大学のホームページ　一般選抜ネット出願 必須
※募集要項は紙媒体による配布を行わず、大学ホームページに掲載予定。

DATA

●**学部所在地**　問合せ先に同じ。
●**アクセス**　京浜急行線梅屋敷駅下車、徒歩約8分。JR京浜東北線蒲田駅からバスで約4分。大森駅からバスで約15分、東邦大学下車、徒歩すぐ。
●**学部学科・定員**　医学部＝医学科110（認可申請中を含まない）
●**大学院**　医学研究科＝（博士）医学専攻、（修士）医科学専攻
●**おもな付属施設**　医療センター大森病院、医療センター大橋病院、医療センター佐倉病院など。
●**沿革**　大正14年創設の帝国女子医学専門学校が前身。昭和22年に東邦医科大学となり、同27年に東邦大学医学部となった。

より良き臨床医にとって必要なものを学ぶため、1年次～6年次に「全人的医療人教育」という科目を設定しています。生涯学習技法（レディネス）、生命倫理、医療倫理学、患者さんおよび多職種とのコミュニケーション法、医師として必要な態度や心構えを学ぶプロフェッショナリズムを卒業までの6年間を通して学びます。また、付属の3病院で行われる「臨床実習」では、診断・治療だけでなく、退院後の生活までを考えた医療を提供できるよう、実践力を培います。6年次には学内の病院や海外を含めた学外施設で実習可能な「選択診療参加型臨床実習」も行います。

●医師国家試験合格率推移

年＼区分	総計	新卒	既卒
2023	86.4%	88.4%	69.2%
2022	89.0%	94.1%	12.5%
2021	93.6%	94.9%	75.0%
2020	94.5%	95.0%	88.9%
2019	91.3%	94.0%	25.0%

●学納金（2024年度）

初年度……………… 4,800,000円
内訳　入学金…………1,500,000円
　　　授業料…………2,500,000円
　　　教育充実費………500,000円
　　　施設設備費………300,000円

6年間の総額……………25,800,000円
※その他、委託徴収金として497,800円が必要。

●寄付金・学債

なし。

●学納金関連情報

各学年若干名に対し、授業料のうち最高100万円（各学年200万円限度）を免除する特待生制度がある（新入生を除く）。ほかに本学独自の奨学金として東邦大学青藍会（父母会）貸与奨学金などがある。

2023年度入試DATA

●志願・合格状況

区分		募集人員	志願者	受験者	1次合格者	2次受験者	正規合格者	補欠者	繰上合格者	総合格者	志願者正規合格倍率	入学者
一般選抜	一般枠	約70	2820	2537	非公表	非公表	99	非公表	非公表	非公表	28.5	122※
一般選抜	千葉県地域枠	2	114	99	非公表	非公表	2	非公表	非公表	非公表	57.0	
一般選抜	新潟県地域枠	2	68	60	非公表	非公表	2	非公表	非公表	非公表	34.0	
推薦（公募制一新潟県地域枠）		5	32	31	非公表	非公表	5	非公表	非公表	非公表	6.4	
推薦（公募制一千葉県地域枠）		3	10	10	非公表	非公表	3	非公表	非公表	非公表	3.3	
総合入試		約10	89	89	非公表	非公表	18	非公表	非公表	非公表	4.9	
同窓生子女入試		約5	47	47	非公表	非公表	6	非公表	非公表	非公表	7.8	

※付属高校からの進学者16名を含む。

●合格得点（正規合格者）

区分		満点	合格最高点 得点	合格最高点 得点率	合格最低点 得点	合格最低点 得点率
一般選抜	一般枠	400	非公表	—	261	65%
一般選抜	千葉県地域枠	400	非公表	—	非公表	—
一般選抜	新潟県地域枠	400	非公表	—	非公表	—

●志願者正規合格倍率の推移

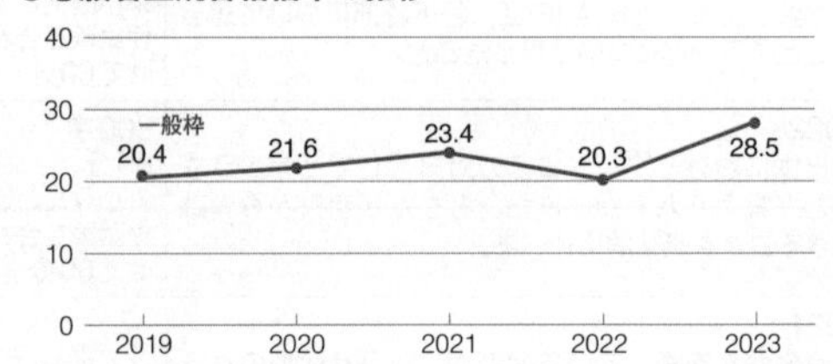

●入学者の現既別内訳

既卒 57名
・1浪 37名
・2浪 16名
・3浪 2名
・その他 2名
現役 65名

●入学者の男女別内訳

女 73名
男 49名

●入学者の地元占有率（出身校）

●一般入試志願者数の推移

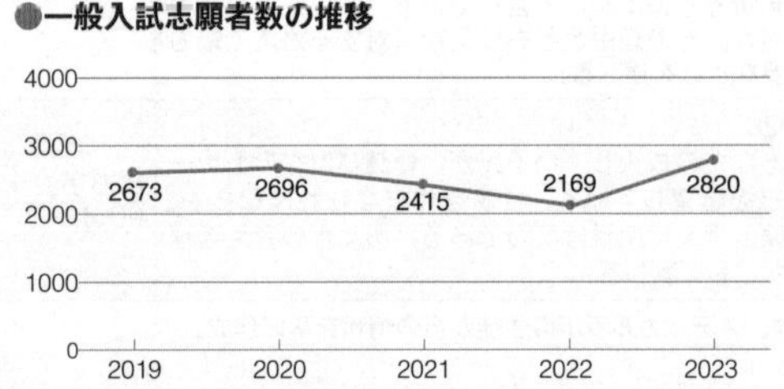

2024年度 選抜要項

●募集人員 (医学科)

※1 認可申請中。

一般選抜			学校推薦型選抜(付属校制)	学校推薦型選抜(公募制)		総合型選抜 総合入試	同窓生子女入試
一般入試	千葉県地域枠	新潟県地域枠		千葉県地域枠	新潟県地域枠		
約70名	2名※1	2名※1	約25名	3名※1	6名※1	約10名	約5名

■ボーダー偏差値

一般枠
67.5

一般選抜

●試験日程 インターネット出願登録+書類提出

区分		出願期間	試験	合格発表	手続締切	辞退締切
一般選抜 地域枠 (千葉県・新潟県)	1次試験	12/11(月)~1/24(水) ※1	2/6(火)	2/9(金)12:00 掲示 HP	—	—
	2次試験		2/14(水)か15(木)※2	2/17(土)12:00 掲示 HP 郵便	2/22(木)	3/29(金)※3

※1 締切日必着。出願窓口受付は1/23・24の9:00~17:00。※2 大学が指定するいずれか1日(特別な事情で変更可)。※3 15:00まで(予定)。地域枠は募集要項を参照。

☞繰上合格について

未定

追加合格者	繰上合格者順位	繰上合格通知方法
未定	非公表	非公表

●入試科目

区分		教科・科目	配点		解答時間
一般選抜 地域枠 (千葉県・新潟県)	1次試験	外国語=コ英ⅠⅡⅢ・英表ⅠⅡ	150点	計400点	90分
		数学=数ⅠⅡⅢAB(列べ)	100点		90分
		理科=化基・化、生基・生、物基・物→2	150点		120分
		基礎学力試験=論理的思考能力・数理解析能力等 ※1	—	—	60分
	2次試験	面接	—		約40分

※1 評価は1次試験では使用せず、2次試験時に使用。

☞合否判定　1次試験の合格者に2次試験を課す。1次試験のうち、外国語、数学、化学、生物、物理に基準点を設け、1科目でも基準点に達しない場合は不合格になることもある。

☞受験料　一般選抜60,000円、一般と地域枠の併願:80,000円

☞試験会場

区分	都市名	会場名	所在地
1次	本学大森キャンパス		東京都大田区大森西5-21-16
	横浜	パシフィコ横浜ノース	神奈川県横浜市西区みなとみらい1-1-2
2次	本学大森キャンパス		東京都大田区大森西5-21-16

■本学大森キャンパス
JR京浜東北線蒲田駅から「大森駅」行バス、または大森駅から「蒲田駅」行バスで「東邦大学」下車、徒歩約2分。
京浜急行本線梅屋敷駅下車、徒歩約8分。

■横浜・パシフィコ横浜ノース
みなとみらい線みなとみらい駅下車、徒歩約5分。
JR京浜東北・根岸線、横浜市営地下鉄ブルーライン桜木町駅下車、徒歩約19分。

information

総合入試や同窓生子女入試の入学予定者、付属高校からの推薦入学者が募集人員に満たない場合には、欠員分が一般選抜に充当される。2次試験日は2月14日か15日で、希望日を出願時に選択した上で、いずれか1日を大学が指定する。希望日の選択に大きな偏りがない限り、希望日での受験になる。1次試験は3教科の合計点で合否が決まるが、各教科・科目に基準点が設けられ、1科目でも基準点に満たない場合には不合格となることがあることから、基礎学力を満遍なく万全にしておくこと。

学校推薦型選抜(推薦入試〈付属校制〉)

付属高校を対象に約25名を募集する。

学校推薦型選抜(推薦入試〈公募制〉)

千葉県地域枠3名、新潟県地域枠6名を募集予定。

総合型選抜(総合入試)

区分	募集人員	試験日程				出願条件	選考方法
		出願期間	選考日	合格発表	手続締切		
総合入試	約10名	11/1~11/8※	1次:11/17 2次:12/2	1次:11/27 2次:12/6	12/12	※1	基礎学力、適性試験、面接

※ 締切日必着。出願窓口受付は11/8の9:00~17:00　※1 全体の学習成績の状況が3.8以上で、数学・理科の学習成績の状況がそれぞれ4.0以上の現役・1浪。詳細は募集要項を確認。

編入学

実施しない。

東邦大学

2023年度の出題傾向と分析

英語

※英語は著作権処理の都合上、問題が公開されていないため、大問ごとの分析表および分析コメントは掲載していません。

数学

解答形式▶マーク

問題の全体難易度 ★☆☆☆ 易　　前年との難易度比較 ➡ 変化なし　　時間に対する分量 適量

小問	分野		内容	出題形式	難易度
1	確率	A	選択問題を正解する確率	空所補充	★☆☆☆
2	指数関数・対数関数	Ⅱ	方程式	空所補充	★☆☆☆
3	空間ベクトル	B	平面上の点、直線と平面の直交条件	空所補充	★☆☆☆
4	図形と計量	Ⅰ	外接円の半径、角の二等分線の長さ	空所補充	★☆☆☆
5	整数の性質	A	1次不定方程式	空所補充	★☆☆☆
6	複素数平面	Ⅲ	分点の比	空所補充	★☆☆☆
7	積分法の応用	Ⅲ	区分求積法	空所補充	★☆☆☆
8	データの分析	Ⅰ	共分散、分散の値域	空所補充	★☆☆☆
9	積分法の応用	Ⅲ	立体と平面が共有点をもつ条件、体積	空所補充	★★☆☆
10	微分法の応用	Ⅲ	対数微分法	空所補充	★☆☆☆

小問が10問並ぶ出題。標準的な問題が中心で高得点が必要となる。データの分析を含め幅広い単元から出題されているため、苦手な単元があると致命的。典型解法の習得および迅速かつ正確な計算力が必須となる。21年度は新型コロナウイルス感染拡大の影響により数学Ⅲの微分法・積分法からの出題が1題のみだったが、22年度は5題、23年度は4題が数学Ⅲからの出題だった。過去問を用いて時間配分も意識して練習しておくとよいだろう。

化学

解答形式▶マーク

問題の全体難易度 ★★☆☆ 標準　　前年との難易度比較 ➡ 変化なし　　時間に対する分量  適量

大問	分野	内容	出題形式	難易度
1	小問集合5問	多原子イオンの構造、原子半径、イオン化エネルギー、硫黄の性質、芳香族の酸強度、塩化水素の生成熱	選択	★☆☆☆
2	理論	(A) 中和滴定、水酸化ナトリウムの物質量、溶液の調製、リン酸の物質量 (B) 反応速度、反応次数、反応速度定数	選択	★★☆☆
3	有機	(A) シクロアルカン立体異性体数、マルコフニコフ則、酸化開裂 (B) α−アミノ酸構造、官能基、等電点	選択	★★☆☆

大問3題。22年度と同様、大問1が小問5問。大問2・3が異なる2分野からなる全25問の構成だった。前問の解を用いる連動タイプの問題があるため、細心の注意が必要だ。立体異性体の数え方、臭化水素の付加反応、アルケンの構造決定に関する長めの問題文だったが、合格者はおそらく把握できただろうと思われる内容だった。小問集合を素早く仕上げた上で、残りの各大問を20分程度で解けるようにしておこう。

生物

解答形式▶マーク

問題の全体難易度 ★★☆☆ 標準　前年との難易度比較  変化なし　時間に対する分量  多い

大問	分野		内容	出題形式	難易度
1	体内環境の維持、生殖と発生、生物の進化と系統	生物、生物基礎	ABO式血液型の判定、遺伝、遺伝子頻度	選択	★★☆☆
2	生物の環境応答	生物	聴覚	選択	★★☆☆
3	生命現象と物質	生物	遺伝子組み換え、ライブラリー	選択	★★☆☆
4	生物の環境応答	生物	神経、筋収縮	選択	★★☆☆

22年度と同様に大問4題構成のマーク式。22年度と比較して計算問題がかなり増加したが、考察問題は減少した。23年度は、典型的な計算問題が大部分を占めていた大問1をどれだけ素早く正確に処理できたかがポイントになったと思われる。典型的な計算問題の練習は必須。考察問題は文章が長いものや、内容が複雑なものの出題が多い傾向があるので、テンポよく解いていかないと時間が不足してしまうので注意する。

物理

解答形式▶マーク

問題の全体難易度 ★★☆☆ 標準　前年との難易度比較 変化なし　時間に対する分量  多い

大問	分野	内容	出題形式	難易度
1	力学	衝突	選択	★★☆☆
2	力学	円すい容器内面での円運動	選択	★★☆☆
3	熱	シリンダー内での気体の変化	選択	★★☆☆
4	波動	縦波	選択	★☆☆☆
5	波動	クインケ管	選択	★★☆☆
6	電磁気	磁場中のコイルの運動	選択	★★☆☆
7	原子	原子核とα粒子	選択	★★☆☆

23・22年度は設問数がそれぞれ29・30問だったが、それ以前は設問数が25問程度だった。力学、電磁気からの出題が多く、原子からの出題も見られる。全問マーク式で、基本的に正しいものを1つ選択して答える形式だが、正しい選択肢の中からすべてを選んで答えさせる問題も過去に出題されている。また、分野融合問題が出題された年度もある。問題の難度は基本～標準レベルだが、計算量が多い。出題分野が広いので、苦手分野を作らないことが大切。

小論文

年度／内容	字数／時間
2023 ※小論文は実施しない	
2022 ※小論文は実施しない	
2021 ※小論文は実施しない	
2020 ※小論文は実施しない	

面接

<table>
<tr><th>形式</th><th>所要時間</th><th>面接の進行と質問内容</th></tr>
<tr><td>①個人面接（MMI方式）
②集団討論</td><td>①3分×4回
②15分</td><td rowspan="3">①個人面接(MMI方式)
机上に課題プリントがあり、1分間、読んで考える時間が与えられる。メモとペンも用意されている。
□消しゴムについての文章を読み、①消しゴムの性質、または、あったらいいなと思う特徴②①の性質をどのような実験で証明するか③②の実験をするために必要な事前準備
□聴覚障害のためのデフリンピックが東京で開催されるが、あなたはメキシコ人の案内係になった。①メキシコ人選手が困ること②日本はどのように対処すればよいか③デフリンピックは日本にはどんなよいことがあるか
□スポーツ整形外科医になった。①スポーツ整形外科医には何が必要か(2つ)②①をどのように習得するか
□iPS細胞、再生医療についての文章を読み、①再生医療を学ぶ上で重要なことを2つ②どのようにすれば①を身につけられるか③卒業後に再生医療を世の中にどのように広めるか
□グループワークで、あなたとA以外は不真面目だ。Aは「2人で作業をしよう」と提案してきたが、あなたは拒否をした。①なぜ拒否をしたか②Aはなぜそのような提案をしたか③Aにどういう言葉をかけるか

②集団討論(1グループ1つのテーマで討論)
□ポール・ゴーギャン作「我々はどこから来たのか、我々は何者か、我々はどこへ行くのか」の絵画を見て、①自分が考えたことを各自が発表②この作者が最も伝えたいことについて、グループで討論(13分)をして代表者が発表(2分)する</td></tr>
<tr><th colspan="2">面接会場の配置</th></tr>
<tr><td colspan="2">（個人面接）
面接官＝1名
受験生＝1名

（集団討論）
面接官＝2名
受験生＝4名</td></tr>
</table>

最新の入試情報をCHECK▶ 医学部受験ラボ

日本大学

入試に関する問合せ先

医学部教務課入試係／〒173-8610 東京都板橋区大谷口上町30-1
☎03-3972-8188 http://www.med.nihon-u.ac.jp/

募集要項の請求方法

①大学のホームページ　一般選抜ネット出願 必須
※募集要項は紙媒体による配布を行わず、大学ホームページに掲載予定。

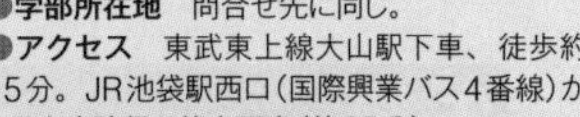

DATA

●**学部所在地**　問合せ先に同じ。
●**アクセス**　東武東上線大山駅下車、徒歩約15分。JR池袋駅西口（国際興業バス4番線）から日大病院行で終点下車（約25分）。
●**学部学科・定員**　医学部=医学科120（認可申請予定、付属校推薦を含まない）
●**大学院**　医学研究科=生理系専攻、病理系専攻、社会医学系専攻、内科系専攻、外科系専攻
●**おもな付属施設**　板橋病院、日本大学病院など。
●**沿革**　大正14年創設の専門部医学科が前身。昭和17年に医学部となり、27年に新学制による医学部医学科へ移行。

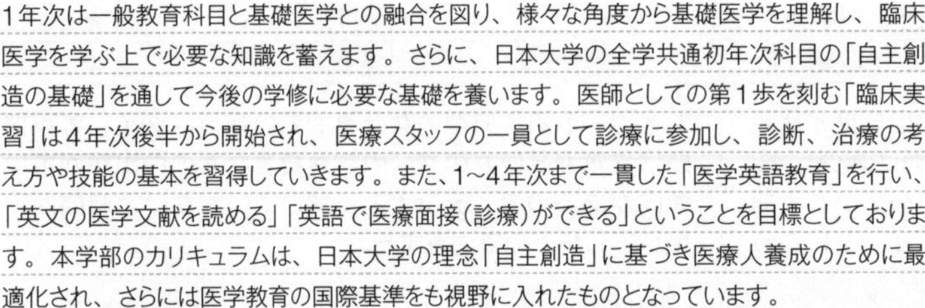

1年次は一般教育科目と基礎医学との融合を図り、様々な角度から基礎医学を理解し、臨床医学を学ぶ上で必要な知識を蓄えます。さらに、日本大学の全学共通初年次科目の「自主創造の基礎」を通して今後の学修に必要な基礎を養います。医師としての第1歩を刻む「臨床実習」は4年次後半から開始され、医療スタッフの一員として診療に参加し、診断、治療の考え方や技能の基本を習得していきます。また、1～4年次まで一貫した「医学英語教育」を行い、「英文の医学文献を読める」「英語で医療面接（診療）ができる」ということを目標としております。本学部のカリキュラムは、日本大学の理念「自主創造」に基づき医療人養成のために最適化され、さらには医学教育の国際基準をも視野に入れたものとなっています。

●医師国家試験合格率推移

年＼区分	総計	新卒	既卒
2023	82.4%	84.6%	61.5%
2022	90.2%	95.2%	58.8%
2021	86.8%	87.9%	50.0%
2020	97.0%	99.1%	84.2%
2019	84.6%	84.3%	87.5%

●学納金（2024年度）

初年度 ……………… 6,350,000円
内訳　入学金…………1,000,000円
　　　授業料…………2,500,000円
　　　施設設備資金…1,500,000円
　　　教育充実料……1,000,000円
　　　実験実習料………350,000円

6年間の総額……………33,100,000円

※校友会準会員会費を毎年1万円納入し、卒業年度に校友会正会員会費として1万円を追加納入。上記の初年度学納金のほかに諸会費合計7万円を入学手続時に納入。

●寄付金・学債

入学後、任意で募金事業への協力を求める。

●学納金関連情報

奨学金制度として医学部土岐奨学金、医学部永澤奨学金、医学部同窓会60周年記念医学奨励金、医学部特定医療奨学金など。

2023年度入試DATA

●志願・合格状況

区分		募集人員	志願者	受験者	1次合格者	2次受験者	正規合格者	補欠者	繰上合格者	総合格者	志願者合格倍率	入学者
一般選抜	N全学統一方式第1期	90	1865	1651	376	非公表	90	231	131	221	8.4	91
一般選抜	N全学統一方式第2期	15	866	752	105	非公表	15	68	2	17	50.9	15
地域枠選抜		15	96	88	24	非公表	非公表	非公表	非公表	12	8.0	11
学校推薦型選抜（付属高校等）		10	10	10	非公表	非公表	10	非公表	非公表	10	1.0	10
校友子女選抜		5	53	49	8	非公表	5	非公表	非公表	5	10.6	4

※総合格者は繰上合格の辞退者を含まない。

●合格得点

区分		満点	合格最高点 得点	合格最高点 得点率	合格最低点 得点	合格最低点 得点率
一般選抜	N全学統一方式第1期	580	非公表	－	344.86	59%
一般選抜	N全学統一方式第2期	580	非公表	－	370.86	64%

※得点は1次試験点数を標準化得点で算出の上、2次試験点数を合算して算出。

●志願者合格倍率の推移

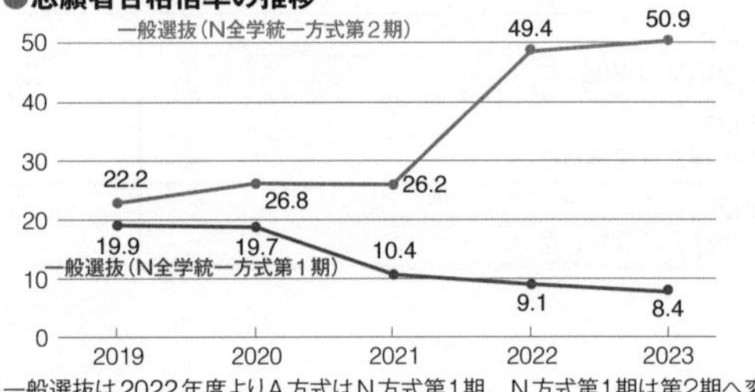

※一般選抜は2022年度よりA方式はN方式第1期、N方式第1期は第2期へ変更。

●入学者の現既別内訳

現役 49名
既卒 82名
・1浪 38名
・2浪 17名
・3浪その他 27名

●入学者の男女別内訳

●入学者の地元占有率

●一般選抜志願者数の推移

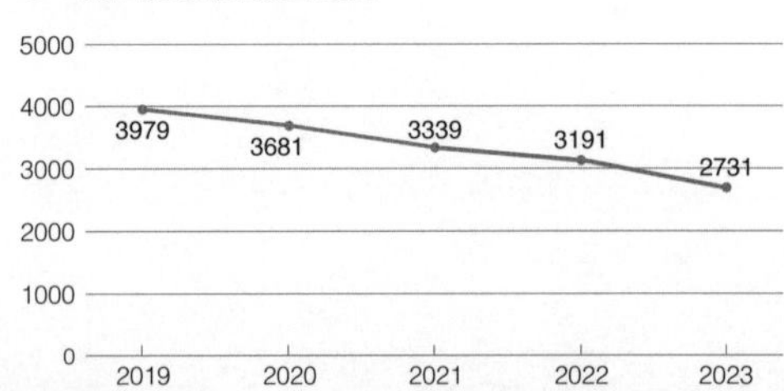

2024年度 選抜要項

●募集人員 (医学科)

※ 認可申請中。試験日程、入試科目等の詳細は、確定次第大学ホームページ等で公表。

一般選抜		地域枠選抜				学校推薦型選抜（付属高等学校等）	校友子女選抜
N全学統一方式第1期	N全学統一方式第2期	新潟県	茨城県	静岡県	埼玉県		
90名	15名	4名※	3名※	3名※	5名※	10名	5名

■ボーダー偏差値

一般枠（N1期）
65.0

一般選抜

●試験日程 インターネット出願登録＋書類提出

区分		出願期間	試験	合格発表	手続締切	辞退締切
N全学統一方式第1期	1次試験	1/5(金)～1/19(金)※1	2/1(木)※2	2/6(火)16:00 ネット	—	—
	2次試験		2/11(日)	2/16(金)13:00 ネット 郵便	2/26(月)	3/11(月)※3
N全学統一方式第2期	1次試験	1/5(金)～2/23(金)※1	3/4(月)※2	3/13(水)16:00 ネット	—	—
	2次試験		3/17(日)	3/22(金)13:00 ネット 郵便	3/28(木)	—

※1 締切日必着。※2 下記の実施試験場から希望する受験地を選択。※3 学費2段階納入の締切日。
※郵送での通知は合格者のみ。※電話による合否の照会には応じない。

☞繰上合格について

インターネットで通知する。

追加合格候補者発表方法	追加合格候補者順位	追加合格通知方法
ネット	あり	ネット

●入試科目

区分		教科・科目	配点		解答時間
N全学統一方式第1期・N全学統一方式第2期	1次試験	外国語＝コ英ⅠⅡⅢ・英表Ⅰ Ⅱ	100点	計400点	60分
		数学＝数ⅠⅡⅢAB（列べ）	100点		60分
		理科＝化基・化、生基・生、物基・物→2	各100点		各60分
	2次試験	外国語＝コ英ⅠⅡⅢ・英表ⅠⅡ	60点	計150点	60分
		数学＝数ⅠⅡⅢAB（列べ）（記述式）	60点		60分
		面接	30点		約20分

☞合否判定　2次試験は1次試験の合格者に対して行う。1次試験においては、得点を標準化得点に換算し、1次合格の合否判定を出す。2次試験ではアドミッション・ポリシーに基づき面接評価を重視し、調査書等を含めて多元的な尺度から複数の評価者により適格性の評価を判定している。

☞受験料　60,000円

☞試験会場

区分		都市名	会場名	所在地
1次	N全学統一方式第1期	札幌、仙台、郡山、つくば、佐野、高崎、千葉、東京、立川、横浜、湘南、新潟、長野、三島、名古屋、大阪、広島、福岡、長崎、宮崎から選択		
	N全学統一方式第2期	郡山、東京、湘南、千葉		
2次		経済学部校舎		東京都千代田区神田三崎町 1-3-2

information

1次試験の採点はN方式第1、2期ともに標準化得点で行われる。これは、個々の受験生の素点と全体の平均点の差を、標準偏差を単位として表したもの。それぞれの受験科目の平均点が50になるように補正することで、選択した科目で有利・不利が出ないようにするために行う。選択科目は事前に届け出る必要はなく、試験会場で自由に選択することができる。また、21年度までは小論文と適性検査（心理テスト）が課されていた2次試験だが、22年度から数学と英語が引き続いて課されるようになっている。特に数学は記述式であることに注意しておきたい。

■本学経済学部キャンパス

JR中央・総武線、都営地下鉄三田線「水道橋」駅下車、徒歩約3～4分。
都営地下鉄新宿線・三田線、東京メトロ半蔵門線「神保町」駅下車、徒歩約5分。

学校推薦型選抜（付属高等学校等） 10名を募集する。

校友子女選抜 5名を募集する。

総合型選抜 実施しない。

編入学 実施しない。

日本大学

2023年度の出題傾向と分析

英語（N方式第1期）

解答形式▶マーク

問題の全体難易度 ★☆☆☆ 易　前年との難易度比較 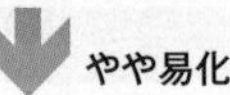 やや易化　時間に対する分量  適量

大問	分野	長文の種類 単語数	内容	出題形式	難易度
1	文法		空所補充	選択	★☆☆☆
2	語彙		空所補充	選択	★★☆☆
3	熟語		空所補充	選択	★☆☆☆
4	読解	人文・社会系 約200語	「運動しながらゲームする」についての長文問題（空所補充）	選択	★★☆☆
5	読解	人文系 約550語	「ビックフットの謎」についての長文問題（内容一致）	選択	★★☆☆
6	会話文		「やりくりする学生」についての会話文問題（内容一致）	選択	★☆☆☆
7	英作文		語句整序	選択	★★☆☆
8	読解	人文系 約350語	「エコーロケーションを使う盲目の少年」についての長文問題（語句整序）	選択	★☆☆☆

大問8題ですべて標準レベル以下の問題しか出題されない。大問数は多いが空所補充のみと語句整序のみの問いが6題もあり、これを終えるのに30分もあれば十分である。残りの2題についても大問5はやや時間が必要だが、大問6の会話文は易しく10分もかからず解き終えることができる。対策としてはオールインワン系の問題集を1冊、基本から標準レベルの読解問題集を数冊演習すれば十分対応できる。高得点勝負なので基本事項をしっかり確認してから入試に臨みたい。

数学（N方式第1期）

解答形式▶マーク

問題の全体難易度 ★☆☆☆ 易　前年との難易度比較  やや易化　時間に対する分量  多い

大問	分野		内容	出題形式	難易度
1	集合と命題	Ⅰ	要素の最大	空所補充	★☆☆☆
	2次関数	Ⅰ	絶対値を含む2次方程式	空所補充	★☆☆☆
	整数の性質	A	1次不定方程式	空所補充	★☆☆☆
	図形と方程式	Ⅱ	円の接線	空所補充	★☆☆☆
	対数関数	Ⅱ	式の値	空所補充	★☆☆☆
2	複素数平面	Ⅲ	連立方程式、ド・モアブルの定理	空所補充	★☆☆☆
3	確率	A	玉を取り出す確率、条件付き確率	空所補充	★☆☆☆
4	空間ベクトル	B	辺の比、面積比	空所補充	★☆☆☆
5	極限	Ⅲ	$\tan\theta$ の n 乗の極限、無限級数	空所補充	★☆☆☆
6	微分法の応用、積分法の応用	Ⅲ	積分で定められる関数の最大値、第2次導関数、面積、体積	空所補充	★☆☆☆

全問マーク式で、幅広い分野から出題されている。場合の数・確率、ベクトル、数学Ⅲの微分法・積分法は毎年出題されている。数学Ⅲの微分法・積分法はグラフ、面積、体積といった定番の内容。私立大医学部では珍しく、データの分析における図表の読み取りを出題した年度もあった。多くが基本的な問題で、計算量もさほど多くはないので確実に得点すべきだが、60分で6題のため余裕はない。参考書などの基本事項・典型解法を徹底して身につけておくことが重要と言える。

化学（N方式第1期）

解答形式▶マーク

問題の全体難易度 ★☆☆☆ 易　前年との難易度比較  変化なし　時間に対する分量  適量

大問	分野	内容	出題形式	難易度
1	理論	中性子数、同位体の存在比、半減期、原子数、オゾン	選択	★☆☆☆
2	理論	状態変化、熱量、コロイド、塩析、凝析	空所補充・選択	★☆☆☆
3	理論	熱化学方程式、反応熱、活性化エネルギー、反応速度	選択	★☆☆☆
4	理論、無機	窒素化合物、濃硝酸の反応性、弱酸遊離、ハロゲン	選択	★☆☆☆
5	理論、無機	1族、2族元素の性質、風解、鉛化合物	選択	★☆☆☆
6	有機	医薬品、サリチル酸の製法、アセチル化、加水分解、カップリング	空所補充・選択	★☆☆☆
7	有機	陽イオン交換樹脂、合成ゴムの構造	選択	★☆☆☆

他学部と共通問題で、すべて基本レベルで構成されており、解きやすい問題だった。芳香族や合成高分子化合物が出題される一方、脂肪族や天然高分子化合物の出題がなかった。かなりの高得点が要求されるが、大問数が多く、迅速な対応力を身につける必要がある。普段から解答スピードを上げる勉強が大切となる。対策として、良問が多い本学の過去問と一緒に、マーク形式問題集も解いておくとよいだろう。また薬学部系の過去問も有効だ。

生 物（N方式第１期）

解答形式▶マーク

問題の全体難易度 ★★☆☆ 標準　前年との難易度比較  やや難化　時間に対する分量  適量

大問	分野		内容	出題形式	難易度
1	生命現象と物質	生物	酵素	選択	★☆☆☆
2	生命現象と物質	生物	光合成	選択	★☆☆☆
3	生命現象と物質	生物	遺伝子組み換え、酵素	選択	★★☆☆
4	生殖と発生、生命現象と物質	生物	減数分裂、遺伝、電気泳動	選択	★★☆☆
5	生殖と発生	生物	ショウジョウバエの発生	選択	★★☆☆
6	体内環境の維持	生物基礎	免疫	選択	★★☆☆
7	生態と環境	生物	縄張り、血縁度	選択	★★☆☆

22年度と同様に大問７題構成のマーク式。毎年、計算問題が複数問出題されるので、典型的な計算問題の練習は必須。問題集などでよく見られる典型問題が多いので、しっかり学習していれば高得点を取ることが可能だろう。問題集であまり見かけないような問題でも、落ち着けば解けるレベル。考察問題の対策には過去問の活用が有効だ。本学の過去問に取り組み、データの読み取りや比較の仕方をマスターしよう。

物 理（N方式第１期）

解答形式▶マーク

問題の全体難易度 ★★☆☆ 標準　前年との難易度比較 やや難化　時間に対する分量  少ない

大問	分野	内容	出題形式	難易度
1	力学	２球の衝突	選択	★★☆☆
2	熱	熱サイクル	選択	★☆☆☆
3	波動	水面波の干渉	選択	★★☆☆
4	電磁気	抵抗回路	選択	★★☆☆
5	原子	ボーアの水素原子モデル	選択	★☆☆☆

大問5題で，設問数は25問。基礎～標準レベルの典型問題が中心のため、医学部を目指している受験生であれば９割を目指したい。力学、熱、波動、電磁気、原子とすべての分野から出題された。対策としては、N方式の過去問を中心に、同程度の難度と思われる共通テスト以前のセンター試験の本試・追試の過去問演習に取り組み、高得点を狙っていきたい。

小論文

年度／内容	字数／時間
2023 ※小論文は実施しない	
2022 ※2022年度試験より小論文を廃止	
2021 ⓧ「患者の生物学的人格と社会的人格の対比」について書かれた課題文を読み、医療の現場でどのように適応させたらよいか自分の考えを述べる。	800字 60分
2020 ⓧスーザン・デイビッド著『EAハーバード流こころのマネージメント』の抜粋文「感情の敏捷性」を読み、著者の考えをまとめて、自分の考えを論じる。	800字 60分

ⓧは、メディカルラボの生徒からの情報を基に作成。

面 接

形式	所要時間	面接の進行と質問内容
個人面接	15分	□医師志望理由 □将来の医師像 □高齢者に対する医療では何を心掛けるか □チーム医療を行う上で、メンバーの中で方針に反対する人がいた場合にどうするか □WEB診療についてどう思うか □高校時代に頑張ったこと。なぜ頑張ったか。どのような困難があったか □学生がスマートフォンを持つことのメリット・デメリット □友人から解決が難しいことを頼まれた際の解決方法 □周りからどんな人間と言われるか □部活動について □自分を「おでん」の具に例えると何か
面接会場の配置		
面接官＝３名 受験生＝１名		

最新の入試情報をCHECK ▶ 医学部受験ラボ

日本医科大学

入学者選抜に関する問合せ先

アドミッションセンター／〒113-8602 東京都文京区千駄木1-1-5
☎0800-170-5510（フリーダイヤル）03-3822-2131（代表） https://www.nms.ac.jp/college/nyushi/index.html

募集要項の請求方法

大学のホームページ
※詳細は大学のホームページに掲載。

一般選抜ネット出願 必須

DATA

●**学部所在地** 問合せ先に同じ（1年次は武蔵境キャンパス）。
●**アクセス** 東京メトロ千代田線千駄木駅・根津駅、東京メトロ南北線東大前駅・本駒込駅下車、徒歩8分。
●**学部学科・定員** 医学部=医学科125（指定校推薦を含む）
●**大学院** 医学研究科=機能形態解析医学領域、生体制御再生医学領域、健康社会予防医学領域
●**おもな付属施設** 付属病院、武蔵小杉病院、多摩永山病院、千葉北総病院など。
●**沿革** 明治9年創設の済生学舎が前身。37年に日本医学校、45年に日本医学専門学校、大正15年に旧制の日本医科大学となり、昭和27年に日本医科大学医学部となった。

「己に克ち、広く人々のために尽くす」ことを意味する「克己殉公」を学是とし、147年にわたって「愛と研究心を有する質の高い医師と医学者」を育成、野口英世ら多くの偉大な医師・医学者を輩出してきました。独自のカリキュラムによる6年一貫教育を実施し、1年次には将来医師として必要な素養や教養、「死やがん」などの疾患を見つめる時間、チーム医療を経験する医学実施学習を。2年次には人体の構造や機能、3年次には病気や治療への応用力、その後、臨床医学各分野を多角的に学習します。4年次後半からは4つの付属病院で専門医の指導の下、臨床医学の実際を学習し、さらに6年次には将来に特化した分野を学びます。このような教育課程を通し、志の高い医師を育成し、実際に社会に貢献することが本学の使命であると考えています。

●医師国家試験合格率推移

年＼区分	総計	新卒	既卒
2023	96.7%	98.2%	71.4%
2022	94.2%	95.6%	71.4%
2021	94.5%	95.9%	50.0%
2020	97.4%	98.1%	83.3%
2019	93.0%	94.8%	83.3%

●学納金（2024年度）

初年度 …… 4,500,000円
内訳 入学金 …… 1,000,000円
授業料 …… 2,500,000円
施設整備費 …… 1,000,000円

6年間の総額 …… 22,000,000円

※入学手続き時に、諸経費として297,800円（6年分）かかる。

●寄付金・学債

入学後、任意の寄付金を募集する。

●学納金関連情報

一般選抜の成績上位者（前期35名、後期3名）を特待生とし、1年次の授業料250万円を免除する特待生制度がある。グローバル特別選抜（前期）の成績上位者10名を特待生とし、1年次と2年次の授業料（合計500万円）を免除する。

2023年度入試DATA

●志願・合格状況

区分	募集人員	志願者	受験者	1次合格者	2次受験者	正規合格者	補欠者	繰上合格者	総合格者	志願者正規合格倍率	入学者
一般選抜前期	72	1810	1651	352	非公表	172	142	非公表	非公表	10.5	125 ※6
一般選抜後期	17	991	886	140	非公表	17	60	非公表	非公表	58.3	
一般選抜後期共通テ（国語）併用	10	210	187	70	非公表	10	29	非公表	非公表	21.0	
地域枠（東京都）	5 ※1	89	82	21	非公表	5	5	非公表	非公表	17.8	
地域枠（千葉県）	7 ※2	190	179	35	非公表	10	15	非公表	非公表	19.0	
地域枠（埼玉県）	2 ※3	121	115	30	非公表	3	16	非公表	非公表	40.3	
地域枠（静岡県）	4 ※4	136	129	34	非公表	5	15	非公表	非公表	27.2	
地域枠（新潟県）	2 ※5	90	86	20	非公表	3	8	非公表	非公表	30.0	

※1 内訳は前期5名。※2 内訳は前期4名、後期3名。※3 内訳は前期1名、後期1名。※4 内訳は前期3名、後期1名。※5 内訳は前期1名、後期1名。※6 学校推薦型選抜を含む。

●合格得点

区分	満点	合格最高点 得点	合格最高点 得点率	合格最低点 得点	合格最低点 得点率
一般選抜前期	1000	非公表	―	非公表	―
一般選抜後期	1000	非公表	―	非公表	―
一般選抜後期共通テ(国語)併用	1200	非公表	―	非公表	―
地域枠	1000	非公表	―	非公表	―

●志願者正規合格倍率の推移

年	2019	2020	2021	2022	2023
一般選抜後期	55.0	35.3	41.8	62.1	58.3
一般選抜後期(センター・国併用)／一般選抜後期(共テ国併用)	41.1	22.8	23.1	24.7	21.0
一般選抜／一般選抜前期	14.3	13.2	11.2	11.5	10.5

●入学者の現既別内訳

既卒 67名（・1浪 55名 ・2浪 9名 ・3浪その他 3名）
現役 58名

●入学者の男女内訳

女 64名
男 61名

●入学者の地元占有率（出身校）

その他 50名
東京都 75名

●一般選抜志願者数の推移（センター・共通テスト利用、地域枠含む）

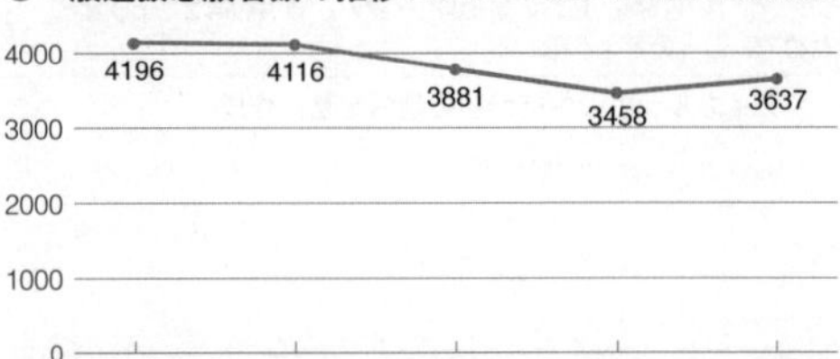

年	2019	2020	2021	2022	2023
志願者数	4196	4116	3881	3458	3637

2024年度 選抜要項

●募集人員 （医学科）

一般選抜			学校推薦型選抜
前期	グローバル特別選抜（前期）※2	後期	
76名※1	10名	33名※3	6名

※1 地域枠14名（千葉県4名、埼玉県1名、静岡県3名、東京都5名、新潟県1名）を含む。
※2 前期一般枠と併願可、地域枠との併願は不可。ただし、一般後期における地域枠との併願は可。
※3 地域枠6名（千葉県3名、埼玉県1名、静岡県1名、新潟県1名）を含む。

■ボーダー偏差値

一般枠、地域枠（前期）	共テ併用前期グローバル特別枠
70.0	70.0

■共テボーダー得点率

共テ併用前期グローバル特別枠
85%

一般選抜

●試験日程

※1 大学入試センターへ出願する。

区分		出願期間	試験	合格発表	手続締切	辞退締切
一般選抜（前期）（地域枠）	1次試験	12／22（金）～1／23（火）	2／1（木）	2／7（水） 17:00 掲示 HP	—	—
	2次試験		2/9（金）か10（土）※2	2／13（火） 13:00 掲示 HP	2／16（金）※4	3／30（土）※5
グローバル特別選抜（前期）	1次・共テ国語	9／25（月）～10／5（木）※1	1/13（土）国語試験日	—	—	—
	1次試験	12／22（金）～1／23（火）	2／1（木）	2／7（水） 17:00 掲示 HP	—	—
	2次試験		2/9（金）か10（土）※3	2／13（火） 13:00 掲示 HP	2／16（金）※4	3／30（土）※5
一般選抜（後期）（地域枠）	1次試験	2／1（木）～2／20（火）	2／28（水）	3／6（水） 17:00 掲示 HP	—	—
	2次試験		3／10（日）	3／13（水） 13:00 掲示 HP	3／18（月）	3／30（土）※5

※2 受験日は希望できるが、受験希望数により希望に沿えない場合がある。東京都地域枠の1次合格者は、選択した希望日にかかわらず2/10（土）に2次試験を実施する。※3 受験日は出願時に選択できるが、受験希望数により希望に沿えない場合がある。※4 第1段階手続（入学金納入）の締切日。前期の第2段階手続の締切日は2／22（木）。※5 正午まで。※合格通知書および入学手続書類はアドミッションセンターで交付。2次合格発表日の17：00までに交付を受けない合格者に対しては速達郵便で送付する。

☞繰上合格について
正規合格者発表と同時に補欠者を成績順に発表。補欠者からの繰上合格は、合格者の入学手続状況により成績順位に従って、上位より順次通知する。

補欠者発表方法	補欠順位	繰上合格通知方法
掲示 HP	あり	TEL

●入試科目

区分		教科・科目	配点		解答時間
一般選抜前期	1次試験	外国語＝コ英ⅠⅡⅢ・英表ⅠⅡ	300点	計1000点	90分
		数学＝数ⅠⅡⅢAB（列べ）	300点		90分
		理科＝化基・化、生基・生、物基・物→2	各200点		120分
	2次試験	小論文	非公表	—	60分
		面接	非公表		非公表
グローバル特別選抜（前期）	共通テスト	国語＝近代・古文・漢文	200点	200点	80分
	1次試験	一般前期と出題範囲・配点・時間は同じ※1			
	2次試験	小論文	非公表	—	60分
		面接	非公表		非公表
一般選抜後期	1次試験	外国語＝コ英ⅠⅡⅢ・英表ⅠⅡ	300点	計1000点	90分
		数学＝数ⅠⅡⅢAB（列べ）	300点		90分
		理科＝化基・化、生基・生、物基・物→2	各200点		120分
	2次試験	小論文※2	非公表	—	90分
		面接※2	非公表		非公表

※1 外国語については、英語民間試験の出願要件を満たすことによって総合的に4技能を評価する。※2 一般選抜後期の小論文および面接は、学力の三要素をより多面的、総合的に評価するため、一般選抜前期とグローバル特別選抜前期より試験時間が長くなる。

☞合否判定　学力試験の成績により1次合格者を決定し、2次試験の結果および調査書等を総合して判定する。

☞受験料　一般選抜60,000円、一般選抜（前期）、（地域枠）の併願60,000円。一般選抜（後期）、（地域枠）の併願60,000円。一般選抜（前期）とグローバル特別選抜（前期）の併願90,000円。

☞試験会場

区分	都市名	会場名	所在地
1次*	本学武蔵境校舎※1		東京都武蔵野市境南町 1-7-1
	東京	ベルサール渋谷ガーデン※1	東京都渋谷区南平台町 16-17 住友不動産渋谷ガーデンタワー B1
	福岡	駿台予備学校 福岡校※2	福岡県福岡市中央区舞鶴 1-2-5
2次	本学千駄木校舎		東京都文京区千駄木 1-1-5

*一般後期は武蔵境校舎のみ。※1 収容定員を超過した場合は千駄木校舎も併用する。※2 受験希望数により、東京会場となる場合がある。

information

地域枠は22年度には前・後期合わせて東京都枠5名、千葉県枠7名、埼玉県枠2名、静岡県枠4名の計18名。23年度には新潟県枠2名が新設されて、計20名となった。24年度も引き続き計20名での募集となる見通しで、確定次第大学ホームページ等で公表となる。

学校推薦型選抜

指定校（早稲田大学高等学院、早稲田大学本庄高等学院、早稲田実業学校高等部）を対象に6名を募集する。

総合型選抜

実施しない。

編入学

実施しない。

日本医科大学

2023年度の出題傾向と分析

英語（前期）

解答形式▶記述／マーク

問題の全体難易度 ★★★☆ やや難　前年との難易度比較 変化なし　時間に対する分量 適量

大問	分野	長文の種類 単語数	内容	出題形式	難易度
1	発音・語彙・文法	―	発音・アクセント・単語・誤り指摘	選択	★★☆☆
2	読解	人文・社会系 約2,000語	「インポスター症候群の効能」についての長文問題(内容一致・短文完成・同意表現選択・空所補充・同意語選択・指示語指摘・語形変化・内容説明・段落要約)	選択・記述	★★★☆
3	英作文	―	「大問2のインポスター症候群になりやすい状況とその状況を自分に有利になるようにどう利用するか」についての自由英作文	記述	★★★☆

22年度と同じ出題形式。大問1の誤り指摘は23年度も出題された。大問2は2,000語を超える長文で設問数も多い。前半部は選択式のため解答しやすいが、後半部の記述パートは該当する段落を選択した上での要約や正解の理由を述べるといった、本学特有の出題形式もあるため難しい。大問3の自由英作文は大問2の長文の内容に関するもの。読解問題以外に様々な内容が問われているので、偏りのない学習を心がける。本学特有の問題に対応するために、読解演習の際には、段落を要約し論理的に選択肢を吟味するようにする。

数学（前期）

解答形式▶記述

問題の全体難易度 ★★★☆ やや難　前年との難易度比較 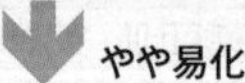 やや易化　時間に対する分量 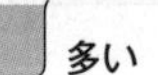 多い

大問	分野		内容	出題形式	難易度
1	確率、2次関数	Ⅰ、A	サイコロによる三角形の形状の確率	空所補充	★★☆☆
2	空間ベクトル	B	2球面の交線上の動点を1つの頂点とする四面体の体積の最小	空所補充・記述	★★☆☆
3	式と証明、極限	Ⅱ、Ⅲ	多項定理による係数の無限級数	空所補充・記述	★★☆☆
4	積分法の応用	Ⅲ	直角三角形が通過してできる立体の体積	空所補充・記述	★★★☆

例年、数学Ⅲからの出題が多く計算量も多い。大問2の問4、大問3の問4、大問4の問3～5が論述形式だ。問題の難度の差が大きいので、標準的な問題を確実に得点することが重要。思考力を要するものや見慣れない題材も出題されているので、暗記に頼った学習では太刀打ちできない。すべての範囲の頻出問題を習得した上で、複数の問題を融合させた総合的な問題を解く練習を積む必要がある。また、文字を含んだ複雑な計算をこなす計算力も必要となる。

化学（前期）

解答形式▶記述

問題の全体難易度 ★★★☆ やや難　前年との難易度比較 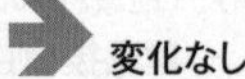 変化なし　時間に対する分量  多い

大問	分野	内容	出題形式	難易度
1	理論、有機	アンモニア電離平衡、光合成エネルギー、ポリ乳酸	記述	★★☆☆
2	理論、無機	金属の性質、溶解度積、溶解度曲線	空所補充・記述	★★★☆
3	理論	会合、凝固点降下、電離定数	選択・記述	★★☆☆
4	有機	α-アミノ酸、検出法、プレガバリンの構造	空所補充・記述	★★★☆

大問4題。大問1は小問3問構成で、光エネルギーに関する設問もあった(解き方は従来の熱化学方程式を利用)。大問4にはGABAが例として挙げられていた。治療薬プレガバリンは慣れない物質だったため、構造を考えるのに戸惑った受験生もいただろう。与えられた条件を適用しよう。例年に比べて取り組みやすい問題がやや増えたものの、正解しにくい問題も含まれている。理由説明も正確に伝わるように書こう。後期を含めた過去問を通して計算力や論述力をつけていこう。

生物(前期)

解答形式▶記述

問題の全体難易度 ★★★☆ やや難　前年との難易度比較  変化なし　時間に対する分量  適量

大問	分野		内容	出題形式	難易度
1	生殖と発生	生物	動物の配偶子形成、ウニ・カエルの発生	空所補充・選択・記述	★☆☆☆
2	体内環境の維持	生物基礎	ホルモン、血糖調節	空所補充・選択・記述	★★☆☆
3	体内環境の維持、生命現象と物質	生物、生物基礎	肝臓、小胞体	選択・記述	★★★☆

22年度と同様に大問3題構成の記述式。例年、大問1・2は知識問題が中心で考察問題も少し含まれる年度もあり、比較的易しめの問題が出題される。大問3では、多くのデータを読み取る必要のある、かなり難解な実験考察問題が出題される。大問1・2をできるだけ短い時間で解き、大問3の考察に十分な時間を割けるようにすることが必要となる。大問3対策としては、本学の過去問で演習を重ね、解き方に慣れることが最適だろう。

物理(前期)

解答形式▶記述

問題の全体難易度 ★★☆☆ 標準　前年との難易度比較  やや易化　時間に対する分量  適量

大問	分野	内容	出題形式	難易度
1	力学	斜面への衝突	記述	★★☆☆
2	電磁気	斜めレール上の導体棒に生じる誘導起電力	記述	★★☆☆
3	小問集合	比熱、弦にできる定常波、粒子の波動性	記述	★★☆☆

大問3題で、設問数は例年通り20問。ただし、23年度から大問3が小問集合に変わった。力学、電磁気に加え、小問集合から残りの熱、波動、原子の出題となり、全分野から出題された。全体的に標準レベルの問題で構成され、時間に対する問題量も適量となることが多い。そのため、ケアレスミスには十分に気をつけたい。また、例年、煩雑な数値計算も出題されているので、対策しておく必要がある。

小論文

年度／内容	字数／時間
2023 [2/10前期]人口100人とした場合の日本の人口、福祉、保健などの実態を示す厚労省の資料から2つ以上の数字を選択して、日本社会の課題とその対策について、自分の考えを述べる。 [2/11前期]あなたの祖母が、健康診断で早期胃がんが発見された。担当医は外科的に胃切除術で根治可能と説明をした。手術のリスクも高くない。しかし、祖母は頑なにがん治療そのものを拒んでいる。あなたは祖母にどのように接して、また、言葉をかけるか。	600字 60分
2022 ⓧ豪雨によって土砂崩れの可能性がある病院の入院患者を、院長の判断で全員避難させた。土砂崩れは起こらなかったが、避難が原因で数名が亡くなった。これについて、どう思うか。	600字 60分
2021 ⓧ(前期2/10実施)私たちが自由に旅行に行けなくなることで失う可能性があるものについて述べる。 ⓧ(前期2/11実施)悪い知らせを患者にどのように伝えるか。	600字 60分(前期)
2020 ⓧ(前期)日本人留学生の統計、世界論文ランキング、医師偏在のグラフの資料を見て感じたことを述べる。 ⓧ部活の顧問として、4人の特徴が書かれた資料を見て、主将、副主将を選ぶ。	600字 60分(前期)

ⓧは、メディカルラボの生徒からの情報を基に作成。

面接

形式	所要時間	面接の進行と質問内容
①個人面接 ②集団討論	①15分 ②20分	①個人面接 □医師志望理由(提出した内容よりも詳細に) □将来の医師像、理想の医師像 □尊敬する人 □海外への興味 □部活動について □最近、誰かに親切をした、親切をされた経験 ②集団討論のテーマ ＊ホワイトボードにテーマのみ書かれている ＊最初に思いついた人から1分程度で意見を述べた後に討論に入る ＊発言内容ではなく、他者への理解力やコミュニケーション力を評価する □「在宅医療」のメリット・デメリットについて(前期) □「ヤングケアラー」についての支援(後期)
面接会場の配置 ①個人面接 面接官＝3名 受験生＝1名 ②集団討論 面接官＝3名 受験生＝4名		

感染症等に伴う特別対応や追試験については、各大学のホームページで最新情報をご確認ください。

最新の入試情報をCHECK ▶ 医学部受験ラボ

北里大学

入試に関する問合せ先

入学センター／〒252-0373　神奈川県相模原市南区北里1-15-1
☎042-778-9760(9041：医学部入試係)　https://www.kitasato-u.ac.jp/med/

募集要項の請求方法

①大学の受験生サイト　一般選抜ネット出願 必須
※募集要項は紙媒体による配布を行わず、北里大学受験生サイトに掲載予定。

DATA

●**学部所在地**　問合せ先に同じ。
●**アクセス**　小田急線相模大野駅(北口)、JR横浜線相模原駅(南口)から北里大学病院方面行バスで約25分、北里大学病院・北里大学下車。
●**学部学科・定員**　医学部=医学科110(地域枠指定校を含まない)
●**大学院**　医療系研究科=医学専攻
●**おもな付属施設**　北里大学病院、北里大学北里研究所病院、北里大学メディカルセンターなど。
●**沿革**　1970年に医学部を開設した。

生命科学系の教育学術研究機関、北里研究所の中核であり、発足以来「良い臨床医をつくる」をモットーに教育活動を展開してきました。「人間性豊かで優れた医師の養成」、「学際領域を含む医学研究の推進」、「国際貢献の推進と地域医療への協力」、「予防医学の推進」の4つを基本理念としています。カリキュラムは、一般教養課程と専門課程の区別をなくし、体系的に構成した6年間一貫教育。医師を目指すという自覚と熱意を大切に育むという視点から、1年次から専門科目の講義を学び、病院体験当直を設けるなど独自の取り組みが行われています。また、各科の壁を取り払った「器官系別総合教育」も実施。疾患を総合的に捉え、診断から治療にいたるまでを系統的に分析し、対処する能力を養成することができます。

●医師国家試験合格率推移

年＼区分	総計	新卒	既卒
2023	95.0%	96.5%	66.7%
2022	95.3%	95.9%	75.0%
2021	95.9%	98.2%	57.1%
2020	94.5%	95.8%	77.8%
2019	93.0%	95.0%	62.5%

●学納金(2024年度)

初年度		9,438,000円
内訳	入学金	1,500,000円
	授業料	3,000,000円
	施設設備費	1,000,000円
	教育充実費	3,500,000円
	その他の費用	438,000円
6年間の総額		39,528,000円

※学費は入学手続締切日までに初年度合計額(分割納入の場合は前期分)を納入する。分割納入の場合は、後期分を2024年10月1日から10月31日までの間に納入する。

●寄付金・学債

入学後、「募金趣意書」により任意の寄付金を募集する。

●学納金関連情報

一般選抜試験の成績に基づく「入学時特待生」若干名を選考。ほかに奨学金制度として北里大学学生表彰による奨学金制度(北島賞)、北里大学給付奨学金制度、北里大学貸与奨学金制度、北里大学PPA給付奨学金制度、北里大学PPA貸与奨学金制度などがある。

2023年度入試DATA

●志願・合格状況

区分	募集人員	志願者	受験者	1次合格者	2次受験者	正規合格者	補欠者	繰上合格者	総合格者	志願者合格倍率	入学者
一般選抜	74※	2016	1907	488	443	139	非公表	169	308	6.5	75
学校推薦型選抜(指定校)	35	64	64	—	—	35	—	—	35	1.8	35
学校推薦型選抜(地域枠指定校)	16※1	40	40	—	—	16	—	—	16	2.5	16

※一般選抜の募集人員は相模原市修学資金枠2名を含む。
※1　学校推薦型選抜(地域枠指定校)の内訳は山梨県地域枠2名、茨城県地域枠4名、神奈川県地域枠5名、埼玉県地域枠2名、新潟県地域枠3名。

●合格得点(正規合格者)

区分	満点	合格最高点 得点	合格最高点 得点率	合格最低点 得点	合格最低点 得点率
一般選抜	500	405	81%	273	55%
学校推薦型選抜	非公表	非公表	—	非公表	—

●総合格者の現既別内訳

現役 118名
既卒 188名

※一般選抜のみ。その他(2名)を既卒に含めない。

●総合格者の男女別内訳

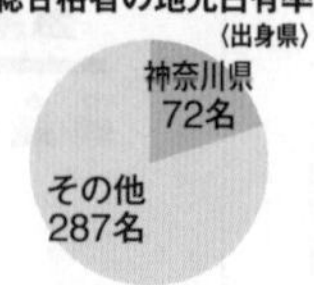

●総合格者の地元占有率(出身県)

神奈川県 72名
その他 287名

●志願者合格倍率の推移

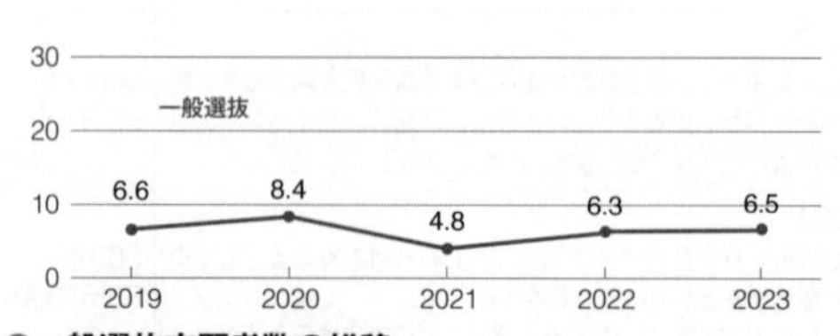

●一般選抜志願者数の推移

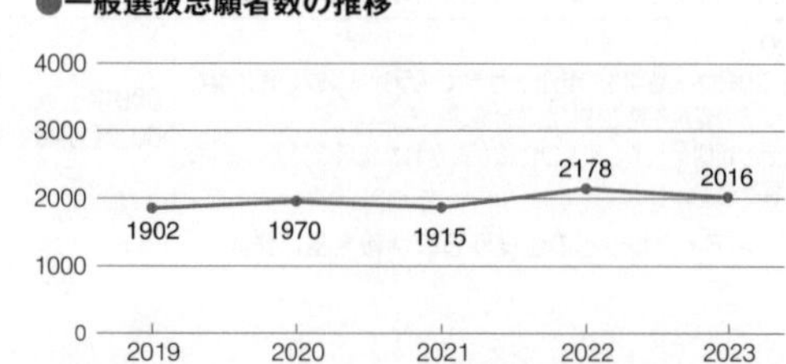

2024年度 選抜要項

●募集人員 （医学科）

一般選抜	学校推薦型選抜		学士
	指定校	地域枠指定校	
75名※1	35名	認可申請予定※2、3	若干名

※1 相模原市修学資金枠（2名）を含む。
※2 2023年度実績は山梨県地域枠2名、茨城県地域枠4名、神奈川県地域枠5名、埼玉県地域枠2名、新潟県地域枠3名。詳細は確定次第、対象の指定校に通知。
※3 地域枠指定校で定員を充足しなかった場合は、地域枠一般選抜試験を実施することがある。

■ボーダー偏差値

一般枠	相模原市枠
62.5	

一般選抜

●試験日程 インターネット出願登録+書類提出

区分	出願期間	試験	合格発表	手続締切	辞退締切
1次試験	12/15(金)~1/17(水)※1	1/26(金)	2/1(木)15:00 ネット	—	—
2次試験		2/3(土)~2/5(月)※2	2/7(水)15:00 ネット	2/14(水)	3/30(土)※3

※1 当日消印有効。ただし国外からの場合、必着。相模原市修学資金枠の場合、相模原市出願期間12/15~1/12。※2 いずれか1日を選択（出願時登録）。相模原市修学資金枠を希望する場合は2/3もしくは2/4。※3 12:00まで。※合格発表はインターネット出願システムのマイページにて照会。

☞繰上合格について
入学予定者に欠員が生じた場合は、補欠者から繰上合格者を合否結果確認画面及び電話等にて発表（通知）する。

補欠者発表方法	補欠順位	繰上合格通知方法
ネット	あり	ネット TEL

●入試科目

区分	教科・科目	配点		解答時間
1次試験	外国語=コ英ⅠⅡⅢ・英表ⅠⅡ	150点	計500点	70分
	数学=数Ⅰ(デを除く)ⅡⅢAB(確を除く)	150点		80分
	理科=化基・化、生基・生、物基・物(原を除く)→2	200点		100分
2次試験	論文=1テーマについて論述させ、論理的思考能力、記述力、表現力、考察力、理解力を評価。	—	—	90分
	面接=グループ面接または個人面接、あるいは両方を複合した方式で行い、将来医師としての職業に直結する受験生の人物、意欲、適性を評価。	—		—

☞合否判定　1次試験・2次試験の結果により、入学志願者の能力・適性等を総合して判定する。
☞受験料　60,000円
☞試験会場

区分	都市名	会場名	所在地
1次	本学相模原キャンパス		神奈川県相模原市南区北里 1-15-1
	横浜	パシフィコ横浜ノース	神奈川県横浜市西区みなとみらい 1-1-2
2次	本学相模原キャンパス		神奈川県相模原市南区北里 1-15-1

■本学相模原キャンパス
小田急線相模大野駅（北口）、JR横浜線相模原駅（南口）から北里大学病院方面行バスで約25分、北里大学病院・北里大学下車。

information

2021年度より募集が始まった学校推薦型選抜の地域枠指定校だが、2023年度実績はそれぞれ山梨県2名、茨城県4名、神奈川県5名、埼玉県2名、新潟県3名の計16名。2024年度は実施未定だが、実施となる際には、対象の指定校に通知される。なお、この地域枠の定員が学校推薦型選抜で充足しなかった場合、地域枠一般選抜が実施されることがある。現時点では同じく未定の一般選抜の相模原市修学資金枠の定員と併せて、確定次第大学ホームページ等で公表されるので、指定校以外の受験生はこまめに確認しておきたい。

学校推薦型選抜 インターネット出願登録+書類提出

区分	募集人員	試験日程				推薦条件	選考方法
		出願期間	選考日	合格発表	手続締切		
指定校	35名	11/1~11/10	11/19	12/1	12/8	※詳細は指定校に通知する	
地域枠指定校	※						

※認可申請予定。

1年次後期学士編入学 インターネット出願登録+書類提出

募集人員	試験日程				受験資格	選考方法
	出願期間	選考日	合格発表	手続締切		
若干名	11/1~11/10	11/19	12/1	12/8	※1	基礎学力検査（英語・数学・理科）※2、論文、面接など

※1 4年制以上の大学（外国の大学を含む）を卒業し、学位（学士）を取得した者および2024年3月31日までに取得見込みの者。大学院修士課程または博士課程を修了した者および2024年3月31日までに修了見込みの者。※ 入学辞退締切日は8/31（土）12:00。※ 1年次9月入学（2024年9月1日付）。
※2 数学、英語は学校推薦型選抜の試験問題と同じ。理科は学校推薦型選抜の試験問題と同じだが、化学、生物で物理はなし。

総合型選抜 実施しない。

北里大学

2023年度の出題傾向と分析

英語

解答形式▶マーク

問題の全体難易度 ★★☆☆ 標準　前年との難易度比較 変化なし　時間に対する分量  多い

大問	分野	長文の種類 単語数	内容	出題形式	難易度
1	読解	科学系 約800語	「植物中心の食事が世界の未来に及ぼす好影響」についての長文問題(空所補充・文整序・同意語選択・内容説明・内容一致)	選択	★★☆☆
2	語彙	ー	同意語選択	選択	★★☆☆
3	文法	ー	空所補充	選択	★★☆☆
4	読解	医療系 約150語	「カラオケの治癒的効能」についての長文問題(空所補充)	選択	★★☆☆
5	読解	ー	「メイヨークリニックの歴史」についての長文問題(内容一致・同意表現選択)	選択	★★☆☆
6	会話文	ー	「カジュアル・フライデーとは何か」についての会話文問題(空所補充・内容一致)	選択	★★☆☆
7	英作文	ー	語句整序	選択	★★☆☆

22年度より大問が1題増えて7題となったが、難度に大きな変化はない。読解問題は3題出題されるが、空所補充が多いため、語彙・文法・熟語などの知識の方が重視されている印象。さらに大問2・3・5の独立した大問で、これらの知識が問われている。特に大問3の空所補充は文構造を理解していないと正解できないので、文構造を把握する力も不可欠。そのためオールインワン系の問題集の演習は必須だが、内容一致も出題されるため500~800語程度の長文問題集を演習も欠かせない。

数学

解答形式▶記述

問題の全体難易度 ★★☆☆ 標準　前年との難易度比較 変化なし　時間に対する分量  適量

大問	分野		内容	出題形式	難易度
1	複素数平面	Ⅲ	8の6乗根、格子点の個数	空所補充	★☆☆☆
	図形と方程式	Ⅱ	線形計画法	空所補充	★★☆☆
	整数の性質、数列	A、B	対称式のみたす漸化式、整数部分を10で割った余り	空所補充	★★☆☆
	整数の性質、確率	A	正の約数の個数、不定方程式	空所補充	★★☆☆
2	微分法の応用、積分法の応用	Ⅲ	単調増加の証明、実数解の個数	記述	★★☆☆
3	数列	B	フラクタル図形	記述	★★☆☆

大問1の小問集合は基本的な問題が中心なので確実に取りたい。数学Ⅲからの出題が多く、計算量も比較的多いので、確実な計算力は必要だ。特に微分法・積分法の計算は面倒がらずに自分の手で解き切ることを意識した演習を行うべきだろう。大問2以降の大問には、典型問題ではない難度の高い問題が出題されることもある。解ける問題を確実に解くことが大切と言える。なお、証明問題が毎年必ず出題されている。

化学

解答形式▶マーク

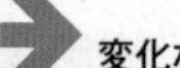

問題の全体難易度 ★★☆☆ 標準　前年との難易度比較 変化なし　時間に対する分量 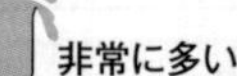 非常に多い

大問	分野	内容	出題形式	難易度
1	小問集合8問	水の密度、液性、自由電子の移動速度、電離度、亜塩素酸、オキソ酸、14族元素、芳香族、炭化水素	選択	★★☆☆
2	理論	臭素同位体、分子構造、結晶格子、半減期	選択	★★☆☆
3	理論	ファンデルワールスの状態方程式、水の臨界点、飽和蒸気圧	選択	★★☆☆
4	無機	鉄の製錬、テルミット反応、鉄の化学反応	空所補充・選択	★★☆☆
5	有機	糖の性質、還元性、過ヨウ素酸による反応	選択	★★☆☆

大問5題。大問1は、例年同様、各分野の小問集合で、高分子化合物の出題がなかった。問3の自由電子の移動速度は化学であまり見ない問題だが、他の化学式の問題が易しかったので、全体として標準レベルになった。本番では、解ける問題から始めるとよい。計算問題の解は選択式のため、概算でよい場合がある。理科2科目100分なので、解く問題の優先度が決め手になる。本学Webサイトに過去問と模範解答が掲載されている。本学の他学部の過去問にも併せて取り組んでおこう。

生物

解答形式▶マーク

問題の全体難易度 ★★☆☆ 標準　前年との難易度比較 やや易化　時間に対する分量 多い

大問	分野		内容	出題形式	難易度
1	生命現象と物質、生殖と発生	生物	遺伝子、両生類の発生	選択	★★☆☆
2	生物の進化と系統	生物	生物の分類、細菌・古細菌	選択	★★☆☆
3	体内環境の維持	生物基礎	ヒトとマウスの恒常性	選択	★★☆☆

22年度は大問2題構成だったが、1題増加し21年度までと同じ大問3題のマーク式。難度としては標準的な問題が多いが、計算問題や実験考察問題、グラフや図から考える問題が多い。また問題の文章量や選択肢も多いため、制限時間内に解き切るのは難しい。特に「遺伝子」「代謝」「神経・筋肉」「体内環境」の分野を中心とした計算問題はよく出題されている。問題の形式が独特なので、慣れるために過去問演習は非常に有効。出題形式が似ているので、他学部の問題にあたってみるのもよい。

物理

解答形式▶マーク

問題の全体難易度 ★★☆☆ 標準　前年との難易度比較 変化なし　時間に対する分量 多い

大問	分野	内容	出題形式	難易度
1	小問集合	剛体にはたらく力のつり合い、水平投射と衝突、電流計と電圧計、閉管気柱、比熱と熱容量	選択	★★☆☆
2	熱	シリンダー内の気体の変化	選択	★★☆☆
3	電磁気	斜めのレールの上を運動する導体棒	選択	★★☆☆

例年、大問1は小問集合、残りは力学と電磁気からの出題がほとんど。小問集合の力学は、剛体のつり合いの出題が頻出。基本～標準レベルの問題が多いが、計算量の多い設問も出題されている。問題数が多く、時間的余裕はあまりない。典型的な解法を身につけ、解ける問題から確実に点数を稼ぎたい。各設問に対する選択肢の数が多いため、次元的にありえない選択肢を排除するなど、過去問演習を通して、選択肢を絞り込む練習をしよう。

小論文

年度／内容	字数／時間
2023 (一般2/4実施)アンデシュ・ハンセン著『スマホ脳』の抜粋文を読み、①文章のタイトル②傍線部の理由③医師はどのように知識を身につけていくか述べる。 (一般2/5実施) マイケル・サンデル著『完全な人間を目指さなくてもよい理由』の抜粋文を読み、①空欄補充②傍線部の内容説明③傍線部についてこれからの医療がどうあるべきか自分の考えを述べる。 (一般2/6実施) 小林雅一著『ゲノム編集とは何か』の抜粋文を読み、①文章のタイトル②空欄補充③科学技術の功罪と医師としてすべき行動について述べる。	[2/4・5実施] ①20字 ②100字 ③800字 90分 [2/6実施] ①20字 ②50字 ③800字 90分
2022 ⊗(一般2/6実施) 永田和宏著『知の体力』の抜粋文を読み、①文章のタイトル②要約③自分の考えを述べる。 ⊗(一般2/7実施) 「トリアージと応召義務」についての課題文を読み、①文章のタイトル②下線部の説明③本文を踏まえて、covid-19とトリアージについて述べる。	①20字 ②80字 ③800字 90分
2021 (1日目)五木寛之著『大河の一滴』の抜粋文を読み、①文章のタイトル②「励ます」と「慰める」の違いを説明し、なぜ「慰め」が人の心を救うかを述べる③医療現場において「励まし」と「慰め」はどのように使い分けられるべきか述べる。 (2日目)長谷川和夫著・猪熊律子著『ボクはやっと認知症のことがわかった』の抜粋文を読み、①文章のタイトル②著者が認知症になってわかったことをまとめる③認知機能の低下した患者への医療で重要と考えることと、医師としてどう対応するかを述べる。 (3日目)外山滋比古著『思考の整理学』の抜粋文を読み、①文章のタイトル②グライダー訓練の意味と、その弊害を説明する③飛行機能力をつけるため、あなたが大学で行いたい学問や活動を挙げてその理由を述べる。	(1日目) ①10字 ②200字 ③800字 (2日目) ①20字 ②80字 ③800字 (3日目) ①20字 ②200字 ③800字 90分

面接

形式	所要時間	面接の進行と質問内容
個人面接	10分	□医師志望理由 □本学志望理由 □医師になるにあたっての自分のメリット・デメリット □理想の医師像 □入学後にやりたいこと □北里柴三郎と渋沢栄一は何をした人か □挫折した経験と、どのように乗り越えたか □今まで人に感謝されたこと □これまで一番感動したこと □人とうまく行かない時にどうするか □英語が話せない場合に、日本語を話せない海外の患者に対してどう対応するか

面接会場の配置

面接官＝3名
受験生＝1名

感染症等に伴う特別対応や追試験については、各大学のホームページで最新情報をご確認ください。

最新の入試情報をCHECK▶ 医学部受験ラボ

神奈川県

聖マリアンナ医科大学

入試に関する問合せ先

入試課／〒216-8511　神奈川県川崎市宮前区菅生2-16-1
☎044-977-9552　https://www.marianna-u.ac.jp/univ/

募集要項の請求方法

①大学のホームページ　　全選抜ネット出願 必須
※紙媒体での願書等の配布は廃止。募集要項は大学ホームページより入手。
※詳細は大学のホームページに掲載。

DATA

●**学部所在地**　問合せ先に同じ。
●**アクセス**　小田急線向ヶ丘遊園駅・生田駅・百合ヶ丘駅・新百合ヶ丘駅、JR南武線武蔵溝ノ口駅、東急田園都市線溝の口駅・宮前平駅・鷺沼駅・あざみ野駅から聖マリアンナ医大行バスで終点下車。
●**学部学科・定員**　医学部＝医学科117
●**大学院**　医学研究科＝医科学専攻
●**おもな付属施設**　大学病院、東横病院、横浜市西部病院、川崎市立多摩病院、難病治療研究センターなど。
●**沿革**　昭和46年に東洋医科大学として創設。48年に聖マリアンナ医科大学に名称変更。

キリスト教的人類愛に根ざした生命の尊厳を基調とした医師の養成を建学の理念とし、創立以来数多くの医師を養成してきました。2016年度より国際認証基準に準拠したアウトカムベースのカリキュラムが始まっています。特色ある初年次教育として、生物、化学、物理を医学に関連した基礎科学として学ぶ「医系自然科学」、医療倫理や制度、医学史を学ぶ「実践医学」等があります。また、マタニティクリニックや幼稚園、老人介護施設を見学する「早期体験実習」を経て、第4学年後期から始まる約2年間の「診療参加型実習」では、指導医や研修医で構成される診療チームの一員として加わり、医療現場での思考法や実践的な技能、態度を含めた医師としての総合的な臨床能力を育成します。

●医師国家試験合格率推移

年＼区分	総計	新卒	既卒
2023	89.1%	88.9%	90.9%
2022	91.8%	91.5%	100.0%
2021	95.8%	96.5%	80.0%
2020	95.6%	95.4%	100.0%
2019	96.0%	96.6%	87.5%

●学納金（2024年度）

初年度……………… 7,287,000円
内訳　入学金…………1,500,000円
　　　授業料…………3,700,000円
　　　教育維持費……1,200,000円
　　　教育充実費※1……570,000円
　　　その他の費用※2 ‥317,000円

6年間の総額……………35,152,000円

※1 次年度以降は670,000円
※2 内訳は学生自治会費（5000円：初年度、3000円：次年度以降）、保護者会会費（112,000円：初年度のみ）および聖医会（同窓会）会費（200,000円：初年度のみ）。

●寄付金・学債

入学後「募集趣意書」により、任意の寄付金を募集する。

●学納金関連情報

聖マリアンナ医科大学特待生制度がある。また奨学金制度として聖マリアンナ医科大学奨学基金、聖マリアンナ医科大学奨学金、学業成績等優秀学生奨学金、保護者会奨学金、明石嘉聞記念奨学金などがある。

2023年度入試DATA

●志願・合格状況

区分	募集人員	志願者	受験者	1次合格者	2次受験者	正規合格者	補欠者	繰上合格者	総合格者	志願者正規合格倍率	入学者
一般選抜前期	約87	2354	2256	526	456	171	非公表	非公表	非公表	13.8	87
一般選抜後期	約12	1184	1030	102	94	12	非公表	非公表	非公表	98.7	12
学校推薦型選抜（一般公募制）	約25	24※	24※	—	—	11	非公表	非公表	非公表	2.2	11
学校推薦型選抜（神奈川枠）	5	6※	6※	—	—	5	非公表	非公表	非公表	1.2	5

※ 併願含む。

●合格得点

区分	満点	合格最高点 得点	合格最高点 得点率	合格最低点 得点	合格最低点 得点率
一般選抜前期	500	非公表	—	非公表	—
一般選抜後期	500	非公表	—	非公表	—
学校推薦型選抜	500	非公表	—	非公表	—

●入学者の現既別内訳

既卒 73名
・1浪 33名
・2浪 21名
・3浪 3名
・4浪その他 16名
現役 42名

●入学者の男女別内訳

男 60名
女 55名

●入学者の地元占有率（出身校）

神奈川県 33名
その他 82名

●志願者正規合格倍率の推移

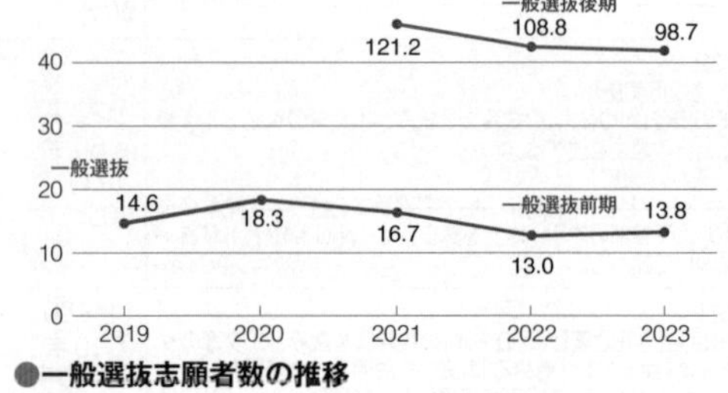

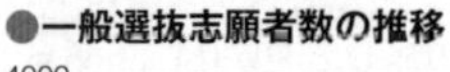

●一般選抜志願者数の推移

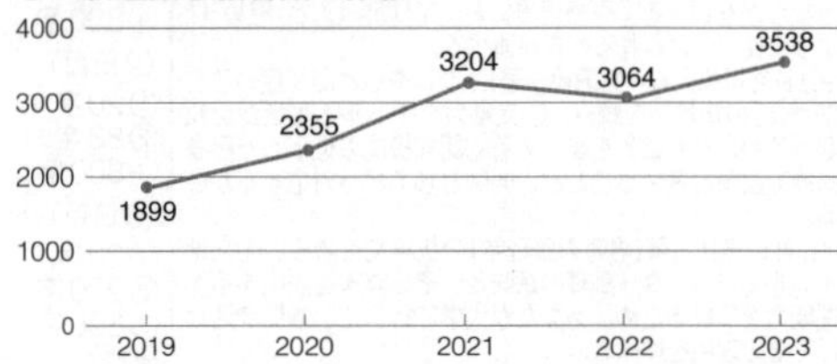

2024年度 選抜要項

●募集人員 医学科

一般選抜		学校推薦型選抜	
前期	後期	一般公募制	神奈川県地域枠
約75名	約10名	約25名	7名

※一般公募制と神奈川県地域枠は併願可。

■ボーダー偏差値

一般枠
62.5

一般選抜

●試験日程 インターネット出願登録＋書類提出

区分		出願期間	試験	合格発表	手続締切	辞退締切
一般選抜前期	1次試験	12／18(月)～1／29(月)※1	2／8(木)	2／14(水) 10:00 HP	―	―
	2次試験		2／17(土)または2／18(日)※2	2／22(木) 10:00 HP 郵便	2／29(木)※3	3／31(日)※4
一般選抜後期	1次試験	2／13(火)～2／26(月)※1	3／5(火)	3／12(火) 10:00 HP	―	―
	2次試験		3／15(金)	3／21(木) 10:00 HP 郵便	3／27(水)※3	3／31(日)※4

※1 郵送書類は前期1／30、後期2／27必着。※2 いずれか1日を大学が指定(出願時に希望調査)。※3 17：00まで。※4 12：00まで
※合格発表は本学ホームページにて。掲示板での発表は行わず。電話、郵便による合否の問合せには応じない。

☞繰上合格について

正規合格者発表と同時に補欠者に補欠順位を付して発表。欠員が生じた場合に補欠順位に従って上位より合格とし、順次入学の意思確認(3月下旬よりWeb出願時に入力された電話番号に連絡)を行い、本人あてに合格証と入学手続書類を郵送する。

補欠者発表方法	補欠順位	繰上合格通知方法
HP	あり	郵便 TEL

●入試科目

区分		教科・科目	配点		解答時間
一般選抜前期・後期	1次試験	外国語＝コ英ⅠⅡⅢ・英表ⅠⅡ	100点	計400点	90分
		数学＝数ⅠⅡⅢAB(確を除く)	100点		90分
		理科＝化基・化、生基・生、物基・物→2	200点		150分
	2次試験	適性検査＝面接時の参考とする。	―	計100点	30分
		小論文＝読解力、理解力、文章表現力、論理性等を評価。	50点		60分
		面接＝将来医療を担う人材としての目的意識、態度、表現力、積極性、協調性、社会性等を総合的に評価。	50点		―

☞合否判定　1次試験は学力検査の成績で合否を判定する。全科目に基準点を設け、1科目でも基準点に達しない場合は不合格となる場合がある。2次試験は適性検査と小論文および面接を課し、この評価に1次試験の学力検査の結果を加えて選考。出願書類については面接評価に加味する。
第1次試験および第2次試験の成績に基づき総合得点(500点満点)の高い者から順に合格とする。総合得点が同点の場合は、以下の評価により合格者を決定する。
(1)面接および小論文の合計点が高い者
(2)面接の成績が高い者
(3)第1次試験における数学および英語の成績が高い者
(4)英語の資格・検定試験成績の取得状況
(5)上記(1)～(4)までも同点の場合は、入試委員会にて、総合的に判定する。

☞受験料　一般選抜60,000円　推薦(一般公募制・神奈川県地域枠)60,000円
推薦を同時併願する場合は90,000円

☞試験会場

区分		都市名	会場名	所在地
前期	1次	横浜	パシフィコ横浜ノース1階	神奈川県横浜市西区みなとみらい1-1-2
	2次	本学キャンパス		神奈川県川崎市宮前区菅生2-16-1
後期	1次	横浜	パシフィコ横浜ノース1階	神奈川県横浜市西区みなとみらい1-1-2
	2次	本学キャンパス		神奈川県川崎市宮前区菅生2-16-1

information

2021年度に、新型コロナウイルス感染症の影響に鑑み実施された一般選抜の「後期日程」だが、2024年度も引き続いて実施される。

学校推薦型選抜 インターネット出願登録＋書類提出

区分	募集人員	試験日程 出願期間	選考日	合格発表	手続締切	推薦条件	選考方法
一般公募制	約25名	11／1～11／13※	11／25	12／1 10:00	12／8 17:00	※1	基礎学力試験(数・理・英語)、小論文、個人面接(Ⅰ・Ⅱ)
神奈川県地域枠	7名					※2	

※郵送書類は11／14必着。
※1 高等学校普通科または理数科卒業見込みまたはそれに準ずる者で、3学年1学期までの全体の評定平均値が3.8以上、かつ数学・理科・外国語の各評定平均値が4.0以上の現役生。合格した場合、入学することを確約できる者。
※2 神奈川県に通算1年以上居住(2024年4月1日時点)したことのある者、または神奈川県内の高等学校を卒業見込みの者で、上記※1と同様の条件を満たす者。神奈川県地域医療医師修学資金貸付制度の利用を確約できる者。

総合型選抜

実施しない。

編入学

実施しない。

聖マリアンナ医科大学

2023年度の出題傾向と分析

英語（前期）

解答形式▶記述

問題の全体難易度 ★★☆☆ 標準　前年との難易度比較 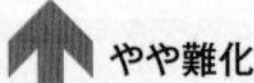 やや難化　時間に対する分量  適量

大問	分野	長文の種類 単語数	内容	出題形式	難易度
1	読解	人文・科学系 約850語	「言語によって異なる色の定義」についての長文問題（空所補充・内容説明）	記述・選択	★★★☆
2	読解	科学系 約500語	「くしゃみをする海綿動物」についての長文問題（空所補充・文整序・文補充・内容一致）	選択	★★☆☆
3	文法	―	適文選択	選択	★★☆☆

22年度から大きな変化はない。大問１で記述問題が５題出題され、字数制限なしが４題、120～140字が１題だった。かなり記述が多いため解答に時間がかかる。大問２の文整序はやや難しい気がするが、空所補充は易しいため、全体的には標準的。大問３も22年度と同様。文法の誤りから答えを導き出せるが、内容からも判断可能。大問１の記述対策として内容説明の多い国公立大用の問題集の演習、空所補充対策として語彙力養成、大問３対策として誤り指摘問題集の演習と会話文表現の暗記に取り組むとよい。

数学（前期）

解答形式▶記述

問題の全体難易度 ★☆☆☆ 易　前年との難易度比較 やや難化　時間に対する分量  適量

大問	分野		内容	出題形式	難易度
1	指数関数	Ⅱ	対称式の最小	空所補充	★☆☆☆
	微分法の応用、積分法の応用	Ⅲ	座標平面上を運動する点の速さ、道のり	空所補充	★☆☆☆
2	対数関数	Ⅱ	常用対数の値、巨大な数の下２桁と上２桁	空所補充	★☆☆☆
3	図形と方程式	Ⅱ	放物線の２接線の交点の軌跡	空所補充	★☆☆☆
4	整数の性質	A	格子点を頂点とする面積最小の四角形	空所補充・記述	★★★☆

16年度以降、大問4は証明問題となっており、整数に関する難度の高い問題が多い。そのため大問１～３までを確実に得点することが重要となる。大問2は会話文形式の出題だった。他大学ではあまり見かけない形式や範囲の出題もあるが決して難問ではない。解ける問題から確実に解いていくとよい。過去には数値計算などで、計算が煩雑な問題が出題されたこともあるので十分な計算力も養う必要がある。また、データの分析が大問として2度出題されたことがあるので注意したい。

化学（前期）

解答形式▶記述

問題の全体難易度 ★★☆☆ 標準　前年との難易度比較  変化なし　時間に対する分量 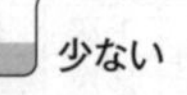 少ない

大問	分野	内容	出題形式	難易度
1	理論、無機	環境化学、アンモニア合成、Power to Gas（P2G）、熱化学方程式、エネルギー回収、水素、酸性雨	記述	★★☆☆
2	有機	ペプチド、異性体数、等電点、ニンヒドリン反応、一次構造、油脂、けん化価、付加水素	選択・記述	★★☆☆

大問2題。21年度（前・後期）以降、大問数に変化はない。大問1は新課程でも重視されている環境エネルギーに関する内容、大問2はグリシルアラニンに関する高分子化合物で答えやすい問題が多かった。解答形式では2～3行以内の理由説明や文字制限（15文字）、描図（エネルギー図）が出題された。解答時間は2科目140分で私立大医学部の中で最長だが、問題量は決して多い方ではない。本番では慌てずに計算や論述をしっかりして進めていく余裕がある。

生物（前期）

解答形式▶記述

問題の全体難易度 ★★☆☆ 標準　前年との難易度比較  変化なし　時間に対する分量  適量

大問	分野		内容	出題形式	難易度
1	生殖と発生、生命現象と物質、生物の進化と系統	生物	動物の配偶子形成、鞭毛の構造、分類	空所補充・選択・記述	★★☆☆
2	生物の環境応答、体内環境の維持	生物、生物基礎	神経系、内分泌系	空所補充・選択・記述	★★☆☆
3	生態と環境、多様性と生態系	生物、生物基礎	個体群、植生遷移	空所補充・選択・記述	★★☆☆

22年度と同様に大問3題構成の記述式。他大学に比べ試験時間が長いので、考察問題や論述問題、計算問題など時間のかかる問題をじっくり考えることができる。論述問題や計算問題については、典型的なものを一通り解けるように練習しておく。23年度は比較的解きやすかったが、やや難しめの実験考察問題が出題されることが多いので、与えられた情報を正確に読み取れるように演習しておく。23年度は出題されなかったものの、描図問題はよく出題されるので、日頃から教科書の図を意識して見る習慣をつけておく。

物理（前期）

解答形式▶記述

問題の全体難易度 ★★☆☆ 標準　前年との難易度比較 変化なし　時間に対する分量  適量

大問	分野	内容	出題形式	難易度
1	小問集合	摩擦面の運動、仕事と力積、コンデンサー、気柱の固有振動、原子核	記述	★★☆☆
2	力学	エネルギー、単振動	記述	★★☆☆
3	電磁気	磁場を横切るコイル	記述・選択	★★☆☆
4	波動	くさび形干渉	記述・選択	★★☆☆
5	熱	気体の変化、熱サイクル、ポアソンの法則	記述・選択	★★☆☆

例年通り大問5題で、大問1は空所補充形式の小問集合、残りの大問は力学、電磁気、熱、波動からの出題だった。近年は、解答を簡潔に示すものと解答だけを書かせる形式が多いが、以前はグラフの描図、論述と様々な形式の問題があった。難度は標準レベルの問題が多い。また、小問集合では現象名、公式名、人物名など、暗記事項が出題されたことがあるので、十分に対策をしておきたい。

小論文

年度／内容	字数／時間
2023 ㊟(一般前期2/4実施) 2つの資料を参考にして、日本人若年層の自殺の現状と対策を述べる。資料1)先進国の若年層の死亡者のうち自殺が原因である数、資料2)ゲートキーパー手帳の紹介画像。 ㊟(一般前期2/5実施) 資料を参考に、脳死や心肺停止後の臓器移植について自分の考えを述べる。資料は、日本と海外の臓器移植に関する内容が文章で示されている。 ㊟(一般後期3/10) 6つの世界遺産(原爆ドーム、白神山地など)から、1つを選択してそれについての自分の考えを述べる。	800～1,000字 60分
2022 ㊟(一般前期2/5実施) 「科学的医学」以前の頃について書かれた文章を読み、①傍線部の説明②傍線部の説明③医師と患者の諸問題とその可能性について考えを述べる。 ㊟(一般前期2/6実施) 野田智義著『リーダーシップの旅　目に見えないものを見る』の抜粋文を読み、①「すごいリーダー幻想」について説明②「リーダーシップはいい」の理由③医療現場におけるリーダー像を述べる。	①40字 ②100字 ③400字 60分
2021 ㊟(一般前期2/6実施)「安楽死、尊厳死」に関する課題文を読み、設問に答える。 ㊟(一般前期2/7実施)「薬物依存」に関する課題文を読み、①薬物で得るものは何か②二重の嘘の根源は何か③今までの薬物依存のイメージと、課題文を読んでからのイメージの違いや共通点について述べる。	①50字 ②100字 ③400字 60分

㊟は、メディカルラボの生徒からの情報を基に作成。

面接

形式	所要時間	面接の進行と質問内容
個人面接	15分	□医師志望理由 □本学志望理由 □本学の特徴は何か、他大学と比較して本学は何が違うか □大学の講義の中で、気になるものはあるか □医師になると治療がうまくいかなかったり、大変なことも多いが、そんな時はどうするか □医師に必要なのは「腕や知識」か「心」か □延命治療について1分間で説明 □医師に向いている点とそれがどんなことに活かされると思うか □部活動について □適性検査の回答内容に関する質問 □絶対に本学に入学したいという気持ちを伝えてください(最後) □自己PR(最後に時間が余った時)

面接会場の配置

面接官＝3名
受験生＝1名

神奈川県

東海大学

TOKAI UNIVERSITY

入試に関する問合せ先

入試広報担当／〒259-1292　神奈川県平塚市北金目4-1-1
☎0463-50-2440　https://www.u-tokai.ac.jp/

募集要項の請求方法

①大学のホームページ　**一般選抜ネット出願 必須**

※募集要項は紙媒体による配布を行わず、大学ホームページに掲載予定。
（総合型選抜、特別選抜は紙の願書による出願。願書は大学ホームページに掲載。）

DATA

●**学部所在地**　〒259-1193　神奈川県伊勢原市下糟屋143
●**アクセス**　小田急線伊勢原駅から徒歩15分、または東海大学病院行バスまたは東海大学病院経由愛甲石田駅行バスで約10分、「東海大学病院」下車。
●**学部学科・定員**　医学部＝医学科118（認可申請予定含む）
●**大学院**　医学研究科
●**おもな付属施設**　付属病院、付属東京病院、付属八王子病院など。
●**沿革**　昭和49年に医学部を開設した。

東海大学医学部医学科では、開学以来、「科学とヒューマニズムの融和」を追究し続け、どんな時にも人に対する尊厳を忘れない温かな人間性を備えた「良医の育成」を目指しています。そのため、卒業時までに身につけるべき到達目標を明確にした「アウトカム・ベースド型カリキュラム」を導入し、良医として備えるべき6つの能力を掲げ、カリキュラムを展開しています。さらに、どの科目でどのようなスキルを高めることができるのかを明確に示したカリキュラム・マップによって、各科目の学びを通してどのようなスキルを修得するのか、学生が意識しながら受講することができる環境を整えています。また、入学時から始まる他学部生と同じキャンパスで学ぶ教養科目や、1年次前半から始まる医学専門科目、確かな実績を持つ「海外留学制度」、日本で初めて導入した「クリニカルクラークシップ（診療参加型臨床実習）」ならびに「ハワイ医学教育プログラム」など、総合大学である本学ならではの多彩な学びのフィールドを活用することができます。そして、良医として備えるべき6つの能力を身につけ、より高められる機会を豊富に設けています。

●医師国家試験合格率推移

年＼区分	総計	新卒	既卒
2023	79.2%	84.4%	52.4%
2022	82.8%	85.7%	60.0%
2021	87.6%	89.9%	66.7%
2020	90.1%	93.2%	72.2%
2019	86.2%	89.8%	65.0%

●学納金（2024年度）

初年度……6,673,200円
内訳　入学金……1,000,000円
　授業料……2,148,000円
　教育運営費……632,000円
　教育充実費……520,000円
　施設設備費……2,100,000円
　諸会費……273,200円

6年間の総額……35,506,200円

※2年目以降の学費は諸般の事情等を勘案し、改訂することがある。

●寄付金・学債

教育・研究環境の充実のため、入学後任意の「医学部医学科教育振興募金」を募集する。

●学納金関連情報

東海大学医学部医学科特別貸与奨学金制度では年額200万円を貸与する。（返還免除制度があり）。ほかに、医学部医学科奨学金などがある。

2023年度入試DATA

●志願・合格状況

区分	募集人員	志願者	受験者	1次合格者	2次受験者	正規合格者	補欠者	繰上合格者	総合格者	志願者合格倍率	入学者
一般選抜	60	3600	3186	313	252	69	非公表	50	119	30.3	70
共通テスト利用	10	657	654	120	77	16	非公表	27	43	15.3	10
神奈川県地域枠	5	126	125	33	27	5	非公表	5	10	12.6	5
静岡県地域枠	3	175	175	34	27	3	非公表	6	9	19.4	3
総合型選抜	10	109	108	45	37	15	—	—	15	7.3	6

●合格得点（1次合格者）

区分	満点	合格最高点		合格最低点	
		得点	得点率	得点	得点率
一般選抜	300	非公表	—	非公表	—
共通テスト利用	600	非公表	—	非公表	—
神奈川県地域枠	600	非公表	—	非公表	—
静岡県地域枠	600	非公表	—	非公表	—

●合格倍率の推移

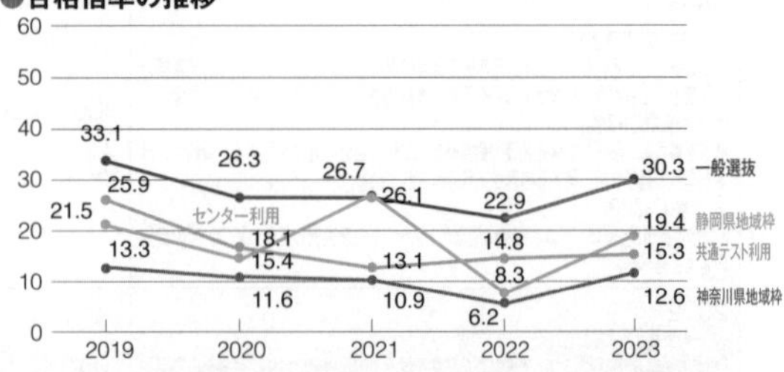

●総合格者の現既別内訳

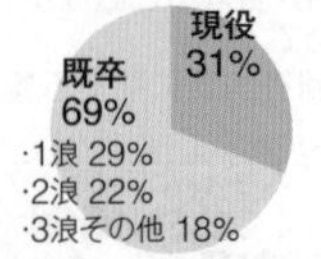

●総合格者の男女別内訳

女 45%
男 55%

●総合格者の地元占有率（出身地）

神奈川県 26%
その他 73%

※いずれも一般選抜のみ。

●一般選抜志願者数の推移（センター・共通テスト利用、地域枠含む）

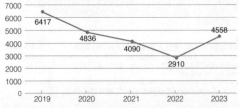

2019: 6417
2020: 4836
2021: 4090
2022: 2910
2023: 4558

2024年度 選抜要項

●募集人員 医学科

※1 入学時点で県内に1年以上居住したことがある者、または県内の高校出身で卒業後、県が指定する地域医療機関への従事を希望する者(申請予定)。※2 卒業後、県が指定する地域医療機関への従事を希望する者(申請予定)。

一般選抜	共通テスト利用	神奈川県地域枠	静岡県地域枠	学校推薦型(付属推薦)	総合型(希望の星育成)	特別選抜(展学のすすめ)
60名	10名	5名※1	3名※2	20名	10名	10名

■ボーダー偏差値

一般枠
65.0

■共テボーダー得点率

共テ枠	共テ枠(神奈川県地域枠、静岡県地域枠)
84%	83%

一般選抜

●試験日程 インターネット出願登録+書類提出

※ 大学入試センターへ出願する。

区分		出願期間	試験	合格発表	手続締切	辞退締切
一般選抜	1次試験	1/4(木)~1/20(土)※1	2/2(金)か3(土)※2	2/8(木) 9:30 ネット	―	―
	2次試験		2/11(日)か12(月)※3	2/17(土) 9:30 ネット	2/24(土)	3/30(土)※5
共通テスト利用・神奈川県地域枠・静岡県地域枠	共通テスト	9/25(月)~10/5(木)※	1/13(土)・14(日)	2/8(木) 9:30 ネット	―	―
	2次試験	1/4(木)~1/12(金)※4	2/11(日)か12(月)※3	2/17(土) 9:30 ネット	2/24(土)	3/30(土)※5※6

※1 Web登録は1/20 23:59まで。書類は1/23必着。※2 自由選択制で、いずれか1日、あるいは両日を受験できる。※3 出願時に希望日を選択。
※4 Web登録は1/12 23:59まで。書類は1/16必着。※5 16:00まで。※6 地域枠の入学辞退は、入学手続要項を参照。

☞繰上合格について

正規合格者の手続状況によって欠員が生じた場合、欠員の人数に応じて(補欠者の中から)、繰り上げて合格を決定することがある。

補欠者発表方法	補欠順位	繰上合格通知方法
ネット	あり	ネット

●入試科目

区分		教科・科目	配点		解答時間
一般選抜※1	1次試験	外国語=コ英ⅠⅡⅢ・英表ⅠⅡ	100点	計300点	70分
		数学=数ⅠⅡAB(列べ)	100点		70分
		理科=化基・化、生基・生、物基・物→1	100点		70分
	2次試験	小論文(500字以内)	―	―	45分
		面接試験	―		10分~20分程度
大学入学共通テスト利用・神奈川県地域枠・静岡県地域枠	共通テスト	外国語=英(R:L=4:1)	200点	計600点	R80分 L60分(解30分)
		数学=数ⅠA、数ⅡB	各100点		数ⅠA70分 数ⅡB60分
		理科=化、生、物→2	各100点		各60分
	2次試験	小論文(500字以内)	―	―	45分
		面接試験	―		10分~20分程度※2

※1 一般選抜を2日間受験した場合は3科目の合計点が高得点となる日の結果を採用する。　※2 地域枠の面接は約10~20分程度×2回。

☞合否判定　一般選抜1次試験は、標準化(偏差値)採点された点数によってランクを付け、上位より1次合格とする。

☞受験料　一般選抜(単願)57,000円　共通テスト利用・地域枠各37,000円　総合型選抜60,000円

※一般選抜は2併願の場合、97,000円。

☞試験会場(予定)

区分	都市名	会場名	所在地
1次※1	東京	TOC有明コンベンションホール	東京都江東区有明3-5-7
	横浜	TKPガーデンシティPREMIUMみなとみらい	神奈川県横浜市西区みなとみらい3-6-3 MMパークビル5F
	名古屋	秀英予備校名古屋本部校	愛知県名古屋市千種区内山3-23-12
	大阪	CIVI研修センター新大阪東	大阪府大阪市東淀川区東中島1-19-4 LUCID SQUARE SHIN-OSAKA
	福岡	福岡県中小企業振興センター	福岡県福岡市博多区吉塚本町9-15
2次	本学伊勢原校舎		神奈川県伊勢原市下糟屋143

※予備会場:本学湘南キャンパス

information

一般選抜の1次試験は試験日自由選択制で、受験日を自由に選択でき、2日間受験してもよい。2日間受験した場合は、高得点となった日の結果が自動的に合否判定に採用される。入試教科は3教科とも各100点満点だが、採点は標準化採点(偏差値採点)方式で行われる。
地域枠選抜は共通テスト利用選抜と同日程・同選考方法で行われ、併願も可能。複数の試験で1次試験を合格した場合は、2次試験の受験日を同一日にすることもできる。

学校推薦型選抜

【付属推薦】本学付属高校在籍者を対象に20名を募集。

総合型選抜(希望の星育成)

募集人員	試験日程				受験資格	選考方法	
	出願期間	選考日	合格発表	手続締切		1次	2次
10名	1次:9/20~10/10 2次:12/11~12/20	1次:10/22 2次:1/13・14(共通テスト)	1次:11/1 2次:2/8	2/16 17:00	※1	書類審査、小論文、オブザベーション評価、面接試験(個人)	共通テスト

※1 本学医学部医学科を第一志望(併願可)とし、全体の評定平均値が3.8以上、出身高校教員やクラブ顧問等の2名以上(1人は出身高校教員)よりの「人物評価書」を提出できる2024年3月卒業見込みの者。かつ2024年度大学入学共通テストにおいて、指定された教科・科目を受験する者。本学医学部医学科への入学を強く希望する者で、「建学の精神」「医学科のアドミッション・カリキュラム・ディプロマポリシー」を理解し、強い目的意識を有すると認められる者。

特別選抜(展学のすすめ)

募集人員	試験日程				受験資格	選考方法	
	出願期間	選考日	合格発表	手続締切		1次	2次
10名	9/11~9/29	1次:10/28 2次:11/19	1次:11/6 2次:12/1	12/14 17:00	※1	書類審査、学科試験(英語)、小論文	個人面接(20分程度×2回、5分程度×2回)

※1 国内外の4年制以上の大学を卒業した者(学士)、4年制以上の大学に2年以上在学し62単位以上を修得した(2024年3月修得見込み)者。短期大学または高等専門学校を卒業した(2024年3月卒業見込み)者。専修学校の専門課程(専門学校)のうち、文部科学大臣の定める基準を満たすものを修了した(2024年3月修了見込み)者。

東海大学

2023年度の出題傾向と分析

英語(2/2)

解答形式▶記述／マーク

問題の全体難易度 ★★☆☆ 標準　前年との難易度比較 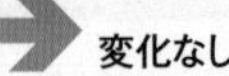 変化なし　時間に対する分量  適量

大問	分野	長文の種類 単語数	内容	出題形式	難易度
1	読解	人文系 約850語	「人間が魅了されるフラクタル」についての長文問題(内容一致・同意表現選択・主題選択・内容真偽)	選択	★★☆☆
2	文法	ー	空所補充	選択	★★☆☆
3	語彙	ー	同意語選択	選択	★★☆☆
4	会話文	ー	会話文２題	選択	★★☆☆
5	読解	ー	文整序４題	選択	★★☆☆
6	読解	社会系 約200語	「全国展開するディスカウントショップの宣伝費の内訳」についての長文問題(空所補充)	選択	★☆☆☆
7	読解	人文・社会系 約200語	「環境保護の分野で必要な言語の多様化」(英文和訳)	記述	★★☆☆
8	読解	科学系 約100語	「短期間でプラスチックを分解する酵素」(和文英訳)	記述	★★☆☆

例年通りの形式と難度。大問1は段落ごとの内容一致が出題される。中にはやや難しい問いもあるが、消去法で簡単に解答できる。大問2の文法問題は標準的だが、文法をしっかり学習していないと正解できない。大問7・8の記述問題の難度は高くないが、英文和訳と和文英訳の練習が不足していると大きく点数を落とす可能性があるので、十分に演習しておきたい。問題量は多くないが、直前期には過去問を演習して時間配分を考えておく。

数学(2/2)

解答形式▶記述

問題の全体難易度 ★★☆☆ 標準　前年との難易度比較 変化なし　時間に対する分量  適量

大問	分野		内容	出題形式	難易度
1	場合の数	A	同じ文字を含む順列	空所補充	★☆☆☆
	指数関数	Ⅱ	指数関数の最小値	空所補充	★☆☆☆
	図形の性質	A	角の二等分線と比	空所補充	★☆☆☆
	積分法	Ⅱ	定積分	空所補充	★☆☆☆
	図形と計量	Ⅰ	三角比の相互関係	空所補充	★☆☆☆
	整数の性質	A	平方根が自然数となる数	空所補充	★☆☆☆
	対数関数	Ⅱ	対数方程式	空所補充	★☆☆☆
2	空間ベクトル	B	共面条件、垂線の足、四面体の体積	空所補充	★★☆☆
3	数列	B	絶対値を含む漸化式で定められる数列の一般項	空所補充	★★☆☆

23年度から出題範囲が数学Ⅰ・A・Ⅱ・Bのみとなったが、形式等に大きな変化は見られなかった。大問1は基本的なレベルの小問集合で確実に得点したいところだが、時間を使い過ぎないことも重要だ。大問2・3は誘導に従って解いていく標準的な問題。ここ数年は易化傾向にあるが、誘導に乗りづらい年度もあるので、時間内に解き切るには各分野の典型解法が瞬時に浮かぶように練習しておきたい。特に微分法・積分法、確率、数列、ベクトルは重点的に練習しておくべきだろう。

化学(2/2)

解答形式▶記述／マーク

問題の全体難易度 ★★☆☆ 標準　前年との難易度比較 変化なし　時間に対する分量 多い

大問	分野	内容	出題形式	難易度
1	理論	酸化剤と還元剤、酸化還元滴定、電気分解（生成物、生成量）	選択・記述	★★☆☆
2	理論・無機	硫化水素の性質、イオン濃度、硫化物、溶解度積とpH	選択・記述	★★☆☆
3	理論	圧平衡定数、生成熱、ルシャトリエの原理、モル分率	選択	★★★☆
4	理論・有機	合成高分子、浸透圧測定、重合度、機能性高分子	選択・記述	★★☆☆
5	有機	脂肪族化合物、異性体数、極性と構造、融点・沸点	選択・記述	★★☆☆

大問5題。各大問は3～5問構成で、解答時間70分である。23年度もバランスよく出題された。近年、本学の特徴である化合物名を英語で答えさせる設問が出題された。物質名は英語とのつながりが深いので、この機会に馴染んでほしい。本学は一枚の解答用紙にマークと記述の解答を書く形式。どの大問も同レベルの構成だったが、分野の不得手があると難しく感じることがある。良問が多いので、過去問にチャレンジしておこう。

生 物 (2/2)

解答形式▶記述

問題の全体難易度 ★★☆☆ 標準　前年との難易度比較  変化なし　時間に対する分量 多い

大問	分野		内容	出題形式	難易度
1	生命現象と物質、生物の特徴	生物、生物基礎	代謝、細胞内共生説	空所補充・記述	★★☆☆
2	生態と環境	生物	個体群	空所補充・記述	★★☆☆
3	生物の進化と系統	生物	進化論、遺伝子頻度	選択・記述	★★☆☆
4	体内環境の維持、生物の環境応答	生物、生物基礎	自律神経、筋収縮	空所補充・選択・記述	★★☆☆
5	体内環境の維持、生命現象と物質	生物、生物基礎	免疫、遺伝情報の発現	空所補充・選択・記述	★★★☆

22年度と同様に大問5題構成の記述式。計算問題や考察問題の出題が多く、大問数も5題と多めなので時間に対する分量は多めだ。特に「人体」「遺伝子」「発生」に関する問題は考察力を必要とする問題が多いので、しっかりと学習しておく。知識問題に関しては標準的な問題が多いので、これを素早く解答していくことが必要。また、他大学に比べてメンデル遺伝の問題が出題される傾向にあるので、ここの学習も抜かりなくやっておくことが望ましい。

物 理 (2/2)

解答形式▶記述／マーク

問題の全体難易度 ★★☆☆ 標準　前年との難易度比較 変化なし　時間に対する分量 多い

大問	分野	内容	出題形式	難易度
1	力学	単振動、重心の運動	記述	★★☆☆
2	電磁気	磁場中の導体棒の運動	記述	★★★☆
3	波動	くさび形干渉	選択	★★☆☆
4	熱	ばね付きピストンで密閉されたシリンダー内の気体の変化	選択	★★☆☆

例年通り、大問4題で、2題が記述式、残りの2題がマーク式。標準レベルの問題が中心だが、大問間に難度のばらつきがあり、解きにくい問題に手こずってしまうと試験時間がなくなるおそれがあるため、どの問題にどこまで時間をかけるか、慎重に見極めて解答する必要がある。マーク式の解答群も参考にして、できる限り多くの設問に答えていきたい。また、複雑な文字の計算を要求されることもあるため、計算の処理でミスしないよう、日頃から素早く処理する練習をしておくとよい。

小論文

年度／内容	字数／時間
2023 (一般2/11実施) 坂井律子著『〈いのち〉とがん：患者となって考えたこと』の抜粋文を読み、自分の経験を含め、考えたことを述べる。 (一般2/12実施)朝日新聞2021年9月25日「天声人語」より。エスカレーターの乗り方についての文書を読み、自分の考えを述べる。	500字 45分
2022 (一般2/12実施) 精神科医アンデシュ・ハンセン著『スマホ脳』の抜粋文を読み、自分の経験を含め、考えたことを述べる。 (一般2/13実施) 『マグリット展』(読売新聞東京本社、2015年)の、ルネ・マグリット作「テーブルにつく男」の絵を見て、何を感じ、何を考えたかを述べる。ただし、マグリットに関する知識は求めない。	500字 45分
2021 (2/11実施)professという動詞が、profess→profession→professional→professionalismとなることを踏まえて、医療従事者のprofessionalismのあり方とは何か。またそうなるためにはどうすればよいか、自分の考えを述べる。 (2/13実施)ルーブル美術館が所蔵する「苦痛を感じている男性の頭の像」(白黒の写真)を見て、感じたこと、想像したこと、考えたことを述べる。	500字 45分
2020 (2/9実施)コナン・ドイル著『緋色の研究』を読み、①二字熟語の空所補充②①の二字熟語について、自分の考えを述べる。 (2/10実施)2019年5月11日の日本経済新聞の「ノートルダム寺院の火災の寄付」に関する記事を読み、自分の経験を引用して感じたことを述べる。	(2/9実施) ①二字熟語 ②500字 (2/10実施) 500字 30分

面 接

形式	所要時間	面接の進行と質問内容
個人面接	15分	□医師志望理由 □本学志望理由 □将来の医師像。将来は本学の関連病院で働く予定はあるか □「良医」とはどのような医師か □「グローバル的視点」は、地域医療において必要か □影響を与えた人 □友人との付き合い方 □併願校に受かったらどこの大学に入学するか。現時点での併願校の合否 □あなたは医師になった時に他の医師よりもどういう点で活躍できるか □将来はどのような家族を築きたいか □患者が求めている治療と医師として適切と考える治療が違う場合はどうするか

面接会場の配置

面接官＝2名
受験生＝1名

最新の入試情報をCHECK ▶ 医学部受験ラボ

石川県

金沢医科大学

入試に関する問合せ先

入学センター／〒920-0293　石川県河北郡内灘町大学1-1
☎076-218-8063　https://www.kanazawa-med.ac.jp/

募集要項の請求方法

①大学のホームページ
※募集要項は紙媒体による配布を行わず、大学ホームページに掲載予定。

全選抜ネット出願 必須

DATA

- **学部所在地**　問合せ先に同じ。
- **アクセス**　北陸鉄道浅野川線内灘駅から金沢医大病院行または白帆台ニュータウン行バスで大学前下車。
- **学部学科・定員**　医学部＝医学科110（認可申請予定の研究医枠を含めない）
- **大学院**　医学研究科＝生命医科学専攻
- **おもな付属施設**　大学病院、総合医学研究所、能登北部地域医療研究所など。
- **沿革**　昭和47年に開学した。

金沢医科大学医学部では、「良医を育てる」、「知識と技術をきわめる」、「社会に貢献する」の3つの柱を建学の精神とし、「病だけではなく、病を患う人をみる」医師を育成しています。医師に求められているものは多く、医学の専門知識・技能を身につけるだけでなく、幅広い教養を持った感性豊かな人間性、さらに人間性への洞察力、倫理観、生命の尊厳についての深い認識などを持つことが求められています。

本学では、6年間の学士課程を「医師としてのプロフェッショナリズムの基盤をつくる重要で不可欠な6年」と位置づけ、医学教育モデル・コア・カリキュラムに基づいた6年一貫統合型カリキュラムを編成し、実践しています。さらに、「卒後初期臨床研修」、「専門医研修」や「大学院博士課程」等を含む6年を「成長の6年」とし、12年間のプロの良医となるためのプロフェッショナル・キャリア・パス・プランを作成し、医学教育の基本ステージとして整備し提供しています。

●医師国家試験合格率推移

年＼区分	総計	新卒	既卒
2023	88.5%	93.8%	58.8%
2022	86.7%	90.4%	70.8%
2021	82.2%	86.7%	62.5%
2020	84.8%	84.5%	86.4%
2019	81.0%	84.9%	65.2%

●学納金（2024年度）

初年度 …………………… 11,943,000円
内訳　入学金…………2,000,000円
　　　授業料…………3,300,000円
　　　設備更新費 ……1,700,000円
　　　教育充実費 ……4,000,000円
　　　その他の費用 ……943,000円

6年間の総額…………40,543,000円

※前期分は3月末日、後期分は9月末日までに納入。
※学友会費は毎年度20,000円。

●寄付金・学債

入学後、教育振興資金として任意の寄付金と学校債を募集する。

●学納金関連情報

人物、成績ともに優秀な方を対象とした金沢医科大学医学部特待生制度があり、一般選抜（前期）成績上位10名に対し、人物評価を考慮し決定する。

2023年度入試DATA

●志願・合格状況

区分	募集人員	志願者	受験者	1次合格者	2次受験者	正規合格者	補欠者	繰上合格者	総合格者	志願者合格倍率	入学者
一般選抜前期	72	3490	3008	539	非公表	95	208	108	203	17.2	73
一般選抜後期	10	1295	1161	77	非公表	10	20	4	14	92.5	10
指定校・指定地域	6	8	8	3	非公表	3	―	―	3	2.7	3
総合型選抜（研究医枠）	1	10	10	6	非公表	1	―	―	1	10.0	1
総合型選抜（AO入試）※1	14	222	220	75	非公表	18	―	―	18	12.3	16
総合型選抜（卒業生子女入試）※1	8	37	36	17	非公表	8	―	―	8	4.6	8

※1 総合型選抜（研究医枠）併願者を含む。

●合格得点（1次合格者）

区分	満点	合格最高点 得点	合格最高点 得点率	合格最低点 得点	合格最低点 得点率
一般選抜前期	350	310	89%	214	61%
一般選抜後期	200	179	90%	131	66%
学校推薦型選抜	非公表	非公表	―	非公表	―
総合型選抜	非公表	非公表	―	非公表	―

※一般は1次試験の配点。

●志願者合格倍率の推移

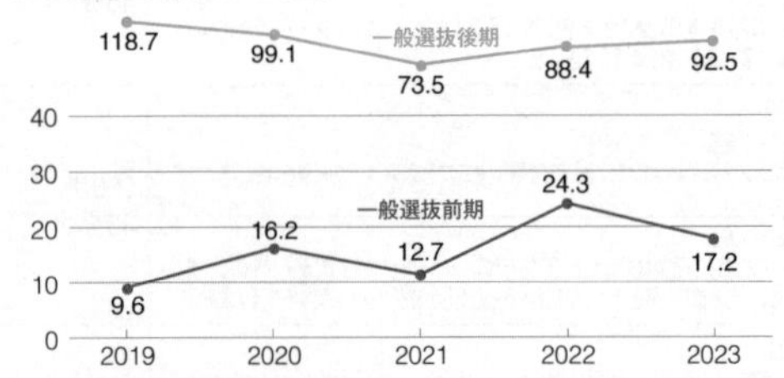

●入学者の現既別内訳

現役 13.5%
既卒 86.5%
·1浪 29.7%
·2浪 21.6%
·3浪その他 35.1%

●入学者の男女別内訳

女 39名
男 72名

●入学者の地元占有率（出身県）

石川県 4名
その他 107名

●一般選抜志願者数の推移

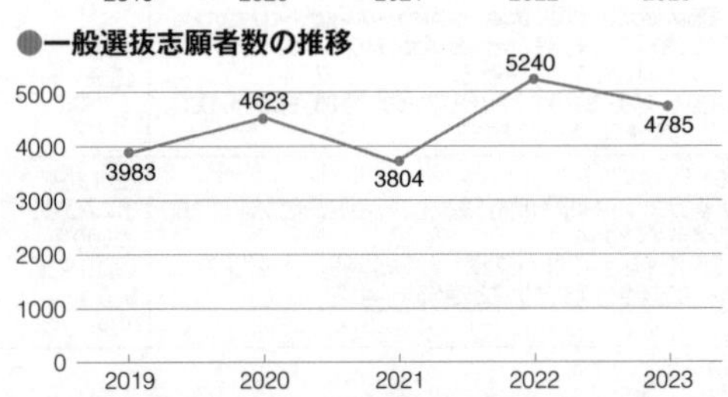

2024年度 選抜要項

●募集人員 （医学科）

※ 認可申請予定

一般選抜		学校推薦型選抜	総合型選抜		
前期	後期	指定校・指定地域	AO入試	卒業生子女	研究医枠
72名	10名	5名	15名	8名	未定※

■ボーダー偏差値

一般枠（前期）
65.0

一般選抜

●試験日程 インターネット出願登録＋書類提出

区分		出願期間	試験	合格発表	手続締切	辞退締切
一般選抜前期	1次試験	12／18(月)～1／17(水) ※1	1／30(火)か31(水)※2	2／6(火) 17:30 HP 郵便	2／22(木) ※4	3／30(土) ※5
	2次試験		2／12(月)か13(火)※3	2／15(木) 17:30 HP 郵便		
一般選抜後期	1次試験	1／15(月)～2／17(土) ※1	3／1(金)	3／5(火) 17:30 HP 郵便	3／21(木) ※4	
	2次試験		3／11(月)	3／13(水) 17:30 HP 郵便		

※1 ネット出願登録は15：00まで、出願書類は当日消印有効。※2 自由選択制で、いずれか1日、あるいは両日を受験できる。
※3 いずれか1日を選択。※4 15：00まで。 ※5 12：00まで（必着）。

☞繰上合格について

正規合格者発表と同時に補欠者を決定し、繰上順位を記載した文書を補欠者に郵便で送付。欠員が生じた場合、補欠者の総合成績上位者から順次繰上で合格者を決定し、郵便または電話にて通知する。

補欠者発表方法	補欠順位	繰上合格通知方法
郵便	あり	郵便 TEL

●入試科目

区分		教科・科目	配点		解答時間
一般選抜前期・後期	1次試験	外国語＝コ英ⅠⅡⅢ・英表ⅠⅡ	100点	計 前期350点 後期200点	60分
		数学＝前期は数ⅠⅡⅢAB(列ベ)、後期は数ⅠⅡAB(列ベ)	100点		60分
		理科＝化基・化、生基・生、物基・物→2（前期のみ）※1	150点		90分
	2次試験	小論文	60点	計 170点	60分
		面接＝グループ面接	110点※2		約20分

※外国語、数学、理科はマークシート方式 ※後期は上記の範囲から理科を除く。※1 理科の科目選択は、試験室にて行う。 ※2 調査書等の評価を含む。

☞合否判定　1次試験の合格者に2次試験を課す。2段階選抜は6倍程度。1次試験の学力試験成績、2次試験の面接並びに小論文、調査書などを総合的に判定し、総合点が同点の場合、①学力試験、②面接、③小論文の順に、高得点の者から合格とする。

☞受験料　一般選抜60,000円 ※一般選抜（前期）1次試験を2日間同時申込の場合は110,000円

☞試験会場

区分	都市名	会場名	所在地
一般選抜前期1次	本学キャンパス		石川県河北郡内灘町大学 1-1
	東京	東京流通センター	東京都大田区平和島 6-1-1 センタービル
	大阪	大阪アカデミア	大阪府大阪市住之江区南港北 1-3-5
	名古屋	TKPガーデンシティPREMIUM名古屋新幹線口	愛知県名古屋市中村区椿町 1-16 井門名古屋ビル
	福岡	福岡ガーデンパレス	福岡県福岡市中央区天神 4-8-15
一般選抜後期1次	本学キャンパス		石川県河北郡内灘町大学 1-1
	東京	東京流通センター	東京都大田区平和島 6-1-1 センタービル
	大阪	天満研修センター	大阪府大阪市北区錦町 2-21
2次	本学キャンパス		石川県河北郡内灘町大学 1-1

information

2022年度より、一般選抜前期の1次試験が「試験日自由選択制」で実施されている。これは、試験日を2024年度では1／30(火)と31(水)の2日間設け、受験者は受験日や受験回数を自由に選べるもの。都合の良い1日を選んで、もしくは両日とも受験でき、その場合には、試験日ごとの学力試験4科目の合計点が最も高い日の結果が合否判定に採用される。

学校推薦型選抜（指定校・指定地域） インターネット出願登録＋書類提出

募集人員	試験日程				推薦条件	選考方法
	出願期間	選考日	合格発表	手続締切		
5名	11／6～11／11 ※1	基礎学力テスト11／18 面接12／3	1次：11／22 2次：12／7 17：30	12／14 15：00まで	※2	書類審査（自己推薦書、調査書等）、基礎学力テスト、個人面接（1人約15分）

※1 インターネットによる出願は15：00まで。書類は当日消印有効。
※2 指定校は本学が指定する高等学校の現役・1浪。指定地域は富山県氷見市に在住し、氷見市長からの推薦があり2024年4月1日現在19歳以下の現役・1浪。いずれも合格した場合に必ず入学を確約でき、本学を卒業後、本学病院または氷見市民病院等において臨床研修（5年）を行うことを保護者等が同意の上、確約できる者。

総合型選抜（AO入試） インターネット出願登録＋書類提出

募集人員	試験日程				受験資格	選考方法
	出願期間	選考日	合格発表	手続締切		
15名	11／6～11／11 ※1	基礎学力テスト11／18 面接12／3	1次：11／22 2次：12／7 17：30	12／14 15：00まで	※2	書類審査（自己推薦書、調査書等）、基礎学力テスト、個人面接（1人約15分）

※1 インターネットによる出願は15：00まで。書類は当日消印有効。
※2 2023年4月1日現在25歳以下の高校卒業者または2024年3月見込み者で、合格した場合に必ず入学を確約でき、本学を卒業後、本学病院または氷見市民病院等で臨床研修（5年）を行うことを保護者等が同意の上、確約できる者。
※詳細は入学者選抜要項を確認。

総合型選抜（卒業生子女入試）

8名を募集する。

金沢医科大学

2023年度の出題傾向と分析

英 語（前期・1/30）

解答形式▶マーク

問題の全体難易度 ★★☆☆ 標準　前年との難易度比較 変化なし　時間に対する分量  非常に多い

大問	分野	長文の種類 単語数	内容	出題形式	難易度
1	読解	約1,000語 社会系	「生活の大部分を占めるスマートフォン」についての長文問題（同意語選択・文挿入・指示語指摘・空所補充・内容一致・グラフ選択）	選択	★★☆☆
2	読解	約850語 医療・科学系	「睡眠が繋ぐ脳と筋肉の神経」についての長文問題（空所補充・発音・アクセント・指示語指摘・主動詞選択・同意語選択・内容一致・主題選択）	選択	★★☆☆
3	読解	約1,150語 科学系	「肥満の原因に関する諸説」についての長文問題（指示語指摘・空所補充・同意語選択・内容一致）	選択	★★☆☆

22年度と同様、読解3題のみの構成。英文自体は標準的で読みやすいが、分量が多いため、解答時間60分の中で解き切るのは難しい。設問が理解の手助けをしてくれることもあるので、止まらず最後まで読み切ることが大切だ。内容に関する指示語指摘・内容一致だけではなく、空所補充では文法語法、同意語選択では語彙力のみならず、発音・アクセントや主動詞選択など、バラエティに富む。まず語彙力をつけ、段落要約を意識して読解演習に取り組む。最後に過去問で時間内に解答できるように工夫する。

数 学（前期・1/30）

解答形式▶マーク

問題の全体難易度 ★☆☆☆ 易　前年との難易度比較 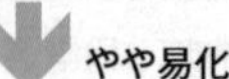 やや易化　時間に対する分量  適量

大問	分野		内容	出題形式	難易度
1	確率	A	3つのサイコロと1枚の硬貨で定義される対数値の確率	空所補充	★☆☆☆
2	図形と方程式	Ⅱ	円と直線の交点・接点による図形の面積	空所補充	★☆☆☆
3	空間ベクトル	B	球面上の点、なす角、垂線の足、四面体の体積	空所補充	★☆☆☆
4	微分法の応用	Ⅲ	無理関数の極値、変曲点、接線、実数解の個数	空所補充	★☆☆☆

大問1に8年連続で出題されている確率は、数え上げる問題が多い。大問3は過去5年間、ベクトルと数列が交互に出題されていたが、23年度もベクトルだった。大問4も7年連続で数学Ⅲの微分法・積分法が出題され、接線、法線、極値、変曲点、面積、体積といった典型問題の出題が多い。例年、問題の難度は高くなく計算量も多くないため、高得点が必要となる。ただし、ゆっくりと解法を考えている時間はないため、易しめの問題集で解法が瞬時に浮かぶようになるまで反復練習をするとよいだろう。また、図形が絡んだ問題も多く出題されているため、苦手な人は初等幾何、三角比、座標、ベクトル、複素数平面などの分野を超えた総合的な練習が必要だろう。

化 学（前期・1/30）

解答形式▶マーク

問題の全体難易度 ★☆☆☆ 易　前年との難易度比較  変化なし　時間に対する分量  適量

	分野	内容	出題形式	難易度
1	理論5問	原子の性質、非共有電子対、炭素の同素体、水の電離度、酸化還元、元素、電気分解	空所補充・選択	★☆☆☆
2	無機1問	地殻の元素、溶融塩電解、気体発生、氷晶石の役割、アルミニウムの生成量	空所補充・選択	★☆☆☆
3	有機2問	エチレン（分子式、高分子の生成量）、アミノ酸（窒素含有率、平均分子量、重合度）	空所補充・選択	★★☆☆

小問集合8問。理論が1題増加、有機が1題減少した。理科2科目90分の形式になり4年目。例年同様、用語の空所補充、複数選択の正誤問題、数値の各位を記す形式もあった。解答時間が短いため、まず解答しやすい問題から取り組むことが大切だ。糖類、合成高分子化合物の問題への対策も進めておこう。本学の過去問と併せて、メディカルラボの実力判定テストにもチャレンジして、問題レベルや内容に十分慣れておこう。

生物（前期・1/30）

解答形式▶マーク

問題の全体難易度 ★☆☆☆ 易　前年との難易度比較 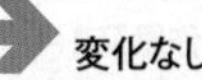 変化なし　時間に対する分量  適量

大問	分野		内容	出題形式	難易度
1	小問集合	生物 生物基礎	浸透圧、原核生物の転写・翻訳、ウニの受精、血縁度、葉の老化、分子進化、慣れ	選択	★☆☆☆
2	生命現象と物質	生物	呼吸	選択	★★☆☆
3	体内環境の維持	生物基礎	腎臓	選択	★★☆☆

22年度と同様に大問3題構成のマーク式。大問3題のうち小問集合が1題で、あとの2題はテーマ別の問題になっている。計算問題は毎年5問前後出題されているので、典型的な問題は解けるようにしておこう。また、小問集合があるため出題範囲が多岐にわたる。特別難しい知識が問われるわけではないので、知識に偏りがあると思わぬ失点をして、ライバルに差をつけられるおそれがある。広く浅く知識の確認をしておくことが望ましい。

物理（前期・1/30）

解答形式▶マーク

問題の全体難易度 ★★☆☆ 標準　前年との難易度比較 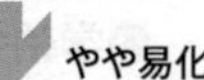 やや易化　時間に対する分量  適量

大問	分野	内容	出題形式	難易度
1	力学	衝突、単振動	空所補充	★★☆☆
2	電磁気	コンデンサー回路	空所補充・選択	★★☆☆

23・22・20年度は大問2題、21年度は大問5題と、試験時間が変更されてから、大問数の変更が多い。23年度は、基本～標準レベルが中心で解きやすい問題が多かった。日頃から標準レベルの問題集をミスなく、素早く解く練習をするとよい。また、年度によっては解答の方針を立てづらい問題も出題されている。そのような場合は、マーク式の特徴を生かして、解答欄の形から逆算して解答の方針を立てるなど工夫するとよい。

小論文

年度／内容	字数／時間
2023 [一般前期2/8]上岡直見著『自動車の社会的費用・再考』の抜粋文を読み、①要約②人口密度と人口当たりの交通事故死者数の図を基に、結果と原因について説明する。 [一般前期2/9]濱島淑惠著『子ども介護者 ヤングケアラーの現実と社会の壁』の抜粋文を読み、①要約②抜粋文と追加の2つの資料(「悩みを相談したことがあるか」のグラフと「誰に相談したか」のグラフ)から、高校生ヤングケアラーの課題に対して必要な支援を述べる。	①200字 ②200字 60分
2022 (一般前期2/14)荒牧勇著「脳を見れば能力がわかる?」(宮崎真編『日常と非日常からみる　こころと脳の科学』所収)を読み、①要約②研究結果を、与えられた図に基づいて説明する。 (一般前期2/15)鈴木宏明著『認知バイアス 心に潜むふしぎな働き』の抜粋文を読み、①要約②与えられたグラフを見て「竜巻」の原因についての理由を述べる。	①200字 ②200字 60分
2021 (前期1日目)山本太郎著『感染症と文明』の抜粋文を読み、①要約②問題文中の2つのグラフを見て、なぜそのような形になるかを説明する。 (前期2日目)山本太郎著『新型インフルエンザ　世界がふるえる日』の抜粋文を読み、①要約②新型コロナウイルスの流行で、日本が欧米と比較して報告患者数が少なかったことについて仮説を述べる。 (後期)今井むつみ著『学びとは何か』の抜粋文を読み、①要約②2つのグループの実験結果について、そのような結果となった理由を述べて説明をする。	①200字 ②200字 60分

面接

形式	所要時間	面接の進行と質問内容
集団討論	30～40分	[一般前期] ①別室で7分間、課題文を読んでメモをとる。課題文を持って面接会場に移動 ②課題文に関する質問が書かれた用紙(各自異なる)を読み、考える(2分) ③各自1分で②の回答と討論したいテーマを発表する ④討論が開始される。討論時間は10分 [課題文の内容] (前期2/8実施)謝罪することについて、その意義と方法 (前期2/9実施)死を肯定すること (後期3/8実施)パスツールの「生命の自然発生説」について
面接会場の配置 面接官=3名 受験生=4名		

感染症等に伴う特別対応や追試験については、各大学のホームページで最新情報をご確認ください。

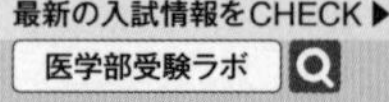

愛知県

愛知医科大学

入試に関する問合せ先

医学部入試課／〒480-1195　愛知県長久手市岩作雁又1-1
☎0561-61-5315　https://www.aichi-med-u.ac.jp

募集要項の請求方法

①大学のホームページ
※募集要項は紙媒体による配布を行わず、大学ホームページに掲載予定。

一般選抜ネット出願 必須
※国際バカロレア選抜のみ紙の願書。

DATA

●**学部所在地**　問合せ先に同じ。
●**アクセス**　地下鉄東山線藤が丘駅下車、藤が丘駅から名鉄バスで約15分、愛知医科大学病院下車。
●**学部学科・定員**　医学部＝医学科115
●**大学院**　医学研究科＝基礎医学系専攻、臨床医学系専攻
●**おもな付属施設**　附属病院、高度救命救急センター、加齢医科学研究所、分子医科学研究所など。
●**沿革**　昭和46年に開学した。

建学以来、患者さんの安全を最優先できる「良き臨床医」の育成を目指した医学教育に取り組んでいます。医学教育分野別認評価を受審し、本学の医療教育が国際基準に適合したものとして認証されました。1学年次から臨床の現場について学べる科目を設けるなど、初年次教育プログラムの改革を積極的に進めています。2015年度からは学外クリニカル・クラークシップの強化、また、シミュレーションセンターの拡充など、充実した臨床教育のための環境づくりに積極的に取り組んでいます。さらには、アメリカ、ドイツ、タイ、韓国、ポーランド、イラン、ウクライナにおいて、留学の機会を提供しています。これらの学術国際交流の発展、拡充のための拠点として、国際交流センターが整備されています。

●医師国家試験合格率推移

年＼区分	総計	新卒	既卒
2023	96.7%	100.0%	50.0%
2022	90.7%	94.1%	33.3%
2021	94.3%	98.2%	61.5%
2020	89.1%	94.2%	53.3%
2019	88.1%	94.4%	27.3%

●学納金（2024年度）

初年度 ……………… 8,500,000円
内訳　入学金…………1,500,000円
授業料…………3,000,000円
施設維持費 ……1,000,000円
教育充実費 ……2,700,000円
委託徴収金※……300,000円

6年間の総額……………35,100,000円
※後援会入会金30,000円、年会費120,000円および同窓会費150,000円（終身会費）。

●寄付金・学債

入学後に大学債および寄付金を任意で募集する。

●学納金関連情報

在学中、成績優秀者には授業料の一部（100万円）を免除する学納金一部減免制度がある。ほかに5学年以上の者で卒業後、本学に勤務（臨床研修医および大学院学生を含む）しようとする学生を対象とした奨学金貸与制度（年額300万円）などがある。

2023年度入試DATA

●志願・合格状況

区分	募集人員	志願者	受験者	1次合格者	2次受験者	正規合格者	補欠者	繰上合格者	総合格者	志願者合格倍率	入学者
一般選抜	約65	1392	1327	402	－	130	211	89	219	6.4	65
共テ利用前期	約15	809	803	264	－	38	64	26	64	12.6	15
共テ利用後期	約5	116	114	68	－	6	30	1	7	16.6	5
愛知県地域特別枠B方式（共テ利用）	約5	47	47	39	－	6	20	6	12	3.9	6
学校推薦公募制	約20	79	77	－	－	20	－	－	20	4.0	20
愛知県地域枠A方式（学校推薦）	約5	12	12	－	－	4	－	－	4	3.0	4
国際バカロレア	若干名	5	5	－	－	2	－	－	2	2.5	1

●合格得点（総合格者）

区分	満点	合格最高点 得点	合格最高点 得点率	合格最低点 得点	合格最低点 得点率
一般選抜	500	418	84%	251	50%
共テ利用前期	700	非公表	－	非公表	－
共テ利用後期	800	非公表	－	非公表	－
愛知県地域特別枠B方式（共テ利用）	700	非公表	－	非公表	－
学校推薦公募制	200	非公表	－	非公表	－
愛知県地域特別枠A方式（学校推薦）	200	非公表	－	非公表	－
国際バカロレア	非公表	非公表	－	非公表	－

●志願者合格倍率の推移

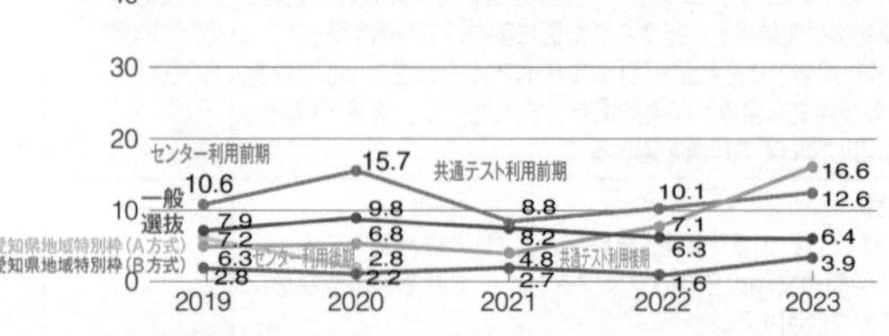

●一般選抜志願者数の推移（センター・共通テスト利用含む）

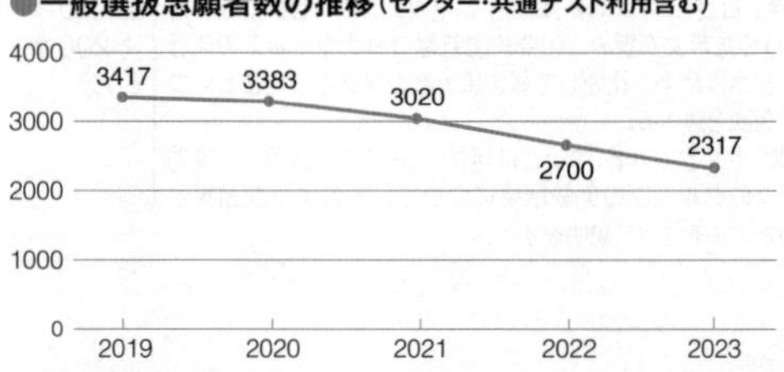

●入学者の現既別内訳

現役 38名
既卒 78名

●入学者の男女別内訳

女 55名
男 61名

●入学者の地元占有率（出身校）

愛知県 63名
その他 52名

※国際バカロレア選抜を除く。

2024年度 選抜要項

●募集人員 (医学科)

※学校推薦型選抜(公募制)の募集人員は国際バカロレア選抜若干名を含む。愛知県地域特別枠はA方式、B方式を合わせて10名。

一般選抜	共通テスト利用			学校推薦型選抜		国際バカロレア
	前期	後期	愛知県地域特別枠B方式	公募制	愛知県地域特別枠A方式	
約65名	約15名	約5名	約5名	約20名※	約5名	若干名

■ボーダー偏差値 ■共テボーダー得点率

一般枠	共テ枠(前期)
62.5	82%

一般選抜

●試験日程 インターネット出願登録+書類提出

※1 大学入試センターへ出願する。

区分		出願期間	試験	合格発表	手続締切	辞退締切
一般選抜	1次試験	12/4(月)~1/4(木)※2	1/16(火)	1/25(木)11:00 掲示 HP ネット	−	−
	2次試験		1/31(水)か2/1(木)※3	2/8(木)18:00 郵便 ネット	2/19(月)	3/31(日)※4
大学入学共通テスト利用前期	共通テスト	9/25(月)~10/5(木)※1	1/13(土)・14(日)	2/8(木)18:00 掲示 HP ネット	−	−
	2次試験	12/4(月)~1/12(金)※2	2/22(木)	2/29(木)18:00 郵便 ネット	3/8(金)	3/31(日)※4
大学入学共通テスト利用後期	共通テスト	9/25(月)~10/5(木)※1	1/13(土)・14(日)	3/7(木)11:00 掲示 HP ネット	−	−
	2次試験	12/4(月)~2/28(水)※2	3/12(火)	3/14(木)18:00 郵便 ネット	3/22(金)	3/31(日)※4
愛知県地域特別枠B方式	共通テスト	9/25(月)~10/5(木)※1	1/13(土)・14(日)	3/7(木)11:00 掲示 HP ネット		−
	2次試験	12/4(月)~2/28(水)※2	3/12(火)	3/14(木)18:00 郵便 ネット	3/22(金)	3/31(日)※4

※2 Web出願は17:00まで。書類は当日消印有効。※3 出願時にいずれか1日を選択。※4 17:00まで ※電話による合否の照会には応じない。

☞繰上合格について
正規合格者発表と同時に補欠者に「補欠通知」を郵送。欠員が生じた場合のみ繰上合格を実施し、繰上合格者に電話および郵送で通知する。

補欠者発表方法	補欠順位	繰上合格通知方法
郵便	あり	TEL 郵便

●入試科目

区分		教科・科目	配点		解答時間
一般選抜	1次試験	外国語=コ英ⅠⅡⅢ・英表ⅠⅡ	150点	計500点	80分
		数学=数ⅠⅡⅢAB(列べ)	150点		80分
		理科=化基・化、生基・生、物基・物→2	200点		100分
	2次試験	小論文	5段階評価	−	60分
		面接=個人面接	5段階評価		非公表
大学入学共通テスト利用前期・愛知県地域特別枠(B方式)	共通テスト	外国語=英(R:L=4:1)※1	200点	計700点	R80分 L60分(解30分)
		数学=数ⅠA、数ⅡB	各100点		数ⅠA70分 数ⅡB60分
		理科=化、生、物→2	各100点		各60分
		国語=国(近代)	100点		80分
	2次試験	面接=個人面接	5段階評価	−	非公表
大学入学共通テスト利用後期	共通テスト	外国語=英(R:L=4:1)※1	200点	計800点	R80分 L60分(解30分)
		数学=数ⅠA、数ⅡB	各100点		数ⅠA70分 数ⅡB60分
		理科=化、生、物→1※2	100点		60分
		国語=国(近代、古典)	200点		80分
		地歴・公民=世A、世B、日A、日B、地A、地B、現社、倫、政経、倫政経→1※2	100点		60分
	2次試験	面接=個人面接	5段階評価	−	非公表

※1 リーディング100点を160点に、リスニング100点を40点に換算。 ※2 共通テスト利用後期の理科および地歴・公民を2科目受験した場合には、高得点の1科目を利用。

☞合否判定 1次試験の共通テストまたは学力試験の結果に加えて、2次試験の小論文や面接により総合的に評価し判定する。愛知県地域特別枠B方式は共通テストの結果、面接に加え自己推薦書等も考慮する。

☞受験料 一般選抜・地域特別枠A・学校推薦型選抜(公募制)・国際バカロレア60,000円 共通テスト利用・地域特別枠B40,000円

☞試験会場

区分	都市名	会場名	所在地
一般選抜1次	東京	東京流通センター	東京都大田区平和島 6-1-1
	名古屋	名古屋コンベンションホール	愛知県名古屋市中村区平池町 4-60-12 グローバルゲート 2F
	大阪	ナレッジキャピタルコングレコンベンションセンター	大阪府大阪市北区大深町 3-1 グランフロント大阪 北館内
	福岡	福岡ファッションビル	福岡県福岡市博多区博多駅前 2-10-19
2次	本学キャンパス		愛知県長久手市岩作雁又 1-1

information

一般選抜のほか共テ利用選抜、愛知県地域特別枠、学校推薦型選抜などがあるが、共通テスト利用後期と愛知県地域特別枠B方式との併願、学校推薦型選抜(公募制)と愛知県地域特別枠A方式との併願はできない。一般選抜の理科は3科目から2科目選択だが、試験室で選択できる。

学校推薦型選抜

公募制約20名、愛知県地域特別枠A方式約5名で募集する。

総合型選抜

実施しない。

愛知医科大学

2023年度の出題傾向と分析

英語

解答形式▶マーク

問題の全体難易度 ★★☆☆ 標準　前年との難易度比較 変化なし　時間に対する分量 適量

大問	分野	長文の種類 単語数	内容	出題形式	難易度
1	文法・語彙	―	空所補充	選択	★☆☆☆
2	語彙	―	単語完成	選択	★☆☆☆
3	英作文	―	語句整序	選択	★★★☆
4	読解	―	語・句補充	選択	★★☆☆
5	読解	社会系 約450語	「主要な死因の一つである自殺の防止策」についての長文問題（空所補充・内容真偽）	選択	★★☆☆
6	読解	伝記系 約700語	「アマゾンの創始者ジェフ・ベソス」についての長文問題（空所補充・語句整序・内容真偽）	選択	★★☆☆
7	読解	社会系 約750語	「QOLを最も端的に表す指標」についての長文問題（空所補充・指示語指摘・内容真偽）	選択	★★★☆

大問３の英作文（語句整序）と大問６の読解問題がやや難化したが、大問１・２が易しかったため全体の難度に変化はない。語句の空所補充が多いのが本学の特徴のため、語彙・語法・イディオムなどの基本知識の習得は当然だが、英文内容から判断して正解を導き出すものもあるため内容理解の訓練は欠かせない。大問４のような英文中に語句を補充する問いもあるため、文構造の把握も意識して読解練習をするとなおよい。他大学には見られない出題形式が多いため、過去問で出題形式に慣れておく必要がある。

数学

解答形式▶記述

問題の全体難易度 ★★☆☆ 標準　前年との難易度比較 やや難化　時間に対する分量 適量

大問	分野		内容	出題形式	難易度
1	微分法の応用、積分法の応用、三角関数	Ⅱ、Ⅲ	導関数、三角関数による置換積分、和積、半角公式	記述	★☆☆☆
	場合の数	A	正 n 角形の頂点を結んでできる三角形の個数	記述	★★☆☆
	数列	B	群数列	記述	★☆☆☆
2	図形と方程式、微分法の応用	Ⅱ、Ⅲ	２直線の交点の軌跡、２弦の長さの和の最大	記述	★★☆☆
3	積分法の応用	Ⅲ	球面に接する円を１回転させてできる立体の体積	記述	★★★☆

大問１は答えのみを記入する小問集合、大問２・３は過程も書かせる大問。確率、数列、極限、積分法の出題頻度が高い。定番の問題が中心で、近年は易しめと言える。以前は言い回しを変えてあったり、小問による誘導がなかったりすることも多く、年度によって難度にかなりの差があった。公式や解法の丸暗記では解けないものも出題されるので、考える力が不可欠。典型問題の解法を習得した上で、標準的な国公立大用の問題集などで演習するとよい。

化学

解答形式▶記述

問題の全体難易度 ★★☆☆ 標準　前年との難易度比較 変化なし　時間に対する分量 多い

大問	分野	内容	出題形式	難易度
1	理論・無機	アルミニウムの総合問題（語句、化学式、結晶の構造、元素、鉱石名、液性、化学反応式、物質名、電気分解、原子半径、密度、体積比、両性元素、気体の生成量、テルミット法、熱化学方程式）	空所補充・選択・記述	★★☆☆
2	有機	有機化合物の構造決定、分子式、構造式、ザイチェフの法則、異性体数、塩化アルキル	空所補充・記述	★★☆☆

22年度と同様、大問2題だった。大問1はアルミニウムに関する12問の総合問題、大問2は有機の構造決定だった。22年度は銅が出題されたので、典型元素では気体発生全般とナトリウムやカルシウム、遷移元素では鉄や銀、陽イオン分析に関する知識を深めておこう。近年、合成高分子化合物が出題されていないため、その対策も怠らないこと。各設問の有効数字指定に気をつけよう。出題内容が大きく変化しやすいので柔軟な対応力を磨こう。

生物

解答形式▶**記述**

問題の全体難易度 ★★★☆ やや難　前年との難易度比較  変化なし　時間に対する分量  多い

大問	分野		内容	出題形式	難易度
1	多様性と生態系、生態と環境	生物 生物基礎	植生、個体群	空所補充・選択・記述・描図	★★★☆
2	生命現象と物質	生物	遺伝情報の発現	空所補充・選択・記述	★★★☆
3	生命現象と物質、生物の環境応答	生物	呼吸、筋肉	空所補充・記述	★★☆☆

22年度と同様に大問3題構成の記述式。例年、論述問題が5～10問程度出題されることが多い。普段から用語の定義や現象を正しく表現できるように練習しておく必要がある。さらに、描図問題の出題頻度が比較的高いことも特徴的で、23年度も出題された。日頃から教科書の図を意識して見る習慣をつけておく。また、約20年ぶりに「多様性と生態系」「生態と環境」の2分野から出題された。この分野も手を抜かず学習しておこう。

物理

解答形式▶**記述**

問題の全体難易度 ★★☆☆ 標準　前年との難易度比較 変化なし　時間に対する分量  多い

大問	分野	内容	出題形式	難易度
1	力学	衝突、重心の速度	記述・選択	★★☆☆
2	波動・原子	ヤングの実験、波の式、電子波	記述・選択	★★☆☆
3	電磁気・熱	コンデンサー、気体の変化	記述・選択	★★☆☆

例年通り大問3題構成。問題文が比較的長いものが多く、理科2科目で100分という時間を考えると、時間的余裕はあまりない。難度は年度によってばらつきがあるが、基本～標準レベルの問題が多く含まれるため、それらを確実に解いて得点することが合格への鍵となる。

小論文

年度／内容	字数／時間
2023 （一般2/2実施） 戸田智弘著『ものの見方が変わる座右の寓話』の抜粋文を読み、寓話がどのような教訓を伝えようとしているかを説明し、それを材料にして自分の考えを述べる。 （一般2/3実施） 良寛作と言われる「散る桜　残る桜も　散る桜」の俳句を読み、想定される好意的意見と批判的意見を記述し、最後に自分の考えを述べる。	600字 60分
2022 （一般1/27実施） 國分功一郎著『哲学の先生と人生の話をしよう』の抜粋文を読み、自分ならば相談者にどうアドバイスをするか述べる。 （一般1/28実施） D.R.レイン著『自己と他者』の抜粋文を読み、登場人物ジルがどう感じるかを述べて、ジルとジャックの未来予想図を考える。	600字 60分
2021 （1/28実施）E.H.カー著『歴史とは何か』の抜粋文を読み、「ロビンソンの煙草への欲求が死の原因である」と主張する2人に、どのように意見を返すか述べる。 （1/29実施）ⓧ谷川俊太郎著『谷川俊太郎質問箱』の抜粋文を読み、国をつくることはなぜ必要か、また、「無国籍者」は悪い人なのかについて自分の考えを述べる。	（1/29実施） 600字 60分
2020 （1/30実施）遺産相続に関する短い文を読み、自分ならどうするかを述べる。 （1/31実施）「死の臨床」69号（2017年）の引用文。ある脚本家の若手俳優を育成するための方法について、自分の考えを述べる。	600字 60分

ⓧは、メディカルラボの生徒からの情報を基に作成。

面接

形式	所要時間	面接の進行と質問内容
個人面接	20分	□医師志望理由 □本学志望理由 □良い医師とは。どのような医師になりたいか。理想の医師像 □併願校と合否。共通テストの自己採点結果（合否とは無関係と前置き有り） □仲間は必要か。良い友達とは □リーダーをした経験について □強い人とは。自分が強くなるためには □グループワークの時に、やる気がない人がいたらどうするか □努力することは才能であるか、否か ※次の内容の絵を見て感想を話す。1人1回（絵は横の椅子に置いてある） □一人の男性が何もない部屋のベットに腰掛けていて、窓の外を見ている □病気で苦しむ女性が寝ていて、側に男性2人がいる。 □森の中を1人の初老の男性が片手に白い杖を持って立っている。側には犬2匹が男性を見ている［共通テスト利用］
面接会場の配置		
面接官＝3名 受験生＝1名		

感染症等に伴う特別対応や追試験については、各大学のホームページで最新情報をご確認ください。

最新の入試情報をCHECK ▶ 医学部受験ラボ

藤田医科大学

入試に関する問合せ先

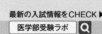

医学部入試係／〒470-1192 愛知県豊明市沓掛町田楽ヶ窪１番地98
☎0562-93-2493 https://www.fujita-hu.ac.jp

募集要項の請求方法

①大学のホームページ ②テレメール
③アドミッションセンターあてFAX（0562-93-9550）で申し込み
※詳細は大学のホームページに掲載。

全選抜ネット出願 必須

DATA

●**学部所在地** 問合せ先に同じ。
●**アクセス** 名鉄名古屋本線前後駅から名鉄バス藤田医科大学病院行または赤池駅行約15分。名古屋市営地下鉄桜通線徳重駅から名古屋市営バス徳重13系統藤田医科大学病院行約16分。
●**学部学科・定員** 医学部=医学科120
●**大学院** （博士）医学研究科医学専攻（基礎医学領域=形態系、機能系、保健衛生系、分子医学系、病態制御系、臨床医学領域=内科系、外科系）
●**おもな付属施設** 藤田医科大学病院、ばんたね病院、七栗記念病院、岡崎医療センター、中部国際空港診療所、医科学研究センター、ダビンチ低侵襲手術トレーニングセンターなど。
●**沿革** 1971年に医学部の設置認可を受け、1972年4月に開学した。2018年10月、藤田医科大学に校名変更。

本学は建学の理念である「独創一理」を学風とし、3つの基本目標、「謙虚で誠実に医療を実践できる人材を輩出」、「患者中心の専門職連携を実践できる人材を輩出」、「独創的な学究精神と国際的視野を持った医療人材を輩出」を高く掲げています。創設50周年を節目に新たなステージに向け、医学教育改革の三本柱として「リサーチマインドの育成」、「グローバル化」、「医療、介護、最先端医療、地域医療を担う新医療人」を基軸にカリキュラム改革と教育内容の刷新を進めています。参加型臨床実習充実のため本学のstudent doctorは365日スタッフの一員として医療現場に参画し、実臨床の中で生きた知識・技能・態度を身に付けると同時に、多職種間の専門職連携を実践的に学んでいきます。実症例を共に学ぶことで血肉となる医学を身に付けていきます。

●医師国家試験合格率推移

年＼区分	総計	新卒	既卒
2023	96.6%	98.2%	60.0%
2022	95.7%	96.5%	75.0%
2021	96.4%	98.1%	71.4%
2020	94.2%	94.6%	87.5%
2019	93.8%	96.5%	71.4%

●学納金（2024年度）

初年度 6,596,000円
内訳 入学金 1,500,000円
授業料 2,500,000円
実験実習教材費 500,000円
教育充実費 1,800,000円
その他の費用（委託徴収金） 296,000円

6年間の総額 30,526,000円

●寄付金・学債

入学後に、任意の寄付金を募集する。

●学納金関連情報

医学部成績優秀者奨学金制度、愛知県地域枠の修学資金制度、藤田学園奨学金貸与制度、藤田学園同窓会奨学金貸与制度などがある。

2023年度入試DATA

●志願・合格状況

区分	募集人員	志願者	受験者	1次合格者	2次受験者	正規合格者	補欠者	繰上合格者	総合格者	志願者合格倍率	入学者
一般選抜前期※	83	1747	1673	非公表	非公表	251	非公表	非公表	270	6.5	120
一般選抜後期※	10	581	517	非公表	非公表	11	非公表	非公表	15	38.7	
共通テ利用前期	10	702	699	非公表	非公表	33	非公表	非公表	48	14.6	
共通テ利用後期	5	104	103	非公表	非公表	5	非公表	非公表	8	13.0	
ふじた未来※1	12	167	165	非公表	非公表	15	非公表	非公表	17	9.8	

※一般選抜（前・後期）には、地域枠を含む。※1 ふじた未来枠はふじた高3枠、専願枠を合計した数。

●合格得点（最終合格者）

区分			満点	合格最高点 得点	得点率	合格最低点 得点	得点率
一般選抜前期		1次	600	474.0	79%	309.0	52%
		2次	40	35	88%	10	25%
一般選抜後期		1次	600	446.0	74%	395.0	66%
		2次	40	30	75%	20	50%
共通テ利用前期		1次	700	647.0	92%	576.0	82%
		2次	40	35	88%	15	38%
共テ利用後期	共テ	1次	700	610.0	87%	571.0	82%
	総合問題	2次	300	238.0	79%	125.4	42%
	(+口頭試験)	2次	40	25	63%	20	50%

※一般選抜（前・後期）は、地域枠を含む。

●志願者合格倍率の推移

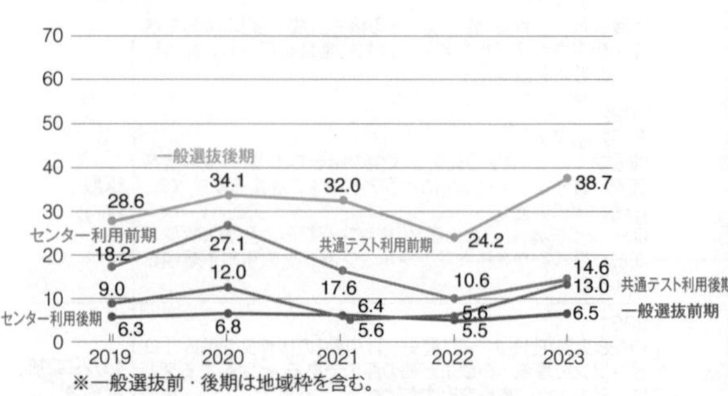

※一般選抜前・後期は地域枠を含む。

●入学者の現既別内訳

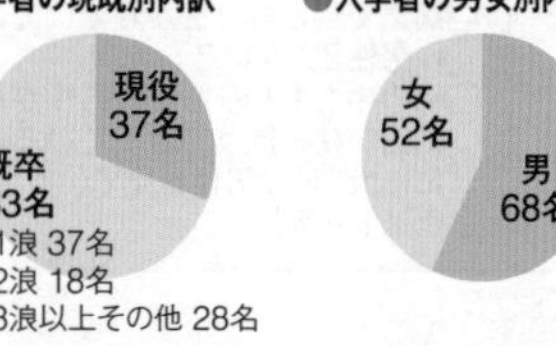

●入学者の男女別内訳

女 52名
男 68名

●入学者の地元占有率（出身地）

その他 61名
愛知県 59名

●一般選抜志願者数の推移（センター・共通テスト利用含む）

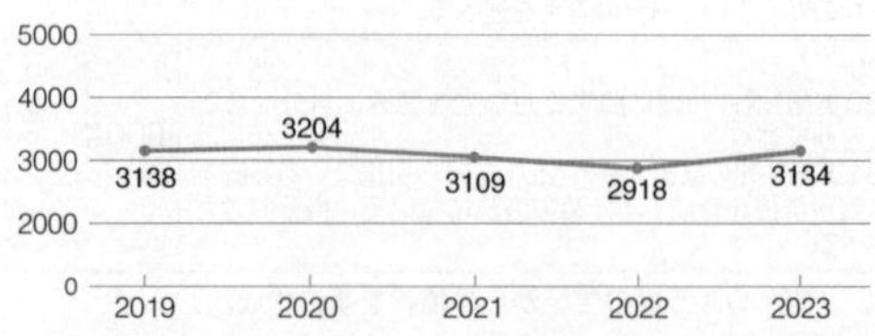

2024年度 選抜要項

●募集人員 （医学科）

※1 愛知県地域枠5名を含む。
※2 高3一般枠と独創一理枠合わせて12名。

一般選抜		共通テスト利用		ふじた未来
前期	後期	前期	後期	
83名※1	10名※1	10名	5名	12名※2

■ボーダー偏差値

一般枠、愛知県地域枠
65.0

■共テボーダー得点率

共テ枠（前期）
86%

一般選抜

●試験日程 インターネット出願登録＋書類提出

※1 大学入試センターへ出願する。

区分		出願期間	試験	合格発表	手続締切	辞退締切
一般選抜前期	1次試験	12/11(月)~1/26(金) ※2	2/4(日)	2/9(金) 14:00 掲示 HP	—	—
	2次試験		2/12(月)か13(火)※3	2/14(水) 17:00 掲示 HP	未定	未定
一般選抜後期	1次試験	1/23(火)~2/27(火) ※4	3/3(日)予定	3/7(木) 14:00 掲示 HP	—	—
	2次試験		3/14(木)	3/15(金) 17:00 掲示 HP	未定	未定
大学入学共通テスト前期	共通テスト	9/25(月)~10/5(木)※1	1/13(土)・14(日)	2/9(金) 14:00 掲示 HP	—	—
	2次試験	12/11(月)~1/12(金) ※5	2/12(月)か13(火)	2/14(水) 17:00 掲示 HP	未定	未定
大学入学共通テスト後期	共通テスト	9/25(月)~10/5(木)※1	1/13(土)・14(日)	3/7(木) 14:00 掲示 HP	—	—
	2次試験	1/23(火)~2/27(火) ※6	3/14(木)	3/15(金) 17:00 掲示 HP	未定	未定

※2 Web出願最終日。提出書類は1/29必着。※3 いずれか1日を選択。※4 Web出願最終日。提出書類は2/28必着。※5 Web出願最終日。提出書類は1/15必着。※6 Web出願最終日。提出書類は2/28必着。

☞繰上合格について

補欠者には各試験の合格発表日に電話にて通知。欠員が生じた時点で繰上合格者に電話で通知する。補欠者全員を繰り上げても欠員が生じる場合には、2次試験不合格者の中から追加合格を出す場合がある。

補欠者発表方法	補欠順位	繰上合格通知方法
HP	あり	TEL HP

●入試科目

区分			教科・科目	配点		解答時間
一般選抜 前期・後期	1次試験		外国語＝コ英ⅠⅡⅢ・英表Ⅰ Ⅱ	200点	計 600点	90分
			数学＝数ⅠⅡⅢAB(列ベ)	200点		100分
			理科＝化基・化、生基・生、物基・物→2	200点		120分
	2次試験		面接	40点※1	40点	—
大学入学 共通テスト利用 前期・後期 ※3	共通テスト ※2		外国語＝英(リーディング、リスニング)	200点	計 700点	R80分 L60分(解30分)
			数学＝数ⅠA、数ⅡB	200点		数ⅠA70分 数ⅡB60分
			理科＝化、生、物→2	200点		各60分
			国語＝現代文のみ	100点		80分
	2次 試験	前期	面接	40点※1	40点	—
		後期	総合問題、口頭試問	300点	計 340点	未定
			面接	40点※1		—

※1 提出書類と合わせて40点(5段階評価)。※2 共通テスト利用入試の配点は換算配点。※3 共通テスト利用後期のみ英語外部試験の成績利用が可能。

☞合否判定　1次試験通過者に2次試験を実施する。

☞受験料　一般選抜60,000円　共通テスト利用25,000円

☞試験会場

区分		都市名	会場名	所在地
一般選抜 前期	1次	名古屋	未定	
		東京	未定	
		大阪	未定	
	2次	本学キャンパス		愛知県豊明市沓掛町田楽ヶ窪1-98
一般選抜 後期	1次	名古屋	未定	
		東京	未定	
	2次	本学キャンパス		愛知県豊明市沓掛町田楽ヶ窪1-98
共通テスト利用前期・後期	2次	本学キャンパス		愛知県豊明市沓掛町田楽ヶ窪1-98

information

一般選抜前期では入学者83名のうち、地域枠の入学者5名を除く成績上位10名に対して年額150万円の奨学金が6年間貸与され、卒業後に本学病院等で医師の業務に従事した場合には、返還が免除される。

総合型選抜（ふじた未来入試） インターネット出願登録＋書類提出

区分	募集人員	試験日程				条件	選考方法
		出願期間	選考日	合格発表	手続締切		
ふじた未来	高3一般枠・独創一理枠合わせて12名	10/2~11/2 ※11/6必着	1次：11/12 2次：11/19	1次：11/16 2次：11/22	11/29	※1	1次:学習能力適性検査(英語・数学・小論文) 2次:講義課題、面接(個人・グループディスカッション)

※1 高3一般枠は国内の高等学校または中等教育学校を2024年3月卒業見込みの者。独創一理枠は、国内の高等学校または中等教育学校を2023年3月卒業または2024年3月卒業見込みの者(1浪または現役)で、本学卒業生の2親等以内の親族。合格した場合、本人および保護者が入学を確約でき、卒業後に本学の教育、研究、臨床の分野で貢献する強い意志を有し、本学講座が基幹となる専門研修プログラムへの参加を確約できる者。

編入学

実施しない。

学校型推薦選抜

実施しない。

藤田医科大学

2023年度の出題傾向と分析

英語(前期)

解答形式▶記述／マーク

問題の全体難易度 ★★★☆ やや難　前年との難易度比較 やや難化　時間に対する分量 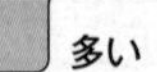 多い

大問	分野	長文の種類 単語数	内容	出題形式	難易度
1	文法	―	空所補充	選択	★★☆☆
2	英作文	―	語句整序	選択	★★★☆
3	読解	人文・社会系 約500語	「人を満足させ長生きさせるもの」についての長文問題(空所補充・内容一致)	選択	★★☆☆
4	読解	科学系 約550語	「蝶の尾の役割」についての長文問題(空所補充・同意語選択・内容一致)	選択	★★☆☆
5	読解	人文・社会系 約850語	「角の付いたバイキングのヘルメットの真実」についての長文問題(内容説明・段落補充)	記述・選択	★★★☆
6	読解	科学系 約350語	「朝食に同じものを食べる理由」についての長文問題(和文英訳)	記述	★★☆☆

大問2の語句整序と大問5の読解内容がやや難化したため、全体の難度も上がった。大問1・2は一般的な問題集を繰り返し解くだけでは、高得点は取れない。文法を根本からしっかり理解し、それを応用する必要がある。大問3・4の読解は標準的だが、論理的に考えて解答しなくてはならない。大問5は記述中心の出題で難しいので、まず解答の中心となる箇所を見つけ、和訳する練習から始めたい。そのため解釈の練習は欠かせない。英作文は近年、易化傾向にあるので制限英作文の問題集を1冊仕上げればよい。

数学(前期)

解答形式▶記述／マーク

問題の全体難易度 ★★☆☆ 標準　前年との難易度比較 変化なし　時間に対する分量 適量

大問	分野		内容	出題形式	難易度
1	場合の数	A	集合の要素の個数	空所補充	★☆☆☆
	極限	Ⅲ	無理関数の極限	空所補充	★☆☆☆
	積分法の応用	Ⅲ	曲線の長さ	空所補充	★☆☆☆
	複素数平面	Ⅲ	ド・モアブルの定理	空所補充	★☆☆☆
	微分法の応用	Ⅲ	微分係数	空所補充	★☆☆☆
	数と式	Ⅰ	無理数の値	空所補充	★☆☆☆
	積分法の応用	Ⅲ	置換積分による定積分	空所補充	★★☆☆
	確率	A	サイコロの目の和・積の確率	空所補充	★☆☆☆
	2次関数	Ⅰ	十分条件となる値の範囲	空所補充	★☆☆☆
	数列	B	数列の和に関する漸化式	空所補充	★★☆☆
2	積分法の応用	Ⅲ	逆関数を利用した定積分	記述	★★☆☆
3	数と式	Ⅰ	格子点を頂点とする三角形に含まれる e 点の個数	記述	★★★☆

半数が数学Ⅲからの出題であったが、過去2年はコロナ禍の影響を受け、数学Ⅲの出題が少なかったと思われる。大問1のマーク式の小問集合は22年度と大差はなく、基本的な問題も多く出題された。これまでに大問1ではデータの分析、循環小数、正多面体なども出題されているので注意したい。例年、大問2・3は難度の高い問題が多い。かなりの知識と思考力が必要な問題も多く、難関大や国公立大の問題をどれだけ数多く経験しているかがポイントとなるだろう。小問集合のできが合否を分けていると考えられる。

化学(前期)

解答形式▶記述

問題の全体難易度 ★★☆☆ 標準　前年との難易度比較 変化なし　時間に対する分量 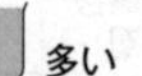 多い

大問	分野	内容	出題形式	難易度
1	理論	硫化水素の電離平衡、硫化物の溶解度積	空所補充・選択・記述	★★☆☆
2	理論	酸化還元反応、付加反応	選択・記述	★★☆☆
3	理論・無機・有機	身近な素材の用途や作用、化学に関する様々な値の大小関係	選択	★☆☆☆
4	無機	典型元素の化合物(塩や酸化物)の性質	記述	★★☆☆
5	有機	糖類の基本構造、ホルミル基の還元反応、酵素による加水分解	空所補充・記述	★★☆☆
6	有機	エステル化合物の構造決定、オゾンによる酸化開裂反応	選択・記述	★★☆☆

大問6題。例年同様、全体的にやや出題量が多く解答スピードが必要だった。奇抜な問題がなく、典型的な良問が多かった。選択問題では、これまで選択数は1つか2つだったが、最大3つ選択する形式もあった。様々な化学反応式、%計算、論述(20字以内)などが特徴だった。空所補充などの知識問題を速やかに済ませて基礎得点を取り、有効数字に注意して計算問題で勝負しよう。前期と後期の過去問を大学Webサイトでチェックしておこう。またメディカルラボの実力判定テストを活用するとよい。

生物（前期）

解答形式▶記述

問題の全体難易度 ★★★☆ やや難　前年との難易度比較  やや易化　時間に対する分量  多い

大問	分野		内容	出題形式	難易度
1	体内環境の維持	生物基礎	ホメオスタシス	選択・記述	★★☆☆
2	生命現象と物質	生物	DNAの変異とその修復	選択・記述	★★★☆
3	生殖と発生、生態と環境、生命現象と物質	生物	家畜とヒトの進化	記述	★★★☆
4	多様性と生態系	生物基礎	遷移とバイオーム	空所補充・選択・記述	★★☆☆

22年度と同様に大問4題構成の記述式。20年度に問題量の増加に伴って難度が上がって以降、やや高い状態を維持している。単純な知識問題ではなく、問題文から考えさせる問題が増加している。論述問題、計算問題は例年通り出題されている。23年度は出題されなかったが、描図問題は過去に何度も出題されているので、日頃から教科書の図を意識して見る習慣をつけておく。見慣れない問題や内容を把握しづらい問題が出題されることがあるので、過去問で感覚をつかんでおくとよい。

物理（前期）

解答形式▶記述

問題の全体難易度 ★★★☆ やや難　前年との難易度比較  やや難化　時間に対する分量  多い

大問	分野	内容	出題形式	難易度
1	力学	剛体にはたらく力のつり合い	記述	★★★☆
2	熱	気体の変化、気体の移動・混合	記述・描図	★★☆☆
3	波動	波の式	記述・空所補充	★★☆☆
4	力学	滑車につながれた物体の運動	記述	★★★☆

近年は、力学・電磁気で大問4題中3題を占め、残りの1題は熱もしくは波動が多い。例年、基本解法を用いる問題が多いが、23年度は例年よりやや難化した。特に力学の2題は計算量も多く、時間がかかった受験生もいたかもしれない。また、年度によっては出題形式が記述、選択、描図と多岐にわたり、さらに解答に用いる文字の指定が細かいことがある。これに加え、問題量が多いため、過去問を解く際には時間配分にも注意していきたい。また、17年度には原子の知識を問う問題も出された。

小論文

年度／内容	字数／時間
2023 ※小論文は実施しない	
2022 ※小論文は実施しない	
2021 ※小論文は実施しない	
2020 ※小論文は実施しない	

面接

形式	所要時間
①MMI方式 ②個人面接	①3分×2回 ②10分×2回

面接会場の配置

（MMI）
面接官＝1名
受験生＝1名

（個人面接）
面接官＝1名
受験生＝1名

面接の進行と質問内容

※当日事前アンケートあり（併願校、共通テストの点数）

①MMI

□あなたが電車に乗っていると、次第に混んできた。そこに老夫婦が乗ってきたので、お婆さんに席を譲った。しかし、杖をついたお爺さんは立ったままだった。そこで、お婆さんの隣に座っている女性に席を譲るように話したところ、女性は「妊娠中です」と返答した。誰が見ても妊婦には見えず、近くの男性が注意をしたところ女性は「どうせ妊婦じゃないわよ。子供ができない私の気持ちなんて分からないでしょう」と言って泣き出した。あなたはどうするか

□締め切りが異なる4つの宿題がある。2日後に古典、4日後に数学、6日後に英語、10日後に家庭科となっている。どれも同じ時間がかかるとする。部活動の大会が近く、休むことはできない。あなたはどの順番で宿題をやるか

②個人面接

□アドミションポリシーが記載された紙を見て、自分に最もよく当てはまると思うものを、理由とエピソードを含めて話す

□入学時に提出する誓約書が記載された紙を見て、1項目ずつこれを守れるか質問される。また、もしこの誓約を守れない人がいたらどうするか

□どのような医師になりたいか、そのために本学で何を学んでいきたいか

□卒業後も、本学との関係を続けたいか

□今までバスや電車で、誰かに席を譲ったことはあるか

□ゴミを投棄する人がいたらどうするか

感染症等に伴う特別対応や追試験については、各大学のホームページで最新情報をご確認ください。

最新の入試情報をCHECK ▶

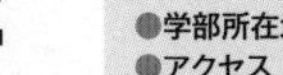

大阪府

大阪医科薬科大学

OMPU

入試に関する問合せ先

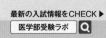

アドミッションセンター本部キャンパス／〒569-8686　大阪府高槻市大学町2-7
☎072-684-7117　https://www.ompu.ac.jp

募集要項の請求方法

①大学のホームページ　②テレメール
※詳細は大学のホームページに掲載。

全選抜ネット出願 必須

DATA

●**学部所在地**　問合せ先に同じ。
●**アクセス**　阪急京都線高槻市駅下車、出口すぐ。JR京都線高槻駅下車、南口より徒歩約8分。
●**学部学科・定員**　医学部=医学科112（認可申請予定含む）
●**大学院**　医学研究科=(修士)医科学専攻、(博士)医学専攻
●**おもな付属施設**　大学病院、三島南病院、健康科学クリニック、訪問看護ステーション、LDセンターなど。
●**沿革**　1927年創設の大阪高等医学専門学校が前身。1946年に旧制の大阪医科大学となり、1952年に大阪医科大学医学部となった。2021年大阪薬科大学と統合し、大阪医科薬科大学が誕生。

1927年の創立以来、これまでに約9700人以上の医師を輩出。国内外問わずいかなる地域においても活躍できる医療従事者を養成することを原点に、先進医療・地域医療・医学研究などに力を発揮できる人材の育成にも力を注いでいます。本学の教育は、医師が持つべき自主性と伸びしろを獲得することに主眼を置き、国際的な医学教育のトレンドを取り入れたカリキュラムを整備しています。特に重視するのは「プロフェッショナリズム」。医師としての専門知識・技能はもちろん、チーム医療の要となる誠実さや人間性の育成にも取り組みます。また、リサーチマインドを醸成する3～4年次の学生研究や、医療の本質を学ぶことを第一義としたクリニカル・クラークシップは、特徴的なカリキュラムの一例です。特に4年次1月～6年次にかけて行われるクリニカル・クラークシップでは実習全体で医師としての態度、患者さんとの接し方といった"医師の素養"を身につけることを目標としています。

●医師国家試験合格率推移

年＼区分	総計	新卒	既卒
2023	93.0%	93.5%	83.3%
2022	94.5%	97.3%	76.5%
2021	85.6%	85.6%	—
2020	100%	100%	100%
2019	91.5%	93.7%	57.1%

●学納金（2024年度）

初年度 ………………………… 6,100,000円
内訳　入学金…………1,000,000円
授業料…………1,880,000円
実習料……………345,000円
施設拡充費 ……1,260,000円
教育充実費 ……1,500,000円
その他の費用……115,000円

6年間の総額（諸費用込）…29,075,000円
※学納金は2期に分けて納入する。

●寄付金・学債

入学後、任意の寄付金を募集する。

●学納金関連情報

大阪医科薬科大学医学部奨学金、大阪医科薬科大学仁泉会奨学金（同窓会）、大阪医科薬科大学鈎奨学基金などがある。

2023年度入試DATA

●志願・合格状況

区分	募集人員	志願者	受験者	1次合格者	2次受験者	正規合格者※	補欠者	繰上合格者	総合格者※	志願者正規合格倍率	入学者
一般選抜前期	77※1	1842	1625	202	170	165	非公表	非公表	非公表	11.2	83
一般選抜後期	15	920	701	34	29	15	非公表	非公表	非公表	61.3	12
共通テスト利用	10	675	672	150	92	60	非公表	非公表	非公表	11.3	13
「至誠仁術」入試（専願制）	3	9	9	4	4	3	非公表	非公表	1	9.0※2	1
「至誠仁術」入試（併願制）	5	53	53	14	3	3	非公表	非公表	非公表	17.7	1
指定校制推薦入試（専願制）	2	2	2	—	—	2	—	—	—	1.0	2

※「至誠仁術」入試（専願制）の正規合格者は2次合格者、総合格者は最終合格者。※1 大阪府地域枠2名を含む。※2 志願者合格倍率。

●合格得点（正規合格者）

※1 3次試験のみ（他はすべて1次試験のみ）

区分	満点	合格最高点 得点	合格最高点 得点率	合格最低点 得点	合格最低点 得点率
一般選抜前期	400	非公表	—	252	63%
一般選抜後期	400	非公表	—	240	60%
共通テスト利用	700	非公表	—	609	87%
「至誠仁術」入試（専願制）	750※1	非公表	—	非公表	—
「至誠仁術」入試（併願制）	700	非公表	—	非公表	—

●志願者正規合格倍率の推移

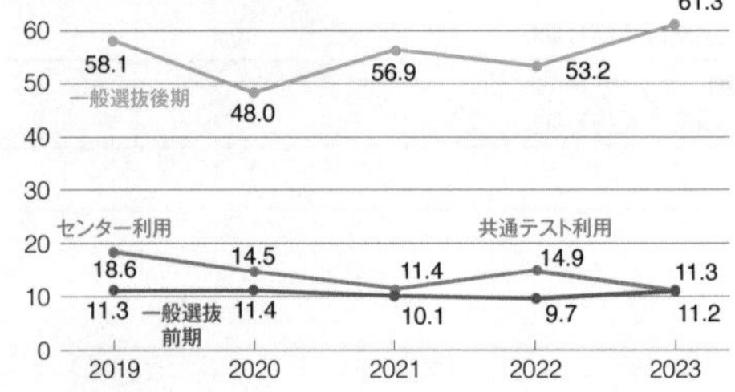

●入学者の現既別内訳

既卒 71名
現役 41名
・1浪 32名
・2浪 17名
・3浪その他 22名

●入学者の男女別内訳

●入学者の地元占有率（出身校）

大阪府 39名
その他 73名

●一般選抜志願者数の推移（センター・共通テスト利用等含む）

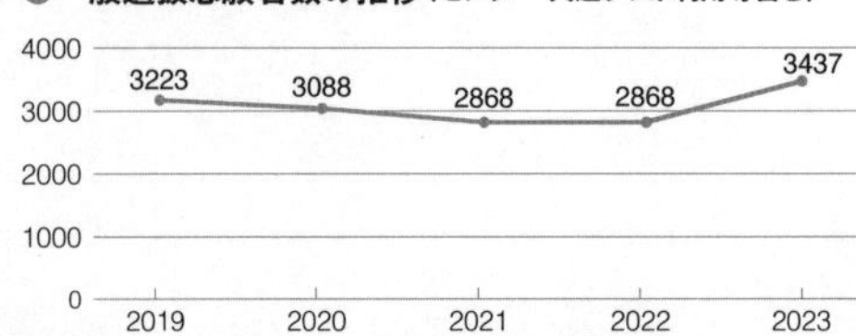

2024年度 選抜要項

●募集人員 (医学科)

※認可申請予定。確定次第大学ホームページ等で公表。

一般選抜			共通テスト利用	学校推薦型選抜		総合型選抜
前期	大阪府地域枠	後期		指定校制推薦・専願制	公募制推薦・専願制	「至誠仁術」(併願制)
68名	2名※	15名	10名	2名	10名	5名

■ボーダー偏差値

一般枠	大阪府地域枠
67.5	67.5

■共テボーダー得点率

共テ枠
87%

一般選抜 インターネット出願登録+書類提出

●試験日程

※1 大学入試センターへ出願する。

区分		出願期間	試験	合格発表	手続締切	辞退締切
一般選抜前期、大阪府地域枠	1次試験	12/11(月)~1/23(火) ※2	2/10(土)	2/17(土)時間未定 掲示 HP	—	—
	2次試験		2/20(火)	2/22(木)時間未定 掲示 HP 郵便	3/1(金)	3/31(日)※3
一般選抜後期	1次試験	12/11(月)~2/28(水) ※2	3/10(日)	3/15(金)時間未定 掲示 HP	—	—
	2次試験		3/18(月)	3/21(木)時間未定 掲示 HP 郵便	3/26(火)	3/31(日)※3
大学入学共通テスト利用	共通テスト	9/25(月)~10/5(木)※1	1/13(土)・14(日)	2/17(土)時間未定 掲示 HP	—	—
	2次試験	12/11(月)~1/12(金)	2/28(水)	3/1(金)時間未定 掲示 HP 郵便	3/8(金)	3/31(日)※3

※2 締切当日消印有効。 ※3 辞退締切は17:00まで。
※すべての試験は併願可。※郵送での発表は合格者のみ。電話、郵便等による合否の照会には応じない。※前期のみ:1次試験合格発表時に繰り上げ対象者も発表し、3/4に繰り上げ2次試験(面接)を実施。

☞繰上合格について

一般選抜・共通テスト利用それぞれの正規合格者発表と同時に補欠者(繰上合格候補者)を掲示および通知。欠員が生じた場合、補欠者を繰上合格者とし、電話連絡のち郵送にて連絡する。

補欠者発表方法	補欠順位	繰上合格通知方法
掲示 HP 郵便	あり	TEL 郵便

●入試科目

区分		教科・科目	配点		解答時間
一般選抜(前期・後期)大阪府地域枠	1次試験	外国語=コ英ⅠⅡⅢ・英表ⅠⅡ	100点	計400点	80分
		数学=数ⅠⅡⅢA(場整図)B(列べ)	100点		90分
		理科=化基・化、生基・生、物基・物→2	200点		120分
		小論文=1次試験日に実施するが1次試験では使用せず、2次試験の合格判定時に使用する。	段階評価	—	—
	2次試験	面接			—
大学入学共通テスト利用	共通テスト	外国語=英(R:L=4:1)	200点	計700点	R80分 L60分(解30分)
		数学=数ⅠA、数ⅡB	各100点		数ⅠA70分 数ⅡB60分
		理科=化、生、物→2	200点		各60分
		国語=国(近代以降の文章のみ)	100点		80分
	2次試験	小論文	段階評価	—	—
		面接			—

☞合否判定　1次試験(共通テスト利用は共通テスト)の合格者に2次試験を課し、総合的に判断する。

☞受験料　一般選抜(前期・後期)、大阪府地域枠60,000円　共通テスト利用、総合型選抜32,000円

☞試験会場

区分	都市名	会場名	所在地
一般選抜前期大阪府地域枠1次	大阪	関西大学 千里山キャンパス	大阪府吹田市山手町3-3-35
	東京	大手町サンケイプラザ	東京都千代田区大手町1-7-2
	愛知	TKP ガーデンシティ PREMIUM 名古屋駅前	愛知県名古屋市西区名駅1-1-17 名駅ダイヤメイテツビル3F
一般選抜後期1次	大阪	関西大学 千里山キャンパス	大阪府吹田市山手町3-3-35
	東京	大手町サンケイプラザ	東京都千代田区大手町1-7-2
2次		本学本部キャンパス	大阪府高槻市大学町2-7

information

本学の学是を由来とし2022年度より始まった総合型選抜「至誠仁術」入試では、出願に際して、推薦書の提出が不要であることに加え、現役だけでなく1浪の出願も可能となっている。

総合型選抜 (「至誠仁術」入試)

区分	募集人員	試験日程				出願条件	選考方法
		出願期間	選考日	合格発表	手続締切		
「至誠仁術」(併願制)	5名	12/11~1/12	1次:共通テスト(1/13・14) 2次:3/12	1次:2/14 2次:3/15	3/22	※1	共通テスト、小論文、面接

※1 2024年度大学入学共通テストにおいて、本学が指定する教科・科目を受験する者。2023年3月卒業または2024年3月卒業見込みの者(1浪または現役)。

学校推薦型選抜 インターネット出願登録+書類提出

区分	募集人員	試験日程				推薦条件	選考方法
		出願期間	選考日	合格発表	手続締切		
公募制推薦入試(専願制)	10名	11/1~11/8	11/18	12/1	12/15	※	基礎学力試験(数・理)、小論文、面接
指定校制推薦入試(専願制)	2名	※詳細は高等学校長へ通知。					

※高等学校を2024年3月に卒業見込みの者で、全体の学習成績の状況が4.0以上の者。高等学校長が推薦する者。かつ合格した場合、入学を確約する者。ほか、詳細は募集要項要確認。

編入学

実施しない。

大阪医科薬科大学

2023年度の出題傾向と分析

英語（前期）

解答形式▶**記述**

（問題の全体難易度）★★☆☆ 標準　（前年との難易度比較）変化なし　（時間に対する分量） 適量

大問	分野	長文の種類 単語数	内容	出題形式	難易度
1	読解	人文・社会系 約700語	「弱いつながりの強み」についての長文問題（英文和訳・指示語指摘・内容説明）	記述	★★☆☆
2	読解	科学系 約700語	「カラスが繁殖できる理由」についての長文問題（英文和訳）	記述	★★☆☆
3	英作文	ー	和文英訳	記述	★★☆☆

難度・出題形式ともに22年度からの変化はない。ここ3年間、設問レベルは標準的で、難解な文構造や日本語に訳しにくい語などはない。そのため内容をしっかり理解し、より自然な日本語にすることを意識するとよい。英作文も入試標準レベルの語彙と構文を利用できれば問題なく解答できる。対策としては英文解釈系の問題集と制限英作文の問題集をそれぞれ最低1冊は仕上げる。その後、本学の過去問演習に取り組み、時間内に解答できるようにする。

数学（前期）

解答形式▶**記述**

（問題の全体難易度）★★★☆ やや難　（前年との難易度比較）やや難化　（時間に対する分量） 適量

大問	分野		内容	出題形式	難易度
1	極限、微分法の応用、積分法の応用	Ⅲ	放物線の2法線の交点が近づく点、描く曲線の長さ	記述	★★☆☆
2	極限、微分法の応用、積分法の応用	Ⅲ	曲線と直線で囲まれる部分の面既の極限	記述	★★★☆
3	複素数平面	Ⅲ	実数係数のn次方程式が共役複素数を解にもつ証明、正$2n+1$角形の辺と対角線の長さの積	記述	★★★☆
4	確率	A	文字列にXが連続しない確率（確率漸化式）	記述	★★☆☆
5	整数の性質	A	9進数の末尾に並ぶ0の個数	記述	★★★☆

近年はコロナ禍の影響で易化していたが、本来の難度に戻りつつある。論述力の差が付きそうな問題が多い。また、微分法・積分法、確率、複素数平面、整数の出題が多く、証明問題も毎年多数出題されている。公式を適用するだけで解けるような問題ではなく、計算量が多い年度もある。国公立大の2次試験でよく見られるような融合問題や誘導問題が多いので、標準的な国公立大の誘導形式の問題を十分に練習しておくとよい。簡潔で要領を得た答案を作成する練習もしておくべきだろう。

化学（前期）

解答形式▶**記述**

（問題の全体難易度）★★★☆ やや難　（前年との難易度比較） やや難化　（時間に対する分量） 多い

大問	分野	内容	出題形式	難易度
1	理論	ZnS型の結晶格子、共有結合結晶、イオン半径、限界半径比	空所補充・記述	★★★☆
2	理論	EDTAの化学平衡、平衡定数、カルシウムイオンの定量、滴定終点、炭酸の電離平衡、セッケン水	空所補充・選択・記述	★★★☆
3	理論	酸化還元滴定、実験器具、試薬調製、純水付着可能の器具、電子を含むイオン反応式	空所補充・選択・記述	★★☆☆
4	有機	スクロースの加水分解、完全燃焼、不斉炭素原子、フェーリング液の還元反応、ガラクトースの構造	空所補充・記述	★★☆☆

大問4題。23年度は大問2で差がついた。例年、1～2題、このような問題がある。EDTAは23年度の筑波大でも出題されており、旧課程、新課程ともに教科書の発展的内容だ。今後、他大学対策にも本学の問題が有効だろう。有機は最後の大問で出題されるが、高分子化合物の出題されない年度もある。高い精度が必要な計算、実験考察、理由説明などが頻出で、受験生のレベルを考えると高い解答力が求められている。過去問は前期と後期の両方の問題に取り組んでおこう。

生 物（前期）

解答形式▶記述

問題の全体難易度 ★★☆☆ 標準　前年との難易度比較  変化なし　時間に対する分量  適量

大問	分野		内容	出題形式	難易度
1	生物の環境応答	生物	神経	空所補充・記述	★★☆☆
2	生命現象と物質	生物	呼吸	空所補充・記述	★☆☆☆
3	生命現象と物質	生物	真核生物の遺伝子発現、ハウスキーピング遺伝子	空所補充・選択・記述	★★★☆
4	体内環境の維持、生物の進化と系統	生物、生物基礎	恒常性、生物の系統	空所補充・選択・記述	★★☆☆

22年度と同様に大問4題構成の記述式。知識問題は基本的な問題が多く、正確で深い理解が問われている。論述問題は毎年出題され、知識論述の問題が多いので、普段から言葉の定義や現象を正しく表現できるように練習しておく必要がある。計算問題は典型的な問題が出題されることが多い。23年度は出題されなかったが、描図問題はよく出題され、日頃から教科書の図を意識して見る習慣をつけておく。

物 理（前期）

解答形式▶記述

問題の全体難易度 ★★☆☆ 標準　前年との難易度比較 やや易化　時間に対する分量  多い

大問	分野	内容	出題形式	難易度
1	力学	ばねでつながれた2つの小球の運動、単振動、重心の運動	記述・空所補充	★★★☆
2	熱	気体の変化、気体の移動・混合	空所補充	★★☆☆
3	力学・電磁気	ミリカンの実験	記述・空所補充	★★☆☆
4	小問集合	抵抗にかかる電圧、屈折、次元解析	記述・選択	★★☆☆

例年、大問4題のうち、1題は小問集合であり、電力輸送や次元解析の問題が頻出なので、必ず過去問を解いておきたい。残りの3題のうち1題は、力学が毎年出題され、あとは電磁気、波動、熱、原子のうち1～2題が出題されている。問題の誘導は丁寧だが、難しい問題も含まれる上に問題量がやや多い。そのため、過去問を解く際には、時間配分や解答順序に注意する必要がある。

小論文

年度／内容	字数／時間
2023 （一般前期） 墓は本当に必要かを述べる。 （一般後期） マイナンバーカード制度は本当に必要かを述べる。	400字 30分
2022 （一般前期） スマートフォンは本当に必要かを述べる。 （一般後期） 年金制度は本当に必要かを述べる。	400字 30分
2021 （一般前期）ⓧ次の2つのテーマから選択する。 ①医師としての「品位」とはどのようなものか。 ②大きな大学と小さな大学、どちらがいいか。 （共通テスト利用）ⓧ次の2つのテーマから選択する。 ①医師にとって「国際的な視野」とはどういうものか。 ②インターネット時代における図書館の今後のあり方。	400字 30分
2020 ※公表不可	

ⓧは、メディカルラボの生徒からの情報を基に作成。

面 接

形式	所要時間	面接の進行と質問内容
個人面接	10分×2回	※当日事前アンケートあり（併願校とその合否、共通テストの得点） （1回目） □医師志望理由 □本学志望理由 □国公立大学に合格したらどうするか、私立大学ならばどこに入学するか □医師に向いているところとそうでないところ □他学部生とは違って、医学部生には責任や義務があるがどんなものか （2回目） □小論文試験で書いた内容とは異なる立場で意見を述べる □他者に対する思いやりで、あなたが心がけていること □どんな医師になりたいか □アドミションポリシーに「他の人の意見を尊重できる人」とあるが、今までに他人の意見を尊重して成功した例と失敗した例を、それぞれ30秒で述べよ
面接会場の配置 面接官＝2名 受験生＝1名		

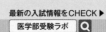

大阪府

関西医科大学

入試に関する問合せ先

入試センター／〒573-1010 大阪府枚方市新町2-5-1
☎072-804-0101（代表） https://www.kmu.ac.jp/

募集要項の請求方法

①大学のホームページ ②テレメール
※詳細は大学のホームページに掲載。

全選抜ネット出願 必須

DATA

●**学部所在地** 問合せ先に同じ。
●**アクセス** 京阪電車京阪本線枚方市駅下車、徒歩約5分。
●**学部学科・定員** 医学部＝医学科125（設置構想中含まない）
●**大学院** 医学研究科＝医科学専攻、先端医療学専攻
●**おもな付属施設** 関西医科大学附属病院、総合医療センター、くずは病院、香里病院、天満橋総合クリニック、附属生命医学研究所など。
●**沿革** 昭和3年創設の大阪女子高等医学専門学校が前身。22年に旧制の大阪女子医科大学となり、27年に新制大学「大阪女子医科大学」となった。29年に男女共学となり関西医科大学と改称した。

「慈仁心鏡」すなわち慈しみ・めぐみ・愛を心の規範として生きる医人を育成することを建学の精神とし、自由・自律・自学の学風のもと、学問的探究心を備え、幅広い教養と国際的視野をもつ人間性豊かな良医の育成を教育の理念としています。平成25年に開設されたキャンパスには最先端の設備・機器やトップクラスのシミュレーション環境を保有。幅広い分野の技術を修得でき、看護学部・リハビリテーション学部との合同授業を通して早期からチーム医療も学べます。平成30年よりグループ討論を重視した症例基盤型教育を行う新カリキュラムを導入、令和3年に世界基準適合のカリキュラムと認証されています。海外の有名校と協定を結んでおり、6学年時には国外実習も選択可能。研究医を養成するコースも設置しており、あらゆる領域で力を発揮できる良医を育てます。

●医師国家試験合格率推移

年＼区分	総計	新卒	既卒
2023	91.0%	93.9%	50.0%
2022	94.6%	98.0%	66.7%
2021	88.8%	92.7%	16.7%
2020	94.8%	95.2%	90.9%
2019	91.1%	92.0%	81.8%

●学納金（2024年度）

初年度 ……………… 3,060,000円
内訳 入学金…………1,000,000円
授業料…………1,600,000円
実験実習費………100,000円
教育充実費………100,000円
施設設備費………100,000円
諸会費※…………160,000円

6年間の総額……………21,440,000円

※初年度年額160,000円（次年度以降56,000円）の慈仁会費（本学保護者会費）および学生自治会費を学納金とともに代理徴収する。

●寄付金

入学後に任意で寄付金を募集する。

●学納金関連情報

奨学金制度として関西医科大学特待生制度、藤森民子賞、鮫島美子賞、関西医科大学医学部学生奨学金、関西医科大学医学部学生奨学金（特別枠入学）、関西医科大学慈仁会給付奨学金、研究医養成コース貸与奨学金などがある。

2023年度入試DATA

●志願・合格状況

区分	募集人員	志願者	受験者	1次合格者	2次受験者	正規合格者	補欠者	繰上合格者	総合格者	志願者合格倍率	入学者
一般前期	55	2224	2086	352	324	127	187	非公表	182	12.2	69
共通テ利用前期	12	1115	1109	146	125	53	72	非公表	59	18.9	4
一般後期	5	468	374	35	27	3	21	非公表	6	78.0	5
共通テ利用後期		135	134	32	3	3	0	非公表	3	45.0	1
共通テ・一般併用	13	931	880	199	179	68	103	非公表	90	10.3	13
推薦（一般枠、特別枠、地域枠）	35	496	478	55	54	41	－	－	－	12.1	29
特色選抜	7	68	66	12	12	11	－	－	－	6.2	6

●合格得点（一般選抜は正規合格者、共通テスト利用選抜と併用選抜は1次試験合格者）

区分	満点	合格最高点		合格最低点	
		得点	得点率	得点	得点率
一般前期	400	351	88%	254	64%
一般後期	400	314	79%	291	73%
共通テスト利用前期	800	763	95%	688	86%
共通テスト利用後期	600	581	97%	540	90%
共通テスト・一般併用	1200	1036.5	86%	840.2	70%
推薦（一般枠、特別枠、地域枠）	非公表	非公表	－	非公表	－
特色選抜	非公表	非公表	－	非公表	－

●志願者合格倍率の推移

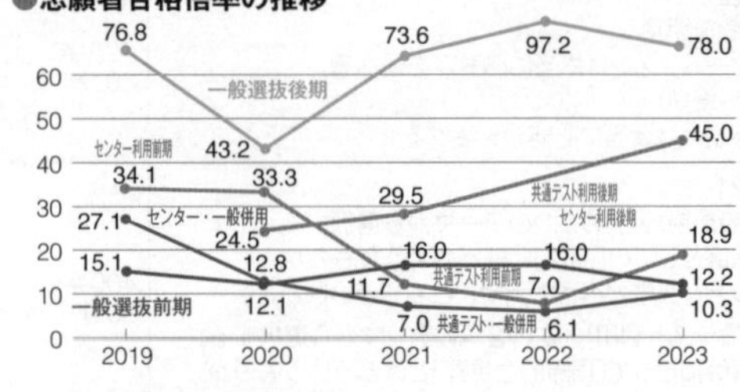

●一般選抜志願者数の推移（センター・共通テスト利用含む）

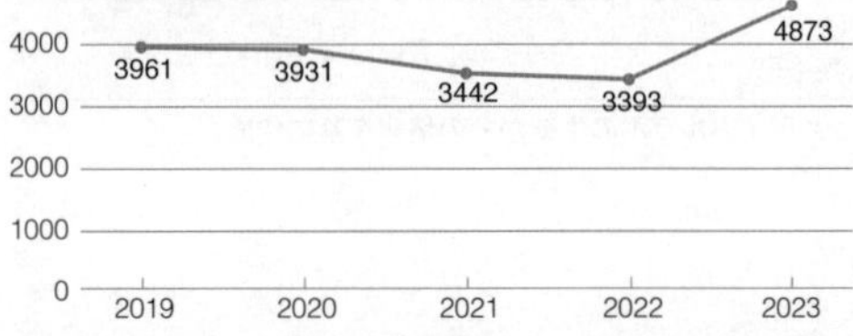

●入学者の現既別内訳

●入学者の男女別内訳

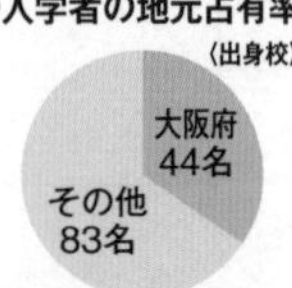

●入学者の地元占有率（出身校）

大阪府 44名
その他 83名

2024年度 選抜要項

●募集人員 医学科

一般選抜前期	一般選抜後期	共通テスト利用後期	共通テスト利用前期	共通テスト・一般併用	学校推薦型選抜	特色選抜
53名※1	計5名		12名	13名	35名(一般枠10名、特別枠10名、地域枠15名※2)※3	7名※4

※1 研究医養成コース2名(設置構想中)を含む。※2 内訳は大阪府地域枠5名、静岡県地域枠8名、新潟県地域枠2名。(共に設置構想中)。※3 特別枠で定員が満たない場合、一般選抜前期で追加募集する。※4 英語型、国際型、科学型。

■ボーダー偏差値

一般枠	共テ・一般併用枠(2次)
67.5	

■共テボーダー得点率

共テ枠(前期)	共テ・一般併用枠
88%	88%

一般選抜

●試験日程

※1 大学入試センターへ出願する。

区分		出願期間	試験	合格発表	手続締切	辞退締切
一般前期	1次試験	12/23(土)~1/11(木)※2	1/27(土)	2/6(火) 10:00 HP	—	—
	2次試験		2/10(土)	2/15(木) 10:00 HP 郵便	2/26(月)※4	3/31(日)※5
一般後期	1次試験	2/1(木)~2/16(金)※2	3/2(土)	3/8(金) 10:00 HP	—	—
	2次試験		3/12(火)	3/15(金) 10:00 HP 郵便	3/22(金)※4	3/31(日)※5
大学入学共通テスト利用前期	共通テスト	9/25(月)~10/5(木)※1	1/13(土)・14(日)	2/9(金) 10:00 HP	—	—
	2次試験	12/23(土)~1/11(木)※2	2/17(土)	2/22(木) 10:00 HP 郵便	3/1(金)※4	3/31(日)※5
大学入学共通テスト利用後期	共通テスト	9/25(月)~10/5(木)※1	1/13(土)・14(日)	3/8(金) 10:00 HP	—	—
	2次試験	2/1(木)~2/16(金)※2	3/12(火)	3/15(金) 10:00 HP 郵便	3/22(金)※4	3/31(日)※5
大学入学共通テスト・一般選抜併用※3	1次試験※3	9/25(月)~10/5(木)※1 12/23(土)~1/11(木)※2	1/13(土)・14(日) 1/27(土)	2/9(金) 10:00 HP	—	—
	2次試験		2/17(土)	2/22(木) 10:00 HP 郵便	3/1(金)※4	3/31(日)※5

※2 出願登録後、書類郵送。当日消印有効。※3 共通テストと一般(前期)ともに受験が必要。※4 15:00まで。※5 17:00まで。

☞繰上合格について

正規合格者発表と同時に補欠者を発表。合格者に欠員が生じた場合、補欠者の中から成績順に繰上合格者とし、電話で入学の意思確認ができた方について、本人あてに郵送で通知する。

補欠者発表方法	補欠順位	繰上合格通知方法
HP 郵便	あり	TEL 郵便

●入試科目

区分			教科・科目	配点		解答時間
一般選抜前期・後期/共通テスト・一般選抜併用※1	1次試験		外国語=コ英ⅠⅡⅢ・英表ⅠⅡ	100/200点	計400/600点	80分
			数学=数ⅠⅡⅢAB(列べ)	100/200点		90分
			理科=化基・化、生基・生、物基・物→2※2	各100点/各100点		120分
	2次試験		面接=個人面接	段階評価	—	—
大学入学共通テスト利用前期・後期	共通テスト※3	前期・後期	外国語=英(R:L=3:1)	200点	計800/600点	R80分 L60分(解30分)
			数学=数ⅠA、数ⅡB	200点		数ⅠA70分 数ⅡB60分
			理科=化、生、物→2	各100点		各60分
		前期	国語=国(近代)	100点		80分
			地歴・公民=全科目から1科目選択※4	100点		60分
	2次試験		面接=個人面接	段階評価	—	—
大学入学共通テスト・一般選抜併用※1	共通テスト		外国語=英語(R:L=3:1)	100点	計600点	R80分 L60分(解30分)
			数学=数ⅠA、数ⅡB	100点		数ⅠA70分 数ⅡB60分
			理科=化、生、物→2	各100点		各60分
			国語=国語(近代)	100点		80分
			地歴・公民=全科目から1科目選択※4	100点		60分

※1 一般選抜前期1次試験と共通テスト合わせて1次試験。この場合、一般選抜前期1次試験の配点が数学200点、英語200点、理科200点となる。※2 試験場で問題配布後、3科目の中から2科目を選択する。※3 前期は計5教科、後期は計3教科。※4 2科目受験した場合、高得点の方の1科目を合否判定に使用する。

☞**合否判定** 1次合格者のみを2次試験受験資格者とし、1次試験・2次試験の成績および調査書により、総合的に判定する。

☞**受験料※** 一般前期・後期60,000円 共通テスト利用30,000円 共通テスト・一般併用60,000円
※一般と併用の2種併願: 90,000円、一般(前)、共通テスト(前)、併用の3種併願: 120,000円

☞**試験会場**

区分	都市名	会場名	所在地
一般前期・共テ・一般併用1次	東京	ベルサール新宿グランドコンファレンスセンター	東京都新宿区西新宿8-17-1 住友不動産新宿グランドタワー5F
	大阪	インテックス大阪	大阪府大阪市住之江区南港北1-5-102
	名古屋	TKPガーデンシティPREMIUM名古屋ルーセントタワー	愛知県名古屋市西区牛島町6-1
	福岡	南近代ビル	福岡県福岡市博多区博多駅南4-2-10
一般後期1次	本学枚方キャンパス 医学部棟		大阪府枚方市新町2-5-1
2次	本学枚方キャンパス 医学部棟		大阪府枚方市新町2-5-1

information

2023年度より学費が大幅に減額となったことで、6年間総額では2770万円から2100万円へ、初年度では570万円から290万円となった。なお、特待生は初年度100万円のみ。各別途諸会費は必要。

学校推薦型選抜

※設置構想中

区分	募集人員	試験日程				推薦条件	選考方法	
		出願期間	選考日	合格発表	手続締切		1次	2次
一般枠(併願)	10名	11/1~11/27(当日消印有効)	1次:12/10 2次:12/16	1次:12/13 2次:12/22	1/5	募集要項参照	小論文、適性能力試験(数理的問題、英文問題を含む)	面接(個別)
特別枠(専願)	10名							
地域枠(専願)	15名※	認可後~11/27						

特色選抜

「英語型」「国際型」「科学型」で7名募集。英語(CEFRのスコア)、国際バカロレア資格、国際科学オリンピック参加など規定の資格所有者が対象。小論文、適性能力試験(数理的問題、英文問題を含む)、個別面接を実施。なお英語型では、別途英語面接を実施。

関西医科大学

2023年度の出題傾向と分析

英語（前期）

解答形式▶記述／マーク

問題の全体難易度 ★★★☆ やや難　前年との難易度比較 変化なし　時間に対する分量 多い

大問	分野	長文の種類 単語数	内容	出題形式	難易度
1	読解	人文系 約1,050語	「外国語のアクセントを持つ人が及ぼす影響」についての長文問題（内容一致）	選択	★★☆☆
2	読解	人文・科学系 約950語	「回復力の大切さ」についての長文問題（内容一致・同意語選択・内容説明・英作文・指示語指摘・同意表現選択・空所補充・語句整序）	選択・記述	★★☆☆
3	英作文		「医師の人生における回復力の重要性」について100語程度の自由英作文	記述	★★★☆

22年度までの読解問題3題から23年度は2題となり、代わりに大問で自由英作文が出題された。そのため読解量は減少したが、大問2で25語以内の英作文と大問3で100語程度の自由英作文が出題されたことにより、英語での記述量が増加した。設問形式も大問1は内容真偽のみとなり大きく変化している。今後もこの傾向が続くようなら、読解力のみならず、英語での表現力が合格の鍵となる。大きく形式が変更された初年度である2023年度の過去問は必ず解いておきたい。

数学（前期）

解答形式▶記述

問題の全体難易度 ★★★☆ やや難　前年との難易度比較 やや難化　時間に対する分量 適量

大問	分野		内容	出題形式	難易度
1	整数	A	不定方程式	記述	★★☆☆
2	数列	B	2つの等差数列の階比型漸化式で定められる数列の最大、和	記述	★★★☆
3	平面ベクトル	B	正三角形の内心のベクトルの内積の和、絶対値の和、内積の最大・最小	記述	★★☆☆
4	微分法の応用	Ⅲ	2点からの距離の積が一定となる点の軌跡、回転体の体積	記述	★★★☆

22年度から全問が論述形式となった。大問数が5題から4題に減少し、16年度以降出題されていた領域やグラフを図示する問題が出題されなかった。難度の高い問題も出題されるが、他大学で過去に出題された内容であることも多く、問題演習をしっかり積んでいれば対策にはそこまで困らない。ただし、計算量が多く、完答するには厳しめだ。複数の解法を使い分けられる力と迅速かつ正確な計算力が必要。典型解法を一通り学習したあと、標準レベルの問題集で解答作成の練習をしておくとよい。

化学（前期）

解答形式▶記述

問題の全体難易度 ★★★☆ やや難　前年との難易度比較 変化なし　時間に対する分量 多い

大問	分野	内容	出題形式	難易度
1	理論・無機	ブタンの蒸気圧、気液平衡、ボンベ、炭化水素の燃焼熱、窒素生成の化学反応式	記述	★★★☆
2	無機	金属の反応性、錯体、酸化剤、陽イオン組成、金属酸化物、アンモニアソーダ法	記述	★★☆☆
3	理論・有機	繊維に関する実験、呈色反応, アセタール化、レーヨン、凝固点降下、構造式	記述	★★★☆
4	理論	呼吸に関する実験、酸素の質量、二酸化炭素分圧、糖の酸化	記述	★★★☆

大問4題。大問1は気体の圧力に関する問題で差がついただろう。最後の化学反応式はやや難しい内容だった。大問3・4は計算力が必要な問題が複数含まれていた。本学の計算問題は、立式力と計算力がともに必要なことが多い。問題文の内容を正確に理解した上で、精度よく解答できることを目指して鍛えておこう。入試本番では繊細な問題解釈と解法が必要となるため、大学Webサイトで公開されている数年分の入試問題（前期・後期ともに）と解答から設問の傾向を把握しておこう。

生 物（前期）

解答形式▶記述

問題の全体難易度 ★★☆☆ 標準　前年との難易度比較 ➡ 変化なし　時間に対する分量  適量

大問	分野		内容	出題形式	難易度
1	小問集合	生物 生物基礎	呼吸、キーストーン種、細胞小器官、骨格筋、大脳皮質、被子植物の環境応答、共生	選択・記述	★★★☆
2	体内環境の維持	生物基礎	心臓	空所補充・選択・記述	★★☆☆
3	生命現象と物質	生物	大腸菌の遺伝子発現	選択・記述	★★☆☆
4	生殖と発生、生物の進化と系統	生物	遺伝、遺伝子頻度	選択・記述	★★☆☆

22年度と同様に大問4題構成の記述式。難度が非常に高い問題が出題されていた年度があったが、近年はオーソドックスな内容で標準レベルの問題が中心となっている。しかし、23年度は選択肢の細胞小器官の名前が英語で表記されている非常に珍しい問題が出題された。大問1の小問集合は毎年8～10問出題され、23年度は8問だった。「すべて選べ」という形式で問われる問題が非常に多く、順に並べて指定の順番にくるものを複数答える問題もあるので、正確な知識が要求される。

物 理（前期）

解答形式▶記述

問題の全体難易度 ★★★☆ やや難　前年との難易度比較 ⬇ やや易化　時間に対する分量  多い

大問	分野	内容	出題形式	難易度
1	力学	運動する台上の小物体の運動	記述・描図	★★☆☆
2	電磁気	メートルブリッジ回路とコンデンサー	記述	★★★☆
3	波動	反射型回折格子	空所補充・記述・選択	★★★☆
4	熱	気体の変化	記述	★★★☆

例年通り大問4題構成。グラフや図の読み取り、数値と図の関係などを考える問題があり、このような問題に慣れていない受験生は戸惑ったかもしれない。また、例年日常にある現象や実際の医学、工学を意識した問題が出題されることが多い。一見して高校物理の範囲を超える出題も見られるが、設問は既知の解法で解けるように誘導が工夫されているので、落ち着いて対処しよう。ほとんどの設問で途中の考え方も記すことを要求されるので、日頃から正解へのプロセスを簡潔に記す習慣をつけていこう。

小論文

年度／内容	字数／時間
2023 ※2023年度より小論文廃止	
2022 (一般前期)河合隼雄著『日本人という病』の抜粋文を読み、「個のつながり」と「場のつながり」のどちらを大切にしたいかを述べる。 (一般後期)佐藤直樹著、産経新聞「科学」の視点からの抜粋文を読んで、正しい情報の見極め、必要な情報を選ぶ時に必要だと考えることを述べる。「科学的哲学の視点から全てに疑いの目を向ける」ことが医師にとってどのように関わるかについて述べる。	500字 45分
2021 (前期)英国のEU離脱に反対する人の2つの資料を見て、若者や学生に反対の意見が多いことについて自分の考えを述べる。 (後期)メアリアン・ウルフ著『教育の中での読書』の抜粋文を読み、「デジタル媒体」と「紙媒体」について自分の考えを述べる。その中で、「深い読み」が出来ることが医師になるためにどのような意味をもつかについて触れる。	500字 45分
2020 (前期)トマス・エジソンの「わたしは失敗したのではない。うまくいかない1万通りの方法を発見したのだ」という言葉について、自分の考えを述べる。 (後期)大阪万博のテーマ、サブテーマ、コンセプトを読み、大阪万博で実現したい医療について、自分の考えを述べる。	500字 45分

面 接

形式	所要時間	面接の進行と質問内容
個人面接	10分	□自己PR □医師志望理由 □本学の建学の精神は □本学の教育理念は □関医タワーは、何のためにあるか知っているか □「科学と技術」に関する文章を１分間で読み、面接官の質問に答える。質問は、文章中の下線部について、「どうして筆者はこのように考えたと思うか」 文章は、2000年8月読売新聞掲載「自然に対する科学と技術の違い」に関するもの
面接会場の配置 面接官＝３名 受験生＝１名		

感染症等に伴う特別対応や追試験については、各大学のホームページで最新情報をご確認ください。

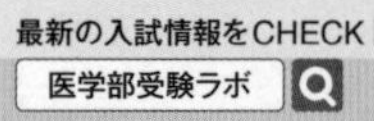

大阪府

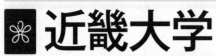

近畿大学

入試に関する問合せ先

医学部・病院運営本部　医学部学生センター学務課
〒589-8511　大阪府大阪狭山市大野東377-2
☎072-366-0221　https://kindai.jp

募集要項の請求方法

①大学のホームページ（いくぞ！近大）
②入学センターに電話（06-6730-1124）で申し込み　③テレメール
※詳細は大学のホームページに掲載。

一般選抜ネット出願 必須

DATA

●**学部所在地**　問い合わせ先に同じ。
●**アクセス**　泉北高速鉄道泉ケ丘駅、南海高野線金剛駅から狭山ニュータウン金剛行バスで約15分、近畿大学病院前下車。
●**学部学科・定員**　医学部＝医学科112（認可申請予定含む）
●**大学院**　医学研究科＝医学系専攻
●**おもな付属施設**　近畿大学病院、近畿大学奈良病院、ライフサイエンス研究所、東洋医学研究所、関西国際空港クリニックなど。
●**沿革**　昭和49年に医学部を設置した。

1974年の医学部設立以来、奉仕の精神や豊かな人間性を重んじ、患者から慕われ信頼される医師の育成に力を注いでいます。6年一貫教育体制の下で行われる、現場に近い実践的なカリキュラムを特徴としています。チュートリアルやユニット・コース学習、4~6年次のクリニカル・クラークシップ（臨床実習）など独自の教育体制を全国でも早い時期に導入。自分の目で見て肌で感じる教育で、最新の知識や技術、倫理観・責任感を身につけていきます。特定機能病院・災害拠点病院である近畿大学病院や、最新鋭の医療設備と高度な医療情報システムを持つ近畿大学奈良病院、各研究所など施設や設備も充実。理工学部や薬学部との共同研究など総合大学のメリットを活かした、最新の医学を学べる環境が整っているのも特徴です。医学部キャンパスおよび併設病院は堺市の泉北ニュータウンにある泉ヶ丘駅前に移転予定です。

●医師国家試験合格率推移

年　区分	総計	新卒	既卒
2023	93.9%	94.6%	75.0%
2022	97.0%	98.3%	88.2%
2021	87.3%	87.8%	66.7%
2020	97.3%	98.1%	85.7%
2019	92.1%	95.1%	63.6%

●学納金（2024年度）

初年度 ……………… 6,804,500円
内訳　入学金…………1,000,000円
　　　授業料…………5,800,000円
　　　学生健保共済会費…4,500円

6年間の総額……………35,827,000円

※ほかに校友会終身会費30,000円（入学年次20,000円、最終学年次10,000円）。

●寄付金・学債

募集していない。

●学納金関連情報

大学独自の奨学金制度として近畿大学給付奨学金、近畿大学奨学金（貸与・給付）、近畿大学入学前予約採用型給付奨学金、KINDAI医学生奨励賞（給付）などがある。

2023年度入試DATA

●志願・合格状況

区分		募集人員	志願者	受験者	1次合格者	2次受験者	正規合格者	補欠者	繰上合格者	総合格者	志願者合格倍率	入学者
一般選抜	前期	55	1522	1426	228	非公表	非公表	非公表	非公表	110	13.8	111
	大阪府地域枠(前期)	3	39	38	6	非公表	非公表	非公表	非公表	3	13.0	
	奈良県地域枠(前期)	2	34	33	5	非公表	非公表	非公表	非公表	2	17.0	
	和歌山県地域枠(前期)	2	18	18	5	非公表	非公表	非公表	非公表	2	9.0	
	静岡県地域枠(前期)	6	73	70	12	非公表	非公表	非公表	非公表	5	14.6	
	後期	5	687	558	50	非公表	非公表	非公表	非公表	13	52.8	
	静岡県地域枠(後期)	4	102	93	17	非公表	非公表	非公表	非公表	5	20.4	
大学入学共通テスト利用	前期	5	557	—	102	非公表	非公表	非公表	非公表	32	17.4	
	中期	3	213	—	49	非公表	非公表	非公表	非公表	18	11.8	
	後期	2	144	—	41	非公表	非公表	非公表	非公表	6	24.0	
推薦入試		25	681	677	77	非公表	非公表	—	—	55	12.4	

●合格得点（総合格者）

区分		満点	合格最高点 得点	合格最高点 得点率	合格最低点 得点	合格最低点 得点率
一般選抜	前期	400	非公表	—	213	53%
	大阪府地域枠(前期)	400	非公表	—	198	50%
	奈良県地域枠(前期)	400	非公表	—	198	50%
	和歌山県地域枠(前期)	400	非公表	—	191	48%
	静岡県地域枠(前期)	400	非公表	—	197	49%
	後期	400	非公表	—	230	58%
	静岡県地域枠(後期)	400	非公表	—	217	54%
大学入学共通テスト利用	前期	500	非公表	—	419	84%
	中期	400	非公表	—	340	85%
	後期	300	非公表	—	258	86%
推薦入試		300	非公表	—	222	74%

●合格倍率の推移

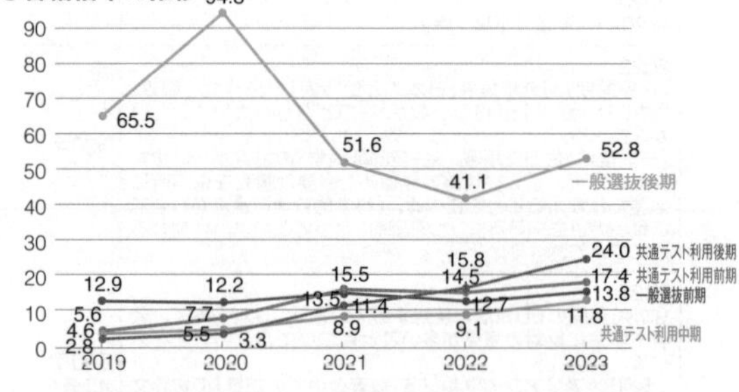

●一般選抜志願者数の推移（センター・共通テスト利用含む、地域枠は含まない）

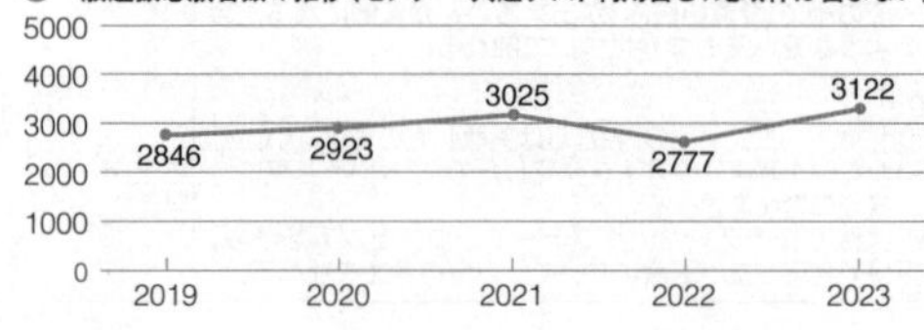

●入学者の現既別内訳

現役 24名
既卒 87名

●総合格者の男女別内訳

女 30.7%
男 69.3%

●総合格者の地元占有率（出身地）

大阪府 36.7%
その他 63.3%

※いずれも付属高推薦を含む。

2024年度 選抜要項

●募集人員 （医学科）

※内訳は大阪府3名、奈良県2名、和歌山県2名、静岡県10名(認可申請予定)。

一般選抜		地域枠	大学入学共通テスト利用			推薦入試 一般公募
前期	後期		前期	中期	後期	
55名	5名	17名※	5名	3名	2名	25名

■ボーダー偏差値

一般枠(前期A)	地域枠 大阪府、奈良県、和歌山県、静岡県
65.0	65.0

■共テボーダー得点率

共テ枠(前期)	共テ枠(中期)
86%	86%

一般選抜

●試験日程 インターネット出願登録＋書類提出

※1 大学入試センターへ出願する。

区分			出願期間	試験	合格発表	手続締切	辞退締切
一般選抜	前期	1次試験	12/15(金)~1/11(木)	1/28(日)	2/7(水) 10:00※2 HP ネット	—	—
		2次試験		2/11(日)	2/23(金) 10:00※2 HP ネット 郵便	3/1(金)	3/31(日)
	後期	1次試験	2/1(木)~2/13(火)	2/24(土)	3/2(土) 10:00※2 HP ネット	—	—
		2次試験		3/7(木)	3/15(金) 10:00※2 HP ネット 郵便	3/21(木)	3/31(日)
大学入学共通テスト利用	前期	共通テスト	9/25(月)~10/5(木)※1	1/13(土)・14(日)	2/14(水) 10:00※2 HP ネット	—	—
		2次試験	1/3(水)~1/12(金)	2/18(日)	2/27(火) 10:00※2 HP ネット 郵便	3/6(水)	3/31(日)
	中期	共通テスト	9/25(月)~10/5(木)※1	1/13(土)・14(日)	2/14(水) 10:00※2 HP ネット	—	—
		2次試験	1/3(水)~2/1(木)	2/18(日)	2/27(火) 10:00※2 HP ネット 郵便	3/6(水)	3/31(日)
	後期	共通テスト	9/25(月)~10/5(木)※1	1/13(土)・14(日)	3/2(土) 10:00※2 HP ネット	—	—
		2次試験	2/2(金)~2/22(木)	3/7(木)	3/15(金) 10:00※2 HP ネット 郵便	3/21(木)	3/31(日)

※2 受験ポータルサイト「UCARO」では合格発表日前日の21：00から掲載。※電話による合否の照会には応じない。

☞繰上合格について　正規合格者発表と同時に補欠者を内定し本人へ通知。入学手続き者に欠員が生じた場合、繰上合格者に順次電話で通知する。

補欠者発表方法	補欠順位	繰上合格通知方法
郵便	あり	TEL

●入試科目

区分			教科・科目	配点		解答時間
一般選抜 前期・後期		1次試験	外国語＝コ英ⅠⅡⅢ・英表ⅠⅡ	100点	計400点	60分
			数学＝数ⅠⅡAB(列ベ)	100点		60分
			理科＝化基・化、生基・生、物基・物→2	200点		120分
		2次試験	小論文＝与えられた主題について論述する。	段階評価	—	40分
			面接＝個人面接	段階評価		約10分
大学入学共通テスト利用方式	前期	共通テスト	外国語＝英(R：L＝4：1)	100点	計500点	R80分 L60分(解30分)
			数学＝数ⅠA、数ⅡB	各100点		数ⅠA70分 数ⅡB60分
			理科＝化、生、物→2	各100点		各60分
	中期	共通テスト	外国語＝英(R：L＝4：1)	100点	計400点	R80分 L60分(解30分)
			数学＝数ⅠA、国語＝国(近代)→1	100点		数70分、国80分
			理科＝化、生、物→2	各100点		各60分
	後期	共通テスト	外国語＝英(R：L＝4：1)	100点	計300点	R80分 L60分(解30分)
			数学＝数ⅠA、理科＝化、生、物、国語＝国(近代)→2	各100点		数70分、理60分、国80分
	前期・中期・後期	2次試験	小論文＝与えられた主題について論述する。	段階評価	—	40分
			面接＝個人面接	段階評価		約10分

※共通テスト利用方式は、中期で数学・国語を両方受験した場合は高得点の1科目を、後期で複数の教科・科目を受験した場合は高得点の2科目を合否判定に使用する。

☞合否判定　1次試験(大学入学共通テスト)の合格者に2次試験を実施し、1次試験、2次試験の成績および調査書等を総合的に判定して、最終合格者を決定する。

☞受験料　一般選抜57,000円　共通テスト利用30,000円

☞試験会場

区分	都市名	会場名	所在地
一般選抜前期 1次	本学東大阪キャンパス		大阪府東大阪市小若江3-4-1
	東京	大手町プレイスカンファレンスセンター	東京都千代田区大手町2-3-1
	名古屋	TKP名古屋駅前カンファレンスセンター	愛知県名古屋市中村区名駅2-41-5 CK20名駅前ビル5・6・8階
	広島	TKP広島本通駅前カンファレンスセンター	広島県広島市中区紙屋町2-2-12 信和広島ビル3~7階
	福岡	北九州予備校博多駅校	福岡県福岡市博多区博多駅前1-21-4
一般選抜後期 1次	本学東大阪キャンパス		大阪府東大阪市小若江3-4-1
	東京	TKPガーデンシティ PREMIUM 田町	東京都港区芝浦3-1-21 msb Tamachi 田町ステーションタワーS 4階S401
2次	本学大阪狭山キャンパス		大阪府大阪狭山市大野東377-2

推薦入試 インターネット出願登録＋書類提出

募集人員	試験日程				推薦条件	選考方法 ※2	
	出願期間	選考日	合格発表	手続締切		1次	2次
一般公募 25名	11/1~11/9	1次：11/19 2次：12/3	1次：11/29 2次：12/13	12/21	※1	学力検査(英語・数学・理科)	小論文(40分)、個人面接(10分程度)

総合型選抜 実施しない。

編入学 実施しない。

※1 学業、人物ともに優秀で出身高等学校長もしくは中等教育学校長が推薦する現役・1浪。他大学との併願可。詳細は募集要項で確認。

※2 1次試験の合格者に2次試験を実施し、1次試験、2次試験の成績および調査書等を総合的に判定する。

近畿大学

2023年度の出題傾向と分析

英 語（前期）

解答形式▶マーク

問題の全体難易度 ★★★☆ やや難　前年との難易度比較  変化なし　時間に対する分量  多い

大問	分野	長文の種類 単語数	内容	出題形式	難易度
A~C	文法・語彙		空所補充・同意語選択	選択	★★☆☆
D・E	読解	医療・科学系 約350語	「ミニタンパク質を暗号化する遺伝子」についての長文問題（同意語選択・内容一致・内容真偽）	選択	★★★☆
F・G	読解	人文・科学系 約300語	「Foucaultの振り子の美しさ」についての長文問題（同意語選択・内容一致・内容真偽）	選択	★★☆☆
H	読解	科学系 約950語	「スペースX社の宇宙計画」についての長文問題（内容一致・同意表現	選択	★★☆☆

出題形式と難度に変化はない。A~Cの空所補充と同意語選択、D・Eの読解問題の語彙レベルはかなり高い。しかし、段落ごとの内容一致問題が多いため、語彙と内容が難しくても正解を選ぶことはできる。対策としてはまず語彙レベルを上げ、同意語問題を正解できるようにする。次に段落ごとの内容一致問題対策として、東北医科薬科大や埼玉医科大などの過去問を用い、同様の形式の問題演習に取り組む。最後に本学の過去問で時間内に解答できるように練習しておこう。

数 学（前期）

解答形式▶記述

問題の全体難易度 ★★☆☆ 標準　前年との難易度比較 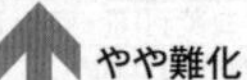 やや難化　時間に対する分量  適量

大問	分野		内容	出題形式	難易度
1	確率	A	サイコロの色と目による得点の確率	空所補充	★★☆☆
2	データの分析、整数の性質	I、A	和が2023となる連続する整数、分散・標準偏差が自然数となる条件	記述	★★☆☆
3	図形と計量	I	4辺の長さが定められた四角形の面積の最大	記述	★★☆☆

出題範囲は数学I・A・II・Bである。難問は見当たらず基本的な問題が多いが、文字に関する計算力、場合分け、空間図形の把握などが要求されることも多く、十分な考察が必要。23年度は大問1で場合分けして総当たりが必要で、大問3は正面から計算すると非常に煩雑で、図形に気づければ難なく解けるという出題だった。手間がかかる問題が多く、60分という試験時間ではかなり厳しいだろう。形式、難度がほぼ同じなので推薦入試の問題も練習に使える。なお、24年度から解答形式がマーク式に変更され、問題も他学部と共通になるため、他学部の過去問にも取り組んでおこう。

化 学（前期）

解答形式▶記述

問題の全体難易度 ★★☆☆ 標準　前年との難易度比較  やや易化　時間に対する分量  多い

大問	分野	内容	出題形式	難易度
1	理論・無機	(1)ソルベー法、化学反応式、生成量、(2)電池と電気分解装置の構成	選択・記述	★☆☆☆
2	理論・有機	(1)気体の反応量、飽和蒸気圧、(2)環式有機化合物（ベンゼン、シクロヘキサトリエン）の熱化学熱量	記述	★★☆☆
3	理論・有機	(1)芳香族化合物の異性体数、構造式、構造異性体数、(2)ルミノールの合成、発光	選択・記述	★★★☆

大問3題。各大問は、異なる2つの分野で構成されていた。23年度は、大問1を素早く解かないと後半がきつくなる。どの解答もスピードを上げられると有利になる。異性体数や光化学の分野（ルミノール反応）のでき次第だろう。典型問題と併せて、教科書に載っている発展的内容に取り組むとよい。解答用紙に計算過程の記載欄があるため、メディカルラボの実力判定テストを活用するとよい。また推薦入試や後期などの過去問にも取り組んでおこう。

生物(前期)

解答形式▶記述

問題の全体難易度 ★★★☆ やや難　前年との難易度比較  やや易化　時間に対する分量  適量

大問	分野		内容	出題形式	難易度
1	生命現象と物質	生物	遺伝子組換え	選択・記述	★★☆☆
2	体内環境の維持	生物基礎	血液	空所補充・選択・記述	★★☆☆
3	生命現象と物質	生物	核移植、エピジェネティクス	空所補充・記述	★★★☆

22年度までは大問4題構成だったが、23年度は大問3題構成に変化した。大問が1題減ったが、論述問題の解答が書きにくいので時間にあまり余裕はない。様々な字数指定の論述問題が大問ごとに複数含まれている場合が多い。生物用語や現象を説明できるように常日頃から練習をしておく。23年度は出題されていないが、描図問題がよく出題される。日頃から教科書の図を意識して見る習慣をつけておく。推薦入試の問題も一般入試と似た形式なので、過去問演習では両方とも取り組んでおくとよい。

物理(前期)

解答形式▶記述

問題の全体難易度 ★★☆☆ 標準　前年との難易度比較 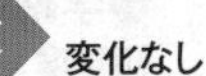 変化なし　時間に対する分量  多い

大問	分野	内容	出題形式	難易度
1	力学	滑車にかけられた斜面上を移動する物体	空所補充	★★☆☆
2	電磁気	コンデンサー回路	空所補充	★★☆☆
3	原子	半減期	空所補充	★★☆☆

力学と電磁気は必ず出題され、残りは原子からの出題が多い。年度によっては、熱が出題されることもある。また、空所補充問題が多い。計算量の多い設問を含むことがあり、処理に時間がかかるため、時間配分を考えて解く問題を選びたい。描図問題が出題されるので、グラフや説明図を書き慣れておきたい。

小論文

年度／内容	字数／時間
2023 (一般前期) 良医への学修を始めるあたって、自らの課題や問題点を述べる。また、それを克服するために実行しようと考えていることを述べる。 (一般後期・共通テスト) 2022年のノーベル生理学・医学賞のスバンテ・ペーボ博士の研究内容について、博士の研究業績をさらに発展させるとしたら、どのようなことを考えるかを述べる。	400字 40分
2022 (一般前期)本学の教育目標である「人に愛される人、信頼される人、尊敬される人」の育成について、学生の立場から、何を学べばこのような医師になれるかを述べる。 (一般後期・共通テスト)新型コロナウイルスワクチン接種の副反応が若者に及ぼす影響について、科学的・社会的な側面から考察する。	400字 40分
2021 (前期)医学教育の指針で「社会の変化に対応できる医師の育成」があげられているが、医師としてどのような能力があれば「様々な社会の変化に対応できるか」。医学部での学修と関連づけて自分の考えを述べる。 (後期)新型コロナウイルスが流行しているが、医師となった場合に、このような事態に対し、どのように行動したいと考えているか、自分の考えを述べる。 (共通テスト前期・中期)優しさや思いやり以外で、医師に求められる大切な資質を説明し、この資質を生かし、将来医師としてどのように社会貢献したいか自分の考えを述べる。	400字 40分

面接

形式	所要時間	面接の進行と質問内容
個人面接	約10分	※当日事前アンケートあり(20分) 「勤務医、開業医、医官、研究医のいずれに進むか」を順位づけをして、その理由を書く。「患者から信頼される医師、専門性の高い医師、社会貢献できる医師のどれをめざすか。」(前期)、「長所を述べ、それが医療現場でどのように活かせるか。短所を述べ、それをどのように克服していくか」(後期) □アンケートについての質問 □医師志望理由 □本学に入学したらどのように過ごしたいか □グローバル化について □患者と接する時に、何を心がけるべきか

面接会場の配置

面接官＝2名
受験生＝1名

感染症等に伴う特別対応や追試験については、各大学のホームページで最新情報をご確認ください。

兵庫医科大学

入試に関する問合せ先

西宮キャンパス入試センター／〒663-8501　兵庫県西宮市武庫川町1-1
☎0798-45-6162　https://www.hyo-med.ac.jp/admission/

募集要項の請求方法

①大学のホームページ　②テレメール　③LINE　　全選抜ネット出願 必須
※詳細は大学のホームページに掲載。

DATA

- **学部所在地**　問合せ先に同じ。
- **アクセス**　阪神電鉄武庫川線武庫川駅下車、西出口から徒歩約5分。
- **学部学科・定員**　医学部=医学科108
- **大学院**　医学研究科=医科学専攻、先端医学専攻
- **おもな付属施設**　大学病院、ささやま医療センター、急性医療総合センター、先端医学研究所、国際交流センター、医学教育センターなど。
- **沿革**　昭和47年に開学した。

「建学の精神」に則り、人間への深い愛情を持ち、かつ科学的な観察・理解に基いて、社会の福祉に奉仕できる医師を育成するため、次のようなカリキュラムを構成しています。《準備教育》医師として必要な基礎的および一般教養の養成を主目的としつつ、大学での学修方法・自学自修能力・問題解決能力を養成します。《専門教育》臓器別の統合カリキュラム、集中型講義、TBL教育等により、学生が学修しやすい教育環境で「モデル・コア・カリキュラム」のガイドラインに沿った授業を行います。また、教育プログラムとして、「I. 社会性を育むカリキュラム　II. チーム基盤型学修（TBL）によるアクティブラーニング　III. IPE（多職種連携教育）　IV. 「痛み集学的診療」ができる医療者養成」、大きく4つの体系的な柱を配置しています。

医師国家試験合格率推移

年＼区分	総計	新卒	既卒
2023	97.4%	98.2%	75.0%
2022	96.5%	96.3%	100%
2021	93.3%	93.1%	100%
2020	97.5%	97.3%	100%
2019	94.0%	93.9%	100%

学納金（2024年度）

初年度……9,025,000円
内訳　入学金……2,000,000円
授業料……2,200,000円
施設設備費……1,300,000円
実験実習費……1,000,000円
教育充実費……2,000,000円
その他の費用……525,000円

6年間の総額……37,600,000円
※次年度以降の委託徴収金15,000円×5含む。

寄付金・学債

入学後、任意の寄付金を募集する。

学納金関連情報

兵庫医科大学特待生制度（一般選抜Aの成績上位者5名対象に215万円相当を免除）、兵庫医科大学特定診療科医師養成奨学制度（年間285万円、6年間総額1,710万円貸与）、兵庫医科大学兵庫県推薦入学制度（修学資金貸与、特定の条件により返還を免除）などがある。

2023年度入試DATA

志願・合格状況

区分	募集人員	志願者	受験者	1次合格者	2次受験者	正規合格者	補欠者	繰上合格者	総合格者	志願者合格倍率	入学者
一般選抜A	約78	1664	1568	413	非公表	137	非公表	41	178	9.3	74
一般選抜B	約10	253	243	90	非公表	10	非公表	5	15	16.9	10
学校推薦型選抜（一般公募制）	約13	43	43	—	—	17	—	—	17	2.5	17
学校推薦型選抜（地域指定制）	5以内	31	31	—	—	5	—	—	5	6.2	5
総合型選抜（一般枠）	3以内	41	41	41	—	3	—	—	3	13.7	3
総合型選抜（卒業生子女枠）	3以内	21	21	21	—	3	—	—	3	7.0	3

※一般Aは兵庫県推薦枠を含む。推薦（一般公募制）は推薦（特別選抜）を含む。

合格得点（正規合格者）

区分	満点	合格最高点 得点	合格最高点 得点率	合格最低点 得点	合格最低点 得点率
一般選抜A	650	非公表	—	427.0	66%
一般選抜B	530	非公表	—	346.5	65%
学校推薦型選抜（一般公募制）	430	非公表	—	255.0	59%
学校推薦型選抜（地域指定制）	430	非公表	—	272.0	63%
総合型選抜（一般枠）	450	非公表	—	288.8	64%
総合型選抜（卒業生子女枠）	450	非公表	—	260.8	58%

総合格者の現既別内訳

現役 72名
既卒 149名

総合格者の男女別内訳

女 100名
男 121名

総合格者の地元占有率（出身校）

兵庫県 60名
その他 161名

合格倍率の推移

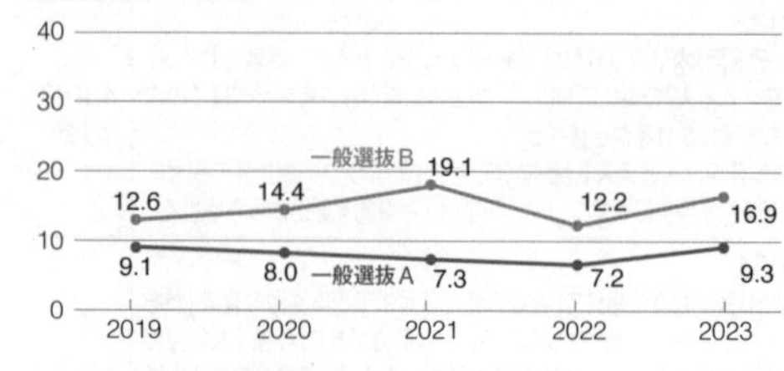

一般選抜志願者数の推移

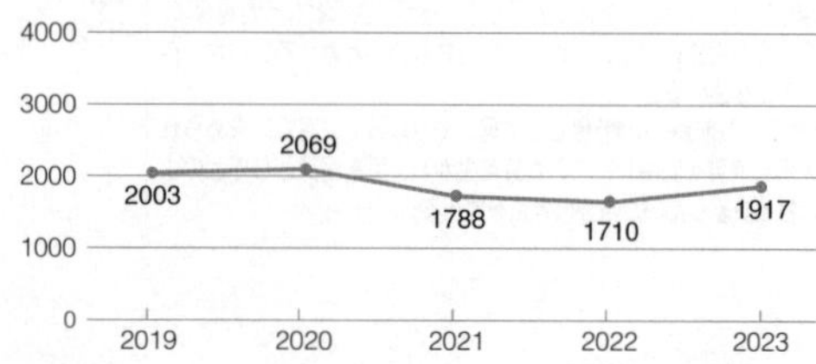

2024年度 選抜要項

●募集人員 医学科

一般選抜A		一般選抜B	学校推薦型選抜		総合型選抜	
一般枠	兵庫県推薦枠	高大接続型	一般公募制	地域指定制	一般枠	卒業生子女枠
約67名	3名	約10名	約15名※1	5名以内	約5名	3名以内

※1 関西学院高等部からの学校推薦型選抜(特別選抜)3名以内を含む。

■ボーダー偏差値

一般枠A、一般枠B
62.5

一般選抜

●試験日程 インターネット出願登録+書類提出

区分		出願期間	試験	合格発表	手続締切	辞退締切
一般選抜A	1次試験	12/11(月)~1/15(月)	1/24(水)	2/1(木) 17:00 HP	—	—
	2次試験		2/3(土)または4(日)※1	2/9(金) 10:00 HP 郵便	2/16(金)※2	3/31(日)※3
一般選抜B	1次試験	12/11(月)~1/15(月)	1/24(水)	2/9(金) 10:00 HP	—	—
	2次試験		2/12(月)	2/20(火) 10:00 HP 郵便	2/29(木)※2	3/31(日)※3

※1 いずれか1日を出願時に選択。 ※2 正規合格者が、手続期間内に入学金を納入すれば、手続時納付金の納入および入学手続書類の提出は3/8(金)まで猶予する。
※3 16:30まで。 ※郵送での合格発表は合格者のみ。※電話、郵便等による合否照会には一切応じない。

☞繰上合格について
2次試験合格者発表と同時に補欠者あてに郵送で通知。欠員が生じた場合、補欠者の総合評価上位者から順次繰り上げて郵送または電話連絡をする。

補欠者発表方法	補欠順位	繰上合格通知方法
ネット 郵便	あり	TEL 郵便

●入試科目

区分		教科・科目	配点		解答時間
一般選抜A	1次	外国語=コ英ⅠⅡⅢ・英表ⅠⅡ	150点	計500点	90分
		数学=数学ⅠⅡⅢAB(列べ)	150点		90分
		理科=化基・化、生基・生、物基・物→2※1	各100点		120分
		小論文=評価は1次試験では使用せず、2次試験に使用	50点	計150点	60分
	2次	面接=個人面接、調査書	100点		—
一般選抜B※2	1次	数学=数学ⅠⅡⅢAB(列べ)	150点	計250点	90分
		理科=化基・化、生基・生、物基・物→1※1	100点		60分
		小論文=評価は1次試験では使用せず、2次試験に使用	50点		60分
	2次	英語=筆記試験	150点	計280点	90分
		英語資格検定試験・調査書	40点		—
		面接=個人面接、課題型面接	40点		—

※1 一般選抜AとBの両方を受験する理科2科目選択者は、高得点科目を一般選抜Bの判定に用いる。
※2 一般選抜AとBの両方を受験する場合、一般選抜Aの時間割となる。数学・理科・小論文の試験問題は一般選抜Aと共通。

☞合否判定 1次試験の合格者に2次試験を課す。1次試験、2次試験の成績を多面的・総合的に判定する。

☞受験料 一般選抜A·B 60,000円

☞試験会場 一般選抜Bのみ出願する者は大阪会場で受験。

区分	都市名	会場名	所在地
1次	大阪	ATCホール	大阪府大阪市住之江区南港北2-1-10
	東京	TOC有明	東京都江東区有明3-5-7
	福岡	福岡ファッションビルFFBホール	福岡県福岡市博多区博多駅前2-10-19
2次	本学西宮キャンパス		兵庫県西宮市武庫川町1-1

information

2022年4月に、本学の学校法人が運営する兵庫医療大学と統合。これを機に、医学部を軸に薬・看護・リハビリテーションの3学部を加えた医系総合大学への発展が期待されている。

学校推薦型選抜

区分	募集人員	試験日程				推薦条件	選考方法
		出願期間	選考日	合格発表	手続締切		
一般公募制	約15名	11/1~11/9	11/19	12/1	12/8	※1	基礎適性検査(英語・数学・理科)、小論文、個人面接・調査書
地域指定制	5名以内					※2	

※1 日本国内の高等学校の全日制で評定平均値が4.0以上の現役。
※2 兵庫県内に保護者が1年以上在住している、または兵庫県内の高等学校に在籍中および卒業した者で、将来当該地域における地域医療に貢献しようとする強い意志を持つ者で、全日制の課程で評定平均値が4.0以上の現役・4.2以上の1浪。

総合型選抜

区分	募集人員	試験日程				出願資格	選抜方法	
		出願期間	選考日	合格発表	手続締切		1次	2次
一般枠	約5名	10/16~10/31	1次:11/19 2次:12/3	1次:12/1 2次:12/8	12/15	※1	調査書・志望理由書、基礎適性検査(英・理)、小論文	プレゼンテーション試験※3、個人面接
卒業生子女枠	3名以内					※2		

※1 医療従事者が推薦する者で、国内の高等学校もしくは中等教育学校の全日制課程を2023年3月に卒業した者または2024年3月卒業見込みの者(1浪または現役)。合格した場合に入学を確約できる者。 ※2 本学医学部同窓会が推薦する者で、国内の高等学校もしくは中等教育学校の全日制課程を2023年3月に卒業した者または2024年3月卒業見込みの者(1浪または現役)。合格した場合に入学を確約できる者。両親および祖父母のうちいずれかが本学医学部の卒業生である者。 ※3 数理的課題に対するプレゼンテーションを課すことにより科学的・論理的思考力を計る。

編入学 実施しない。

兵庫医科大学

2023年度の出題傾向と分析

英語

解答形式▶記述

問題の全体難易度 ★★☆☆ 標準　前年との難易度比較 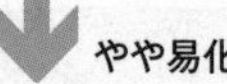 やや易化　時間に対する分量  少ない

大問	分野	長文の種類 単語数	内容	出題形式	難易度
1	読解	医療系 約450語	「病との闘いに勝利したルーカス」についての長文問題(語句整序・指示語説明)	記述	★☆☆☆
2	読解	医療系 約550語	「代謝の大切さ」についての長文問題(空所補充・英文和訳・同意語選択)	記述	★★☆☆
3	読解	医療・科学系 約400語	「冬眠動物を知れば人間の健康が改善する」についての長文問題(指示語指摘・空所補充・英文和訳・同意語選択)	記述	★☆☆☆
4	英作文	―	和文英訳	記述	★★★☆

22年度まで大問５題だったが、100語程度の英文の和訳問題が１題減って４題となった。そのため記述量が大幅に減り、時間的にはかなり余裕ができた。大問４以外は標準レベル以下の問題ばかりだったため、全体の難度はやや易化した。読解問題が3題あるものの、段落ごとの内容一致や内容真偽は全く出題されない。代わりに語句整序、空所補充、同意語選択、英文和訳が出題されるため、文法・語法・語彙・文構造などを意識した精読に重点を置く。大問４の和文英訳は難しいため、十分練習を積んでおきたい。

数学

解答形式▶記述

問題の全体難易度 ★★☆☆ 標準　前年との難易度比較 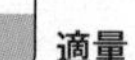 変化なし　時間に対する分量 適量

大問	分野		内容	出題形式	難易度
1	対数関数	Ⅱ	常用対数による不等式の解法	記述	★☆☆☆
	図形と方程式	Ⅱ	線形計画法	記述	★☆☆☆
	空間ベクトル	B	球面が切り取る線分の長さ	記述	★☆☆☆
	積分法の応用	Ⅲ	部分積分法	記述	★☆☆☆
	データの分析	Ⅰ	平均値からの考察	記述	★★★☆
2	複素数平面	Ⅲ	点の回転移動・対称移動、三角形の形状決定	記述	★★☆☆
3	極限	Ⅲ	部分分数分解による無限級数	記述	★★☆☆

大問１は小問集合で幅広い範囲から出題されている。過去には大問以上に難しい問題が出題されていたが、17年度以降は基本的な問題が中心となり問題数も減っている。大問2・3は誘導形式の大問で難度にかなりの差があり、知識・経験の有無が左右する問題が多い。典型解法を習得した上で過去問を解いて本学の問題に慣れておくとよい。難度の高い問題の対策としては、難関大や国公立大の問題で思考力を養うことが効果的だろう。

化学

解答形式▶記述

問題の全体難易度 ★★☆☆ やや易　前年との難易度比較 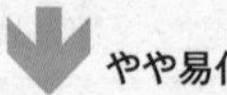 やや易化　時間に対する分量  適量

大問	分野	内容	出題形式	難易度
1	小問集合 (3問)	アンモニアの発生実験(試薬、実験器具、乾燥剤)、結合エネルギー、酢酸の電離平衡	空所補充・選択・記述	★☆☆☆
2	理論、無機	鉛化合物、結晶格子、硫酸塩、ハロゲン化物	記述	★☆☆☆
3	有機	芳香族エステルと芳香族アミドの構造決定、分離器具、カルボン酸の反応性	記述	★★☆☆

大問3題。23年度は22年度と比べ、解きやすい問題が増加した。ただし、受験者層から考えるとかなり高い正答率を求められる構成だった。大問3のでき次第だろう。例年、計算の導出過程や簡潔な論述を大きめの解答欄に記載するスタイルが続いている。本学Webサイト上の入試問題と併せて公開されている模範解答を参照して、大学が求めている記載内容を把握しておくとよいだろう。またメディカルラボの実力判定テストで本学の解答様式にも慣れておくとよい。

生物

解答形式▶**記述**

問題の全体難易度 ★★★☆ やや難　前年との難易度比較  難化　時間に対する分量  多い

大問	分野		内容	出題形式	難易度
1	小問集合	生物、生物基礎	光学顕微鏡、窒素排出物、免疫、バイオーム、アミノ酸、競争的阻害、酵素反応のグラフ、クエン酸回路、PCR法、染色体地図、両生類の発生、被子植物の種子、花芽形成、人類の進化、原猿類、塩基の比率	選択	★★★☆
2	生物の環境応答	生物	植物の環境応答	空所補充・選択・記述	★★☆☆
3	生態と環境	生物	種内関係、血縁度	空所補充・記述	★★★☆
4	生物の進化と系統	生物	生命体の起源	空所補充・選択・記述	★★★☆
5	生命現象と物質	生物	ノックアウトマウス、トランスジェニックマウス	空所補充・選択・記述	★★★☆

22年度と同様に大問5題構成の記述式。論述問題は毎年10問程度出題され、字数が指定されるものや解答欄に収まるように答えるものが見られる。大問1は小問集合形式で、小問数は15～20問程度が多く、23年度は16問だった。年度によって難度は異なるが、ここで時間をかけすぎないように注意したい。また、23年度は全体的に非常に難度の高い問題が多く、明らかに難化した。ほとんど手がつけられなくて途中で諦めてしまった受験生が多かったのではないかと思われる。

物理

解答形式▶**記述**

問題の全体難易度 ★★☆☆ 標準　前年との難易度比較 やや難化　時間に対する分量 多い

大問	分野	内容	出題形式	難易度
1	電磁気	磁場中を運動する導体棒に生じる誘導起電力	記述・選択	★★☆☆
2	力学	剛体にはたらく力のつり合い	記述	★★☆☆
3	波動	ドップラー効果	記述・選択	★★☆☆
4	熱	変形する容器内の気体の変化	記述	★★★☆
5	原子	核反応	記述	★★☆☆

23年度も例年通りすべての分野から出題された。標準的で見慣れた問題が幅広く出題されているが、思考力を要する問題も出題されている。また、試験時間に対して、問題量が多く、導出過程まで要求されるため、解答時間に余裕はない。手際よく解き進めることが求められる。原子分野は細かい知識も含めて問われる。描図問題がよく出題されるため、教科書などの図を自力で描けるように練習しておきたい。

小論文

年度／内容	字数／時間
2023 [一般選抜A・B] 久野愛著『視覚化する味覚―食を彩る資本主義』の抜粋文を読み、①下線部の説明②下線部の理由説明③あなたの考え④あなたの考え⑤あなたの考えとその理由	①60字 ②80字 ③80字 ④30字 ⑤400字 60分
2022 NHKスペシャル取材班『縮小ニッポンの衝撃』(講談社現代新書)の抜粋文に書かれている、豊島区が「消滅可能性都市」に指定されたことについて、その理由と現状が書かれた文章、グラフ・図を見て、①「消滅可能性都市」に指定された理由②グラフ・図から読み取れること③「自然増」の意味④「自然増」に転じる方策と自分の考えを述べる。	①100字 ②50字 ③30字 ④500字 60分
2021 エドワード・O・ウイルソン著『若き科学者への手紙』の抜粋文を読み、①下線部「朗報」に対する自分の考えを述べる②下線部「並外れた頭脳は障害になる」についての筆者の考えを述べる③下線部の「そこそこ頭の切れる」と同じ意味で使われている言葉を選ぶ④下線部について自分の考えを述べる⑤パスツールの「チャンスは備えある者のみに訪れる」という言葉について自分の考えを述べる。	①20字 ②50字 ③― ④100字 ⑤400字 60分

面接

形式	所要時間	面接の進行と質問内容
個人面接	10分	※時間が足りない場合には、2回面接する受験生も多い □医師志望理由 □本学志望理由 □将来の医師像。何科の医師になりたいか、どうすればよいか □卒後後は兵庫県で働きたいか。兵庫県と同じような医療問題を抱えている地域は □出身高校の建学の精神で最も影響を受けたの内容 □入学後に頑張りたいこと □併願校の合否 □読書はするか、どんなジャンルが好きか。最近読んだ本 □コロナ禍で良かったことと今後の影響。5類に引き下げられることについて □患者がネット掲載の誤った記事を見て、診療に訪れることはよいことか [選抜B]課題型面接の内容 □学校で競技大会をする。クラスで話し合う際に、グループごとに分かれて行い、最後に意見をまとめる。しかし、あなたのグループには、話し合いに積極的ではない人が多くいる①課題文を声に出して読む②大会に賛成か反対か③あなたと反対意見の人にはどうするか④どのように説得するか⑤大会をすることのメリット・デメリット⑥大会でチーム内で起きたことをどのように解決するか⑦意見が採用された側とされなかった側の差をどのように埋めるか

面接会場の配置

面接官＝2名
受験生＝1名

[選抜B]は、個人面接と課題型面接を実施。

感染症等に伴う特別対応や追試験については、各大学のホームページで最新情報をご確認ください。

最新の入試情報をCHECK▶ 医学部受験ラボ

川崎医科大学

入試に関する問合せ先

教務課入試係／〒701-0192　岡山県倉敷市松島577
☎086-464-1012　https://m.kawasaki-m.ac.jp/

募集要項の請求方法

①大学のホームページ　**全選抜ネット出願 必須**

※募集要項は紙媒体による配布を行わず、大学のホームページに掲載。全選抜区分においてWeb出願対応。

DATA

●**学部所在地**　問合せ先に同じ。
●**アクセス**　JR山陽本線中庄駅下車、徒歩約10分。
●**学部学科 定員**　医学部＝医学科110（学校推薦型選抜【専願】を含み、設置協議中を除く）
●**大学院**　医学研究科＝医科学専攻
●**おもな付属施設**　川崎医科大学附属病院、川崎医科大学総合医療センターなど。
●**沿革**　昭和45年に開学した。

建学の理念に基づき良医を育成することが教育目標であり、そのもとに、我々は学生一人ひとりを徹底的に大切にしている。

医学科単科大学の利点を活かした6年一貫教育を実施している。例えば、1学年から毎年臨床実習を行う。また、学生の理解が高まる「統合教育」を実施している。例えば、解剖学や生理学などの従来の講座や教室単位の教育を統合させることによって学生の重層的な理解を高める。本格的な臨床実習を4学年から開始し、6学年の6月まで実施している。臨床実習は大学附属病院及び総合医療センターの他、県内外の協力病院で実施する。6学年には一貫教育の総復習として、かつ医師国家試験や卒後の生涯学修にも資する「総合医学講義」を4ヶ月間行う。学生は様々な教育系委員会に教員と同じ立場で参画し、教育内容の「評価と改善」を協働して繰り返している。

●医師国家試験合格率推移

年＼区分	総計	新卒	既卒
2023	89.7%	91.7%	63.6%
2022	90.6%	94.0%	70.6%
2021	85.8%	85.6%	100%
2020	96.6%	99.0%	82.4%
2019	87.6%	88.6%	80.0%

●学納金（2024年度）

初年度 ………… **12,250,000円**
内訳　入学金…………2,000,000円
　　　授業料…………2,000,000円
　　　教育充実費……6,500,000円
　　　その他の費用…1,750,000円

6年間の総額…………**47,400,000円**

※1学年は全寮制で、その他の費用には寮費、学友会費、保護者会費、食費等を含む。

●寄付金・学債

入学後、任意の寄附（付）金を募集する。

●学納金関連情報

奨学金制度には1学年～5学年において成績優秀で人格のすぐれた者に、翌年度の特待生として学校法人川崎学園育英会から授業料相当額の奨学金が給付される特待生制度がある。ほかに日本学生支援機構奨学金など。

2023年度入試DATA

●志願・合格状況

区分	募集人員	志願者	受験者	1次合格者	2次受験者	正規合格者	補欠者	繰上合格者	総合格者	志願者入学倍率	入学者
一般選抜	約45	1284	1252	403	非公表	非公表	非公表	非公表	非公表	26.2	49
岡山県地域枠	約10	53	53	18	非公表	非公表	—	—	非公表	5.3	10
静岡県地域枠	10	60	58	20	非公表	非公表	—	—	非公表	6.0	10
長崎県地域枠	6	38	38	11	非公表	非公表	—	—	非公表	6.3	6
総合型選抜（中国・四国地域出身者枠）	約20	56	56	31	非公表	非公表	—	—	非公表	2.8	20
総合型選抜（霧島市地域枠）	約1	1	1	1	非公表	非公表	—	—	非公表	1.0	1
総合型選抜（特定診療科専攻枠）	約4	19	19	13	非公表	非公表	—	—	非公表	4.8	4

●合格得点（1次合格者）

区分	満点	合格最高点		合格最低点	
		得点	得点率	得点	得点率
一般選抜	350	非公表	—	206.3	59%
岡山県地域枠	350	非公表	—	非公表	—
静岡県地域枠	350	非公表	—	非公表	—
長崎県地域枠	350	非公表	—	非公表	—
総合型選抜	非公表	非公表	—	非公表	—

●入学倍率の推移

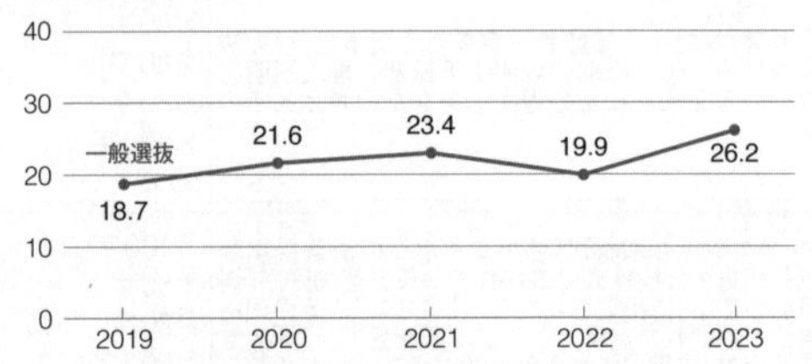

●入学者の現既別内訳

現役 32名
既卒 94名
・1浪 26名
・2浪 26名
・3浪その他 42名

●入学者の男女別内訳

女 53名
男 73名

●入学者の地元占有率（出身地）

岡山県 46名
その他 80名

※いずれも付属高校からの入学を含む。

●一般選抜、地域枠選抜志願者数の推移

4000
3000
2000
1000
0
1442　1588　1588　1530　1435
2019　2020　2021　2022　2023

2024年度 選抜要項

●募集人員 （医学科）

※1 認可申請予定。

一般選抜	地域枠選抜【専願】			総合型選抜【専願】			学校推薦型選抜【専願】
	岡山県地域枠	静岡県地域枠	長崎県地域枠	中国・四国地域出身者枠	霧島市地域枠	特定診療科専攻枠	
約45名	約10名	10名※1	6名※1	約20名	約1名	約4名	約30名

■ボーダー偏差値

一般枠	地域枠
	岡山県、静岡県、長崎県
	60.0

一般選抜

●試験日程 インターネット出願登録＋書類提出

区分		出願期間	試験	合格発表	手続締切	辞退締切
一般選抜 岡山県地域枠 静岡県地域枠 長崎県地域枠	1次試験	12／1(金)～ 1／10(水)	1／21(日)	1／23(火) 12:00 掲示 HP	—	—
	2次試験		1/29(月)か30(火)※1	2／1(木) 12:00 掲示 HP	2／6(火)	3/31(日)※2

※ 地域枠は出身県等を問わない。地域枠同士の同時出願不可。一般選抜との同時出願は可能。※1 2次試験はいずれか1日を大学が指定。※2 17：00まで。地域枠合格者の辞退は不可。

☞追加合格について

合格者の入学手続状況により欠員が生じた場合は、繰り上げて追加合格者を決定し、追加合格者にはメールで通知する。

追加合格者発表方法	追加合格者順位	追加合格通知方法
HP	なし	メール

●入試科目

区分		教科・科目	配点		解答時間
一般選抜／地域枠選抜	1次試験	外国語＝コ英ⅠⅡⅢ·英表ⅠⅡ	100点	計350点	80分
		数学＝数ⅠⅡⅢAB(列べ)	100点		80分
		理科＝化基・化、生基・生、物基・物→2	150点		120分
		小論文＝2次試験の合格判定に使用	段階評価	100／150点	50分
	2次試験	面接	100/150点 ＋段階評価		—

☞合否判定　1次試験は学力試験で判定。2次試験は学力試験、小論文、面接、調査書などを多面的･総合的に評価し判定する。地域枠選抜は2次試験で志望理由書も判定に使用。地域枠選抜と一般選抜を同時出願し地域枠選抜で不合格になった場合、一般選抜の選抜対象とする。

☞受験料　一般選抜･地域枠選抜、総合型選抜60,000円
※地域枠選抜と一般選抜を同時出願する場合は90,000円

☞試験会場

区分	都市名	会場名	所在地
1次・2次	本学キャンパス		岡山県倉敷市松島 577

■本学（川崎医科大学）
JR山陽本線中庄駅下車、徒歩約10分。

information

一般選抜は、1次試験が3教科＋小論文、2次試験が面接。2次試験は2日間のうち1日が指定される。また総合型選抜は2024年度よりこれまでの理科3科目（物理・化学・生物）から、3科目より2科目選択へと変更に。なお、この総合型選抜は出願資格が枠により異なるため、詳しくは募集要項を確認すること。浪人（4浪まで）が受験できるが、2024年4月1日現在で22歳以下という年齢制限があるので注意したい。

総合型選抜【専願】 インターネット出願登録＋書類提出

区分	募集人員	試験日程				推薦条件	選抜方法	
		出願期間	選考日	合格発表	手続締切		1次	2次
中国・四国地域出身者枠	約20名	11／1～11／7	1次:11／11 2次:11／18	1次:11／14 12:00 2次:11／21 12:00	11／29	※1、※2	総合適性試験、小論文（小論文は2次試験の合格判定に使用）	面接（学力試験、面接、小論文、調査書等を多面的・総合的に判定）
霧島市地域枠	約1名					※1、※3		
特定診療科専攻枠	約4名					※1、※4		

※1 高校または中等教育学校を2020年3月以降に卒業、または2024年3月末までに卒業見込みの者（現役～4浪まで）。2024年4月1日時点で18歳に達しており22歳以下の者。※2 中国・四国地域の住民あるいは高校出身で、中国・四国地域で地域医療に関わる者（保護者を除く）が推薦する者。入学を確約でき、卒業後は本学附属病院または総合医療センター、もしくは指定する臨床研修指定病院で初期臨床研修を含め6年間の研修を行い、中国・四国地域で医療に貢献できる者。※3 鹿児島県霧島市内の住民あるいは高校出身で、同県内で地域医療に関わる者（保護者を除く）が推薦する者。入学を確約でき、卒業後は本学附属病院または総合医療センター、もしくは指定する臨床研修指定病院で初期臨床研修を含め6年間の研修を行い、霧島市で地域医療に貢献できる者。※4 建学の理念、本学附属病院・総合医療センターの病院理念に賛同する医療に関わる者（保護者を除く）が推薦する者。卒業後は本学附属病院または総合医療センター、もしくは指定する臨床研修指定病院で初期臨床研修を含めた6年間の研修を行い、初期臨床研修終了後は特定診療科（救急科、総合診療科、麻酔・集中治療科）のいずれかを自ら選択して後期臨床研修を行い、特定診療科（救急科、総合診療科、麻酔・集中治療科）の医師として医療に貢献できる者。

学校推薦型（付属高等学校）【専願】

募集人員約30名。川崎医科大学附属高等学校を2024年3月卒業見込みの者および2023年3月卒業の者。

編入学

実施しない。

川崎医科大学

2023年度の出題傾向と分析

英語

解答形式▶マーク

（問題の全体難易度）★★☆☆ 標準　（前年との難易度比較）変化なし　（時間に対する分量） 少ない

大問	分野	長文の種類 単語数	内容	出題形式	難易度
1	文法・語法	―	空所補充	選択	★★☆☆
2	読解	人文系 約550語	「感情の伝染」についての長文問題（内容説明・内容一致・空所補充・同意表現選択）	選択	★★☆☆
3	読解	人文系 約850語	「才能より大切なもの」についての長文問題（同意表現選択・内容説明・空所補充・内容一致・語句整序）	選択	★★☆☆

問題形式に変化はないが、22年度は大問1が文法事項に関する内容中心だったが、熟語や定型表現などがやや増えている。大問2・3の長文問題については出題内容に大きな変化がなく、空所補充や同意表現で知識を、内容説明や内容一致で読解力を問われている。対策としては、まずオールインワン系の問題集の文法・語法・熟語の分野を重点的に学習する。読解に関しては500～700語程度の英文を扱った問題集を利用し、段落要約を意識して精読に取り組む。最後に過去問を使って本学特有の選択肢に慣れるとよい。

数学

解答形式▶マーク

（問題の全体難易度）★★☆☆ 標準　（前年との難易度比較）変化なし　（時間に対する分量） 適量

大問	分野		内容	出題形式	難易度
1	三角関数、対数	Ⅱ	最小、不等式、面積	空所補充	★☆☆☆
2	空間ベクトル	B	球と直線の交点、球と平面の接点、四角錐の体積の最大	空所補充	★★☆☆
3	微分法の応用、積分法の応用	Ⅲ	極値、変曲点、積分漸化式、面積	空所補充	★★☆☆

18年度以降、ほぼ同様の難度で標準的な問題が出題されている。23年度は大問Ⅲのみが数学Ⅲからの出題だったが、全問に数学Ⅲの内容が含まれる年度もある。また、典型問題そのままの問題が多い年度もあれば、誘導に従い典型問題の考え方を組み合わせて解く総合的な問題が出題される年度もある。難問ではないが誘導に乗りにくいものもあり、高い順応性も要求されている。相当量の計算が必要な問題もあり、正確な計算力も求められている。なお、マークの形式が独特なので注意が必要。

化学

解答形式▶マーク

（問題の全体難易度）★★☆☆ 標準　（前年との難易度比較） 変化なし　（時間に対する分量）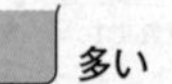 多い

大問	分野	内容	出題形式	難易度
1	理論	共有電子対数、物質量比、液性、酸化還元反応、溶液調製、中和滴定	空所補充・選択	★☆☆☆
2	理論・無機	結晶格子、浸透圧、燃焼熱、電気分解時間、鉛蓄電池、反応速度、緩衝液、石灰水、ハロゲン、錯イオン	空所補充・選択	★★☆☆
3	有機	芳香族の反応性と異性体、グリプタル樹脂、アセチルサリチル酸、酵素、アセチル化反応	空所補充・選択	★★☆☆

大問3題。大問1は化学基礎メイン6問、大問2は化学メイン10問（理論7問、無機3問）、大問3で有機3問だった。22年度と同様、小問形式。正誤問題では複数選択形式もある。基本～標準問題が多いので、ケアレスミスに気をつけよう。化学用語、物質の性質、濃度や質量の計算、構造式が頻出だ。天然高分子化合物では糖類、合成高分子化合物では繊維やゴムの出題に気をつけよう。マーク式問題集や過去問で正誤問題と計算問題を鍛えておこう。

生物

解答形式▶マーク

問題の全体難易度 ★☆☆☆ 易　前年との難易度比較 ➡ 変化なし　時間に対する分量  少ない

大問	分野		内容	出題形式	難易度
1	生物と遺伝子、生命現象と物質	生物、生物基礎	細胞、細胞骨格、細胞接着、細胞分画法	選択	★★☆☆
2	生殖と発生、生物の環境応答、多様性と生態系	生物、生物基礎	ウニの発生、動物の行動、生態系	選択	★☆☆☆

22年度と同様に大問2題構成でマーク式。特に関係のない分野の問題を複数集めて一つの大問となっており、結果的に出題される分野が幅広くなっている。また、基本的な知識を問う問題が多いため、苦手な分野を作らないようにして、幅広く正確な知識をつけなければならない。ケアレスミスにも十分気をつけて解く必要がある。難問ではないが、データ処理が必要な考察問題もほぼ毎年出題されているので、過去問で演習しておこう。

物理

解答形式▶マーク

問題の全体難易度 ★★☆☆ 標準　前年との難易度比較 ➡ 変化なし　時間に対する分量 適量

大問	分野	内容	出題形式	難易度
1	力学	斜方投射、衝突	選択	★★☆☆
2	力学	単振動、重心の運動	選択	★★☆☆
3	波動	回折格子、ドップラー効果、屈折の法則	選択	★★☆☆
4	電磁気	直流回路（抵抗、コンデンサー、コイル）、電気振動	選択	★★☆☆

例年、基本～標準レベルの問題が多く、取りこぼさないことが重要。どの分野も初歩的なミスをしないよう対策をしていきたい。原子はよく出題されており、過去には受験生があまり慣れていない素粒子の知識を問う問題が出題されたこともあった。また、数列の考え方を用いて解く問題が出題されたことがあるので、過去問を解いて対策をしておきたい。

小論文

年度／内容	字数／時間
2023 福澤諭吉著、齋藤孝訳『現代語訳 学問のすすめ』の抜粋文を読み、自分の考えを述べる。	800字 50分
2022 田辺俊介著『外国人へのまなざしと政治意識』の抜粋文と「地域共生社会とは」の図を見て、「共生社会」について考えを述べる。	800字 50分
2021 青山拓央著『時間と自由意志ー自由は存在するか』の抜粋文を読み、筆者の主張について自分の考えを述べる。	800字 50分
2020 松田雄馬著『人工知能はなぜ椅子に座れないのか』を読み、下線部の「生命知」について、医学分野ではどのようなことが考えられるかを述べる。	800字 50分

面接

形式	所要時間	面接の進行と質問内容
個人面接	10分	※当日事前アンケートあり（共通テストの点数、併願校） □1年間の寮生活について（規則の確認、経験はあるか、大丈夫か） □本学志望理由 □興味のある診療科、希望する診療科 □理想の医師像 □医師の偏在と原因、解決策 □チーム医療とは何か。都会と地方のチーム医療の違い □国語は得意か、入学後は論文などを読む際に必要だが、国語力の改善はどのようにすればよいか □グループでの経験の有無、リーダーシップをとった経験の有無 □コロナウイルスが社会に与えた影響、あなたに与えた影響、友人関係の変化 □AIはコロナウイルスに対してどのように役立ったか □女性が医師になることについて □自己PR
面接会場の配置 面接官＝3名 受験生＝1名		

久留米大学

入試に関する問合せ先

入試課／〒839-8502　福岡県久留米市御井町1635
☎0942-44-2160　https://www.kurume-u.ac.jp/

募集要項の請求方法

①大学のホームページ
※募集要項は紙媒体による配布を行わず、大学ホームページに掲載予定。

一般選抜ネット出願 必須

DATA

●**学部所在地**　〒830-0011　福岡県久留米市旭町67
●**アクセス**　JR鹿児島本線久留米駅・西鉄天神大牟田線西鉄久留米駅から大学病院方面行バスで医学部前下車。
●**学部学科・定員**　医学部＝医学科115(認可申請中含む)
●**大学院**　医学研究科＝修士課程：医科学専攻　博士課程：生理系専攻、病理系専攻、社会医学系専攻、個別最適医療系専攻
●**おもな付属施設**　大学病院、久留米大学医療センター、分子生命科学研究所、先端癌治療研究センター、循環器病研究所、高次脳疾患研究所など。
●**沿革**　昭和3年創設の九州医学専門学校が前身。昭和21年に旧制の久留米医科大学となり、昭和27年に久留米大学医学部となった。

創立90年余りの歴史を背景に、最高水準のスタッフと最新鋭の設備による現代医学の最先端教育と人間形成を実践しています。「時代や社会、そして地域の多様なニーズに対応できる実践的でヒューマニズムに富む医師を育成するとともに、高水準の医療や最先端の研究を推進する人材の育成」を教育目的とし、6年間一貫教育のカリキュラムで編成している。また、学生一人ひとりの体得を促すため医療現場での教育を重視し、全人医療を推進する医師としての心構えを培っていることが特徴である。その例として、医師を目指す者として必須の内容を明確にし、精選された基本的内容を重点的に履修する教育課程（コア・カリキュラム）の導入、協同学習教育の実施（問題解決型グループ学習）、OSCE（客観的臨床能力評価）の実施、臨床医学の実際を学ぶクリニカル・クラークシップなど特徴あるカリキュラムも充実しています。

●医師国家試験合格率推移

年＼区分	総計	新卒	既卒
2023	92.3%	100.0%	64.3%
2022	77.8%	85.7%	50.0%
2021	77.8%	84.8%	43.5%
2020	84.4%	87.8%	56.3%
2019	87.5%	88.8%	80.0%

●学納金（2024年度）

初年度 …… 9,313,000円
内訳　入学金 …… 1,000,000円
　授業料 …… 2,700,000円
　施設拡充維持料 1,500,000円
　教育充実料 …… 4,000,000円
　その他の費用（委託徴収金）113,000円

6年間の総額 …… 36,378,000円

※2年次の教育充実料は2,000,000円、3年次以降は1,000,000円。（2年次学納金6,213,000円、3年次以降学納金5,213,000円）

●寄付金・学債

入学後、任意の寄付金を募集する。

●学納金関連情報

福岡県特別枠推薦型選抜の入学者には、福岡県から返還免除のある奨学金（月額10万円を6年間）が支給される。ほかに久留米大学奨学金（貸与）、久留米大学給付奨学金、日本学生支援機構奨学金などがある。

2023年度入試DATA

●志願・合格状況

区分	募集人員	志願者	受験者	1次合格者	2次受験者	正規合格者	補欠者	繰上合格者	総合格者	志願者合格倍率	入学者
一般選抜前期	約75	1279	1183	351	302	130	非公表	34	164	7.8	116
一般選抜後期	約5	609	519	48	45	5	非公表	0	5	121.8	
学校推薦	約10	68	68	—	—	10	—	—	10	6.8	
久留米大学特別枠推薦	約20	107	107	—	—	20	—	—	20	5.4	
福岡県特別枠推薦	5	32	32	—	—	5	—	—	5	6.4	

●合格得点（正規合格者）

区分	満点	合格最高点 得点	合格最高点 得点率	合格最低点 得点	合格最低点 得点率
一般選抜前期	500	非公表	—	319	64%
一般選抜後期	500	非公表	—	351	70%
学校推薦	300	非公表	—	非公表	—
地域枠推薦	300	非公表	—	非公表	—
福岡県特別枠推薦	300	非公表	—	非公表	—

●志願者合格倍率の推移

一般選抜後期：78.8　188.2　76.4　130.0　121.8
福岡県特別枠：27.5　18.4
一般選抜前期：10.6　13.0　13.2　10.5　7.8
（2019　2020　2021　2022　2023）

●正規合格者の現既別内訳

既卒 84.6%　現役 15.4%
・1浪 36.9%
・2浪 28.5%
・3浪その他 19.2%

※一般選抜前期のみ。

●正規合格者の男女別内訳

※一般選抜前期のみ。

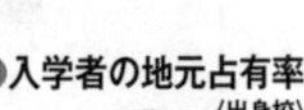

福岡県 31名
その他 85名

●一般選抜志願者数の推移

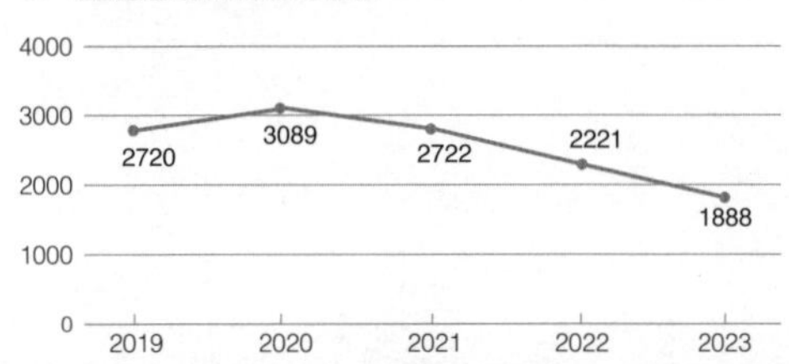

※2020年度までは福岡県特別枠も含む。

2024年度 選抜要項

●募集人員 医学科 ※認可申請中。

一般選抜前期	一般選抜後期	学校推薦型選抜			自己推薦型選抜
		学校推薦(一般A)	久留米大学特別枠	福岡県特別枠	
約75名	約5名	約8名	約20名	5名※	約2名

■ボーダー偏差値

一般枠(前期)
65.0

一般選抜

●試験日程 インターネット出願登録+書類提出

区分		出願期間	試験	合格発表	手続締切	辞退締切
一般選抜前期	1次試験	12/11(月)～1/11(木)	2/1(木)	2/7(水)10:00※1 ネット	―	―
	2次試験		2/13(火)	2/21(水)10:00※1 ネット	2/29(木)※2	3/31(日)
一般選抜後期	1次試験	2/6(火)～2/26(月)	3/8(金)	3/12(火)10:00※1 ネット	―	―
	2次試験		3/16(土)	3/19(火)10:00※1 ネット	3/25(月)	3/31(日)

※1 インターネットによる合格発表は、受験ポータルサイトUCARO。※2 入学申込(入学金納入)の締切日。入学手続の締切日は3/21(木)。

☞繰上合格について

2次試験合格者と同時に繰上合格候補者(補欠者)も発表(合格照会システム)。欠員が生じた場合、繰上合格候補者の順位に従い順次合格者を決定し、電話にて入学意思を確認のうえ、合格通知を行う。

補欠者発表方法	補欠順位	繰上合格通知方法
ネット	あり	TEL

●入試科目

区分		教科・科目	配点		解答時間
一般選抜前期・一般選抜後期	1次試験	外国語＝コ英ⅠⅡⅢ・英表ⅠⅡ	100点	計400点	90分
		数学＝数ⅠⅡⅢAB(列べ)	100点		90分
		理科＝化基・化、生基・生、物基・物→2	200点		120分
	2次試験	小論文	50点	計100点	60分
		面接	50点		―

☞合否判定　1次試験の合格者に2次試験を課す。学科試験は総得点で判定する。

☞受験料　前期・後期・推薦・自己推薦60,000円　学校推薦併願は90,000円

☞試験会場　※試験地の希望は出願書類の受付順。東京会場の希望受験者数が収容人数(約1,000名)を超えた場合、超過分は本学での受験となる。

区分		都市名	会場名	所在地
一般選抜前期	1次	本学御井キャンパス		福岡県久留米市御井町1635
		東京	ベルサール汐留	東京都中央区銀座8-21-1
	2次	本学御井キャンパス		福岡県久留米市御井町1635
一般選抜後期	1次	本学御井キャンパス		福岡県久留米市御井町1635
	2次	本学旭町キャンパス		福岡県久留米市旭町67
学校推薦型選抜(学校推薦(一般)・久留米大学特別枠・福岡県特別枠)、自己推薦型選抜		本学旭町キャンパス		福岡県久留米市旭町67

information

3種類の学校推薦型選抜では、各選抜同士の併願が可能(ただし合格はいずれか一つのみ)で、その際には受験料の割引も適用される。また久留米大学特別枠と福岡県特別枠では、現役・1浪に加えて2浪も出願が可能となっている。

学校推薦型選抜 インターネット出願登録+書類提出

区分	募集人員	試験日程				推薦条件	選考方法
		出願期間	選考日	合格発表	手続締切		
学校推薦(一般A)	約8名	11/1～11/8	11/18	12/1	12/19	※1	書類選考、基礎学力テスト(英語・数学)、小論文、面接
久留米大学特別枠	約20名					※2	
福岡県特別枠	5名					※3	

※1 本学に学ぶことを熱望し、人物・学業ともに優秀であり、入学後の能力向上が期待でき、高等学校長が推薦した者で現役・1浪。
※2 本学を卒業後、久留米大学病院または久留米大学医療センターで臨床研修(2年)を行い、臨床研修終了後は前記いずれかの病院に4年間勤務することを誓約し、高等学校長が推薦した者で現役・1浪・2浪。
※3 福岡県内に住所を有する者または、県内の高等学校等を卒業・卒業見込みの者か、県外に住所を有する者は、その者の親権者または後見人が県内に住所を有している者。将来、県内の病院および診療所の外科、小児科、産婦人科、救急科、麻酔科および総合診療のいずれかで勤務する意思を有する者で現役・1浪・2浪。

自己推薦型選抜

約2名募集。4年制以上の国内の大学(理系学部)を卒業後3年以内の者(学士)および卒業見込みの者で、入学時満25歳以下の者で専願者が対象。6年制大学(歯・薬学部)の場合は満27歳以下の者で専願者が対象。

総合型選抜

実施しない。

編入学

実施しない。

久留米大学

2023年度の出題傾向と分析

英語(前期)

解答形式▶記述／マーク

問題の全体難易度 ★★☆☆ 標準　前年との難易度比較  変化なし　時間に対する分量  適量

大問	分野	長文の種類 単語数	内容	出題形式	難易度
1	語彙	ー	空所補充	選択	★★★☆
2	読解	ー	不適文削除	選択	★★☆☆
3	読解	社会・科学系 約500語	「2050年までのアメリカ合衆国の海岸線の海面上昇」についての長文問題(語句整序)	選択	★★☆☆
4	読解	社会系 約450語	「アイルランドの守秘義務に関する問題」についての長文問題(空所補充・内容一致)	選択	★★☆☆
5	読解	医療系 約750語	「外傷性脳損傷」についての長文問題(内容一致)	選択	★★☆☆
6-1	英作文	ー	「シェア型書店の広がり」についての和文の英語での要約	記述	★★☆☆
6-2	読解	人文系 約100語	「ヨーロッパ最古の都市」についての英文の日本語での要約	記述	★★☆☆

出題形式は22年度と同形式。大問1の語彙に関する空所補充がやや難化したが、全体の難度に影響はない。例年通り、高い語彙力を要求する問いが多いため、一般的な単語集を1冊終えただけでは完全には対応できない。そのため、最低でも英検準1級レベルの単語集を追加で覚えておくとよい。読解は内容一致中心の出題のため、段落要約を心がけて学習する。これは大問6の要約問題にも応用できるため必須。大問3の語句整序は例年難しいので過去問で十分練習を積んでおく。

数学(前期)

解答形式▶マーク

問題の全体難易度 ★★☆☆ 標準　前年との難易度比較 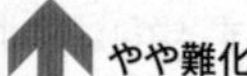 やや難化　時間に対する分量  適量

大問	分野		内容	出題形式	難易度
1	平面ベクトル	B	内積の値域、絶対値の最大・最小	空所補充	★★☆☆
2	確率	A	サイコロの目による得点の確率	空所補充	★★☆☆
3	数列	B	格子点の個数	空所補充	★★☆☆
4	図形の性質	A	方べきの定理、メネラウスの定理	空所補充	★★☆☆
5	積分法の応用	Ⅲ	積分方程式	空所補充	★★☆☆

例年は典型問題や入試問題に取り組んでいると見かけるだろう問題が多く並ぶが、23年度はそのような問題が見られなかった。試験時間に対して問題数が少なく難度も高くないので高得点が必要。定積分の計算、場合の数、確率、図形と方程式が頻出。積分法や場合の数、確率を中心に参考書の例題を素早く確実に解けるように繰り返し練習するとよい。答えのみを記入する形式で、解きやすい問題が多いので計算ミスは致命的と言える。解法がわかっているものは何度も見直し確実に得点すること。

化学(前期)

解答形式▶記述

問題の全体難易度 ★☆☆☆ 易　前年との難易度比較 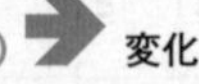 変化なし　時間に対する分量  適量

大問	分野	内容	出題形式	難易度
1	小問集合5問	気体の密度、溶液調製、凝固点降下度、ニンヒドリン反応、不斉炭素原子	選択・記述	★☆☆☆
2	理論	熱化学方程式、圧平衡定数、気体の存在率、製法名、電離定数、pH	記述	★★☆☆
3	無機	12族元素(亜鉛，水銀)の性質	記述	★☆☆☆
4	有機	エステルの加水分解と構造決定、検出反応、還元性	選択・記述	★☆☆☆

大問4題。大問1は小問5問形式。知識・計算だけでなく、易しめだが、理由説明やグラフ描図などの出題があって論述・記述力が必要とされた。計算問題の有効数字指定に注意しよう。前期の受験対策でも後期の過去問が参考になる。また大阪医科薬科大や愛知医科大などの過去問も活用できる。高分子化合物の出題は大問レベルではほとんどなかったため、今後の出題の可能性に備えて、準備をしておくとよいだろう。

生物（前期）

解答形式▶記述

問題の全体難易度 ★★★☆ やや難　前年との難易度比較  やや難化　時間に対する分量  適量

大問	分野		内容	出題形式	難易度
1	生殖と発生	生物	キメラマウス	記述	★★★☆
2	生物の進化と系統、生命現象と物質、生態と環境、多様性と生態系	生物、生物基礎	地衣類、細菌の光合成、相互作用、植生の遷移	空所補充・選択・記述	★★☆☆
3	生殖と発生	生物	ウニの受精	空所補充・記述	★★☆☆
4	生命現象と物質、体内環境の維持	生物、生物基礎	遺伝情報の発現、免疫	空所補充・記述	★★★☆

22年度と同様に大問4題構成の記述式。時間内に解答できる問題量ではあるが、普段の学習では手薄になりがちな分野が多く出題されていたので、解きにくい問題が多かった。論述問題は毎年出題され、25～100字の間で指定される場合が多い。23年度は50字、25字、100字、100字の4問が出題された。基礎的な知識論述問題から考察問題まで幅広く出題される。限られた字数でコンパクトにまとめる練習をしておく必要がある。

物理（前期）

解答形式▶記述

問題の全体難易度 ★★☆☆ 標準　前年との難易度比較 変化なし　時間に対する分量  適量

大問	分野	内容	出題形式	難易度
1	力学	単振動、万有引力（重力トンネル）	記述	★★☆☆
2	波動	マイケルソン干渉計	記述	★★☆☆
3	電磁気	電流の作る磁場	記述	★★☆☆

力学と電磁気は必ず出題され、残りは波動、熱のいずれかから1題となっている。21年度までは合格者の平均得点率が9割前後ある年度もあり、全体的に易しい問題が多かった。22年度以降は難度が上がったが、それでも基本～標準レベルの典型問題の出題がほとんどで、丁寧に解いて高得点を目指したい。また、過去にはグラフを描かせる問題や、理由を含めて解答させる問題、SI国際単位系による単位の記述を要求する設問が多く見られた。過去問で慣れておく必要がある。

小論文

年度／内容	字数／時間
2023 (前期)「医師に必要な資質や適性とは何か」 (後期)「新型コロナウイルス感染症が高齢社会へ与えた影響とその対応について」	800字 60分
2022 (前期)「人工知能(AI)の医療への応用について」 (後期)「新型コロナウイルス感染拡大が日本の医療に与えた影響について」	800字 60分
2021 (前期)「コロナ禍における医療崩壊を防ぐためにあなたが必要だと思うこと」 (後期)「我が国の予防医療について」	800字 60分
2020 (前期)「我が国の再生医療について」 (後期)「終末期医療のあり方について」	800字 60分

面接

形式	所要時間	面接の進行と質問内容
個人面接	10分	□医師志望理由 □本学志望理由 □理想の医師像 □医師に必要なこと □地域医療について □大学入学後にやりたいこと □高校生活で一番頑張ったこと □絵を見て何を思うか(2人の子供が、真ん中の男性の服を引っ張っている)

面接会場の配置

面接官＝3名
受験生＝1名

感染症等に伴う特別対応や追試験については、各大学のホームページで最新情報をご確認ください。

最新の入試情報をCHECK ▶ 医学部受験ラボ

福岡県

産業医科大学

入試に関する問合せ先

入試事務室／〒807-8555 福岡県北九州市八幡西区医生ケ丘1-1
☎093-691-7295 https://www.uoeh-u.ac.jp/

募集要項の請求方法

①大学のホームページ
※詳細は大学のホームページに掲載。

全選抜ネット出願 必須

DATA

●学部所在地 問合せ先に同じ。
●アクセス JR鹿児島本線・筑豊本線 折尾駅5番乗り場からバスで産業医科大学病院入口下車。
●学部学科・定員 医学部=医学科105
●大学院 医学研究科=医学専攻、産業衛生学専攻、看護学専攻
●おもな付属施設 大学病院、産業生態科学研究所、産業医実務研修センターなど。
●沿革 昭和53年に開学した。

働く人々の病気の予防と健康の増進に寄与する「産業医を養成する」という明確な目的で設立された、日本で唯一の大学です。最大の特色は、医師になるための医学教育とともに産業医の資格を得るための産業医学教育も同時に6年間で行うこと。卒業直後に産業医の資格を取得することができ、卒後教育として「産業医学卒後修練課程」も開設しています。1年次からの基礎医学教育の実施により、医学への動機づけを早期から行うとともに、3年次の研究室配属により、研究意欲も育成していきます。また、従来型の一般教育を改革した医学的色彩の濃い総合教育を実施します。総合教育セミナーにより、自主学習および対話型教育を行います。さらに1年次から6年次まで、系統的な産業医学教育を実施し、これを基本方針としたさまざまな科目での講義や実習を行い、通常の医学教育はもとより、本学の目的である産業医学の振興と優れた産業医の養成につなげています。

●医師国家試験合格率推移

年＼区分	総計	新卒	既卒
2023	98.0%	97.9%	100%
2022	94.3%	94.2%	100%
2021	96.6%	96.6%	—
2020	100%	100%	100%
2019	88.4%	89.6%	66.7%

●学納金(2024年度)

初年度 6,122,800円
内訳 入学金 1,000,000円
授業料 3,115,000円
実験実習費 500,000円
施設設備費 1,300,000円
その他の費用 207,800円

6年間の総額 30,697,800円

●寄付金・学債

特になし

●学納金関連情報

奨学金制度として医学部全学生に貸与される医学部修学資金貸与制度がある。ほかに授業料免除制度、開学40周年記念奨学給付制度がある。

2023年度入試DATA

●志願・合格状況

区分	募集人員	志願者	受験者	1次合格者	2次受験者	正規合格者	補欠者	繰上合格者	総合格者	志願者合格倍率	入学者
一般選抜	約80	1315	1094	424※1	168※2	80	非公表	18	98	13.4	80
学校推薦型選抜	25以内	100	100	—	—	25	—	0	25	4.0	25

※1 共通テストと2次学力検査合格者。※2 小論文・面接受験者。

●合格得点(総合格者)

区分		満点	合格最高点		合格最低点	
			得点	得点率	得点	得点率
一般選抜	共通テスト	300	非公表	—	189	63%
	2次学力試験	600	非公表	—	325	54%
	小論文	50	非公表	—	22	44%
	総合点	950	非公表	—	606	64%
学校推薦型選抜		非公表	非公表	—	非公表	—

●志願者合格倍率の推移

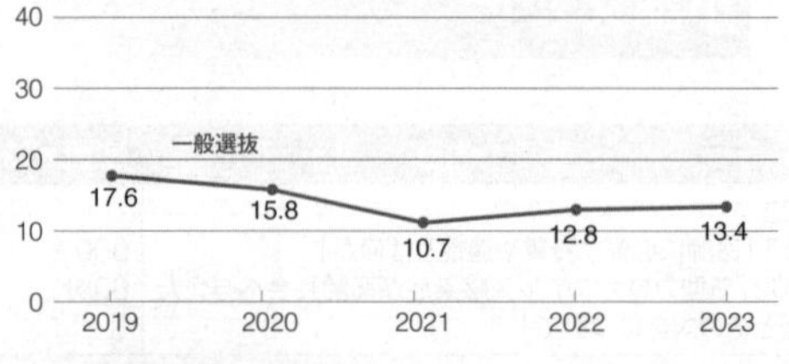

●一般選抜志願者数の推移

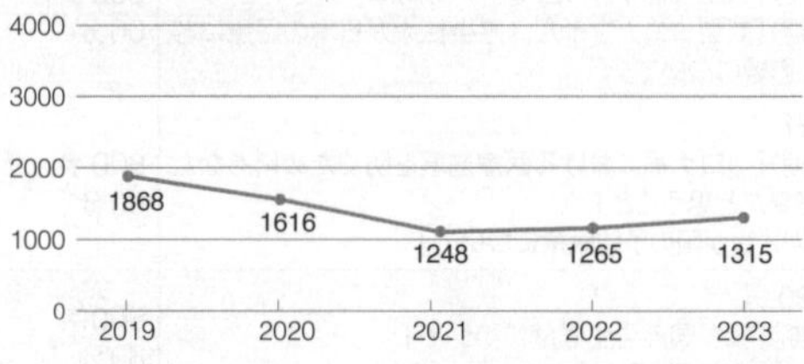

●入学者の現既別内訳

●入学者の男女別内訳

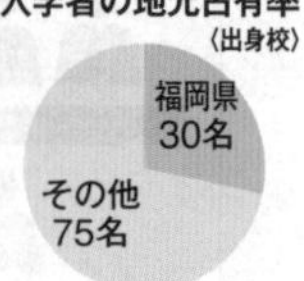

●入学者の地元占有率(出身校)

福岡県 30名
その他 75名

2024年度 選抜要項

●募集人員 （医学科）

一般選抜（共通テスト利用）	学校推薦型選抜	総合型選抜
約70名※	25名以内	10名以内

※内訳はA方式約60名、B方式5名以内、C方式5名以内。B方式は共通テスト利用なし。

■ボーダー偏差値 ■共テボーダー得点率

一般 A方式	一般 B方式	共テ枠（A方式）
67.5		82%

一般選抜

●試験日程 インターネット出願登録＋書類提出

※1 大学入試センターへ出願する。

区分				出願期間	試験	合格発表	手続締切	辞退締切
一般選抜	A	1次試験	共通テスト	9/25(月)~10/5(木)※1	1/13(土)・14(日)	—	—	—
		2次試験	学力検査	12／1(金)～1／12(金)※2	2／12(月)	2／26(月) 16:00頃 掲示 HP 郵便	—	—
			小論文・面接		3／12(火)	3／19(火) 16:00頃 掲示 HP 郵便	3／25(月)※4	非公表
	B	1次試験	学力検査	12／1(金)～1／19(金)※2	2／12(月)	2／26(月) 16:00頃 掲示 HP 郵便	—	—
		2次試験	小論文・面接		3／12(火)	3／19(火) 16:00頃 掲示 HP 郵便	3／25(月)※4	非公表
	C	1次試験	共通テスト	9/25(月)~10/5(木)※1	1/13(土)・14(日)	3／5(火) 16:00頃 掲示 HP 郵便	—	—
		2次試験	小論文・面接	2/19(月)~2/29(木)※3	3／12(火)	3／19(火) 16:00頃 掲示 HP 郵便	3／25(月)※4	非公表

※2 消印有効。※3 締切日必着。※4 手続期間は3／22、3／25の2日間のみ。

☞繰上合格について

入学手続締切日において募集人員に満たない場合、追加合格（繰上合格）を行う。また、追加合格によっても募集人員に満たない場合は、第2次募集を実施することがある。

補欠者発表方法	補欠順位	繰上合格通知方法
掲示 HP 郵便	なし	TEL

●入試科目

区分			教科・科目	配点		解答時間
一般選抜 A/C	1次試験	共通テスト	外国語＝英（R：L＝4：1）	60点/200点	計300/900点	80分 L60分(解30分)
			数学＝数ⅠA、数ⅡB	60点/200点		数ⅠA70分 数ⅡB60分
			理科＝化、生、物→2	80点/200点		各60分
			国語＝国	60点/200点		80分
			地歴・公民＝世B、日B、地B、現社、倫、政経、倫政経→1※1	40点/100点		60分
一般選抜 A/B※2/C※3	2次試験※2※3	学力検査	外国語＝コ英ⅠⅡⅢ・英表ⅠⅡ	200点	計600点	100分
			数学＝数ⅠⅡⅢAB(列べ)	200点		100分
			理科＝化基・化、生基・生、物基・物→2	200点		100分
		小論文・面接	小論文	50点	計50点	120分
			面接＝個人面接	重視		約20分

※1 共通テストの地歴・公民について2科目を受験している場合は、第1解答科目の得点を用いる。※2 一般選抜Bは1次試験として学力検査を受験する。※3 一般選抜Cは2次試験として小論文・面接のみを受験する。

☞合否判定　一般A:共通テストと2次学力検査により小論文・面接受験資格者約400名を決定する。小論文・面接、1次・2次学力検査の成績・調査書等を総合して判定する。志願者が募集人員の40倍を超えた場合には、1次試験（共通テスト）の成績により第1段階選抜を行うことがある。一般B:1次学力検査により小論文・面接受験資格者20名以内を決定する。小論文・面接、1次学力検査の成績、調査書等を総合して判定する。一般C:共通テストで指定する教科・科目の合計得点率が80%以上である者のうち、成績上位から小論文・面接受験資格者20名以内を決定する。共通テストと小論文・面接の成績・評価、調査書等を総合して判定する。

☞受験料　総合型選抜、学校推薦型選抜、一般選抜A・B60,000円、一般選抜C40,000円、一般C以外での併願:2方式110,000円、3方式160,000円、4方式210,000円。一般Cを含む併願:2方式90,000円、3方式140,000円、4方式190,000円、5方式240,000円。

☞試験会場

区分	都市名	会場名	所在地
1次/2次学力検査※	北九州	西日本総合展示場	福岡県北九州市小倉北区浅野 3-8-1
	東京	ベルサール汐留	東京都中央区銀座 8-21-1 住友不動産汐留浜離宮ビル
2次小論文・面接	本学キャンパス		福岡県北九州市八幡西区医生ヶ丘 1-1

※一般選抜Cを除く。

学校推薦型選抜

区分		募集人員	試験日程 出願期間	選考日	合格発表	手続締切	推薦条件	選考方法
3ブロック［25名以内］	Aブロック※1	20名以内	11／1～11／7	12／6	12／15	12／21	※4	書類審査、総合問題、面接（共通テストを免除）
	Bブロック※2	20名以内						
	Cブロック※3	20名以内						

※1 北海道・東北・関東甲信越・静岡　※2 北陸・東海（静岡を除く）・近畿・中国・四国　※3 九州・沖縄

※4 調査書の全体の学習成績の状況か各教科の学習成績の状況（①国・数・理・社・英の平均値②数・理・英の平均値）のいずれかが4.3以上の現役・1浪で、高等学校長または中等教育学校長が「将来医師になり、働く人々の病気の予防と健康の増進に貢献する人物」として専願で推薦でき、合格した場合は、入学を確約できる者。既卒の場合、卒業前に受験した共通テストでの合計得点が、指定する教科・科目において80%以上も推薦対象となる。学校長が推薦し得る1校あたりの人員に制限はない。

総合型選抜

区分	募集人員	試験日程 出願期間	選考日	合格発表	手続締切	出願条件	選考方法
総合型選抜（ラマツィーニ選抜）	10名以内	10／1～10／28	プレゼンテーション11／25 共通テスト（1／13・14）	1次：12／1 2次：2／16	2／26	※1	書類選考、プレゼンテーション試験※2、共通テスト※3

※1 高等学校または中等教育学校等を2022年4月1日以降に卒業した者および2024年3月卒業見込みの者（1浪または現役）。合格した場合、本人および保護者が入学を確約できる者。※2 自己推薦文および発表資料作成、発表・質疑応答。※3 本学が指定する3教科（数学、理科、外国語）の得点が80%以上の者を合格者とする。

編入学

実施しない。

産業医科大学

2023年度の出題傾向と分析

英語

解答形式▶記述

問題の全体難易度 ★★☆☆ 標準　前年との難易度比較 変化なし　時間に対する分量 適量

大問	分野	長文の種類 単語数	内容	出題形式	難易度
1	読解	物語系 約300語	「置き忘れられたキリンのぬいぐるみ」についての長文問題(空所補充)	記述	★★☆☆
2	読解	社会系 約650語	「労働時間を減らした結果、より稼ぐようになったパトリック」についての長文問題(文補充・英文和訳・内容説明・空所補充・内容真偽)	記述	★★☆☆
3	読解	科学系 約900語	「長生きするために協力しあう木々」についての長文問題(同意表現・英文和訳・内容説明・内容真偽)	記述	★★☆☆
4	英作文	ー	「この世からインターネットがなくなったら」についての100語程度の自由英作文	記述	★★☆☆

読解問題3題、自由英作文1題という構成に変化はない。読解問題1題は空所補充のみの出題で、残り2題は主に和訳・内容説明・内容真偽が出題される。自由英作文は毎年100語程度。大問1の空所補充対策としては、まず選択式の問題演習から始め、熊本大などの記述式へと移行する。大問2・3の読解問題対策は国公立2次対策問題集を利用する。大問4の自由英作文は、他大学のテーマで100語程度の英文を書く練習をする。最後に本学の過去問を3～5年分演習するとよい。

数学

解答形式▶記述

問題の全体難易度 ★☆☆☆ 易　前年との難易度比較 やや易化　時間に対する分量 適量

大問	分野		内容	出題形式	難易度
1	数と式	Ⅰ	単位計算	空所補充	★☆☆☆
2	図形と計量、空間ベクトル、微分法の応用	Ⅰ、B、Ⅲ	距離の2乗和の最小、平面が線分を内分する比の値、直円錐の外接球の半径の最小、外接円と内接円の半径の比	空所補充	★☆☆☆
3	数と式	Ⅰ	有理化	記述	★☆☆☆
	複素数平面	Ⅲ	三角形の面積比	記述	★★☆☆
	数列	B	部分分数分解による数列の和	記述	★☆☆☆
	整数の性質	A	2整数の公約数の和	記述	★☆☆☆
	場合の数	A	4つの箱に6つの食器の入れ方	記述	★☆☆☆
	複素数平面	Ⅲ	回転した点の距離	記述	★☆☆☆
	三角関数	Ⅲ	3倍角の公式	記述	★☆☆☆
	微分法	Ⅱ	3次方程式が2つの負の解と1つの正の解をもつ条件	記述	★☆☆☆
	平面上の曲線	Ⅲ	2曲線の共有点の個数	記述	★☆☆☆
	積分法の応用	Ⅲ	部分積分	記述	★☆☆☆
4	空間ベクトル	B	ベクトルのなす角	記述	★★☆☆

大問1の空所補充は3年連続で医学を基にして問題文が作られており、戸惑う受験生もいたかもしれないが、理科のような単位変換をするだけ。大問2・3・4は2年前に易化して以降、難度に大きな差はない。過去には離心率やオイラー線などの知識を必要とする出題もあったため、解ける問題から確実に解く姿勢も大切だ。数学Ⅲは誘導なしでは難しい問題や計算が面倒な問題も含まれていることも多い。定積分の計算はこれまでも頻出。問題演習に取り組む際には、計算を工夫したり別解を考えるなどして、計算力・思考力を養っておくとよいだろう。

化学

解答形式▶記述

問題の全体難易度 ★☆☆☆ 易　前年との難易度比較 変化なし　時間に対する分量 適量

大問	分野	内容	出題形式	難易度
1	理論・無機	ハーバー・ボッシュ法、熱化学方程式、結合エネルギー、論述(30字以内)、水素生成の電気量	記述	★★☆☆
2	理論・有機	エステルの反応速度、ヨードホルム反応、滴定曲線	記述	★☆☆☆
3	理論・有機	糖の構造式と名称、イヌリンの質量、浸透圧	記述	★☆☆☆

大問3題で、20年度以降続くスタイル。2科目100分のため、解きやすい問題から取り組むことが大切だ。大問1では、次世代燃料としてアンモニアが扱われていた。化学に関する新しい話題も把握しておこう。計算問題では有効数字(23年度は整数指定以外、すべて有効数字2桁)、有機では構造式の記入例に気をつけよう。過去問にも良問が多いので、ぜひ取り組んでおこう。特に定量問題、工業的製法、環境に関する問題にも注意が必要だ。

生物

解答形式▶記述

問題の全体難易度 ★★★☆ やや難　前年との難易度比較  やや難化　時間に対する分量  多い

大問	分野		内容	出題形式	難易度
1	生命現象と物質、体内環境の維持	生物、生物基礎	テロメア、免疫	空所補充・記述	★★★☆
2	生物と遺伝子、生命現象と物質	生物	形質転換、遺伝子組み換え	空所補充・選択・記述	★★☆☆
3	体内環境の維持	生物基礎	肝臓	空所補充・選択・記述	★★★☆

22年度と同様に大問3題構成の記述式。仕組みを説明させる記述などしっかりとした知識がないと解答できない問題が多いので、中途半端な知識だと正答できない。また、データの読み取り問題は、生物・生物基礎の知識をもとにして考察していくので、知識の使い方をあらかじめ練習しておく必要がある。記述や考察は一人での学習は難しいと思われるので、できれば学習を定期的に見てもらい、書き方や考え方の修正を行っていくことが望ましい。

物理

解答形式▶記述

問題の全体難易度 ★★☆☆ 標準　前年との難易度比較 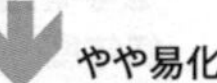 やや易化　時間に対する分量 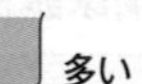 多い

大問	分野	内容	出題形式	難易度
1	熱	気体の変化	記述	★★☆☆
2	力学	剛体にはたらく力のつり合い	記述	★★★☆
3	原子	コンプトン効果	記述	★★☆☆

例年に比べ複雑な設定の問題や、思考力を要する問題が減り、やや易化した。しかし、2科目100分の試験時間を考えると時間的な余裕はあまりない。大問2のように、見かけの複雑な設定の問題が見られる。このような問題のほとんどは、簡単な組み合わせになっていることが多い。誘導に乗れるかが重要と言える。受験生には物理の理解はもちろんのこと、問題文の読解力、計算力が要求される。過去問を解く際には時間配分を意識しながら、確実に解ける問題から先に解く練習をしておきたい。

小論文

年度／内容	字数／時間
2023 [1]産業医科大学医学部のアドミションポリシーにおける「求める学生像」について、この中で、あなたに最もあてはまる項目を1つ選び、その理由を記述する。(アドミションポリシーは問題用紙に記載されている) [2]ジェローム・グループマン著、美沢惠子訳『医者は現場でどう考えるか』の抜粋文を読み、①「ヒューリスティクス」の利点と問題点を述べる②「ヤークス・ドッドソンの法則」が医師の診断に与える影響を図と文章で説明する。	[1]ー [2]①400字 ②ー 120分
2022 [1]内閣府Webサイトからの「Society 5.0」についての抜粋文を読み、①Society5.0がめざす社会を述べる②Society5.0が実現した社会における医師の役割を述べる。 [2]中屋敷均著『科学と非科学 その正体を知る』の抜粋文を読み、①2つの事象に関する法則の違いを述べる②医学における「科学的心理」について述べる。	[1]①200字 ②400字 [2]①ー ②400字 120分
2021 [1]ベルナルディーノ・ラマツィーニ著『働く人の病』の抜粋文を読み、①客観的な裁判をするために必要な情報とその理由を述べる②一連の出来事について自分の考えを述べる。 [2]中山和弘著『ヘルスリテラシーとは女性の健康を決める力』の抜粋文を読み、日常生活における自身のヘルスリテラシーについて自分の考えを述べる。	[1]①ー ②400字 [2]400字 120分

面接

形式	所要時間	面接の進行と質問内容
個人面接	15分	□医師志望理由 □産業医とは何か、産業医の仕事について □修学資金貸与制度とキャリア形成プログラムについて □修学資金制度について □今後の産業医に求められること □ストレス解消法 □反りの合わない同級生との付き合い方 □自己PR ※過去2ヶ年の状況
面接会場の配置 面接官＝3名 受験生＝1名		

感染症等に伴う特別対応や追試験については、各大学のホームページで最新情報をご確認ください。

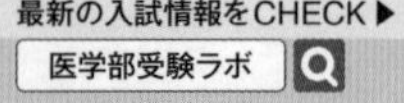

福岡県

福岡大学

入試に関する問合せ先

入学センター／〒814-0180　福岡県福岡市城南区七隈8-19-1
☎092-871-6631　https://www.fukuoka-u.ac.jp

募集要項の請求方法

①入試情報サイト
※募集要項は紙媒体による配布を行わず、入試情報サイトに掲載予定。

一般選抜ネット出願 必須

DATA

●**学部所在地**　〒814-0180　福岡県福岡市城南区七隈7-45-1
●**アクセス**　地下鉄七隈線で福大前駅下車、徒歩約3分。JR博多駅から西鉄バスで約35～45分、福大正門前下車。
●**学部学科・定員**　医学部=医学科110
●**大学院**　医学研究科=（博士）人体生物系専攻、生体制御系専攻、病態構造系専攻、病態機能系専攻、社会医学系専攻、先端医療科学系専攻、（修士）看護学専攻
●**おもな付属施設**　福岡大学病院、福岡大学筑紫病院、福岡大学西新病院、先端分子医学研究所など。
●**沿革**　昭和47年に医学部を設置した。

あらゆる分野に対応できる医療技術と問題解決能力を高める総合教育を実施すると同時に、「人が人を治療する」という医の原点に立ち続け、人間として質の高い医師を育成していきます。そのために、記憶に頼る「つめこみ型」ではなく、「医療教育モデル・コア・カリキュラム」を基本にカリキュラムを作成しています。1年次・2年次は、主に医学と医療の基礎・基本を理解していきます。3年次からは基礎医学と臨床医学を柱とする短期集中・統合教育に取り組み、4年次終了時に行われる「OSCE（客観的臨床能力試験）」と「CBT（コンピュータによる医学知識試験）」につなげていきます。5年次の「BSL（Bed Side Learning）」では、クリニカルクラークシップ方式（診療参加型臨床実習）により実施を行い、医師として不可欠な知識や技能を身につけていきます。6年次は、学びを総点検しながら医師としての基礎的知識を吸収し、国家試験に備えます。

●医師国家試験合格率推移

年＼区分	総計	新卒	既卒
2023	89.0%	91.1%	50.0%
2022	94.1%	97.7%	73.3%
2021	88.1%	91.3%	64.3%
2020	89.1%	93.9%	77.5%
2019	71.9%	75.2%	54.5%

●学納金（2024年度）

初年度 ……………… 8,626,710円
内訳　入学金…………1,000,000円
授業料…………3,912,000円
教育充実費 ………688,000円
特別教育充実費 ‥3,000,000円
その他の費用 ………26,710円

6年間の総額……………37,738,260円
※入学時の教科書代は、別途8～10万円必要。

●寄付金・学債

入学後、任意の寄付金を募集する。

●学納金関連情報

特待生制度（2年次以上給付額30万円）、福岡大学課外活動給費奨学金、福岡大学有信会奨学金（最終学年次生）などがある。

2023年度入試DATA

●志願・合格状況

区分	募集人員	志願者	受験者	1次合格者	2次受験者	正規合格者	補欠者	繰上合格者	総合格者	志願者合格倍率	入学者
一般選抜	65	2127	1920	467	非公表	135	非公表	16	151	14.1	110
共通テスト利用	5	434	432	152	非公表	26	非公表	5	31	14.0	
学校推薦型選抜（A方式）	40※	134	131	—	—	29	—	—	29	4.6	
学校推薦型選抜（地域枠）		38	38	—	—	10	—	—	10	3.8	

※地域枠推薦（10名）の他に付属校推薦（最大8名）を含む。

●合格得点（1次合格者）

区分	満点	合格最高点		合格最低点	
		得点	得点率	得点	得点率
一般選抜	400	348	87%	250	63%
共通テスト利用	700	非公表	—	非公表	—
学校推薦型選抜（A方式）	120	非公表	—	非公表	—
学校推薦型選抜（地域枠）	150	非公表	—	非公表	—

※合格最高点・最低点は1次試験の点数。

●正規合格者の現既別内訳

※一般選抜、共通テスト利用のみ。

●正規合格者の男女別内訳

女 62名
男 99名

※一般選抜、共通テスト利用のみ。

●正規合格者の地元占有率

非公表

●志願者合格倍率の推移

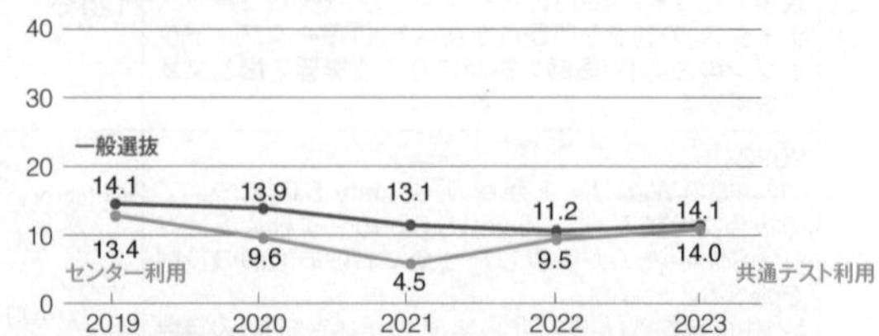

●一般選抜志願者数の推移（センター・共通テスト利用含む）

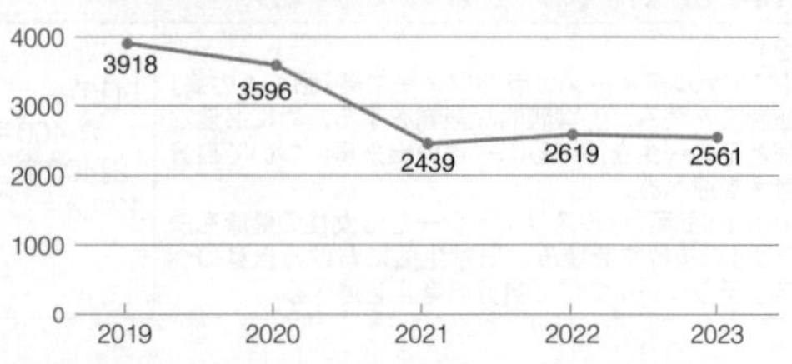

2024年度 選抜要項

●募集人員 （医学科）

一般選抜		学校推薦型選抜
系統別日程	共通テスト利用（Ⅰ期）	A方式
65名	5名	40名※

※地域枠10名、付属校推薦最大8名含む。

■ボーダー偏差値	■共テボーダー得点率
一般枠	共テ枠（Ⅰ期）
62.5	85%

一般選抜

●試験日程 インターネット出願登録＋書類提出

※1 大学入試センターへ出願する。

区分		出願期間	試験	合格発表	手続締切	辞退締切
一般選抜	1次試験	12／21(木)～1／12(金)	2／2(金)	2／8(木) 時間未定※2 ネット 郵便	—	—
	2次試験		2／14(水)	2／22(木) 時間未定※2 ネット 郵便	2/29(木)※3	3／31(日)
大学入学共通テスト利用（Ⅰ期）	共通テスト	9/25(月)～10/5(木)※1	1/13(土)・1/14(日)	2／8(木) 時間未定※2 ネット 郵便	—	—
	2次試験	12／21(木)～1／12(金)	2／14(水)	2／22(木) 時間未定※2 ネット 郵便	2/29(木)※3	3／31(日)

※2 Web合否照会システムで合格発表の確認ができる（1次10：00、2次10：00）。合格者には合格通知書を送付する。
※3 入学申込金締切日。入学手続締切日は3／8。（他大学等を併願している人に限り、期日までに入学申込金を納入し、延納願を提出した場合、入学申込金以外の納入と手続書類の提出を3／22まで延期することができる。）

☞繰上合格について
2次試験合格者と同時に追加合格予定者(補欠者)へ郵送で通知。3／31までに追加合格予定者の中から追加合格者を決定し、本人宛てに郵送または電話にて通知する。

補欠者発表方法	補欠順位	繰上合格通知方法
郵便	あり	TEL 郵便

●入試科目

区分		教科・科目	配点		解答時間
一般選抜（系統別）	1次試験	外国語＝コ英ⅠⅡⅢ・英表ⅠⅡ	100点	計400点	70分
		数学＝数ⅠⅡⅢAB(列ベ)	100点		90分
		理科＝化基･化、生基･生、物基･物→2	各100点		120分
		小論文＝評価は1次選考では使用せず、2次選考時に使用。	—	計50点※1	50分
	2次試験	面接＝集団面接	50点		40分程度
大学入学共通テスト利用（Ⅰ期）	共通テスト	外国語＝英（R：L＝4：1）	200点	計700点	R80分 L60分(解30分)
		数学＝数ⅠA、数ⅡB	各100点		数ⅠA70分 数ⅡB60分
		理科＝化、生、物→2	各100点		各60分
		国語＝国（近代）	100点		80分
	2次試験	面接＝集団面接	50点	50点※2	40分程度

※1 調査書等の提出書類・小論文は面接評価に活用する。※2 調査書等の提出書類は面接評価に活用する。

☞合否判定 1次選考の合格者に2次選考を課す。一般は4科目（1次選考）、小論文と面接（2次選考）により選考する。共通テスト利用は共通テストと面接により総合的に選考する。

☞受験料 一般選抜（系統別）60,000円 共通テスト利用27,000円

☞試験会場

区分	都市名	会場名	所在地
一般選抜1次	本学キャンパス		福岡県福岡市城南区七隈8-19-1
	東京	ベルサール汐留	東京都中央区銀座8-21-1
	名古屋	プライムセントラルタワー名古屋駅前	愛知県名古屋市西区名駅2-27-8
	大阪	大阪アカデミア	大阪府大阪市住之江区南港北1-3-5
一般選抜2次、学校推薦型選抜	本学キャンパス		福岡県福岡市城南区七隈8-19-1

information

一般選抜は系統別日程で行われ、一度の受験で医学科と看護学科、薬学科を併願できる。また、共通テスト利用入試では、英検、TOEFL iBTなど各種検定試験(4技能に限る)の成績を、対照表に基づき、共通テストの英語の得点に加点することが認められている。

学校推薦型選抜 インターネット出願登録＋書類提出

区分	募集人員	試験日程 出願期間	選考日	合格発表	手続締切	推薦条件	選考方法
A方式推薦	40名※1	11/1～11/9	11／26	12／8	3/8（入学申込金締切は12/20）	※2	学力試験（英語・数学）、集団面接 ※調査書等の提出書類は、面接評価に活用する。
地域枠推薦						※3	

※1 地域枠10名、付属校推薦最大8名含む。
※2 全体の学習成績の状況3.7以上の現役・1浪。
※3 九州（沖縄を含む）・山口県内の高等学校か中等教育学校出身者、または出願時に本人か保護者が九州（沖縄含む）・山口県内に居住で、在学中の実習および研修、福岡大学での卒後臨床研修プログラムへの参加を確約できる、全体の学習成績の状況3.7以上の現役・1浪まで。

総合型選抜 実施しない。 **編入学** 実施しない。 **学部留学生選抜** 若干名。

福岡大学

2023年度の出題傾向と分析

英語

解答形式▶記述

問題の全体難易度 ★☆☆☆ 易　前年との難易度比較 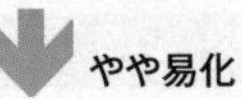 やや易化　時間に対する分量  少ない

大問	分野	長文の種類 単語数	内容	出題形式	難易度
1	読解	科学系 約150語	「パラドクスの多い脳」についての長文問題(英文和訳)	記述	★☆☆☆
2	読解	科学・社会系 約700語	「風力発電所で作られる水素エネルギー」についての長文問題(内容一致)	選択	★★☆☆
3	文法	ー	空所補充	選択	★★☆☆
4	発音	ー	発音・アクセント	選択	★☆☆☆
5	英作文	ー	語句整序	選択	★★☆☆

出題形式に変化はない。大問1の英文和訳は語彙も文構造も標準レベルでわかりやすく、大問4の発音問題も22年度と比べて取り組みやすかったため、全体の難度は易化した。対策としては、大問3・5で文法力が問われる問題もあるので文法の学習は欠かせない。読解問題に関しては23年度のレベルであれば500語程度の標準レベルの読解問題集を丁寧に学習すれば対応できる。解答時間70分にしては分量が少ないので、速読ではなく精読に重点を置いた方がよいだろう。

数学

解答形式▶記述

問題の全体難易度 ★★☆☆ 標準　前年との難易度比較 やや難化　時間に対する分量  適量

大問	分野		内容	出題形式	難易度
1	2次関数	Ⅰ	2次方程式の解の配置	空所補充	★☆☆☆
	確率	A	サイコロの最大の目が4である確率、条件付き確率	空所補充	★☆☆☆
	極限	Ⅲ	無限等比級数の収束条件とその値	空所補充	★☆☆☆
2	複素数と方程式、対数関数	Ⅱ	高次方程式、絶対値を含む対数不等式	空所補充	★★☆☆
	空間ベクトル	B	平面による点の対称移動、折れ線の長さの最小	空所補充	★★☆☆
3	微分法の応用、積分法の応用	Ⅲ	極大、変曲点、面積	記述	★★☆☆

大問1が3題、大問2が2題で、空所がそれぞれ2箇所ずつの小問集合。幅広い分野から出題され、整数やデータの分析、複素数平面は頻出だ。例年、難問というほどのものはないが、典型解法にはめるだけというものでもない。しっかりと学習していないと得点しづらい問題が多い。23年度は大問2の計算量が多く解きづらかっただろう。大問3の記述問題は例年、数学Ⅲの微分法・積分法の基本的な問題が多いが、取り組みにくい関数の出題が増えている。これを丁寧に計算して完答できるかどうかが合否を左右する。標準的な問題を確実に素早く解く練習をするとよいだろう。

化学

解答形式▶記述

問題の全体難易度 ★★☆☆ 標準　前年との難易度比較  変化なし　時間に対する分量  適量

大問	分野	内容	出題形式	難易度
1	小問3問	非金属の反応、化学法則名、合成高分子の特徴	選択	★☆☆☆
2	無機	ケイ素に関する総合問題(語句、化学反応式、結晶格子)	空所補充・選択・記述	★★☆☆
3	理論	熱化学方程式、化学法則名，光合成によるエネルギー、反応熱の測定実験	空所補充・選択・記述	★★☆☆
4	有機	エステルの構造決定、加水分解、酸化反応、ヨードホルム反応	選択・記述	★★☆☆

大問4題。基本～標準レベルで構成され、空所補充や選択形式が多かった。大問1は例年同様、理論、無機、有機の全分野からの出題だった。合格点を取るためには、知識問題を素早く解答した上で、計算問題をしっかり解き切ることが大切だ。大問4のエステルの加水分解産物が異性化した問題では、ケト-エノール型と気づけるようになろう(問題によっては還元性ありと記載されることもある)。過去問で形式に慣れておくこと。

生物

解答形式▶記述

問題の全体難易度 ★★☆☆ 標準　前年との難易度比較  やや難化　時間に対する分量  適量

大問	分野		内容	出題形式	難易度
1	生命現象と物質	生物	タンパク質の構造と機能	空所補充・選択・記述	★★☆☆
2	体内環境の維持	生物基礎	免疫	空所補充・選択・記述	★★☆☆
3	体内環境の維持	生物基礎	体温調節	空所補充・選択・記述	★☆☆☆
4	生物の環境応答	生物	神経系、筋肉	空所補充・選択・記述	★★☆☆
5	生物の進化と系統	生物	生物の進化	選択・記述	★★★☆

22年度と同様に大問5題構成の記述式。論述問題は、16年以降出題されていなかったが、久しぶりに1問出題された。大問5は生物用語を問う問題のみだったが、受験生が手薄になりがちな分野だったので、他の大問よりかなり正答率が低かったと思われる。本学は考察問題の出題もあるが、生物用語を問う知識問題が中心となるので、どの分野も偏りなく用語の知識をつけておくことが望ましい。出題形式が似ているので、過去問演習の一環として他学部の問題を解いてみることも有効だ。

物理

解答形式▶記述

問題の全体難易度 ★★☆☆ 標準　前年との難易度比較  やや難化　時間に対する分量  適量

大問	分野	内容	出題形式	難易度
1	力学	円運動	空所補充・選択	★★☆☆
2	熱	気体の変化	空所補充・選択	★★☆☆
3	電磁気	RLC直列回路	記述	★★☆☆

大問3題構成で、2題は選択式、1題は記述式。力学と電磁気は必ず出題され、残りの1題を熱もしくは波動が占めることが多い。記述式の問題は力学もしくは電磁気からの出題となっている。難度は基本～標準レベルで、丁寧に解き進めていけば完答も目指せる。しかし、年度によっては設問数が若干多く、思考力を要する問題も出題されるので、解答時間に余裕はないことが多い。過去に出題されたテーマの問題が再び出題されることもあるため、過去問を多く解いておくとよい。

小論文

年度／内容	字数／時間
2023 『徹底調査　子供の貧困が日本を滅ぼす　社会的損失40兆円の衝撃』(文春新書、日本財団子どもの貧困対策チーム)の抜粋文を読み、教育機会の損失が子どもに与える影響と社会的損失、それらに対する対応策と期待される効果について、自分の考えを述べる。	600字 60分
2022 厚労省が示した「新型コロナウイルス感染症により亡くなられた方及びその疑いがある方の処置、搬送、葬儀、火葬等に関するガイドライン」の抜粋文を読み、コロナウイルスで自分の肉親が亡くなった場合を念頭に、その葬儀等を含めて配慮すべきことについて考えを述べる。	700字 60分
2021 山本太郎著『感染症と文明』の抜粋文を読み、①日本と諸外国の違いを述べ、あなたの考えを述べる②感染症との共生についてあなたの考えを述べる。	600字 60分
2020 高齢ドライバーによる交通事故に関する、日本経済新聞、産経新聞、朝日新聞の記事を読み、高齢者の権利、事故を起こさないための対策について、自分の考えを述べる。	600字 60分

面接

形式	所要時間	面接の進行と質問内容
集団討論/集団面接	30～40分	※最初に1人1分程度で自己紹介をし、討論に入る。最初か最後に、個別に質問をされることもある。また、グループによっては、集団面接形式で行う場合もあるし、集団討論と集団面接の2つを行うグループもある。複数のテーマで討論するグループもある。 ［討論のテーマ］ □医師の働き方改革 □軽傷で救急車を呼ぶ人がいることが問題になっていることについて討論をして結論を出す。 □マイナンバーカードについてどう思うか □タイムパフォーマンスを考えた際、動画視聴・医療・恋愛のそれぞれについて、どう考えるか □ドラえもんの道具の中で欲しいものは何か。それで社会貢献するとしたらどう使うか □へき地や離島での研修義務についてどう思うか □高齢者介護施設に海外労働者を導入すべきかどうか □チーム医療について □どうすれば少子化は改善するか ［集団面接］ □座右の銘とその理由 □短所をどう直すべきか □入学後に何をしたいか
面接会場の配置		
面接官＝3名 受験生＝4～5名		

感染症等に伴う特別対応や追試験については、各大学のホームページで最新情報をご確認ください。

最新の入試情報をCHECK▶ 医学部受験ラボ

旭川医科大学

入試に関する問合せ先

事務局入試課／〒078-8510 北海道旭川市緑が丘東2条1-1-1
☎0166-68-2214　https://www.asahikawa-med.ac.jp/

募集要項の請求方法

①テレメール　②モバっちょ　③入試課あて郵送
④入試課窓口などで配布
※募集要項（一般選抜）は10月下旬以降に大学ホームページに掲載予定。

一般選抜ネット出願 なし

DATA

- **学部所在地**　問合せ先に同じ。
- **アクセス**　JR旭川駅から旭川電気軌道バスで医大病院前・緑が丘3条4丁目下車など。
- **学部学科・定員**　医学部=医学科95
- **大学院**　医学系研究科=博士課程医学専攻
- **おもな付属施設**　大学病院など。
- **沿革**　昭和48年9月に開学した。

1973年の設立以来、道北・道東地域の医学研究の拠点として高い評価を得ています。基礎教育、基礎医学、臨床医学を有機的に結ぶ統合カリキュラム、早期体験実習やチュートリアル教育（少人数グループ学習）など意欲的かつ実践的なプログラムを展開しています。

2023年度 入試DATA

志願・合格状況

第1段階選抜合格者数は前期201名、後期122名（合格最低点非公表）。

区分	募集人員	志願者	2段階選抜	受験者	追加合格者	総合格者	志願者合格倍率	入学者
一般選抜前期	40	266	実施 予告／5倍程度	160	1	41	6.5	40
一般選抜後期	8	534	実施 予告／5倍程度	21	2	10	53.4	8
学校推薦型選抜（道北・道東特別選抜）	10	25	—	25	0	10	2.5	10
総合型選抜（国際医療人特別選抜）	5	15	—	15	0	5	3.0	5
総合型選抜（北海道特別選抜）	32	128	—	128	0	32	4.0	32

合格得点（総合格者）

区分		満点	合格最高点 得点	合格最高点 得点率	合格最低点 得点	合格最低点 得点率
一般選抜前期	共テ	550	490.0	89%	404.5	74%
	個別	350	262.7	75%	182.3	52%
	総合点	900	752.7	84%	626.8	70%
一般選抜後期	共テ	600	527.1	88%	493.0	82%
	個別	250	213.3	85%	163.0	65%
	総合点	850	706.3	83%	679.6	80%

※学校推薦型選抜、総合型選抜は非公表。

入学者の現既別内訳

入学者の男女別内訳

入学者の地元占有率（出身校）

その他 37名　北海道 58名

2024年度 選抜要項

募集人員（医学科）

一般選抜 前期	一般選抜 後期	学校推薦型選抜（道北・道東特別選抜）	総合型選抜 国際医療人特別選抜	総合型選抜 北海道特別選抜	編入
40名	8名	10名	5名	32名	10名

※学校推薦型選抜、総合型選抜の合格者が募集人員に満たない場合、欠員分は前期に加える。
※私費外国人留学生選抜、若干名は前期に含む。

共テボーダー得点率

前期	後期
79%	84%

ボーダー偏差値（2次）

前期	後期
62.5	65.0

一般選抜日程

区分	出願期間	試験	合格発表	手続締切
前期	1/22（月）～2/2（金）	2/25（日）・26（月）	3/7（木）17:00 HP 郵便	未定
後期		3/12（火）	3/22（金）17:00 HP 郵便	未定

※第1段階選抜結果の発表：発表日未定 HP 郵便　発表日に大学ホームページにて合格者受験番号を掲載。併せて合格者には受験票を送付し、不合格者にはその旨を通知。※第1段階選抜結果の発表日、合格発表時間・方法、手続締切日は10月下旬以降に発表予定の募集要項で公表。

☞追加合格について
詳細は10月下旬以降に発表予定の募集要項で公表。

一般選抜科目

※個別の解答時間は募集要項で公表。

区分		教科・科目	配点（前期／後期）		解答時間
大学入学共通テスト	前期・後期	外国語＝英（R：L＝1：1）、独、仏、中、韓→1	100／100点	計550／600点	R80分 L60分（解30分）
		数学＝数ⅠA（必）、数ⅡB、簿、情報→1の計2	100／150点		数ⅠA70分 その他60分
		理科＝化、生、物→2	200／150点		各60分
		国語＝国	100／150点		80分
		地歴・公民＝世B、日B、地B、倫政経→1	50／50点		60分
個別	前期	外国語＝コ英ⅡⅢ・英表Ⅱ	150点	計350点	未定
		数学＝数ⅠⅡⅢAB（列ベ）	150点		未定
		面接＝個人面接で、論理的コミュニケーション能力、意欲、課題発見能力、協働性、知識・技能、応用力等を問う。	50点		未定
	後期	英語＝コ英ⅡⅢ・英表Ⅱ	200点	計250点	未定
		面接＝前期に同じ。	50点		未定

☞合否判定　共通テスト・個別・調査書等から総合的に判定。面接の評価が著しく低い場合は不合格とすることがある。

☞2段階選抜　前期・後期ともに5倍程度　☞受験料　17,000円　☞試験場　本学

学校推薦型選抜

募集人員	試験日程 出願期間	選考	合格発表	手続締切
道北・道東特別選抜 10名	11/1～11/6	書類、11/25課題論文、面接、共通テスト	2/8	2/15

※共通テストの合計点（900点満点）が「当該選抜試験の受験者の中央値以上」であった者を対象とする。
※面接の評価が著しく低い場合は、不合格とすることがある。

総合型選抜

募集人員	試験日程 出願期間	選考	合格発表	手続締切
国際医療人特別選抜 5名	9/28～10/4	1次：書類、2次：11/25課題論文、面接、共通テスト※1	1次：10/30に結果送付 2次：2/8	2/15
北海道特別選抜 32名		書類、10/28課題論文、面接、共通テスト※2	2/8	

※1 共通テストの合計点（1200点満点）が「当該選抜試験受験者の合計点順における下位20%を除外した平均点以上」であった者を対象とする。
※2 共通テストの合計点（1200点満点）が「当該選抜試験の受験者の中央値以上」であった者を対象とする。
※両選抜とも面接の評価が著しく低い場合は、不合格とすることがある。

帰国生徒特別選抜

実施しない。

2年次編入学

10名（国際医療人枠5名・地域枠5名）を募集。

感染症等に伴う特別対応や追試験については、各大学のホームページで最新情報をご確認ください。

最新の入試情報をCHECK ▶ 医学部受験ラボ

北海道大学

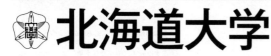

入試に関する問合せ先

学務部入試課／〒060-0817　北海道札幌市北区北17条西8丁目
☎011-706-7484　https://www.hokudai.ac.jp/admission/

募集要項の請求方法

①大学のホームページ
※募集要項(一般選抜)は紙媒体による配布を行わず、10月23日に大学ホームページに掲載予定。

一般選抜ネット出願 必須

DATA

●**学部所在地**　〒060-8638　北海道札幌市北区北15条西7丁目
●**アクセス**　地下鉄南北線で北12条駅または北18条駅下車、徒歩約10分。地下鉄東豊線で北13条東駅下車、徒歩約15分。
●**学部学科・定員**　医学部=医学科100
●**大学院**　医学院=医学専攻・医科学専攻
●**おもな付属施設**　大学病院など。
●**沿革**　大正8年に北海道帝国大学医学部として創設。昭和14年に北海道帝国大学臨時附属医学専門部を設置し、24年に北海道大学医学部となった。

豊かな人間性と高い倫理観、国際的視野を備え、医学、医療の実践と発展に寄与する人材を養成しています。6年間を「医学教養コース」「基礎医学コース」「臨床医学コース」「臨床実習コース」の4コースに分け、広い視野の獲得から専門性へと収斂するような体系的なカリキュラムを実施。医療人として必要な態度や知識、技術、コミュニケーション能力、さらに倫理観や責任感を培います。

2023年度 入試DATA

●志願・合格状況

区分	募集人員	志願者	2段階選抜	受験者	追加合格者	総合格者	志願者合格倍率	入学者
一般選抜前期	85	291	実施せず 予告／3.5倍	275	0	90	3.2	90
フロンティア入試	5	10	—	10	—	0	—	0

※上記以外に総合入試(国際総合入試を含む)入学者の移行枠(10名)がある。

●合格得点(正規合格者)

区分	満点	合格最高点 得点	合格最高点 得点率	合格最低点 得点	合格最低点 得点率
一般選抜前期	825	707.20	86%	602.00	73%
フロンティア入試	200	非公表	—	非公表	—

●入学者の現既別内訳　既卒35名　現役55名

●入学者の男女別内訳

女28名　男62名

●入学者の地元占有率

その他60名　北海道30名

※いずれも総合型選抜を除く。

2024年度 選抜要項

●募集人員(医学科)

一般選抜前期	フロンティア入試	総合入試(理系)	帰国生徒	編入
85名	5名※1	10名※2	若干名	5名

※1 合格者が募集人員に満たない場合、欠員は前期に加える。
※2 入学者の医学部への移行決定は1年次終了時に行う。
※帰国生徒選抜ならびに私費外国人留学生入試の募集人員は、ともに若干名で前期日程の内数とする。

■共テボーダー得点率	■ボーダー偏差値(2次)
前期	前期
83%	65.0

●一般選抜日程 インターネット出願登録+書類提出

区分	出願期間	試験	合格発表	手続締切
前期	1/22(月)〜2/2(金)	2/25(日)・26(月)	3/6(水)(予定) 時間未定 HP 郵便	3/15(金)

※第1段階選抜結果の発表：2/13(火)予定。※第1段階選抜結果の発表方法、合格発表時間・方法は10月下旬発表予定の募集要項で公表。※電話等による合否に関する問い合わせには一切応じない。

☞追加合格について
3/28〜3/31に電話で本人の入学意思を確認(過年度)。

●一般選抜科目

区分	教科・科目	配点		解答時間
大学入学共通テスト	外国語=英(R：L=1：1)、独、仏、中、韓→1	60点	計300点	R80分 L60分(解30分)
	数学=数ⅠA(必)、数ⅡB、簿、情報→1の計2	60点		数ⅠA70分 その他60分
	理科=化、生、物→2	60点		各60分
	国語=国	80点		80分
	地歴・公民=世B、日B、地B、倫政経→1	40点		60分
個別	外国語=コ英ⅠⅡⅢ・英表ⅠⅡ、独、仏、中→1	150点	計525点	90分
	数学=数ⅠⅡⅢA(場整図)B(列べ)	150点		120分
	理科=物基・物(必)、化基・化、生基・生→1の計2	150点		150分
	面接(高校等の調査書又は成績証明書等を資料として参考にする)	75点		—

※総合入試(理系)の入試科目は募集要項を参照。

☞合否判定　共通テスト・個別・調査書等を総合して判定。

☞2段階選抜　3.5倍　☞受験料　17,000円　☞試験場　本学札幌キャンパス内(札幌市)(予定)

フロンティア入試(総合型選抜) インターネット出願登録+書類提出

募集人員	出願期間	選考	合格発表	手続締切
5名(フロンティアType Ⅰ)	9/14〜9/20 ネット出願登録9/8から	1次：書類・コンピテンシー評価書 2次：11/19課題論文、面接※1、共通テスト※2	1次：11/6 2次：12/7 最終：2/13	2/19

※1 コンピテンシー評価書も評価の対象とする。※2 合格基準点を765点以上とする。

2年次学士編入学

募集人員	出願期間	選考	合格発表	手続締切
5名	7/18〜7/26	1次：8/20生命科学総合問題 2次：10/1課題論文・面接	1次：9/7 2次：11/16	1/19

私費外国人留学生入試　若干名を募集する。

帰国生徒選抜　若干名を募集する。

感染症等に伴う特別対応や追試験については、各大学のホームページで最新情報をご確認ください。

最新の入試情報をCHECK ▶ 医学部受験ラボ

弘前大学

入試に関する問合せ先

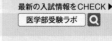

学務部入試課／〒036-8560 青森県弘前市文京町1
☎0172-39-3122 https://nyushi.hirosaki-u.ac.jp/

募集要項の請求方法

①大学のホームページ
※募集要項(一般選抜)は紙媒体による配布を行わず、11月下旬に大学ホームページに掲載予定。

一般選抜ネット出願 必須

DATA

●**学部所在地** 〒036-8562 青森県弘前市在府町5
●**アクセス** JR弘前駅下車、徒歩35分。弘前駅前6番乗り場から駒越線バスで大学病院前下車。
●**学部学科・定員** 医学部＝医学科85
●**大学院** 医学研究科＝医科学専攻
●**おもな付属施設** 附属病院、脳神経血管病態研究施設など。
●**沿革** 昭和19年創立の青森医学専門学校が母体。昭和23年に弘前医科大学、24年に弘前大学医学部となった。

高度な専門知識とともに幅広い教養を身につけた人材の育成を目指しています。6年一貫教育の下、専門教育科目は1年次から開始。1年次のうちから附属病院各科の病棟で臨床体験実習を実施するほか、弘前市内・近郊の病院・施設で早期体験実習も行います。4年次には少人数グループでの自主的学習によるチュートリアル教育も実践。全人的医療に主眼を置いた教育が特徴です。

2023年度 入試DATA

●志願・合格状況

区分	募集人員	志願者	2段階選抜	受験者	追加合格者	総合格者	志願者合格倍率	入学者
一般選抜前期	70	482	実施せず 予告／8倍	396	1	71	6.8	70
総合型選抜Ⅱ	42	102	－	102	－	42	2.4	42

●合格得点(総合格者)

区分		満点	合格最高点 得点	合格最高点 得点率	合格最低点 得点	合格最低点 得点率
一般選抜前期	一般枠	1500	1204	80%	1075	72%
一般選抜前期	青森県定着枠	1500	1254	84%	1053	70%
総合型選抜		1300	非公表	－	非公表	－

●入学者の現既別内訳

●入学者の男女別内訳

●入学者の地元占有率(出身校)

2024年度 選抜要項

●募集人員 (医学科)

一般選抜前期	総合型選抜	編入
43名※1	42名※2	20名

※1内訳は一般枠35名、青森県定着枠8名(いずれも増員の可能性あり)。確定次第大学ホームページ等で公表。
※2内訳は青森県内枠27名、北海道・東北枠15名(いずれも認可申請予定)。確定次第大学ホームページ等で公表。合格者が募集人員に満たない場合、欠員は前期に加える。
※私費外国人留学生入試、若干名。

■共テボーダー得点率

前期	
一般枠	青森県定着枠
78%	77%

●一般選抜日程 インターネット出願登録＋書類提出

区分	出願期間	試験	合格発表	手続締切
前期	1/22(月)~2/2(金)*	2/25(日)·26(月)	3/6(水) 時間未定 HP 郵便	3/15(金)

*インターネット出願は事前登録が可能。登録期間は1/18(木)から。
※第1段階選抜結果の発表日·方法、合格発表時間·方法は11月下旬発表予定の募集要項で公表。 ※電話等による合否の照会には応じない。

☞追加合格について
※3/28~3/31に電話で本人に直接連絡し、入学意思を確認する(過年度)。

●一般選抜科目

※個別の解答時間は募集要項で公表。

区分	教科・科目	配点		解答時間
大学入学共通テスト	外国語＝英(R：L＝1：1)	200点	計1000点	R80分 L60分(解30分)
	数学＝数ⅠA、数ⅡB	200点		数ⅠA70分 数ⅡB60分
	理科＝化、生、物→2	300点		各60分
	国語＝国	200点		80分
	地歴・公民＝世A、世B、日A、日B、地A、地B、現社、倫、政経、倫政経→1	100点		60分
個別	総合問題(日本語または英語の文章や資料の読解、分析を含め総合的思考力を試す)	300点	計500点	未定
	個人面接＝受験者1人に対して複数の教員で面接を行う。出願書類を参考資料として使う。	200点		15分程度

☞合否判定 共通テスト·個別·面接の結果を総合して判定。 個人面接の得点が低いと不合格になることがある。
☞2段階選抜 8倍 ☞受験料 17,000円 ☞試験場 青森県立弘前高等学校校舎(予定)

総合型選抜 インターネット出願登録＋書類提出

募集人員	試験日程 出願期間	選考	合格発表	手続締切
42名(青森県内枠27名、北海道・東北枠15名)※1	9/22~9/28 ※2	10/28ケーススタディの自学自習、10/29個人面接 ※共通テスト	2/7	2/19

※1 募集人員は予定。確定次第大学ホームページ等で公表。
※2 インターネット出願は事前登録が可能。登録期間は9/19から。

2年次学士編入学

募集人員	試験日程 出願期間	選考	合格発表	手続締切
20名	10/27~11/2	1次：TOEFL iBT、11/26学力試験(基礎自然科学・数学) 2次：12/17個人面接	1次：12/8 2次：1/24	2/5

※募集人員の3倍程度を1次選考の合格者とする。

学校推薦型選抜 実施しない。 **帰国生徒特別選抜** 実施しない。

感染症等に伴う特別対応や追試験については、各大学のホームページで最新情報をご確認ください。

最新の入試情報をCHECK ▶ 医学部受験ラボ

東北大学

入試に関する問合せ先

教育・学生支援部入試課／〒980-8576　宮城県仙台市青葉区川内28
☎022-795-4800（一般選抜）　https://www.med.tohoku.ac.jp/

募集要項の請求方法

①大学のホームページ

※募集要項（一般選抜）は紙媒体による配布を行わず、11月下旬に大学ホームページに掲載予定。

一般選抜ネット出願 必須

DATA

●**学部所在地**　〒980-8575　宮城県仙台市青葉区星陵町2-1
●**アクセス**　地下鉄南北線北四番丁駅下車、徒歩約15分。JR仙台駅西口からバスで約20分、東北大学病院前下車。
●**学部学科・定員**　医学部＝医学科105
●**大学院**　医学系研究科＝医科学専攻
●**おもな付属施設**　大学病院、加齢医学研究所など。
●**沿革**　明治34年創設の仙台医学専門学校が母体。東北帝国大学医学部を経て昭和14年に東北大学医学部専門部を設置し、26年に東北大学医学部となった。

広く国際的な視野の下に人類社会の発展に貢献する高い志と倫理観を持ち、真理を探究する心と実践力を備えた人材の育成を目指しています。医師の使命感と倫理観の体得を目的とした導入教育から、真理の探究心を育む実習まで個性ある教育を行っています。臨床修練は、同一施設ですべての臓器移植ができる日本有数の病院、東北大学病院や協力医療機関で、診療参加型実習を取り入れて行います。

2023年度 入試DATA

●志願・合格状況

※第1段階選抜合格者数は前期231名、AOⅡ期55名、AOⅢ期40名、地域枠18名（合格最低点非公表）。

区分	募集人員	志願者	2段階選抜	受験者	追加合格者	総合格者	志願者合格倍率	入学者
一般選抜前期	77	237	実施 予告／約3倍	208	非公表	85	2.8	83
総合型選抜AOⅡ期	15	136	実施	55	非公表	17	8.0	17
総合型選抜AOⅢ期	12	96	実施	40	非公表	12	8.0	12
特別選抜地域枠	9	26	実施	17	非公表	9（宮城7 岩手2）	2.9	9（宮城7 岩手2）

●合格得点（総合格者）

区分		満点	合格平均点 得点	得点率
一般選抜前期	共テ	250	211.36	85%
	個別	950	760.37	80%
	総合点	1200	971.74	81%
総合型選抜AOⅡ		1200	非公表	—
総合型選抜AOⅢ		1600	非公表	—

●入学者の現既別内訳　既卒35名　現役87名

●入学者の男女別内訳

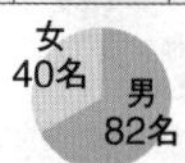

●入学者の地元占有率　宮城県24名　その他98名

※いずれも国際バカロレア入試・私費外国人留学生入試・帰国生徒入試の計1名を含む。

2024年度 選抜要項

●募集人員（医学科）

一般選抜前期	AO（総合型選抜）Ⅱ期	AO（総合型選抜）Ⅲ期	国際バカロレア入試、帰国生徒入試、私費外国人留学生入試
75名	15名※1	12名※1	3名※2

※1 合格者が募集人員に満たない場合、欠員は前期に加える。
※2 合わせて3名。
※特別選抜地域枠入試（宮城県枠・岩手県枠）の実施の可能性あり。確定次第大学ホームページ等で公表。

■共テボーダー得点率

前期
85%

■ボーダー偏差値（2次）

前期
67.5

●一般選抜日程　インターネット出願登録+書類提出

区分	出願期間	試験	合格発表	手続締切
前期	1/22(月)~2/2(金)*	2/25(日)·26(月)	3/9(土)時間未定 HP	3/15(金)

＊インターネット出願は事前登録が可能。登録期間は11月下旬発表予定の募集要項で公表。
※第1段階選抜結果の発表：2/12(月)。※第1段階選抜結果の発表方法、合格発表時間・方法は募集要項で公表。

☞追加合格について
電話にて連絡。詳細は、11月下旬発表予定の募集要項で公表。

●一般選抜科目

区分	教科・科目	配点		解答時間
大学入学共通テスト	外国語＝英（R：L＝3：1）、独、仏、中、韓→1	50点	計250点	R80分 L60分（解30分）
	数学＝数ⅠA（必）、数ⅡB、簿、情報→1の計2	50点		数ⅠA70分 その他60分
	理科＝化、生、物→2	50点		各60分
	国語＝国	50点		80分
	地歴・公民＝世B、日B、地B、倫政経→1	50点		60分
個別	外国語＝コ英ⅠⅡⅢ・英表ⅠⅡ、独、仏→1	250点	計950点	100分
	数学＝数ⅠⅡⅢAB（列べ）	250点		150分
	理科＝化基・化、生基・生、物基・物→2	250点		150分
	面接＝医師としての適性を判断する。小作文を課し出願書類とともに参考にする。	200点		—

☞合否判定　共通テスト・個別・調査書を総合的に判定。合否ラインに並んだ場合、出願時の主体性評価チェックリストによる評価が高い志願者を優先的に合格とする。
☞2段階選抜　約3.5倍。個別学力試験が適切に実施できる場合は倍率を緩和することがある。
☞受験料　17,000円　☞試験場　本学キャンパス（予定）

AO入試（総合型選抜）

募集人員		試験日程 出願期間	選考	合格発表	手続締切
AO	Ⅱ期15名	10/13～10/19	1次:書類、11/4筆記試験、2次:11/18小作文、面接	1次:11/10 2次:11/24	12/14
	Ⅲ期12名	1/18～1/22	書類、共通テスト、2/10筆記試験、面接	1次:2/6 2次:2/12	2/19

※Ⅱ期の2次小作文は面接の参考資料として用いる。※Ⅲ期の1次選考は募集人員を大幅に上回る場合に書類、共通テストの成績により実施することがある。※Ⅱ期は現役、Ⅲ期は現役・1浪に限る。

学校推薦型選抜　実施しない。

国際バカロレア入試／帰国生徒入試／私費外国人留学生入試　国際バカロレア入試、帰国生徒入試、私費外国人留学生入試で合わせて3名。

編入学　実施しない。

感染症等に伴う特別対応や追試験については、各大学のホームページで最新情報をご確認ください。

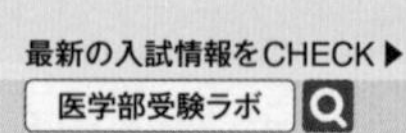

秋田県

秋田大学

入試に関する問合せ先

入試課／〒010-8502　秋田県秋田市手形学園町1-1
☎018-889-2256　https://www.akita-u.ac.jp/

募集要項の請求方法

①大学のホームページ
※募集要項（一般選抜）は紙媒体による配布は行わず、11月下旬に大学ホームページに掲載予定。

一般選抜ネット出願 必須

DATA

●**学部所在地**　〒010-8543　秋田県秋田市本道1-1-1
●**アクセス**　JR秋田駅からバス（手形山大学病院線など）で大学病院前下車、徒歩約5分。
●**学部学科・定員**　医学部＝医学科124（認可申請予定含む）
●**大学院**　医学系研究科＝医科学専攻・医学専攻
●**おもな付属施設**　附属病院など。
●**沿革**　昭和45年に医学部を設置した。

全人的医学教育により、高度な知識と豊かな人間性を身につけた優れた医師を育成します。1年次は手形キャンパスで教養基礎教育科目を履修し、また、本道キャンパスで初年次ゼミ、専門教育科目として基礎医学を学びます。2年次から本道キャンパスでモデル・コア・カリキュラムに準拠した統合型カリキュラムによる教育を開始。チュートリアル教育も積極的に導入し、人々の健康と福祉に貢献できる国際的視野を備えた人材を育成します。

2023年度 入試DATA

●志願・合格状況 第1段階選抜合格者数は後期310名（合格最低点非公表）。

区分		募集人員	志願者	2段階選抜	受験者	追加合格者	総合格者	志願者合格倍率	入学者
一般選抜	前期	55	231	実施せず 予告／5倍	182	非公表	55	4.2	54
	後期	24 ※1	503	実施 予告／10倍	79	非公表	27	18.6	25
学校推薦型選抜	一般枠	20	65	—	64	非公表	20	3.3	20
	秋田県地域枠	20	65	—	65	非公表	23	2.8	23
	全国地域枠	5	7	—	7	非公表	2	3.5	2

※1 秋田県地域枠を含む。

●入学者の現既別内訳　既卒 57名　現役 67名

●入学者の男女別内訳

●入学者の地元占有率（出身校）

●合格得点（総合格者）

区分		満点	合格最高点 得点	合格最高点 得点率	合格最低点 得点	合格最低点 得点率
一般選抜前期	共テ	550	482.70	88%	395.40	72%
	個別	400	350.00	88%	288.00	72%
	総合点	950	823.70	87%	719.90	76%
一般選抜後期	共テ	700	627.50	90%	563.00	80%
	個別	300	259.00	86%	228.00	76%
	総合点	1000	871.50	87%	809.00	81%
学校推薦型選抜	一般枠	700	非公表	—	非公表	—
	秋田県地域枠	700	非公表	—	非公表	—
	全国地域枠	700	非公表	—	非公表	—

※後期は秋田県地域枠を除く。

2024年度 選抜要項

●募集人員（医学科）

一般選抜 前期	一般選抜 後期	学校推薦型選抜	編入
55名※1	24名※2	45名※3	5名

※1 私費外国人留学生入試、若干名を含む。
※2 内訳は一般枠20名、秋田県地域枠4名（認可申請予定）。
※3 内訳は一般枠20名、地域枠25名（秋田県20名程度、全国5名程度、いずれも認可申請予定）。
※確定次第大学ホームページ等で公表。

■共テボーダー得点率

前期	後期 一般枠	後期 秋田県地域枠
78%	84%	83%

■ボーダー偏差値（2次）

前期
60.0

●一般選抜日程 インターネット出願登録＋書類提出

区分	出願期間	試験	合格発表	手続締切
前期	1／22（月）～2／2（金）	2／25（日）・26（月）	3／7（木）時間未定 HP 郵便	3／15（金）
後期		3／12（火）	3／21（木）時間未定 HP 郵便	3／27（水）

※第1段階選抜結果の発表：2／9（金）。※第1段階選抜結果の発表方法、合格発表時間・方法は11月下旬発表予定の募集要項で公表。合格発表は大学ホームページへの掲載もあるが、合否については必ず本学掲示板か合格通知書で確認すること。

☞追加合格について
11月下旬発表予定の募集要項で公表。

●一般選抜科目

※個別の解答時間は募集要項で公表。

区分		教科・科目	配点（前期／後期）		解答時間
大学入学共通テスト	前期・後期※	外国語＝英（R：L＝4：1）、独、仏、中、韓→1	100／150点	計550／700点	R80分 L60分（解30分）
		数学＝数ⅠA（必）、数ⅡB、簿、情報→1の計2	100／150点		数ⅠA70分 その他60分
		理科＝化、生、物→2	200／200点		各60分
		国語＝国	100／150点		80分
		地歴・公民＝世B、日B、地B、倫政経→1	50／50点		60分
個別	前期	外国語＝コ英ⅠⅡⅢ・英表ⅠⅡ	100点	計400点	未定
		数学＝数ⅠⅡⅢAB（列ベ）	100点		未定
		面接	200点		未定
	後期※	小論文	100点	計300点	未定
		面接	200点		未定

※後期の秋田県地域枠は別途（共通テスト450点、個別250点）。配点等詳細は募集要項で公表。

☞合否判定　共通テスト･個別･調査書を総合的に判定。　☞2段階選抜　前期5倍、後期10倍

☞受験料　17,000円　☞試験場　本学本道キャンパス

学校推薦型選抜 インターネット出願登録＋書類提出

募集人員	試験日程 出願期間	選考	合格発表	手続締切
45名（一般枠20名、地域枠25名〈秋田県20名程度、全国5名程度〉※1）	12／13～12／19	共通テスト、書類、1／18・19※2小論文・面接	2／9	2／16

※1 認可申請予定。※2 1/19は地域枠のみ。※詳細は9月下旬発表の募集要項で公表。

2年次学士編入学 インターネット出願登録＋書類提出

募集人員	試験日程 出願期間	選考	合格発表	手続締切
5名	9／7～9／15	1次：書類 2次：11／23小論文・生命科学、11／24面接	1次：10／16 2次：12／18	12／27

※20名程度を1次選考の合格者とする。

総合型選抜　実施しない。

帰国生徒特別選抜　実施しない。

山形県

山形大学

入試に関する問合せ先

医学部入試担当／〒990-9585　山形県山形市飯田西2-2-2
☎023-628-5049　https://www.yamagata-u.ac.jp/

募集要項の請求方法

①大学のホームページ　②テレメール
※募集要項（一般選抜）は11月に大学ホームページに掲載予定。

一般選抜ネット出願 必須

DATA

●**学部所在地**　問合せ先に同じ。
●**アクセス**　JR山形駅前から大学病院・東海大山形高行バスで約15分、大学病院下車。
●**学部学科・定員**　医学部＝医学科105
●**大学院**　医学系研究科＝医学専攻、先進的医科学専攻
●**おもな付属施設**　附属病院など。
●**沿革**　昭和48年に医学部を設置した。

「広い視野を持ち、自ら学び、考え、創造し、それらを生涯にわたって発展させることのできる医師および医学研究者を養成する」という建学の精神に基づき、世界最高水準の医学教育、研究、臨床を行っており、臨床実習中心の先端的なカリキュラムのもと、医学界をリードする優秀な医師・医学研究者を輩出しています。

2023年度 入試DATA

●志願・合格状況

区分			募集人員	志願者	2段階選抜	受験者	追加合格者	総合格者	志願者合格倍率	入学者
一般選抜	前期	一般枠	65	348	実施せず 予告／約5倍	309	0	65	5.4	63
		地域枠	8	27	実施せず 予告／約5倍	23	0	8	3.4	8
	後期		15	329	実施せず 予告／約10倍	148	4	22	15.0	17
学校推薦型選抜			25	125	―	125	0	25	5.0	25

●合格得点（正規合格者）

区分		満点	合格最高点 得点	合格最高点 得点率	合格最低点 得点	合格最低点 得点率
一般選抜	前期	1600	1342.2	84%	1174.8	73%
	後期	1000	901.0	90%	846.0	85%
学校推薦型選抜		1000	884.0	88%	814.0	81%

●入学者の現既別内訳

●入学者の男女別内訳

●入学者の地元占有率（出身校）

2024年度 選抜要項

●募集人員（医学科）

一般選抜 前期	一般選抜 後期	学校推薦型選抜 一般枠	学校推薦型選抜 地域枠
60名	15名	25名	5名

※地域枠など臨時定員増の申請を検討中。確定次第大学ホームページ等で公表。
※私費外国人留学生入試、若干名。

■共テボーダー得点率

前期 一般枠	前期 地域枠	後期
80%	79%	85%

■ボーダー偏差値（2次）

前期 一般枠	前期 地域枠
62.5	

●一般選抜日程　インターネット出願登録+書類提出

区分	出願期間	試験	合格発表	手続締切
前期	1／22(月)～2／2(金)*	2／25(日)・26(月)	3／6(水) 11:00 HP	未定
後期		3／12（火）	3／20(水) 16:00 HP	未定

*インターネット出願登録期間：1／15(月)～2／2(金)16：30まで、出願書類は2／2(金)16：30必着。
※第1段階選抜結果の発表日・方法、合格発表時間・方法、入学手続締切日は11月発表予定の募集要項で公表。

☞追加合格について
11月発表予定の募集要項で公表。

●一般選抜科目

※個別の解答時間は募集要項で公表。

区分		教科・科目	配点（前期／後期）		解答時間
大学入学共通テスト	前期・後期	外国語＝英(R：L＝1：1)、独、仏→1	200点	計900点	R80分 L60分(解30分)
		数学＝数ⅠA、数ⅡB	200点		数ⅠA70分 数ⅡB60分
		理科＝化、生、物→2	200点		各60分
		国語＝国	200点		80分
		地歴・公民＝世B、日B、地B、倫政経→1	100点		60分
個別	前期	外国語＝コ英ⅠⅡⅢ・英表Ⅰ	200点	計700点	未定
		数学＝数ⅠⅡⅢAB(列べ)	200点		未定
		理科＝化基・化、生基・生、物基・物→2	200点		未定
		面接＝面接の評価は調査書の評価を含む。	100点		―
	後期	面接＝面接の評価は調査書の評価を含む。	100点	100点	―

☞合否判定　共通テスト・個別・調査書等を総合的に判定。　☞2段階選抜　前期約5倍、後期約10倍
☞受験料　17,000円　☞試験場　医学部試験場（山形県山形市飯田西二丁目2-2）

学校推薦型選抜　インターネット出願登録+書類提出

募集人員	試験日程 出願期間	選考	合格発表	手続締切
30名	11／1～11／7	書類、11／15面接、共通テスト	2／9	2／19

総合型選抜　実施しない。

帰国生徒特別選抜　実施しない。

編入学　実施しない。

感染症等に伴う特別対応や追試験については、各大学のホームページで最新情報をご確認ください。

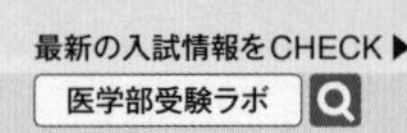

茨城県

筑波大学

入試に関する問合せ先

アドミッションセンター／〒305-8577 茨城県つくば市天王台1-1-1
☎029-853-7385 https://www.tsukuba.ac.jp/

募集要項の請求方法

①大学のホームページ

一般選抜ネット出願 必須

※募集要項（一般入試）は紙媒体による配布を行わず、10月下旬に大学ホームページに掲載予定。

DATA

●**学部所在地**　問合せ先に同じ。
●**アクセス**　つくばエクスプレスつくば駅前のつくばセンターからバスで筑波大学病院入口下車。
●**学部学科・定員**　医学群＝医学類116（認可申請中含む）
●**大学院**　人間総合科学学術院＝医学学位プログラム（博士課程）
●**おもな付属施設**　附属病院、陽子線医学利用研究センターなど。
●**沿革**　昭和48年に医学専門学群を設置。平成19年に医学群医学類に改組した。

6年間一貫教育の先駆けであり、2004年度からは「新・筑波方式」と呼ばれるカリキュラムを導入しています。1~3年次は少人数グループで課題を討論する「問題基盤型テュートリアル」を主体とし、4~5年次には医療チームの一員"Student Doctor"として長期の臨床実習を行います。6年次には海外を含む大学内外の施設で自分の興味ある分野の実習を行い、社会に向けてのインターンシップの仕上げとするプログラムとなっています。

2023年度 入試DATA

●志願・合格状況 ※第1段階選抜合格者数は前期111名（合格最低点非公表）。

区分		募集人員	志願者	2段階選抜	受験者	追加合格者	総合格者	志願者合格倍率	入学者
一般選抜	前期（一般枠）	47	120	実施 予告／約2.5倍	111	1	48	2.5	47
	前期（地域枠 全国）	10	8	—	8	0	9※1	—	9
	前期（地域枠 茨城）	8	51	—	46	0	8	6.4	8
学校推薦型選抜（一般枠）		44	231	—	229	—	44	5.3	44
学校推薦型選抜（地域枠）		18	69	—	68	—	18	3.8	18

※1 前期（地域枠茨城）出願者の第2希望としての合格者1名を含む。
※この他に国際バカロレア特別入試（7月募集）で2名合格。

●合格得点〈正規合格者〉

区分		満点	合格最高点		合格最低点	
			得点	得点率	得点	得点率
一般選抜	前期（一般枠）	2300	1996	87%	1790	78%
	前期（地域枠 全国）		非公表	—	非公表	—
	前期（地域枠 茨城）		非公表	—	非公表	—
学校推薦型選抜（一般枠）		非公表	非公表	—	非公表	—
学校推薦型選抜（地域枠）		非公表	非公表	—	非公表	—

●**総合格者の現既別内訳**

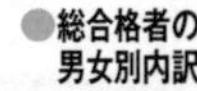

●**総合格者の男女別内訳**

●**総合格者の地元占有率**

2024年度 選抜要項

●募集人員（医学類）

一般選抜		学校推薦型選抜	国際バカロレア特別入試	海外教育プログラム特別入試	研究型人材入試
前期	総合選抜（2年次受入）				
44名※1	5名	62名※2	3名※3	2名※3	若干名※4

※1 地域枠（全国対象、茨城県内対象）の増員に向け協議中。確定次第大学ホームページ等で公表。
※2 内訳は一般枠44名、地域枠茨城県内対象18名（認可申請中）。
※3 合格者にふさわしい志願者がいないと判断した場合、欠員は前期に加える。
※4 将来、医学・生命科学を担う研究者として国際的に活躍する人材育成のため実施。

■**共テボーダー得点率**

前期	
一般枠	地域枠（全国・茨城）
83%	82%

■**ボーダー偏差値（2次）**

前期	
一般枠	地域枠（全国・茨城）
65.0	

●一般選抜日程　インターネット出願登録＋書類提出

区分	出願期間	試験	合格発表	手続締切
前期	1／22（月）~2／2（金）＊	2／25（日）・26（月）	3／8（金）発表時間・方法未定	3／14（木）

＊インターネット出願は事前登録が可能。登録期間は10月下旬発表予定の募集要項で公表。
※第1段階選抜結果の発表：2／9（金）。※第1段階選抜結果の発表方法、合格発表時間・方法は募集要項で公表。

☞追加合格について
10月下旬発表予定の募集要項で公表。

●一般選抜科目

※個別試験の解答時間は募集要項で公表。

区分	教科・科目	配点		解答時間
大学入学共通テスト	外国語＝英（R：L＝4：1）、独、仏、中、韓→1	200点	計900点	R80分 L60分（解30分）
	数学＝数ⅠA、数ⅡB	200点		数ⅠA70分 数ⅡB60分
	理科＝化、生、物→2	200点		各60分
	国語＝国	200点		80分
	地歴・公民＝世B、日B、地B、現社、倫、政経、倫政経→1	100点		60分
個別	外国語＝コ英ⅠⅡⅢ・英表ⅠⅡ	300点	計1400点	未定
	数学＝数ⅠⅡⅢAB（列ベ）	300点		未定
	理科＝化基・化、生基・生、物基・物→2	300点		未定
	適性試験(1)＝筆記試験により、適応力や学習意欲、人間性などを評価。適性試験(2)＝個別面接により、医学を志向する動機、修学の継続力、適性、感性、社会的適応力など総合的な人間性について評価。	(1)300 (2)200		未定

☞合否判定　10月下旬発表予定の募集要項で公表。　☞2段階選抜　約2.5倍（併願を含む地域枠では行わない）
☞受験料　募集要項で公表　☞試験場　未定（10月下旬発表予定の募集要項で公表）

学校推薦型選抜　インターネット出願登録＋書類提出

募集人員	試験日程			
	出願期間	選考	合格発表	手続締切
一般枠44名 地域枠18名※1	11／1~11／8	書類、11／29・30小論文・適性試験（筆記・面接）	12／13	12／21

※1 茨城県内対象（認可申請中）。定員等確定次第大学ホームページ等で公表。
※共通テスト・個別試験免除。

2年次編入学

募集人員	試験日程			
	出願期間	選考	合格発表	手続締切
5名	6／1~6／7	書類、7／8学力試験、適性試験（筆記）7／9適性試験（面接）	7／20	7／28

研究型人材入試　若干名を募集する。　**国際バカロレア特別入試**　3名を募集する。　**海外教育プログラム特別入試**　2名を募集する。

最新の入試情報をCHECK▶ 医学部受験ラボ

群馬県

群馬大学

入試に関する問合せ先

昭和地区事務部学務課入学試験係／〒371-8511　群馬県前橋市昭和町3-39-22
☎027-220-8910　https://www.gunma-u.ac.jp/

募集要項の請求方法

①大学のホームページ　一般選抜ネット出願 必須
※募集要項（一般選抜）は紙媒体による配布を行わず、9月中旬に大学ホームページに掲載予定。

DATA

●**学部所在地**　問合せ先に同じ。
●**アクセス**　JR両毛線前橋駅北口からバスで群大病院あるいは群大病院入口下車。
●**学部学科・定員**　医学部=医学科108（認可申請中含む）
●**大学院**　医学系研究科=医科学専攻、生命医科学専攻
●**おもな付属施設**　附属病院、生体調節研究所、重粒子線医学研究センターなど。
●**沿革**　昭和18年創立の前橋医学専門学校が母体。前橋医科大学を経て、24年に群馬大学医学部となった。

北関東における医学・保健学教育・研究の中心を担い、先進の医学領域とコミットしたプロジェクトを積極的に進めています。Science（科学的知識・能力）、Ethics（倫理観と社会貢献）、Skill（医療技術と研究技術）の頭文字SESをスローガンに掲げ、3者のバランスがとれた臨床医・医学研究者を育成。

2023年度 入試DATA

●志願・合格状況

※第1段階選抜合格者数は前期一般枠204名・地域医療枠34名（合格最低点非公表）。

区分		募集人員	志願者	2段階選抜	受験者	追加合格者	総合格者	志願者合格倍率	入学者
一般選抜前期	一般枠	65	266	実施	176	5	70	3.8	65
	地域医療枠	6	37	予告／3倍	22	0	6	6.2	6
学校推薦型選抜	一般枠	25	65	―	65	―	25	2.6	25
	地域医療枠	12	25	―	25	―	12	2.1	12

●**入学者の現既別内訳**

●**入学者の男女別内訳**

●**入学者の地元占有率**（出身校）
群馬県 34名
その他 74名

●合格得点

区分		満点	合格平均点 得点	得点率
一般選抜前期一般枠	共テ	450	366.13	81%
	個別	450	非公表	―
	総合点	900	626.01	70%
一般選抜前期地域医療枠	共テ	450	375.32	83%
	個別	450	非公表	―
	総合点	900	620.67	69%

※学校推薦型選抜は非公表。

2024年度 選抜要項

●募集人員（医学科）

一般選抜前期 一般枠	一般選抜前期 地域医療枠	学校推薦型選抜 一般枠	学校推薦型選抜 地域医療枠	帰国生	編入
65名	6名※1	25名	12名※1	若干名	15名

※1 認可申請中。
※確定次第大学ホームページ等で公表。
※私費外国人留学生選抜、若干名。

■共テボーダー得点率　■ボーダー偏差値（2次）

共テボーダー得点率 前期 一般枠・地域医療枠	ボーダー偏差値 前期 一般枠・地域医療枠
78%	65.0

●一般選抜日程　インターネット出願登録＋書類提出

区分	出願期間	試験	合格発表	手続締切
前期	1/22(月)～2/2(金)*	2/25(日)・26(月)	3/7(木) 10:00 HP 郵便	3/15(金)

＊インターネット出願は事前登録が可能。登録期間は9月中旬発表予定の募集要項で公表。
※第1段階選抜結果の発表日、合格発表時間・方法は募集要項で公表。

☞追加合格について
3/28～3/31に電話で本人の入学意思を確認（前年度）。

●一般選抜科目

区分	教科・科目	配点		解答時間
大学入学共通テスト	外国語＝英（R：L＝4：1）、独、仏→1	100点	計450点	R80分 L60分（解30分）
	数学＝数ⅠA、数ⅡB	100点		数ⅠA70分 数ⅡB60分
	理科＝化、生、物→2	100点		各60分
	国語＝国	100点		80分
	地歴・公民＝世A、世B、日A、日B、地A、地B、現社、倫、政経、倫政経→1	50点		60分
個別	数学＝数ⅠⅡⅢAB	150点	計450点	120分
	理科＝化基・化、物基・物	150点		120分
	小論文＝国語と英語の能力を問うことがある。	150点		90分
	集団面接（面接員複数）	総合判定の資料とする		25分

☞合否判定　共通テスト・個別・小論文・面接・調査書等から総合的に判定。　☞2段階選抜　一般枠と地域医療枠の志願者の合計が前期の募集人員の3倍を超えた場合に実施することがある。一般枠で189名程度、地域医療枠で24名程度を第1段階選抜の合格者とする。

☞受験料　17,000円　　☞試験場　群馬大学医学部

学校推薦型選抜　インターネット出願登録＋書類提出

募集人員	試験日程 出願期間	選考	合格発表	手続締切
一般枠25名 地域枠12名※1	11/1～11/7	書類、11/18小論文、11/19面接、共通テスト※2	2/13	2/19

※1 認可申請中含む。※2 共通テストの成績は学力水準の到達度を判定する資料とする。
※履修科目によって国際バカロレア・ディプロマ・プログラム認定校出身者も応募できる。

2年次編入学

募集人員	試験日程 出願期間	選考	合格発表	手続締切
15名	7/26～7/31	1次：書類、9/3小論文1・2 2次：10/15面接等	1次：9/28 2次：10/31	11/20

※募集人員の約4倍を第1次試験合格者とする。※地域医療枠の募集は行わない。

総合型選抜
実施しない。

帰国生選抜
若干名を募集する。　インターネット出願登録＋書類提出

感染症等に伴う特別対応や追試験については、各大学のホームページで最新情報をご確認ください。

最新の入試情報をCHECK ▶ 医学部受験ラボ

千葉県

千葉大学

CHIBA UNIVERSITY

入試に関する問合せ先

医学部学務係／〒260-8670　千葉県千葉市中央区亥鼻1-8-1
☎043-226-2008　https://www.m.chiba-u.ac.jp/

募集要項の請求方法

①大学のホームページ
※募集要項（一般選抜）は紙媒体による配布を行わず、10月下旬に大学ホームページに掲載予定。

一般選抜ネット出願 必須

DATA

●**学部所在地**　問合せ先に同じ。
●**アクセス**　JR千葉駅・京成千葉駅⑦番バス乗場から約15分、千葉大医学部・薬学部入口下車。
●**学部学科・定員**　医学部＝医学科100
●**大学院**　医学薬学府＝先端医学薬学専攻、先端創薬科学専攻、先進予防医学共同専攻、医科学専攻、総合薬品科学専攻
●**おもな付属施設**　附属病院など。
●**沿革**　大正12年創設の千葉医科大学が母体。昭和24年に千葉大学医学部となった。

1874年に創立された共立病院を前身とし、基礎医学や臨床医学分野の研究・診療で数々の業績を挙げてきました。カリキュラムは、全国でも先進的な「学習成果基盤型教育」を導入。卒業時の到達目標を明示し、確実に達成できるよう6年間のカリキュラムが組まれています。入学直後から行われる早期体験学習やチュートリアル教育なども、医師に必要な能力の修得に役立ちます。

2023年度 入試DATA

●志願・合格状況

※第1段階選抜合格者数は前期一般枠246名（合格最低点671点［共通テストの換算前素点・以下同］）、後期一般枠243名（合格最低点782点）。

区分			募集人員	志願者	2段階選抜	受験者	追加合格者	総合格者	志願者合格倍率	入学者
一般選抜	前期	一般枠	82	293	実施 予告／3倍	238	非公表	89	3.3	85
		地域枠	20	53	実施せず 予告／3倍	48		20	2.7	20
	後期	一般枠	15	406	実施 予告／7倍	63	非公表	17	23.9	14

●合格得点（正規合格者）

区分			満点	合格最高点 得点	合格最高点 得点率	合格最低点 得点	合格最低点 得点率
一般選抜	前期	一般枠	1450	1191	82%	983	68%
		地域枠	1450	1049	72%	856	59%
	後期	一般枠	1450	1230	85%	1138	78%

※追加合格者を除く。

●**総合格者の現既別内訳**　既卒42名　現役84名

●**総合格者の男女別内訳**

●**総合格者の地元占有率**

2024年度 選抜要項

●募集人員（医学科）

一般選抜前期 一般枠	一般選抜前期 千葉県地域枠	後期
80名	5名	15名

※医師確保の計画等により増員の可能性あり。確定次第大学ホームページ等で公表。
※私費外国人留学生入試、若干名。

■共テボーダー得点率

前期 一般枠	前期 千葉県地域枠	後期
86%		89%

■ボーダー偏差値（2次）

前期 一般枠	前期 千葉県地域枠	後期
67.5		72.5

●一般選抜日程　インターネット出願登録＋書類提出

区分	出願期間	試験	合格発表		手続締切
前期	1/22(月)~2/2(金)	2/25(日)・26(月)	3/9(土)	時間未定 HP 郵便	3/15(金)
後期		3/12(火)・13(水)	3/20(水)	時間未定 HP 郵便	3/26(火)

※第1段階選抜結果の発表：前期2/8(木)、後期2/29(木)。※第1段階選抜結果の発表方法、合格発表時間・方法は10月下旬発表予定の募集要項で公表。

☞追加合格について
10月下旬発表予定の募集要項で公表。

●一般選抜科目

※個別の解答時間は募集要項で公表。

区分		教科・科目	配点（前期／後期）		解答時間
大学入学共通テスト	前期・後期	外国語＝英(R：L＝4：1)、独、仏→1	100点	計450点	R80分 L60分(解30分)
		数学＝数ⅠA、数ⅡB	各50点		数ⅠA70分 数ⅡB60分
		理科＝化、生、物→2	各50点		各60分
		国語＝国	100点		80分
		地歴・公民＝世B、日B、地B、倫政経→1	50点		60分
個別	前期・後期	外国語＝［前期］コ英ⅠⅡⅢ　［後期］コ英ⅠⅡⅢ・英表ⅠⅡ	300点	計1000点	未定
		数学＝数ⅠⅡⅢAB(列ベ)	300点		未定
		理科＝化基・化、生基・生、物基・物→2	各150点		未定
		面接	100点		未定

☞合否判定　共通テスト・個別・調査書の内容の総合得点で判定。個別等の得点が学部・学科等受験者の平均点に満たない教科・科目などがあった場合には、不合格とすることがある。同点者は、個別の得点上位者を優先。

☞2段階選抜　前期3倍、後期7倍

☞受験料　17,000円（予定）　☞試験場　未定（募集要項で公表）

学校推薦型選抜　実施しない。　**総合型選抜**　実施しない。

帰国生徒選抜　実施しない。　**学士入学**　実施しない。

感染症等に伴う特別対応や追試験については、各大学のホームページで最新情報をご確認ください。

最新の入試情報をCHECK▶ 医学部受験ラボ

東京都

東京大学

入試に関する問合せ先

入試事務室／〒113-8654 東京都文京区本郷7-3-1
☎03-5841-1222 https://www.u-tokyo.ac.jp/

募集要項の請求方法

①テレメール ②モバっちょ
③本郷地区、駒場Ⅰ各キャンパスで配布
※募集要項（一般選抜）は11月中旬に大学ホームページに掲載予定。

一般選抜ネット出願 必須

DATA

●**学部所在地** 問合せ先に同じ。
●**アクセス** 都営地下鉄大江戸線・東京メトロ丸ノ内線で本郷三丁目駅下車、徒歩約10分など。
●**学部学科・定員** 理科三類（医学部医学科）100程度（認可申請中含む）
●**大学院** 医学系研究科＝分子細胞生物学専攻、機能生物学専攻、病因・病理学専攻、生体物理医学専攻、脳神経医学専攻、社会医学専攻、内科学専攻、生殖・発達・加齢医学専攻、外科学専攻など
●**おもな付属施設** 附属病院、医科学研究所、医科学研究所附属病院など。
●**沿革** 明治元年に医学校を設置。昭和14年に臨時附属医学専門部を設置、24年に新制東京大学医学部。

江戸時代、天然痘の種痘を開始して以来約150年の歴史を持ち、基礎医学、社会医学、臨床医学の各分野で世界に新しい情報を発信することを目指しています。1・2年次は駒場キャンパスでリベラル・アーツを学びます。3年次からの専門教育では臨床教育の充実が図られ、チューター制度や統合講義を実施。5年次以降のほとんどの講義や実習は先端医療をリードする附属病院で行われます。

2023年度 入試DATA

●志願・合格状況

※第1段階選抜合格者数は前期291名、学校推薦型選抜7名（合格最低点非公表）。

区分	募集人員	志願者	2段階選抜	受験者	追加合格者	総合格者	志願者合格倍率	入学者
一般選抜 前期	97	420	実施 予告／約3倍	288	0	97	4.3	97
学校推薦型選抜	3程度	13	実施	7	—	4	3.3	4

●合格得点（総合格者）

区分	満点	合格最高点 得点	合格最高点 得点率	合格最低点 得点	合格最低点 得点率
一般選抜 前期	550	458.8	83%	357.7	65%

※学校推薦型選抜は非公表。

●総合格者の現既別比率 非公表
●総合格者の男女別内訳 非公表
●総合格者の地元占有率 非公表

2024年度 選抜要項

●募集人員（理科三類）

一般選抜前期	学校推薦型選抜	外国学校卒業学生
97名※1	3名程度	若干名

※1 認可申請中の増員2名を含む。確定次第、大学ホームページ等で公表。
※学校推薦型選抜の合格者が募集人員に満たない場合は、前期の募集人員に繰り入れる。

■共テボーダー得点率	■ボーダー偏差値（2次）
前期（理科Ⅲ類）	前期（理科Ⅲ類）
91%	72.5

●一般選抜日程

区分	出願期間	試験	合格発表	手続締切
前期	1/22(月)～2/2(金)	2/25(日)・26(月)・27(火)	3/10(日) 12:00 HP ネット	未定

※第1段階選抜結果の発表：2／13（火）HP ネット ※合格発表時間・方法、手続締切日は11月中旬発表予定の募集要項で公表。※合格者の第2次学力試験受験番号を3／10(日)に大学ホームページへ掲載。※電話などによる合否の照会には応じない。

☞追加合格について
11月中旬発行予定の募集要項で公表。

●一般選抜科目

区分	教科・科目	配点		解答時間
大学入学共通テスト	外国語＝英（R：L＝7：3）、独、仏、中、韓→1	200点	計110点※	R80分 L60分（解30分）
	数学＝数ⅠA（必）、数ⅡB、簿、情報→1の計2	200点		数ⅠA70分 その他60分
	理科＝化、生、物、地学→2	200点		各60分
	国語＝国	200点		80分
	地歴・公民＝世B、日B、地B、倫政経→1	100点		60分
個別	外国語＝コ英ⅠⅡⅢ（一部聞き取りも実施）、独、仏、中→1	120点	計440点	120分
	数学＝数ⅠⅡⅢAB（列べ）	120点		150分
	理科＝化基・化、生基・生、物基・物、地学基礎・地学→2	120点		150分
	国語＝国総・国表	80点		100分
	面接＝個人面接で人間的成熟度、医学部への適性、コミュニケーション能力等を評価。複数の面接員による評価も参考にして、場合によっては、2次面接を行うことがある。	総合判定の資料とする		10分程度

※共通テストは900点満点を110点に換算。

☞合否判定 共通テスト・個別・調査書の内容と面接試験の結果を総合的に評価。将来、医療や医学研究に従事するのにふさわしい資質を持った受験生を合格者とする。学力試験の得点にかかわらず不合格になることがある。

☞2段階選抜 約3倍 ☞受験料 募集要項で公表 ☞試験場 本学本郷キャンパス

学校推薦型選抜

インターネット出願登録＋書類提出

募集人員	試験日程 出願期間	選考	合格発表	手続締切
3名程度	11／1～11／7＊	1次：書類、資料 2次：12／9面接等、共通テスト	1次：12／1 2次：2／13	2／19

※共通テストの基準点は概ね8割以上の得点。※書類は高等学校長へ送付。
※インターネットによる志願者情報登録が必要となる。インターネット出願登録は10／16～11／7。
＊高等学校による出願作業の期間を含む。

外国学校卒業学生特別選考

若干名を募集する。
インターネット出願登録＋書類提出

総合型選抜

実施しない。

編入学

実施しない。

感染症等に伴う特別対応や追試験については、各大学のホームページで最新情報をご確認ください。

最新の入試情報をCHECK ▶ 医学部受験ラボ

東京医科歯科大学

入試に関する問合せ先

統合教育機構入試課／〒113-8510　東京都文京区湯島1-5-45
☎03-5803-5084　https://www.tmd.ac.jp/

募集要項の請求方法

①大学のホームページ　一般選抜ネット出願 必須
※募集要項（一般選抜）は紙媒体による配布を行わず、11月下旬に大学ホームページに掲載予定。

DATA

●**学部所在地**　問合せ先に同じ。
●**アクセス**　JR、東京メトロ丸ノ内線御茶ノ水駅、東京メトロ千代田線新御茶ノ水駅下車。
●**学部学科・定員**　医学部＝医学科101（認可申請予定含む）
●**大学院**　医歯学総合研究科
●**おもな付属施設**　附属病院、難治疾患研究所など。
●**沿革**　昭和3年創立の東京高等歯科医学校が前身。19年に東京医学歯学専門学校を設置。26年に東京医科歯科大学医学部。

日本唯一の医歯学系総合大学院大学であり、世界を舞台に活躍できる人材の育成を目標にしています。そのため、ハーバード大学やインペリアルカレッジ等への充実した海外研修、一橋大・東工大・東京外語大との四大学連合による教育プログラムなど、特色ある教育ネットワークを整えています。さらに医学・歯学が連携した医歯学融合教育も本学ならではのメリット。豊富な知識と広い視野を有する人材を育てます。

2023年度 入試DATA

●志願・合格状況
※第1段階選抜合格者数は前期276名、後期122名（合格最低点非公表）。

区分	募集人員	志願者	2段階選抜	受験者	追加合格者	総合格者	志願者合格倍率	入学者
一般選抜前期	69	308	実施 予告／約4倍	271	非公表	78	3.9	70
一般選抜後期	10	204	実施 予告／約12倍	21	非公表	13	15.7	10
特別地域枠推薦（茨城県枠・県内対象）	2	4	—	4	—	1	4.0	1
特別地域枠推薦（茨城県枠・全国対象）	3	2	—	2	—	2	1.0	2
特別地域枠推薦（長野県枠）	5	9	—	9	—	3	3.0	3
特別地域枠推薦（埼玉県枠）	5	14	—	10	—	3	4.7	3
特別選抜Ⅰ（学校推薦型）	5	32	—	20	—	4	8.0	4

●合格得点（正規合格者）

区分	得点	合格最高点 得点	合格最高点 得点率	合格最低点 得点	合格最低点 得点率
一般選抜前期	540	454.80	84%	370.00	69%
一般選抜後期	700	非公表	—	非公表	—
特別地域枠推薦（茨城県枠・県内対象）	非公表	非公表	—	非公表	—
特別地域枠推薦（茨城県枠・全国対象）	非公表	非公表	—	非公表	—
特別地域枠推薦（長野県枠）	非公表	非公表	—	非公表	—
特別地域枠推薦（埼玉県枠）	非公表	非公表	—	非公表	—
特別選抜Ⅰ（学校推薦型）	非公表	非公表	—	非公表	—

●**総合格者の現既別内訳**

●**総合格者の男女別内訳**

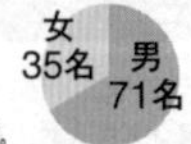

※国際バカロレア選抜2名を含む。

●**総合格者の地元占有率**

2024年度 選抜要項

●募集人員（医学科）

一般選抜 前期	一般選抜 後期	学校推薦型選抜 地域特別枠	学校推薦型選抜 特別選抜Ⅰ	編入
69名	10名	15名※1	7名※2	5名

※1 内訳は茨城県5名以内（県内対象2名、全国対象3名）、長野県5名以内（全国対象）、埼玉県5名以内（全国対象）。
※2 内訳は学校推薦型5名、国際バカロレア選抜2名。
※認可申請予定の増員を含む。確定次第大学ホームページ等で公表。
※特別選抜Ⅱ（帰国生選抜）、私費外国人留学生特別選抜、若干名。

■共テボーダー得点率　■ボーダー偏差値（2次）

共テ 前期	共テ 後期	2次 前期
88%	92%	70.0

●一般選抜日程　インターネット出願登録+書類提出

区分	出願期間	試験	合格発表	手続締切
前期	1/22(月)～2/2(金)	2/25(日)・26(月)	3/8(金) 未定 HP 郵便	未定
後期	1/22(月)～2/2(金)	3/12(火)・13(水)	3/22(金) 未定 HP 郵便	未定

☞追加合格について
3/28より追加合格者に電話通知（前年度）。

●一般選抜科目
※第1段階選抜結果の発表日・方法、合格発表時間・方法、手続締切日は11月下旬発表予定の募集要項で公表。

区分		教科・科目	配点（前期／後期）		解答時間
大学入学共通テスト	前期・後期	外国語＝英（R：L＝3：1）、独、仏、中、韓→1	40／125点	計180／500点	R80分 L60分（解30分）
		数学＝数ⅠA、数ⅡB	40／125点		数ⅠA70分 数ⅡB60分
		理科＝化、生、物→2	40／125点		各60分
		国語＝国	40／125点		80分
		地歴・公民＝［前期のみ］世B、日B、地B、倫政経→1	20点／—		60分
個別	前期	外国語＝コ英ⅠⅡⅢ	120点	計360点	90分
		数学＝数ⅠⅡⅢAB（列ベ）	120点		90分
		理科＝化基・化、生基・生、物基・物→2	120点		120分
		面接＝個人面接※	—		—
	後期	小論文＝将来医療に従事する者としての適性、論理的思考、問題発見と解決の能力などを評価。英文で出題する場合がある。	100点	計200点	120分
		面接＝個人面接	100点		—

※学力検査等との総合評価。

☞合否判定　調査書・共通テスト・個別・面接を総合的に判定。　☞2段階選抜　前期約4倍、後期約12倍　☞受験料　17,000円

☞試験場　［前期］2/25学力検査＝代々木ゼミナール（本部校代ゼミタワー）、2/26面接＝本学（湯島地区）　［後期］本学（湯島地区）

学校推薦型選抜　インターネット出願登録+書類提出

募集人員		出願期間	選考	合格発表	手続締切
地域特別枠※1	茨城県5名以内 長野県5名以内 埼玉県5名以内	11/1～11/6	1次：書類 2次：11/27小論文、11/28面接（特別選抜Ⅰ）、11/29面接（地域特別枠）、共通テスト※2	1次：11/13 2次：12/15 最終：2/9～※2	2/19
特別選抜Ⅰ	学校推薦型5名				
	国際バカロレア2名				12/22※3

2年次学士編入学　5名を募集する。

総合型選抜　実施しない。

特別選抜Ⅱ（帰国生選抜）　若干名を募集する。一般選抜の募集人員に含む。

※1 認可申請予定。※2 国際バカロレアは除く。※3 条件付合格者の入学手続期間は2/13～2/19。
※地域特別枠と特別選抜Ⅰ（学校推薦型）の併願不可。
※志願者数が地域特別枠では定員の約2倍、特別選抜Ⅰでは定員の約4倍を超える場合に1次選抜を行う。
※共通テストの成績を確認後、2/9以降に最終結果通知を送付する。

感染症等に伴う特別対応や追試験については、各大学のホームページで最新情報をご確認ください。

最新の入試情報をCHECK ▶ 医学部受験ラボ

新潟県

新潟大学

入試に関する問合せ先

学務部入試課／〒950-2181　新潟県新潟市西区五十嵐2の町8050
☎025-262-6079　https://www.niigata-u.ac.jp/

募集要項の請求方法

①大学のホームページ
※募集要項（一般選抜）は紙媒体による配布は行わず、11月下旬に大学ホームページに掲載予定。

一般選抜ネット出願 必須

DATA

●**学部所在地**　〒951-8510　新潟県新潟市中央区旭町通1番町757
●**アクセス**　JR新潟駅前バスターミナルからバス利用、旭町二番町下車、徒歩約3分。
●**学部学科・定員**　医学部＝医学科140（認可申請中含む）
●**大学院**　医歯学総合研究科＝（博士）分子細胞医学専攻、生体機能調節医学専攻、地域疾病制御医学専攻、（修士）医科学専攻
●**おもな付属施設**　医歯学総合病院、脳研究所など。
●**沿革**　明治43年開設の新潟医学専門学校が前身。新潟医科大学を経て、昭和24年に新潟大学医学部となった。

「医学を通して人類の幸福に貢献する」人材を育てることを教育理念としています。6年一貫教育のカリキュラムを実施し、一般教養、基礎医学、社会医学、臨床医学についてバランスのとれた教育と、自らが問題を発見し解決する能力を伸ばすための教育を実践しています。1年次は五十嵐キャンパスで、2年次からは旭町キャンパスで学びます。

2023年度 入試DATA

●志願・合格状況 ※第1段階選抜合格者数は前期320名（合格最低点非公表）。

区分	募集人員	志願者	2段階選抜	受験者	追加合格者	総合格者	志願者合格倍率	入学者
一般選抜前期	80	344	実施 予告／4倍	265	9	89	3.9	80
学校推薦型選抜	60	194	—	193	0	60	3.2	60

●合格得点（総合格者） ※追加合格者を除く。

区分		満点	合格最高点 得点	合格最高点 得点率	合格最低点 得点	合格最低点 得点率
一般選抜前期	共テ	750	691.9	92%	557.7	74%
	個別	1200	957.3	80%	750.8	63%
	総合点	1950	非公表	—	非公表	—
学校推薦型選抜	共テ	750	702.0	94%	非公表	—

※学校推薦型選抜の個別の面接は段階評価。

●入学者の現既別内訳

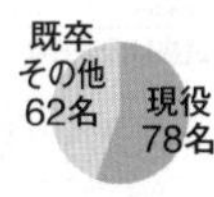

●入学者の男女別内訳

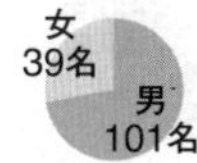

●入学者の地元占有率

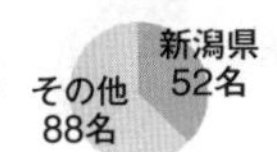

2024年度 選抜要項

●募集人員（医学科）

一般選抜前期	学校推薦型選抜
80名※1	60名※1※2

※1 認可申請中の増員分を含む。確定次第大学ホームページ等で公表。
※2 内訳は一般枠20名、地域枠40名（うち新潟県内対象22名、全国対象18名）。欠員が生じた場合、欠員は前期に加える。
※私費外国人留学生特別選抜、若干名。

■共テボーダー得点率　■ボーダー偏差値（2次）

前期	前期
81%	65.0

●一般選抜日程 インターネット出願登録＋書類提出

区分	出願期間	試験	合格発表	手続締切
前期	1／22(月)～2／2(金)	2／25(日)・26(月)・27(火)	3／8(金) 発表時間・方法未定	未定

※第1段階選抜結果の発表日・方法、合格発表時間・方法、手続締切日は11月下旬発表予定の募集要項で公表。

☞追加合格について
3／28～3／31に定員に達するまで実施。追加合格者に電話通知（前年度）。

●一般選抜科目

※個別の解答時間は募集要項で公表。

区分	教科・科目	配点		解答時間
大学入学共通テスト	外国語＝英（R：L＝4：1）、独、仏→1	200点	計750点	R80分 L60分（解30分）
	数学＝数ⅠA、数ⅡB	200点		数ⅠA70分 数ⅡB60分
	理科＝化、生、物→2	200点		各60分
	国語＝国	100点		80分
	地歴・公民＝世B、日B、地B、現社、倫、政経、倫政経→1	50点		60分
個別	外国語＝コ英ⅠⅡⅢ・英表ⅠⅡ	400点	計1200点	未定
	数学＝数ⅠⅡⅢAB（列ベ）	400点		未定
	理科＝化基・化、生基・生、物基・物→2	400点		未定
	個人面接	2段階評価		未定

☞合否判定　共通テスト・個別・面接・出願書類から総合的に判定。
☞2段階選抜　4倍　☞受験料　17,000円　☞試験場　未定（11月下旬発表の募集要項にて公表）

学校推薦型選抜 インターネット出願登録＋書類提出

募集人員	試験日程 出願期間	選考	合格発表	手続締切
60名※1 （地域枠40名を含む）※2	11月 （予定）	12月（予定） 面接、書類、共通テスト	2／9	未定

※1 認可申請中の増員分を含む。※2 内訳は新潟県内対象22名、全国対象18名。
※詳細は11月発表の募集要項で公表。

総合型選抜　実施しない。

帰国生徒特別選抜　実施しない。

2年次学士編入学　実施しない。

感染症等に伴う特別対応や追試験については、各大学のホームページで最新情報をご確認ください。

最新の入試情報をCHECK▶ 医学部受験ラボ

富山県

富山大学

入試に関する問合せ先

学務部入試課／〒930-8555　富山県富山市五福3190
☎076-445-6100　https://www.u-toyama.ac.jp

募集要項の請求方法

①大学のホームページ
※募集要項（一般選抜）は紙媒体による配布を行わず、10月下旬に大学ホームページに掲載予定。

一般選抜ネット出願 必須

DATA

●**学部所在地**　〒930-0194　富山県富山市杉谷2630
●**アクセス**　富山駅（南口）バス乗場③から富大附属病院循環バスで約30分、富山大学附属病院下車。
●**学部学科・定員**　医学部＝医学科105（認可申請中含む）
●**大学院**　医学薬学教育部＝医科学専攻、生命・臨床医学専攻、東西統合医学専攻
生命融合科学教育部＝認知・情動脳科学専攻
●**おもな付属施設**　附属病院、和漢医薬学総合研究所など。
●**沿革**　昭和50年に富山医科薬科大学医学部を設置。平成17年に富山大学医学部となった。

仁愛の精神を持った医療人の育成を目指すとともに、薬学部・和漢医薬学総合研究所と密接に連携し、「東洋の知に立脚した」特色ある教育研究を展開しています。2年次には本学独自の「和漢医薬学入門」を開講。また、国際性を磨く教育にも力を入れ、アジア諸国やアメリカ、イギリス、オーストラリアなどでの研修制度を設置。東洋の知を身につけた国際的医療人を育成しています。

2023年度 入試DATA

●志願・合格状況

※第1段階選抜合格者数は前期350名（合格最低点非公表）。

区分		募集人員	志願者	2段階選抜	受験者	追加合格者	総合格者	志願者合格倍率	入学者
一般選抜前期		70	421	実施 予告／約5倍	273	4	74	5.7	70
学校推薦型選抜（地域枠）		15以内	35	—	35	0	15	2.3	15
総合型選抜	富山県一般枠	10	24	—	23	0	10	2.4	10
	富山県特別枠	10	15	—	15	0	10	1.5	10

●合格得点（正規合格者）

区分		満点	合格最高点 得点	合格最高点 得点率	合格最低点 得点	合格最低点 得点率
一般選抜前期	共テ	900	781.6	87%	679.4	75%
	個別	700	531.0	76%	372.7	53%
	総合点	1600	1287.6	80%	1117.9	70%
学校推薦型選抜		非公表	非公表	—	非公表	—
総合型選抜		非公表	非公表	—	非公表	—

※学校推薦型選抜と総合型選抜は公表しない。

●入学者の現既別内訳　現役41名　既卒その他65名　·1浪42名　·2浪その他23名

●入学者の男女別内訳

●入学者の地元占有率（出身校）

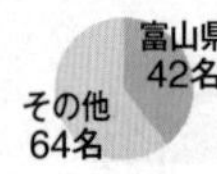

※いずれも帰国生枠1名を含む。

2024年度 選抜要項

●募集人員（医学科）

一般選抜前期	学校推薦型選抜	総合型選抜		帰国生徒	編入
一般枠	地域枠	富山県一般枠	富山県特別枠		
70名	15名以内	10名	10名※1	若干名	5名

※1 認可申請中。確定次第大学ホームページ等で公表。
※私費外国人留学生選抜、若干名。

共テボーダー得点率	ボーダー偏差値（2次）
前期	前期
79%	62.5

●一般選抜日程　インターネット出願登録＋書類提出

区分	出願期間	試験	合格発表	手続締切
前期	1/22（月）～2/2（金）	2/25（日）・26（月）	3/7（木）時間未定 HP 郵便	3/15（金）

※第1段階選抜結果の発表日・方法、合格発表時間・方法は10月下旬発表予定の募集要項で公表。※合否についての問い合わせには一切応じない。

☞追加合格について
電話等により資格および入学の意思を確認のうえ、文書による通知（前年度）。

●一般選抜科目

※個別の解答時間は募集要項で公表。

区分	教科・科目	配点		解答時間
大学入学共通テスト	外国語＝英（R：L＝4：1）、独、仏、中、韓→1	200点	計900点	R80分 L60分（解30分）
	数学＝数ⅠA、数ⅡB	200点		数ⅠA70分 数ⅡB60分
	理科＝化、生、物→2	200点		各60分
	国語＝国	200点		80分
	地歴・公民＝世B、日B、地B、倫政経→1	100点		60分
個別	外国語＝コ英ⅡⅢ・英表ⅠⅡ	200点	計700点	未定
	数学＝数ⅠⅡⅢAB（列ベ）	200点		未定
	理科＝化基・化、生基・生、物基・物→2	各100点		未定
	面接＝思考力、協調性、積極性、将来性を評価。	100点		未定

☞合否判定　共通テスト・個別の総合点の高得点順とする。
☞2段階選抜　約5倍　☞受験料　17,000円　☞試験場　本学杉谷キャンパス

学校推薦型選抜　インターネット出願登録＋書類提出

募集人員	出願期間	選考	合格発表	手続締切
地域枠 15名以内	11/20～11/27	書類、12/18小論文・面接、共通テスト	2/9	2/19

※総合型選抜（富山県一般枠および富山県特別枠）との併願不可。
※出願要件等の詳細は募集要項で公表。

総合型選抜　インターネット出願登録＋書類提出

募集人員	出願期間	選考	合格発表	手続締切
富山県一般枠10名 富山県特別枠10名※1	11/20～11/27	書類、12/18小論文・面接、共通テスト	2/9	2/19

※1 認可申請中。
※学校推薦型選抜との併願は不可だが、総合型選抜（富山県一般枠・富山県特別枠）同士の併願は可能。※出願要件等の詳細は募集要項で公表。

帰国生徒選抜

若干名を募集する。

2年次編入学

5名を募集する。

感染症等に伴う特別対応や追試験については、各大学のホームページで最新情報をご確認ください。

最新の入試情報をCHECK ▶ 医学部受験ラボ

石川県

金沢大学

入試に関する問合せ先

学務部入試課入学試験係／〒920-1192　石川県金沢市角間町
☎076-264-5169　https://www.kanazawa-u.ac.jp/admission

募集要項の請求方法

①大学のホームページ　　一般選抜ネット出願 必須
※募集要項（一般選抜）は紙媒体による配布を行わず、11月上旬に大学ホームページに掲載予定。

DATA

●**学部所在地**　〒920-8640　石川県金沢市宝町13-1
●**アクセス**　JR金沢駅兼六園口（東口）バスターミナルから北陸鉄道バス「湯谷原」「医王山」「太陽が丘ニュータウン」行きのいずれかに乗車、「小立野」下車。
●**学部学科・定員**　医薬保健学域＝医学類112（認可申請予定含む）
●**大学院**　医薬保健学総合研究科＝（修士課程）医科学専攻、（医学博士課程）医学専攻
●**おもな付属施設**　附属病院、がん進展制御研究所など。
●**沿革**　文久2年創設の金沢彦三種痘所が起源。金沢医学専門学校、金沢医科大学を経て、昭和24年に金沢大学医学部となった。平成20年の学域学類再編で医薬保健学域医学類となった。

従来の医学部医学科に相当する医学類の教育理念は「人間性を重視し、かつ高度で総合的な能力を有する医療人・医学者の育成を図ることにより、世界の医療、健康、福祉に貢献する」ことです。そのために「幅広い教養、豊かな感性と人間性への深い洞察力を持ち、コミュニケーション能力および国際性を備え、患者中心の全人的医療ができる医師と医学者」を育てることを教育目標とします。また、社会の多様かつ高度な医療ニーズに応えていくために「明確な目的意識、強い使命感、高い倫理観と協調性」を備えた人材を求めます。

2023年度 入試DATA

●志願・合格状況 ※第1段階選抜合格者数は非公表（合格最低点非公表）。

区分	募集人員	志願者	2段階選抜	受験者	追加合格者	総合格者	志願者合格倍率	入学者
一般選抜前期	84	291	実施 予告／3倍程度	219	0	87	3.3	86
学校推薦型選抜（一般枠）	15	21	—	17	—	18 ※1	1.2	18
学校推薦型選抜（特別枠・石川県）	10	23	—	15	—	10	2.3	10
学校推薦型選抜（特別枠・富山県）	2	1	—	1	—	1	1.0	1

※1 学校推薦型選抜（特別枠）出願者の第2希望としての合格者を含む。
※上記以外に理系一括入試入学者の移行枠（1名）がある。

●**総合格者の現既別内訳**

●**総合格者の男女別内訳**

●**総合格者の地元占有率**

●合格得点〈正規合格者〉

区分		得点	合格最高点 得点	合格最高点 得点率	合格最低点 得点	合格最低点 得点率
一般選抜前期	共テ	450	409.00	91%	334.00	74%
	個別	1050	926.80	88%	793.00	76%
	総合点	1500	1327.80	89%	1189.80	79%
学校推薦型選抜（一般枠）	共テ	800※1	—	—	—	—
	個別	200	178.00	89%	141.00	71%
	総合点	200	178.00	89%	141.00	71%
学校推薦型選抜（特別枠・石川県）	共テ	800※1	—	—	—	—
	個別	200	166.00	83%	147.00	74%
	総合点	200	166.00	83%	147.00	74%

※1 評価の参考として、概ね680点（85%）を合格の基準とする。
※学校推薦型選抜（特別枠・富山県）は非公表。

2024年度 選抜要項

●募集人員（医学類）

一般選抜前期	学校推薦型選抜	総合型選抜	理系一括入試	編入
82名※1	27名※2	2名	1名※3	5名

※1 超然特別入試、帰国生徒選抜、私費外国人留学生入試若干名を含む。
※2 認可申請予定の特別枠12名（石川県枠10名、富山県枠2名）を含む。特別枠で不合格でも、予め一般枠を第2志望とした場合は、選考対象とする。合格者が募集人員に満たない場合、欠員は前期に加える。
※3 入学者の医学部への移行決定は1年次終了時に行う。
※確定次第大学ホームページ等で公表。

■共テボーダー得点率	■ボーダー偏差値（2次）
前期	前期
83%	65.0

●一般入試日程 インターネット出願登録+書類提出

区分	出願期間	試験	合格発表	手続締切
前期	1／22（月）～2／2（金）＊	2／25（日）・26（月）	3／9（土）時間未定　掲示 HP（予定）	3／15（金）

＊web出願システムは1／15（月）から事前登録可能。
※第1段階選抜結果の発表：2／13（火）。※第1段階選抜結果の発表方法、合格発表時間・方法は11月上旬発表予定の募集要項で公表。※電話等による合否の照会には応じない。

☞追加合格について
3／28より、追加合格者に電話で通知する。

●一般入試科目

区分	教科・科目	配点		解答時間
大学入学共通テスト	外国語＝英（R：L＝1：1）、独、仏、中、韓→1	100点	計450点	R80分 L60分（解30分）
	数学＝数ⅠA（必）、数ⅡB、簿、情報→1の計2	100点		数ⅠA70分 その他60分
	理科＝化、生、物、地学→2	100点		各60分
	国語＝国	100点		80分
	地歴・公民＝世B、日B、地B、倫政経→1	50点		60分
個別	外国語＝コ英ⅡⅢ・英表ⅠⅡ	300点	計1050点	90分
	数学＝数ⅠⅡⅢAB（列べ）	300点		120分
	理科＝化基・化、物基・物	300点		120分
	口述試験＝勉学意欲と資質などを判断するための多面的試問を行う。	150点		未定

☞合否判定　基本的に共通テストと個別等を総合して判断を行い、調査書は「主体性を持って多様な人々と協働して学ぶ態度」を評価するため活用する。口述試験の評価によっては、学力試験の成績にかかわらず不合格となることがある。

☞2段階選抜前期　3倍程度　☞受験料　17,000円（予定）　☞試験場　募集要項で公表（昨年度は本学宝町・鶴間キャンパス）

学校推薦型選抜 インターネット出願登録+書類提出

募集人員	試験日程 出願期間	試験日程 選考	試験日程 合格発表	試験日程 手続締切
27名（一般枠15名、特別枠12名※1）	12／18～12／22	1次：書類、共通テスト 2次：2／10口述試験	1次：2／7 2次：2／13	2／19

※1 内訳は石川県枠10名、富山県枠2名（認可申請予定）。確定次第大学ホームページ等で公表。
※共通テストで概ね680点以上を合格基準とする。志願者が定員を上回る場合、共通テストの得点に基づき定員の2倍程度となるよう1次選考を行う場合がある。

総合型選抜 インターネット出願登録+書類提出

募集人員	試験日程 出願期間	試験日程 選考	試験日程 合格発表	試験日程 手続締切
2名特別枠（地元育成枠）※1	12／18～12／22	1次：書類、共通テスト 2次：2／10口述試験	1次：2／7 2次：2／13	2／19

※1 出身校所在地は石川県、富山県、福井県。
※共通テストで概ね680点以上を合格基準とする。志願者が定員を上回る場合、共通テストの得点に基づき定員の2倍程度となるよう1次選考を行う場合がある。

帰国生徒選抜 インターネット出願登録+書類提出

若干名を募集する。

2年次編入

5名を募集する。

感染症等に伴う特別対応や追試験については、各大学のホームページで最新情報をご確認ください。

最新の入試情報をCHECK▶ 医学部受験ラボ

福井大学

入試に関する問合せ先

松岡キャンパス学務課／〒910-1193 福井県吉田郡永平寺町松岡下合月23-3
☎0776-61-8830 https://www.u-fukui.ac.jp/

募集要項の請求方法

①大学のホームページ
※募集要項（一般選抜）は紙媒体による配布を行わず、11月上旬に大学ホームページに掲載予定。

一般選抜ネット出願 必須

DATA

●学部所在地 問合せ先に同じ。
●アクセス JR福井駅西口1番バス乗場から約35分、福井大学病院前下車。
●学部学科・定員 医学部＝医学科110（認可申請中含む）
●大学院 医学系研究科＝統合先進医学専攻
●おもな付属施設 附属病院など。
●沿革 昭和53年に福井医科大学医学部を設置。平成15年に福井大学医学部となった。

倫理観・責任感、共感力とコミュニケーション力を備え、医療における専門職業人として活躍、地域のニーズに沿った地域医療や医療の国際化に貢献できる医師・医学研究者の育成を目指しています。本邦における医学教育の指針「医学教育モデル・コア・カリキュラム」に準拠したカリキュラムを編成・実施。本学独自の学生用電子カルテを用い、学生が医療チームの一員として診療に参加する臨床実習が特徴。

2023年度 入試DATA

●志願・合格状況

※第1段階選抜合格者数は後期225名、学校推薦型選抜90名（合格最低点非公表）。

区分	募集人員	志願者	2段階選抜	受験者	追加合格者	総合格者	志願者合格倍率	入学者
一般選抜前期	55	208	実施せず 予告/約5倍	168	4	59	3.5	55
一般選抜後期	25	302	実施 予告/約7倍	53	1	26	11.6	25
学校推薦型選抜	30	115	実施 予告/約3倍	89	0	30	3.8	30

●合格得点（正規合格者）

区分		満点	合格最高点 得点	合格最高点 得点率	合格最低点 得点	合格最低点 得点率
一般選抜前期	共テ	900	799	89%	非公表	—
	個別	700	556	79%	非公表	—
	総合点	1600	1311	82%	非公表	—
一般選抜後期	共テ	450	404	90%	非公表	—
	個別	220	180	82%	非公表	—
	総合点	670	568	85%	非公表	—
学校推薦型選抜		非公表	非公表	—	非公表	—

●入学者の現既別内訳

●入学者の男女別内訳

●入学者の地元占有率（出身校）

2024年度 入試要項

●募集人員（医学科）

一般選抜 前期	一般選抜 後期	学校推薦型選抜	編入
55名	25名	30名※1	5名

※1 内訳は全国枠10名程度、地元出身者枠10名程度、福井健康推進枠10名程度（認可申請中）。確定次第大学ホームページ等で公表。

■共テボーダー得点率 ■ボーダー偏差値（2次）

共テ 前期	共テ 後期	偏差値 前期
80%	87%	62.5

●一般選抜日程 インターネット出願登録+書類提出

区分	出願期間	試験	合格発表	手続締切
前期	1/22(月)~2/2(金)*	2/25(日)・26(月)	3/6(水) 10:00 HP 郵便	3/15(金)
後期		3/12(火)	3/20(水) 10:00 HP 郵便	3/27(水)

*インターネット出願は事前登録が可能。登録期間は11月上旬発行予定の募集要項で公表。
※第1段階選抜結果の発表日・方法、合格発表時間・方法は募集要項で公表。※電話等による照会には一切応じない。

☞追加合格について
3/28以降に電話で通知。入学手続に関しては該当者に直接指示（前年度）。

●一般選抜科目

区分		教科・科目	配点（前期／後期）		解答時間
大学入学共通テスト	前期・後期	外国語＝英（R：L＝3：1）	200/100点	計900/450点	R80分 L60分（解30分）
		数学＝数ⅠA（必）、数ⅡB、簿、情報→1の計2	各100/各50点		数ⅠA70分 その他60分
		理科＝化、生、物→2	200/100点		各60分
		国語＝国	200/100点		80分
		地歴・公民＝世B、日B、地B、倫政経→1	100/50点		60分
個別	前期	外国語＝コ英ⅠⅡⅢ・英表ⅠⅡ	200点	計700点	110分
		数学＝数ⅠⅡⅢAB（列べ）	200点		110分
		理科＝化基・化、生基・生、物基・物→2	200点		120分
		面接＝人間性、自主性、思考力、表現力、責任感など医学科学生としての適性、能力を評価。	100点		—
	後期	小論文＝和文、英文のいずれかまたは両方で出題。理解力、論理の構成力、文章表現力などを評価。	100点	計220点	90分
		面接＝前期に同じ。	120点		—

☞合否判定 共通テスト・個別・面接によって選抜する。調査書は面接の際に活用する。面接の評価が著しく低い場合は、総合得点にかかわらず不合格とすることがある。

☞2段階選抜 前期約5倍、後期約7倍 ☞受験料 17,000円（予定） ☞試験場 未定（11月上旬発行予定の募集要項で公表）

学校推薦型選抜 インターネット出願登録+書類提出

募集人員	出願期間	選考	合格発表	手続締切
30名（全国枠10名程度、地元出身者枠10名程度、福井健康推進枠10名程度）	12/11~12/15※1	1次：共通テスト 2次：書類、2/10面接	1次：2/6 2次：2/13	2/19

※1 インターネット出願は事前登録が可能。※福井健康推進枠は福井県へ奨学金受給意向調査書の提出が必要。※共通テストにより募集人員の約3倍を第1次選考の合格者とする。※推薦要件など、詳細は大学ホームページ、11月上旬発表の募集要項で確認。

2年次学士編入学 インターネット出願登録+書類提出

募集人員	出願期間	選考	合格発表	手続締切
5名	7/24~7/28	1次：書類、9/9学力試験（自然科学総合） 2次：11/4面接	1次：10/6 2次：11/17	11/24

※募集人員の約3倍を1次選考の合格者とする。

総合型選抜 実施しない。
帰国生徒特別選抜 実施しない。

感染症等に伴う特別対応や追試験については、各大学のホームページで最新情報をご確認ください。

最新の入試情報をCHECK ▶ 医学部受験ラボ

山梨大学

DATA

●**学部所在地** 〒409-3898 山梨県中央市下河東1110
●**アクセス** JR常永駅下車、徒歩約15分。JR甲府駅南口バスターミナルから山梨大学附属病院行バスで約30分。
●**学部学科・定員** 医学部=医学科125（認可申請中含む）
●**大学院** 医工農学総合教育部=修士課程：生命医科学専攻、博士課程：医学専攻、統合応用生命科学専攻
●**おもな付属施設** 附属病院など。
●**沿革** 昭和53年に山梨医科大学医学部を設置。平成14年に山梨大学医学部となった。

入試に関する問合せ先

教学支援部入試課／〒400-8510 山梨県甲府市武田4-4-37
☎055-220-8046 https://www.yamanashi.ac.jp/

募集要項の請求方法

①大学のホームページ

一般選抜ネット出願 必須

※募集要項（一般選抜）は紙媒体による配布を行わず、10月下旬に大学ホームページに掲載予定。

新しい時代を担う医師および医学研究者の養成を目指し、幅広い知識と高度な技能の獲得とともに、人格の涵養にも重点を置いた教育プログラムを実施しています。目覚しい速度で発展する医学に対し、深い人間愛と命の尊厳を基本に置いた創造と実践による教育・研究を行い、21世紀の医療を担う優れた人材を育成します。

2023年度 入試DATA

●志願・合格状況

※第1段階選抜合格者数は後期903名（合格最低点696点［共通テストの換算前素点］）、学校推薦型選抜（地域枠）53名（合格最低点非公表）。

区分	募集人員	志願者	2段階選抜	受験者	追加合格者	総合格者	志願者合格倍率	入学者
一般選抜後期	90	1333	実施 予告/約10倍	341	13	103	12.9	90
学校推薦型選抜（地域枠）	35以内	69	実施 予告/1.5倍	53	0	35	2.0	35

●合格得点〈正規合格者〉

区分			満点	合格最高点		合格最低点	
				得点	得点率	得点	得点率
一般選抜後期	共テ		1100	1030.0	94%	842.5	77%
	個別	数学	600	480.0	80%	216.0	36%
		理科	600	499.0	83%	240.0	40%
学校推薦型選抜（地域枠）	共テ		非公表	非公表	―	非公表	―

●入学者の現既別内訳
既卒 58名 現役 67名
・1浪 41名
・2浪 8名
・3浪その他 9名

●入学者の男女別内訳

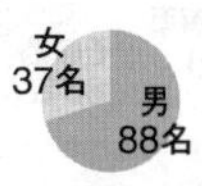

●入学者の地元占有率

2024年度 選抜要項

●募集人員（医学科）

一般選抜後期	学校推薦型選抜（地域枠）
90名	35名以内※

※認可申請中の増員20名を含む。確定次第大学ホームページ等で公表。

■共テボーダー得点率 ■ボーダー偏差値（2次）

後期	後期
86%	67.5

●一般選抜日程 インターネット出願登録+書類提出

区分	出願期間	試験	合格発表	手続締切
後期	1/22(月)~2/2(金)	3/12(火)・13(水)	3/21(木) 時間未定 HP 郵便	3/27(水)

※第1段階選抜結果の発表：2/14（水）郵便 ※合格発表時間・方法は10月下旬発表予定の募集要項で公表。※合格発表の郵送での通知は合格者のみ。※電話などによる合否の照会には応じない。

☞追加合格について
3/28より追加合格者に電話連絡。3/31まで数回にわたって行う。

●一般選抜科目

区分	教科・科目	配点		解答時間
大学入学共通テスト	外国語=英(R:L=1:1)	200点	計900点	R80分 L60分(解30分)
	数学=数ⅠA、数ⅡB	200点		数ⅠA70分 数ⅡB60分
	理科=化、生、物→2	200点		各60分
	国語=国	200点		80分
	地歴・公民=世B、日B、地B、倫政経→1	100点		60分
個別	外国語=コ英ⅠⅡⅢ・英表ⅠⅡ	600点	計2300点	90分
	数学=数ⅠⅡⅢAB(列べ)	600点		90分
	理科=化基・化、生基・生、物基・物→2	1000点		150分
	面接=1グループ6名によるグループディスカッション	100点		30分

☞合否判定 調査書・共通テスト・個別・面接などから総合的に判定。面接の評価が合格に達しない場合、共通テスト・個別の結果にかかわらず不合格とする。

☞2段階選抜 約10倍 ☞受験料 17,000円 ☞試験場 本学甲府キャンパス

学校推薦型選抜 インターネット出願登録+書類提出

募集人員	試験日程			
	出願期間	選考	合格発表	手続締切
地域枠35名以内※	12/13~ 12/21	1次:書類・共通テスト 2次:2/9面接	1次:2/6 2次:2/13	2/19

※認可申請中の20名を含む。※募集人員の約1.5倍を1次選考の合格者とする。※推薦要件等、詳細は募集要項で確認。

総合型選抜 実施しない。

帰国生徒特別選抜 実施しない。

編入学 実施しない。

信州大学

入試に関する問合せ先

医学科入試事務室／〒390-8621　長野県松本市旭3-1-1
☎0263-37-3419　https://www.shinshu-u.ac.jp/faculty/medicine/

募集要項の請求方法

①大学のホームページ
※募集要項（一般選抜）は紙媒体による配布は行わず、11月中旬に大学ホームページに掲載予定。

一般選抜ネット出願 必須

DATA

●**学部所在地**　問合せ先に同じ。
●**アクセス**　JR松本駅お城口からバスで約15分、信州大学前下車、徒歩約2分。
●**学部学科・定員**　医学部＝医学科120（認可申請予定含む）
●**大学院**　（博士）総合医理工学研究科＝医学系専攻、生命医工学専攻、（修士）医学系研究科＝医科学専攻
●**おもな付属施設**　附属病院、医学教育研修センター、バイオメディカル研究所など。
●**沿革**　昭和19年に松本医学専門学校として創設。23年に松本医科大学を設置し、26年に信州大学医学部となった。

学部教育、研修医教育から生涯教育まで充実した医学教育体制を誇ります。これにより、豊かな人間性と広い学問的視野、課題探究能力を身に付けた臨床医や医学研究者などを育成するとともに、高度で個性的な医科学研究を行っています。6年一貫教育を採用し、医学・医療の知識・技術の習得だけでなく、生命の尊厳・倫理まで配慮できる豊かな人間性を養う医療教育を特徴としています。

2023年度 入試DATA

●志願・合格状況

区分	募集人員	志願者	2段階選抜	受験者	追加合格者	総合格者	志願者合格倍率	入学者
一般選抜前期	95	380	実施せず 予告／4倍	307	5	100	3.8	95
学校推薦型選抜	25	68	―	68	0	25	2.7	25

●合格得点（正規合格者）

区分		満点	合格最高点 得点	合格最高点 得点率	合格最低点 得点	合格最低点 得点率
一般選抜前期	共テ	450	411.3	91%	341.9	76%
	個別	600	559.9	93%	410.4	68%
	総合点	1050	953.9	91%	787.7	75%
学校推薦型選抜		非公表	非公表	―	非公表	―

●入学者の現既別内訳

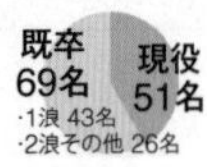

●入学者の男女別内訳

●入学者の地元占有率（出身校）

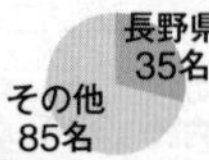

2024年度 選抜要項

●募集人員（医学科）

一般選抜前期	学校推薦型選抜
85名	35名※1

※1 内訳は長野県地元出身者枠13名、全国募集地域枠22名。認可申請予定の増員15名を含む。確定次第大学ホームページ等で公表。
※私費外国人留学生入試、若干名。

■共テボーダー得点率　■ボーダー偏差値（2次）

共テボーダー得点率 前期	ボーダー偏差値（2次） 前期
80%	65.0

●一般選抜日程　インターネット出願登録＋書類提出

区分	出願期間	試験	合格発表	手続締切
前期	1/22（月）～2/2（金）＊	2/25（日）・26（月）	3/6（水）時間未定 HP 郵便	3/15（金）

＊インターネット出願は事前登録が可能。登録期間は11月中旬発表予定の募集要項で公表。
※第1段階選抜結果の発表：2/9（金） HP　※合格発表時間・方法は募集要項で公表。　※電話やメール等による問い合わせには応じない。

☞追加合格について
追加合格の有無をホームページで発表し、追加合格者に電話で通知。詳細は11月中旬発表予定の募集要項で公表。

●一般選抜科目

区分	教科・科目	配点		解答時間
大学入学共通テスト	外国語＝英（R：L＝4：1）	100点	計450点	R80分 L60分（解30分）
	数学＝数ⅠA、数ⅡB	各50点		数ⅠA70分 数ⅡB60分
	理科＝化、生、物→2	100点		各60分
	国語＝国	100点		80分
	地歴・公民＝世B、日B、地B、現社、倫、政経、倫政経→1	50点		60分
個別	外国語＝コ英ⅠⅡⅢ・英表ⅠⅡ	150点	計600点	90分
	数学＝数ⅠⅡⅢAB（列ベ）	150点		120分
	理科＝化基・化、生基・生、物基・物→2	150点		150分
	面接、調査書（面接の参考資料として活用）	150点		―

☞合否判定　共通テスト・個別・面接・調査書・志願調書から総合的に判定。面接の評価が著しく低い場合は不合格とすることがある。
☞2段階選抜　4倍　☞受験料　未定（募集要項で公表）　☞試験場　本学松本キャンパス

学校推薦型選抜　インターネット出願登録＋書類提出

募集人員	試験日程 出願期間	選考	合格発表	手続締切
35名（長野県地元出身者枠13名、全国募集地域枠22名）※1	11/15～11/21※2	書類、12/1面接、共通テスト	2/8	2/16

※1 認可申請予定の増員15名を含む。確定次第大学ホームページ等で公表。
※2 インターネット出願は事前登録が可能。登録期間は募集要項で確認。
※長野県地元出身者枠と全国募集地域枠は併願可。

総合型選抜　実施しない。
帰国生徒選抜　実施しない。
編入学　実施しない。

感染症等に伴う特別対応や追試験については、各大学のホームページで最新情報をご確認ください。

最新の入試情報をCHECK ▶ 医学部受験ラボ

岐阜大学

入試に関する問合せ先

学務部入試課／〒501-1193　岐阜県岐阜市柳戸1-1
☎058-293-2156・2157・2180　https://www.gifu-u.ac.jp/

募集要項の請求方法

①大学のホームページ
※募集要項（一般選抜）は紙媒体による配布は行わず、11月下旬に大学ホームページに掲載予定。

一般選抜ネット出願 必須

DATA

●**学部所在地**　問合せ先に同じ。
●**アクセス**　JR岐阜駅バスターミナルまたは名鉄岐阜駅前から清流ライナー、岐阜大学・病院線などバスで約30分、岐阜大学病院下車。
●**学部学科・定員**　医学部＝医学科110（認可申請予定含む）
●**大学院**　医学系研究科＝医科学専攻・医療者教育学専攻（修士）
●**おもな付属施設**　医学部附属病院、地域医療医学センター、医学教育開発研究センターなど。
●**沿革**　明治8年創設の岐阜県公立病院附属医学校が前身。昭和22年に岐阜県立医科大学となり、39年に岐阜大学医学部となった。

日本の医学教育をリードして改革を行い、テュートリアル教育に代表される能動的学習や、市民が患者役を演じる模擬患者実習、大学病院や地域の医療現場での診察参加型実習（クリニカルクラークシップ）など特徴的な教育を数多く導入しています。英語や地域医療にも力を入れ、海外での臨床実習とともに地域の医療機関での実習も充実。生涯にわたって医療・医学の発展に貢献できる医師や医学研究者の育成を目標としています。

2023年度 入試DATA

●志願・合格状況 ※第1段階選抜合格者数は前期495名（合格最低点非公表）。

区分	募集人員	志願者	2段階選抜	受験者	追加合格者	総合格者	志願者合格倍率	入学者
一般選抜前期	55	593	実施 予告／約9倍	434	1	56	10.6	55
学校推薦型選抜（一般枠）	27	46	―	46	―	27	1.7	27
学校推薦型選抜（地域枠）	28	57	―	57	―	28	2.0	28

●入学者の現既別内訳

●入学者の男女別内訳

●入学者の地元占有率

●合格得点〈正規合格者〉

区分		満点	合格最高点		合格最低点	
			得点	得点率	得点	得点率
一般選抜前期	共テ	900	814.50	91%	非公表	―
	個別	1200	1004.30	84%	非公表	―
	総合点	2100	1765.30	84%	1554.30	74%
学校推薦型選抜（一般枠）		2100	非公表	―	非公表	―
学校推薦型選抜（地域枠）		1400	非公表	―	非公表	―

2024年度 選抜要項

●募集人員（医学科）

一般選抜前期	学校推薦型選抜	
	一般枠	地域枠
55名	27名	28名※1

※1 認可申請予定。確定次第大学ホームページ等で公表。
※私費外国人留学生選抜、若干名。

共テボーダー得点率	ボーダー偏差値（2次）
前期	前期
81%	65.0

●一般選抜日程 インターネット出願登録＋書類提出

区分	出願期間	試験	合格発表	手続締切
前期	1／22（月）～2／2（金）	2／25（日）・26（月）	3／6（水）時間未定 HP 郵便	未定

※第1段階選抜結果の発表：発表日未定 HP 不合格者には不合格通知を郵送。※第1段階選抜結果の発表日、合格発表時間・方法、手続締切日は11月下旬発表予定の募集要項で公表。※合格発表の郵送での通知は合格者のみ。※電話による合否の照会には応じない。

☞追加合格について
追加合格者には3／28から電話で通知（前年度）。

●一般選抜科目

※個別の解答時間は募集要項で公表。

区分	教科・科目	配点		解答時間
大学入学共通テスト	外国語＝英（R：L＝3：1）	200点	計900点	R80分 L60分（解30分）
	数学＝数ⅠA、数ⅡB	200点		数ⅠA70分 数ⅡB60分
	理科＝化、生、物→2	200点		各60分
	国語＝国	200点		80分
	地歴・公民＝世B、日B、地B、倫政経→1	100点		60分
個別	外国語＝コ英ⅠⅡⅢ・英表Ⅰ	400点	計1200点	未定
	数学＝数Ⅰ（式量関）ⅡⅢA（場図）B（列べ）	400点		未定
	理科＝化基・化、生基・生、物基・物→2	400点		未定
	面接＝医療人・医学研究者となるにふさわしい資質・適性をみる。	―		未定

☞合否判定　共通テスト・個別・調査書から総合的に判定。面接は総合判定の資料（配点なし）とし、医学科のアドミッション・ポリシーに適合しないと判定した場合は、総合点にかかわらず不合格とする場合がある。

☞2段階選抜　約3倍　☞受験料　未定（募集要項で公表）　☞試験場　未定（募集要項で公表）

学校推薦型選抜 インターネット出願登録＋書類提出

募集人員	試験日程			
	出願期間	選考	合格発表	手続締切
55名（一般枠27名、地域枠（岐阜県コース・地域医療コース）28名※1）	1／16～1／19	共通テスト、書類、1／25・26小論文・面接	2／9	未定

※1 地域枠は認可申請予定。確定次第大学ホームページ等で公表。
※原則として共通テストが基準点（一般枠78%、地域枠岐阜県コース74%、同地域医療コース70%）以上の者を選考対象とする。詳細は募集要項を確認。

総合型選抜　実施しない。

帰国生選抜　実施しない。

編入学　実施しない。

感染症等に伴う特別対応や追試験については、各大学のホームページで最新情報をご確認ください。

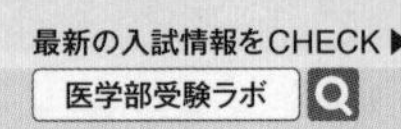

静岡県

浜松医科大学

入試に関する問合せ先

入試課入学試験係／〒431-3192　静岡県浜松市東区半田山1-20-1

☎053-435-2205　https://www.hama-med.ac.jp/

募集要項の請求方法

①大学のホームページ ②モバっちょ ③テレメール　一般選抜ネット出願 必須

※募集要項（一般選抜）は9月下旬に大学ホームページに掲載予定。

DATA

●**学部所在地**　問合せ先に同じ。

●**アクセス**　JR浜松駅バスターミナルから市役所山の手医大行で約35分、医科大学下車。

●**学部学科・定員**　医学部＝医学科115

●**大学院**　医学系研究科＝医学専攻

●**おもな付属施設**　附属病院、光尖端医学教育研究センターなど。

●**沿革**　昭和49年に開学した。

地域医療の中核的役割を担うとともに、光技術を医学領域に応用した産学連携のプロジェクトを進めるなど独創的な研究でも知られています。開学以来実施してきた6年一貫らせん型カリキュラムを継承しつつ、早い時期に医学・医療の場に接する動機づけの試みや、小グループ制による臨床実習など特色あるカリキュラムを展開。優れた医療人や独創性に富む研究者の育成を目指しています。

2023年度 入試DATA

●志願・合格状況

※第1段階選抜合格者数は前期一般枠277名・地域枠23名（合格最低点649.0点［共通テストの換算前素点］）、後期一般枠195名・地域枠5名（合格最低点668.5点）。

区分			募集人員	志願者	2段階選抜	受験者	追加合格者	総合格者	志願者合格倍率	入学者
一般選抜	前期	一般枠	68	458	実施	238	0	70	6.5	67
		地域枠	7	37	予告／4倍	18	0	5	7.4	5
	後期	一般枠	14	303	実施	70	0	19	15.9	18
		地域枠	1	11	予告／10倍	2	0	1	11.0	1
学校推薦型選抜		一般枠	18	46	—	45	0	20	2.3	20
		地域枠	7	19		18	0	5	3.8	5

●入学者の現既別内訳　既卒39名　現役77名

●入学者の男女別内訳　女46名　男70名

●入学者の地元占有率（出身校）　静岡県48名　その他68名

※いずれも海外教育プログラム特別入試枠2名を除く。

●合格得点（正規合格者）

区分		満点	合格最高点 得点	合格最高点 得点率	合格最低点 得点	合格最低点 得点率
一般選抜前期	共テ	450	406.8	90%	327.3	73%
	個別	700	非公表	—	非公表	—
	総合点	1150	934.4	81%	789.5	69%
一般選抜後期	共テ	900	830.5	92%	741.5	82%
	個別	350	非公表	—	非公表	—
	総合点	1250	1115.3	89%	1028.0	82%
学校推薦型選抜	総合点	1450	1173.8	81%	1040.0	72%

2024年度 入試要項

●募集人員（医学科）

一般選抜前期		一般選抜後期		学校推薦型選抜		編入
一般枠	地域枠	一般枠	地域枠	一般枠	地域枠	
69名	6名	14名	1名	17名※1	8名※1	5名

※1 海外教育プログラム特別入試若干名を含む。

※国・静岡県の医師確保を目的に募集人員増の可能性あり。確定次第大学ホームページ等で公表。

■共テボーダー得点率

前期		後期	
一般枠	地域枠	一般枠	地域枠
81%		87%	

■ボーダー偏差値（2次）

前期	
一般枠	地域枠
67.5	

●一般選抜日程　インターネット出願登録＋書類提出

区分	出願期間	試験	合格発表	手続締切
前期	1/22(月)～2/2(金)	2/25(日)・26(月)	3/7(木) 時間未定　掲示 HP 郵便	未定
後期		3/12(火)	3/22(金) 時間未定　掲示 HP 郵便	未定

※第1段階選抜結果の発表：2/13（火）。※第1段階選抜結果の発表方法、合格発表時間・方法、手続締切日は9月下旬発表予定の募集要項で公表。

☞追加合格について
3/28以降、電話通知（過年度）。

●一般選抜科目

区分		教科・科目	配点（前期／後期）		解答時間
大学入学共通テスト	前期・後期	外国語＝英（R：L＝3：1）	100／200点	計450／900点	R80分 L60分(解30分)
		数学＝数ⅠA、数ⅡB	100／200点		数ⅠA70分 数ⅡB60分
		理科＝化、生、物→2	100／200点		各60分
		国語＝国	100／200点		80分
		地歴・公民＝世B、日B、地B、現社、倫、政経、倫政経→1	50／100点		60分
個別	前期	外国語＝コ英ⅠⅡⅢ・英表ⅠⅡ(「書くこと」)	200点	計700点	90分
		数学＝数ⅠⅡⅢAB(列べ)	200点		90分
		理科＝化基・化、生基・生、物基・物 →2	200点		120分
		面接	100点		非公表
	後期	小論文	100点	計350点	80分
		面接	250点		非公表

※「発展的な学習内容」として記載されている内容から出題する場合は、必要に応じて設問中に補足事項を記載する。

☞合否判定　［前期］共通テスト・個別・面接・調査書から総合的に評価。［後期］共通テスト・小論文・面接・調査書から総合的に評価。

☞2段階選抜　前期4倍、後期10倍　☞受験料　17,000円　☞試験場　本学

学校推薦型選抜　インターネット出願登録＋書類提出

募集人員	試験日程 出願期間	選考	合格発表	手続締切
一般枠　17名 地域枠　8名※1	11/13～11/22	書類、共通テスト、2/3適性検査・小論文、2/4面接	2/13	2/19

※1 ともに海外教育プログラム特別入試若干名を含む。詳細は募集要項を確認。

2年次編入学

募集人員	試験日程 出願期間	選考	合格発表	手続締切
5名	7/31～8/9	1次：9/2学力検査 2次：10/28小論文・面接	1次：9/22 2次：11/17	11/27

※学力検査の成績順位が上位30名以内の者を1次選考の合格者とする。

※学力検査は生命科学・外国語（英語）の2科目。

総合型選抜　実施しない。　帰国生入試　私費外国人留学生入試と統合した海外教育プログラム特別入試として、若干名を募集する。

愛知県

名古屋大学

NAGOYA UNIVERSITY

入試に関する問合せ先

教育推進部入試課／〒464-8601 愛知県名古屋市千種区不老町D4-4(100)
☎052-789-5765 https://www.nagoya-u.ac.jp/

募集要項の請求方法

①大学のホームページ 一般選抜ネット出願 必須
※応募要項(一般選抜)は紙媒体による配布を行わず、11月下旬に大学ホームページに掲載予定。

DATA

●**学部所在地** 〒466-8550 愛知県名古屋市昭和区鶴舞町65
●**アクセス** JR中央線・地下鉄鶴舞駅下車、徒歩約5分。
●**学部学科・定員** 医学部=医学科107(認可申請予定含む)
●**大学院** 医学系研究科=修士課程：医科学専攻、博士課程：総合医学専攻 ほか2専攻
●**おもな付属施設** 附属病院、神経疾患・腫瘍分子医学研究センターなど。
●**沿革** 明治4年に仮病院を設置。大正9年に愛知医科大学を設置。昭和6年に名古屋医科大学、14年に名古屋帝国大学医学部となり、24年に名古屋大学医学部となった。

名古屋大学医学部の理念は以下の4つ。①人類の健康の増進に寄与する先端的医学研究を進め、新たな医療技術を創成する。②医の倫理を尊重し、人類の幸福に貢献することを誇りとする医学研究者および医療人を育成する。③医学研究、医療の両面にわたり諸施設と共同して、地域社会の医療の質を高めるとともに、我が国および世界の医療水準の向上に資する。④医学研究および医療の中軸として機能するために、人的・社会的資源を有効に活用し、世界的に開かれたシステムを構築する。

2023年度 入試DATA

●志願・合格状況 ※第1段階選抜合格者数は非公表(合格最低点非公表)。

区分		募集人員	志願者	2段階選抜	受験者	追加合格者	総合格者	志願者合格倍率	入学者
一般選抜前期	一般枠	85	227	実施	204	非公表	89	2.6	87
	地域枠	5	23	予告／600点以上*	20	非公表	5	4.6	5
一般選抜後期		5	76	実施 予告／約12倍	18	非公表	5	15.2	5
学校推薦型選抜		12	31	—	20	—	12	2.6	12

*共通テストの900点満点中の合計点。

●合格得点(総合格者)

区分	満点	合格最高点		合格最低点	
		得点	得点率	得点	得点率
一般選抜前期	2550	2151	84%	1881	74%
一般選抜後期	非公表	非公表	—	非公表	—
学校推薦型選抜	非公表	非公表	—	非公表	—

●入学者の現既別内訳

●入学者の男女別内訳

●入学者の地元占有率

2024年度 選抜要項

●募集人員(医学科)

一般選抜前期		一般選抜後期	学校推薦型選抜	編入
一般枠	地域枠			
85名	5名※1	5名	12名※2	4名

※1 認可申請予定。出身高校もしくは本人または保護者の現住所が愛知県内であることが条件。
※2 認可申請予定の増員2名を含む。
※確定次第大学ホームページ等で公表。
※私費外国人留学生入試、若干名。

■共テボーダー得点率

前期		後期
一般枠	地域枠	
87%		93%

■ボーダー偏差値(2次)

前期	
一般枠	地域枠
67.5	

●一般選抜日程 インターネット出願登録+書類提出

区分	出願期間	試験	合格発表	手続締切
前期	1/22(月)~2/2(金)*	2/25(日)・26(月)・27(火)	3/8(金)時間・方法未定	3/15(金)
後期		3/12(火)	3/20(水)時間・方法未定	3/25(月)

*インターネット出願登録期間および入学検定料払込期間：1/15(月)~2/1(木)。
※第1段階選抜結果の発表日・方法、合格発表時間・方法は11月下旬発表予定の募集要項で公表。

☞追加合格について
該当者がいる場合は3/28~3/31に電話連絡(合格通知書の交付および入学手続も含む)(過年度)。

●一般選抜科目

区分		教科・科目	配点(前期/後期)		解答時間
大学入学共通テスト	前期・後期	外国語=英(R：L=3：1)、独、仏、中、韓→1	200点	計900点	R80分L60分(解30分)
		数学=数ⅠA(必)、数ⅡB、簿、情報→1の計2	200点		数ⅠA70分 その他60分
		理科=化、生、物→2	200点		各60分
		国語=国	200点		80分
		地歴・公民=世B、日B、地B、倫政経→1	100点		60分
個別	前期	外国語=コ英ⅠⅡⅢ・英表ⅠⅡ	500点	計1650点	105分
		数学=数ⅠⅡⅢAB(列べ)	500点		150分
		理科=化基・化、生基・生、物基・物→2	500点		150分
		国語=国総・現B(古文・漢文を除く)	150点		45分
		面接	—		未定
	後期	面接=英文の課題に基づく(口頭試問)	—	—	未定

☞合否判定 共通テスト・個別(前期のみ)・調査書・志願理由書および面接から総合的に判定。 ☞2段階選抜 前期は共通テストの成績が900点満点中600点以上の者を、後期は定員の約12倍までの者を第1段階選抜の合格者とする。 ☞受験料 17,000円(予定)
☞試験場 [前期]2/25・26学力検査=東山キャンパス、2/27面接=鶴舞キャンパス(共に予定) [後期]鶴舞キャンパス(予定)

学校推薦型選抜 インターネット出願登録+書類提出

募集人員	試験日程			
	出願期間	選考	合格発表	手続締切
12名※1	1/16~1/19	1次：書類、共通テスト 2次：2/9面接、課題(和・英)	1次：2/7 2次：2/13	2/19

※1 認可申請中を含む。※インターネット出願登録期間は1/4~1/18。

2年次学士編入学

募集人員	試験日程			
	出願期間	選考	合格発表	手続締切
4名	6/21~6/27	1次：7/25筆記試験(英語、生命科学を中心とする自然科学) 2次：8/25小論文・面接	1次：8/4 2次：9/8	3月予定

※1次選考は筆記試験の成績により募集人員の2~3倍程度(予定)を合格者とする。

総合型選抜

実施しない。

帰国生徒特別選抜

実施しない。

感染症等に伴う特別対応や追試験については、各大学のホームページで最新情報をご確認ください。

最新の入試情報をCHECK ▶ 医学部受験ラボ

三重大学

入試に関する問合せ先

学務部入試チーム／〒514-8507　三重県津市栗真町屋町1577
☎059-231-9063　https://www.mie-u.ac.jp/exam/

募集要項の請求方法

①大学のホームページ
※募集要項（一般選抜）は紙媒体による配布を行わず、11月中旬に大学ホームページに掲載予定。

一般選抜ネット出願 必須

DATA

●**学部所在地**　〒514-8507　三重県津市江戸橋2-174
●**アクセス**　近鉄江戸橋駅下車、徒歩約15分。JR・近鉄の津駅東口から三重大学方面行バスで大学病院前下車。
●**学部学科・定員**　医学部＝医学科125（認可申請中含む）
●**大学院**　医学系研究科＝（博士）生命医科学専攻、（修士）医科学専攻
●**おもな付属施設**　附属病院など。
●**沿革**　昭和18年創設の三重県立医学専門学校が前身。三重県立医科大学、三重県立大学医学部を経て、47年に三重大学医学部となった。

確固たる使命感と倫理観を持つ医療人を育成し、豊かな創造力と研究能力を養うことを基本理念としています。1年次から行われる初期医学体験実習や3年次後半からのPBL（問題基盤型）チュートリアル教育、基礎系・臨床系の研究室で教員や大学院生とともに研究を行う研究室研究カリキュラムなど、特色ある教育システムを採用。優れた知識と技術、豊かな人間性を兼ね備えたプロフェッショナルを育てます。

2023年度 入試DATA

●志願・合格状況

※第1段階選抜合格者数は後期150名、学校推薦型選抜64名（合格最低点非公表）。

区分	募集人員	志願者	2段階選抜	受験者	追加合格者	総合格者	志願者合格倍率	入学者
一般選抜前期	75	350	実施せず 予告／5倍	310	1	76	4.6	75
一般選抜後期	10	212	実施 予告／15倍	51	2	12	17.7	10
学校推薦型選抜	40	143	実施 予告／約2倍	64	0	40	3.6	40

●合格得点〈正規合格者〉

区分		満点	合格最高点		合格最低点	
			得点	得点率	得点	得点率
一般選抜前期	共テ	600	567.67	95%	430.83	72%
	個別	700	581.00	83%	420.00	60%
	総合点	1300	1140.67	88%	925.50	71%
一般選抜後期	共テ	600	552.17	92%	504.17	84%
	個別	300	272.00	91%	211.00	70%
	総合点	900	804.17	89%	754.83	84%
学校推薦型選抜	総合点	非公表	非公表	―	非公表	―

※前期に三重県地域医療枠は含まず。

●総合格者の現既別内訳

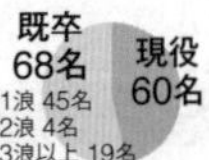

●総合格者の男女別内訳

●総合格者の地元占有率

2024年度 選抜要項

●募集人員（医学科）

一般選抜 前期	一般選抜 後期	学校推薦型選抜
75名※1	10名	40名※2

※1 三重県地域医療枠5名程度を含む。
※2 地域枠A25名程度、地域枠B5名程度を含む。
※募集人員数は認可申請中の増員分を含む前年度実績。確定次第大学ホームページ等で公表。

■共テボーダー得点率

前期		後期
一般枠	三重県地域医療枠	
81%		88%

■ボーダー偏差値（2次）

前期	
一般枠	三重県地域医療枠
65.0	

●一般選抜日程 インターネット出願登録＋書類提出

区分	出願期間	試験	合格発表	手続締切
前期	1／22（月）～2／2（金）＊	2／25（日）・26（月）	3/8（金）10:00頃 HP 郵便	未定
後期		3／12（火）	3/22（金）15:00頃 HP 郵便	未定

＊インターネットによる事前登録開始日は11月中旬発表予定の募集要項で公表。
※第1段階選抜結果の発表日・方法、合格発表時間・方法、手続締切日は募集要項で公表。

☞追加合格について
11月中旬発表予定の募集要項で公表。

●一般選抜科目

※個別の解答時間は募集要項で公表。

区分		教科・科目	配点（前期／後期）		解答時間
大学入学共通テスト	前期・後期	外国語＝英（R：L＝2：1）、独、仏、中、韓→1	100点	計600点	R80分 L60分（解30分）
		数学＝数ⅠA、数ⅡB	100点		数ⅠA70分 数ⅡB60分
		理科＝化、生、物→2	200点		各60分
		国語＝国	100点		80分
		地歴・公民＝世B、日B、地B、現社、倫政経→1	100点		60分
個別	前期	外国語＝コ英ⅠⅡⅢ・英表ⅠⅡ	200点	計700点	未定
		数学＝数ⅠⅡⅢAB（列べ）	200点		未定
		理科＝化基・化、生基・生、物基・物→2	200点		未定
		面接	100点		未定
	後期	小論文＝課題を基に論述させ、洞察力、論理構成力、表現力などを総合的に評価。英語の理解力を必要とするものを含む。	200点	計300点	未定
		面接	100点		未定

☞合否判定　共通テスト・個別・面接等から総合的に判定。　☞2段階選抜　前期5倍、後期15倍

☞受験料　17,000円　☞試験場　本学

学校推薦型選抜 インターネット出願登録＋書類提出

募集人員	試験日程 出願期間	選考	合格発表	手続締切
40名［一般枠10名、地域枠30名（地域枠A：25名程度、地域枠B：5名程度）］	12／13～12／18	1次：共通テスト、書類 2次：2/9・10小論文・面接	1次：2／6 2次：2／13	2／19

※共通テストの成績により募集人員の2倍程度までを1次選考の合格者とする。

総合型選抜　実施しない。

帰国生徒特別選抜　実施しない。

編入学　実施しない。

感染症等に伴う特別対応や追試験については、各大学のホームページで最新情報をご確認ください。

滋賀県

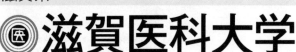

 滋賀医科大学

入試に関する問合せ先

入試課入学試験係／〒520-2192　滋賀県大津市瀬田月輪町
☎077-548-2071　https://www.shiga-med.ac.jp/

募集要項の請求方法

①大学ホームページ　②テレメール　③モバっちょ
④入試課窓口などで配布
※募集要項（一般選抜）は11月上旬に大学ホームページに掲載予定。

一般選抜ネット出願 なし

DATA

- **学部所在地**　問合せ先に同じ。
- **アクセス**　JR瀬田駅から大学病院行バスで約15分、医大西門下車。
- **学部学科・定員**　医学部＝医学科95（認可申請中含む）
- **大学院**　医学系研究科＝博士（医学専攻）
- **おもな付属施設**　附属病院、神経難病研究センターなど。
- **沿革**　昭和49年に開学した。

2019年度入学者から適用している新カリキュラムでは、一般教養科目を第1学年から第2学年にかけて配当し、並行して第2学年から解剖学をはじめとした基礎医学科目を配当します。また、第3学年から第4学年にかけて臨床医学科目を配当し、第4学年に共用試験CBT・Pre-CC OSCEを実施。第4学年から第6学年にかけては、本学医学部附属病院、協力病院・診療所等における診療参加型臨床実習を配当し、第6学年にPost-CC OSCEを実施。さらに卒業試験を実施するとともに、医師国家試験の受験に向けた総仕上げの準備を行います。

2023年度 入試DATA

志願・合格状況

区分	募集人員	志願者	2段階選抜	受験者	追加合格者	総合格者	志願者合格倍率	入学者
一般選抜前期	60	219	実施せず 予告／約4倍	194	非公表	62	3.5	60
学校推薦型選抜	35	123	—	123	非公表	35	3.5	35

合格得点〈総合格者〉

区分	満点	合格最高点 得点	合格最高点 得点率	合格最低点 得点	合格最低点 得点率
一般選抜前期	1200	953.0	79%	772.1	64%
学校推薦型選抜	非公表	非公表	—	非公表	—

入学者の現既別内訳

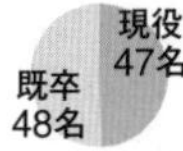

入学者の男女別内訳

入学者の地元占有率（出身校）

滋賀県 27名
その他 68名

2024年度 選抜要項

募集人員（医学科）

一般選抜前期	学校推薦型選抜	編入
60名※1	35名※2	15名

※1 地域医療枠7名（うち5名は認可申請中）を含む。確定次第大学ホームページ等で公表。
※2 内訳は一般枠26名、地元医療枠9名（滋賀県出身者）。

共テボーダー得点率 前期 一般枠	共テボーダー得点率 前期 地域医療枠	ボーダー偏差値（2次） 前期 一般枠	ボーダー偏差値（2次） 前期 地域医療枠
80%	79%	65.0	

一般選抜日程

区分	出願期間	試験	合格発表	手続締切
前期	1/22(月)～2/2(金)	2/25(日)・26(月)	3/8(金)10：00	3/15(金)

※第1段階選抜結果の発表日・方法、合格発表時間・方法は11月上旬発表予定の募集要項で公表。

☞追加合格について
3/28～3/31の期間に電話連絡（過年度）。

一般選抜科目

※個別の解答時間は募集要項で公表。

区分	教科・科目	配点		解答時間
大学入学共通テスト	外国語＝英（R：L＝4：1）、独、仏、中、韓→1	100点	計600点	R80分 L60分（解30分）
	数学＝数ⅠA、数ⅡB	100点		数ⅠA70分 数ⅡB60分
	理科＝化、生、物→2	100点		各60分
	国語＝国	200点		80分
	地歴・公民＝世B、日B、地B、倫政経→1	100点		60分
個別	外国語＝コ英ⅠⅡⅢ・英表ⅠⅡ	200点	計600点	未定
	数学＝数ⅠⅡⅢAB（列べ）	200点		未定
	理科＝化基・化、生基・生、物基・物→2	各100点		未定
	面接・グループワーク＝将来、医師または研究者となるにふさわしい資質・適性の観点から評価。	段階評価		未定

☞合否判定　共通テスト・個別・調査書・面接から総合的に判定。面接の評価が一定の基準に満たない場合は、総合点の如何にかかわらず不合格とする。

☞2段階選抜　約4倍　☞受験料　17,000円　☞試験場　本学

学校推薦型選抜

募集人員	試験日程 出願期間	試験日程 選考	試験日程 合格発表	試験日程 手続締切
35名 （一般枠26名、地元医療枠9名）	11/1～ 11/8	書類、12/16 小論文・面接、共通テスト	2/13	2/19

※地元医療枠は滋賀県出身者。
※出願資格は、2024年3月卒業見込み者および2023年3月卒業者。

2年次学士編入学

募集人員	試験日程 出願期間	試験日程 選考	試験日程 合格発表	試験日程 手続締切
15名	8/21～ 8/25	1次:書類、9/23学力試験（総合問題、英語）　2次:10/24小論文・面接	1次:10/12 2次:11/10	11/24

※入学時期は2024年4月（第2年次）。

総合型選抜

実施しない。

帰国生徒特別選抜

実施しない。

最新の入試情報をCHECK ▶ 医学部受験ラボ

京都大学

入試に関する問合せ先

教育推進・学生支援部入試企画課／〒606-8501　京都府京都市左京区吉田本町
☎075-753-2521　http://www.kyoto-u.ac.jp/

募集要項の請求方法

①大学のホームページ
※募集要項（一般選抜）は紙媒体による配布を行わず、12月中旬に大学ホームページに掲載予定。

一般選抜ネット出願 必須

DATA

●**学部所在地**　〒606-8501　京都府京都市左京区吉田近衛町
●**アクセス**　京阪神宮丸太町駅下車、徒歩約10分。JR・近鉄の京都駅から東山通北大路バスターミナル行で近衛通下車。
●**学部学科・定員**　医学部＝医学科107（認可申請中含む）
●**大学院**　医学研究科＝医学専攻、医科学専攻（修士、博士）、ゲノム医学国際連携専攻、社会健康医学系専攻（専門職、博士）
●**おもな付属施設**　附属病院など。
●**沿革**　明治32年に医科大学を設置。昭和26年に京都大学医学部となった。

医療の第一線で活躍する優秀な臨床医、医療専門職および次世代の医学を担う医学研究者、教育者の養成を目的としています。授業はすべて必須科目で、6年間を通じて医学全般を学び経験します。臨床医学を系統的に学習できるように、医学教育・国際化推進センターを設置し、実践的な臨床教育を推進。日本の医療開発のフロンティアを担ってきた附属病院は、優れた教育の場にもなっています。

2023年度 入試DATA

●志願・合格状況

※第1段階選抜合格者数は前期265名、特色入試6名（合格最低点非公表）。

区分	募集人員	志願者	2段階選抜	受験者	追加合格者	総合格者	志願者合格倍率	入学者
一般選抜 前期	105	287	実施 予告／約3倍＊	259	0	108	2.7	108
特色入試（学校推薦型選抜）	5	9	実施	5	0	2	4.5	2

＊共通テストが換算前900点満点（英語は素点をR：L＝3：1に換算）中630点以上で約3倍。

●合格得点（総合格者）

区分	満点	合格最高点 得点	合格最高点 得点率	合格最低点 得点	合格最低点 得点率
一般選抜 前期	1250	1153.37	92%	935.87	75%

※特色入試は非公表。

●入学者の現既別内訳

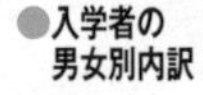

●入学者の男女別内訳

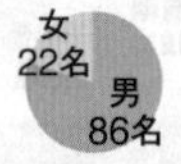

●入学者の地元占有率（出身校）

※いずれも学校推薦型選抜を除く。

2024年度 選抜要項

●募集人員（医学科）

一般選抜前期	特色入試（学校推薦型選抜）
102名※	5名

※認可申請中の増員2名を含む。確定次第大学ホームページ等で公表。

■共テボーダー得点率 前期	■ボーダー偏差値（2次） 前期
89%	72.5

●一般選抜日程（インターネット出願登録＋書類提出）

区分	出願期間	試験	合格発表	手続締切
前期	1/22(月)～2/2(金)＊	2/25(日)・26(月)・27(火)	3／10(日)時間未定 HP	未定

＊インターネット出願登録・入学検定料納入期間：1／15(月)～2／2(金)、出願書類受理期間：1／22(月)～2／2(金)。
※第1段階選抜結果の発表：2／13(火) 郵便　※合格発表時間・方法、手続締切日は12月中旬発表予定の募集要項で公表。

☞追加合格について
本人に直接通知。詳細は募集要項で発表。

●一般選抜科目

区分	教科・科目	配点		解答時間
大学入学共通テスト	外国語＝英(R：L＝3：1)、独、仏、中、韓→1	50点	計250点	R80分 L60分(解30分)
	数学＝数ⅠA、数ⅡB	50点		数ⅠA70分 数ⅡB60分
	理科＝化、生、物→2	50点		各60分
	国語＝国	50点		80分
	地歴・公民＝世B、日B、地B、倫政経→1	50点		60分
個別	外国語＝コ英ⅠⅡⅢ・英表ⅠⅡ、独、仏、中→1	300点	計1000点	120分
	数学＝数ⅠⅡⅢAB(列べ)	250点		150分
	理科＝化基・化、生基・生、物基・物→2	300点		180分
	国語＝国総・現B・古B	150点		90分
	面接＝医師、医学研究者としての適性・人間性を評価。	―		―

☞合否判定　共通テスト・個別等の成績および調査書・面接により、総合的に判定。面接の結果により不合格となることがある。
☞2段階選抜　共通テストが換算前900点満点（英語は素点をR：L＝3：1に換算）中630点以上の者のうちから約3倍。
☞受験料　募集要項で公表　☞試験場　本学吉田キャンパス（予定）

特色入試（学校推薦型選抜）（インターネット出願登録＋書類提出）

募集人員	出願期間	選考	合格発表	手続締切
	試験日程			
5名	11/1～11/8	1次：書類 2次：12/9口頭試問、12/10面接	1次：11/28 2次：1/19	2/19

※面接は口頭試問合格者に実施。口頭試問の合格発表は12/9、20：00。
※共通テストの成績は判定には利用しないが、指定された教科・科目（5・7）を受験し、その結果を提出する必要がある。

総合型選抜　実施しない。
帰国生徒特別選抜　実施しない。
編入学　実施しない。

感染症等に伴う特別対応や追試験については、各大学のホームページで最新情報をご確認ください。

大阪大学

入試に関する問合せ先

教育・学生支援部入試課入試係／〒565-0871　大阪府吹田市山田丘1-1
☎06-6879-7097　https://www.osaka-u.ac.jp/

募集要項の請求方法

①大学のホームページ　一般選抜ネット出願 必須
※募集要項（一般選抜）は紙媒体による配布を行わず、11月下旬に大学ホームページに掲載予定。

DATA

●学部所在地　〒565-0871　大阪府吹田市山田丘2-2
●アクセス　大阪モノレール阪大病院前下車、徒歩5分など。
●学部学科・定員　医学部＝医学科97（認可申請予定含む）
●大学院　医学系研究科＝（修士）医科学専攻、（博士）医学専攻
●おもな付属施設　附属病院など。
●沿革　明治2年創設の仮病院が淵源。昭和22年に大阪大学医学部となった。

医学部医学科では学年ごとに、共通教育、基礎医学、臨床医学、臨床実習へとカリキュラムが進んでいきますが、その中に大阪大学独自の特色あるプログラムが組み込まれており、6年間一貫のより充実した教育プログラムとなっています。また、大阪大学MD研究者育成プログラムを立ち上げ、将来の研究者の育成を目指します。

2023年度 入試DATA

●志願・合格状況　※第1段階選抜合格者数は前期227名（合格最低点非公表）。

区分	募集人員	志願者	2段階選抜	受験者	追加合格者	総合格者	志願者合格倍率	入学者
一般選抜前期	92	235	実施 予告／約3倍＊	223	0	94	2.5	94
学校推薦型選抜	5名程度	27	—	非公表	非公表	非公表	—	5

＊共通テストが換算前900点満点（英語は素点をR：L＝3：1に換算）中630点以上で約3倍。

●合格得点（総合格者）

区分		満点	合格最高点 得点	合格最高点 得点率	合格最低点 得点	合格最低点 得点率
一般選抜前期	共テ	500	488.00	98%	406.75	81%
	個別	1500	1367.50	91%	1042.50	70%
	総合点	2000	1813.25	91%	1508.50	75%

●総合格者の現既別内訳
※学校推薦型選抜を除く。
既卒 27名　現役 67名

●総合格者の男女別内訳
※学校推薦型選抜を除く。

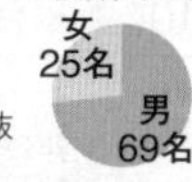

●総合格者の地元占有率

2024年度 選抜要項

●募集人員（医学科）

一般選抜前期	学校推薦型選抜	編入
92名※1	5名程度※2	10名

※1 認可申請予定の増員2名を含む。確定次第大学ホームページ等で公表。私費外国人留学生特別入試、海外在住私費外国人留学生特別入試若干名を含む。
※2 入学手続者数が募集人員に満たない場合、欠員は前期に加える。

■共テボーダー得点率

前期
88%

■ボーダー偏差値（2次）

前期
70.0

●一般選抜日程　インターネット出願登録＋書類提出

区分	出願期間	試験	合格発表	手続締切
前期	1/22(月)〜2/2(金)＊	2/25(日)・26(月)	3/9(土) 時間未定 HP ネット 郵便	未定

＊Web出願システム登録期間：1/9(火)〜2/1(木)、出願書類等受理期間：1/22(月)〜2/2(金)。
※第1段階選抜結果の発表：2/13(火)。　※第1段階選抜結果の発表方法、合格発表時間・方法、手続締切日は11月下旬発表予定の募集要項で公表。

☞追加合格について
募集要項で公表。

●一般選抜科目

区分	教科・科目	配点		解答時間
大学入学共通テスト	外国語＝英（R：L=3：1）、独、仏、中、韓→1	100点	計500点	R80分 L60分（解30分）
	数学＝数ⅠA（必）、数ⅡB、簿、情報→1の計2	100点		数ⅠA70分 その他60分
	理科＝化、生、物→2	100点		各60分
	国語＝国	100点		80分
	地歴・公民＝世B、日B、地B、倫政経→1	100点		60分
個別	外国語＝コ英ⅠⅡⅢ・英表ⅠⅡ	500点	計1500点	90分
	数学＝数ⅠⅡⅢAB（列べ）	500点		150分
	理科＝化基・化、生基・生、物基・物→2	500点		150分
	面接＝個人面接で、人間性・創造性豊かな医師および医学研究者となる適性を見る。一般的態度、思考の柔軟性、発言内容の論理性などを評価。	—		10分程度

☞合否判定　共通テスト・個別・調査書等を総合して実施。面接結果により医師および医学研究者となる適性に欠けると判断された場合は不合格となる。
☞2段階選抜　共通テストが換算前900点満点（英語は素点をR：L＝3：1に換算）中630点以上の者のうちから約3倍。
☞受験料　未定。11月下旬発表予定の募集要項で公表　☞試験場　本学吹田キャンパス（医学部医学科講義棟）（予定）

学校推薦型選抜　インターネット出願登録＋書類提出

募集人員	試験日程 出願期間	試験日程 選考	試験日程 合格発表	試験日程 手続締切
5名程度	11/1〜11/8※1	1次:共通テスト、書類 2次:2/10小論文、2/11面接	1次：2/7 2次：2/13	2月中旬

※1 Web出願システム入力期間：10/13〜11/7。※共通テストの成績が900点満点中概ね80%以上の者のうちから成績上位約30名までを1次選考合格者とする。

2年次学士編入学

募集人員	試験日程 出願期間	試験日程 選考	試験日程 合格発表	試験日程 手続締切
10名	6/5〜6/9	1次:7/8学力検査 2次:7/29小論文・面接	1次：7/20 2次：8/14	2月下旬（予定）

※入学手続書類を2月上旬に合格者に郵送。

総合型選抜　実施しない。

帰国生徒特別入試　実施しない。

感染症等に伴う特別対応や追試験については、各大学のホームページで最新情報をご確認ください。

最新の入試情報をCHECK ▶ 医学部受験ラボ

兵庫県

神戸大学

入試に関する問合せ先

医学部医学科教務学生係／〒650-0017 兵庫県神戸市中央区楠町7-5-1
☎078-382-5205 https://www.med.kobe-u.ac.jp/

募集要項の請求方法

①大学のホームページ
※募集要項（一般選抜）は紙媒体による配布を行わず、11月に大学ホームページに掲載予定。

一般選抜ネット出願 必須

DATA

●**学部所在地** 問合せ先に同じ。
●**アクセス** 地下鉄大倉山駅下車、徒歩約5分。JR神戸駅、神戸高速鉄道高速神戸駅から徒歩約15分、市バス大学病院前バス停下車。
●**学部学科・定員** 医学部=医学科112
●**大学院** 医学研究科＝(博士)医科学専攻、(修士)バイオメディカルサイエンス専攻
●**おもな付属施設** 附属病院など多数。
●**沿革** 明治2年創設の医学伝習所が前身。昭和19年に兵庫県立医学専門学校を設置。昭和21年の兵庫県立医科大学、昭和27年の兵庫県立神戸医科大学を経て、昭和39年に神戸大学医学部となった。

豊かな人間性を備えた医師および生命科学・医学研究者を育成するため、狭義の医学と広義の医学の両方の修得を目指しています。狭義の医学を身につけるための臨床と研究に打ち込みながらも、人文科学や社会科学を学ぶことで深い教養と旺盛な探究心、創造性を鍛えます。また、国際的に活躍できる医療人の育成を目的に医学英語を開講するなど、外国語教育も充実しています。

2023年度 入試DATA

●志願・合格状況

※第1段階選抜合格者数は学校推薦型選抜20名、総合型選抜20名（合格最低点非公表）。

区分	募集人員	志願者	2段階選抜	受験者	追加合格者	総合格者	志願者合格倍率	入学者
一般選抜前期	92	256	実施せず 予告／約3倍	233	2	94	2.7	92
学校推薦型選抜	10	29	実施 予告／約2倍	19	0	10	2.9	10
総合型選抜	10	80	実施 予告／約2倍	19	0	10	8.0	10

●合格得点〈正規合格者〉

区分	満点	合格最高点 得点	合格最高点 得点率	合格最低点 得点	合格最低点 得点率
一般選抜前期	810	735.600	91%	650.080	80%
学校推薦型選抜	1200	非公表	—	非公表	—
総合型選抜	900	非公表	—	非公表	—

●総合格者の現既別内訳 既卒54名（1浪34名、2浪15名、3浪以上5名） 現役60名

●総合格者の男女別内訳 女45名 男69名

●総合格者の地元占有率 非公表

2024年度 選抜要項

●募集人員（医学科）

一般選抜前期	学校推薦型選抜(地域特別枠)	総合型選抜	編入
92名	10名	10名	5名

※文部科学省への申請との関係で変更の場合あり。確定次第大学ホームページ等で公表
※私費外国人(留)学生特別選抜、若干名。

■共テボーダー得点率	■ボーダー偏差値(2次)
前期	前期
87%	67.5

●一般選抜日程 インターネット出願登録＋書類提出

区分	出願期間	試験	合格発表	手続締切
前期	1/22(月)～2/2(金)*	2/25(日)・26(月)	3/7(木) 時間未定 HP 郵便	3/15(金)

*インターネット出願の詳細は11月発表予定の募集要項で公表。
※第1段階選抜結果の発表日・方法、合格発表時間・方法は募集要項で公表。※電話などによる合否の照会には応じない。

☞追加合格について
実施の有無を、3/28～3/31にホームページで公表。対象者には電話連絡する(前年度)。

●一般選抜科目

区分	教科・科目	配点		解答時間
大学入学共通テスト	外国語＝英(R：L＝4：1)、独、仏、中、韓→1	80点	計360点	R80分 L60分(解30分)
	数学＝数ⅠA(必)、数ⅡB、簿、情報→1の計2	80点		数ⅠA70分 その他60分
	理科＝化、生、物→2	80点		各60分
	国語＝国	80点		80分
	地歴・公民＝世B、日B、地B、倫政経→1	40点		60分
個別	外国語＝コ英基・コ英ⅠⅡⅢ・英表ⅠⅡ・英語会話	150点	計450点	80分
	数学＝数ⅠⅡⅢAB(列べ)	150点		120分
	理科＝化基・化、生基・生、物基・物→2	150点		120分
	面接＝医師および医学研究者となるにふさわしい適性を見る。	—		—

☞合否判定 共通テスト・個別・調査書・面接から総合的に判定。なお面接の結果によって医師および医学研究者になる適性に大きく欠けると判断された場合は、筆記試験の得点にかかわらず不合格とする。

☞2段階選抜 志願者が募集人数の約3倍を超えた場合、実施することがある。

☞受験料 11月に募集要項で公表 ☞試験場 本学医学部医学科学舎（予定）

学校推薦型選抜

募集人員	試験日程 出願期間	選考	合格発表	手続締切
地域特別枠 10名	1/9～ 1/17	1次：書類、共通テスト 2次：2/9面接・口述試験	1次：2/6 2次：2/13	未定

※総合型選抜との併願不可。
※1次選考は募集人員の約2倍以上で書類、共通テストの成績により実施する。

総合型選抜

募集人員	試験日程 出願期間	選考	合格発表	手続締切
10名	1/9～ 1/17	1次：共通テスト 2次：2/9面接・口述試験	1次：2/6 2次：2/13	未定

※学校推薦型選抜との併願不可。
※1次選考は募集人員の約2倍以上で共通テストの成績により実施する。

帰国生徒特別選抜 実施しない。 **2年次編入学** 5名を募集する。

鳥取県

鳥取大学

入試に関する問合せ先

米子地区事務部学務課教育企画係／〒683-8503　鳥取県米子市西町86
☎0859-38-7096　https://www.med.tottori-u.ac.jp/

募集要項の請求方法

①大学のホームページ
※募集要項（一般選抜）は、紙媒体による配布を行わず、11月上旬に大学ホームページに掲載予定。

一般選抜ネット出願 必須

DATA

●**学部所在地**　問合せ先に同じ。
●**アクセス**　JR米子駅下車、徒歩約15分。
●**学部学科・定員**　医学部＝医学科105
●**大学院**　医学系研究科＝医学専攻
●**おもな付属施設**　附属病院、臨床心理相談センターなど。
●**沿革**　昭和20年に米子医学専門学校を設置。米子医科大学を経て、26年に鳥取大学医学部となった。

開学以来75年以上にわたり山陰地方の医学・医療を支え、その発展に貢献してきました。少子高齢化が進む地域特性を生かしながら、先端医学などを含めた21世紀にふさわしい医学を教授し、世界に通用する医学・医療の担い手を育成します。「モデル・コア・カリキュラム」と本学の特徴的な教育（コミュニケーション、イノベーション教育）をバランスよく配分したカリキュラムで学びます。

2023年度 入試DATA

●志願・合格状況 ※第1段階選抜合格者数は非公表（合格最低点非公表）。

区分	募集人員	志願者	2段階選抜	受験者	追加合格者	総合格者	志願者合格倍率	入学者
一般選抜前期	79	422	実施 予告/600点以上*	349	1	87	4.9	79
学校推薦型選抜	26	100	―	97	0	26	3.8	26

*共通テストの900点満点中の合計点。

●合格得点〈正規合格者〉

区分		満点	合格最高点		合格最低点	
			得点	得点率	得点	得点率
一般選抜前期	一般枠	1600	1347.6	84%	1257.8	79%
	地域枠（鳥取県）		1322.1	83%	1207.0	75%
	地域枠（兵庫県）		非公表	―	非公表	―
	地域枠（島根県）		1268.9	79%	非公表	―
学校推薦型選抜		非公表	非公表	―	非公表	―

※地域枠（島根県）は最低点非公表。
※地域枠（兵庫県）は最高点、最低点非公表。

●入学者の現既別内訳

●入学者の男女別内訳

●入学者の地元占有率

2024年度 選抜要項

●募集人員（医学科）

一般選抜前期	学校推薦型選抜	編入
79名※1	26名※2	5名

※1 内訳は一般枠58名、地域枠21名（鳥取県枠14名、兵庫県枠2名、島根県枠5名）。
※2 内訳は一般枠15名、地域枠5名、特別養成枠6名。
※私費外国人留学生選抜、若干名。

■共テボーダー得点率

前期			
一般枠	鳥取県枠	兵庫県枠	島根県枠
80%	79%		

■ボーダー偏差値（2次）

前期			
一般枠	鳥取県枠	兵庫県枠	島根県枠
62.5			

●一般選抜日程 インターネット出願登録+書類提出

区分	出願期間	試験	合格発表	手続締切
前期	1/22(月)～2/2(金)	2/25(日)・26(月)	3/6(水) 時間未定、掲示 HP 郵便（予定）	3/15(金)

※第1段階選抜結果の発表日・方法、合格発表時間・方法は11月上旬発表予定の募集要項で公表。　※電話による合否の照会には応じない。

☞追加合格について
3/28から電話で連絡の上、合格通知を送付（前年度）。

●一般選抜科目

※個別の解答時間は募集要項で公表。

区分	教科・科目	配点		解答時間
大学入学共通テスト	外国語＝英（R：L＝4：1）、独、仏→1	200点	計900点	R80分 L60分(解30分)
	数学＝数ⅠA、数ⅡB	200点		数ⅠA70分 数ⅡB60分
	理科＝化、生、物→2	200点		各60分
	国語＝国	200点		80分
	地歴・公民＝世B、日B、地B、倫政経→1	100点		60分
個別	外国語＝コ英ⅠⅡⅢ・英表ⅠⅡ	200点	計700点	未定
	数学＝数ⅠⅡⅢAB(列ベ)	200点		未定
	理科＝化基・化、生基・生、物基・物→2	200点		未定
	面接（医療人としての適性を評価）	100点		未定

☞合否判定　共通テスト･個別･調査書の結果を総合して判定。面接の結果、不合格となることもある。
☞2段階選抜　共通テストが900点満点中600点以上の者を第1段階選抜の合格者とする。
☞受験料　17,000円（予定）　☞試験場　本学米子キャンパス医学部試験会場

学校推薦型選抜 インターネット出願登録+書類提出

募集人員	試験日程			
	出願期間	選考	合格発表	手続締切
26名（一般枠15名、地域枠5名、特別養成枠6名）	11/2～11/9	書類、共通テスト、12/2面接	2/9	2/16

※詳細は募集要項で公表。

2年次学士編入学

募集人員	試験日程			
	出願期間	選考	合格発表	手続締切
5名	5/29～6/9	書類、課題論文、7/1学力試験（基礎科学・英語）、面接	8/4	8/18

総合型選抜　実施しない。　**帰国生徒特別選抜**　実施しない。

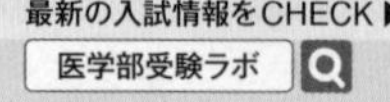

島根大学

DATA

●**学部所在地**　問合せ先に同じ。
●**アクセス**　JR出雲市駅南口から徒歩25分。または北口からバスで島根大学病院下車。
●**学部学科・定員**　医学部＝医学科102（認可申請中含む）
●**大学院**　医学系研究科＝博士課程：医科学専攻、修士課程：医科学専攻
●**おもな付属施設**　附属病院など。
●**沿革**　昭和50年に島根医科大学を設置。平成15年に島根大学医学部となった。

入試に関する問合せ先

医学部学務課入試担当／〒693-8501　島根県出雲市塩冶町89-1
☎0853-20-2087　https://www.med.shimane-u.ac.jp/

募集要項の請求方法

①大学のホームページ
※募集要項（一般選抜）は紙媒体による配布を行わず、11月下旬に大学ホームページに掲載予定。

一般選抜ネット出願 必須

豊かな人間性と高い専門知識や医療技術を備えた医療人の育成を目標としています。とりわけ地域医療に貢献できる医師の育成を目指し、へき地出身者を対象とした地域推薦枠入試を全国に先駆けて導入。早期体験実習や少人数グループでの問題解決型学習、6年一貫医学英語教育、地域の医療施設での臨床実習による実践的な臨床教育など特色あるカリキュラムが組まれています。

2023年度 入試DATA

●志願・合格状況 ※第1段階選抜合格者数は非公表（合格最低点非公表）。

区分	募集人員	志願者	2段階選抜	受験者	追加合格者	総合格者	志願者合格倍率	入学者
一般選抜前期	58※1	649	実施 予告／約8倍	416	0	64	10.1	64
学校推薦型選抜（一般枠）	25以内	105	—	104	—	25	4.2	25
学校推薦型選抜（地域枠）	10以内	11	—	11	—	9	1.2	9
学校推薦型選抜（緊急医師確保対策枠）	9以内※2	14	—	14	—	4	3.5	4

※1 県内定着枠3名を含む。※2 島根県内枠5名以内を含む。

●合格得点（正規合格者）

区分		満点	合格最高点		合格最低点	
			得点	得点率	得点	得点率
一般選抜前期	共テ	700	656.10	94%	502.10	72%
	個別	460	358.00	78%	250.00	54%
	総合点	1160	979.90	84%	819.40	71%
学校推薦型選抜		非公表	非公表	—	非公表	—

※前期で県内定着枠を併願した者は除く。

●**入学者の現既別内訳**

●**入学者の男女別内訳**

●**入学者の地元占有率**（出身校）

2024年度 選抜要項

●募集人員（医学科）

一般選抜前期	学校推薦型選抜	編入
58名※1	44名※2	10名※3

※1県内定着枠3名（認可申請中）を含む。
※2地域枠10名以内、緊急医師確保対策枠9名以内（うち島根県内枠5名以内、認可申請中）を含む。
※3地域枠4名以内を含む。
※確定次第大学ホームページ等で公表。

■共テボーダー得点率

前期	
一般枠	県内定着枠
78%	

■ボーダー偏差値（2次）

前期
65.0

●一般選抜日程 インターネット出願登録＋書類提出

区分	出願期間	試験	合格発表	手続締切
前期	1/22(月)～2/2(金)*	2/25(日)・26(月)	3/6(水) 時間未定 HP 郵便	3/15(金)

*インターネット出願は事前登録が可能。登録期間は11月下旬発表予定の募集要項で公表。
※第1段階選抜結果の発表日・方法、合格発表時間・方法は募集要項で公表。※電話、メールなどによる合否の照会には応じない。

☞**追加合格について**
11月下旬発表予定の募集要項で公表。

●一般選抜科目

※個別の解答時間は募集要項で公表。

区分	教科・科目	配点		解答時間
大学入学共通テスト	外国語＝英（R：L＝4：1）	100点	計700点	R80分 L60分（解30分）
	数学＝数ⅠA（必）、数ⅡB、簿、情報→1の計2	100点		数ⅠA70分 その他60分
	理科＝化、生、物→2	200点		各60分
	国語＝国	200点		80分
	地歴・公民＝世B、日B、地B、現社、倫、政経、倫政経→1	100点		60分
個別	外国語＝コ英ⅠⅡⅢ・英表ⅠⅡ	200点	計460点	未定
	数学＝数ⅠⅡⅢAB（列べ）	200点		未定
	面接	60点		—

☞**合否判定**　募集要項で公表　☞**2段階選抜**　約8倍　☞**受験料**　未定（募集要項で公表）　☞**試験場**　募集要項で公表

学校推薦型選抜 インターネット出願登録＋書類提出

募集人員	試験日程			
	出願期間	選考	合格発表	手続締切
一般枠 25名以内※1	11/1～11/6	1次：書類 2次：12/2小論文・面接　共通テスト	1次：11/13 2次：2/13	2/19
地域枠 10名以内		書類　12/2小論文 12/3面接　共通テスト	2/13	
緊急医師確保対策枠 9名以内※2 （うち島根県内枠5名以内）		書類　12/2小論文・面接　共通テスト		

※1 募集人員の約4倍を第1次選考の合格者とし、合格者へはメールで通知。1次選考を実施しない場合には志願者全員へメールで通知。詳細は募集要項を確認。
※2 出願要件等、詳細は募集要項を確認。

2·3年次編入学

募集人員	試験日程			
	出願期間	選考	合格発表	手続締切
2年次　5名 3年次　5名 （各地域枠2名以内を含む）	7/18～7/21	1次：書類、8/26学力試験 2次：9/23・24面接	1次：9/8 2次：10/11	10/18

※募集人員の約3.5倍を1次選考の合格者とする。

総合型選抜　実施しない。

帰国生選抜　実施しない。

感染症等に伴う特別対応や追試験については、各大学のホームページで最新情報をご確認ください。

最新の入試情報をCHECK▶ 医学部受験ラボ

岡山県

岡山大学

OKAYAMA UNIVERSITY

入試に関する問合せ先

学務部入試課／〒700-8530 岡山県岡山市北区津島中2-1-1
☎086-251-7067,7192~7194,7295 https://www.okayama-u.ac.jp/

募集要項の請求方法

①大学のホームページ
※募集要項（一般選抜）は紙媒体による配布を行わず、11月上旬に大学ホームページに掲載予定。

一般選抜ネット出願 必須

DATA

●**学部所在地** 〒700-8558 岡山県岡山市北区鹿田町2-5-1
●**アクセス** JR岡山駅東口から岡電バスで約10分、大学病院または大学病院入口下車。
●**学部学科・定員** 医学部＝医学科109（認可申請中含む）
●**大学院** 医歯薬学総合研究科＝（修士）医歯科学専攻、（博士）生体制御科学専攻、病態制御科学専攻、機能再生・再建科学専攻、社会環境生命科学専攻
●**おもな付属施設** 岡山大学病院。
●**沿革** 明治3年に岡山藩が創設した医学館が源。昭和24年に岡山大学医学部となった。

1年次では、「医学セミナー」「臨床医学入門」「早期体験実習」「早期地域医療体験実習」を行い、3年次までに基礎医学の先端を系統的に学修します。3年次には「基礎病態演習」で基礎知識の応用力を学び、「医学研究インターシップ」では医学研究の現場を実体験。3年次末から臨床講義が始まり、シミュレーション教育、臨床実技入門等を経て、学生はStudent Doctor（4年次末~6年次）に認定され、診療チームの一員として72週間の臨床実習に積極的に取り組み、基本的診療能力の確実な習得を目指します。

2023年度 入試DATA

●志願・合格状況

区分	募集人員	志願者	2段階選抜	受験者	追加合格者	総合格者	志願者合格倍率	入学者
一般選抜前期	95	270	実施せず 予告／約3倍	255	1	97	2.8	97
学校推薦型選抜（地域枠岡山県）	4	25	—	23	0	4	6.3	4
学校推薦型選抜（地域枠鳥取県）	若干名	6	—	6	0	1	6.0	1
学校推薦型選抜（地域枠広島県）	若干名	14	—	12	0	2	7.0	2
学校推薦型選抜（地域枠兵庫県）	若干名	13	—	12	0	2	6.5	2
国際バカロレア	5	18	—	16	0	6	3.0	3

●合格得点〈総合格者〉

区分		満点	合格最高点		合格最低点	
			得点	得点率	得点	得点率
一般選抜前期	共テ	500	462.1	92%	361.4	72%
	個別	1100	953.5	87%	782.0	71%
	総合点	1600	1396.6	87%	1212.4	76%
学校推薦型選抜		900	非公表	—	非公表	—
国際バカロレア		230	非公表	—	非公表	—

●入学者の現既別内訳

●入学者の男女別内訳

※外国高校出身者その他3名を除く。

●入学者の地元占有率

※外国高校出身者その他3名を除く。

2024年度 選抜要項

●募集人員（医学科）

一般選抜前期	学校推薦型選抜（地域枠）	国際バカロレア	学士編入
95名	9名※1	5名	5名

※1 内訳は岡山県枠4名、鳥取県枠1名、広島県枠2名、兵庫県枠2名（いずれも認可申請中）。確定次第大学ホームページ等で公表。
※私費外国人留学生選抜、若干名。

■共テボーダー得点率	■ボーダー偏差値（2次）
前期	前期
84%	67.5

●一般選抜日程 インターネット出願登録＋書類提出

区分	出願期間	試験	合格発表	手続締切
前期	1/22(月)~2/2(金)	2/25(日)・26(月)	3/7(木) 発表時間・方法未定	3/15(金)

※第1段階選抜結果の発表日・方法、合格発表時間・方法は11月上旬発表予定の募集要項で公表。

☞**追加合格について**
対象者がいた場合、3/28~3/31に電話連絡。必要に応じて欠員補充の第2次募集を行うことがある。

●一般選抜科目

※個別の解答時間は募集要項で公表。

区分	教科・科目	配点		解答時間
大学入学共通テスト	外国語＝英（R：L＝4：1）、独、仏、中、韓→1	100点	計500点	R80分 L60分(解30分)
	数学＝数ⅠA、数ⅡB	100点		数ⅠA70分 数ⅡB60分
	理科＝化、生、物→2	100点		各60分
	国語＝国	100点		80分
	地歴・公民＝世B、日B、地B、現社、倫、政経、倫政経→1	100点		60分
個別	外国語＝コ英ⅠⅡⅢ・英表ⅠⅡ	400点	計1100点	120分(予定)
	数学＝数ⅠⅡⅢAB(列ベ)	400点		120分(予定)
	理科＝化、生、物→2	300点		120分(予定)
	面接	総合判定の資料とする		—

☞合否判定 共通テスト・個別・書類を総合的に判定。面接の評価によっては、成績にかかわらず不合格となる。

☞2段階選抜 約3倍 ☞受験料 17,000円 ☞試験場 本学津島キャンパス、鹿田キャンパス（予定）

学校推薦型選抜 インターネット出願登録＋書類提出

募集人員	試験日程			
	出願期間	選考	合格発表	手続締切
地域枠9名※1	12月中旬~下旬	岡山県枠・鳥取県枠1/20 広島県枠・兵庫県枠1/20・21	2/9	未定

※1 岡山県枠4名、鳥取県枠1名、広島県枠2名、兵庫県枠2名（認可申請中）。
※試験日程、出願要件等、詳細は確定次第大学ホームページ等で公表。

国際バカロレア選抜 インターネット出願登録＋書類提出

募集人員	試験日程			
	出願期間	選考	合格発表	手続締切
3名(8月募集)	7/31~8/4	書類、8/25面接	9/8	9/21

※「8月募集」の合格者がその募集人員に満たない場合は、その欠員数を「10月募集」に含めて選抜する。
※面接の結果および書類審査（成績評価証明書、自己推薦書、評価書）を総合して合否を判断する。成績評価では、物理、化学、生物から2科目と数学のうち、1科目はHL成績評価4以上、他の2科目はSL成績評価5以上またはHL成績評価3以上の者。IBフルディプロマの成績評価合計点が45点満点中39点以上の者を選考対象とする。

帰国生徒特別選抜 実施しない。

2年次学士編入学 5名を募集する。

感染症等に伴う特別対応や追試験については、各大学のホームページで最新情報をご確認ください。

最新の入試情報をCHECK ▶ 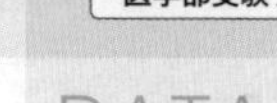 

広島大学

入試に関する問合せ先

高大接続・入学センター／〒739-8511　広島県東広島市鏡山1-3-2
☎082-424-2993　https://www.hiroshima-u.ac.jp/

募集要項の請求方法

①大学のホームページ　**全選抜ネット出願 必須**

※募集要項（一般選抜）は紙媒体による配布を行わず、11月下旬に大学ホームページに掲載予定。

DATA

●**学部所在地**　〒734-8553　広島県広島市南区霞1-2-3
●**アクセス**　JR広島駅からバスで約20分。
●**学部学科・定員**　医学部＝医学科118（認可申請中含む）
●**大学院**　医系科学研究科＝医歯薬学専攻、総合健康科学専攻
●**おもな附属施設**　大学病院、原爆放射線医科学研究所など。
●**沿革**　昭和20年に広島県立医学専門学校として創設。広島県立医科大学、広島医科大学を経て、28年に広島大学医学部となった。

医学部・歯学部・薬学部が同一キャンパスにある特性を活かし、3学部合同のIPE（Interprofessional Education：多職種連携教育）や合同早期体験実習など将来の他職種とのチーム医療を見据えた教育を実施。1年次は教養教育科目を中心に学び、2年次からは専門教育を学びます。4年次では、4か月間、各研究室に配属され研究に従事する医学研究実習を実施。研究マインドを持った医療チームのリーダーを育成する教育が特徴です。

2023年度 入試DATA

●志願・合格状況

区分	募集人員	志願者	2段階選抜	受験者	追加合格者	総合格者	志願者合格倍率	入学者
一般選抜前期	90	424	実施せず 予告／約5倍	382	0	95	4.5	95
学校推薦型選抜	18	57	―	57	―	18	3.2	18
総合型選抜（Ⅱ型）	5	9	―	9	―	3	3.0	3
総合型選抜（国際バカロレア型）	5	11	―	11	―	4	2.8	2

●**総合格者の現既別内訳**　既卒57名（·1浪40名 ·2浪11名 ·3浪以上6名）　現役63名

●**総合格者の男女別内訳**　女37名　男83名

●**総合格者の地元占有率**　非公表

●合格得点〈総合格者〉

区分			満点	合格最高点 得点	合格最高点 得点率	合格最低点 得点	合格最低点 得点率
一般選抜前期	共テ	A(s)配点	900	849	94%	715	79%
		A(em)配点		842	94%	715	79%
		B配点		814	90%	675	75%
	個別	A(s)配点	1800	1673	93%	1449	81%
		A(em)配点		1670	93%	1382	77%
		B配点		1473	82%	1341	75%
	総合点	A(s)配点	2700	2489	92%	2239	83%
		A(em)配点		2430	90%	2210	82%
		B配点		2201	82%	2112	78%
学校推薦型選抜			非公表	非公表	―	非公表	―
総合型選抜（Ⅱ型）			非公表	非公表	―	非公表	―
総合型選抜（国際バカロレア型）			非公表	非公表	―	非公表	―

2024年度 選抜要項

●募集人員（医学科）

一般選抜前期	学校推薦型選抜（ふるさと枠）	総合型選抜 Ⅱ型	総合型選抜 国際バカロレア型
90名	18名※1	5名	5名

※1 認可申請中の増員13名を含む。確定次第大学ホームページ等で公表。
※外国人留学生選抜、若干名。

■共テボーダー得点率 前期	■ボーダー偏差値（2次） 前期
83%	65.0

●一般選抜日程　インターネット出願登録＋書類提出

区分	出願期間	試験	合格発表	手続締切
前期	1/22（月）～2/2（金）	2/25（日）・26（月）	3/8（金）時間未定　HP 郵便	3/15（金）

※第1段階選抜結果の発表日・方法、合格発表時間・方法は11月下旬発表予定の募集要項で公表。

☞**追加合格について**
3/28～3/31に大学ホームページで発表。また必要に応じて欠員補充第2次募集を行うことがある。

●一般選抜科目

※個別の解答時間は募集要項で公表。

区分	教科・科目	配点（A(s)配点／A(em)配点／B配点）		解答時間
大学入学共通テスト	外国語＝英（R：L＝1：1）、独、仏、中、韓→1	200点	計900点	R80分 L60分（解30分）
	数学＝数ⅠA（必）、数ⅡB、簿、情報→1の計2	200点		数ⅠA70分 その他60分
	理科＝化、生、物→2	200点		各60分
	国語＝国	200点		80分
	地歴・公民＝世B、日B、地B、倫政経→1	100点		60分
個別	外国語＝コ英ⅠⅡⅢ・英表ⅠⅡ	300/800/600点	計1800/1800/1800点	未定
	数学＝数ⅠⅡⅢAB（列ベ）	300/800/600点		未定
	理科＝化基・化、生基・生、物基・物→2	1200/200/600点		未定
	面接＝個別面接を行い、医療人としての適性について複数の面接員により評価。	段階評価		未定

※共通テストの外国語（英語）では、指定された各種英語民間試験の結果がB2以上なら得点を満点とする「みなし満点」制度が適用される。
※個別のA(s)配点は理科重視型、A(em)配点は英数重視型、B配点は一般型の配点。合否判定基準の詳細は募集要項を参照。

☞**合否判定**　共通テスト·個別·面接を総合的に判定。ただし、個別学力検査のいずれかの得点が学科受験者の平均点60%に満たない場合、また面接で受験者が面接員全員に不可とされた場合には、総合点に関係なく不合格となる。

☞**2段階選抜**　約5倍　☞**受験料**　17,000円　☞**試験場**　本学霞キャンパス（広島市）

広島大学光り輝き入試 学校推薦型選抜　インターネット出願登録＋書類提出

募集人員	試験日程 出願期間	選考	合格発表	手続締切
18名※1 （ふるさと枠）	12/4～12/8	書類、12/23・24面接※2、共通テスト	2/13	2/19

※1 5名から18名への増員を調整中。※2 12/23の1日で行う予定だが、受験者が多い場合、12/24に分けて行うことがある。
※出願期間および選考日程は変更になる場合がある。詳細は募集要項等を確認。

広島大学光り輝き入試 総合型選抜　インターネット出願登録＋書類提出

募集人員	試験日程 出願期間	選考	合格発表	手続締切
Ⅱ型 5名※1	10/1～10/6	1次：書類 2次：11/18小論文、11/19面接、共通テスト	1次：11/1 2次：2/13	2/19
国際バカロレア型 5名※1		書類、10/20面接	12/1	2/19

※1 ともに合格者が募集人員に満たない場合は、その欠員は一般選抜前期の募集人員に含む。

帰国生徒特別選抜　実施しない。

編入学　実施しない。

感染症等に伴う特別対応や追試験については、各大学のホームページで最新情報をご確認ください。

山口大学

入試に関する問合せ先

入試課／〒753-8511 山口県山口市吉田1677-1
☎083-933-5153 https://www.yamaguchi-u.ac.jp/

募集要項の請求方法

①大学のホームページ

一般選抜ネット出願 必須

※募集要項（一般選抜）は紙媒体による配布を行わず、11月下旬に大学ホームページに掲載予定。

DATA

●**学部所在地** 〒755-8505 山口県宇部市南小串1-1-1
●**アクセス** JR宇部新川駅下車、徒歩約10分。バスで宇部中央下車、徒歩約10分。
●**学部学科・定員** 医学部＝医学科109（認可申請中含む）
●**大学院** 医学系研究科＝医学専攻（博士）
●**おもな付属施設** 附属病院など。
●**沿革** 昭和19年に山口県立医学専門学校として創設。山口県立医科大学を経て、39年に山口大学医学部となった。

豊かな人間性と高い倫理観を持ち、医学・医療の変化や医師の社会的役割の変化、国際化に対応できる人材の育成を目指しています。全国に類を見ない革新的な電子シラバスと臓器・系統別に編成した独自のコース・ユニット制カリキュラムが特徴です。これに基づき、多方面から医学を学び、幅広い研究視野と豊かな人間性を培いながら、自発的学習能力を育成する教育を行っています。

2023年度 入試DATA

●志願・合格状況 ※第1段階選抜合格者数は後期150名（合格最低点687.2点）。

区分		募集人員	志願者	2段階選抜	受験者	追加合格者	総合格者	志願者合格倍率	入学者
一般選抜	前期	55	381	実施せず 予告／7倍	312	非公表	55	6.9	55
	後期	10	254	実施 予告／15倍	34	非公表	11	23.1	10
学校推薦型選抜		44	108	—	107	非公表	44	2.5	44

●総合格者の現既別内訳

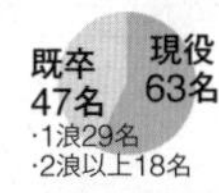

·1浪29名
·2浪以上18名

●総合格者の男女別内訳

●総合格者の地元占有率

●合格得点〈正規合格者〉

区分			満点(素点)	合格最高点(素点) 得点	合格最高点(素点) 得点率	合格最低点(素点) 得点	合格最低点(素点) 得点率
一般選抜	前期	共テ	900	791.0	88%	653.8	73%
		個別	600	503.0	84%	350.0	58%
		総合点	1500	1254.4	84%	1106.0	74%
	後期	共テ	900	非公表	—	非公表	—
		個別	500	非公表	—	非公表	—
		総合点	1400	非公表	—	非公表	—
学校推薦型選抜			800	非公表	—	非公表	—

2024年度 選抜要項

●募集人員（医学科）

一般選抜 前期	一般選抜 後期	学校推薦型選抜	編入
55名※1	10名※2	44名※3	10名

※1 認可申請中の増員2名を含む。
※2 内訳は全国枠7名、地域枠3名以内。地域枠の合格者が募集人員に満たない場合、欠員は全国枠に加える。
※3 認可申請中の増員17名を含む。
※確定次第大学ホームページ等で公表。
※私費外国人留学生入試、若干名。

■共テボーダー得点率

前期	後期 全国枠	後期 地域枠
79%	85%	

■ボーダー偏差値（2次）

前期
62.5

●一般選抜日程 インターネット出願登録+書類提出

区分	出願期間	試験	合格発表	手続締切
前期	1/22(月)〜2/2(金)	2/25(日)・26(月)	3/6(水)時間未定 HP 郵便	未定
後期		3/12(火)・13(水)	3/21(木)時間未定 HP 郵便	

※第1段階選抜結果の発表日・方法、合格発表時間・方法、手続締切日は11月下旬発表予定の募集要項で公表。

☞追加合格について
3/28〜31の間に、追加合格者に電話で本人の入学の意思を確認する（過年度）。

●一般選抜科目

※個別の解答時間は募集要項で公表。

区分		教科・科目	配点（前期／後期）		解答時間
大学入学共通テスト	前期・後期	外国語＝英（R：L＝4：1）	200点	計900点	R80分 L60分(解30分)
		数学＝数IA、数ⅡB	200点		数ⅠA70分 数ⅡB60分
		理科＝化、生、物→2	200点		各60分
		国語＝国	200点		80分
		地歴・公民＝世B、日B、地B、現社、倫、政経、倫政経→1	100点		60分
個別	前期	外国語＝コ英ⅠⅡⅢ・英表ⅠⅡ	200点	計600点	未定
		数学＝数ⅠⅡⅢAB（列べ）	200点		未定
		理科＝化基・化、生基・生、物基・物→2	200点		未定
		面接	総合審査の資料とする		未定
	後期	小論文	300点	計500点	未定
		面接	200点		未定

☞合否判定 募集要項で公表 ☞2段階選抜 前期7倍、後期15倍で実施する場合がある。
☞受験料 17,000円（予定） ☞試験場 小串キャンパス（予定）

学校推薦型選抜 インターネット出願登録+書類提出

募集人員	出願期間	選考	合格発表	手続締切
44名（全国枠5名、地域枠22名以内、特別枠17名以内※）	12/12〜12/18	書類、共通テスト、1/18小論文・面接	2/13	未定

※内訳は緊急医師確保対策枠5名以内、地域医療再生枠10名以内、重点医師確保対策枠2名以内。

2年次学士編入学

募集人員	出願期間	選考	合格発表	手続締切
10名（地域枠3名以内を含む）	7/31〜8/3	1次：10/1学科試験・小論文 2次：11/12面接	1次：10/20 2次：11/24	11/30

総合型選抜

実施しない。

帰国生徒入試

実施しない。

感染症等に伴う特別対応や追試験については、各大学のホームページで最新情報をご確認ください。

最新の入試情報をCHECK ▶ 医学部受験ラボ

徳島大学

入試に関する問合せ先

入試課入学試験係／〒770-8501　徳島県徳島市新蔵町2-24
☎088-656-7091　https://www.tokushima-u.ac.jp/admission/

募集要項の請求方法

①大学のホームページ
※募集要項（一般選抜）は紙媒体による配布を行わず、11月下旬に大学ホームページに掲載予定。

一般選抜ネット出願 必須

DATA

●**学部所在地**　〒770-8503　徳島県徳島市蔵本町3-18-15
●**アクセス**　JR蔵本駅下車、徒歩5分。JR徳島駅からバスで約15分、医学部前または県立中央病院・大学病院前下車、徒歩2分。
●**学部学科・定員**　医学部＝医学科112（調整中含む）
●**大学院**　医学研究科＝修士課程：医学専攻、博士課程：医学専攻
●**おもな付属施設**　大学病院、先端酵素学研究所など。
●**沿革**　昭和18年に徳島県立徳島医学専門学校として創設。徳島医学専門学校、徳島医科大学を経て、24年に徳島大学医学部となった。

基礎・臨床融合型の大講座が11講座あり、臨床、研究、教育、行政など様々な領域で国際的に活躍できる高度な医療人を目指す。1年次で教養教育科目を学んだあと、2年次の専門教育で、解剖学、生理学などで人体の構造と機能を学ぶ。3~4年次では、医学研究実習、社会医学実習、PBLチュートリアル（少人数グループによる問題解決型・自己決定型学習）を実施。また3~6年次では、希望者は学術協定校への短期留学も可能。4~6年次には、診療チームの一員として、一定の役割を持ちながら診療参加型臨床実習が行われる。徳島大学病院だけでなく、徳島県内外の医療機関での実習も希望に応じて行うことができる。

2023年度 入試DATA

●志願・合格状況 ※第1段階選抜合格者は前期188名（合格最低点600点）。

区分		募集人員	志願者	2段階選抜	受験者	追加合格者	総合格者	志願者合格倍率	入学者
一般選抜前期		62	195	実施 予告/600点以上＊	150	2	68	2.9	66
学校推薦型選抜	一般枠	25	73	―	51	0	25	2.9	25
	地域枠	17	44	―	32	0	17	2.6	17
総合型選抜		8	11	―	11	0	4	2.8	4

＊共通テストの900点満点中の合計点。

●合格得点（総合格者）

区分		満点	合格最高点 得点	合格最高点 得点率	合格最低点 得点	合格最低点 得点率
一般選抜前期	共テ	900	832.6	93%	712.1	79%
	個別	400	332.0	83%	224.0	56%
	総合点	1300	1162.6	89%	1009.1	78%
学校推薦型選抜		非公表	非公表	―	非公表	―

●入学者の現既別内訳

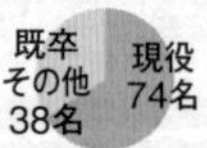

●入学者の男女別内訳

●入学者の地元占有率（出身校）

2024年度 選抜要項

●募集人員（医学科）

一般選抜前期	学校推薦型選抜	総合型選抜
62名※1	42名※2	8名

※1 現在調整中。
※2 内訳は一般枠25名、地域枠17名（うち地域特別枠12名以内）。現在調整中。
※確定次第大学ホームページ等で公表。
※私費外国人留学生選抜、若干名。

■共テボーダー得点率	■ボーダー偏差値（2次）
前期	前期
81%	62.5

●一般選抜日程 インターネット出願登録＋書類提出

区分	出願期間	試験	合格発表	手続締切
前期	1/22（月）~2/2（金）	2/25（日）・26（月）	3/6（水）14:00 HP 郵便	3/15（金）

※第1段階選抜結果の発表：2/13（火）16：00以降 郵便　実施の有無は大学ホームページで発表。実施した場合は志願者に結果通知書を送付。※合格発表の郵送では受験者全員に合格／不合格通知書をそれぞれ送付。※電話による合否の照会には応じない。

☞追加合格について
対象者には3/28以降に直接通知する。実施の有無はホームページで公表。必要に応じて欠員補充第2次募集を実施する場合がある（前年度）。

●一般選抜科目

区分	教科・科目	配点		解答時間
大学入学共通テスト	外国語＝英（R：L＝4：1）、独、仏、中、韓→1	200点	計900点	R80分 L60分（解30分）
	数学＝数ⅠA（必）、数ⅡB、簿、情報→1の計2	200点		数ⅠA70分 その他60分
	理科＝化、生、物→2	300点		各60分
	国語＝国	150点		80分
	地歴・公民＝世B、日B、地B、現社、倫、政経、倫政経→1	50点		60分
個別	外国語＝コ英ⅠⅡⅢ・英表ⅠⅡ	200点	計400点	70分
	数学＝数ⅠⅡⅢAB（列ベ）	200点		120分
	面接＝複数の面接担当者による集団面接で、アドミッション・ポリシーへの適合性などについて評価を行う。	総合判定の資料とする		―

☞合否判定　共通テストおよび個別等から総合的に判定（調査書は参考）。共通テスト・個別の成績にかかわらず、面接で不合格となることがある。

☞2段階選抜　共通テストが900点満点中600点に達していない場合に実施。600点以上に達していても5倍を超えたら実施する場合がある。

☞受験料　17,000円　☞試験場　本学蔵本キャンパス

学校推薦型選抜 インターネット出願登録＋書類提出

募集人員	試験日程 出願期間	選考	合格発表	手続締切
42名[一般枠25名、地域枠17名（うち地域特別枠12名以内）]	1/16~ 1/19	1次：共通テスト・書類 2次：2/11集団討論・集団面接（地域枠は個人面接も）	1次：2/7 2次：2/13	2/19

※地域枠の合格者を決定後、一般枠の合格者を決定（一般枠、地域枠を合わせた全出願者の上位から選抜）。
※共通テストの合計点（900点満点）：（傾斜後の配点）の概ね75%未満の場合は合格者となり得ない。
※地域枠は事前に徳島県実施の面接を受け、その推薦を受けた者が選考対象となる。
※募集人員は現在調整中。詳細は募集要項等で確認。

総合型選抜 インターネット出願登録＋書類提出

募集人員	試験日程 出願期間	選考	合格発表	手続締切
四国研究医型 8名	10/20~ 10/27	1次：書類11/17 2次：11/25総合討論・個人面接、共通テスト	1次：11/17 2次：12/15 最終：2/13	2/19

※徳島県、香川県、愛媛県、高知県から各2名の受け入れを予定。
※共通テストの合計点（900点満点）：（傾斜後の配点）の概ね75%以上の者を最終合格とする。

帰国生徒選抜　実施しない。

編入学　実施しない。

感染症等に伴う特別対応や追試験については、各大学のホームページで最新情報をご確認ください。

香川大学

入試に関する問合せ先

入試課／〒760-8521　香川県高松市幸町1-1
☎087-832-1182　https://www.kagawa-u.ac.jp/

募集要項の請求方法

①大学のホームページ
※募集要項（一般選抜）は紙媒体による配布を行わず、11月上旬に大学ホームページに掲載予定。

一般選抜ネット出願 必須

DATA

●**学部所在地**　〒761-0793　香川県木田郡三木町池戸1750-1
●**アクセス**　JR高松駅前⑦バス乗場から高松医療センター・大学病院線で大学病院下車、徒歩1分。
●**学部学科・定員**　医学部＝医学科109（調整中含む）
●**大学院**　医学系研究科＝医学専攻
●**おもな付属施設**　附属病院、総合生命科学研究センターなど。
●**沿革**　昭和55年に香川医科大学を設置し、平成15年に香川大学医学部となった。

1年次からの早期医学を導入し、入学後の早い時期に医療の現場を見学し体験することで、医学に対するモチベーションを高めるカリキュラム編成が特徴。1年次から開始される充実した専門基礎科目とともに、2年次前期からは解剖学など基礎医学系の講義や実習を行います。3～4年次の統合講義は、基礎医学と臨床医学を関連づけて行われるなど、学習効率を重んじたカリキュラムとなっています。

2023年度 入試DATA

●志願・合格状況

区分	募集人員	志願者	2段階選抜	受験者	追加合格者	総合格者	志願者合格倍率	入学者
一般選抜前期	79	284	実施せず 予告／約4倍	249	0	79	3.6	79
学校推薦型選抜	30	108	―	108	0	30	3.6	30

●入学者の現既別内訳

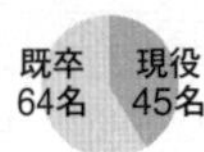

●入学者の男女別内訳

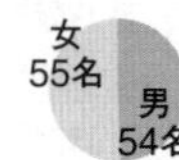

●入学者の地元占有率

●合格得点（正規合格者）

区分		満点	合格最高点 得点	合格最高点 得点率	合格最低点 得点	合格最低点 得点率
一般選抜前期	共テ	700	627.4	90%	521.7	75%
	個別	700	564	81%	423	60%
	総合点	1400	1162.3	83%	1010.3	72%
学校推薦型選抜		非公表	非公表	―	非公表	―

2024年度 選抜要項

●募集人員（医学科）

一般選抜前期	学校推薦型選抜	編入
79名※1	30名※2	5名

※1 地域枠の増員9名を含む（調整中）。一般枠と地域枠の併願可。
※2 県内高校出身枠13名程度を含む。地域枠の増員5名を含む（調整中）。確定次第大学ホームページ等で公表。
※国際バカロレア選抜、私費外国人留学生選抜、若干名。

■共テボーダー得点率

前期 一般枠	前期 地域枠
80%	79%

■ボーダー偏差値（2次）

前期 一般枠	前期 地域枠
62.5	

●一般選抜日程　インターネット出願登録＋書類提出

区分	出願期間	試験	合格発表	手続締切
前期	1/22(月)～2/2(金)	2/25(日)・26(月)	3/6(水) 時間未定 HP 郵便	3/15(金)

※第1段階選抜結果の発表日・方法、合格発表時間・方法は11月上旬発表予定の募集要項で公表。※電話による合否の照会には応じない。

☞追加合格について
3/28～3/31、各8:00～17:00に電話連絡。必要に応じて欠員補充第2次募集を行い、その場合は報道機関(新聞等)および大学ホームページで公表する(過年度)。

●一般選抜科目

※個別の解答時間は募集要項で公表。

区分	教科・科目	配点		解答時間
大学入学共通テスト	外国語＝英(R：L＝4：1)、独、仏、中、韓→1	100点	計700点	R80分 L60分(解30分)
	数学＝数ⅠA(必)、数ⅡB、簿、情報→1の計2	各50点		数ⅠA70分 その他60分
	理科＝化、生、物→2	各100点		各60分
	国語＝国	200点		80分
	地歴・公民＝世B、日B、地B、現社、倫、政経、倫政経→1	100点		60分
個別	外国語＝コ英ⅠⅡⅢ・英表ⅠⅡ	200点	計700点	未定
	数学＝数ⅠⅡⅢA(場図)B(列ベ)	200点		未定
	理科＝化基・化、生基・生、物基・物→2	200点		未定
	面接	100点		―

☞合否判定　共通テスト・個別・調査書から総合的に判定。面接の結果不合格になることもある。また地域枠は県の面接結果も参考にする。

☞2段階選抜　約4倍　☞受験料　17,000円　☞試験場　本学三木町医学部キャンパス

学校推薦型選抜　インターネット出願登録＋書類提出

募集人員	出願期間	選考	合格発表	手続締切
30名（県内高校出身枠13名程度※1、地域枠5名※1※2を含む）	11/1～11/8	書類、11/25小論文・面接、共通テスト	2/13	2/19

※1 香川県の高校出身の現役と1浪の者。※2 選考に際し香川県による面接がある。増員調整中。※詳細は確定次第大学ホームページ等で公表。

2年次学士編入学

募集人員	出願期間	選考	合格発表	手続締切
5名	5/8～5/19	1次:TOEICスコア、6/3自然科学総合問題 2次:書類、7/2面接	1次:6/15 2次:7/20	7/31

※25名程度を1次選考の合格者とする。

総合型選抜　実施しない。

帰国生徒特別選抜　実施しない。

感染症等に伴う特別対応や追試験については、各大学のホームページで最新情報をご確認ください。

最新の入試情報をCHECK ▶ 医学部受験ラボ

愛媛大学

入試に関する問合せ先

医学部入試係／〒791-0295 愛媛県東温市志津川
☎089-960-5869 https://www.m.ehime-u.ac.jp/

募集要項の請求方法

①大学のホームページ

一般選抜ネット出願 必須

※募集要項（一般選抜）は紙媒体による配布を行わず、11月上旬に大学ホームページに掲載予定。

DATA

●**学部所在地** 問合せ先に同じ。
●**アクセス** 伊予鉄道郊外電車（高浜・横河原線）横河原行で愛大医学部南口駅下車、徒歩5分。松山市駅から川内方面行バスなどで愛大病院前下車、徒歩すぐ。
●**学部学科・定員** 医学部＝医学科110（認可申請中含む）
●**大学院** 医学系研究科＝医学専攻
●**おもな付属施設** 附属病院など。
●**沿革** 昭和48年に医学部を設置した。

「患者から学び、患者に還元する教育、研究、医療」を基本理念に掲げ、高い倫理観と使命感を持って医学・医療を実践できる人材を育成します。教養科目と並行して早期の専門教育を行うカリキュラムを実施し、1年生は城北キャンパスで一般教養を学ぶとともに、重信キャンパスで「基礎医学展望」を受講。自ら考え、学ぶ体験学習や、少人数グループの能動的学習にも力を入れています。

2023年度 入試DATA

●志願・合格状況

区分	募集人員	志願者	2段階選抜	受験者	追加合格者	総合格者	志願者合格倍率	入学者
一般選抜前期	55	243	実施せず 予告／約6倍	204	0	55	4.4	55
学校推薦型選抜A（学校推薦）	25	80	―	80	0	25	3.2	25
学校推薦型選抜B（地域特別枠推薦）	20	50	―	50	0	20	2.5	20
総合型選抜	10	36	―	36	0	10	3.6	10

●合格得点〈正規合格者〉

区分		満点	合格最高点 得点	合格最高点 得点率	合格最低点 得点	合格最低点 得点率
一般選抜前期	共テ	450	384.90	86%	310.60	69%
	個別	700	562.97	80%	440.22	63%
	総合点	1150	944.47	82%	795.82	69%
学校推薦型選抜A	共テ	900	803.40	89%	678.00	75%
	個別	400	370.50	93%	315.80	79%
	総合点	非公表	非公表	―	非公表	―
学校推薦型選抜B	共テ	900	787.00	87%	639.20	71%
	個別	400	384.80	96%	261.20	65%
	総合点	非公表	非公表	―	非公表	―
総合型選抜	共テ	450	377.40	84%	336.40	75%
	個別	400	360.20	90%	286.20	72%
	総合点	850	731.60	86%	653.60	77%

●入学者の現既別内訳

●入学者の男女別内訳

●入学者の地元占有率

非公表

2024年度 選抜要項

●募集人員（医学科）

一般選抜前期	学校推薦型選抜	総合型選抜	編入
55名	45名※1	10名	5名

※1 内訳はA（学校推薦）25名、B（地域特別枠）20名（認可申請中の増員15名を含む）。確定次第大学ホームページ等で公表。
※私費外国人留学生選抜、若干名。

■共テボーダー得点率

前期
79%

■ボーダー偏差値（2次）

前期
65.0

●一般選抜日程 インターネット出願登録+書類提出

区分	出願期間	試験	合格発表	手続締切
前期	1/22(月)~2/2(金)*	2/25(日)・26(月)	3/6(水)10:00 HP 郵便	3/15(金)

*インターネット出願登録期間：1/15(月)～2/2(金)。※第1段階選抜結果の発表：2/9(金) HP

☞追加合格について

3/28～3/31、該当者に電話連絡（過年度）。

●一般選抜科目

※個別の解答時間は募集要項で公表。

区分	教科・科目	配点		解答時間
大学入学共通テスト	外国語＝英（R：L＝4：1）、独、仏、中、韓→1	100点	計450点	R80分 L60分(解30分)
	数学＝数Ⅰ、数ⅠA→1、数Ⅱ、数ⅡB、簿、情報→1の計2	各50点		数ⅠA70分 その他60分
	理科＝化、生、物、地学→2	100点		各60分
	国語＝国	100点		80分
	地歴・公民＝世B、日B、地B、倫政経→1	50点		60分
個別	総合問題	200点	計700点	未定
	数学＝数ⅠⅡⅢAB(列べ)	200点		未定
	理科＝化基・化、物基・物	200点		未定
	面接（調査書は面接に含めて評価する）	100点		未定

☞合否判定 共通テスト・個別・調査書の内容により総合的に判定する（詳細は募集要項で確認）。

☞2段階選抜 約6倍 ☞受験料 17,000円 ☞試験場 未定（募集要項で公表）

学校推薦型選抜 インターネット出願登録+書類提出

募集人員	試験日程 出願期間	選考	合格発表	手続締切
45名[推薦A(学校推薦)25名、推薦B(地域特別枠)20名]	11/1～11/7	1次：11/25・26書類、総合問題・面接 2次：共通テスト	1次：12/8 2次：2/9	2/19

※総合問題は基礎学力に関する問題のほか、論文や文章を読んだ上で、自らの考えに基づき立論し、それを記述させる問題を出題する（和文・英文の読解を含む）。 ※1次試験でA(学校推薦)は30人程度を、B(地域特別枠)は募集人員の1.5~2倍程度を合格させる。

総合型選抜Ⅱ インターネット出願登録+書類提出

募集人員	試験日程 出願期間	選考	合格発表	手続締切
10名	11/1~11/7	1次:11/25・26書類、総合問題・面接、共通テスト	2/9	2/19

2年次学士編入学

募集人員	試験日程 出願期間	選考	合格発表	手続締切
5名	6/26～6/30	1次：7/22自然科学総合問題 2次：8/28または8/29個人面接	1次：8/10 2次：9/14	9/27

※募集人員の約3～5倍を1次選考の合格者とする。
※1次の自然科学総合問題は、大学教養教育程度の自然科学（生命科学、物理学、化学等に関する基礎的知識）および分子細胞生物学を出題する。

帰国生徒特別選抜 実施しない。

※総合問題は基礎学力に関する問題のほか、論文や文章を読んだ上で、自らの考えに基づき立論し、それを記述させる問題を出題する（和文・英文の読解を含む）。

感染症等に伴う特別対応や追試験については、各大学のホームページで最新情報をご確認ください。

高知大学

入試に関する問合せ先

医学部入試担当／〒783-8505　高知県南国市岡豊町小蓮
☎088-880-2295　http://www.kochi-u.ac.jp/kms/

募集要項の請求方法

①大学のホームページ
※募集要項（一般選抜）は紙媒体による配布を行わず、10月下旬に大学ホームページに掲載予定。

一般選抜ネット出願 必須

DATA

●**学部所在地**　問合せ先に同じ。
●**アクセス**　JR高知駅から医大方面行とさでん交通バスで約25分、医大病院下車。
●**学部学科・定員**　医学部=医学科110（認可申請中含む）
●**大学院**　総合人間自然科学研究科=（博士）医学専攻、（修士）医科学専攻
●**おもな付属施設**　附属病院など。
●**沿革**　昭和51年に高知医科大学を設置し、平成15年に高知大学医学部となった。

社会の多様なニーズに応えられる高い倫理観、使命感、柔軟な思考を持ち、高知県の医療に貢献する医療人の育成を目指しています。「温故知新」「体験学習」「自学自習」「チャレンジ精神」をモットーとした6年一貫教育が行われ、「医学と医療の基本理念」「医学・医療と社会」「個人のライフサイクル」などに分類されたKMSコアカリキュラムを、1年次から年次をまたいで学んでいきます。

2023年度 入試DATA

●志願・合格状況

※第1段階選抜合格者数は前期240名（合格最低点非公表）。

区分	募集人員	志願者	2段階選抜	受験者	追加合格者	総合格者	志願者合格倍率	入学者
一般選抜前期	60	350	実施 予告／4倍	194	2	62	5.6	60
学校推薦型選抜Ⅱ	20	67	—	67	0	20	3.4	20
総合型選抜Ⅰ	30	178	—	178	0	30	5.9	30

●総合格者の現既別内訳　現役47名　既卒65名

●総合格者の男女別内訳　男67名　女45名

●総合格者の地元占有率　非公表

●合格得点（総合格者）

区分		満点	合格最高点 得点	合格最高点 得点率	合格最低点 得点	合格最低点 得点率
一般選抜前期	共テ	900	792.4	88%	655.2	73%
	個別	1000	800.3	80%	574.8	57%
	総合点	1900	1592.7	84%	1327.9	70%
学校推薦型選抜Ⅱ		非公表	非公表	—	非公表	—
総合型選抜Ⅰ		非公表	非公表	—	非公表	—

2024年度 選抜要項

●募集人員（医学科）

一般選抜前期	学校推薦型選抜Ⅱ	総合型選抜Ⅰ	編入
60名※1	20名※2	30名	5名

※1 内訳は一般枠55名(認可申請中の増員10名を含む)、地域枠(大学独自枠)5名(出身校所在地制限なし)。地域枠の合格者が定員に満たない場合、欠員は一般枠に加える。
※2 認可申請中の増員5名を含む。
※確定次第大学ホームページ等で公表。
※国際バカロレア選抜、私費外国人留学生選抜、若干名。

■共テボーダー得点率

前期 一般枠	前期 地域枠
80%	79%

■ボーダー偏差値（2次）

前期 一般枠	前期 地域枠
62.5	

●一般選抜日程

インターネット出願登録+書類提出

区分	出願期間	試験	合格発表	手続締切
前期	1/22(月)~2/2(金)	2/25(日)・26(月)	3/7(木)時間未定 HP 郵便	3/15(金)

※第1段階選抜結果の発表：2/13（火）郵便 実施の有無は大学ホームページで公表。※合格発表時間・方法は10月下旬発表予定の募集要項で公表。※合格発表の郵送での通知は合格者のみ。※電話などによる合否の照会には応じない。

☞追加合格について
3/28より、追加合格者に電話で通知する。

●一般選抜科目

※個別の解答時間は募集要項で公表。

区分	教科・科目	配点		解答時間
大学入学共通テスト	外国語＝英(R:L＝4:1)	200点	計900点	R80分 L60分(解30分)
	数学＝数ⅠA、数ⅡB	各100点		数ⅠA70分 数ⅡB60分
	理科＝化、生、物→2	各100点		各60分
	国語＝国	200点		80分
	地歴・公民＝世B、日B、地B、倫政経→1	100点		60分
個別	外国語＝コ英ⅠⅡⅢ・英表ⅠⅡ	300点	計1000点	未定
	数学＝数ⅠⅡⅢAB(列べ)	300点		未定
	理科＝化基・化、生基・生、物基・物→2	各150点		未定
	面接	100点		未定

☞合否判定　共通テスト・個別から総合的に判定。面接評価の結果のみで不合格とすることがある。
☞2段階選抜　4倍　☞受験料　17,000円　☞試験場　本学岡豊キャンパス

学校推薦型選抜

インターネット出願登録+書類提出

募集人員	出願期間	選考	合格発表	手続締切
20名以内※1 (四国・瀬戸内地域枠)※2	11/20~27	書類、12/13~15のうちの1日 個人面接、共通テスト	2/13	2/19

※1 認可申請中の増員5名を含む。
※2 出身校所在地は四国4県、兵庫県、岡山県、広島県、山口県。

総合型選抜

インターネット出願登録+書類提出

募集人員	出願期間	選考	合格発表	手続締切
30名以内 (総合型選抜Ⅰ)	9/1~7	1次：9/16小論文、総合問題 2次：10/31~11/3、11/7~10のうちの2日間。面接、態度・習慣領域評価	1次：10/19 2次：11/16	11/29

※募集人員の約2倍を限度として1次選考の合格者とする。

帰国生徒特別選抜

実施しない。

2年次学士編入学

5名を募集する。

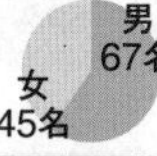

感染症等に伴う特別対応や追試験については、各大学のホームページで最新情報をご確認ください。

福岡県

九州大学

DATA

●**学部所在地** 〒812-8582 福岡県福岡市東区馬出3-1-1
●**アクセス** 地下鉄箱崎線で馬出九大病院前駅下車、徒歩10分。JR吉塚駅下車、徒歩15分。
●**学部学科・定員** 医学部=医学科105
●**大学院** 医学系学府=(修士)医科学専攻、(博士)医学専攻
●**おもな付属施設** 大学病院、生体防御医学研究所、胸部疾患研究施設、心臓血管研究施設、脳神経病研究施設など。
●**沿革** 黒田藩医学校が源。明治36年に京都帝国大学福岡医科大学を設置し、九州帝国大学医科大学を経て、昭和22年に九州大学医学部となった。

入試に関する問合せ先

学務部入試課／〒819-0395 福岡県福岡市西区元岡744
☎092-802-2004 http://www.kyushu-u.ac.jp/

募集要項の請求方法

①**大学のホームページ** 一般選抜ネット出願 必須
※募集要項(一般選抜)は紙媒体による配布を行わず、12月中旬に大学ホームページに掲載予定。

明治36年(1903年)創立の歴史を持ち、世界に誇る数多くの研究実績を上げてきました。現在も、21世紀の医療を支える研究・教育が歯学部・薬学部・九大病院などとの共同で行われています。めざましい医学の進歩に伴い、学習すべき内容が年とともに膨大になっていくことに対応するため6年間一貫教育体制を採用。より低学年から臨床の講義を開始するなど、時代に即した医学教育を提供しています。

2023年度 入試DATA

●志願・合格状況 ※第1段階選抜合格者数は250名(合格最低点非公表)。

区分	募集人員	志願者	2段階選抜	受験者	追加合格者	総合格者	志願者合格倍率	入学者
一般選抜前期	105	269	実施 予告／約2.5倍	244	非公表	108	2.5	108

●合格得点(正規合格者)

区分	満点	合格最高点 得点	得点率	合格最低点 得点	得点率
一般選抜前期	1150	1029.00	89%	856.50	74%

●**総合格者の現既別内訳**
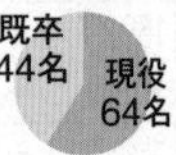

●**総合格者の男女別内訳**

●**総合格者の地元占有率(出身校)**

2024年度 選抜要項

●募集人員 (医学科)

一般選抜前期	帰国生徒
105名	若干名

※私費外国人留学生入試、若干名。

■共テボーダー得点率 前期	■ボーダー偏差値(2次) 前期
87%	67.5

●一般選抜日程 インターネット出願登録+書類提出

区分	出願期間	試験	合格発表	手続締切
前期	1/22(月)~2/2(金)	2/25(日)・26(月)・27(火)	3/8(金) 時間未定 掲示 HP 郵便	未定

※第1段階選抜結果の発表：発表日未定 HP 郵便 合格者にはインターネット出願ページより受験票を発行。不合格者にはその旨郵送で通知。 ※第1段階選抜結果の発表日、合格発表時間・方法、手続締切日は12月中旬発表予定の募集要項で公表。※合格発表の郵便での通知は合格者のみ。 ※電話による合否の照会には応じない。

☞追加合格について
3／28に本人に電話連絡。追加合格に関する情報は3／28~3／31までに大学ホームページに掲載(前年度)。

●一般選抜科目

区分	教科・科目	配点		解答時間
大学入学共通テスト	外国語=英(R:L=1:1)、独、仏、中、韓→1	100点	計450点	R80分 L60分(解30分)
	数学=数ⅠA(必)、数ⅡB、簿、情報→1の計2	100点		数ⅠA70分 その他60分
	理科=生、化、物→2	100点		各60分
	国語=国	100点		80分
	地歴・公民=世B、日B、地B、倫政経→1	50点		60分
個別	外国語=コ英ⅠⅡⅢ・英表ⅠⅡ	200点	計700点	120分
	数学=数ⅠⅡⅢAB(列べ)	250点		150分
	理科=化基・化、物基・物	250点		150分
	面接※1	総合判定の資料		未定

※1 2次面接を行う場合がある。

☞**合否判定** 共通テスト・個別・調査書を総合して行う。 ☞**2段階選抜** 約2.5倍
☞**受験料** 17,000円 ☞**試験場** 本学病院キャンパス

学校推薦型選抜 実施しない。
帰国生徒選抜 インターネット出願登録+書類提出 若干名を募集する。
総合型選抜 実施しない。
編入学 実施しない。

佐賀県

佐賀大学

DATA

●**学部所在地**　〒849-8501　佐賀県佐賀市鍋島5-1-1
●**アクセス**　JR佐賀駅バスセンターからバスで約25分、佐賀大学病院下車。
●**学部学科・定員**　医学部＝医学科103（認可申請中含む）
●**大学院**　医学系研究科医科学専攻（修士・博士）
●**おもな付属施設**　附属病院、地域医療科学教育研究センター、先端医学研究推進支援センターなど。
●**沿革**　昭和51年に佐賀医科大学を設置し、平成15年に佐賀大学医学部となった。

入試に関する問合せ先

学務部入試課／〒840-8502　佐賀県佐賀市本庄町1
☎0952-28-8178　https://www.saga-u.ac.jp/

募集要項の請求方法

①大学のホームページ　**一般選抜ネット出願 必須**
※募集要項（一般選抜）は紙媒体による配布を行わず、12月上旬に大学ホームページに掲載予定。

教育・研究・診療の使命を一体的に進め、社会の要請に応える医療人を育成し、医学の発展と地域包括医療の向上に寄与することを理念としています。教養教育、基礎医学、臨床医学の実施時期を明確に区別せず、PhaseⅠ～Ⅴに分けて6年一貫教育を実施。臨床医学の早期導入、PBL（問題基盤型学習）の実施、チューター（指導教員）制度の採用など特色あるカリキュラムが組まれています。

2023年度 入試DATA

●志願・合格状況 ※第1段階選抜合格者数は後期180名（合格最低点非公表）。

区分	募集人員	志願者	2段階選抜	受験者	追加合格者	総合格者	志願者合格倍率	入学者
一般選抜前期	50	230	実施せず 予告/約5倍	181	非公表	51	4.5	50
一般選抜後期	10	223	実施 予告/約10倍	50	非公表	12	18.6	10
学校推薦型選抜（一般枠）	20	61	−	61	−	20	3.1	20
学校推薦型選抜（佐賀県枠）	18	57	−	57	−	18	3.2	18
学校推薦型選抜（長崎県枠）	1	3	−	3	−	1	3.0	1
学校推薦型選抜（佐賀県推薦）	4	7	−	7	−	4	1.8	4

●**入学者の現既別内訳**　既卒41名（・1浪 36名 ・2浪以上 5名）　現役62名

●**入学者の男女別内訳**

●**入学者の地元占有率**

●合格得点〈総合格者〉

区分		満点	合格最高点 得点	合格最高点 得点率	合格最低点 得点	合格最低点 得点率
一般選抜前期	共テ	630	586.250	93%	499.800	79%
	個別	300	262.20	87%	193.40	64%
	総合点	930	809.650	87%	728.500	78%
一般選抜後期	共テ	630	非公表	—	非公表	—
	個別	120	非公表	—	非公表	—
	総合点	750	688.750	92%	628.400	84%
学校推薦型選抜		960	非公表	—	非公表	—

2024年度 選抜要項

●募集人員（医学科）

一般選抜前期	一般選抜後期	学校推薦型選抜	佐賀県推薦入学	帰国生徒
50名	10名	39名※1	4名	若干名

※1内訳は一般枠20名、地域枠19名（佐賀県枠18名、長崎県枠1名）。認可申請中の地域枠増員5名を含む。確定次第大学ホームページ等で公表。
※私費外国人留学生入試、若干名。

■**共テボーダー得点率**

前期	後期
81%	86%

■**ボーダー偏差値（2次）**

前期
62.5

●一般選抜日程 インターネット出願登録＋書類提出

区分	出願期間	試験	合格発表	手続締切
前期	1/22(月)～2/2(金)＊	2/25(日)・26(月)	3/6(水) 時間未定 HP 郵便	3/15(金)
後期		3/12(火)	3/21(木) 時間未定 HP 郵便	3/27(水)

＊インターネット事前登録開始日：1/15（月）。　※第1段階選抜結果の発表日・方法、合格発表時間・方法は12月上旬発表予定の募集要項で公表。　※合格発表の郵便での通知は合格者のみ。　※電話による合否の照会には応じない。

☞**追加合格について**
3/28より追加合格者に電話連絡し、入学の意思を確認。実施の有無は3/28に大学ホームページに掲載。場合によっては、欠員補充第2次募集を行うことがある。

●一般選抜科目

※個別の解答時間は募集要項で公表。

区分		教科・科目	配点（前期／後期）		解答時間
大学入学共通テスト	前期・後期	外国語＝英（R：L＝3：1）	140点	計630点	R80分 L60分（解30分）
		数学＝数ⅠA（必）、数ⅡB、簿、情報→1の計2	140点		数ⅠA70分 その他60分
		理科＝[前期]化、物（必）[後期]化、生、物→2	140点		各60分
		国語＝国	140点		80分
		地歴・公民＝世B、日B、地B、現社、倫、政経、倫政経→1	70点		60分
個別	前期	外国語＝コ英ⅠⅡⅢ・英表ⅠⅡ	80点	計300点	未定
		数学＝数ⅠⅡⅢAB（列べ）	80点		未定
		理科＝化基・化、物基・物	80点		未定
		面接	60点		未定
		調査書など	総合判定の資料		−
	後期	面接	120点		未定
		課題論文、調査書など	総合判定の資料		−

☞**合否判定**　共通テスト・個別・調査書から総合的に判定。面接の評価が低い場合は不合格とすることがある。

☞**2段階選抜**　前期約5倍、後期約10倍　☞**受験料**　17,000円　☞**試験場**　本学鍋島キャンパス

学校推薦型選抜 インターネット出願登録＋書類提出

募集人員	試験日程 出願期間	選考	合格発表	手続締切
39名（一般枠20名、佐賀県枠18名、長崎県枠1名）※1	11/1～11/7	書類、11/25小論文・面接、共通テスト	2/13	2/19
佐賀県推薦入学　4名	1次：10/23～11/2 2次：11/15～20	1次：書類、11/11・12面接 2次：11/25小論文・面接、共通テスト	1次：11/14 2次：2/13	

※1 地域枠の臨時定員増5名を含む。確定次第大学ホームページ等で公表。

総合型選抜
実施しない。

帰国生徒選抜
若干名を募集する。
インターネット出願登録＋書類提出

編入学
実施しない。

感染症等に伴う特別対応や追試験については、各大学のホームページで最新情報をご確認ください。

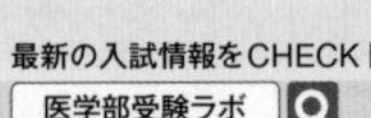

長崎大学

入試に関する問合せ先

学生支援部入試課／〒852-8521 長崎県長崎市文教町1-14
☎095-819-2111 https://www.nagasaki-u.ac.jp/

募集要項の請求方法

①大学のホームページ　一般選抜ネット出願 必須
※募集要項（一般選抜）は紙媒体による配布を行わず、11月下旬に大学ホームページに掲載予定。

DATA

●**学部所在地**　〒852-8523 長崎県長崎市坂本1-12-4
●**アクセス**　JR長崎駅から。(路面電車)赤迫行き原爆資料館下車、徒歩10分。(バス)医学部経由下大橋行で医学部前下車。
●**学部学科・定員**　医学部＝医学科115(認可申請中含む)
●**大学院**　医歯薬学総合研究科＝医療科学専攻、新興感染症病態制御学系専攻、放射線医療科学専攻、災害・被ばく医療科学共同専攻、先進予防医学共同専攻、熱帯医学・グローバルヘルス研究科＝グローバルヘルス専攻、長崎大学ロンドン大学衛生・熱帯医学大学院国際連携グローバルヘルス専攻
●**おもな付属施設**　長崎大学病院、熱帯医学研究所、原爆後障害医療研究所など。
●**沿革**　安政4年の海軍伝習所医官による講義が源。昭和24年に長崎大学医学部となった。

1857年からの歴史を持つ日本最古の医学部。地域に根ざした教育を特徴とし、長崎大学病院での臨床実習に加えて離島実習を実施しています。学科や専攻を超えた共修科目が充実しており、学生時代からチーム医療を意識して学ぶことができるのも特徴。現代の医療現場では必須であるチームアプローチを学ぶため、1~4年次にかけて保健学科と2つの共修科目を履修します。

2023年度 入試DATA

●志願・合格状況

区分		募集人員	志願者	2段階選抜	受験者	追加合格者	総合格者	志願者合格倍率	入学者
一般選抜前期		71	273	実施せず 予告／約5倍	232	1	72	3.8	71
学校推薦型選抜	A(地域医療枠)	15	30	—	29	—	15	2.0	15
	B(地域医療特別枠)	15	48	—	42	—	15	3.2	15
	C(佐賀県枠)	2	4	—	4	—	2	2.0	2
	C(宮崎県枠)	2	6	—	6	—	2	3.0	2
	D(グローバルヘルス研究医枠)	10	33	—	30	—	10	3.3	10

●合格得点（総合格者）

区分		満点	合格最高点 得点	合格最高点 得点率	合格最低点 得点	合格最低点 得点率
一般選抜前期	共テ	450	非公表	—	非公表	—
	個別	800	非公表	—	非公表	—
	総合点	1250	1047.30	84%	878.95	70%
学校推薦型選抜		非公表	非公表	—	非公表	—

●**入学者の現既別内訳**　既卒57名（・1浪 38名 ・2浪 9名 ・3浪以上 10名）　現役58名

●**入学者の男女別内訳**　女42名　男73名

●**入学者の地元占有率**（出身校）　その他60名　長崎県55名

2024年度 選抜要項

●募集人員（医学科）

一般選抜前期	学校推薦型選抜	編入
76	39※1	5名

※1 認可申請中の増員20名を含む。
※確定次第大学ホームページ等で公表。
※外国人留学生選抜、若干名。

■共テボーダー得点率	■ボーダー偏差値(2次)
前期	前期
81%	65.0

●一般選抜日程　インターネット出願登録+書類提出

区分	出願期間	試験	合格発表	手続締切
前期	1/22(月)~2/2(金)	2/25(日)・26(月)	3/8(金)時間未定 郵便 HP	3/15(金)

※第1段階選抜結果の発表日・方法、合格発表時間・方法は11月下旬発表予定の募集要項で公表。※不合格者への通知は行わない。※電話、FAXによる合否の照会には応じない。

☞追加合格について
3/28より電話で通知した。連絡がとれない場合は資格を失う(前年度)。

●一般選抜科目

※個別の解答時間は募集要項で公表。

区分	教科・科目	配点		解答時間
大学入学共通テスト	外国語＝英(R：L＝4：1)、独、仏→1	100点	計450点	R80分 L60分(解30分)
	数学＝数ⅠA、数ⅡB	100点		数ⅠA70分 数ⅡB60分
	理科＝化、生、物→2	100点		各60分
	国語＝国	100点		80分
	地歴・公民＝世B、日B、地B、現社、倫、政経、倫政経→1	50点		60分
個別	外国語＝コ英ⅠⅡⅢ・英表ⅠⅡ	200点	計800点	未定
	数学＝数ⅠⅡⅢAB(列ベ)	250点		未定
	理科＝化基・化、生基・生、物基・物→2	250点		未定
	面接＝個人面接。応用力(問題解決力)、意欲(積極性)、協調性、総合能力を評価。	60点		未定
	調査書	40点		—

☞合否判定　共通テスト・個別等、面接から総合的に判定。面接の評価が著しく低い者は不合格とする。
☞2段階選抜　約5倍　☞受験料　募集要項で公表　☞試験場　募集要項で公表

学校推薦型選抜　インターネット出願登録+書類提出

募集人員	試験日程 出願期間	選考	合格発表	手続締切
39名※1(長崎医療枠15名、地域医療特別枠15名、佐賀県枠2名、宮崎県枠2名、研究医枠5名)	12/11~12/19	1/19個人面接 共通テスト、調査書など(募集枠により選考方法が異なる)	2/13	2/19

2年次学士編入学

募集人員	試験日程 出願期間	選考	合格発表	手続締切
5名	7/14~7/21	1次:8/23学力試験 2次:書類、10/6小論文・面接	1次：9/27 2次：10/25	11/8

※上位20名程度を1次選考の合格者とする。

※1 認可申請中の増員20名を含む。確定次第大学ホームページ等で公表。長崎医療枠、地域医療特別枠は「地域医療ゼミナール」(8/5実施)を受講した者とする。
※共通テスト指定教科・科目の総合計の得点率が原則として75%に満たない場合、不合格とする。また、面接の評価が著しく低い場合は、共通テスト等の成績にかかわらず不合格とする。

外国人留学生入試　若干名を募集する。　総合型選抜　実施しない。　帰国生徒選抜　実施しない。

熊本大学

Kumamoto University

入試に関する問合せ先

学生支援部入試課／〒860-8555 熊本県熊本市中央区黒髪2-40-1
☎096-342-2148 https://www.kumamoto-u.ac.jp/

募集要項の請求方法

①大学のホームページ
※募集要項（一般選抜）は紙媒体による配布を行わず、11月中旬に大学ホームページに掲載予定。

一般選抜ネット出願 必須

DATA

●**学部所在地** 〒860-8556 熊本県熊本市中央区本荘1-1-1
●**アクセス** JR熊本駅から都市バス第1環状線（大江渡鹿・大学病院経由）で大学病院前下車。
●**学部学科・定員** 医学部＝医学科110（認可申請中含む）
●**大学院** 医学教育部＝（修士）医科学専攻、（博士）医学専攻
●**おもな付属施設** 熊本大学病院、ヒトレトロウイルス学共同研究センター、発生医学研究所、生命資源研究・支援センターなど。
●**沿革** 明治29年創設の熊本医学校が前身。昭和4年に熊本医科大学を設置し、24年に熊本大学医学部となった。

前身である熊本医学校が1896年に創立されて以来、すでに1万人以上の医療人を輩出してきました。「基礎医学科目」を学ぶことで人体に関する総合的な理解を深め、これを土台にしてあらゆる診療科目を学んでいきます。講義と実習の有機的な連携を繰り返しながら医学的知識と技能を体系的に修得することで、医師にふさわしい人格形成や責任の重さの自覚、深い倫理観を培います。

2023年度 入試DATA

●志願・合格状況

区分	募集人員	志願者	2段階選抜	受験者	追加合格者	総合格者	志願者合格倍率	入学者
一般選抜前期	87	366	実施せず 予告／約4倍	344	3	97	3.8	93
学校推薦型選抜（一般枠）	5	31	—	31	0	5	6.2	5
学校推薦型選抜（熊本みらい医療枠）	10	16	—	16	0	4	4.0	4
学校推薦型選抜（地域枠）	8	18	—	18	0	8	2.3	8

●合格得点（総合格者）

区分		満点	合格最高点 得点	合格最高点 得点率	合格最低点 得点	合格最低点 得点率
一般選抜前期	共テ	400	361.20	90%	283.45	71%
	個別	800	712.67	89%	555.33	69%
	総合点	1200	1034.65	86%	908.05	76%
学校推薦型選抜（一般枠）		非公表	非公表	—	非公表	—
学校推薦型選抜（熊本みらい医療枠）		非公表	非公表	—	非公表	—
学校推薦型選抜（地域枠）		非公表	非公表	—	非公表	—

●総合格者の現既別内訳

●総合格者の男女別内訳

●総合格者の地元占有率（出身校）

2024年度 選抜要項

●募集人員（医学科）

一般選抜前期	学校推薦型選抜
87名	23名※1

※1 内訳は一般枠5名、みらい医療枠10名、地域枠8名。認可申請中の増員5名を含む。確定次第大学ホームページ等で公表。
※私費外国人留学生選抜、若干名。

共テボーダー得点率	ボーダー偏差値（2次）
前期	前期
82%	65.0

●一般選抜日程 インターネット出願登録＋書類提出

区分	出願期間	試験	合格発表	手続締切
前期	1/22(月)~2/2(金)＊	2/25(日)・26(月)	3/8(金) 時間未定 HP 郵便	3/15(金)

＊インターネット出願は事前登録が必要。登録期間は11月中旬発表予定の募集要項で公表。
※第1段階選抜結果の発表日・方法、合格発表時間・方法は募集要項で公表。※合格発表の郵便での通知は合格者のみ。※電話による合否の照会には応じない。

☞追加合格について
追加合格を実施する場合は、対象者に電話連絡する。

●一般選抜科目

※個別の解答時間は募集要項で公表。

区分	教科・科目	配点		解答時間
大学入学共通テスト	外国語＝英（R：L＝4：1）、独、仏、中、韓→1	100点	計400点	R80分 L60分（解30分）
	数学＝数ⅠA（必）、数ⅡB、簿、情報→1の計2	50点		数ⅠA70分 その他60分
	理科＝化、生、物→2	100点		各60分
	国語＝国	100点		80分
	地歴・公民＝世B、日B、地B、現社、倫、政経、倫政経→1	50点		60分
個別	外国語＝コ英ⅠⅡⅢ・英表ⅠⅡ	200点	計800点	未定
	数学＝数ⅠⅡⅢAB（列べ）	200点		未定
	理科＝化基・化、生基・生、物基・物→2	200点		未定
	面接	200点		未定

☞合否判定 大学入学共通テスト、個別学力検査等の成績および調査書の内容等を総合的に判定。 ☞2段階選抜 約4倍
☞受験料 17,000円 ☞試験場 11月中旬、大学ホームページで公表予定

学校推薦型選抜 インターネット出願登録＋書類提出

募集人員	試験日程 出願期間	選考	合格発表	手続締切
23名（一般枠5名、みらい医療枠10名、地域枠8名）	1/15~1/19※1	書類、共通テスト、2/3面接、小論文※2	2/8	2/16

※1 インターネット出願は事前登録が可能。登録期間は11月中旬発表予定の募集要項で公表。
※2 小論文は一般枠、みらい医療枠のみ。

総合型選抜 実施しない。
帰国生徒選抜 実施しない。
編入学 実施しない。

感染症等に伴う特別対応や追試験については、各大学のホームページで最新情報をご確認ください。

最新の入試情報をCHECK ▶ 医学部受験ラボ

大分県

大分大学

OITA UNIVERSITY

入試に関する問合せ先

学生支援部入試課／〒870-1192　大分県大分市大字旦野原700
☎097-554-7471　https://www.oita-u.ac.jp/

募集要項の請求方法

①大学のホームページ
※募集要項（一般選抜）は紙媒体による配布を行わず、12月上旬に大学ホームページに掲載予定。

一般選抜ネット出願 必須

DATA

●**学部所在地**　〒879-5593　大分県由布市挾間町医大ヶ丘1-1
●**アクセス**　JR大分駅前から大学病院行などバスで約40分、大学病院下車。
●**学部学科・定員**　医学部＝医学科100（認可申請中含む）
●**大学院**　医学系研究科＝（博士）医学専攻
●**おもな付属施設**　附属病院、医学情報センターなど。
●**沿革**　昭和51年に大分医科大学を設置し、平成15年に大分大学医学部となった。

広い教養を持ち、高度な医学知識・技術、それを支える高い倫理観と人間性を備えた医師を育成します。そのためにコミュニケーション能力やリーダーシップなど、医療人として必要な能力を高めるカリキュラムがあり、早期体験実習や地域医療実習などさまざまな現場で経験を積み、地域医療や多職種連携の中で自分の役割を果たすことができる医師を育てます。

2023年度 入試DATA

●志願・合格状況

※第1段階選抜合格者は前期197名、総合型選抜（一般枠）56名・（地域枠）30名（合格最低点非公表）。

区分		募集人員	志願者	2段階選抜	受験者	追加合格者	総合格者	志願者合格倍率	入学者
一般選抜前期	一般枠	55	395	実施 予告／約3倍	154	1	60	5.9	59
	地元出身者枠	10				0	7		7
総合型選抜	一般枠	22	122	—	52	0	22	5.5	21
	地域枠	13	42	—	30	0	13	3.2	13

●合格得点（正規合格者）

区分		満点	合格最高点 得点	合格最高点 得点率	合格最低点 得点	合格最低点 得点率
一般選抜前期	一般枠	1000	864.50	86%	723.00	72%
	地元出身者枠	1000	非公表	—	非公表	—
総合型選抜	一般枠	非公表	非公表	—	非公表	—
	地域枠	非公表	非公表	—	非公表	—

●**総合格者の現既別内訳**
既卒 41名（・1浪 21名 ・2浪 12名 ・3浪その他 8名）　現役 26名
※いずれも総合型選抜を除く

●**総合格者の男女別内訳**

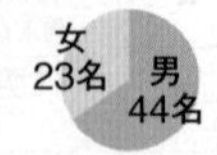

女 23名　男 44名

●**総合格者の地元占有率（出身校）**
大分県 14名　その他 53名

2024年度 選抜要項

●募集人員（医学科）

一般選抜前期	総合型選抜	編入
65名※1	35名※2	10名

※1 内訳は一般枠55名、地元出身者枠10名。総合型選抜の臨時定員増（認可申請中）が認められない場合には、一般枠45名、地元出身者枠10名に変更。
※2 内訳は一般枠22名、地域枠13名（認可申請中の増員10名を含む）。
※確定次第大学ホームページ等で公表。

■共テボーダー得点率

前期 一般枠	前期 地元出身者枠
80%	78%

■ボーダー偏差値（2次）

前期 一般枠	前期 地元出身者枠
62.5	

●一般選抜日程　インターネット出願登録＋書類提出

区分	出願期間	試験	合格発表	手続締切
前期	1／22(月)～2／2(金)＊	2／25(日)・26(月)	3／8(金) 時間未定 HP 郵便	未定

＊1インターネット出願は事前登録が必要。登録期間は12月上旬発表予定の募集要項で公表。
※第1段階選抜結果の発表日・方法、合格発表時間・方法、手続締切日は募集要項で公表。※電話による合否の照会には応じない。

☞追加合格について
通知方法・時期などは募集要項で発表。追加合格の有無は大学ホームページに掲載する。

●一般選抜科目

※個別の解答時間は募集要項で公表。

区分	教科・科目	配点		解答時間
大学入学共通テスト	外国語＝英（R：L＝1：1）、独、仏、中、韓→1	100点	計450点	R80分 L60分(解30分)
	数学＝数IA（必）、数IIB、簿、情報→1の計2	各50点		数IA70分 その他60分
	理科＝化、生、物→2	各50点		各60分
	国語＝国	100点		80分
	地歴・公民＝世B、日B、地B、倫政経→1	50点		60分
個別	外国語＝コ英I II III・英表I II	100点	計550点	未定
	数学＝数I II III A（場図）B（列べ）	100点		未定
	理科＝化基・化、生基・生、物基・物→2	各100点		未定
	面接＝医学を学ぶための適性、コミュニケーション能力、学習意欲などを総合的に評価。	150点		—

☞合否判定　共通テスト・個別・調査書から総合的に判定。同点者がいる場合は、共通テストの数IAの高得点者、外国語の高得点者を高順位とする。面接の評価が著しく低い場合、総合得点にかかわらず不合格とする。

☞2段階選抜　約3倍　☞受験料　17,000円　☞試験場　本学挾間キャンパス

総合型選抜　インターネット出願登録＋書類提出

募集人員	試験日程 出願期間	選考	合格発表	手続締切
35名（一般枠22名、地域枠13名※1）	11／1～11／7	1次：共通テスト 2次：書類、2／11面接	1次：2／6 2次：2／13	2／19

※1 認可申請中の10名を含む。詳細は募集要項で確認。
※地域枠はへき地医療拠点病院体験活動（8月中の連続する3日間実施）を受けた者を対象とする（今年度は新型コロナウイルス感染症の感染拡大に伴い中止。志願者は出願時に課題小論文を提出）。
※募集人員の約2.5倍を1次選考の合格者とする。面接は、個人面接およびグループディスカッションを行う。

2年次編入学

募集人員	試験日程 出願期間	選考	合格発表	手続締切
10名	4／24～4／28	1次：書類選考 2次：6/20学力試験 3次：7/26面接、発表、グループディスカッション	1次：6／9 2次：7／10 3次：8／21	9／1

※募集人員の約10倍を1次選考の合格者、約3倍を2次選考の合格者とする。

学校推薦型選抜　実施しない。

帰国生徒選抜　実施しない。

感染症等に伴う特別対応や追試験については、各大学のホームページで最新情報をご確認ください。

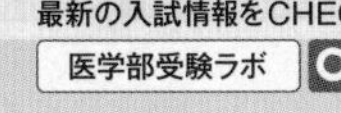

宮崎大学

入試に関する問合せ先

学び・学生支援機構／〒889-2192　宮崎県宮崎市学園木花台西1-1
☎0985-58-7138　https://www.miyazaki-u.ac.jp/

募集要項の請求方法

①大学のホームページ
※募集要項（一般選抜）は紙媒体による配布を行わず、11月中旬に大学ホームページに掲載予定。

一般選抜ネット出願 必須

DATA

●**学部所在地**　〒889-1692　宮崎県宮崎市清武町木原5200
●**アクセス**　JR南宮崎駅・清武駅から宮崎大学行バスで大学病院前下車。
●**学部学科・定員**　医学部＝医学科100
●**大学院**　医学獣医学総合研究科＝（修士）医科学獣医科学専攻、（博士）医学獣医学専攻
●**おもな付属施設**　附属病院など。
●**沿革**　昭和49年に宮崎医科大学を設置し、平成15年に宮崎大学医学部となった。

地域医療に貢献し、国際的にも活躍できる優れた医師の育成を目指しています。各学年で義務づけられている授業科目の単位を修得しなければ、次の学年に進級できない学年制度を採用。臨床実習教育を重視し、4年次には診断学実習を導入しています。4年次後半から5年次前半では附属病院の各診療科等、5年次後半から6年次前半では、附属病院だけでなく県内外の医療施設や海外の協定校も実習施設に含まれるクリニカル・クラークシップを行っています。

2023年度 入試DATA

●志願・合格状況

※第1段階選抜合格者数は前期270名、後期339名（合格最低点非公表）。

区分		募集人員	志願者	2段階選抜	受験者	追加合格者	総合格者	志願者合格倍率	入学者
一般選抜	前期	45	282	実施 予告／約6倍	212	非公表	47	6.0	45
	後期	15	868	実施 予告／約14倍	64	非公表	17	51.1	15
学校推薦型選抜	地域枠A	10	38	—	37	非公表	8	4.8	8
	地域枠B	15	35	—	35	非公表	18	1.9	18
	地域枠B	15	30	—	29	非公表	14	2.1	14

●合格得点（正規合格者）

区分		満点	合格最高点 得点	合格最高点 得点率	合格最低点 得点	合格最低点 得点率
一般選抜	前期	1500	1209	81%	1053	70%
	後期	1050	937	89%	885	84%
学校推薦型選抜		900	非公表	—	非公表	—

※合格最低点は追加合格者を除く。

●**総合格者の現既別内訳**　既卒66名　現役38名

●**総合格者の男女別内訳**

●**総合格者の地元占有率**　宮崎県41名　その他63名

2024年度 選抜要項

●募集人員（医学科）

一般選抜前期	一般選抜後期	学校推薦型選抜
45名	15名	40名※1

※1 内訳は地域枠A10名、地域枠B15名、地域枠C15名。

■**共テボーダー得点率**

前期	後期
81%	86%

■**ボーダー偏差値（2次）**

前期	後期
62.5	67.5

●一般選抜日程　インターネット出願登録+書類提出

区分	出願期間	試験	合格発表	手続締切
前期	1／22(月)～2／2(金)	2／25（日）・26（月）	3／8(金) 時間未定 HP	3／15（金）
後期		3／12（火）	3／21(木)時間未定 HP 郵便	3／27（水）

☞追加合格について
3/28～3/31に電話により本人に連絡（前年度）。

※第1段階選抜結果の発表：2／10（昨年度）HP 合格者のみ出願時に登録したサイトに受験票および受験案内が表示され、不合格者にはその旨の通知書と検定料一部返還手続きの書類を郵送する。※合格発表時間・方法、手続締切日は11月中旬発表予定の募集要項で公表。

●一般選抜科目

※個別の解答時間は募集要項で公表。

区分		教科・科目	配点（前期／後期）		解答時間
大学入学共通テスト	前期・後期	外国語＝英（R:L＝4:1）	200点	計900点	R80分 L60分（解30分）
		数学＝数ⅠA（必）、数ⅡB、簿、情報→1の計2	200点		数ⅠA70分 その他60分
		理科＝化、生、物→2	200点		各60分
		国語＝国	200点		80分
		地歴・公民＝世A、世B、日A、日B、地A、地B、現社、倫、政経、倫政経→1	100点		60分
個別	前期	外国語＝コ英ⅠⅡⅢ・英表ⅠⅡ	200点	計600点	未定
		数学＝数ⅠⅡⅢAB（列べ）	200点		未定
		理科＝化基・化、生基・生、物基・物→2	200点		未定
		面接	合否判定の重要な資料とする		—
	後期	外国語＝コ英ⅠⅡⅢ・英表ⅠⅡ	150点	計150点	未定
		面接	合否判定の重要な資料とする		—

☞合否判定　共通テスト・個別から総合的に判定。面接の評価が合格に達していない者は不合格とする。

☞2段階選抜　前期約6倍、後期約14倍　☞受験料　17,000円　☞試験場　本学清武キャンパス

学校推薦型選抜　インターネット出願登録+書類提出

募集人員	試験日程 出願期間	選考	合格発表	手続締切
地域枠A 10名※1	1次：11／1～11／6 2次：12／1～12／5	1次：11／14宮崎県による推薦者選考 2次：12／20面接※4、共通テスト	1次：11／29 2次：2／9	2／19
地域枠B 15名※2				
地域枠C 15名※3				

総合型選抜　実施しない。
帰国生徒選抜　実施しない。
編入学　実施しない。

※1 宮崎県出身の現役。※2 宮崎県出身の現役および1浪・2浪。※3 宮崎県を含む全国の現役および1浪・2浪。※4 筆記による面接資料を課すことあり。※各枠とも1次選考は宮崎県により行われ、その合格者を2次選考の対象者とする。詳細は募集要項で公表。

感染症等に伴う特別対応や追試験については、各大学のホームページで最新情報をご確認ください。

最新の入試情報をCHECK ▶ 医学部受験ラボ

鹿児島県

鹿児島大学

入試に関する問合せ先

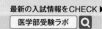

学生部入試課／〒890-8580　鹿児島県鹿児島市郡元1-21-24
☎099-285-7355　https://www.kagoshima-u.ac.jp/

募集要項の請求方法

①大学のホームページ
※募集要項（一般選抜）は紙媒体による配付を行わず、11月中旬に大学ホームページに掲載予定。

一般選抜ネット出願 必須

DATA

●**学部所在地**　〒890-8544　鹿児島県鹿児島市桜ケ丘8-35-1
●**アクセス**　市電脇田電停下車、徒歩約20分（シャトルバス有り）。市営バス、鹿児島交通バス大学病院前下車、徒歩約5分。
●**学部学科・定員**　医学部＝医学科110（認可申請予定含む）
●**大学院**　医歯学総合研究科＝（博士）健康科学専攻、先進治療科学専攻、（修士）医科学専攻
●**主な付属施設**　大学病院、離島へき地医療人育成センターなど。
●**沿革**　明治2年創設の薩摩藩医学校が源。県立の鹿児島医学専門学校、鹿児島医科大などを経て昭和30年に鹿児島大学医学部となった。

「地域から世界への発信」を目標に掲げ、離島やへき地が多い鹿児島県で地域医療に貢献する医師の養成、長寿社会や豊富な温泉など地域の特徴を生かした医療の実践者や研究者の養成に力を入れています。自ら考え体験しながら学ぶ体験学習に多くの時間を割く教育も特色のひとつ。また、リハビリテーション医学や心身医療、離島医療学の専任教員を配置し、これらの実習も充実させています。

2023年度 入試DATA

●志願・合格状況 ※第1段階選抜合格者数は後期188名（合格最低点非公表）。

区分	募集人員	志願者	2段階選抜	受験者	追加合格者	総合格者	志願者合格倍率	入学者
一般選抜前期	69	331	実施せず 予告／約5倍	288	1	70	4.7	69
一般選抜後期	21	313	実施 予告／約8倍	41	1	21	14.9	20
学校推薦型選抜	20	46	―	46	―	20	2.3	20

●合格得点（正規合格者）

区分	満点	合格最高点 得点	合格最高点 得点率	合格最低点 得点	合格最低点 得点率
一般選抜前期	1820	1576.00	87%	1396.00	77%
一般選抜後期	1220	1088.00	89%	979.00	80%
学校推薦型選抜	非公表	非公表	―	非公表	―

●**総合格者の現既別内訳**　既卒63名（・1浪 43名 ・2浪 14名 ・3浪その他 6名）　現役50名
※国際バカロレア選抜2名を含む。

●**総合格者の男女別内訳**　女47名　男66名
※国際バカロレア選抜2名を含む。

●**総合格者の地元占有率**　非公表

2024年度 選抜要項

●募集人員（医学科）

一般選抜前期	一般選抜後期	学校推薦型選抜	学士編入
69名	21名	20名※1	10名

※1 認可申請予定。確定次第大学ホームページ等で公表。
※国際バカロレア選抜、私費外国人学部留学生選抜、若干名。

■共テボーダー得点率　■ボーダー偏差値（2次）

共テ 前期	共テ 後期	偏差値 前期
81%	86%	62.5

●一般選抜日程 インターネット出願登録＋書類提出

区分	出願期間	試験	合格発表	手続締切
前期	1/22(月)～2/2(金)	2/25(日)・26(月)	3／7(木) 時間未定 掲示 HP	3／15(金)
後期		3／12(火)	3／21(木) 時間未定 掲示 HP	3／27(水)

※第1段階選抜結果の発表日・方法、合格発表時間・方法は11月中旬発表予定の募集要項で公表。※電話・メールなどによる合否の照会には応じない。

☞追加合格について
3/28より追加合格者に電話連絡（前年度）。

●一般選抜科目

※個別の解答時間は募集要項で公表。

区分		教科・科目	配点（前期／後期）		解答時間
大学入学共通テスト	前期・後期	外国語＝英（R：L＝3：1）※1	200点	計900点	R80分 L60分(解30分)
		数学＝数ⅠA、数ⅡB	200点		数ⅠA70分 数ⅡB60分
		理科＝化、生、物→2	200点		各60分
		国語＝国	200点		80分
		地歴・公民＝世B、日B、地B、倫政経→1	100点		60分
個別	前期	外国語＝コ英ⅠⅡ・英表ⅠⅡ	200点	計920点	未定
		数学＝数ⅡⅢAB※2	200点		未定
		理科＝化基・化、生基・生、物基・物→2	400点		未定
		面接	120点		未定
	後期	小論文＝社会、自然の諸現象に関する課題文などを示し、文章の読解力や論理的思考力、国語の表現力などをみる。	200点	計320点	未定
		面接	120点		未定

※1 外部英語試験で一定スコア基準を満たし、かつ共通テスト「英語」リーディング80%以上、リスニング80%以上をそれぞれ取得した者は、英語を満点とする。ただし、「英語」リーディング、リスニングの得点が上記に満たない場合は、それぞれ得点の25%を加点とする。
※2「数B」は「確率分布と統計的な推測」、「数列」、「ベクトル」の3項目を出題し、その中から選択解答する。

☞**合否判定**　共通テスト・個別などから総合的に判定。面接の評価が著しく低い（10点以下）場合、総合得点にかかわらず不合格とすることがある。

☞**2段階選抜**　前期約5倍、後期約10倍　☞**受験料**　17,000円　☞**試験場**　本学桜ケ丘キャンパス（医学部）

学校推薦型選抜 インターネット出願登録＋書類提出

募集人員	試験日程 出願期間	選考	合格発表	手続締切
地域枠20名	1／16～1／18	書類、共通テスト、2／3面接	2／13	2／19

※共通テスト、英語の外部検定試験の利用に関しては、一般選抜に同じ。

2年次学士編入学

募集人員	試験日程 出願期間	選考	合格発表	手続締切
10名	5／8～5／11	1次：6/3学力試験 2次：7/1面接	1次：6/9 2次7／18	8／18

総合型選抜　実施しない。　**帰国生徒特別選抜**　実施しない。　**国際バカロレア選抜**　若干名を募集する。

感染症等に伴う特別対応や追試験については、各大学のホームページで最新情報をご確認ください。

最新の入試情報をCHECK ▶ 医学部受験ラボ

沖縄県

琉球大学

入試に関する問合せ先

学生部入試課／〒903-0213 沖縄県中頭郡西原町字千原1
☎098-895-8141、8142 https://www.u-ryukyu.ac.jp/

募集要項の請求方法

①大学のホームページ ②テレメール ③モバっちょ ④LINE　一般選抜ネット出願 必須
※募集要項（一般選抜）は12月中旬に大学ホームページに掲載予定。

DATA

●**学部所在地** 〒903-0215 沖縄県中頭郡西原町字上原207
●**アクセス** 那覇バスターミナルから97番線で約50分、琉球大学病院前下車。
●**学部学科・定員** 医学部＝医学科112（認可申請中含む）
●**大学院** 医学研究科＝医科学専攻（修士）、医学専攻（博士）
●**おもな付属施設** 琉球大学病院、附属実験実習機器センター、RI実験施設など。
●**沿革** 昭和54年に医学部を設置した。

医学の進歩と地域に貢献する医療人の育成を目指し、島嶼県・沖縄の地理的環境に由来する地域保健・地域医療教育に力を注いでいます。また、「南に開かれた国際性豊かな医学部」を掲げ、国際医療の場で活躍できる人材を養成します。6年一貫教育で、4年次1学期までは基礎医学系、臨床医学系の基礎知識の修得が主体。4年次2学期からは患者さんを対象とした臨床実習が行われます。

2023年度 入試DATA

●志願・合格状況 ※第1段階選抜合格者数は前期350名、後期300名（合格最低点非公表）。

区分	募集人員	志願者	2段階選抜	受験者	追加合格者	総合格者	志願者合格倍率	入学者
一般選抜前期	70	421	実施 予告／約5倍	313	2	72	5.8	70
一般選抜後期	25	682	実施 予告／約10倍	66	1	26	26.2	25
学校推薦型選抜	17	45	—	45	0	17	2.6	17

●総合格者の現既別内訳

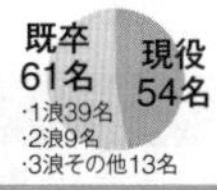

●総合格者の男女別内訳

●総合格者の地元占有率（出身校）
その他 60名
沖縄県 55名

●合格得点（正規合格者）

区分		満点	合格最高点 得点	合格最高点 得点率	合格最低点 得点	合格最低点 得点率
一般選抜前期	共テ	900	850.0	94%	663.0	74%
	個別	800	688.0	86%	546.0	68%
	総合点	1700	1501.0	88%	1316.0	77%
一般選抜後期	共テ	1000	909.5	91%	818.0	82%
	個別	300	275.5	92%	159.5	53%
	総合点	1300	1129.0	87%	1049.0	81%
学校推薦型選抜	総合点	1500	非公表	—	非公表	—

2024年度 選抜要項

●募集人員（医学科）

一般選抜前期	一般選抜後期	学校推薦型選抜	学士編入
70名	25名	17名※1	5名

※1 内訳は地域枠14名、離島・北部枠3名。認可申請中の増員12名を含む。確定次第大学ホームページ等で公表。

■共テボーダー 得点率

前期	後期
80%	85%

■ボーダー偏差値（2次）

前期
62.5

●一般選抜日程 インターネット出願登録＋書類提出

区分	出願期間	試験	合格発表	手続締切
前期	1／22（月）～2／2（金）＊	2／25（日）・26（月）	3／8（金） 時間未定 HP 郵便	3／15（金）
後期		3／12（火）	3／22（金） 時間未定 HP 郵便	3／27（水）

＊インターネット出願登録期間：1／15（月）～2／2（金）。
※第1段階選抜結果の発表日・方法、合格発表時間・方法は12月中旬発表予定の募集要項で公表。※電話による合否の照会には応じない。

☞追加合格について
3／28～に追加合格を行った（前年度）。

●一般選抜科目

※個別の解答時間は募集要項で公表。

区分		教科・科目	配点（前期／後期）		解答時間
大学入学共通テスト	前期・後期	外国語＝英（R：L＝1：1）	200／300点	計900／1000点	R80分 L60分（解30分）
		数学＝数IA、数IIB	200／200点		数IA70分 数IIB60分
		理科＝化、生、物→2	200／200点		各60分
		国語＝国	200／200点		80分
		地歴・公民＝世B、日B、地B、現社、倫政経→1	100／100点		60分
個別	前期	外国語＝コ英IIIIII・英表III	200点	計800点	未定
		数学＝数IIIIII AB（列べ）	200点		未定
		理科＝化基・化、生基・生、物基・物→2	200点		未定
		面接＝適性、意欲、表現力などを総合的に評価。	200点		未定
	後期	小論文＝思考力、独創性、発想力、表現力などを総合的に評価。	100点	計300点	未定
		面接＝前期に同じ。	200点		未定

☞合否判定 共通テスト・個別などの総合得点上位から順次合格者とする。共通テスト・個別などのいずれか1科目でも欠席または0点の者については不合格とする。合格ラインに同点者がいる場合には、①個別学力検査等②共通テストの外国語③共通テストの数学④共通テストの理科⑤面接の各高得点者の順から合格者とする。

☞2段階選抜 前期は約5倍、後期は約10倍　☞受験料 17,000円（昨年度）　☞試験場 本学上原キャンパス（予定）

学校推薦型選抜 インターネット出願登録＋書類提出

募集人員	試験日程 出願期間	選考	合格発表	手続締切
17名※（地域枠14名、離島・北部枠3名）	11／1～11／4＊	書類、12／6面接・小論文、共通テスト	2／9	2／19

※認可申請中の12名を含む。＊インターネット出願登録期間：10／23（月）～11／4（土）。

2年次学士編入学

募集人員	試験日程 出願期間	選考	合格発表	手続締切
5名	8／24～8／31	1次：9／27生命科学総合試験I、II 2次：11／14小論文、個人面接	1次：10／27 2次：12／1	12／21

総合型選抜 実施しない。　帰国生徒特別選抜 実施しない。

感染症等に伴う特別対応や追試験については、各大学のホームページで最新情報をご確認ください。

最新の入試情報をCHECK▶ 医学部受験ラボ

埼玉県

防衛医科大学校

入試に関する問合せ先

入学試験係／〒359-8513 埼玉県所沢市並木3-2
☎04-2995-1211 https://www.mod.go.jp/ndmc/

募集要項の請求方法

最寄の自衛隊地方協力本部
※詳細は大学校のホームページ、自衛官募集ホームページ（http://www.mod.go.jp/gsdf/jieikanbosyu/）などに記載。

一般選抜ネット出願 あり

DATA

●学部所在地 問合せ先に同じ。
●アクセス 西武新宿線航空公園駅下車、徒歩約10分。
●学部学科・定員 医学科約85
●大学院 医学研究科＝総合基礎医学群・総合臨床医学群
●おもな付属施設 病院、防衛医学研究センターなど。
●沿革 昭和48年に開学した。

医師である幹部自衛官の育成を目的として1973年に設立されました。一般教育、外国語などを学ぶ進学課程、医学の専門知識を身につける専門課程の他、幹部自衛官として必要な基礎的資質と技能を育成する訓練課程があります。学生の身分は防衛省職員（特別職国家公務員）であり、入学金および授業料は徴収しません。6年間を学生舎で過ごし、自主自律の精神を養います。

2023年度 入試DATA

●志願・合格状況

区分	募集人員	志願者	受験者	1次合格者	2次受験者	追加合格者	総合格者	合格倍率	入学者
一般選抜	約85	6006	5684	非公表	非公表	非公表	324	17.5	非公表

●合格得点

満点	合格最高点 得点	合格最高点 得点率	合格最低点 得点	合格最低点 得点率
非公表	非公表	—	非公表	—

●総合格者の現既別内訳

●総合格者の男女別内訳

●総合格者の地元占有率

2024年度 選抜要項

●募集人員（医学科）

一般選抜
約85名

※確定人数は自衛官募集ホームページなどで確認すること。

■ボーダー偏差値（2次）

一般枠
67.5

●一般選抜日程

区分	出願期間	試験	合格発表	手続締切
1次	7/1(土)～10/11(水)	10/21(土)	11/30(木)時間未定 郵便 HP	入校日まで
2次		12/13(水)～15(金)のうち指定日	1/30(火)時間未定 郵便 HP	

※1次の合格発表掲示は各自衛隊地方協力本部 HP 2次は自衛官募集 HP でも掲載。合格発表の郵送での通知は合格者のみ。

☞追加合格について
2月中旬に補欠者に郵送で通知。欠員が出た場合には繰上合格者へ3月下旬より電話と郵送にて通知（過年度）。

●一般選抜科目

区分		教科・科目	配点		解答時間
1次	択一式・記述式	外国語＝コ英ⅠⅡⅢ・英表ⅠⅡ	非公表	—	90分
		数学＝数ⅠⅡⅢAB（列ベ）	非公表		90分
		国語＝国総（古文・漢文を除く）・現B	非公表		45分
		理科＝化基・化、生基・生、物基・物→2	非公表		120分
		小論文	非公表		45分
2次		口述試験	非公表	—	—
		身体検査＝身長、体重、視力、色覚、聴力、歯、その他（尿検査、胸部X線検査）などに基準がある。	非公表		—

☞合否判定 1次試験では、全科目が択一式（マークシート方式）と記述式を混じえて出題。1次試験の合格者に2次試験を課す。択一式で一定の得点に達しない者は記述式の採点を行わない。小論文については、第2次試験受験者について採点し、第2次試験の結果と併せて最終合格の決定に用いる。
2次試験の身体検査の合格基準は身長＝男子150cm以上、女子140cm以上など。

☞受験料 不要 ☞試験場 ［1次］各都道府県にある自衛隊地方協力本部の担当地域ごとに概ね1カ所以上設置 ［2次］本学

学校推薦型選抜 実施しない。 **帰国生徒特別選抜** 実施しない。

総合型選抜 実施しない。 **編入学** 実施しない。

感染症等に伴う特別対応や追試験については、各大学のホームページで最新情報をご確認ください。

最新の入試情報をCHECK ▶

北海道

札幌医科大学

入試に関する問合せ先

事務局学務課入試係／〒060-8556 北海道札幌市中央区南1条西17
☎011-611-2111(内線21830・21840) https://web.sapmed.ac.jp/

募集要項の請求方法

①大学のホームページ ②テレメール ③モバっちょ
④学務課入試係(8:45～17:30、土・日・祝日を除く)、警備室で配布
※募集要項(一般選抜)は10月下旬に大学ホームページに掲載予定。

一般選抜ネット出願 なし

DATA

●**学部所在地** 問合せ先に同じ。
●**アクセス** 地下鉄東西線西18丁目駅6番出口から徒歩3分。
●**学部学科・定員** 医学部＝医学科110
●**大学院** 医学研究科＝(修士)医科学専攻、(博士)地域医療人間総合医学専攻、分子・器官制御医学専攻、情報伝達制御医学専攻
●**おもな付属施設** 附属病院、附属フロンティア医学研究所など。
●**沿革** 昭和20年創設の北海道立女子医学専門学校が前身。25年に新制医科大学として、医学部医学科の単科で開学した。

建学の精神は「進取の精神と自由闊達な気風」「医学・医療の攻究と地域医療への貢献」。医学教育モデル・コア・カリキュラムに準拠した授業科目を編成し、自主的学習に重点を置いた授業を展開しています。附属病院での臨床実習や国内外の大学との提携など知的好奇心を刺激するカリキュラムも用意。医師・医療全般の見識や倫理性を高める医学概論・医学総論は1年次～4年次で行われます。

2023年度 入試DATA

●志願・合格状況

区分	募集人員	志願者	2段階選抜	受験者	追加合格者	総合格者	志願者合格倍率	入学者
一般選抜前期	一般枠 20 先進研修連携枠 55	369	実施せず 予告／5倍	327	1	76	4.9	75
学校推薦型選抜(先進研修連携枠)	20	50	実施せず 予告／3倍＊	非公表	非公表	非公表	2.5※	20
学校推薦型選抜(特別枠)	15	31	実施せず 予告／3倍＊	非公表	非公表	非公表	2.1※	15

＊共通テストが換算前900点満点中700点以上。※志願者÷入学者で算出した倍率。

●合格得点〈正規合格者〉

区分	満点	合格最高点		合格最低点	
		得点	得点率	得点	得点率
一般選抜前期	1400	1103.8	79%	993.0	71%
学校推薦型選抜(先進研修連携枠)	1200	非公表	―	非公表	―
学校推薦型選抜(特別枠)	1300	非公表	―	非公表	―

●**入学者の現既別内訳**

●**入学者の男女別内訳**

●**入学者の地元占有率**
その他 11名
北海道 99名

2024年度 選抜要項

●募集人員(医学科)

一般選抜前期		学校推薦型選抜	
一般枠	先進研修連携枠	先進研修連携枠	特別枠
20名※1	55名※1 ※2	20名※2	15名※3

※1「先進研修連携枠」合格者が先に募集人員55名に達した場合、他の合格者は、「一般枠」と「先進研修連携枠」を合わせて20名となり、「一般枠」合格者が募集人員に満たない場合がある。
※2 卒業後に所定の必修プログラムがある。
※3 認可申請予定の増員8名を含む。確定次第大学ホームページ等で公表。
※私費外国人留学生入試、若干名。

■**共テボーダー得点率**

前期	
一般枠	先進研修連携枠
81%	80%

■**ボーダー偏差値(2次)**

前期	
一般枠	先進研修連携枠
62.5	

●一般選抜日程

区分	出願期間	試験	合格発表	手続締切
前期	1/22(月)～2/2(金)＊	2/25(日)・26(月)	3/8(金)時間未定 HP 郵便	未定

＊17：00必着。 ※第1段階選抜結果の発表日・方法、合格発表時間・方法、手続締切日は10月下旬発表予定の募集要項で公表。

☞**追加合格について**
3/28～31に追加合格者に電話連絡(前年度)。

●一般選抜科目

※個別の解答時間は募集要項で公表。

区分	教科・科目	配点		解答時間
大学入学共通テスト	外国語＝英(R：L＝1：1)、独、仏、中、韓→1	150点	計700点	R80分 L60分(解30分)
	数学＝数ⅠA(必)、数ⅡB、簿、情報→1の計2	150点		数ⅠA70分 その他60分
	理科＝化、生、物→2	200点		各60分
	国語＝国	150点		80分
	地歴・公民＝世B、日B、地B、現社、倫、政経、倫政経→1	50点		60分
個別	外国語＝コ英ⅠⅡⅢ・英表ⅠⅡ	200点	計700点	未定
	数学＝数ⅠⅡⅢAB(列ベ)	200点		未定
	理科＝化基・化、生基・生、物基・物 ※1→2	200点		未定
	面接(個人)	100点		―

※1 物理＝「半導体中の電子のエネルギー帯」「トランジスター」「ダイオード」は除く。

☞**合否判定** 共通テスト・個別・面接の総合点で判定する。面接で医療人となるための適性を欠くと判断された場合は、総合点の成績にかかわらず、不合格となる場合がある。

☞**2段階選抜** 5倍 ☞**受験料** 17,000円 ☞**試験場** 本学

学校推薦型選抜

募集人員	試験日程			
	出願期間	選考	合格発表	手続締切
35名(先進研修連携枠20名、特別枠15名※1)	11/20～11/24	1次：書類 2次：書類、共通テスト、2/1総合問題・面接	1次：1/5 2次：2/13	未定

※1 認可申請予定の増員8名を含む。※入学志願者が募集人員の3倍を超えた場合、調査書および推薦理由書(特別枠は自己推薦書を追加)の内容に基づいて、原則として募集人員の3倍の入学志願者を第1段階選抜の合格者とする。※共通テストの成績が総配点900点中700点以上の者を、入学候補者として選考の対象とする。

総合型選抜 実施しない。

帰国生徒特別選抜 実施しない。

編入学 実施しない。

感染症等に伴う特別対応や追試験については、各大学のホームページで最新情報をご確認ください。

最新の入試情報をCHECK ▶ 医学部受験ラボ

福島県立医科大学

入試に関する問合せ先

教育研修支援課入試係／〒960-1295　福島県福島市光が丘1
☎024-547-1093　https://www.fmu.ac.jp/

募集要項の請求方法

①大学のホームページ
※募集要項（一般選抜）は紙媒体による配布を行わず、10月下旬に大学ホームページに掲載予定。

一般選抜ネット出願 必須

DATA

●学部所在地　問合せ先に同じ。
●アクセス　JR福島駅東口バスターミナルからバイパス経由医大行で約30分、医科大学前下車、徒歩1分。
●学部学科・定員　医学部=医学科130（認可申請予定含む）
●大学院　医学研究科=（博士）医学専攻、（修士）医科学専攻、（修士）災害・被ばく医療科学共同専攻。
●おもな付属施設　附属病院、生体情報伝達研究所など。
●沿革　昭和19年創設の福島県立女子医学専門学校を基盤に、22年旧制医科大学（予科）として設立された。25年に旧制医科大学学部開設。

県民の保健・医療・福祉に貢献する医療人の教育・育成を目的に設立されました。心を感じ、知を持ち、技を生かし、和を育み、地域を創造する医師を養成します。独自の6年一貫の「らせん型カリキュラム」により、各自の成長・習熟度に合わせて基本と発展の科目を繰り返し学ぶことができます。また、地域の病院と密接に連携して、県内全体で良い医師を育成できるように卒前から卒後までシームレスな教育体制をとっています。

2023年度 入試DATA

●志願・合格状況

※第1段階選抜合格者数は前期一般枠・地域枠合わせて333名（合格最低点659.0点［共通テストの換算前素点］）。

区分		募集人員	志願者	2段階選抜	受験者	追加合格者	総合格者	志願者合格倍率	入学者
一般選抜前期	一般枠	45	474	実施	260	3	50	9.5	47
	地域枠	30	120	予告／約4倍		3	33	3.6	30
学校推薦型選抜		50以内	135	ー	132	0	46	2.9	46
総合型選抜		5以内	17	実施／約3倍	15	0	5	3.4	5

●合格得点（総合格者）

区分		満点	合格最高点 得点	合格最高点 得点率	合格最低点 得点	合格最低点 得点率
一般選抜前期	共テ	650	非公表	ー	659.0※	73%
	個別	660	非公表	ー	非公表	ー
	総合点	1310	非公表	ー	895.3	68%
学校推薦型選抜		810	非公表	ー	500.3	62%

※共通テストの換算前900点満点に対する得点。

●入学者の現既別内訳

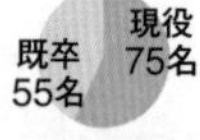

※いずれも海外教育プログラム選抜2名を含む。

●入学者の男女別内訳

●入学者の地元占有率（出身校）
福島県 42名
その他 88名

2024年度 選抜要項

●募集人員（医学科）

一般選抜前期		学校推薦型選抜		総合型選抜
一般枠	地域枠	A枠	B枠	
45名程度※1	30名程度※2	35名以内※3	15名以内※2 ※4	5名以内

※1 学校推薦型選抜および総合型選抜の入学者数により増える場合がある。海外教育プログラム選抜、私費外国人留学生選抜若干名含む。
※2「福島県緊急医師確保修学資金」の貸与を受け、卒業後に福島県内の公的医療機関等に9年間勤務することを誓約できる者（認可申請予定）。確定次第大学ホームページ等で公表。
※3 卒業後本学および本学が指定する医療機関で3年以上医学・医療に従事することを誓約できる者。県内出身の現役25名程度および1浪10名程度が対象。
※4 県外出身の現役および1浪が対象。

■共テボーダー得点率

前期	
一般枠	地域枠
78%	77%

■ボーダー偏差値（2次）

前期	
一般枠	地域枠
62.5	

●一般選抜日程

区分	出願期間	試験	合格発表	手続締切
前期	1／22（月）～2／2（金）	2／25（日）・26（月）	3／8（金）　時間未定　掲示 HP 郵便	3／15（金）

※第1段階選抜結果の発表日・方法、合格発表時間・方法は10月下旬発表予定の募集要項で公表。
※電話などによる合否の照会には応じない。

☞追加合格について
3／28～3／31、合格者に電話で通知。掲示による発表は行わない（前年度）。

●一般選抜科目 インターネット出願登録+書類提出

※個別の解答時間は募集要項で公表。

区分	教科・科目	配点		解答時間
大学入学共通テスト	外国語=英（R：L=3：2）	150点	計650点	R80分 L60分（解30分）
	数学=数ⅠA（必）、数ⅡB、簿、情報→1の計2	150点		数ⅠA70分 その他60分
	理科=化、生、物→2	150点		各60分
	国語=国	150点		80分
	地歴・公民=世B、日B、地B、倫政経→1	50点		60分
個別	外国語=コ英ⅠⅡⅢ・英表ⅠⅡ	200点	計660点	未定
	数学=数ⅠⅡⅢAB（列べ）	200点		未定
	理科=化基・化、生基・生、物基・物→2	200点		未定
	面接	60点		ー

☞合否判定　共通テスト・個別・面接・出願書類を総合して行う。
☞2段階選抜　約4倍　☞受験料　17,000円　☞試験場　本学

学校推薦型選抜 インターネット出願登録+書類提出

募集人員	試験日程 出願期間	選考	合格発表	手続締切
50名以内（A枠35名以内、B枠15名以内※1）	12／15～12／21	書類、共通テスト、2／3総合問題・面接	2／13	2／19

※共通テストの成績が450点満点中概ね80%以上の者を選考対象とする。
※1 認可申請予定。確定次第大学ホームページ等で公表。

総合型選抜 インターネット出願登録+書類提出

募集人員	試験日程 出願期間	選考	合格発表	手続締切
5名以内	9／15～9／22	1次：10／21 総合問題 2次：11／18 書類、面接	1次：11／2 2次：11／24	12／1

※他大学の総合型・学校推薦型との併願不可。ただし本学の学校推薦型との併願は可能。

海外教育プログラム選抜
若干名を募集する。

編入学
実施しない。

感染症等に伴う特別対応や追試験については、各大学のホームページで最新情報をご確認ください。

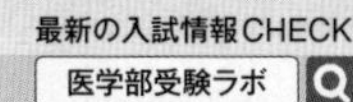

YCU・横浜市立大学

入試に関する問合せ先

アドミッションズセンター／〒236-0027　神奈川県横浜市金沢区瀬戸22-2
☎045-787-2055　https://www.yokohama-cu.ac.jp/admissions/

募集要項の請求方法

①大学のホームページ
※募集要項（一般選抜）は紙媒体による配布を行わず、11月下旬に大学ホームページに掲載予定。

一般選抜ネット出願 必須

DATA

●**学部所在地**　〒236-0004　神奈川県横浜市金沢区福浦3-9
●**アクセス**　金沢シーサイドライン「市大医学部」駅下車、徒歩1分。
●**学部学科・定員**　医学部＝医学科90（認可申請中含む）
●**大学院**　医学研究科＝医科学専攻
●**おもな付属施設**　附属病院、附属市民総合医療センター、先端医科学研究センターなど。
●**沿革**　昭和19年創設の横浜市立医学専門学校が前身。横浜医科大学を経て、27年に横浜市立大学医学部となった。

プライマリ・ケア医を育成するための基本的な能力の養成と、先端的な医療に対応できる質の高い医療人育成を視野に入れた教育を行っています。カリキュラムは、1年次に金沢八景キャンパスで受講する「共通教養科目・医学基礎教育科目」と、2年次以降の福浦キャンパスでの「医学科専門教育科目」で構成。「医学科専門教育科目」は、医学教育モデル・コア・カリキュラムを踏まえて学びます。

2023年度 入試DATA

●志願・合格状況

※第1段階選抜合格者数は前期200名（合格最低点752.60点）、学校選抜型県内24名（合格最低点非公表[以下同]）・県外13名、国際バカロレア9名。

区分		募集人員	志願者	2段階選抜	受験者	追加合格者	総合格者	志願者合格倍率	入学者
一般選抜前期		69	228	実施 予告／約3倍*	183	1	73	3.1	70
学校推薦型選抜	県内	12	28	実施	24	—	12	2.3	12
	県外	7	28	実施	13	—	4	7.0	4
国際バカロレア選抜		2	15	—	8	—	4	3.8	4

*共通テストが1000点満点中原則750点以上で約3倍。

●合格得点〈正規合格者〉

区分	満点	合格最高点 得点	合格最高点 得点率	合格最低点 得点	合格最低点 得点率
一般選抜前期	2400	非公表	—	1685.80	70%
学校推薦型選抜	2000	非公表	—	非公表	—

●総合格者の現既別内訳
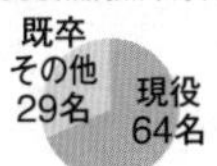

●総合格者の男女別内訳

●総合格者の地元占有率（出身校）
神奈川県 49名
その他 44名

2024年度 選抜要項

●募集人員（医学科）

一般選抜前期	特別公募制学校推薦型選抜	国際バカロレア
69名※1	19名※2	2名

※1 内訳は一般枠58名、地域医療枠9名、神奈川県指定診療科枠2名。3つの募集枠の中で、5つのパターンから併願可。
※2 内訳は県内12名（地域医療枠10名、神奈川県指定診療科枠2名）、県外7名（地域医療枠6名、神奈川県指定診療科枠1名）。
※指定診療科枠はいずれも認可申請中。確定次第大学ホームページ等で公表。
※地域医療枠・神奈川県指定診療科枠は、卒業後に所定の必修プログラムがある。

■共テボーダー得点率

前期
一般枠、地域医療枠、神奈川県指定診療科枠
86%

■ボーダー偏差値（2次）

前期
一般枠、地域医療枠、神奈川県指定診療科枠
67.5

●一般選抜日程　インターネット出願登録＋書類提出

区分	出願期間	試験	合格発表	手続締切
前期	1/22(月)~2/2(金)	2/25(日)・26(月)	3/9(土)　10:00　HP 郵便	3/15(金)

※第1段階選抜結果の発表日・方法、合格発表時間・方法は11月下旬発表予定の募集要項で公表。※合格者にはどの募集枠で合格したかを、郵送する合格通知書に記載。※電話による合否の照会には応じない。

☞追加合格について
3/28より、追加合格者に電話で通知する。

●一般選抜科目

※個別の解答時間は募集要項で公表。

区分	教科・科目	配点		解答時間
大学入学共通テスト	外国語＝英（R：L＝4：1）	300点	計1000点	R80分 L60分（解30分）
	数学＝数ⅠA、数ⅡB	各100点		数ⅠA70分 数ⅡB60分
	理科＝化、生、物→2	各100点		各60分
	国語＝国	200点		80分
	地歴・公民＝世B、日B、地B、現社、倫、政経、倫政経→1	100点		60分
個別	外国語＝コ英ⅠⅡⅢ・英表ⅠⅡ	400点	計1400点	90分
	数学＝数ⅠⅡⅢAB（列ベ）	400点		120分
	理科＝化基・化、生基・生、物基・物→2	各300点		180分
	小論文＝与えられたテーマについて、1000字程度で論述する。論理的思考力、記述力などを評価。	段階評価		60分
	面接＝医学を志す動機、医学・医療に対する適性、意欲、社会的適応力などを総合的に評価。	段階評価		—

☞合否判定　共通テスト・個別の合計と小論文・面接で判定する。小論文と面接の評価が一定の水準以下の場合、合格しない場合がある。

☞2段階選抜　約3倍（207名程度）（共通テストが1000点満点中原則750点以上）　☞受験料　22,000円　☞試験場　本学金沢八景キャンパス

特別公募制学校推薦型選抜

募集人員	試験日程 出願期間	選考	合格発表	手続締切
県内12名（地域医療枠10名、神奈川県指定診療科枠2名） 県外7名（地域医療枠6名、神奈川県指定診療科枠1名）	11/1～11/6	1次：書類 2次：12/2面接 3次：共通テスト	1次：11/14 2次：12/19 最終：2/13	2/19

※出願者数が所定の人数を超えた場合、全体の評定平均値、提出された英語資格スコア、出願書類の総合評価により第1次選考を実施する。
※面接はMMI（Multiple Mini Interview）の形式で行う。

国際バカロレア特別選抜

募集人員	試験日程 出願期間	選考	合格発表	手続締切
2名	10/27～10/31	1次：書類 2次：12/2面接 3次：入学意志を確認し書類審査	1次：11/14 2次：12/19 3次：1/19	2/19

※1次選考は出願者数が概ね6名を超えた場合のみ実施する。
※面接はMMI（Multiple Mini Interview）の形式で行う。

総合型選抜　実施しない。　海外帰国生特別選抜　実施しない。　編入学　実施しない。

感染症等に伴う特別対応や追試験については、各大学のホームページで最新情報をご確認ください。

最新の入試情報をCHECK ▶ 医学部受験ラボ

愛知県

名古屋市立大学

入試に関する問合せ先

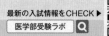

学生課入試係／〒467-8601　愛知県名古屋市瑞穂区瑞穂町字川澄１
☎052-853-8020　https://www.nagoya-cu.ac.jp/

募集要項の請求方法

①大学のホームページ　　一般選抜ネット出願 必須

※募集要項（一般選抜）は紙媒体による配布を行わず、10月中旬に大学ホームページに掲載予定。

DATA

●**学部所在地**　問合せ先に同じ。
●**アクセス**　地下鉄桜通線桜山駅３番出口すぐ。
●**学部学科・定員**　医学部＝医学科97（調整中含む）
●**大学院**　医学研究科＝生体機能・構造医学専攻、生体情報・機能制御医学専攻、生体防御・総合医学専攻、予防・社会医学専攻、医科学専攻
●**おもな付属施設**　附属病院、分子医学研究所など。
●**沿革**　昭和18年創設の名古屋市立女子高等医学専門学校が前身。名古屋女子医科大学を経て、25年に名古屋市立大学医学部となった。

指定科目を履修すれば卒業できるという従来のプロセス基盤型カリキュラムではなく、卒業時点で身につけているべき能力を教育成果（Outcome Competency）として定め、その達成を保証する教育成果基盤型カリキュラムを採用しています。また、教育成果を着実に達成するために、４領域に分けられた能力を各学年で巡回しつつ、徐々に到達目標に近づける構造のカリキュラム（6年一貫スパイラル方式）を実施しています。

2023年度 入試DATA

●志願・合格状況

※第１段階選抜合格者数は前期189名、学校推薦型選抜（中部圏活躍型）52名・（名古屋市高大接続型）3名・（地域枠）15名（合格最低点非公表）。

区分		募集人員	志願者	2段階選抜	受験者	追加合格者	総合格者	志願者合格倍率	入学者
一般選抜前期		60	198	実施 予告※1	165	1	61	3.2	60
学校推薦型選抜	中部圏活躍型	27	85	実施 予告※2	51	0	27	3.1	27
	名古屋市高大接続型	3	5	実施 予告※3	3	0	3	1.7	3
	地域枠	7	25	実施 予告※4	15	0	7	3.6	7

※１共通テストが550点満点中400点（概ね73%）以上で約3倍。※２共通テストが625点満点中485点（概ね78%）以上で約2倍。
※３共通テストが625点満点中485点（概ね78%）以上の4名。※４共通テストが1000点満点中760点（概ね76%）以上で約4倍。

●合格得点〈総合格者〉

区分		満点	合格最高点 得点	合格最高点 得点率	合格最低点 得点	合格最低点 得点率
一般選抜前期	共テ	550	493.50	90%	422.00	77%
	個別	1200	非公表	—	非公表	—
	総合点	1750	1375.50	79%	1175.88	67%
学校推薦型選抜（中部圏活躍型）		625	非公表	—	非公表	—
学校推薦型選抜（名古屋市高大連携型）		625	非公表	—	非公表	—
学校推薦型選抜（地域枠）		1000	非公表	—	非公表	—

●入学者の現既別内訳

●入学者の男女別内訳

●入学者の地元占有率　非公表

2024年度 選抜要項

●募集人員 医学科

一般選抜	学校推薦型選抜		
前期	中部圏活躍型	名古屋市高大接続型	地域枠
60名	27名※1	3名※2	7名※3

※１合格者が募集人員に満たない場合、前期で補充する。
※２合格者が募集人員に満たない場合、中部圏活躍型で補充する。
※３関係機関と調整中。

■共テボーダー得点率

前期
83%

■ボーダー偏差値（2次）

前期
65.0

●一般選抜日程 インターネット出願登録＋書類提出

区分	出願期間	試験	合格発表	手続締切
前期	1/22(月)～2/2(金)	2/25(日)・26(月)	3/6(水)　時間未定　HP 郵便	未定

※第１段階選抜結果の発表日・方法、合格発表時間・方法、手続締切日は10月中旬発表予定の募集要項で公表。※合格者には入学許可書を郵送する。※電話による合否の照会には応じない。

☞**追加合格について**
実施状況を大学ホームページで公表し、対象者に電話で通知。詳細は10月中旬発表予定の募集要項で公表。

●一般選抜科目

区分	教科・科目	配点		解答時間
大学入学共通テスト	外国語＝英（R：L＝4：1）、独、仏、中、韓→1	125点	計550点	R80分 L60分（解30分）
	数学＝数ⅠA（必）、数ⅡB、簿、情報→1の計2	125点		数ⅠA70分 その他60分
	理科＝物、化	100点		各60分
	国語＝国	125点		80分
	地歴・公民＝世A、世B、日A、日B、地A、地B、現社、倫、政経、倫政経→1	75点		60分
個別	外国語＝コ英ⅠⅡⅢ・英表ⅠⅡ	300点	計1200点	120分（昨年度）
	数学＝数ⅠⅡⅢAB（列べ）	300点		120分（昨年度）
	理科＝化基・化、物基・物	400点		150分（昨年度）
	面接	200点		—

☞**合否判定**　個別・面接および共通テストの成績・調査書から総合的に判定する。

☞**2段階選抜**　共通テストが550点満点中、概ね73%以上で、募集人員の約3倍※　☞**受験料**　17,000円　☞**試験場**　募集要項で公表

※共通テストの得点平均が、2023年度共通テストの得点平均と同程度の場合。第１段階選抜の基準は1月18日頃に大学ホームページで公表。

学校推薦型選抜 インターネット出願登録＋書類提出

募集人員	試験日程			
	出願期間	選考	合格発表	手続締切
37名（中部圏活躍型27名、名古屋市高大接続型3名、地域枠7名※1）	1/4～1/19	1次：共通テスト 2次：書類、2/11面接※2	1次：未定 2次：2/13	未定

※１調整中を含む。※２中部圏活躍型・名古屋市高大接続型＝総合面接（各教科の知識を問う課題論述および口述を含む）、地域枠＝面接。詳細は10月中旬発表予定の募集要項で確認。

総合型選抜　実施しない。

帰国生徒・外国学校出身者選抜　実施しない。

編入学　実施しない。

最新の入試情報をCHECK ▶ 医学部受験ラボ

京都府

京都府立医科大学

入試に関する問合せ先

教育支援課入試係／〒602-8566 京都府京都市上京区河原町通広小路上る梶井町465
☎075-251-5167　https://www.kpu-m.ac.jp/

募集要項の請求方法

①大学のホームページ ②テレメール
③教育支援課入試係あて郵送（学校推薦型選抜のみ）
※募集要項（一般選抜）は９月下旬に大学ホームページに掲載予定。

一般選抜ネット出願 なし

DATA

●**学部所在地**　問合せ先に同じ。
●**アクセス**　JR京都駅から市バスで府立医大病院前下車、徒歩すぐ。
●**学部学科・定員**　医学部＝医学科107
●**大学院**　医学研究科＝統合医科学専攻、医科学専攻
●**おもな付属施設**　附属病院、小児医療センター、脳・血管系老化研究センターなど。
●**沿革**　明治５年創設の京都療病院が源。大正10年に旧制の京都府立医科大学となり、昭和27年に新制の京都府立医科大学となった。

明治５年（1872年）に設立された、日本屈指の歴史を誇る医科大学です。キャンパスは教養教育を学ぶ下鴨キャンパスと、専門教育を学ぶ河原町キャンパスの２つ。専門教育では従来の解剖学、生理学、内科学、外科学といった系統講義の他に、特定のテーマについて横断的に学ぶ総合講義制度を大幅に取り入れています。第4学年後半からの臨床実習は、京都で最大規模を誇る附属病院や府内等の他病院で行います。

2023年度 入試DATA

●志願・合格状況

※第１段階選抜合格者数は前期300名（合格最低点非公表）。

区分	募集人員	志願者	2段階選抜	受験者	追加合格者	総合格者	志願者合格倍率	入学者
一般選抜前期	100	352	実施 予告／約3倍	281	非公表	101	3.5	100
学校推薦型選抜	7	29	―	29	非公表	7	4.1	7

●総合格者の現既別内訳

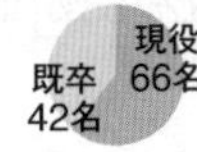

●総合格者の男女別内訳

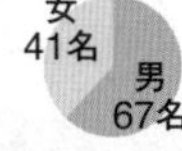

●総合格者の地元占有率（出身校）

京都府 39名
その他 69名

●合格得点（総合格者）

区分		満点	合格最高点 得点	合格最高点 得点率	合格最低点 得点	合格最低点 得点率
一般選抜前期	共通テ	450	非公表	―	非公表	―
	個別	600	非公表	―	非公表	―
	総合点	1050	849.5	81%	682.5	65%
学校推薦型選抜（地域枠）		非公表	非公表	―	非公表	―

2024年度 選抜要項

●募集人員（医学科）

一般選抜前期	学校推薦型選抜
100名	7名

■共テボーダー得点率

前期
83%

■ボーダー偏差値（2次）

前期
67.5

●一般選抜日程

区分	出願期間	試験	合格発表	手続締切
前期	1／22（月）～2／2（金）	2／25（日）・26（月）	3／8（金）9:00 掲示 HP 郵便	3／14（木）

※第１段階選抜結果の発表：2／13（火）掲示 HP 郵便　合格者には受験票を送付、不合格者にはその旨を通知。※合格発表時間・方法は9月下旬発表予定の募集要項で公表。※合格発表の郵送での通知は合格者のみ。※電話による合否の照会には応じない。

☞追加合格について
3／28より追加合格者に電話で通知し、入学の意思を確認。追加合格の有無は3／16以降に大学ホームページに掲載（前年度）。

●一般選抜科目

区分	教科・科目	配点		解答時間
大学入学共通テスト	外国語＝英（R：L＝1：1）、独、仏、中、韓→1	100点	計450点	R80分 L60分（解30分）
	数学＝数ⅠA（必）、数ⅡB、簿、情報→1の計2	100点		数ⅠA70分 その他60分
	理科＝化、生、物→2	100点		各60分
	国語＝国	100点		80分
	地歴・公民＝世B、日B、地B、現社、倫、政経、倫政経→1	50点		60分
個別	外国語＝コ英ⅠⅡⅢ・英表ⅠⅡ	200点	計600点	120分
	数学＝数ⅠⅡⅢAB（列べ）	200点		120分
	理科＝化基・化、生基・生、物基・物→2	200点		150分
	小論文＝課題に対する論述	―		50分
	面接＝アドミッションポリシーに基づき医師、医学研究者となるにふさわしい資質、適性を評価。	―		未定

☞**合否判定**　共通テスト・個別・面接・調査書を基にして選抜する。面接で医師および医学研究者の資質、適性を欠くと判断されれば、共通テストおよび個別の成績にかかわらず不合格とする。

☞**2段階選抜**　約3倍　☞**受験料**　17,000円　☞**試験場**　本学広小路キャンパス

学校推薦型選抜

募集人員	試験日程 出願期間	選考	合格発表	手続締切
地域枠7名	1／17～1／31	共通テスト、書類 2／10面接	2／13	2／19

総合型選抜　実施しない。

帰国生徒特別選抜　実施しない。

編入学　実施しない。

感染症等に伴う特別対応や追試験については、各大学のホームページで最新情報をご確認ください。

最新の入試情報をCHECK ▶ 医学部受験ラボ

大阪公立大学

入試に関する問合せ先

事務局学務部入試課／〒558-8585　大阪府大阪市住吉区杉本3-3-138
☎06-6605-2141　https://www.omu.ac.jp/

募集要項の請求方法

①大学のホームページ

※募集要項（一般選抜）は紙媒体による配布を行わず、11月頃に大学ホームページに掲載予定。

一般選抜ネット出願 必須

DATA

●学部所在地　〒545-8585　大阪府大阪市阿倍野区旭町1-4-3
●アクセス　JR･地下鉄の天王寺駅、近鉄南大阪線大阪阿部野橋駅下車、徒歩約10分。
●学部学科・定員　医学部＝医学科90
●大学院　医学研究科＝（修士）医科学専攻、（博士）基礎医科学専攻、臨床医科学専攻
●おもな付属施設　附属病院、刀根山結核研究所、MedCity21など。
●沿革　昭和19年創設の大阪市立医学専門学校が前身。大阪市立医科大学を経て、30年に大阪市立大学医学部となった。さらに令和4年4月、大阪府立大学と合併して大阪公立大学医学部となる。

「智・仁・勇」を基本理念とするカリキュラム編成が特色です。基礎・社会医学と臨床医学を体系的に学び、全人的な医療人を育成します。1年次には杉本キャンパスで学ぶ基幹教育科目の他、医学教育の基盤となる専門教育や心肺蘇生法実習、早期臨床実習などを実施。2年次からは阿倍野キャンパスで専門教育を行います。専門教育の施設・設備は充実し、とくにスキルシミュレーションセンター（SSC）は、年間1万人以上が利用している全国屈指の施設です。

2023年度 入試DATA

●志願・合格状況 ※第1段階選抜合格者数は前期239名（合格最低点非公表）。

区分	募集人員	志願者	2段階選抜	受験者	追加合格者	総合格者	志願者合格倍率	入学者
一般選抜前期（大阪府指定医療枠5名含む）	80	249	実施 予告／650点以上*	216	0	80	3.1	80
学校推薦型選抜（地域医療枠）	10	49	−	49	0	10	4.9	10
総合型選抜	5	32	−	32	0	5	6.4	5

*共通テストの換算前900点満点中の合計点。

●合格得点（総合格者）

区分		満点	合格最高点 得点	合格最高点 得点率	合格最低点 得点	合格最低点 得点率
一般選抜前期	共テ	650	606.75	93%	533.00	82%
	個別	800	696.00	87%	503.00	63%
	総合点	1450	1269.25	88%	1080.25	75%

※大阪府指定医療枠と追加合格者を除く。

●入学者の現既別内訳

●入学者の男女別内訳

●入学者の地元占有率

2024年度 選抜要項

●募集人員（医学科）

一般選抜 前期	学校推薦型選抜 地域医療枠	総合型選抜
75名	10名※	5名

※出願資格は、志願者または保護者が2021年4月1日以前から引き続き大阪府内に現住所（住民票があること）を有する者、もしくは大阪府内にある高等学校等（中等教育学校含む）を卒業（修了）見込みの者に限る。
※卒業後に所定の必修プログラムがある。

■共テボーダー得点率

前期 一般枠	前期 地域医療枠
86%	85%

■ボーダー偏差値（2次）

前期
65.0

●一般選抜日程 インターネット出願登録＋書類提出

区分	出願期間	試験	合格発表	手続締切
前期	1/22(月)~2/2(金)*	2/25(日)・26(月)	3/9(土) 時間未定 HP 郵便	3/15(金)

* インターネット出願は事前登録が可能。登録期間等、詳細は11月頃発表予定の募集要項で公表。
※第1段階選抜結果の発表：2/13(火) 郵便　不合格者には不合格通知書を発送。※合格発表時間・方法は募集要項で公表。

☞追加合格について
3／28より、追加合格者に電話で通知する。

●一般選抜科目

区分	教科・科目	配点		解答時間
大学入学共通テスト	外国語＝英（R：L＝3：1）、独、仏、中、韓→1	100点	計650点	R80分 L60分(解30分)
	数学＝数ⅠA（必）、数ⅡB、簿、情報→1の計2	200点		数ⅠA70分 その他60分
	理科＝物、化、生→2	200点		各60分
	国語＝国	100点		80分
	地歴・公民＝世A、世B、日A、日B、地A、地B、現社、倫、政経、倫政経→1	50点		60分
個別	外国語＝コ英ⅠⅡⅢ・英表ⅠⅡ	200点	計800点	100分
	数学＝数ⅠⅡⅢAB（列べ）	300点		120分
	理科＝化基・化、生基・生、物基・物→2	300点		150分
	面接＝一般的態度・発言内容・コミュニケーション能力等の評価を通じて、医師・医学研究者としての適性を判断。	−		−

☞合否判定　共通テスト・個別・面接・調査書等を総合して判定。面接で医師・医学研究者としての適性を欠くと判断された場合、学力検査の成績の如何にかかわらず不合格となることがある。

☞2段階選抜　共通テストが換算前900点満点中650点以上　☞受験料　30,000円（昨年度）　☞試験場　阿倍野キャンパス

学校推薦型選抜 インターネット出願登録＋書類提出

募集人員	試験日程 出願期間	選考	合格発表	手続締切
地域医療枠10名	11／1～11／6	1次：書類、共通テスト 2次：2/9面接・小論文	1次：2/7 2次：2/13	2/19

※出願書類・共通テストの成績・面接および小論文試験の成績を総合して判定。ただし、志願者数が募集人員の2倍程度を超えた場合、出願書類および共通テストの結果による一次選考の合格者のみが個別学力検査等を受験できる。

総合型選抜 インターネット出願登録＋書類提出

募集人員	試験日程 出願期間	選考	合格発表	手続締切
5名	1／15～1／17	1次：書類・共通テスト 2次：2/9面接・口述試験	1次：2/7 2次：2/13	2/19

※選抜の結果、合格者数が募集人員に満たない場合は欠員数を一般前期の募集人員に含む。※出願書類・共通テストの成績・面接・口述試験の成績を総合して判定。ただし、志願者数が募集人員の3倍程度を超えた場合、出願書類および共通テストの結果による一次選考の合格者のみが個別学力検査等を受験できる。

帰国生徒特別選抜　実施しない。

編入学　実施しない。

感染症等に伴う特別対応や追試験については、各大学のホームページで最新情報をご確認ください。

最新の入試情報をCHECK ▶ 医学部受験ラボ

奈良県立医科大学

入試に関する問合せ先

教育支援課／〒634-8521　奈良県橿原市四条町840
☎0744-29-8805　http://www.naramed-u.ac.jp/

募集要項の請求方法

①大学のホームページ　②テレメール　③モバっちょ

一般選抜ネット出願 必須

※募集要項（一般選抜）は12月上旬に大学ホームページに掲載予定。

DATA

●**学部所在地**　問合せ先に同じ。
●**アクセス**　近鉄橿原線八木西口駅下車、徒歩約8分。JR万葉まほろば線畝傍駅下車、徒歩約10分。
●**学部学科・定員**　医学部＝医学科113
●**大学院**　医学研究科＝（博士）医科学専攻：社会・保健・健康医学領域、生体情報・防御医学領域、器官機能・病態制御医学領域、（修士）医科学専攻
●**おもな付属施設**　附属病院、先端医学研究支援機構など。
●**沿革**　昭和20年創設の奈良県立医学専門学校が前身。旧制の奈良県立医科大学を経て、27年に奈良県立医科大学医学部となった。

地域社会に貢献し、福祉と医学の発展に寄与できる人材の育成を目指しています。学内外での診療参加型臨床実習や地域医療体験実習など、特色ある地域医療教育プログラムを実践。教育内容は一般教育と専門教育（基礎医学、臨床医学）に大別され、教養教育は1年次から3年次まで学びます。専門教育は1年次から始まり、「医学特別実習」などのプログラムも組まれています。

2023年度 入試DATA

●志願・合格状況 ※第1段階選抜合格者数は非公表（合格最低点非公表）。

区分	募集人員	志願者	2段階選抜	受験者	追加合格者	総合格者	志願者合格倍率	入学者
一般選抜前期	22	224	実施せず 予告／15倍	189	0	22	10.2	22
一般選抜後期	53	997	実施 予告／14倍	251	8	61	16.3	53
学校推薦型選抜（緊急医師確保）	13	75	ー	72	ー	13	5.8	13
学校推薦型選抜（地域枠）	25	143	ー	138	ー	25	5.7	25

●**入学者の現既別内訳**　既卒46名　現役67名

●**入学者の男女別内訳**　女34名　男79名

●**入学者の地元占有率**　奈良県32名　その他81名

●合格得点〈総合格者〉

区分		満点	合格最高点		合格最低点	
			得点	得点率	得点	得点率
一般選抜前期	共テ	450	非公表	ー	非公表	ー
	個別	450	非公表	ー	非公表	ー
	総合点	900	775.7	86%	672.2	75%
一般選抜後期	共テ	300	非公表	ー	非公表	ー
	個別	900	非公表	ー	非公表	ー
	総合点	1200	953.5	79%	789.1	66%
学校推薦型選抜（緊急医師確保）	共テ	450	非公表	ー	非公表	ー
	個別	450	非公表	ー	非公表	ー
	総合点	900	730.7	81%	631.5	70%
学校推薦型選抜（地域枠）	共テ	450	非公表	ー	非公表	ー
	個別	450	非公表	ー	非公表	ー
	総合点	900	794.2	88%	665.7	74%

2024年度 選抜要項

●募集人員（医学科）

一般選抜		学校推薦型選抜		編入学
前期	後期	緊急医師確保	地域枠	
22名	53名	13名	25名	未定

■共テボーダー得点率

前期	後期
86%	89%

■ボーダー偏差値（2次）

後期
70.0

●一般選抜日程 インターネット出願登録＋書類提出

区分	出願期間	試験	合格発表	手続締切
前期	1/22(月)~2/2(金)*	2/25(日)・26(月)	3/5(火)予定 HP 郵便	未定
後期		3/12(火)・13(水)	3/21(木)予定 HP 郵便	未定

*インターネット出願サイトでの事前登録が必要。登録期間は12月上旬発表予定の募集要項で公表。
※第1段階選抜結果の発表：発表日未定 HP 郵便　※第1段階選抜結果の発表日、合格発表日・時間・方法、手続締切日は募集要項で公表。※電話による合否の照会には応じない。

☞追加合格について
追加合格者に電話連絡する（過年度）。

●一般選抜科目

区分		教科・科目	配点（前期／後期）		解答時間
大学入学共通テスト	前期・後期	外国語＝[前期]英（R：L＝3：1）、[後期]英（R：L＝3：1）、独、仏、中、韓→1	200点	計900／300点※	R80分 L60分（解30分）
		数学＝数ⅠA（必）、数ⅡB、簿、情報→1の計2	200点		数ⅠA70分 その他60分
		理科＝化、生、物→2	300点		各60分
		国語＝国	100点		80分
		地歴・公民＝世B、日B、地B、現社、倫、政経、倫政経→1	100点		60分
個別	前期	小論文＝医療に限らず広汎な分野から課題を提示し、論理的思考力、着想力・構想力、説明力、表現力等を評価する。	100点	計100点	120分
		面接	―		―
	後期	外国語＝コ英ⅠⅡⅢ・英表ⅠⅡ	225点	計900点	105分
		数学＝数ⅠⅡⅢAB（列べ）	225点		120分
		理科＝化基・化、生基・生、物基・物→2	450点		180分
		面接	―		―

※後期は最終合格者決定の際に共通テストの合計点を1/3倍の300点満点に換算する。

☞**合否判定**　共通テスト・個別・調査書を総合して判定。面接でアドミッションポリシーに照らして適性を欠くと判断された場合、成績にかかわらず不合格とする。

☞**2段階選抜**　前期15倍、後期14倍で実施することがある。

☞**受験料**　17,000円

☞**試験場**　本学

学校推薦型選抜 インターネット出願登録＋書類提出

募集人員	試験日程			
	出願期間	選考	合格発表	手続締切
38名（緊急医師確保13名、地域枠25名）	12/13～12/15	書類、共通テスト、2/3学科試験、2/4面接	2/13予定	未定

※出願要件など詳細は11月中旬公表予定の募集要項で確認。

総合型選抜
実施しない。

帰国生徒特別選抜
実施しない。

2年次編入学
実施に向けて調整中。10月上旬に大学ホームページ等で公表。

感染症等に伴う特別対応や追試験については、各大学のホームページで最新情報をご確認ください。

最新の入試情報をCHECK▶ 医学部受験ラボ

和歌山県立医科大学

入試に関する問合せ先

学生課入試学務班／〒641-8509　和歌山県和歌山市紀三井寺811-1
☎073-447-2300　https://www.wakayama-med.ac.jp/

募集要項の請求方法

①大学のホームページ　②テレメール　③学生課あて郵送　　一般選抜ネット出願 必須
※募集要項（一般選抜）は11月中旬に大学ホームページに掲載予定。

DATA

●**学部所在地**　問合せ先に同じ。
●**アクセス**　JR紀三井寺駅下車、徒歩約7分。
●**学部学科・定員**　医学部＝医学科100
●**大学院**　医学研究科＝地域医療総合医学専攻、構造機能医学専攻、器官病態医学専攻、（修士）医科学専攻
●**おもな付属施設**　附属病院、生涯研修センター、地域医療支援センターなど。
●**沿革**　昭和20年創設の和歌山県立医学専門学校が前身。27年に和歌山県立医科大学医学部となった。

世界をリードする医療人の育成と医学医療への貢献を目指しています。知識に偏重した従来型の教育を脱却し、知識・技能・態度を総合的に育成できる教育を展開。また、構造・機能、臓器別の横断的・総合的なカリキュラムを導入することで、臨床・研究能力の高い医師を育成します。従来の講義形式の授業と並行して、自分で問題を発見し解決する問題解決型の教育も多く取り入れています。

2023年度 入試DATA

●志願・合格状況

※第1段階選抜合格者数は前期一般枠137名・県民医療枠42名、学校推薦型選抜一般枠8名・県民医療枠12名・地域医療枠12名（合格最低点非公表）。

区分		募集人員	志願者	2段階選抜	受験者	追加合格者	総合格者	志願者合格倍率	入学者
一般選抜前期	一般枠	64名程度	150	実施 予告/約3.4倍※	122	非公表	64	2.3	64
	県民医療枠A	10名程度	44		35	非公表	12	3.7	12
	県民医療枠C	2名程度							
学校推薦型選抜	一般枠	6名程度	16	実施	8	非公表	6	2.7	6
	県民医療枠A	5名程度	38	実施	11	非公表	8	4.8	8
	県民医療枠B	3名以内							
	地域医療枠	10名	25	実施	12	非公表	10	2.5	10

※共通テストが換算前900点満点中630点以上で約3.4倍。

●合格得点

区分			満点	合格最高点 得点	合格最高点 得点率	合格最低点 得点	合格最低点 得点率
一般選抜前期	一般枠	共テ	600	非公表	—	非公表	—
		個別	700	非公表	—	非公表	—
		総合点	1300	1013.50	78%	809.63	62%
	県民医療枠A	共テ	600	非公表	—	非公表	—
		個別	700	非公表	—	非公表	—
		総合点	1300	940.88	72%	801.38	62%
学校推薦型選抜			非公表	非公表	—	非公表	—

※前期県民医療枠Cは募集人員が少数のため非公表。

●**総合格者の現既別内訳**　現役66名　既卒34名

●**総合格者の男女別内訳**　非公表

●**総合格者の地元占有率**（出身校）　和歌山県35名　その他65名

2024年度 選抜要項

●募集人員（医学科）

一般選抜前期 一般枠	一般選抜前期 県民医療枠	学校推薦型選抜
64名※1	12名※1※2	24名程度※3

※1 学校推薦型選抜の入学者数の増減に従い増減する。
※2 内訳は県民医療枠A10名程度、県民医療枠C（不足診療科枠）2名程度（A、Cとも全国募集）。
※3 内訳は一般枠6名程度（県内募集）、県民医療枠A5名程度、県民医療枠B（産科枠）3名以内（A、Bとも全国募集）、地域医療枠10名（県内募集）。
※詳細は11月中旬公表予定の募集要項で公表。

■**共テボーダー得点率**　■**ボーダー偏差値（2次）**

共テボーダー得点率 前期 一般枠	共テボーダー得点率 前期 県民医療枠	ボーダー偏差値 前期 一般枠	ボーダー偏差値 前期 県民医療枠
80%	79%	62.5	

●一般選抜日程　インターネット出願登録＋書類提出

区分	出願期間	試験	合格発表	手続締切
前期	1／22（月）～2／2（金）	2／25（日）・26（月）	3／5（火）時間未定 HP 郵便	未定

※第1段階選抜結果の発表日・方法、合格発表時間・方法、手続締切日は11月中旬発表予定の募集要項で公表。

☞**追加合格について**
11月中旬発表予定の募集要項で公表。

●一般選抜科目

※個別の解答時間は募集要項で公表。

区分	教科・科目	配点		解答時間
大学入学共通テスト	外国語＝英（R：L＝3：1）	150点	計600点	R80分 L60分（解30分）
	数学＝数ⅠA（必）、数ⅡB、簿、情報→1の計2	100点		数ⅠA70分 その他60分
	理科＝化、生、物→2	150点		各60分
	国語＝国	100点		80分
	地歴・公民＝世B、日B、地B、倫政経→1	100点		60分
個別	外国語＝コ英ⅠⅡⅢ・英表ⅠⅡ	200点	計700点	未定
	数学＝数ⅠⅡⅢAB（列べ）	250点		未定
	理科＝化基・化、生基・生、物基・物→2	250点		未定
	面接	—		未定

☞**合否判定**　11月中旬発表予定の募集要項で公表。
☞**2段階選抜**　約3.4倍で実施。原則として共通テストの換算前素点630点以上を1次選抜の合格者とする。
☞**受験料**　17,000円　☞**試験場**　紀三井寺キャンパス（予定）

学校推薦型選抜　インターネット出願登録＋書類提出

募集人員	試験日程 出願期間	試験日程 選考	試験日程 合格発表	試験日程 手続締切
24名程度［一般枠（県内募集）6名程度、県民医療枠A・B（全国募集）8名程度、地域医療枠（県内募集）10名］	12／11～12／18	1次：共通テスト 2次：書類、2／10・11面接※1	1次：2／6 2次：2／13	未定※2

※1 大学が指定するいずれか1日。※2 11月中旬発表予定の募集要項で公表。

総合型選抜　実施しない。

帰国生徒特別選抜　実施しない。

編入学　実施しない。

2023年 医師国家試験合格率

総計

	大学名	受験者数	合格者数	合格率(%)
私立大学	岩手医科大学	135	116	85.9
	東北医科薬科大学	95	94	98.9
	自治医科大学	122	121	99.2
	獨協医科大学	115	107	93.0
	埼玉医科大学	129	118	91.5
	国際医療福祉大学	125	124	99.2
	杏林大学	120	112	93.3
	慶應義塾大学	117	113	96.6
	順天堂大学	141	141	100.0
	昭和大学	125	119	95.2
	帝京大学	140	116	82.9
	東京医科大学	123	118	95.9
	東京慈恵会医科大学	112	108	96.4
	東京女子医科大学	125	106	84.8
	東邦大学	125	108	86.4
	日本大学	136	112	82.4
	日本医科大学	121	117	96.7
	北里大学	120	114	95.0
	聖マリアンナ医科大学	128	114	89.1
	東海大学	130	103	79.2
	金沢医科大学	113	100	88.5
	愛知医科大学	123	119	96.7
	藤田医科大学	118	114	96.6
	大阪医科薬科大学	114	106	93.0
	関西医科大学	122	111	91.0
	近畿大学	115	108	93.9
	兵庫医科大学	115	112	97.4
	川崎医科大学	155	139	89.7
	久留米大学	130	120	92.3
	産業医科大学	102	100	98.0
	福岡大学	118	105	89.0
国立大学・大学校	旭川医科大学	134	117	87.3
	北海道大学	128	118	92.2
	弘前大学	151	133	88.1
	東北大学	135	125	92.6
	秋田大学	131	125	95.4
	山形大学	133	120	90.2
	筑波大学	136	130	95.6
	群馬大学	135	125	92.6
	千葉大学	125	117	93.6
	東京大学	130	118	90.8
	東京医科歯科大学	105	101	96.2
	新潟大学	137	129	94.2
	富山大学	123	117	95.1
	金沢大学	135	119	88.1
	福井大学	106	101	95.3
	山梨大学	137	125	91.2
	信州大学	142	133	93.7
	岐阜大学	112	104	92.9
	浜松医科大学	121	115	95.0
	名古屋大学	120	111	92.5
	三重大学	132	127	96.2
	滋賀医科大学	114	109	95.6
	京都大学	135	119	88.1
	大阪大学	115	105	91.3
	神戸大学	113	104	92.0
	鳥取大学	114	105	92.1
	島根大学	139	123	88.5
	岡山大学	137	125	91.2
	広島大学	126	109	86.5
	山口大学	138	127	92.0
	徳島大学	125	119	95.2
	香川大学	122	117	95.9
	愛媛大学	121	115	95.0
	高知大学	138	129	93.5
	九州大学	120	111	92.5
	佐賀大学	116	110	94.8
	長崎大学	135	124	91.9
	熊本大学	125	111	88.8
	大分大学	121	108	89.3
	宮崎大学	104	96	92.3
	鹿児島大学	122	114	93.4
	琉球大学	136	130	95.6
	防衛医科大学校	76	70	92.1
公立大学	札幌医科大学	120	112	93.3
	福島県立医科大学	132	126	95.5
	横浜市立大学	97	95	97.9
	名古屋市立大学	85	81	95.3
	京都府立医科大学	118	110	93.2
	大阪公立大学	101	96	95.0
	奈良県立医科大学	110	101	91.8
	和歌山県立医科大学	110	104	94.5

新卒

	大学名	受験者数	合格者数	合格率(%)
私立大学	岩手医科大学	120	109	90.8
	東北医科薬科大学	92	91	98.9
	自治医科大学	122	121	99.2
	獨協医科大学	104	99	95.2
	埼玉医科大学	118	110	93.2
	国際医療福祉大学	125	124	99.2
	杏林大学	112	108	96.4
	慶應義塾大学	113	112	99.1
	順天堂大学	135	135	100.0
	昭和大学	120	117	97.5
	帝京大学	123	109	88.6
	東京医科大学	115	111	96.5
	東京慈恵会医科大学	110	107	97.3
	東京女子医科大学	111	99	89.2
	東邦大学	112	99	88.4
	日本大学	123	104	84.6
	日本医科大学	114	112	98.2
	北里大学	114	110	96.5
	聖マリアンナ医科大学	117	104	88.9
	東海大学	109	92	84.4
	金沢医科大学	96	90	93.8
	愛知医科大学	115	115	100.0
	藤田医科大学	113	111	98.2
	大阪医科薬科大学	108	101	93.5
	関西医科大学	114	107	93.9
	近畿大学	111	105	94.6
	兵庫医科大学	111	109	98.2
	川崎医科大学	144	132	91.7
	久留米大学	102	102	100.0
	産業医科大学	95	93	97.9
	福岡大学	112	102	91.1
国立大学・大学校	旭川医科大学	122	113	92.6
	北海道大学	119	114	95.8
	弘前大学	130	119	91.5
	東北大学	130	123	94.6
	秋田大学	127	123	96.9
	山形大学	118	111	94.1
	筑波大学	135	130	96.3
	群馬大学	130	122	93.8
	千葉大学	120	114	95.0
	東京大学	116	110	94.8
	東京医科歯科大学	102	98	96.1
	新潟大学	128	124	96.9
	富山大学	113	110	97.3
	金沢大学	122	110	90.2
	福井大学	101	97	96.0
	山梨大学	131	120	91.6
	信州大学	135	128	94.8
	岐阜大学	103	100	97.1
	浜松医科大学	117	113	96.6
	名古屋大学	113	108	95.6
	三重大学	126	124	98.4
	滋賀医科大学	104	103	99.0
	京都大学	123	116	94.3
	大阪大学	108	103	95.4
	神戸大学	103	101	98.1
	鳥取大学	99	94	94.9
	島根大学	128	116	90.6
	岡山大学	124	119	96.0
	広島大学	113	107	94.7
	山口大学	128	124	96.9
	徳島大学	115	115	100.0
	香川大学	112	110	98.2
	愛媛大学	112	108	96.4
	高知大学	124	121	97.6
	九州大学	108	105	97.2
	佐賀大学	111	106	95.5
	長崎大学	124	117	94.4
	熊本大学	116	107	92.2
	大分大学	112	105	93.8
	宮崎大学	92	89	96.7
	鹿児島大学	107	104	97.2
	琉球大学	126	123	97.6
	防衛医科大学校	71	66	93.0
公立大学	札幌医科大学	106	102	96.2
	福島県立医科大学	122	122	100.0
	横浜市立大学	95	93	97.9
	名古屋市立大学	81	79	97.5
	京都府立医科大学	109	103	94.5
	大阪公立大学	97	93	95.9
	奈良県立医科大学	101	100	99.0
	和歌山県立医科大学	105	100	95.2

既卒

	大学名	受験者数	合格者数	合格率(%)
私立大学	岩手医科大学	15	7	46.7
	東北医科薬科大学	3	3	100.0
	自治医科大学	0	0	−
	獨協医科大学	11	8	72.7
	埼玉医科大学	11	8	72.7
	国際医療福祉大学	−	−	−
	杏林大学	8	4	50.0
	慶應義塾大学	4	1	25.0
	順天堂大学	6	6	100.0
	昭和大学	5	2	40.0
	帝京大学	17	7	41.2
	東京医科大学	8	7	87.5
	東京慈恵会医科大学	2	1	50.0
	東京女子医科大学	14	7	50.0
	東邦大学	13	9	69.2
	日本大学	13	8	61.5
	日本医科大学	7	5	71.4
	北里大学	6	4	66.7
	聖マリアンナ医科大学	11	10	90.9
	東海大学	21	11	52.4
	金沢医科大学	17	10	58.8
	愛知医科大学	8	4	50.0
	藤田医科大学	5	3	60.0
	大阪医科薬科大学	6	5	83.3
	関西医科大学	8	4	50.0
	近畿大学	4	3	75.0
	兵庫医科大学	4	3	75.0
	川崎医科大学	11	7	63.6
	久留米大学	28	18	64.3
	産業医科大学	7	7	100.0
	福岡大学	6	3	50.0
国立大学・大学校	旭川医科大学	12	4	33.3
	北海道大学	9	4	44.4
	弘前大学	21	14	66.7
	東北大学	5	2	40.0
	秋田大学	4	2	50.0
	山形大学	15	9	60.0
	筑波大学	1	0	0.0
	群馬大学	5	3	60.0
	千葉大学	5	3	60.0
	東京大学	14	8	57.1
	東京医科歯科大学	3	3	100.0
	新潟大学	9	5	55.6
	富山大学	10	7	70.0
	金沢大学	13	9	69.2
	福井大学	5	4	80.0
	山梨大学	6	5	83.3
	信州大学	7	5	71.4
	岐阜大学	9	4	44.4
	浜松医科大学	4	2	50.0
	名古屋大学	7	3	42.9
	三重大学	6	3	50.0
	滋賀医科大学	10	6	60.0
	京都大学	12	3	25.0
	大阪大学	7	2	28.6
	神戸大学	10	3	30.0
	鳥取大学	15	11	73.3
	島根大学	11	7	63.6
	岡山大学	13	6	46.2
	広島大学	13	2	15.4
	山口大学	10	3	30.0
	徳島大学	10	4	40.0
	香川大学	10	7	70.0
	愛媛大学	9	7	77.8
	高知大学	14	8	57.1
	九州大学	12	6	50.0
	佐賀大学	5	4	80.0
	長崎大学	11	7	63.6
	熊本大学	9	4	44.4
	大分大学	9	3	33.3
	宮崎大学	12	7	58.3
	鹿児島大学	15	10	66.7
	琉球大学	10	7	70.0
	防衛医科大学校	5	4	80.0
公立大学	札幌医科大学	14	10	71.4
	福島県立医科大学	10	4	40.0
	横浜市立大学	2	2	100.0
	名古屋市立大学	4	2	50.0
	京都府立医科大学	9	7	77.8
	大阪公立大学	4	3	75.0
	奈良県立医科大学	9	1	11.1
	和歌山県立医科大学	5	4	80.0

〔出典〕厚生労働省資料「第117回医師国家試験　学校別合格者状況」より

国公立単科医科大学

2023年度の出題傾向と分析

国公立大学の中でも、出題傾向に独特の特徴がある単科医科大学。その入試科目について、医系専門予備校メディカルラボが、傾向と対策を徹底分析しました。

旭川医科大学

2023年度の出題傾向と分析

英 語（前期）

解答形式▶記述

問題の全体難易度 ★★☆☆ 標準　前年との難易度比較  やや易化　時間に対する分量 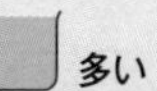 多い

大問	分野	長文の種類 単語数	内容	出題形式	難易度
1	読解	社会系 800語程度	「使用するソフトウェアと仕事への取り組みとの関係性」についての説明文（日本語による内容説明：5題）	記述	★★☆☆
2	読解	医療系 950語程度	「がん患者の筆者に悪い知らせを伝える際の医師の態度や姿勢」に言及したエッセイ（英語による記述問題5題）	記述	★★☆☆
3	英作文	—	「医学か英語以外の教科で医科大学の学生にとって重要な教科は何か」を書く自由英作文	記述	★★☆☆

出題形式は例年通り、長文２題（各５題）と自由英作文１題。長文２題合わせた単語数は、22年度と同程度で、また設問の内容も22年度同様、和訳問題はなく、大問１はすべて日本語による記述問題、大問２はすべて英語で解答する記述問題だった。長文問題は、22年度より読みやすい内容だったが、大問１・２の設問すべてが記述で、さらに大問３で自由英作文が出題されることを考慮すると、90分でこなすにはかなりタイトな試験と言える。日頃から800～1,000語程度の長文問題を30分程度で読み解く訓練を続け、自由英作文の練習も十分に積んでおく必要がある。

数 学（前期）

解答形式▶記述

問題の全体難易度 ★★★☆ やや難　前年との難易度比較 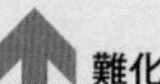 難化　時間に対する分量 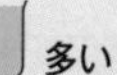 多い

大問	分野		内容	出題形式	難易度
1	積分法の応用	Ⅲ	媒介変数で表された曲線による面積	記述	★★☆☆
2	複素数平面	Ⅲ	虚数解と複素数平面	記述	★★★☆
3	空間ベクトル	B	四面体の体積	記述	★★★☆
4	数列、極限	B、Ⅲ	確率漸化式、無限等比級数	記述	★★★☆

例年、大問４題構成、試験時間120分で、全問記述式。数学Ⅲの微分法・積分法は毎年出題されており、他分野と融合させて極限や無限級数にかかわる出題も多い。難度は標準～やや難で、計算量もかなり多い。また、大問１・４のような難関大でよく見られる出題にも慣れておきたい。証明問題、描図問題も頻出で、問題文を正確に読み取るのはもちろんのこと、出題者の意図も考えて時間内に解答をまとめる論述力を養い、図を描いて考えることに慣れる必要がある。

小論文

年度／内容	字数／時間
2023 ※小論文は実施しない	
2022 ※小論文は実施しない	
2021 ※小論文は実施しない	
2020 ※小論文は実施しない	
2019 ※小論文は実施しない	

面 接

形式	所要時間	面接の進行と質問内容
個人面接	15分	□医師志望理由 □本学志望理由 □どのような医師になりたいか □自分が医師に向いている点 □地域医療の課題と問題点 □他人とコミュニケーションを取る時に注意していること □長所・短所、友人からの評価と自己評価とのズレ □高校時代のこと □（用紙に書かれた文を読んで）医療やそれ以外でのAIの活用法、メリット・デメリット、リスク
面接会場の配置		
面接官＝３名 受験生＝１名		

東京医科歯科大学

2023年度の出題傾向と分析

英 語（前期）

解答形式▶記述

問題の全体難易度 ★★★★ 難　前年との難易度比較 ➡ 変化なし　時間に対する分量 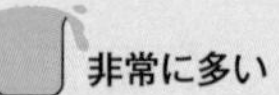 非常に多い

大問	分野	長文の種類 単語数	内容	出題形式	難易度
1	読解	科学系 約1,700語	「睡眠時間と人類の進化との関係」を考察した説明文（同意表現、指示語特定、内容一致、英語による内容説明、英文和訳、400字以内の内容要約）	選択・記述	★★★★

出題形式は例年通りで、医学科と歯学科共通問題と学科別の設問がある。選択問題は、本文中の10単語の同意表現と24個の選択肢からなる内容一致問題、記述問題は、指示語特定、英語で解答する内容説明、英文和訳、400字以内の日本語による内容要約があり、これらを大問1題の中に凝縮している。長文の語数は22年度とほぼ同じ分量で、内容は睡眠時間と人類の進化との関係性について考察した論文記事で比較的読みやすい内容だった。しかし、約1,700語の長文読解に加え、膨大な問題量を考慮すると90分でやり切るのは相当タイトと言える。毎年の出題傾向は定着しているので、1,500語クラスの長文まで読み通せるレベルにまで読解力を高め、本学の特徴とも言える、400字の内容要約は他大学の類似した内容要約問題も活用し、本学の過去問を90分でやり切る訓練を徹底的に繰り返す必要がある。

数 学（前期）

解答形式▶記述

問題の全体難易度 ★★★☆ やや難　前年との難易度比較 ➡ 変化なし　時間に対する分量 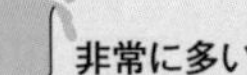 非常に多い

大問	分野		内容	出題形式	難易度
1	場合の数	A	格子折れ線の個数	記述	★★★☆
2	空間ベクトル、極限	B、Ⅲ	空間座標の極限	記述	★★☆☆
3	積分法の応用	Ⅲ	定積分で表された関数	記述	★★☆☆

例年、大問3題構成、試験時間90分で、全問記述式。各大問の問題文が誘導形式になっている場合が多いので、出題者の意図を読み取り、誘導に従って解答を作成することに慣れる必要がある。微分法・積分法は毎年必ず出題されており、近年は場合の数からの出題も多い。23年度は出題されなかったが、証明問題は頻出。全般的に難度が高く、各分野の深い理解と高い思考力が要求される。計算量が多いので、解答する問題を絞り込み、粘り強く考えて得点に結びつけること。

化 学（前期）

解答形式▶記述

問題の全体難易度 ★★★☆ やや難　前年との難易度比較 ➡ 変化なし　時間に対する分量 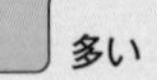 多い

大問	分野		内容	出題形式	難易度
1	理論	化学	電離平衡	空欄補充・選択・記述	★★★☆
2	有機、無機	化学、 化学基礎	医薬品の構造分析	空所補充・記述	★★☆☆
3	理論、有機	化学	薄層クロマトグラフィー	選択・記述	★★★☆

例年、大問3題の構成で、やや難度の高いものも出題される。受験生にはなじみのない物質が題材とされることが多く、医療に関するものが多い。総じて問題文が長く、また計算力を要する。特に23年度は大問1で近似を頻繁に利用する必要があり、計算式として複雑だった。とはいえ、標準問題を確実に解く力と読解力を養うことで十分に対応できる。対策としては、難問に手を出す必要はなく、標準問題の演習を繰り返すこと。演習の際には、その解法の理由をしっかりと考えること。論述問題では字数制限がやや長い。解答すべきポイントをしっかりと押さえた簡単な短文を書いた上で、字数に合わせて必要な語句などを加えていくとよい。

生物（前期）

解答形式▶記述

問題の全体難易度 ★★☆☆ 標準　前年との難易度比較  やや易化　時間に対する分量  多い

大問	分野		内容	出題形式	難易度
1	生物の体内環境の維持、生命現象と物質	生物、生物基礎	心臓、新型コロナウイルス、エリスロポエチン、ヒト赤血球、酸素解離曲線、赤血球凝集反応	記述	★★☆☆
2	生物の進化と系統、生物の体内環境の維持、生殖と発生、生物の環境応答	生物、生物基礎	生物の変遷、アレルギー、受精の過程、腎臓、神経系、生物時計	空所補充・選択・記述	★★☆☆
3	生物の進化と系統、生物の体内環境の維持、生物の環境応答	生物、生物基礎	ホルモン、行動、血清療法、動物の系統、受容器、生得的行動に関する実験計画	選択・記述	★★☆☆

試験時間は理科2科目120分で、22年度と同じ3題。22年度同様、3題すべてが総合問題だった。実験考察問題では、与えられた実験結果から仮説を立て、それを検証する実験計画を考える問題が出題された。例年、内容的には教科書レベルとその応用が求められているが、記述量が多く、ゆっくりと答えている余裕はない。普段から素早く論述する練習を積んでおく必要がある。動物生理の内容を中心に、「植物」「生態」「進化」「系統」の分野からも幅広く出題されており、全分野偏りなく学習しておく必要がある。総合問題に対応するために、普段から単元ごとの理解だけでなく、各分野間のつながりや究極要因（進化要因）を意識して学習を進めよう。

物理（前期）

解答形式▶記述

問題の全体難易度 ★★★☆ やや難　前年との難易度比較  難化　時間に対する分量 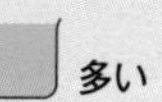 多い

大問	分野	内容	出題形式	難易度
1	力学	動く箱の中に置かれた物体の運動、運動量保存則、はね返り係数の式	記述・描図	★★☆☆
2	電磁気	2つの点電荷によってつくられる電場と電位、等電位線	記述・描図	★★★★

試験時間は2科目で120分。近年は大問2題構成で、力学と電磁気からの出題が続いている。ここ数年は易化傾向が続いていたが、23年度は難化に転じた。特に23年度の大問2の電磁気では数学的な解析が難しく、平均点は低かったものと予想される。このような難度が高い問題は平均点も低く、仮に解けなくとも受験生の間で点数差が生まれにくい。それよりも、難度がそれほど高くない標準的な問題での点数の取りこぼしに注意が必要だ。また論述、グラフの描図問題が頻出なので、過去問などを利用してこの類の出題形式には慣れておきたい。

小論文

年度／内容	字数／時間
2023 （後期）※公表不可	120分
2022 （後期）※公表不可	120分
2021 （後期）※公表不可	120分
2020 （後期）※公表不可	120分

面接

形式	所要時間	面接の進行と質問内容
個人面接	10～15分	□医師志望理由 □本学志望理由 □将来の医師像 □コロナ禍における個人情報について □高校生活 □人生で大切にしていることを2つ □自己紹介（1分） ※過去の主な質問

面接会場の配置

面接官＝3名
受験生＝1名

浜松医科大学

2023年度の出題傾向と分析

英語（前期）

解答形式▶記述

問題の全体難易度 ★★☆☆ 標準　前年との難易度比較  変化なし　時間に対する分量  適量

パート	分野	長文の種類 単語数	内容	出題形式	難易度
1	読解	科学系 1,100語程度	「生化学者カタリン・カリコーのmRNA研究」についての説明文（語彙問題、内容説明、内容一致問題）	選択・記述	★★☆☆
2	読解	社会系 1,050語程度	「人助けの健康に対する効用と注意点」についての説明文（選択式単語補充問題20題、英語による記述問題）	選択式空所補充・記述	★★☆☆
3	英作文	—	「医学部で直面すると考えられる難題（challenges）」についての自由英作文（2題で合計100語程度）	記述	★★☆☆

出題形式は例年通り。〈パート 1〉は語彙選択と記述問題中心の長文問題、〈パート 2〉は空所補充と英語で答える記述問題からなる長文問題、〈パート 3〉は自由英作文という構成で、23 年度で 4 年目となる。長文 2 題の合計単語数は 300 語以上増加したが、読解の難度自体は 22 年度と同程度。〈パート 1〉の長文は生化学者の mRNA に関する研究成果、〈パート 2〉は人助けが健康に及ぼす好影響と注意点を扱ったもの。〈パート 3〉の自由英作文は、設問が 2 つに分かれて、合計 100 語程度という 22 年度からの形式を踏襲している。例年通り標準的な難度に抑えられているので、700 ～ 1,000 語程度の読解問題で演習し、90 分の試験時間ですべてやり切るところまで実力を高めることが肝要と言える。

数学（前期）

解答形式▶記述

問題の全体難易度 ★★☆☆ 標準　前年との難易度比較 変化なし　時間に対する分量 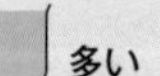 多い

大問	分野		内容	出題形式	難易度
1	整数の性質、複素数と方程式	A、Ⅱ	整式に関する証明	記述	★★☆☆
2	極限、微分法の応用、積分法の応用	Ⅲ	定積分、関数のグラフ	記述	★★☆☆
3	複素数平面	Ⅲ	条件をみたす複素数の個数	記述	★★★★
4	三角比、整数	Ⅰ、A	条件をみたす三角形の辺の長さや角度、余弦定理	記述	★★☆☆

試験時間は 90 分で全問記述式。15 年度以降は大問 4 問構成が続いている。数学Ⅲの微分法・積分法は頻出で、複数題出題される年度も多く見られる。証明問題も例年出題されており、19 年度のようにすべてに証明問題が含まれる年度もあるので、添削などでしっかりと対策すること。また、他大学では見られないような題意把握力・数学的思考力を問われる文章題が定番として出題されているので、数年分の過去問には目を通しておくべき。

化学（前期）

解答形式▶記述

問題の全体難易度 ★★☆☆ 標準　前年との難易度比較 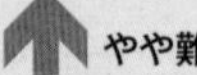 やや難化　時間に対する分量 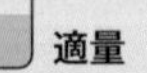 適量

大問	分野		内容	出題形式	難易度
1	理論、無機	化学、化学基礎	14 族（炭素、ケイ素）、単位格子	空所補充・記述	★½☆☆
2	理論	化学	実在気体の状態方程式	空所補充・選択・記述	★★☆☆
3	有機	化学	芳香族化合物の反応	選択・記述	★★☆☆
4	有機	化学	機能性高分子化合物	空所補充・選択・記述	★★☆☆

21年度以降、典型問題が中心に構成されていたこともあり、22年度に比べて23年度はやや難化した。特に大問2では「排除体積」「圧縮率因子」などの語句、大問4の導電性ポリマーでは、高分子化合物に電気伝導性をもたせるためにヨウ素を加えることなど、細かな知識が問われた。有機化学では例年、受験生にはなじみのない物質や、大学レベルの内容を題材としたものも目立つ。しかし、問題文の誘導に従えばいずれも十分に対応できる。対策としては、まず標準レベルの問題の定着を図り、その上で過去数年分の問題に取り組むとよいだろう。また、やや複雑な計算が求められることも多い。傾向の似た滋賀医科大や和歌山県立医科大の過去問も利用してみるとよい。

生 物（前期）

解答形式▶記述

問題の全体難易度 ★★☆☆ 標準　前年との難易度比較  変化なし　時間に対する分量  適量

大問	分野		内容	出題形式	難易度
1	生命現象と物質	生物	DNA の構造、DNA の修復、ウィルス特有の塩基	空所補充・記述	★★☆☆
2	生命現象と物質	生物	生体膜、細胞小器官、ストレス条件下でのタンパク質の挙動	空所補充・記述	★★☆☆
3	生殖と発生、生物の進化と系統	生物、生物基礎	動物の配偶子形成、集団遺伝、ゲノム編集	空所補充・記述	★★☆☆
4	生物の環境応答	生物	昆虫の色覚と学習	空所補充・記述	★☆☆☆

23年度も大問4題構成で1科目あたり60分。難度も例年並みだった。毎年、問題の内容は標準的なものがほとんどで、高校生物の範囲を大きく飛び越える問題は少ないものの、理解の深さや知識の正確さが確実に結果の差となって現れる良問が多い。教科書を中心に基本用語を徹底的にマスターし、また、その用語を長文で説明できる力をつけておこう。

物 理（前期）

解答形式▶記述

問題の全体難易度 ★★☆☆ 標準　前年との難易度比較 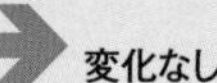 変化なし　時間に対する分量  適量

大問	分野	内容	出題形式	難易度
1	電磁気	抵抗中の電子の運動、ホール効果	空所補充・記述	★★☆☆
2	力学	棒にはたらく力のつり合い、天体の運動	記述	★☆☆☆
3	熱	熱量保存の法則、気体の仕事	記述	★★☆☆
4	原子・波動	原子：半減期、ブラッグ反射、波動：波の式を用いた干渉条件の導出	空所補充	★★☆☆

試験時間は2科目で120分。近年は大問5題構成が続いていたが、23年度は大問4題構成だった。23年度の大問4が原子、波動の2分野からの出題だったため、高校物理全範囲から出題されたことになる。近年は23年度のように全範囲から偏りなく出題されるので、苦手な分野を作らないようにしておきたい。ここ数年、比較的易しめだが、あまり問題集に掲載されていない内容の出題や描図問題・論述問題が出題されることもあるため注意が必要だ。また、試験時間に対して分量が多めなため、時間配分等の研究が不可欠。

小論文

年度／内容	字数／時間
2023 ⊗(後期)「ゲーミフィケーションを活かした大学教育の可能性について　岸本好弘・三上浩司・東京工科大学メディア学部」(一部改変)を読み、ゲーミフィケーションを医療の世界に活かすとしたらどのようなことが考えられるかを1つ挙げて、その活かし方、意義、予想される問題点を述べる。	800字 80分
2022 ⊗(後期)顕微鏡の進化によって見えるものが増えた現在、自身が観察してみたいものは何かを論じる。	800字 80分
2021 (後期)「時間がなくて長文(の手紙)になってしまったので、ゆるしてほしい」というパスカルの言葉について、パスカルの解釈を説明し、自分自身の同じような経験を述べる。なければフィクションでもよい。	800字 80分
2020 (後期)国立社会保障・人口問題研究所のグラフを見て、現在の日本の問題点をあげ、それに対する自分の考えを述べる。	800字 80分

⊗は、メディカルラボの生徒からの情報を基に作成。

面 接

形式	所要時間	面接の進行と質問内容
個人面接	10分	□医師志望理由、きっかけ □本学志望理由 □将来の医師像 □アドミッションポリシーの中で自分に不足しているものは □医師に向いていると思うところと向いていないと思うところ □予防医療を考える際にどんなことができると思うか □静岡県の医療問題は(地域枠) □医師の偏在をなくすためには(地域枠) □へき地で医師をすると、医師として技術面で遅れる可能性があるがどう思うか(地域枠)
面接会場の配置		
面接官＝3名 受験生＝1名		

滋賀医科大学

2023年度の出題傾向と分析

英語（前期）

解答形式▶記述

問題の全体難易度 ★★★☆ やや難　前年との難易度比較 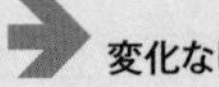 変化なし　時間に対する分量 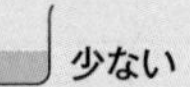 少ない

大問	分野	長文の種類 単語数	内容	出題形式	難易度
1	読解	科学系 700語程度	「電場によるクモの浮遊」を考察した説明文（語彙選択問題、内容説明、英文和訳、内容一致）	選択・記述	★★☆☆
2	読解	科学系 850語程度	「現存するニュートンの『プリンキピア』を探す研究活動」についての説明文（語彙選択問題、内容説明、英文和訳、内容一致）	選択・記述	★★☆☆
3	英作文	—	日本語の書籍（『言葉の守り人』ホルヘ・ミゲル・ココム・ペッチ著）からの引用文を英文にまとめる英作文	記述	★★★☆

長文2題と英作文1題という構成は例年通り。長文2題の合計単語数も、22年度と変わらない分量だが、読解は21年度から易化傾向にあり、23年度も比較的読みやすい内容だった。長文2題の設問数は合計31問から24問に減少した。また、21年度から復活した英文和訳は23年度も2題出題されている。大問3の英作文の難度は相変わらず高い。総合的に見て、長文問題は易化傾向にあるが、90分間でやり切るにはタイトな問題量である点は変わらない。速く正確な読解と、記述問題の解答スピード、そしてその精度を上げる訓練が必要だ。また、英作文は5年前から和文英訳が続いているが、自由英作文が出題された年度もあるので、両方の形式の対策が必須と言える。

数学（前期）

解答形式▶記述

問題の全体難易度 ★★★☆ やや難　前年との難易度比較  変化なし　時間に対する分量 適量

大問	分野		内容	出題形式	難易度
1	図形と方程式	Ⅱ	放物線と円の共有点の個数	記述	★★☆☆
2	空間ベクトル	B	四面体内にある平行四辺形	記述	★★★☆
3	確率	A	反復試行	記述	★☆☆☆
4	微分法の応用、積分法の応用	Ⅲ	定積分で表された関数	記述	★★☆☆

試験時間は120分、大問4題構成で、全問記述式。例年は難度に差があり、手をつけられる問題を見極める必要がある。近年は手をつけやすい出題が多い印象だが、24年度以降は以前の難度に戻る可能性も考えておきたい。微分法・積分法は毎年必ず出題されており、速く正確な計算力が必要となる。描図にかかわる出題も多いので、日頃から図を描くことに慣れる必要がある。また、証明問題もほぼ毎年出題されるので、解答を添削してもらうことが望ましい。

化学（前期）

解答形式▶記述

問題の全体難易度 ★★☆☆ 標準　前年との難易度比較 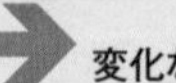 変化なし　時間に対する分量 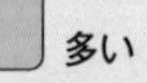 多い

大問	分野		内容	出題形式	難易度
1	理論、無機	化学	金属イオンの沈殿、食塩水の電気分解、アルミニウムの反応と気体の発生	選択・記述	★★☆☆
2	理論	化学	気体の蒸気圧、熱化学、反応の速さ（アレニウスの式）	空所補充・記述	★★☆☆
3	理論、有機	化学	不飽和エステルの構造決定、浸透圧の計算	記述	★★☆☆

例年、大問3題の構成だが、大問の中で独立した問題が含まれており非常に問題量が多い。以前は、特に理論分野で難問が目立ったが、21年度以降は標準的な問題が中心。受験生になじみのない題材が扱われ、論述問題が多く、学んだ化学的知識を身の回りの現象と関連づけて考察させる問題が目立つ。その一方で、難問の後に平易な知識問題が含まれることもある。標準問題集と過去問で演習を繰り返して、基本～標準レベルの問題の定着を試みよう。さらに浜松医科大や和歌山県立医科大などの過去問で類題に挑戦してみるとよい。

生 物（前期）

解答形式▶記述

問題の全体難易度 ★★☆☆ やや易　前年との難易度比較 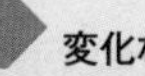 変化なし　時間に対する分量 適量

大問	分野		内容	出題形式	難易度
1	生殖と発生	生物	カエルの発生、哺乳類の発生	空所補充・選択・記述	★☆☆☆
2	生物の環境応答	生物	筋繊維、屈筋反射、モータータンパク質、ATP	空所補充・選択・記述	★☆☆☆
3	生物の体内環境の維持、生命現象と物質	生物、生物基礎	体液、細胞膜、毛細血管の特徴、肝臓、腎臓	空所補充・選択・記述	★☆☆☆
4	生物の体内環境の維持、生命現象と物質、生物の進化と系統	生物、生物基礎	免疫、イムノクロマトグラフィー、分類、ウイルスの特徴、体液性免疫のしくみ	空所補充・選択・記述	★★☆☆

23年度も試験時間は2科目150分で大問4題構成。難度は22年度並みで、基本～標準の問題が多く出題された。以前に比べるとここ数年はやや易化傾向が続いている。例年、記述量が多いのが特徴で、論述問題の十分な対策が必要。教科書で様々な生命現象のしくみを理解した上で、長文で説明できる力をつけよう。また、知識論述だけではなく、初見の生命現象のしくみを実験結果から考察する問題も出題される。過去問を使って、知識論述を短時間でまとめ実験考察問題に十分な時間を取れるよう、時間配分を意識した演習を行うとよい。

物 理（前期）

解答形式▶記述

問題の全体難易度 ★★★☆ やや難　前年との難易度比較 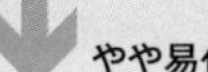 やや易化　時間に対する分量 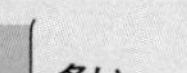 多い

大問	分野	内容	出題形式	難易度
1	波動	波の個数保存を用いたドップラー効果の公式証明	空所補充・描図	★★★☆
2	力学	ばねにつながれた2物体の運動、重心から見た相対運動、摩擦がある水平面上での物体の単振動	空所補充・描図	★★★☆
3	電磁気	磁場中での導体棒の運動、コイル・コンデンサーを含む回路	空所補充・記述	★★★☆

試験時間は2科目で150分。大問3題で構成され、力学・電磁気から1題、残り1題が波動、または熱力学となっている。各大問とも、前半に空所補充問題があり、その後に論述形式の設問が数題出題されている。どの大問もよく練られて作られているが、受験生にとっては見慣れない問題ばかりであり戸惑うだろう。そのため、題意の把握に時間がかかってしまい、それだけで試験時間の大半がとられてしまいかねない。計算量も多く、やはり全体的な難度は高いものとなっている。23年度は、例年に比べ問題集に載っているような典型問題が多かったため、多少解きやすかったのではないだろうか。対策としては標準～発展レベルの問題集を用いて、思考力・計算力を鍛えておくとともに、過去問を解くことで時間配分などを研究しておきたい。

小論文

年度／内容	字数／時間
2023 ※小論文は実施しない	
2022 ※小論文は実施しない	
2021 ※小論文は実施しない	
2020 ※小論文は実施しない	
2019 ※小論文は実施しない	

面 接

形式	所要時間	面接の進行と質問内容
①個人面接 ②集団討論	①10分 ②50分	(個人面接) □自己紹介 □親しくはない部活動の先輩から遊びに誘われた。断るつもりだが、何と言うか □あなたの友人で物を貸しても返さない人がいる。前に貸したものが必要になった時にはどうするか □将来は臨床医か、診療科は決めているか、または研究医か (集団討論)※自分の席の上に冊子が置いてあって、流れてくる放送に従って討論を進めていく。 □滋賀医科大学では、以下の3つのうち、いずれかの方法で授業を実施する。 i)対面とオンラインの併用、ii)オンラインのみ、iii)対面のみ 設問1)上記の3つの長所・短所について話し合い、グループとして優先順位をつける(25分) 設問2)設問で決めた順位を書いてその理由を書く(5分) ※同日中に、2回、個人面接を受ける受験生もいた。
面接会場の配置 (個人面接) 面接官＝3名 受験生＝1名 (集団討論) 面接官＝2名 受験生＝6名		

札幌医科大学

2023年度の出題傾向と分析

英語(前期)

解答形式▶記述

問題の全体難易度 ★★★☆ やや難　前年との難易度比較  やや難化　時間に対する分量  適量

大問	分野	長文の種類 単語数	内容	出題形式	難易度
1	読解	社会系 1,250語程度	「政治哲学者ハンナ・アーレントの思想」を説いた論説文(内容説明・本文抜出・内容一致)	選択・記述	★★★☆
2	読解	科学系 850語程度	「パズルが認知に及ぼす好影響」を扱った説明文(内容説明・選択問題・会話文完成・自由英作文)	選択・記述	★★☆☆

長文2題という出題形式は、22年度と同じで、単語数も大きな変化はない。しかし、大問1の長文はハンナ・アーレントの政治哲学思想を扱った解釈がやや難解な英文で、記述問題に加えて脱文補充問題もあり苦戦する。さらに大問2では、22年度から出題されている会話文完成に加えて、50語以上の英語で解答する記述問題が加わった。したがって、22年度より難化傾向にある。過去問演習を含め様々なジャンルの長文の精読と、英語による記述問題と自由英作文の対策として、自分の意見を英文で書く訓練が必要だ。

数学(前期)

解答形式▶記述

問題の全体難易度 ★★☆☆ 標準　前年との難易度比較 変化なし　時間に対する分量 多い

大問	分野		内容	出題形式	難易度
1	小問集合	B、Ⅰ、Ⅱ	空間ベクトル、対数不等式、整数	記述	★☆☆☆
2	平面ベクトル	B	図形とベクトル	記述	★★☆☆
3	確率	A	反復試行、条件付き確率	記述	★☆☆☆
4	微分法の応用、積分法の応用	Ⅲ	関数と面積	記述	★★☆☆

試験時間は100分、大問4題構成で、全問記述式。近年は大問1が小問集合で、基礎的な難度なので確実に得点したい。確率、微分法・積分法は必出である。全体的な難度は標準的だが、問題によって差があったり、完答しにくい問題が含まれていたりする。よって、標準レベルまでは確実に正解を導き、得点に結びつけたい。また、どの問題も計算量が多いので、速く正確な計算力を養う必要がある。図形問題も頻出で、普段から図を描いて考えることに慣れておく必要がある。

化学(前期)

解答形式▶記述

問題の全体難易度 ★★☆☆ 標準　前年との難易度比較 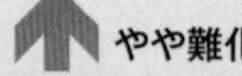 やや難化　時間に対する分量 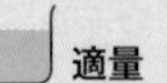 適量

大問	分野		内容	出題形式	難易度
1	理論、無機	化学	窒素化合物、反応の速さ、化学平衡	空所補充・記述	★★☆☆
2	理論	化学	実在気体、ファンデルワールスの状態方程式	空所補充・選択・記述	★½☆☆
3	有機	化学	脂肪族炭化水素の構造決定、熱硬化性高分子	空所補充・記述	★★☆☆

ここ数年、やや易化傾向にあったが、23年度は問題文の情報を正確に読み取ることがやや難しい問題が出題された。受験生にはなじみのない内容から出題されることも多く、文意をしっかりと読み取ることが合格のポイントとなる。苦手分野を作らず、標準レベルの頻出問題はすべて完答できる力をつけておきたい。また、教科書の欄外に記されているような事項や反応式にも意識を向けておこう。制限字数のやや多い論述問題(40～100字)が多く、現象の理由も問われる。日頃から丸暗記ではなく、理解を伴った暗記を心がけることが大切だと言える。

生 物（前期）

解答形式▶記述

問題の全体難易度 ★★☆☆ 標準　前年との難易度比較 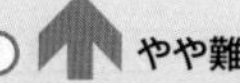 やや難化　時間に対する分量 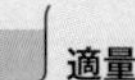 適量

大問	分野		内容	出題形式	難易度
1	生命現象と物質、生殖と発生	生物	一遺伝子一酵素説、組換え価	空所補充・選択・記述	★★☆☆
2	生命現象と物質	生物	遺伝子組換え、サンガー法、選択的スプライシング	選択・記述	★★☆☆
3	生命現象と物質、生殖と発生	生物	ゾウリムシの繊毛運動、細胞骨格、イモリの眼の再生、プラナリアの再生	空所補充・記述	★★☆☆
4	生物の進化と系統	生物	生物界の変遷、細胞内共生説	空所補充・選択・記述	★☆☆☆

23年度も大問4題で60分。解きやすい問題の多かった22年度からやや難化して標準的な問題に戻った。例年、基本的な知識問題と実験考察問題が多く出題されている。出題分野に偏りはなく基本問題が中心となるので、普段から教科書を丁寧に読んで全分野の基礎的な知識を漏れなく習得し、用語の意味を説明する知識論述の練習をしておきたい。その上で、実験考察問題の論述の練習を積み、さらに、各分野の典型的な計算問題の解法を確実に習得し、毎年出題される計算問題に備えておこう。

物 理（前期）

解答形式▶記述

問題の全体難易度 ★★☆☆ 標準　前年との難易度比較 やや難化　時間に対する分量 適量

大問	分野	内容	出題形式	難易度
1	力学	2つの鉛直壁の間の物体の放物運動	記述	★★☆☆
2	電磁気	抵抗値の温度依存性、抵抗回路	記述	★★★☆
3	波動	光の屈折、全反射	記述	★★☆☆

試験時間は2科目で120分。例年、大問3題で構成されており、力学、電磁気と、残り1題は波動、熱のどちらかが出題される。23年度は22年度に比べやや難化した。近年はそれほど難度は高くはなかったが、23年度の大問2のように題意が読み取りづらい問題や、22年度の大問2の問2・3のように解答までに時間を要する問題が出題されるなど、徐々に難度が上がっている。このような問題に時間を費やした結果、すべての問題に触れられなくなるようなことは避けたい。難度が高い問題は後に回し、標準的な問題をミスなく得点することが合否の鍵となるだろう。全体的には標準的な問題で構成されるが、公式の丸暗記では太刀打ちできない。教科書を読み込み、公式の成り立ちや意味をしっかりと理解しておきたい。

小論文

年度／内容	字数／時間
2023 ※小論文は実施しない	
2022 ※小論文は実施しない	
2021 ※小論文は実施しない	
2020 ※小論文は実施しない	
2019 ※小論文は実施しない	

面 接

形式	所要時間	面接の進行と質問内容
個人面接	約15分	□地域枠（ATOP-M）の意義と内容。 □医師志望理由 □本学志望理由 □志望する診療科 □卒業後の展望 □地域医療の定義と意義 □命の尊さについて。それを感じた出来事はあるか □最近気になったニュース（コロナ以外で、医療以外で） □最後に言いたいこと、自己PR

面接会場の配置

面接官＝2名
受験生＝1名

福島県立医科大学

2023年度の出題傾向と分析

英語（前期）

解答形式▶記述

問題の全体難易度 ★★★☆ やや難　前年との難易度比較 ➡ 変化なし　時間に対する分量 少ない

大問	分野	長文の種類 単語数	内容	出題形式	難易度
1	読解	社会系 600語程度	「成功を生み出す内的所在と外的所在の比較考察」についての説明文（内容説明・空所補充・整序英作文・英文和訳・選択問題）	空所補充・選択・記述	★★☆☆
2	読解	社会系 700語程度	「世の中で起きる事象の法則」についての説明文（英文和訳・内容説明・空所補充）	空所補充・記述	★★☆☆
3	読解	社会系 800語程度	「効果的な休暇の取り方」を扱った説明文（類義語選択・空所補充・本文の内容を踏まえた自由英作文）	選択・記述	★★☆☆

23年度も長文3題という設問構成に変更はなく、19年度から変更となった大問[1]と[2]の出題形式の入れ替えも踏襲されている。内容説明は、22年度より3題減少し4題、英文和訳は22年度と同じ2題、英語で解答する問題も22年度と同様、大問3において本文の内容を踏まえた自由英作文という形式で出題されている。合計単語数と全体的な難度は、22年度とさほど変わらず、標準的な水準と言える。23年度は22年度に見られたような100語を超える記述問題はなくなったが、英文和訳、さらに約80語の自由英作文まで出題されることを考慮すると、試験時間100分でやり切るにはタイトな内容と言える。普段から精読と速読の訓練に加え、長文読解とその内容を踏まえた自由英作文の練習も不可欠だ。

数学（前期）

解答形式▶記述

問題の全体難易度 ★★☆☆ 標準　前年との難易度比較 ➡ 変化なし　時間に対する分量 多い

大問	分野		内容	出題形式	難易度
1	小問集合	Ⅰ、A、Ⅱ、Ⅲ	二重根号、合同式、分散、三角方程式	記述	★★★☆
2	高次方程式	Ⅱ	高次方程式の解と係数	記述	★★☆☆
3	三角比、平面ベクトル	Ⅰ、B	三角形の面積	記述	★★☆☆
4	微分法の応用、積分法の応用	Ⅲ	関数のグラフ、回転体の体積	記述	★★★★

試験時間は120分で、全問記述式。大問4題構成で、大問1が小問集合形式に戻った。小問集合では二重根号やデータの分析なども出題されるので、苦手な分野はなくすこと。計算量は多く、難度も高いので、特に大問1の小問では、速く正確な計算力を養うことで短時間で高得点を取り、他の大問にかける時間を確保したい。証明問題も頻出なので、教科書や問題集の解説などを参考にして解答作成力を養ってもらいたいが、学校の先生や予備校の講師などに添削してもらうことが望ましい。

化学（前期）

解答形式▶記述

問題の全体難易度 ★⯪☆☆ やや易　前年との難易度比較  変化なし　時間に対する分量  適量

大問	分野		内容	出題形式	難易度
1	理論	化学、化学基礎	金属結晶およびイオン結晶の単位格子	空所補充・記述	★☆☆☆
2	理論、有機	化学	ジアゾカップリング反応、電離平衡	空所補充・記述	★★☆☆
3	有機	化学	エステルの合成実験	記述	★☆☆☆

例年、大問3～4題の構成。解きやすい問題が中心で、時間的にも適量のため、合格には高得点を要するだろう。21年度以降、比較的解きやすい問題を中心に構成されており、その反動で24年度は難化することも考えられる。以前は、標準レベルの中でも専門的な用語を用いた問題が出題されていたので注意を要する。合格のポイントは、基本～標準レベルの問題でミスをしないこと。難問に挑戦するよりも、標準レベルの問題を確実に解けるようにしておくことが大切。

生 物（前期）

解答形式▶記述

問題の全体難易度 ★★☆☆ 標準　前年との難易度比較 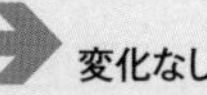 変化なし　時間に対する分量  適量

大問	分野		内容	出題形式	難易度
1	生命現象と物質、生物の体内環境の維持、生物の環境応答	生物、生物基礎	カルシウムイオン濃度の調節、カルシウムイオンの働き、腎臓	空所補充・選択・記述	★★☆☆
2	生命現象と物質	生物	ラクトースの消化、ラクトースオペロン、乳糖不耐症	空所補充・選択・記述	★★☆☆
3	生態と環境	生物、生物基礎	バイオーム、純生産量、ヒゲクジラの移動	空所補充・選択・記述	★★☆☆

23年度も例年通り大問3題・60分で、難度は22年度並み。過去には見慣れない用語や実験考察問題も出題されてきたが、ここ数年は問題集などで見られる標準的な問題が多く出題されている。まずは教科書を完璧に理解し、標準レベルの問題集をベースにして分野の偏りなく知識をアウトプットできる基礎力をつけよう。その上で、「体内環境」「細胞と分子」「動物の反応」「生殖と発生」「遺伝子」などの各分野では過去に発展的な内容が出題されたこともあるため、資料集などで踏み込んだ学習もしておきたい。また、時間内に解き切るために、簡潔に論述する練習も必須となる。

物 理（前期）

解答形式▶記述

問題の全体難易度 ★★☆☆ 標準　前年との難易度比較 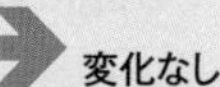 変化なし　時間に対する分量  適量

大問	分野	内容	出題形式	難易度
1	力学	ばねに結ばれた２物体の運動、重心から見た物体の相対運動	空所補充・記述	★★★☆
2	電磁気	コンデンサー・コイルに蓄えられるエネルギー、直流回路	空所補充・記述	★★☆☆
3	波動	ニュートンリング	記述	★☆☆☆

試験時間は2科目で120分。大問3題構成であり、各大問とも前半が空所補充、後半が記述問題という構成。標準問題が中心だが、23年度の大問１のように問題文が長く、解きづらい問題も出題される。しかし、問題の誘導に乗って丁寧に解き進めれば高得点も期待できる。ここ数年はやや難化傾向が続いており、思考力を要する問題やグラフの描図問題が増えてきている。過去問演習を通じて、これらの問題への対応力を養っておきたい。合格点を獲得するには、23年度の大問２・３のような典型問題を確実に得点することが肝心だ。そのためには、標準レベルの問題集等を用いて実力をつけておく必要がある。

小論文

年度／内容	字数／時間
2023 ※小論文は実施しない	
2022 ※小論文は実施しない	
2021 ※小論文は実施しない	
2020 ※小論文は実施しない	
2019 ※小論文は実施しない	

面 接

形式	所要時間	面接の進行と質問内容
個人面接	15分	□医師志望理由 □本学志望理由 □10年後の医師像 □福島に来たことはあるか、福島県のイメージ □様々な災害に対して、あなたはどのような対策ができるか □医師に向いている点 □AIと医療について □コロナ禍の受験で心がけていたこと □高校生活で１番印象に残っていること □ボランティア活動について □紙に書かれた２つのグラフ（丈夫なコップと普通のコップの残存率、米国女性の生存率）からわかることを述べる（2022年度） □紙に書かれた、食品別の窒息率と救急搬送の表からわかることを述べる □地域医療とは、地域枠の条件、将来どのように貢献したいか（地域枠）

面接会場の配置

面接官＝３名
受験生＝１名

京都府立医科大学

2023年度の出題傾向と分析

英語（前期）

解答形式▶記述

問題の全体難易度 ★★★★ 難　前年との難易度比較 変化なし　時間に対する分量 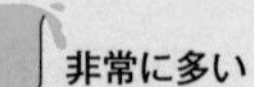 非常に多い

大問	分野	長文の種類 単語数	内容	出題形式	難易度
1	読解	社会系 1,350語程度	「言語学習を他教科の学習に組み込む指導法」についての評論文（選択問題、本文抜出、内容説明（日本語による記述））	選択・記述	★★★★
2	読解	社会系 1,050語程度	「タヌキの生態やタヌキ汁体験など」についての説明文（選択問題、内容説明（英語による記述））	記述	★★★☆
3	読解	人文系 800語程度	「イングランドの湖水地方での中国人筆者の思い」を綴った紀行文（内容一致問題）	選択	★★☆☆
4	英作文	―	「科学技術がもたらす弊害」をまとめる自由英作文（約200語）	記述	★★☆☆

長文3題と自由英作文1題という問題構成は例年通り。22年度と同様に、大問1は日本語で解答する記述問題中心で、大問2は英語で解答する記述問題中心という明確な形式の棲み分けがなされている。大問3は正誤判定の選択問題で、大問4は約200語でまとめる標準レベルの自由英作文という点も例年通り。22年度より長文の合計単語数は若干減少し、22年度はなかった大問2での選択問題が出題されるなど、若干取り組みやすい内容だった。しかし、読解量と設問の多さは、試験時間が2時間あっても相当タイトと言える。対策として1,000語程度の長文問題を、時間設定をした上で最後までこなせるように訓練すること、そして過去問演習を通じて時間配分を検討し、大問の最適な解答順序を自分でつかみ取ることが求められる。

数学（前期）

解答形式▶記述

問題の全体難易度 ★★★☆ やや難　前年との難易度比較 変化なし　時間に対する分量 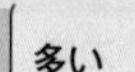 多い

大問	分野		内容	出題形式	難易度
1	微分法の応用	Ⅲ	凸多面体の面の数、凸多面体と球の共通部分の体積	記述	★★★★
2	ベクトル、極限	B、Ⅲ	媒介変数で表された曲線、内積や極限に関する証明	記述	★★☆☆
3	複素数平面、数列	Ⅲ、B	条件をみたす複素数	記述	★★★☆
4	極限、積分法の応用	Ⅲ	回転体の体積比の極限	記述	★★☆☆

試験時間120分、大問４題構成で、全問記述式。微分法・積分法は近年は複数題が出題されており、23年度は全問が数学Ⅲからの出題だった。全体的に難度は高いので、23年度なら大問４のような手のつけやすい問題を探してから解答に取り掛かってもらいたい。証明問題は頻出で、かなりの計算量と記述量が必要となるので、時間配分を考えて効率的に解答を作成しなければならない。文章だけでなく図を用いることも、簡潔に解答を作成する上で重要だ。

化学（前期）

解答形式▶記述

問題の全体難易度 ★★☆☆ 標準　前年との難易度比較 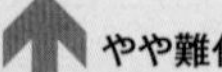 やや難化　時間に対する分量 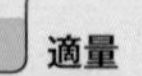 適量

大問	分野		内容	出題形式	難易度
1	理論、無機	化学	銅の総合問題、遷移元素、電解精錬、固体の溶解度	空所補充・選択・記述	★☆☆☆
2	理論、無機	化学	アンモニアの工業的製法、反応の速さとアレニウスの式、同位体交換反応	空所補充・選択・記述	★★★☆
3	理論、有機	化学	芳香族化合物の合成、電離平衡	空所補充・記述	★★★☆

20年度以降、易化が続いていた反動か、23年度は22年度よりやや難化した。ただし、以前より応用力を要する問題が多く出題されており、元の難度に戻ったとも考えられる。例年、長文を素早く読み解く力に加えて、計算力を必要とする問題も目立つ。さらに、有機化学は受験生になじみのない化合物や反応を題材とすることが多い。すべての分野において、標準問題の完成を徹底させ、それに加えて特に理論計算問題および有機化学の構造決定問題の強化が大切。少なくとも過去5～6年分の過去問を解いて、しっかりと対策をしておきたい。

生 物（前期）

解答形式▶記述

問題の全体難易度 ★★☆☆ 標準　前年との難易度比較  やや易化　時間に対する分量 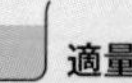 適量

大問	分野		内容	出題形式	難易度
1	生命現象と物質	生物	細胞内のタンパク質の合成・分解に関する実験考察問題	記述	★★☆☆
2	生命現象と物質	生物、生物基礎	染色体、押しつぶし法、だ腺染色体	記述	★★☆☆
3	生殖と発生、生命現象と物質	生物	カエルの核移植実験、細胞の分化とゲノムの状態の変化	記述	★☆☆☆
4	生物の体内環境の維持	生物基礎	血しょうタンパク質、アルブミン、腎臓、血液凝固	記述	★☆☆☆

例年通り大問4題の出題で、試験時間は2科目150分。近年は、実験内容やテーマが受験生にとってなじみのあるものが多く、基本～標準レベルの出題が続いている。ただし、以前からの傾向を考えると、「体内環境」「細胞と分子」「遺伝子」「動物の行動と反応」「生殖と発生」などの頻出分野については、今後も発展的なレベルの出題が十分に予想されるので、深く詳細に学習しておきたい。与えられた文章を短時間で理解し、持っている知識で正確に論述する力が試される。ただし、問題文が短くヒントも少ない独特の出題形式のため、教科書の基本事項を完璧に理解した上で、最低でも5年分の過去問を使って解き慣れておく必要がある。

物 理（前期）

解答形式▶記述

問題の全体難易度 ★★☆☆ 標準　前年との難易度比較 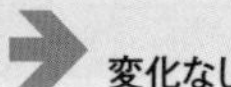 変化なし　時間に対する分量  適量

大問	分野	内容	出題形式	難易度
1	力学	ばねにつながれた2物体の運動、慣性力	空所補充	★★☆☆
2	電磁気	RC直流回路、交流回路	空所補充	★★☆☆
3	波動	ヤングの実験	記述	★★☆☆

試験時間は2科目で150分。大問3題構成で、23年度は力学、電磁気、波動からの出題だった。22年度は大問1で熱、波動、原子の3分野にまたがる融合問題が出題されたが、23年度はそれがなくなった。ほぼすべての問題が標準的な問題で構成されるが、比較的取り組みやすい問題から、高い思考力・計算力を要し解答に時間がかかる問題まで、難度にバラつきが見られる。解きやすい問題から着実に得点を積み重ねることを心がけたい。

小論文

年度／内容	字数／時間
2023 ⓧ順天堂大学の天野篤先生が書いた新聞記事を読み、医師にふさわしい「傑出した人物」とはどのような人物であるかについて自分の考えを述べる。	600字 50分
2022 朝日新聞掲載の鷲田清一著『折々のことば』（2020年12月3日）の文章を読み、勉強することについて、自分の体験に基づいて考えを述べる。	600字 50分
2021 ⓧ医師が書いた「がん治療について」の文章を読み、がん治療に対する自分の考えを述べる。	50分
2020 ※小論文は実施しない	

ⓧは、メディカルラボの生徒からの情報を基に作成。

面 接

形式	所要時間	面接の進行と質問内容
個人面接	10分	□本学志望理由 □医師志望理由 □理想の医師像 □将来は臨床医か研究医か □高校生活で頑張ったことを通して学んだこと、医師の仕事に役立てることはできるか □小論文試験の内容について質問 □前日の筆記試験はできたか
面接会場の配置 面接官＝3名 受験生＝1名		

公立

京都府立医科大学

奈良県立医科大学

2023年度の出題傾向と分析

＊2024年度より、奈良県立医科大学は前期試験における学力試験を廃止します。そのため、本項では、後期試験の問題について分析しています。

英語（後期）

解答形式▶記述

問題の全体難易度 ★★☆☆ 標準　前年との難易度比較 変化なし　時間に対する分量 適量

大問	分野	長文の種類 単語数	内容	出題形式	難易度
1	英作文	—	「なぜ医師になりたいのか」についての自由英作文（70～100語）	記述	★★☆☆
2	読解	科学系 850語程度	「高齢化に伴う身体活動の効用」を扱った説明文（内容説明・和文英訳）	記述	★★☆☆
3	文法・語法	—	単語選択による英文完成問題（5択）	選択	★★☆☆
4	英作文	—	「運動を強制化することの是非」を問う自由英作文（約120語）	記述	★★☆☆

後期の設問形式は、22年度からの変更点はなく、大問1に自由英作文、大問2に長文読解、大問3に文法・語法の選択問題、大問4に自由英作文という4部構成。後期の長文問題の単語数は、22・23年度ともに前期より300語程度多いが、難度自体は標準的な長文だった。しかし、記述問題が多く、自由英作文も2題あるので、それほど時間に余裕があるとは言えない。普段から速読を意識した読解の訓練が必要だ。また、和文英訳と自由英作文のどちらも出題されるため、まずは和文英訳から始めて、自由英作文まで十分に訓練しておく必要がある。

数学（後期）

解答形式▶記述

問題の全体難易度 ★★★☆ やや難　前年との難易度比較 変化なし　時間に対する分量 多い

大問	分野		内容	出題形式	難易度
1	平面上の曲線、図形と方程式	Ⅱ、Ⅲ	楕円と直線の共通点、軌跡が直線上であることの証明	記述	★★☆☆
2	極限	Ⅲ	中間値の定理、数列の極限	記述	★★☆☆
3	式と証明	Ⅱ	特殊な記号を含む不等式の証明	記述	★★☆☆
4	式と証明	Ⅱ	ガウス記号や平方根を含む式の証明	記述	★★★☆

試験時間は120分、大問4題構成で、全問記述式。例年、証明問題が複数題出題されており、ガウス記号や特殊な記号が含まれる式を扱う必要がある。いわゆる典型問題ではないので、手をつけづらい問題ばかりだが、決して解けない難問ではない。対策としては過去問をできる限り掘り下げ、一つ一つの思考過程をしっかりと考えることで考察力を養い、題意を読み取る力と解答を作る論証力をつけてもらいたい。

化学（後期）

解答形式▶記述

問題の全体難易度 ★★☆☆ 標準　前年との難易度比較 やや難化　時間に対する分量 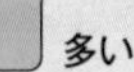 多い

大問	分野		内容	出題形式	難易度
1	理論、無機	化学	窒素化合物、平衡の移動	空所補充・記述	★★☆☆
2	理論、無機	化学	水銀の総合問題、水銀柱の問題	空所補充・記述	★★★☆
3	理論	化学	溶解度積（モール法）	記述	★★☆☆
4	有機	化学	芳香族炭化水素の分析	記述	★★★☆
5	有機	化学	セルロース繊維	空所補充・選択・記述	★★★☆

例年、大問5題の出題で、すべての分野にわたって相当の計算力を要する。また、字数制限40～100字程度の論述問題も出題され、化学のみで90分（理科2科目で180分）と考えると、時間的には厳しい。計算に時間を要する問題の直後に知識問題が配置されていることも多く、効率よく解いていきたい。論述問題では理由説明のほか、実験手順についても問われる。無機化学では、典型問題の知識はもちろん、細かな知識まで出題される。教科書や資料集などの欄外など細部まで確認しておきたい。大問5では重合体の計算が含まれることが多い。典型問題で練習して、確実に得点したい。

生 物（後期）

解答形式▶**記述**

問題の全体難易度 ★☆☆☆ 易　前年との難易度比較 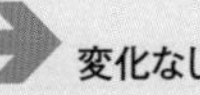 変化なし　時間に対する分量 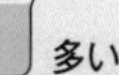 多い

大問	分野		内容	出題形式	難易度
1	**生命現象と物質、生殖と発生**	**生物、生物基礎**	DNAの研究史、半保存的複製、ショウジョウバエの眼の遺伝、組換え	空所補充・選択・記述	★★☆☆
2	**生命現象と物質、生物の環境応答、生殖と発生**	**生物**	カルシウムイオンの働き、細胞接着、受精膜、筋収縮、シナプス、光合成	空所補充・選択・記述	★★☆☆
3	**生物の体内環境の維持**	**生物基礎**	体液、血液凝固、ホルモン	空所補充・選択・記述	★☆☆☆
4	**生物の環境応答**	**生物**	神経系、活動電位、EPSP、IPSP	空所補充・記述	★☆☆☆
5	**生殖と発生、生物の進化と系統**	**生物**	配偶子形成、卵割、ウニ·カエルの発生、植物の組織・器官、ABCモデル、動物の分類	空所補充・選択・記述	★☆☆☆

試験時間は180分で理科2科目。大問数は22年度の6題から5題に減少したが、23年度はすべての大問がA・Bに分かれた構成で、実質10問（22年度は実質11問）だった。例年、問われている内容は極めて基本的なものがほとんどだが、過去には出題頻度の低いマニアックな知識問題や煩雑な計算問題が一部出題されたこともあった。全範囲から出題されるので、偏りなく全分野の用語を理解・記憶する学習に加えて、それぞれの分野の計算問題の解法も確実に身につけておきたい。

物 理（後期）

解答形式▶**記述**

問題の全体難易度 ★★☆☆ 標準　前年との難易度比較 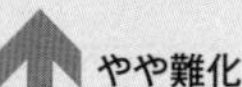 やや難化　時間に対する分量  適量

大問	分野	内容	出題形式	難易度
1	**原子**	原子核反応、運動量保存則	空所補充・記述	★★☆☆
2	**熱**	ピストンにばねが接続されているときの気体の状態変化、断熱変化	空所補充・選択	★★☆☆
3	**力学・電磁気**	力学：ばね振り子、電磁気：電気振動	空所補充	★★★☆
4	**力学**	容器の開口部に存在する空気の単振動	空所補充	★★★☆

試験時間は180分で理科2科目。23年度は大問4題構成。すべての問題が空所補充型の設問。23年度の大問4のように、問題集ではあまり見られないような問題も出題されるが、全体的な難度は標準的なため、高得点の争いとなるだろう。対策としては、入試標準レベルの問題集を解き込み、標準的な問題での取りこぼしがないようにしておきたい。また、本学の過去問を用いて、問題集ではなかなか見られない題材の問題に対する対応力も養っておきたい。

小論文

年度／内容	字数／時間
2023 ※小論文は実施しない	
2022 ※小論文は実施しない	
2021 ※小論文は実施しない	
2020 ※小論文は実施しない	
2019 ※小論文は実施しない	

面 接

形式	所要時間	面接の進行と質問内容
個人面接	約5〜10分	※事前アンケートあり（自己PR、大学で学びたいこと）

面接会場の配置

面接官＝2名
受験生＝1名

［前期・後期］
- □本学志望理由
- □医師志望理由
- □理想の医師像
- □アンケートの内容について
- □何科に進みたいか
- □チーム医療についてと自分の役割
- □奈良県の医療について思うことと、どのように携わりたいか
- □コミュニケーションに必要なこと
- □現在の医療の問題と改善点
- □部活動で学んだことを医師としてどう活用できるか

※2022年度実施分も含む

和歌山県立医科大学

2023年度の出題傾向と分析

英語(前期)

解答形式▶記述

問題の全体難易度 ★★★★ 難　前年との難易度比較 変化なし　時間に対する分量 多い

大問	分野	長文の種類 単語数	内容	出題形式	難易度
1	読解	医療系 800語程度	「ウィリアム・ハーヴェイの血液循環説」についての評論文(英文和訳、内容説明問題)	記述	★★★★
2	読解	人文系 750語程度	「言語と言語以外の人間の所作との関係」を説いた論説文(英文和訳、内容説明、空所補充、単語抜出)	記述・選択・空所補充	★★★★
3	読解	物語系 450語程度	サマセット・モーム著『月と六ペンス(*The Moon and Sixpence*)』からの読解問題(英文和訳、内容説明、単語抜出、単語言換え、選択問題)	記述	★★★★
4	英作文	—	吉田秀和著『隣のひと』からの和文英訳(2題)	記述	★★★★

長文問題3題と英作文問題1題という15年度以前の出題形式に戻ってから、23年度で3年目になる。長文3題の合計単語数と問題全体の難度に大きな変化はない。例年通り、選択問題はほとんどなく、英文和訳か記述式による内容説明問題が大半を占める。その長文で扱われる内容は、大問1が医療系(16世紀の解剖学者ウイリアム・ハーヴェイの血液循環説)、大問2が人文系(言語論)、大問3が文学作品から抜粋した物語文と多岐にわたり、読解の難度もかなり高い。さらに、やや分量の多い英作文が大問4として控えていることを考慮すると、精読と速読、そして迅速な記述解答の作成まで徹底した訓練が要求される。

数学(前期)

解答形式▶記述

問題の全体難易度 ★★☆☆ 標準　前年との難易度比較 変化なし　時間に対する分量 適量

大問	分野		内容	出題形式	難易度
1	整数の性質	A	不定方程式	記述	★★☆☆
2	整数の性質	A	不定方程式、ユークリッドの互除法	記述	★★☆☆
3	微分法の応用	Ⅲ	折れ線と直線で囲まれた面積の最小値	記述	★★☆☆
4	複素数平面	Ⅲ	条件をみたす図形の図示	記述	★★☆☆

試験時間120分で大問4題構成、全問記述式。数学Ⅲの微分法・積分法は毎年必出。また、近年は整数分野のユークリッドの互除法や合同式に関する出題も多く見られる。証明問題も頻出だが、典型的な内容で誘導形式が多いので、正確に題意を読み取る力を養う必要がある。計算量は全般的にやや多めだが、難度は標準的なので、全問題を見渡してから解きやすい順に手をつけていき、確実に得点に結びつけていくことが望ましい。

化学(前期)

解答形式▶記述

問題の全体難易度 ★★★☆ やや難　前年との難易度比較 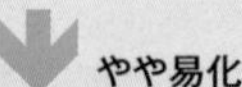 やや易化　時間に対する分量  適量

大問	分野		内容	出題形式	難易度
1	理論、有機	化学	反応の速さとアレニウスの式、鏡像異性体の旋光度の分析、立体化学	選択・記述	★★★☆
2	有機	化学	フェノール関連物の分析、合成	空所補充・選択・記述	★★☆☆

例年、大問3題だったが、23年度は大問2題の構成となり、分量として適量。全体的に標準～やや応用レベルの問題が見られる。また、理論化学と有機化学の融合問題が頻出で、いずれも問題文に記載されている情報を素早く処理する読解力が求められる。23年度では大問1でグラフの読み取り方に工夫を要するものが出題されており、このようなグラフの読み取りが求められるものは22年度でも出題されている。「旋光度」など、例年、受験生にはなじみのない分析に関する問題が出題される。標準問題を定着させた上で、問題集や模試の解答冊子に記載されている「発展事項」まで精読しておきたい。

生 物（前期）

解答形式▶記述

問題の全体難易度 ★★★☆ やや難　前年との難易度比較 ➡ 変化なし　時間に対する分量 適量

大問	分野		内容	出題形式	難易度
1	生命現象と物質、生物の体内環境の維持	生物、生物基礎	アミノ酸とコドンの対応を明らかにする実験、原核生物の転写・翻訳、抗生物質の作用、遺伝子突然変異	選択・記述	★★★☆
2	生命現象と物質	生物	細胞周期の制御機構に関する実験考察問題、cyclinD、CDK4/6、Rb タンパク質、乳がん細胞	選択・記述	★★★☆
3	生命現象と物質、生物の進化と系統	生物	染色体と遺伝に関する小問集合	空所補充・選択・記述	★★☆☆

23年度も大問3題構成。23年度は大問3で染色体と遺伝に関する小問集合が出題された。例年、本格的な実験考察問題を含む、やや難レベルの問題が出題の中心で、長文の実験内容に対する読解力とグラフや実験結果を正確に捉え考察できる力が試される。普段から実験考察問題を解くときには、まず実験の目的をしっかりと意識しながら問題文を読み、結果をまとめたり比較して解釈したりする力をつけていこう。また、選択問題でも、それを選んだ理由を問われたり、問題に与えられた実験にさらに追加すべき実験を問われたりする場合がある。そのため、実験結果だけを覚えるような学習ではなく、なぜそのような実験をするのか、どのように材料を準備するのかなど、実験の背景や手続きの細部にも関心をもって能動的に学ぶ姿勢が必要と言える。

物 理（前期）

解答形式▶記述

問題の全体難易度 ★★☆☆ 標準　前年との難易度比較  やや易化　時間に対する分量 適量

大問	分野	内容	出題形式	難易度
1	力学	鉛直面内の円運動	空所補充	★★☆☆
2	電磁気	帯電させた導体球・導体球殻まわりの電場と電位、ガウスの法則	空所補充・選択	★★☆☆
3	波動・原子	波動：反射型回折格子、原子：光電効果	空所補充・記述	★★☆☆

試験時間は理科2科目で150分。大問3題から構成され、例年、力学、電磁気から各1題、残りが波動、熱のどちらかである。23年度は原子分野からも出題された。空所補充形式が大半だが、記述や選択形式の設問も散見されるため、過去問等で設問形式には慣れておきたい。23年度は22年度に比べ解きやすい問題が大部分を占めていたが、22年度の大問1・2のように見慣れない設定の設問も過去に出題されており油断は禁物だ。本学の過去問を研究し、見慣れない問題への対応力をつけてもらいたい。また、時間に対する問題量、計算量が多く時間内にすべてを解き切ることは難しいので、時間がかかりそうな問題は後にまわすなど、戦略を練って本番に臨んでほしい。近年、原子分野からの出題が増えているため、この分野についての対策も怠らないこと。

小論文

年度／内容	字数／時間
2023 ※小論文は実施しない	
2022 ※小論文は実施しない	
2021 ※小論文は実施しない	
2020 ※小論文は実施しない	
2019 ※小論文は実施しない	

面 接

形式	所要時間	面接の進行と質問内容
個人面接	5～10分	□医師志望理由 □本学志望理由 □将来の医師像 □地域医療と国際的視野を持つ医師をどのように両立するか □現在の医療問題と改善点 □地域医療をやりながら、国際的視野をどのように手に入れるか [県民医療枠] □「県民医療枠」で受験した理由 □和歌山県の医療問題 ※県民医療枠は、個人面接を2回実施する。

面接会場の配置

面接官＝2名
受験生＝1名

1対1の完全個別指導を、合格するまで。

2023年度入試 医学部医学科最終合格者数 1,183名。

これは医系専門予備校でNo.1※の合格実績です。

※「株式会社 東京商工リサーチ」調べ

メディカルラボは「完全個別主義宣言」をうたい、生徒一人ひとりに対して、徹底した個別対応を行っています。
生徒それぞれの学力や進度、志望校に応じて完全個別授業のカリキュラムを作成し、プロの講師がマンツーマンで指導します。
生徒の学力特性と各大学医学部の出題傾向を見極め、一人ひとりに適切な対策を講じて医学部合格へと導きます。
完全個別指導だからこその柔軟できめ細やかなサポート体制が、医系専門予備校合格実績No.1※の理由です。

完全個別指導 3つの特徴

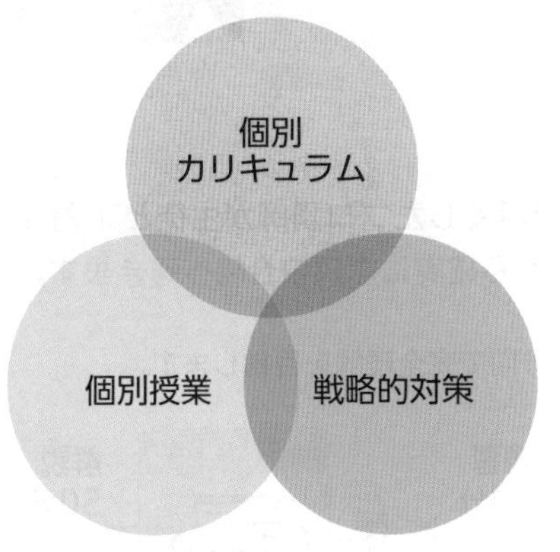

■ 個別カリキュラム

学力や志望校など、生徒の状況を詳細に把握した上で、一人ひとりにカスタマイズした個別カリキュラムを作成。
志望校の合格ラインを踏まえて効率よく苦手科目を克服し、得意科目はさらに伸ばす学習計画を作成します。

■ 戦略的対策

大学によって出題傾向が大きく異なる医学部入試。重要なのは、志望校の出題傾向を徹底的に分析し、合格するための戦略を立てることです。
メディカルラボは豊富な入試情報と確かな分析力をもとに戦略的プランを構築し、合格点を取るための対策を行います。

■ 1対1の個別授業

メディカルラボの授業は、医学部受験を知り尽くしたプロ講師による個別授業。
経験豊かな講師が、生徒の目標や学力特性、習熟度を1対1で確認しながら、基礎力、応用力を伸ばしていきます。

詳しくは次のページへ

完全個別指導 3つの特徴とは

個別カリキュラム

志望校はもちろん習熟度や学習目標など、一人ひとりの学力と目標に合わせて授業カリキュラムを作成し、「何を、いつ、どこまでやればいいのか」を一人ひとりに提示します。まず「スタートレベルチェックテスト」によって、「つまずきの原因」と本番の入試を念頭に置いた「実践的学力」を測定し、さらに志望校や得意科目・不得意科目を単元ごとに自己診断するための「個人プロフィールリスト」を記入してもらうことで、効率よく勉強するための改善点を見つけます。これらの情報を基に、あなただけの個別カリキュラムを作成します。

● 個別カリキュラム作成の流れ

面談	課題や目標、志望校についてお聞きします
診断	①スタートレベルチェックテスト ②個人プロフィールリスト（科目別の自己診断など）
計画作成	**個別カリキュラム作成** 面談と診断に基づいて個別に作成します
授業	**プロ講師による1対1の個別授業** ●個別カリキュラムに沿って授業を行います　●単元ごとに定着確認テストを実施します ●授業の進捗状況や定着確認テストの結果を見てカリキュラムは適宜修正します

1対1の個別授業

メディカルラボの授業は、合格のためのノウハウを知り尽くしたプロ講師が生徒と1対1で向き合う個別授業です。生徒の目標や個性、習熟度を見極めながら確実に志望校合格へ導きます。

● **授業は講義・演習・解説を50分ずつ行い、合計150分間で完全理解を目指します。**

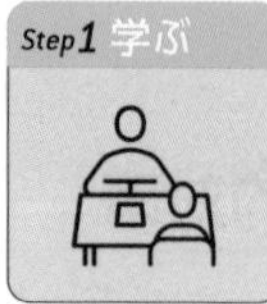

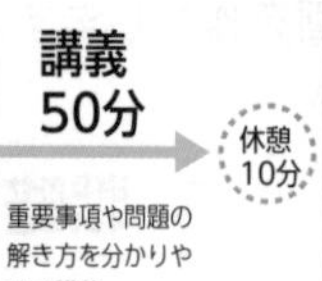

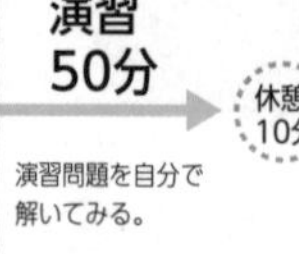

解説
50分
演習問題の解説と未定着事項の解説により完全習得。

○ **知識を確実に定着させるシステム**
授業後には復習を兼ねた宿題や定着確認テストを繰り返し、演習を積み重ねることで知識を確実に定着させます。

○ **面接や小論文も、1対1授業で万全な対策を**
面接、小論文対策も1対1の個別授業で実施。模擬面接や小論文の添削指導を繰り返し行います。

○ **自宅で受講できるオンライン授業**
校舎に通学して受講する対面授業のほか、オンラインでの個別授業もご用意しています。

戦略的対策

受験までの限られた時間で医学部に合格する学力を身につけるためには、志望校の出題傾向を知り、何をどのようにして勉強していくのかという戦略や効率性が必要です。メディカルラボでは、この考え方を体系化し実践することで、数多くの合格者を輩出しています。

戦略① マッチング指導

各大学の出題傾向を詳細に分析・把握した上で、生徒の学力特性に合う大学を選定し、受験校の一つとしてご提案します。学力特性にマッチする大学を受験することにより、医学部合格の可能性は飛躍的に高まります。

戦略② 合計点主義

すべての科目において高得点を目指すのではなく、科目ごとに到達すべき目標点を設定します。得点が高い科目、低い科目があったとしても、受験科目の合計点で合格最低点のクリアを目指します。

戦略③ 重点校対策

マッチング指導でピックアップした受験校の中から、さらに重点校を３～４校絞り込み、対策を行います。入試直前期には数年分の過去問を解き、出題傾向に慣れるとともに、試験時間内に問題をどういう順序で解くか、確実に得点すべき問題と捨てる問題の判断など、合格答案作成のための力を身につけます。

医学部受験に特化したテスト

全私立大学医学部 31 校との相性を診断する「私立医学部模試」

全国の私立医学部の中から受験生の学力特性にマッチした大学を判定するオリジナル模試を実施。生徒の学力特性と各大学の出題傾向をマッチングする独自の方法で、志望校合格の可能性をより的確に判定できます。

各大学の出題傾向を徹底分析したオリジナルの「実力判定テスト」

メディカルラボのプロ講師が大学ごとの出題傾向や形式に合わせて作成した独自の模試を実施。各大学の出題傾向に合わせた問題・解答形式で実施するため、試験当日の得点を正確にシミュレーションすることが可能です。

充実したサポート体制

● 個別担任が、生徒や保護者を合格までサポートします。

担任が講師と連携し、学習方法や受験校選定など、トータルサポートいたします。月に１度の生徒面談や学期に１度の保護者面談を通して、さまざまな質問にお答えします。

● 現役医大生の質問専任チューターが疑問をすぐに解決します。

受験生と年齢が近い現役の医大生が、毎日、決まった時間に質問解決室に常駐。自習中の質問や疑問をその日のうちに解決できます。

● 医学部受験に特化した情報提供で万全の態勢を整えます。

入試問題の分析結果をまとめた「全国医学部最新受験情報」を毎年発刊して、生徒へ配付します。また、入試情報やトピックスなどを掲載したメールマガジン「メディカルラボ通信」も毎月配信しています。

● 大学入試説明会や講演会、対策講座を実施します。

さまざまな大学の医学部入試担当者を招いて実施する「大学入試説明会」は、最新の入試情報を直接入手する貴重なチャンスになっています。また、医学部入試の現状や動向、過去問の攻略法などに関する講演会やセミナーも実施しています。

● 健康・安全・生活面も、しっかりとサポートします。

校舎では、保護者の方も安心の登下校管理システムや栄養バランスがとれたお弁当を手配。日々の生活をしっかりサポートします。また、学習に専念できる指定学生寮を用意しています。寮長・寮母が常駐し、栄養士が考えたバランスの良い食事が朝夕２食提供されるため安心です。

１対１の完全個別指導で、一人ひとりを医学部合格へ導きます。

保護者の皆さまの不安解消のため、情報提供などさまざまなサポートを実践します。

医学部入試の動向や学習の進捗状況など、受験期はお子さまだけでなく、
保護者の皆さまも不安な日々が続きます。
そのため、メディカルラボではそれぞれのご要望に応じた情報提供により課題を解決。
お子さま、そして保護者の皆さまとともに、合格まで一緒に歩んでいきます。

保護者の皆さまへの 3 つの約束

1 いつでも相談しやすい体制

入校後は学期ごとに担任による「保護者面談」を行い、保護者の皆さまの悩みや不安を解消します。また、担任から保護者の皆さまの意向をお子さまに伝えることもあります。気になる点があれば電話で対応しています。

2 学習状況だけでなく、モチベーションも共有

授業内容や進捗状況、今後の方針などをまとめた「講義報告書」を作成し、お届けします。また、「生徒面談」の内容は、その都度電話などでご報告します。医学部入試にとって大切なモチベーションも把握してお伝えします。

3 医学部入試情報の提供

「メディカルラボ情報研究所」が全国 27 校舎のネットワークを生かし、医学部全 82 校の最新受験情報を収集・分析。その内容を基にした医学部入試情報誌に加え、志望校の受験スケジュールや入試動向も詳しくご説明します。

K.U さんの保護者様

初めての面談で、さまざまな悩みを笑顔で聞いてくださったのがメディカルラボを選んだ決め手です。その姿勢は入校後も変わらず、各科目の先生はもちろん、校舎長や担任の方も、いつも笑顔で娘に声を掛けてくださいました。

1 対 1 の個別指導の良さは、一人ひとりにとことん向き合ってもらえるところだと思います。「この問題は鉛筆が止まっている」といった、個別授業だからこそ見える部分があるように思えました。志望校についても、娘に合った大学を教えていただいたり、入試日程や締め切りなどをまとめていただいたりと、参考になる情報を漏れなく提供していただきました。

受験勉強は、一人で頑張るには限界があると思います。それは学習内容だけではなく、精神的な部分も含めてです。メディカルラボの皆さんがワンチームとなって、温かく応援してくださったからこそ、大きな支えになったのだと感じています。

N.H さんの保護者様

担任と初めて会った際、娘の特性をしっかり捉えて、どういう先生がいいか、どんな指導方針が適切なのかを提案してくださいました。その内容に共感できただけでなく、一人ひとりを丁寧に見て、考える姿に惹かれたことも入校を決めた理由です。

コロナ禍であったため、授業はオンラインで受講しました。先生や担任に相談したいときは、その都度モニター越しで話をしていたので、コミュニケーション不足にはならなかったようです。授業もリモートでしたが、正面のカメラで顔を映すだけでなく、スマートフォンを用意して手元も映すことを提案されました。「ノートの書き方、手が動くスピードも、理解できているかの判断材料になるから」という話を聞いたときは、そこまで目配りするのかと驚くとともに、さらに信頼感が増しました。 第一志望に合格できたのは、全ての面で娘にとってベストな学習環境を整えてくれた何よりの成果だと思います。

医学部受験に役立つ書籍を多数発刊

医学部受験に役立つ書籍を発刊し、合格をサポート

○「全国医学部最新受験情報」を毎年発刊
○ 合格を勝ち取るための必読書、可児良友による書籍を毎年発刊
○ 面接・小論文対策に役立つ「医療用語マスター」を毎年発刊

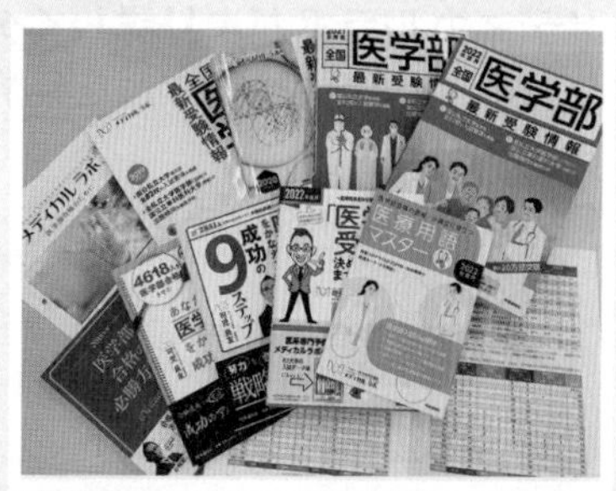

可児良友（メディカルラボ本部教務統括）による書籍発刊のご案内〈2025年度用〉

※上記は2024年度用のものです。最新刊は2024年1月より全国有名書店にて販売予定です。

医師を志す学生およびその保護者を対象に、医学部合格のための心構えや入学試験の傾向と対策をまとめた書籍『「医学部受験」を決めたらまず読む本』や『あなたの医学部合格をかなえる成功の9ステップ』を発刊しています。医学部受験指導のスペシャリストであり、メディカルラボ本部教務統括を務める可児良友が案内役となって、合格を勝ち取るために最も確実で効率的な方法を伝授します。

新刊『「医学部受験」を決めたらまず読む本』掲載内容

■ やる気を引き出す目標設定
■ 効率よく合格を目指す学習計画の立て方
■ 学習計画を確実に実行できる工夫
■ 入試本番の得点力をUPさせる過去問活用法
■ 面接試験でライバルに差をつける準備の仕方
■ 入試本番で実力を発揮するための方法
ほか

「医学部受験ラボ」で最新の入試情報を提供

医学部受験ラボ

医学部受験専門の情報提供サイトを運営

○ 全国医学部の最新入試情報の閲覧
○ 過去の出題傾向と分析情報の閲覧

その他にも科目別難易度ランキングやオープンキャンパス情報など、そのとき知りたい情報を随時更新しています。

スマホから今すぐアクセス

https://www.igakubujuken.jp
アクセスはこちらから▶

書籍の売り上げの寄付を通じて、医療従事者を支援

2023年6月、日本赤十字社への寄付を実施

メディカルラボでは、懸命に闘う医療従事者の力になりたいと、2023年6月「2023年度用 全国医学部最新受験情報」の売り上げの一部を日本赤十字社へ寄付致しました。メディカルラボは2020年より、大学病院へのサージカルマスクの寄贈や募金の寄付をしています。医師を目指す受験生を支える立場として、日本の医療に貢献するため継続的に支援活動を行ってまいります。

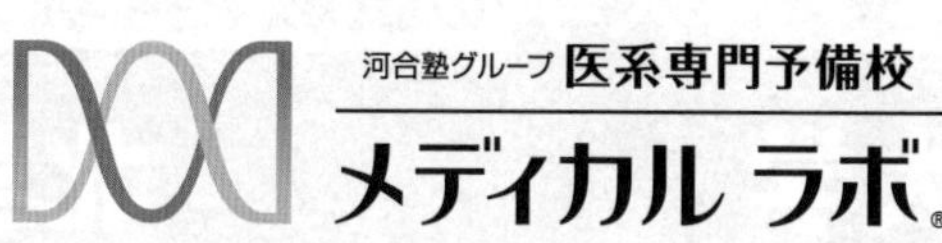

メディカルラボのホームページでは、
医学部入試に役立つ情報、
本書に関する最新のお知らせを
掲載しています。

https://www.medical-labo.com
アクセスはこちらから▶

全国医学部 最新受験情報 2024年度用

2023年 10月 1日 初版発行

編　　者　医系専門予備校 メディカルラボ
発 行 者　花野井 道郎
発 行 所　株式会社時事通信出版局
発　　売　株式会社時事通信社
〒104-8178 東京都中央区銀座5-15-8
電話 03-5565-2155
https://bookpub.jiji.com

印刷・製本　株式会社太平印刷社

ISBN:978-4-7887-1883-8 C7337　Printed in Japan
落丁・乱丁本はお取替えいたします。 定価は裏表紙に表示してあります。